第三次中東戦争全史

マイケル・B・オレン
Michael B. Oren
滝川義人 訳
Yoshito Takigawa

Six Days of War

June 1967 and the Making of the Modern Middle East

原書房

妻サリー、そして私達の子供ヨアブ、レア、ノアムに本書を捧げる。

我等を一人ひとりその罪状に照らして懲らしめた。砂嵐を吹きつけてやった者あり、
霹靂に打たれてしまった者あり、地の底にのまれた者あり、溺死させた者あり。
別にアッラーが彼等を虐待されたわけではない。
彼等がわれとわが身を虐待しているのである。

——コーラン第二九章九

国々は、多くの水が騒ぐように騒ぎ立つ。
だが、主が叱咤されると彼等は遠くへ逃げる
山の上で、もみがらが大風に
枯れ葉がつむじ風に追われるように。

——イザヤ書一七章一三

目次

目次

地図一覧

謝辞

私の名前が本書の著者と明記され、内容については私が全責任を負うが、本書『第三次中東戦争全史』は、尊敬すべき多くの人々の努力と献身、そして専門知識の結晶である。

私は、世界各地の公文書館、資料施設で記録保管人や文書係に、調査上大変お世話になった。リンドン・B・ジョンソン大統領公文書館のレザイナ・グリーンウエル、ワシントンDCのパトリック・ハッシー、ニューヨークの国連公文書館のマイケル（ミハエル）・ヘルファンド、モスクワのアレクセイ・コルニロフとマシャ・エゴローバ、イスラエル国立公文書館のギラッド・リブニとエリアフ・シュロモ、イスラエル国防軍（IDF）ミハエル・ツール、イスラエル空軍戦史資料部のヨラム・ブスキラ大佐とミハル・イズラエリ大尉の各諸氏に、御礼申し上げたい。

‡

本書の調査及び執筆の段階で、私は同僚の研究者達から貴重な情報をいろいろ受けた。ワシントンDCの中東研究所常勤理事リチャード・B・パーカー大使、中東報道研究機関（MEMRI）のイガル・カルモン会長、カイロのアルアハラム政治・戦略研究センターのアブデル・モネム・サイード・アリ所長、ベングリオン大学のザキ・シャロム、テルアヴィヴ大学ダヤン・センターのエヤル・シッサー、シャーレム研究センターのダン・シュフタン、アリエ・モーゲンスターンそしてラビ・イサク・リフシッツにも、謝意を表する。批判的立場で原稿を読む作業では、エラン・ラーマンに御世話になった。本プロジェクト実施過程で、さまざまな状況の変化が多数生じたが、これに対応してヘブライ大学のアブラハム・セラ教授とシャーレム研究センターのモル・アルトシューラーがアドバイスを忘れず、私を支えてくれた。御両人には特に感謝している。

私の原稿について、博識の友人達からさまざまな意見や感想が寄せられ、表現、出典に関する示唆をある時には励ましもいただいた。ヨッシ・クライン・ハレビ、エレミー・ヘルマン、シャロン・フリードマン、マッシュー・ミラー、ヨナタン・カープ、ジョン・クリビン、ヨセフ・ローテンベルク、ダニー・グロスマン、イザベラ・ギノル、ケネス・ワィンシュタイン、ツィオン・スリマン、A・ジェイ・クリストル、そしていつものようにヨナタン・プライスとナオミ・シャクター・プライスが支えてくれた。皆様に心から感謝する。

私は幸運にも、有能で献身的な作業チームに恵まれた。幸運な恵みという表現以外にぴったりした言葉はない。チームのスタッフ達がいなければ、本書は生まれなかったのである。チームのモシェ・フックスマン、エミマ・キトロン、エリシェバ・マフリス、アレクサンダー・ペブツナーに心から感謝する。編集助手のアロマ・ハルター、ミハエル・ローズ、そしてグラフィックデザイナーのバトシェバ・コハイにも、感謝の言葉を贈る。ノア・ビスムスの献身とエネルギーそして手腕は、かけがえのないものであった。本当に御世話になった。

‡

オックスフォード大学出版部（ＯＵＰ）のペーター・ジンナ編集者を初めティム・バートレット、ヘレン・ミュールズ、サラ・レオポルド、フラハ・ノートン、キャサリン・リンチ、ルス・ハートレイの各編集スタッフは、揺ぎない信念を以て、本書の刊行に力を尽くされた。心から感謝する。私のエージェントである著述家代理人協会のグレン・ハートレイ会長にも御世話になった。

私は本書を私の家族である妻と子供達に捧げる。家族には単なる謝辞では充分ではない。同じことは、私の両親であるマリリン及びレスター・ボルンシュタイン、私の姉妹オーラ・クーパーベルク及びカレン・

アングリストとその夫達についても、同じことがいえる。

私は、シャーレム研究センターの私の〝家族〟にも謝意を表したい。センターは教育、研究機関で、私は主任研究員の立場にあるが、本書はセンターの後援で、調査されまとめられたものである。さまざまな点で私を助けてくれたスタッフ達。マリナ・ピリポディ、ラヘル・カビッツ、ナオミ・アルベル、キャロル・ダーハン、ディナ・ブランク、エフディット・アディスト、ビアナ・ヘルツォーグ、ローラ・コーヘン、ダン・ブリキュ、ミハル・シャティ、アナット・トーベンハウス、エイナット・シホール、イナ・タバク。全員に感謝の気持を伝えたい。賢明なアドバイスで調査研究上何度も私を窮地から救いだしてくれたダビッド・ハゾニーとヨッシ・ワインシュタイン。本書執筆の精神を共有し、何度も不可能を可能にしてくれた二人の理事イシャイ・ハエツニとシャウル・ゴラン。構想の段階から出版に至るまで、終始後楯になってくれたセンター学術局長のダニエル・ポリサル、そして不撓不屈のかたまりともいうべき広報担当デーナ・ローゼンフェルド・フリードマン。この御二人には特に感謝している。シャーレム研究センターの評議会メンバー、特にアレン・H・ロスとウィリアム・クリストルは、終始一貫して私を支え励まし、アドバイスしてくれた。感謝している。最後になったが、熱烈感謝の気持をお伝えしたい方が二人いる。寛大な心で私を支え、激励し指導してくれたシャーレムのヨラム・ハゾニー会長、そしてロジャー・ヘルトグ理事長である。

一九六七年の戦争は、基本は書籍や文書ではなく、人々の人間臭い記録である。私は、名誉にも、この戦争にかかわった多くの当事者達に会う機会に恵まれた。アバ・エバン、ミリアム・エシュコル、インダル・ジット・リキーエ、ムハマッド・アルファッラ、スリマン・マルズク、ジョセフ・シスコ、ロストウ兄弟のユージンとウオルター、エリク・ルーロウ、バディム・キルピチェンコ。出版に対するこの非凡の人々の寄与は、随分と大きい。この人々の寄与といえば、歴史もまた然りである。

まえがき

　これまで、アラブ・イスラエル紛争にはさまざまな事態が発生してきた。消耗戦争、ヨムキプール戦争、ミュンヘン・オリンピック村襲撃、ユダヤ人入植地問題、エルサレムの帰属をめぐる争い、キャンプ・デービッド合意、オスロ合意、インティファーダ等々。すべては、一九六七年六月の中東で激しく燃えあがった、息詰まる六日間が生み出した結果である。短期間の局地戦争が、これほど延々とグローバルな問題を生み出した例は、近現代史に稀である。一度の戦争とそれから派生した事態によって、世界の目が今なお釘づけになっている例も珍しい。政治家、外交官そして軍人にとって、本当の意味でこの戦争はまだ終っていない。歴史学者にとって、この戦争は始まったばかりなのである。

　この戦争は、アラブ側は一九六七年の六月戦争という呼称を好むが、世界では通常六日戦争と呼ぶ。この戦争については、これまで数多くの本が書かれてきた。戦場では疾風迅雷の電撃作戦、そしてその戦場には何億という人間にとっての聖地があり、政治の舞台には国際級のスター達が登場する。いずれもスリリングな内容で、話題に事欠かない。したがって本のテーマも多岐にわたる。英雄あり悪漢あり、舞台裏の策略があれば、戦場では大胆な突進がある。核戦争勃発の危機もあった。砲声がやむと、すぐに本の出版が始まったが、最初は目撃を中心とする現地報告が主で、その後数百点の本が出版されることになる。

　この戦争に関する本は、研究者向けのものや一般の読者を対象としたものに分けられる。しかしどの本も、前にだされた本や記事、新聞報道そしていくつかのインタビューなど、同じ資料をベースとしている。しかも、依拠資料の大半は英語資料である。本の内容は、ほとんどが軍事に焦点をあてている。例えば、トレバー・N・デュパイの『あいまいな勝利』（*Elusive Victory*）、S・L・A・マーシャルの『白刃一閃』（*Swift*

Sword）は、政治と戦略問題の表面をなぞっただけである。さらに若者達は、アラブかイスラエルのいずれかに肩入れし、偏見の目で見る傾向がある。公開資料、機密資料のいずれにもすべて目を通し、アラビア語、ヘブライ語そしてロシア語の文献を渉猟してまとめた本は、一冊もない。政治、軍事の両面について、どちらにも偏らずに研究対象とし、バランスよくまとめた本もない。

変化が起き始めるのは一九九〇年代、外交機密文書が公開されるようになってからである。まずアメリカの資料館が公開を始め、その後イギリスとイスラエルがこれに続いた。ソビエト連邦の崩壊、そしてエジプト及びヨルダンの言論統制の緩和もあって、以前は公にされなかった重要資料が、いくらか読めるようになった。新しく公開された資料を使って書かれたのが、二冊の素晴らしい研究書である。ひとつがリチャード・B・パーカー著『中東における誤算の政治学』（The Politics of Miscalculation in the Middle East）、あとひとつがウィリアム・B・クアント著『和平プロセス』（Peace Process）である。この二書によって読者は、戦争をめぐる複雑な外交のありようを垣間見ることができるし、国際危機管理の実態を理解することもできる。一九六七年の戦争研究には、従来中立性に乏しいうらみがあったが、この二書は中立性そして学究的態度にも、一定の評価ができる。

しかしながら、この戦争に関する総合的な書は、まだ出版されていなかった。つまり、クアント、パーカーの両名が本をだしてから数千点の文書が機密解除になり、さらにさまざまな言語の文書も多量に読める。さらに又、戦争関与諸国の当事者とのインタビューも可能になっている。資料もさることながら、必要なのは軍事、政治両面からのバランスのとれた研究であり、国際社会、中東及び国内の相互関係も、研究が必要である。著作内容は研究者を対象としたレベルでなければならないが、無味乾燥であってはならず、広く一般の読者にも読まれるものであって欲しい。執筆にあたって私が目指したのは、このような本である。

しかし、その仕事は、手に負えぬほど難しいことがわかってきた。第一、調査対象が余りにも膨大である。

それだけではない。アラブ・イスラエル関係は政治戦争の性格を帯び、ことごとに認識を異にする。大きい戦争を対象とする戦史は、大論争の歴史となる。アラブ・イスラエル戦争も例外ではない。既に数十年になるが、イスラエルの独立或いは一九四八年のパレスチナ戦争に始まり、一九五六年のスエズ危機に至る戦争の解釈をめぐって、歴史学者達が論争してきた。最近になると、歴史修正論者が続々と登場し、歴史の見直しを行うようになった。その大半はイスラエルの研究者であるが、彼等はこの軍事衝突に対するイスラエルの罪を敷衍し、増幅して伝え、境界をめぐる論争でその罪を云々し、ユダヤ人国家の合法的存在についてすら疑問を呈する。この論争は、歴史学者が一九六七年に焦点を移し、いよいよ先鋭化してきた。この年の戦争でイスラエルはアラブ領を占領し、ゴラン高原とウェストバンクを、現在も保持している。その将来の帰属は数百万の人に影響を及ぼす。論争は険しくなるばかりである。

私も論争者のひとりであり、自分としての意見を持っている。しかし歴史を書物にする場合、先入観は確認と安心のための確信ではなく、むしろ克服すべき障害となる。真実がたとえ一〇〇％得られないとしても、そこであきらめてはならない。私は、真実を求めてあらゆる努力を払うべきであると考える。三〇年以上経過した現在、全体像を把握するうえでこの時間的距離が大変貴重となっている。しかし、それで、騒然たる時代の人々の目に世界がどう映っていたかを理解するうえで、我々の目を曇らせてはならない。あと知恵を働かせるには謙虚でなければならない。意志決定は、歴史学者が当時をふり返りつつ悠長にくだしたわけではないのである。それは、一刻を争う状況下で、指導者がくだした生か死の決断なのである。

私の執筆目的は、戦争当事者のどちらが正しいかを証明することではない。その証明の手始めに咎めを割当てることでもない。私は二つのことをやりたいだけである。この戦争が明らかにしたように、ひとつの事件がいかに重大な影響力を持っているのか、その強さと広がりを理解し、事件が起きた背景と、それが引き起こした触媒作用を示すことである。私は、一九六七年の事例を使い、一般には国際危機の性格を深く掘りさげ、人間の相互作用が予期せず意図もしない結果を生み出す動きをさぐりたい。一九六〇年代の中東を再構築し、それをいろどる非凡な人々を配して生命を吹きこみ、我々自身に非常なインパクトを与えている歴史の一時期を、追体験したい。六日戦争とか六月戦争とか呼称がいろいろある。この戦争がどう呼ばれようが、同じような見方をされることは二度とない。これが私の設定したゴールである。

二〇〇二年、エルサレムにて

第三次中東戦争全史

第1章 背景

アラブ、イスラエル、列強（一九四八―一九六六）

一九六四年一二月三一日夜半、パレスチナ人ゲリラ隊が、レバノンからイスラエル北部へ侵入した。シリア軍の支給軍服を着用した彼等は、ソ連製爆薬を携行して、ガリラヤ湖畔をめざした。攻撃目的は揚水施設の爆破である。そこは、ガリラヤ湖の水をネゲブ砂漠へ送るポンプ所で、ターゲットとしてはいささか控え目のようであるが、彼等は気宇壮大な目的を持っていた。武力組織ファタハ（〝征服〟の意。パレスチナ解放運動の頭文字を逆から組み合わせたもの）のメンバーである彼等は、中東で土壇場の対決に持ちこむことを願っていた。つまり、自分達の行動でイスラエルを挑発し、挑発にのったイスラエルが近隣のレバノンかヨルダンに報復攻撃を加える。この報復が引き金となって、アラブ全国家がシオニスト国家撃滅のために立ち上がるという図式である。ファタハの初回作戦は大失敗に終った。爆薬は起爆せず、レバノンへ戻った彼等はレバノン警察に捕まってしまった。それでも、ガザ出身で元技術者という経歴を持つ、ファタハ指導者ヤセル・アラファトは勝利声明を出し、「ジハード（聖戦）と…大西洋から（ペルシア）湾岸へ至る革命的アラブの夢」を讃えた。[★1]

　この大みそかの夜襲が、ごく小規模の破壊活動であるものの、成功したら大規模な兵力と資材を投入した戦争を引き起こし、それが中東の歴史の流れを変え、さらに世界の地図を塗り変えると考えるには、大胆かつ異常に柔軟な想像力が必要である。しかし、ファタハの作戦は、戦争を誘発する要素を多く含んでいた。事実、それから三年足らずで、その誘発要素によって戦争が勃発するのである。もちろん、パレスチナ人の次元があった。アラブ諸国のみならずイスラエルも悩ます、激発性の複雑な問題である。テロがあり、そのテロをシリアが支持、さらにシリアはソ連に支えられていた。そして水の問題があった。他のいかなる要素にもまして水が問題であり、戦争は水をめぐって展開するのである。

しかし、ファタハの第一回作戦あるいはその後の作戦が、本格的な中東戦争を引き起こしたというのは、あまりにも単純な話で、決定論的主張である。英人作家イアン・マキューワンは小説『愛の続き』で、「初めは意図。そしてその後にどうなるかをどれだけ理解するかで、選択が決まる」と書いた。この観察は歴史にあてはまる。歴史では、主要因確認作業はせいぜいのところ独断に終り、悪くすれば全くの無駄となる。例えばパレスチナにおけるシオニストの初期入植、第一次世界大戦後のイギリスのパレスチナ政策。あるいはアラブ民族主義の勃興、あるいはまたホロコースト。選択は山ほどあり、いずれも――潜在的には――可能性を秘めている。

一九六七年の中東戦争について、その原因あるいは複数の原因を特定しようとするのは、無駄な作業かもしれないが、戦争を可能にした背景は指摘できる。それは、仮想の蝶にも似て、両羽をはたはたと動かして空気に流れをつくり、そしてその流れは次第に勢いをまして嵐となる。一見したところとるに足りない複数の事象が行程をスパークさせ、やがては触媒反応を引き起こす。蝶には、地球の大気、重力、熱力学の法則など、嵐を起こすための背景というか条件が必要なように、一九六七年六月に先立つ事象には、戦争を急に引き起こすための、特定の状況を必要とした。それには、ポスト植民地主義の革命時代にある中東でみられた、激しい内部の反目と抗争、超大国の介入、アラブ・イスラエル紛争として知られるようになる対立が放つ不断の刺激が含まれる。

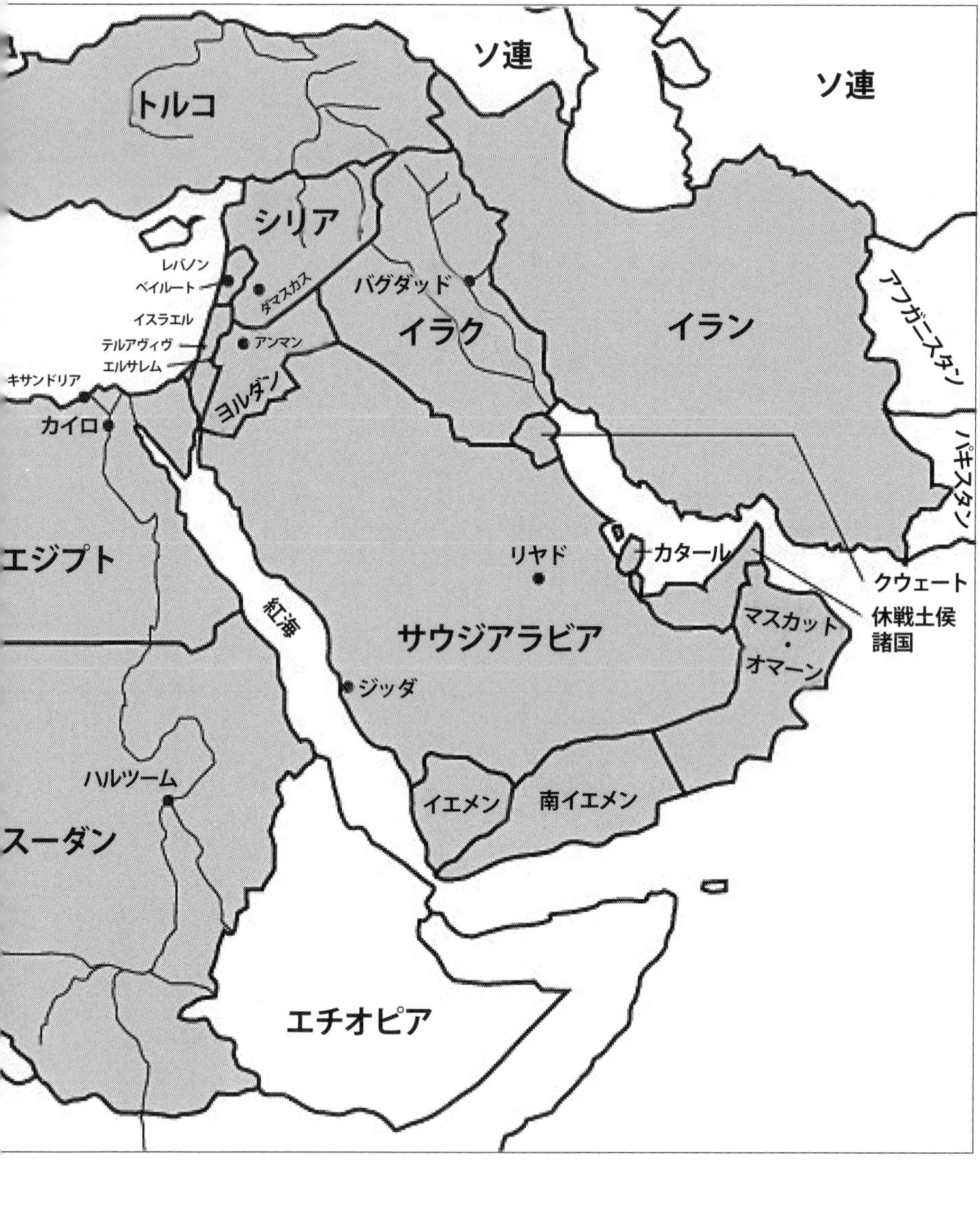

ソ連
ソ連
トルコ
シリア
レバノン
ベイルート
ダマスカス
イスラエル
テルアヴィヴ
アンマン
エルサレム
キサンドリア
カイロ
ヨルダン
バグダッド
イラク
イラン
アフガニスタン
パキスタン
エジプト
リヤド
カタール
クウェート
休戦土侯
諸国
紅海
サウジアラビア
マスカット
・
オマーン
ジッダ
ハルツーム
イエメン
南イエメン
スーダン
エチオピア

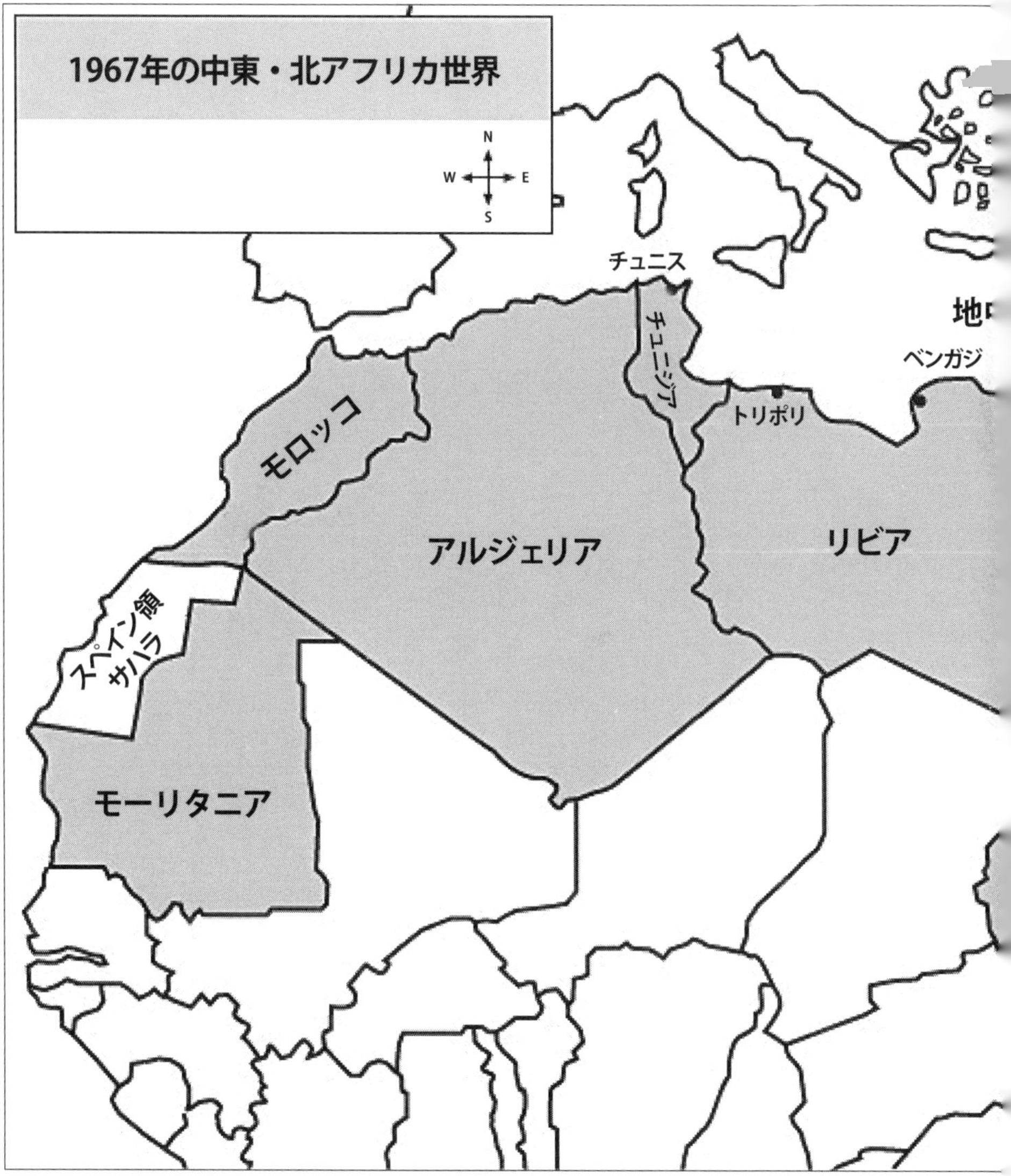
1967年の中東・北アフリカ世界
N
W
E
S
チュニス
地
ベンガジ
チュニジア
トリポリ
モロッコ
アルジェリア
リビア
スペイン領
サハラ
モーリタニア

つくられた背景

背景を検討するにも、出発点がなければならない。これも別の臆断的選択である。では、シオニズムから始めることにしよう。すなわち歴史的郷土に独立統治体の建設をめざすユダヤ人の民族運動である。激動する中東政治にシオニズムが加わったことは、ただでさえ不安定な環境を刺激し、局地戦争の枠組へ投げこむことになる。安易に聞こえるかもしれないが、シオニズムがなければイスラエル国は存在せず、イスラエルが存在しなければ、広範囲な紛争の背景もないわけである。

‡

一九世紀中頃ひとつの思想として始まったシオニズムは、二〇世紀初頭までにひとつの運動として成長していた。ヨーロッパと中東のユダヤ人達を動かし、彼等は居住地を離れ、想像もつかぬ遠隔の地パレスチナへ、移住するようになった。シオニズムは、近代の民族主義とユダヤ人の数千年に及ぶエレツイスラエル（イスラエルの地）との歴史的結びつきが融合したものである。その融合の力が、イシュブ（パレスチナのユダヤ人社会）を支えたといえる。オスマントルコ時代と第一次世界大戦時の荒廃にも、ユダヤ人指導者の多くが敵国人として（指導者の大半はロシア出身であった）追放されても、持ちこたえたのである。大戦末期には、イギリスがトルコをパレスチナから駆逐し、バルフォア宣言を出して、ユダヤ人のナショナルホーム建設を公約した。

ユダヤ人社会は、英委任統治下で、ヨーロッパの反ユダヤ主義から逃れた難民を吸収して成長した。難民は最初ポーランド、その後ドイツから来ている。そのユダヤ人社会は、社会・経済・教育の面で制度や施設を整備、拡充し、英委任統治政府の与えたものをまたたく間に越えて、発展させた。一九四〇年代には、ダイナミックに躍動する一種の動力源が、生まれつつあった。それは、さまざまなイデオロギーが共存し、複数の政党が活動する社会であった。パレスチナのユダヤ人社会は、西及び東ヨーロッパのモデルを参考にしながら、社会主義経済をベースとする独自の体制を築いたのである。農業分野では集団農場の一種であるキブツ、協同組合方式のモシャブをつくり、医療面では国民健康保険のクパトホリムを設けた。植林に励んで緑化事業を推進し、社会基盤の整備も進んだ。水準の高い大学や交響楽団も生まれた。そして、その社会を守る地下組織の市民軍ハガナを創設した。[★2] イギリスは、ユダヤ人のナショナルホーム建設支持を次第に放棄していったが、そのナショナルホームは、未完成ながら国家としての容貌をととのえつつあった。

これは、まさにパレスチナのアラブ人が嫌悪する事態である。パレスチナのアラブ人は、何世紀も前から居住して多数派を形成しており、ユダヤ人社会を西側帝国主義の手先とみなし、伝統的な生き方とは異質の外的文化として拒否した。確かにイスラム世界でユダヤ人が存在を許され、保護された歴史はある。しかしそれは、ムスリムと同等の地位にはない、下級民としての扱いであり、ましてやイスラムの中核地帯に主権を認めたり、あるいはムスリムより上の権威を与えたりするものではなかった。フランスの支配下にあるシリア、北アフリカのアラブ人同胞や、イギリスの支配下にあるイラクとエジプトのアラブ人同胞は、いずれもストレスを感じており、独立を希求していた。独立を求める気持はパレスチナのアラブ人とて同じである。彼等もイギリスによって国家を約束され、公約履行を要求した。[★3] しかし、ユダヤ人支配下での独立は、アラブの選択肢になったことはない。彼等からみると、それは忌わしい植民地主義の一形態なのであった。

そのような事情で、移民の波が押し寄せる度に（一九二〇年、二一年そして二九年にその波あり）、アラブの暴動が起きた。それが最高潮に達するのが、ユダヤ人社会とイギリス双方を敵視する一九三六年の反乱である。この反乱は三年間続き、アラブ側指導者の多くが追放され、彼等の経済は疲弊した。これに対してユダヤ人社会は成長し強くなっていったが、勝利を手にしたわけではない。ムスリムの激しい反撥を恐れて、イギリスが白書（一九三九年）を出した。それは、バルフォア宣言を事実上無効にする内容であった。白書発表の直後、第二次世界大戦が勃発した。シオニスト運動の指導者ダビッド・ベングリオンは、今後の運動方針を総括して、「戦争がないかのごとく白書と戦い、白書がないかのごとく（対枢軸）戦争に協力する」と述べた。これと対照的であったのが、イギリスがエルサレムのムフティ（大法官）に任命した人物で自称パレスチナ・アラブ人代表のハッジ・アミン・アルフセイニである。彼はヒトラーに賭けたのである。[★4]

一九三六―三九年のアラブの反乱は、もっと重大な対立構造をつくり出した。これまでは、パレスチナのユダヤ人とアラブ人の対立であったが、今やシオニズム対全アラブの対立になったのである。パレスチナの苦境で近隣アラブの地に同情の波が澎湃《ほうはい》として起きた。アラブの地では、民族主義の新しい意識が開花していた。近代ヨーロッパ思想から生まれたもうひとつの意識、すなわち汎アラブ主義である。種族、宗教あるいは門閥の概念を越え、アラブはひとつという認識であり、そのアラブに、西側から受けた三世紀に及ぶ侮辱に復讐し、植民地主義がつくった人工的な境界（シリア、レバノン、トランスヨルダン及びイラクの境界線）の抹消に向け、決起することを求めていた。その汎アラブ主義には、北アフリカと中東を領域とする単一のアラブ国家を建設する夢があった。北はトロス（タウルス、トルコ南部）山脈、西はアトラス山脈（北アフリカ）、そしてペルシア湾からアラビア半島の南端までを含む広大な地域で、ひとつのアラブ国家にまとめる夢は、夢にとどまるが、情念と文化で結ばれたアラブ世界の出現は、ひとつの政治勢力となった。[★5]パレスチナで起きた事件が引き金になって、バグダッドやカイロ、あるいはホムス、チュニス、カサブランカで暴動になる可能性が、一九三〇年代後期以降強まってくる。

このプロセスを一番理解したのは、あるいは恐れたのは、当時のアラブ側指導者であった。立憲政治上の正当性を欠き、言論の自由を弾圧する首相、皇子、スルタン、アミールといった有象無象は、アラブの〝裏通り〟の声つまり世論のほとばしりに、極めて敏感であった。通りの風がどちらへ吹いているのか。それを探り、機先を制してその風上に立つのが指導者の仕事であった。その裏通りは、反シオニズムが沸々と煮えたぎっていた。アラブ諸政権は、足を引っ張り合う苛烈なライバル競争に締めつけられながら、その怒りに応じ、パレスチナにからめとられていった。紛争は局地性の枠をはずれてしまったのである。

一方イギリスは抜け目なく、戦時中シオニズム運動が中和状態になったことを幸いとして、アラブ民族主義を慰撫し、アラブ連盟の創設を促した。加盟国は、連盟の旗印のもとで連帯を標榜できると同時に、独立を維持できるのである。★6 しかし、戦争の帰趨が明らかになると、シオニズム運動は激しい勢いで元に戻った。シオニストは、ホロコーストに憤激し、白書の維持と適用に怒っていた。ホロコーストで六〇〇万人が犠牲になったが、白書が適用されなければ、多くの命が失われずに済んだはずである。シオニストは英委任統治体制の打倒を決意する。まず、メナヘム・ベギン率いる右派民兵組織イルグン、ついで主流派のハガナが、戦いを挑むのである。

イギリスは、戦争に倦み疲れ、シオニズムを公に支持するアメリカのハリー・トルーマン大統領に悩まされ、一九四七年時点でパレスチナ問題の国連委託を決意する。その結果が、国連総会決議一八一の採択である。この決議は、パレスチナにアラブとユダヤ各一国を独立させ、土地を分割してそれぞれに割当て、エルサレムを国際管理下におくとする内容であった。シオニストはこの決議を支持した。しかしアラブは分割に反対であった。以前、もっと条件のよいイギリスの分割提案（一九三七年のピール委員会）も拒否している。彼等はパレスチナ全域の主権を要求し、その態度を崩さなかった。

国連分割決議の採択の翌日にあたる一九四七年一一月三〇日、パレスチナ・ゲリラが全土でユダヤ人開拓村を襲撃し、道路を封鎖して交通線を遮断した。シオニスト側の対応は抑制のとれたものであった。国連が暴力の連鎖にショックを受けて、分割は実行不可能とみなしたら困るからである。しかしパレスチナ人の抵抗は効果抜群であった。そして一九四八年四月。ユダヤ人側は反撃に転じた。作戦は成功し、封鎖打開により開拓村との連絡がついた。しかしそれは、前年一一月に始まるパレスチナ人住民の流出を促す結果にもなった。エルサレム近郊のディル・ヤシン村で起きたような虐殺の話が流れ、それが拍車をかけた。六五万から七五万のパレスチナ人が逃げ出しあるいは追われて、近隣諸国へ流入した。大半の人は、アラブ合同軍が介入してシオニスト〝強奪者〟を駆逐した後、近い将来戻れると信じていた。

このような介入を防ぐため、厳しい条件をつけた試みが、いろいろ行われる。ユダヤ人側指導者は、トランスヨルダンのハーシム家当主であるアブダッラー王と、秘かに暫定協定を結ぼうとする。パレスチナ人の民族主義を恐れる点で両者は共通し、共通の利害をベースに話し合おうとしたのである。一方、アメリカの国務省は、シオニストの夢を冷ややかな目で見ており、分割に心底反対していた。そして、パレスチナの国際管理（信託統治）計画を提唱した。ほかにも、アラブ人とユダヤ人で構成される複合国家案、ユダヤ人の自治区を認めるアラブ連邦国家案などが浮上した。★7 しかし、いずれもうまくいかなかった。そして五月一四日、英委任統治が終了し、ユダヤ人国家の独立が宣言された。以後ユダヤ人はイスラエル人、パレスチナのアラブ人はパレスチナ人となる。

前年の一一月以来続いていた衝突が、アラブ五か国の正規軍の介入で一挙に本格的戦争となったのも、この日である。猛烈な反シオニズムで鳴る戦闘的国家シリアとイラクが、侵攻の先陣をきり、レバノンとトランスヨルダンがその後に続いた。エジプトは怒濤のような流れに逆らえず、そしてまた他のアラブが領土を拡張することを恐れて、急遽参戦した。爆撃機、戦闘機そして戦車を装備する正規軍部隊が、〝警察行動〟と銘打って雪崩のように攻めこんだのである。

アラブ諸軍はネゲブそして北ではガリラヤ地方を席捲し、南から攻めたエジプト軍は、イスラエル最大の都市テルアヴィヴを指呼の間に望むところまで迫った。誕生したばかりの新生国家は追いつめられ、早くも壊滅の危機に瀕した。エルサレムのユダヤ人一〇万は、重囲に陥って苦しんでいた。しかし、ベングリオンは状況に動じなかった。短躯ながら泰然自若、そのふるまいは堂々としていた。ベングリオンは、理想家ではあったが、力の真価を知るプラグマチズムに裏付けされていた。国連の調停による停戦を利用して部隊の再編、増強に努めたのである。これに対しアラブ側は指揮の統一を欠いて支離滅裂、形勢は劇的に変わる。

独立後編制されたイスラエル国防軍（IDF）は、一九四八年秋までにアラブのエルサレム包囲環を迂回し、英軍に訓練され英国軍人に指揮されるトランスヨルダンのアラブ軍団と対決した。戦闘は勝利にはいたらなかったが、水入り状態に持ちこむことはできた。北部ではシリア軍の進撃を食いとめて撃退し、中央部ではイラク軍の侵入を排除した。しかしイスラエル軍の主力は、アラブ外征軍のなかで最大の部隊を派遣したエジプト軍に指向した。エジプト軍部隊は、エルサレム及びテルアヴィヴ近郊まで迫っていたが、ことごとく撃退され、孤立陣地の一画を除き、ネゲブ全域から排除された。この陣地はカイロが休戦を乞うた一九四九年二月下旬まで持ちこたえた。

イスラエルの呼称である独立戦争は休戦協定の調印をもって終った。ユダヤ人国家は、国連の割当てた領域より三〇％多い地域を占領し、パレスチナ人の脱出によって、休戦ライン内はユダヤ人が多数派を占める、しっかりしたところとなった。イスラエル国防軍の実力からいえば、ウェストバンクとガザの占領も可能であったが、その行動に出れば、エジプト及びヨルダンの保護者であるイギリスの介入を招いて戦争になる恐れがあり、二地区をとりこめば人口比が逆転し、ユダヤ人社会が少数派になることも考えられ、国防軍はその挙にでなかった。ヨルダンとの休戦後、一九四九年三月にイスラエル軍部隊が最終作戦を開始、紅海沿岸のウンム・エルラシラシを占領した。ここは分割決議でユダヤ人側に割り当てられた地域である。ここはエイラート（聖書の地名）と改称され、港湾都市として発展、アカバ湾、チラン海峡を経由してアジア・アフリカの市場を結ぶライフラインとなる。

イガル・アロンやイツハク・ラビンのような若手指揮官達は、非常な困難をものともせず、不利な状況を克服し、驚異的な軍事的勝利をかちとった。しかしそれは、多大な犠牲を払った勝利であった。人口の一％

にあたるユダヤ人六〇〇〇人が殺され、数十か所の村落が砲爆撃で潰滅した。国防軍部隊が繰り返し何度もエルサレム旧市に突撃したが、その度に撃退され、旧市はハーシム家の手に残った。エルサレムとテルアヴィヴを結ぶラトルン回廊も然りである。アラブ軍団は、ベツレヘムに近いエチオン・ブロック（開拓村四か所）を根こそぎ破壊し、ヨルダン川西岸のいわゆるウェストバンクを占領した。シリアも境界を越えた地域を占領、確保した。イスラエルの人口密集地と産業地区は、アラブ二か国軍の火砲の射程圏内にあった。海岸平野は帯状を呈し、一番狭いところは海岸から境界までわずか九マイルしかなく、ヨルダン軍あるいはイラク軍が、ここに兵力を集中して、攻撃すれば後がなく、国土は容易に分断されてしまう。

ユダヤ史はトラウマのかたまりといってよい。種々雑多な問題を抱えたイスラエル国民のなかにアンビバレントな心理的葛藤をつくり出した。大上段に構えた必勝不敗の信念と、後がないというこれまた大げさな切迫感が、組み合わさった気持である。西側に対してイスラエルは、巨人のペリシテびとを相手に素手で戦うダビデの自画像でのぞみ、アラブに対しては、無限の力を持つゴリアテ像でのぞんだ。モシェ・ダヤンは、一九五三年一二月に参謀総長に任命されるが、就任前訪米した際ペンタゴンの高官達に、イスラエルは生か死の危機的状況にあると述べ、語を継いでアラブ合同軍は数週間もあれば撃破できる、と言った。[★8]

しかしながらアラブは、このようなアンビバレントな葛藤にとりつかれてはいなかった。彼等にとって一九四八年の戦争はナクバ（災難）であり、このままでは癒されない、と受けとめられた。カイロとダマスカスでは、凱旋式が挙行されたが、その勇壮な行進でも敗北の色は隠しきれず、アラブ諸国がポスト植民地主義の第一回テストに失敗した事実を糊塗できなかった。トランスヨルダンは占領地ウェストバンクを併合し（両岸域を自国領としたため、ヨルダン川の〝向う〟を意味した、〝トランス〟を国名から除くことになる）、エジプトはガザ回廊を占領した。この二地域はパレスチナ国家に含まれるはずであったが、同胞アラブによる占領は、パレスチナ人が国家をつくりそこねた事実を浮き彫りにした。みくびっていた小さなユダヤ人の軍隊に敗北したことは、このうえない屈辱であった。★9 その敗北は英雄を産み出すことはできない。生まれるのは、ガマル・アブデル・ナセルのような痛憤する兵隊だけである。ナセルは、ネゲブの孤立陣地を守り抜いた青年将校のひとりであり、今や復讐の情念に燃えていた。打倒すべきはイスラエルだけではない。イスラエルに高慢の鼻を折られた愚かなアラブの支配者達も、打倒の対象であった。

あり得ない平和

一九四九年前半、イスラエルはエジプト、ヨルダン、レバノン、シリアの順に、個別に休戦協定に調印した。この一般休戦協定（ＧＡＡ）は、その後一九年間アラブ・イスラエル関係に強い影響を与えた。一方のアラブでは、あいまいな字句をたてにとって、随意に戦闘を再開できる権利を含め、交戦権を有すると主張し、相手の合法的存在権を否定し、国家として承認しなかった。外交文書としてのＧＡＡは、独特である。休戦を仲介した功績によってノーベル平和賞を受けた国連のラルフ・バンチ調停官によると、協定は「パレスチナの恒久平和」のための基礎として意図された。しかし、休戦は事実上紛争を継続させ、戦争の下地をつくったのである。

イスラエル国民は御人好しであった。イスラエルは、パレスチナ領になるはずのところを一部占領した。ベングリオンをはじめイスラエルの指導者達はそこを保持し、難民を遠ざけておくこともできると考え、アラブ諸軍に対する国防軍の攻撃はなしとした。平和は、数週間では無理であろうが、数か月もあれば達成できると信じたのである。ところが、アラブ諸政府は、部隊が撤収するや否や、休戦は一時的停戦にすぎず、イスラエル製品のボイコットも可であり、イスラエル船舶のチラン海峡及びスエズ運河の航行は不可、と明言するのである。彼等の主張によると、イスラエルという国は存在しない。存在するのはイスラエル軍だけである。イスラエルの国境もない。あるのは勝手に引かれた休戦ラインであり、非武装地帯（ＤＺ）で虫くいだらけ、しかも土地の所有権が疑問である、とアラブは主張する。

かくして、当初イスラエルに対する優勝杯と称えられた休戦協定は、すぐにその杯を潰すひき臼となった。一九五一年の国連安保理でイスラエル船に対するスエズ運河封鎖の解除が課題になった。しかし、エジプトはすぐに無視してしまう。一方イスラエルの北部ではシリア軍がさらに西方へ進んで休戦ラインを越え、複数の戦略的台地を占領した。日々の問題を扱う混合休戦委員会（MAG）は、非難合戦の場と化し、機能を完全に喪失してしまった。国連パレスチナ和解委員会、米英両政府、あるいは一群の自称調停者が打開の道をさぐったが、イスラエルとアラブ諸国を平和へ向けて動かすことができなかった。

もっとも、アラブ側指導者が全員平和に反対であったわけではない。少なくとも原則論ではそうである。自国に領土の分け前を与える平和なら、特に然りであった。公には〝裏通り〟をなだめるため、声高に主戦論を唱えつつ、シオニストと秘かに取り引きしようとする指導者もいた。例えばシリアの独裁者フスニ・ザイームは、ガリラヤ湖の半分以上を自国領に編入することを条件に、難民三〇万を国内に再定着させてもよい、と秘かにもちかけた。ヨルダンのアブダッラー王は地中海への出口を求め、自国領に編入したウェストバンクと地中海を結ぶ回廊をイスラエルに要求した。エジプトのファルーク王は、ネゲブ砂漠全域（イスラエル領の六二％である）を要求した。しかしベングリオンは、領土の一方的割譲に反対し、現状維持を選択した。現状を維持しつつインフラを整備し、移民を受け入れ、国力をつけるのである。だが、平和を達成できなかったことは、ベングリオンの頑固さよりも、公式にイスラエルと交渉できないアラブの無力に負うところが大きい。ヨルダンの内閣はアブダッラー王を説得し、イスラエル側との交渉を放棄させたし、エジプトの密使は、現在のみならず将来もシオニストとの合意は自分達の命とりになる、と説明した。★10

大衆の声に迎合しようとするアラブ側指導者は、やがて迎合姿勢が無駄な努力であることを知る。次から次に打倒されるのである。フスニ・ザイームは、権力の座について半年もたたないのに打倒され、処刑された。その後シリアには一六の独裁政権が登場し、同じ運命をたどる。アブダッラー王も凶弾に倒れた。一九五一年七月二〇日、金曜の礼拝を終え、孫息子フセイン（後に国王）を伴なって、エルサレムのエルアクサ・モスクを出たところで、パレスチナ人に射殺されたのである。イラクのハーシム家当主ファイサルは、一九五八年七月の革命で打倒され、同月一四日バグダッドで暴徒に殺され、八つ裂きにされた。首相のヌーリ・アルサイードも同じ憂目にあった。イスラエル側と秘かに接触した、声高な反シオニストであった。[★11] エジプトでは、一九五二年七月の政変でファルーク王が追放された。ムハンマド・ナギブ将軍率いる自称自由将校団一派のクーデターによる。ところが一年もたたない内に、当のナギブ自身が追放されるのである。政権の背後に控える真の実力者ガマル・アブデル・ナセル大佐が、今度の追放劇の主役。穏健派と称される人物であった。

イスラエルは、取り引きのできる人であると考えた。エジプト、イスラエル双方の代表が再び秘密の接触を開始した。イスラエルの指導者に宛てたナセルの書簡（無署名）さえ出された。しかし、エジプトの基本的立場は全く変っていなかった。エジプトによると、現状のままであれば平和は考えられない。状況を変えなければならない。端的に言えば、イスラエルがネゲブ全域を割譲して初めて、平和は可能になるということであった。一九五三年になるとエジプトがパレスチナ・ゲリラ（アラビア語でフェダイーン、自己犠牲の意）のイスラエル攻撃を支援するようになり、さらにエジプトのプロパガンダが〝二回戦〟の呼びかけを再開したので、ベングリオンは接触をエジプト側の策略とみなすようになった。殲滅の前にイスラエルの感覚を麻痺させて、それから始末するつもり、と考えたのである。

翌一九五四年は、目立たなかったが、実は中東の流れが変わった年であった。その年、イスラエルの独立を承認し（第三国経由で）武器の供給にも応じていたソ連が、アラブ支援に方向を転換したのである。ソ連は、シオニズムからこれ以上得るものはないと判断した。シオニズムが抵抗した大英帝国は死滅寸前にあり、ポスト植民地主義の新生諸政府を慰撫すれば、得るところ大である。脆弱な南方国境地帯の安全を確保し、同時に西側の石油供給に脅威を及ぼすことも可能である。共産党第一書記ニキタ・フルシチョフは「イスラエル国は、存在の初日から近隣諸国に脅威を及ぼし始めた…非難して然るべきである」と言明し、帝国主義と共謀し、「この地域の天然資源をあからさまに略奪する」とイスラエルを非難することも忘れなかった。そしてそのソ連は、イスラエル撃滅まではいかないが、〝パレスチナにおけるアラブの権利〟顕現のためのあらゆる手段、を支持した。★12

冷戦は中東に波及した。一九五四年は、米英が北寄りの諸国（イラン、トルコ、パキスタン）を糾合して、対ソ防衛を構想した年でもある。アラブ諸国をとりこんで、この地域をソ連の手から守るのであるが、アラブ・イスラエル紛争はこのブロックの障害、とみなした。そこで英米の政策立案者達は、アルファというコード名の秘密和平工作を立案した。イスラエルに圧力をかけて、大幅な領土割譲を強要する。見返りは、アラブの非戦の約束である。アルファ計画の成功のカギは、ナセルにあるとされた。ナセルは、アメリカに近い人物であり、ＣＩＡは彼のクーデターを粛々として支援していたし、彼の協力で得るところもあった。ナセルの協力に対しては、アメリカ製兵器の供給、エジプトがのどから手の出るように欲しかったネゲブへ至るランドブリッジの建設が含まれるはずであった。★13

ナセルの頭の中には、エジプトと東方を物理的に連結する構想がふくらんでくる。国内改革を公約して権力の座についたこの陸軍将校は、今や外の世界に注目するようになったのである。彼は、エジプトがアラブの一国であり、冷戦では非同盟をつらぬくとし、同心円の権益圏を口にするようになる。それによると、アラブ・イスラム世界、アフリカを中核とし、その中心にエジプトが位置し、エジプトの中心部でガマル・アブデル・ナセルが采配を振る。

進路は定まり、ナセルは時をおかず直ちに行動に出る。七二年に及ぶスエズ運河地帯占領の終結協定をイギリスと結び（一九五四年一〇月の協定、二〇か月以内に運河地帯から英軍が撤退、ただし基地は維持）、返す刀でイラクを北部同盟（バグダッド条約機構）へ加えようとするイギリスの工作を、妨害した。最初は隠微な形であったが、社会主義を導入し、これをアラブ・エジプトの民族主義とブレンドした。そのためイスラム原理主義者は本人に異端の烙印を押し、命を狙うようになった。しかしナセルはひるまなかった。ある暗殺未遂事件の時は、「彼等はナセルを殺すことができるだろう。しかし次のナセルが登場し事業を引継ぐ。革命は死なず」と大見得をきったといわれる。★14

彼をかこむドラマは熱気を帯びてくる。しかし、アラブの諸問題のなかでも最も頭の痛いパレスチナ問題については、ほとんど無視した。イスラエル海運に対する海上封鎖は続けていたが、ゲリラ活動は手加減した程度に押さえながら、このエジプトの指導者は、対イスラエル紛争の積極的激化は控え、外交官が言いそうな言葉を借りれば、〝冷凍庫入り〟の状態においた。しかし〝裏通り〟はもっと要求した。ユダヤ人国家の存在そのものが、アラブには嫌悪すべき問題であった。彼等からみれば、パレスチナを略奪した存在であり、帝国主義を復帰させるための橋頭堡なのであった。ナセルにとってもっと急を要するのは、イスラエルが存在するだけでなく、軍事力を強めて、確固たる存在になりつつあることであった。

ゲリラ攻撃に対しては、イスラエル国防軍の特殊部隊が越境して基地を叩くようになった。その一例が、一九五三年一〇月のキブイヤ攻撃である。アリエル・シャロン少佐に率いられたコマンド隊が、ウェストバンクの同地を襲撃し、家屋数十棟を破壊し、住民六九名を殺害した。シャロンは住民殺害は意図的ではなかった、と主張した。イスラエルが北ガリラヤのフーラ盆地を干拓し、非武装地帯を耕作した時は、シリアが悔しい思いをした。ナセルもこの積極的行動に影響された。一九五四年夏、イスラエル船バット・ガリム号がスエズ運河に入った。エジプト当局による拿捕は国際社会の反感を呼んだ。イスラエルは、イギリスの運河撤退を阻止しようとして、まずい発想の計画をたて、公共施設を破壊してエジプト社会の混乱を企てた。エジプト人、ユダヤ人計一一名が、国家反逆罪の容疑で逮捕された。

屈辱にまみれたナセルは、怒り心頭に発し、パレスチナ・ゲリラに対する支援を強めた。ナセルはイスラエル船の解放を拒否し、放火犯達の特赦も認めず、二名を絞首刑にし、残りに禁固刑を科した。領土割譲の旨味にも拘わらず、アルファ計画も拒否した。ベングリオンの対応は素早く、厳しかった。一九四八年以来初めて正規軍に対して、大規模な報復戦を実施したのである。それは一九五五年二月二八日のガザ急襲戦と呼ばれるようになるが、エジプト兵五一名、イスラエル兵八名が犠牲になった。これで戦争へのカウントダウンが始まったのである。

一九五五年は、暴力がスパイラル状にエスカレートした年である。ナセルはイスラエルに対してはゲリラ戦で攻勢に出た。その一方で政治的には保守の牙城であるヨルダンとイラクのハーシム家そしてサウド家、を目の敵にした。この諸王家はナセルの急進主義に反対していた。この年の九月、ナセルはイスラエルとアラブの諸王家に対して、痛撃を浴びせた。チェコを仲介者としてソ連製兵器を多量に取得したのである。中東諸国軍を全部合わせた数よりも多い戦車、火砲、ジェット戦闘機を購入している。一方ソ連は劇的な展開を見せ、北方同盟をひとまたぎにして、アジアとアフリカの結節点にプレゼンスを確立したのである。ナセルは、近代アラブ史に前例のない地位へ一気に登りつめた。植民地主義が線引きをした国境を超越して、ナセルは今や直接アラブ全人民に直接ワフダ（統一）とカラマ（尊厳）を説くようになった。アラブの盟主エジプトすなわち自分の指揮統率のもとで行動せよということである。

ベングリオンは、ナセルの登場を不安の目で見ていた。その不安は深まるばかりである。彼は、カリスマ性のある、アタチュルク型の人物が現れるのを、ずいぶん前から予言していた。戦争を目的としてアラブ世界を統一できる人物であるが、突如としてその悪夢は現実のものとなった。ベングリオンは、エジプト軍が山のように供給される大量の武器を装備し、ナセルがその武器使用の口実を見つけるのは時間の問題、と判

◉——ベングリオン(左)の後をついで首相になったエシュコル。しかし、ベングリオンは「天国から息子を追放する父親」の如き態度をとった。撮影フリッツ・コーヘン、イスラエル政府報道局(IGPO)

◉——1964年、首相就任後訪米したエシュコルを迎えたジョンソン(右)。「イスラエルの真の友人」と考えていたエシュコルは、4年後に再会する。イスラエル国立公文書館

◉——ナセルとアラファトPLO議長。アルアハラム紙、エジプト

断した。その予想は正しかった。チェコ経由で大量の武器が流入した後、六か月に及ぶ大規模な越境攻撃と報復戦が展開する。ゲリラ攻撃だけでも数百名の死者が出た。[★15]

ベングリオンは、一九五六年春の段階で、エジプトと決着をつける必要がある、と決心する。そして、愛弟子であるモシェ・ダヤン参謀総長とシモン・ペレス国防省次官と一緒に、エジプト軍撃滅と、ナセルの権威失墜を狙った作戦を練りあげた。作戦遂行上イスラエルが必要なのは、武器の補給とソ連の介入阻止を目的に列強のひとつを味方につけることであった。アメリカは、イスラエルの度重なる防衛条約調印要請を拒否し、大英帝国はヨルダンに対するイスラエルの越境攻撃に爆撃で報復すると威嚇していたから、米英いずれかと組むのは論外であった。結局イスラエルは、フランスと組むことになる。当時フランスは、アラブ民族主義とアルジェリアで戦っており、イスラエルの社会主義体制に共鳴する国であった。

ベングリオンは開戦の準備を進めた。しかしナセルは、別の対決を考えていた。スエズ運河の今後に関する協定を英仏と話し合って数週間、ナセルは七月二六日に運河の一方的国有化宣言を行った。そのうえナセルは、ヨルダン及びイラクと手を組むイギリス、アルジェリア支配を続けるフランスの双方を威嚇した。英仏両国は、ナセルから運河を〝吐き出させる〟ため、出兵を決意する。イスラエルが対エジプト戦で列強の支援を必要としたように、英仏も超大国すなわちアメリカのうしろだてが入用であった。

アイゼンハワー政府は、非同盟政策やソ連との武器取引があるため、ナセル贔屓になるわけがなかった。一九五六年前半には、アメリカの失望に追い討ちがかかる。ガンマ計画がうまくいかなかったのである。それは、イスラエルの領土割譲を餌にして、エジプトから非戦の約束をとりつける秘密工作であった。アイゼンハワーは、テキサスの石油王で前財務長官のロバート・B・アンダーソンを交渉担当として送った。特使と会ったベングリオンは、領土の割譲に否定的であったが、いつどこでもナセルと話合う用意がある、と言った。しかしナセルは、この工作を軽く扱った。バグダッド条約のためリスクを冒してまでなぜイスラエルと話し合う必要があると問い、それからアンダーソン特使と会うことを拒否した。この工作が失敗した後、アイゼンハワーは、別の計画を承認した。オメガという最高機密の計画で、暗殺を除くあらゆる手段を使ってナセルを打倒するのである[★16]。

ワシントンは本当にナセルを嫌っていた。しかし、ヨーロッパの植民地主義にはもっと強い嫌悪感を抱いていた。アメリカは、一九五〇年に英仏と三国宣言に調印している。武力による中東の境界変更を禁じる内容である。調印はしていたが、アメリカは運河の国有化をこのような行為と見なすことはせず、エジプトに対する武力行使の制裁も否定した。危機回避を目的として、様々な提案が国際社会からなされた。いずれも牙を抜いた高尚な内容であった。フランスは堪忍袋の緒が切れて、同盟したイスラエルと協議を開始し、イギリスを説得して協議に参加させた。一〇月二四日、パリ郊外のセーブルで、三か国の代表が、極秘の文書に署名した。それによると、イスラエルはスエズにフェイント攻撃をかけ、英仏が表向きは運河防衛を口実に派兵し、運河を占領する。その見返りにイスラエルは作戦中英仏の海空支援を受けるのである。作戦目的はエジプト軍の撃破、そしてチラン海峡の封鎖解除である[★17]。

第二次アラブ・イスラエル戦争は、イスラエルではシナイ作戦として知られ、アラブ側では三国侵犯と呼ぶが、一〇月二九日午後に始まった。まずイスラエルの空挺隊が、運河から二四マイル東のミトラ峠に降下し、この戦略要地を確保した。介入の口実ができて、英仏二列強が最後通牒をつきつけた。予期されていたように、エジプトはこれを拒絶した。一方ダヤンの機甲部隊は、シナイの南部及び中央部のエジプト軍防衛線を突破、エジプトの占領下にあるガザ回廊を席捲した。エジプト軍最高司令官ムハンマド・アブダル・ハキム・アメル大将はパニック状態におちいり、退却を命じた。イスラエルは快進撃を続けた。実際のところ英仏にとって速すぎたのである。英仏艦隊は洋上待機で空しく日を送り、両国の政府首脳は、国際圧力にさらされて動揺し、逡巡した。作戦開始は一一月四日になってからである。そして当のエジプトは、自軍がシナイから駆逐されたわけではなく、英仏の攻撃を予期して本土防衛のため戦術的転進をしたのである、と言い逃れができるようになった（イスラエル軍は一〇〇時間内でシナイ半島を席捲し、事前打ち合せの通り英仏の最後通牒にもとづき、運河線から東一〇マイルの地点で停止していた）。

侵攻のコード名であるマスケット銃兵作戦は、軍事上完勝であった。エジプト軍は完膚なきまでに叩き潰され、運河の四分の三は再占領された。しかし政治的にはまさに破滅であった。国際社会は、冷戦や文化の違いを越えて結束し、攻撃作戦を非難した。さらに英仏は、アメリカの制裁とソ連のミサイル攻撃という二重の威嚇を受けて音をあげた。両軍の部隊は不名誉な撤退を強いられ、両国の国旗が中東の空にひるがえる日は終わった。

これと対照的に、イスラエルはシナイ半島全域、ガザ回廊そしてチラン海峡を制圧し、おいそれとは撤退しなかった。米ソの強烈な圧力にさらされたが、封鎖とテロリズムの犠牲者として国際的な同情を得ていた。さらにベングリオンは国内の支持率も高かった。ベングリオンは、シナイ撤退の要求に屈しながらも、チラン海峡の航行の自由、越境襲撃の阻止の二点だけは頑として譲らなかった。そして、休戦条約のもとでエジプトがイスラエルに対し敵対行動をとったため、休戦条約は死文化したと宣言した。

作戦完了後、四か月にわたる外交交渉で、花火が散る。雄弁で鳴るイスラエルの駐米・駐国連大使アバ・エバンは、絶対に譲れない国益を守るために奮闘した。しかし、イスラエルにとって救世主の役割を果たしたのはエバンなどのイスラエル人ではなく、カナダの外相レスター・〝マイク〟・ピアソンであった。ピアソン外相は、アラブ、イスラエル、ヨーロッパを含む当事者全員から信頼され、多国籍の国連緊急軍（UNEF）の編成、派遣を提案した。任務は、英仏両軍部隊のエジプト撤収の監督である。そして外相は、この構想を、シナイのイスラエル軍部隊にも適用した。イスラエルの撤収と引き換えに、国連軍がエジプト・イスラエル国境沿いに展開し、ガザ回廊、そしてチラン海峡を制するシャルム・エルシェイクに駐留する。これが骨子である。予想通りナセルは、国家主権に関わるとか、イスラエルの攻撃に対する報酬などと称して、この構想に抵抗した。ベングリオンも、ナセルは自分の望む時に国連軍を退去させることができるとして、この構想に疑問を呈した。

行き詰まりは、二つの〝誠実な〟合意によって打開された。ひとつはナセルとダグ・ハマショールド国連事務総長との合意、もうひとつがアメリカのジョン・フォスター・ダレス国務長官とイスラエルのゴルダ・メイヤー外相との合意である。事務総長はナセルに、国連総会が平和維持部隊は任務を完了したかどうかを考慮する必要があるが、エジプトは国連緊急軍の退去権を持つ、と約束した。一方国務長官はメイヤーに、エジプトがチラン海峡再封鎖の挙に出れば、アメリカはこれを、イスラエルが国連憲章第五一条にもとづき自衛権を行使できる戦争行為、とみなすと言った。そのような事態になった場合、メイヤーは責任をもってアメリカにイスラエルの意図を通告する。英仏もこの合意に同意した。カナダのほかスウェーデン、ベルギー、イタリア、ニュージランドの西側諸国も然りであった。エジプト軍部隊がガザへ戻ったり、ダレス国務長官が休戦条約の支持を繰り返し述べたので、この合意に狂いが生じた。そのようなごたごたがあったが、国連緊急軍は一九五七年三月一一日までに配置を終り、最後まで残っていたイスラエル兵はシナイを去った。[★18]

結局アラブ・イスラエル紛争は、中東の生活に据付けられた固定備品のような状態で続く。一九二〇年代三〇年代の一局地紛争から、一九四〇年代には地域全体を包み込むまでに膨張し、五〇年代には世界をのみ込むまでになるのである。アラブの内部紛争、超大国のせめぎ合い、そしてイスラエルの恐怖心と虚勢、そしてアラブ、イスラエル双方にみられる恨み。このような要素が集まり一体化していた。新しい状況が生まれ、当分それが続くと思われても、可燃性の不安定要素が内在し、ちょっとしたスパークでもそれに火がつき、燃えあがるのである。

冷戦と武力戦

奇妙なことに、一九五六年の戦争は双方に利益をもたらした。ナセルは、エジプトのプロパガンダの手を借りて、政治、軍事両面での勝利を宣言し、帝国主義者を独力で敗北せしめ、イスラエルに対しては国際世論を動員、そのためエジプトに単独で立ち向かうことができなかった、と言明した。ナセルによると、元々の持主に戻ったスエズ運河のおかげで、エジプトは世界の超大国になるのである。[★19]

イスラエル側は、この戦争が少なくとも一〇年間の平穏期間をもたらした、と考えた。国内の開発、発展に必要なしっかりした一〇年である。イスラエルの軍事力は、イスラエルが確固たる存在であり、列強によってどうにでもなる存在ではないことを、西側に示した。アルファ計画とガンマ計画は消えた。アジア・アフリカ諸国と幅広い関係が築かれ、石油はイランから、オーラガン、ミステール、ミラージュといった新鋭ジェット戦闘機はフランスから供給を受けた。フランスは、イスラエルの安全保障上最も大胆な、裏を返せばそれだけ議論の対象になる建設を、支持してくれた。ネゲブの町ディモナ近郊につくられた原子炉施設である。

このようなプラス面と共に、否定的な点もあった。イスラエルが軍事能力に対する自信を深めたとしても、国際圧力の恐れも深まった。アラブからみると、〝イスラエル〟という言葉を口にするも汚らわしく、その代用語〝シオニスト存在体〟は、帝国主義の手先であり、攻撃的であるが精神はもろい。二回戦は一回戦よりうまくいったかもしれないが、第三回はアラブの勝利になる、と彼等は信じた。あとは、ナセルが引き金を引くだけである。[★20]

イスラエルにとって幸いなことに、ナセルはアラブの〝スエズシンドローム〟に引きずられることなく、自分のつくったプロパガンダの誘惑に負けなかった。彼は、エジプト軍がイスラエル軍に敗北したことを知っており、次の戦争は、どんなに先触れがあっても、アラブが力をつけるまでは可能な限り遅らせなければならない、と考えていた。ナセルは国連緊急軍（ＵＮＥＦ）に協力し、シナイには形だけの部隊駐留にとどめた。イスラエルの船舶は妨害を受けずにチラン海峡を通航した。ナセルは口では好戦的な言辞を弄して大言壮語したが、パレスチナ問題は再び〝アイスボックス〟に入れられ、しっかり蓋をされた。

ナセルは自分のエネルギーを別の方面に注入した。第一は、アラブ社会主義と民族主義の融合で、ナセル主義と呼ばれる。急進性が強い。第二は、大衆を鼓舞し、エジプト経済の活性化を目的とした一連の一党独裁運動である。ナセルの努力はほとんど成果がなかった。

何とか成果をあげようと焦ったナセルは、ソ連の方へにじり寄っていき、中東の王族達との紛争をエスカレートしていく。ある研究者は、これをアラブの冷戦と称した。

アラブ世界では暗殺や爆弾テロが日常化し、クーデターが相次いでおきた。一九五八年にイラクで革命が起きて当地のハーシム家は打倒され、レバノン、ヨルダンでも支配体制打倒の騒ぎがあった。こちらは、西側の軍事介入で阻止されている。アイゼンハワー大統領が、英仏排除後の空白を埋めるべく導入したアイゼンハワー・ドクトリンをもって行動したのである（一九五七年にはヨルダンに対しアメリカが第六艦隊を派遣、経済援助を開始。一九五八年にはイギリスが空挺隊をヨルダンに、アメリカが海兵隊をレバノンに派遣）。これ以降アメリカが、中東防衛に積極的に関わるようになる。共産主義、そしてその同盟国の脅威下にある国家を、守るのである。同盟国の最たるものがエジプトであるのは明らかであった。[★21]

ナセルは、一九五八年の失敗がありはしたが、シリアとの統一という離れ業をやった。シリアも急進的な社会主義、親ソ路線をとっていた。二国の合併で成立したアラブ連合共和国（ＵＡＲ）は、アラブの急進思想の体現であった。一年後の一九五九年、ナセルはガザにパレスチナ・ナショナルユニオン（ＰＮＵ）をつくった。それは亡命政権の一種で、実権は全くなかったが、ナセルはパレスチナの大義に対する誓いを表明したのである。ナセルが華々しい業績をあげたのは一九六〇年。すなわち、ソ連の資金援助による「ピラミッド建設以来の中東最大最高の土木工事」と銘打ったアスワン・ハイ・ダムの建設である。〝裏通り〟の人民は陶酔感にひたった。アラブ世界は東と西が連結され、イスラエル包囲環が形成され、段々と締めつけが強まって、パレスチナの武力解放に対する期待が高まってきた。ナセルはその期待感を無視できなかった。特に一九六〇年二月が然りである。この時シリアは開戦に踏みきるかに見えた。[22]

それは、北部境界沿いの非武装地帯を、イスラエルが耕作しようとしたことに端を発する。シリア軍部隊がトラクターに発砲し、イスラエル軍の火砲がフーラ盆地を眼下にするゴラン高原のシリア軍陣地を叩いた。摩擦が熱気を帯びるようになると、ソ連が割りこんできて、ナセルにイスラエルのシリア侵攻意図を伝え、攻撃開始日と称する日時すら教えるのである。連合共和国の成立記念日にあたる二月二二日、ナセルは前と同じような警告を受けた。アラブの世論が沸騰してきたので、今回ナセルは行動を選択した。精鋭の第四機甲師団を含む二個師団がシナイへ急派された。国連緊急軍司令官は、戦闘が始まった場合、二四時間以内の半島撤収を求められた。

それはみごとな武力誇示であった。油断していたイスラエルは、南部に戦車三〇両しか配置しておらず、虚をつかれた。軍が必死になって動員をかけている間、イスラエルの外交官は、シリアまたはエジプトが開戦する場合に備え、諸政府の支持とりつけに奔走した。一触即発の緊張状態が三月初めまで続く。初旬になってエジプト軍部隊は進出時と同じように静かに、シナイから撤収した。[23] イスラエル国防軍は、芳香を放つ砂漠の植物レタマ（ヘブライ語でローテム）の名をとってレタマ作戦と呼んだが、今回のこの事件はイスラエルにとってトラウマとなり、ナセルには勝利の喜びをもたらした。この時の記憶は一九六七年時点でも生々しく、そしてその教訓も鮮明に残っていた。

アスワン・ハイ・ダムとレタマは、アラブ連合共和国の哀れな末路に比べれば、例外的な出来事であった。連合共和国は、アブダル・ハキム・アメルが副大統領として国家運営にあたったが、一九五六年の戦争における指揮統率と同じように技量に欠けていた。ダマスカスの合同政府は機能せず、統合はほころび始めた。硬直した国家統制が伝統的に解放的なシリア経済に押しつけられ、腐敗と独裁が支配した。シリアの軍人達は、権力に近づけず、カヤの外におかれて激怒していた。一九六一年九月、サラフ・ジャディードやハフェズ・アサドを含む将校グループがクーデターを決行して成功、連合からの離脱を宣言した。[★24] アメルとその補佐官達は、栄誉礼も何もなく素っ気なく飛行機に押しこまれ、カイロへ戻された。アラブ連合共和国の形見は名称だけ。その名称は一九七一年九月までエジプトが国名として使用した。

この〝分離〟（インフィサル）期は、これまで上昇気流にのっていたアブデル・ナセルが失速し、下降状態になる時代である。ナセルは病んでいた。その年糖尿病にかかったのである。ソ連のフルシチョフとの波乱にみちた関係も問題であった。この党第一書記の目からみれば、ナセルは主義主張が徹底せず、急進性に欠けていた。エジプト経済は急激に下降していた。暗い話ばかりであったが、暗夜の灯がひとつあった。ジョン・F・ケネディが大統領に就任し、対米関係が一気に改善したのである。

ケネディは、対決姿勢の強いアイゼンハワーとは対照的に、中東におけるソ連の影響を押さえこみ、ナセルが問題を起こさないようにするには、ムチより飴が効果的、と確信していた。ワシントンは、ケネディの特別顧問チェスター・ボールズの言う〝最大最強の秘密兵器〟を使った。〝宣伝マイクを捨てブルドーザーを選ぶ〟ためのインセンティブとして、小麦などの食糧や生活必需品の年二回供給、をナセルに提供した。この政策は一時的ながら有効であった。ナセルは、アラブ内の政争のごたごたから手をひき、国内問題に集中するように見えた。エジプトは、特にアフリカの戦闘的解放運動を依然として支援し、非同盟運動で主役的立場にあって、アメリカはうんざりしていたが、いずれにせよ対話のドアはきしりを発しつつ開いたのである。変化の兆しは、双方の大統領が交わした温かい書簡にみられる（ナセルが「両国の間に相違点はいつもある」と書き、ケネディはこれを引用しつつ「しかし相互理解が、この相違点を限度内に抑え、突出させせない」と答えている）。両国の関係が改善しているのは、対エジプト支援の増加によっても明らかである。アメリカは一九六二年時点で、エジプトの食糧需要の四〇%を供給していた。★25

しかし、一九六二年に、米エ関係に潰滅的打撃を与え、ナセルの運命を凶に変える災難の種がまかれた。問題はイエメンである。この年の九月、遥かな遠隔のアラビア半島南端の国イエメンで、イマム王朝のバドル国王が、アブダッラー・サラル将軍率いる自由将校団に打倒された。バドルはリヤドへ逃げ、政権奪回の機を窺い、サウジに支援を求めた。一方サラルはカイロに協力を求めた。

当時ナセルはアラブ連合共和国解体と経済政策の破綻によろめいており、さらには、軍上層部の一部幹部将校の忠誠心に疑問を抱き、恐れてもいた。サラルの要請はナセルの気を惹いた。軍部は、サラルの部隊に戦術支援を与えれば、自分達の功績としてナセルに示すことになる。だがナセルはその要請を受け入れた。イエメンは自分に向けられる軍部の関心とエネルギーをそらすための良い場所であり、ライバルのサウジに打撃を与え、さらにはアデンの英国コロニーを翻弄することでもできる、と考えたのである。フルシチョフは、キューバのミサイル危機で面目丸潰れとなり、報復を考えていたので、ナセルを励ました。★26

かくして、激しくも空しいドロ沼のイエメン内戦介入が始まった。この後のベトナム戦争は、アメリカ版イエメン戦争と言い換えることができる。★27 捕虜の処刑は日常茶飯事で、死体は切り刻まれ、村落が丸ごと破壊されるのも、ままあった。エジプト軍は、サウジアラビアにある王政派集積場を爆撃し、アラブ軍としては史上初めて毒ガスを使用した。この戦争は、アラブの〝進歩〟派対〝反動〟派の冷たい対立に火をつけて武力戦を激発させただけではない。米エの蜜月関係も、はかない一時の夢と消えた。ケネディ大統領は、ナセルの介入を手掛りとしてソ連がアラビア半島南部域への浸透を始めていると認識した。そして、エルスワース・バンカーを特命調停官に任命して離反工作を開始した。バンカーは、サウジとエジプト双方に接触して、苦心の末に合意をとりつけた。それによると、サウジはバドル支援をやめ、エジプトは部隊を撤収することになっていた。リヤドは合意を守ったが、カイロは約束を破り、イエメンへの部隊増派を行った。ケネディは「両国が緊密の度を加える代わりに、離反する恐れのある状況に至りかねない」と警告した。日付は一〇月一九日、暗殺される一か月少し前のことである。[★28]

一見すれば、アラブ諸国の状況が悪化していくのは、考えられないようにみえた。しかし現実にはそうなった。イラクは、エジプトと親密な関係にはなかったが、一九六三年二月にバース党〔復興〕の急進派によるクーデターでカッシム政権が打倒された。そして、エジプト、シリア、イラクの三国連合の計画が進められることになった。共同憲法の原案づくりが行われたが、話はそこまでだった。軍からナセル派が追放され、イラクに血の雨が降ったのである。七月の未遂事件ではシリア軍で同じことが起きた。数百名が殺され、処刑されあるいは銃撃戦で死亡した。

エジプトの対外関係は不順の度を強め、全体的にアラブの内部事情も暗かった。このような事態はイスラエル国民を喜ばせるだけであった。アラブ連合共和国が解体し、ナセルの軍がイエメン内戦のドロ沼に足をとられている状況にあっては、第三次アラブ・イスラエル戦争の危機はほとんどないと思われた。さらに、イスラエルの安全を保障することが、アメリカで起きた。ケネディ政権下で米イ関係に重大な改善が始まったのである。共和党は、ユダヤ系アメリカ国民の支持を受けなかったし、イスラエルに対し概して冷たかった。これに比べ民主党のケネディは、ユダヤ人票のおかげで辛くも選挙に勝利し、ユダヤ人国家について親愛の情を示した。ケネディはメイヤー外相に、「合衆国はイスラエルと特別な関係を持つ。これと比肩できるのは対英関係だけである」と語り、「侵攻を受けた場合、合衆国が支援に馳せ参じるのは極めて明白、と考える」と述べた。その言葉はアメリカの対イ武器売却で具体化した。アメリカは七五〇〇万ドル分の武器を供給した。供給額の三分の一は、ホーク地対空ミサイルの分であった。[★29]

しかし、米イ関係に摩擦が全くなかったわけではない。ケネディ政権は、アイゼンハワー政権と同じように、テロに対するイスラエルの報復、ヨルダン川流水路変更プロジェクトに反対であり、イスラエルがパレスチナ人難民の帰還に応じないことにも、反撥していた。ケネディは核拡散防止の急先鋒であり、その彼が一番苛立ったのが、イスラエルの核開発計画であった。イスラエルの核分裂物質生産で、アラブがソ連製ミサイルを配備し、あるいは先制攻撃をかけるのではないか、と考えたのである。ナセルは、イスラエルの核打撃力なるものを、ミサイル開発の口実にしている。ただし、その開発はロシア人ではなくドイツ人、前ナチ科学者の手で行われていた。イスラエルは、ディモナで不穏当なことは何も行われていないとし、イスラエルは中東に核兵器を導入する最初の国にはならない、と繰り返し保証したが、それでケネディ大統領が納得したわけではない。大統領は半年ごとの原子炉査察を執拗に求め、ベングリオンが協力しなければ、イスラエルに対する安全保障を見直すと脅迫し、協力があるとの期待をこめてホークの提供を口にした。ベングリオンは、イスラエルの核計画は主権の範囲内であり、第二のホロコーストを防止する最良の保証である、と主張した。ホークミサイルはディモナの周辺に配備された。★30

しかしベングリオンは、への字に結んだ口元に逆立つような銀髪、気概や意志の強さあるいは挑むような風貌は昔と変わらなかったが、一九四八年と五六年当時の気力、胆力はなかった。イスラエルは、アメリカと関係を改善し、フランスとは同盟関係にあったし、アジア・アフリカとの関係も築いていたが、ベングリオンの目には自国が地域勢力というよりは、孤立した危険にさらされるゲットーのように見えた。一九六一年、フランスのド・ゴール大統領と会談したベングリオンは、「アラブ連合共和国は、ソ連の供給する兵器のおかげで、年々強大になっている」と語り、「ナセルは、一〜二年もすれば電撃的攻撃を加え、イスラエルの航空基地や都市を爆撃できると確信している」と危機感をあらわにした。ナセルは、一九六二年の七月革命記念パレードで、新型ミサイルを展示し、「レバノン南方のどの地点でも、正確に打撃できる」と自慢した。ベングリオンは動転した。翌年五月、エジプト、シリア、イラクが力を合わせてパレスチナ解放に邁進することを誓い合った時、ベングリオンはまたもや動転した。ほとんどパニック状態であった。テルアヴィヴ駐在のアメリカ大使に「毎日我々だけが破壊の脅威に直面している」と嘆じ、「ナセルは声高にイスラエルとの戦争を叫んでいる。彼が核攻撃能力を手にしたら、我々はもうおしまい」と言った。実際のところこのミサイルは、第二次世界大戦時のＶ・Ｉロケットに毛の生えた代物で、アメリカの情報機関によれば、「高いものについた失敗作、使いものになるまで少なくとも数年は要する」のであったし、パレスチナ解放の新しい三国同盟という話もこけおどしどころか嘘であった。しかし、ベングリオンにはほとんど通じなかった。彼は危険感をあらわにして、フランスのダッソー社との契約をせかせた。一九六六年ないしは六七年の完成をめどにする地対地ミサイルの開発である。★31

イスラエルに心配の種がなかったわけではない。西の地中海側を除けば、北から東そして南まで、隣接国はすべて敵性国家である。そこにはアラブ諸軍約三〇個師団が控えている。長さ六三九マイルの境界線は敵性ラインである。エジプトは、チラン海峡を封鎖しようと思えば、いつでもできる。シリアは、ヨルダン川の源流を押さえているから、イスラエルの給水を遮断できる。アラブ側の軍事支出は、合計で年間九億三八〇〇万ドル。イスラエルは国防費を五倍に増やしたが、それでも相手側の半分ほどである。交戦による死者は、一九四九年から五六年までの八年間で四八六名、一九五七から六七年までに〝わずか〟一八九名であったが、待ち伏せ攻撃や越境砲撃の危険はいつもあった。

イスラエル国民が、この事件の数々を忘れたわけではない。しかし国民の多くにとって、六〇年代の初めは恐怖に支配されるというよりは、比較的安定した繁栄の時代であった。人口は三倍増の二九〇万になり、経済は年率一〇％の割で成長していた。成長率で比肩できるのは日本だけであった。大学卒業生の数は人口比率で世界五位。芸術活動も盛んであり、出版、報道は言論の自由を謳歌していた。偏見や差別は、特に北アフリカ出身の新移民に対して広がっていたが、それでも民族意識や全体をひとつにくくる国家の価値観が、厳として存在し、独特の熱気と躍動感があふれていた。基本は保守的で、治安上の理由でビートルズの公演は、締め出されていた。実際にはイスラエルの青少年を守るのが本当のところであったが、その社会はどんどん新しいアイディアを吸収し、物質主義の初期段階にあった。次世代の新しい指揮者が生まれたのもこの頃である。彼等は自信にみちあふれていた。

その自信は、国防軍に根づいていた。その軍は兵力二五個旅団、ジェット戦闘機一七五機、戦車約一〇〇〇両の戦力に成長した。戦車は改良型の一〇五ミリ砲を搭載して、機甲打撃力の骨幹を形成し、いざとなればこの打撃力をもってアラブの防衛線を一気に突破、その戦闘能力を破壊し、速やかに勝利する。イスラエルの諸都市は境界（休戦ライン）に近く攻撃を受けやすいので諸都市が潰滅する前に、勝敗の帰趨を決するのが鉄則とされた。空軍も機甲打撃力と連動し、エジプトに必殺の〝ノックアウトパンチ〟をくらわすのである。エジプトを無力化すれば、ほかのアラブ諸軍は崩壊する、と考えられた。しかしイスラエル国防軍は、単なる戦闘部隊ではなく、それ自体がひとつのエトス（社会的・文化的精神）であった。ボランティア精神と社会的責任感が横溢し、指揮官先頭が常であり、アハライ（後に続け）がモットーである。兵役義務は女子が一八か月、男子は最低二年であるが、除隊後五二歳まで年数週間の予備役勤務があるが、イスラエル国民は一時休暇中の万年兵に似ていた。軍は形式主義的なところがなく、敬礼とか隊伍を組んだ行進とは無縁の存在であった。国防軍は速度、状況即応、そして指揮の柔軟性に重点をおき、下級将校でもその場で重大な決心をすることができた。まわりはイスラエルの存在権を認めていない。戦争を仕掛けられたら、選択の余地はない。生き残りをかけて戦わざるを得ない。そしてその敵は、イスラエル国防軍の成長にも拘わらず、数において格段にまさるのである[★32]。

一九六三年六月、建国の父ベングリオンが引退を発表した時、国民は平静な気持で政界を去るのを見送った。政治的自信と軍事力が平静の背景にある。辞任の遠因は一九五四年のスキャンダルにある。その年エジプトで破壊活動があり、逮捕者が出た。誰がこの破壊活動を命じたのか、当時の国防相なのかそれとも情報機関なのか。閣内会議はすでに前国防相を潔白と判定していたが、ベングリオンはそのような手続きに反対で、独立の司法委員会設置による調査を、執拗に要求した。職務をかけての要求であったが、結局ベングリオンは負けた。自分の所属するマパイ党（イスラエル労働者党）の同僚の大半は、閣内会議の判定を支持していた。そこで抗議の引退声明となったのである。衛兵交代、平たく言えば政界指導者の新旧交替劇が、この論争の背後にあり、ゴルダ・メイヤーやイガル・アロンといった成り上がりの政治的願望は、国家が本当に危機的状況にある時であれば、実現しなかったであろうし、建国の父に代えて、年老いて地味なテクノクラートのレビ・エシュコルに国家の命運が託されることもなかったであろう。

前農業相のエシュコルは色艶のない人で、財務と農業には豊富な実務経験があったが、国家の根幹に関わる安全保障問題については、未知数。はっきり言えば経験がなかった。政治家のなかで、長く政権を維持できると考えた人は、ほとんどいなかった。早晩ベングリオンが復帰すると考えていたのである。エシュコル自身当初は自分の役割を〝首相代行〟と呼んでいた。しかし、アラブ世界との関係になると、ベングリオンとエシュコルの間に認識の違いはほとんどなかった。エシュコルによると、アラブは戦争を望んでおり、イスラエルは軍事的に無敵であると同時に脆いところがある。イーデッシュ文化の教養を持つエシュコルらしく、これを称してイーデッシュ語でシムション・ネベッディッカー（抜け作のサムソン）と言った。エシュコルは一か月もたたない内に、安全保障問題を自分の言葉で語るようになり、国防軍空挺部隊に「国家存亡の秋がおそらく来るだろう。その時イスラエルの境界線を決めるのは君達である。隣人達は勘違いしてはならない。弱さの故に我々がひるむことはない」と言った。一方国防大学においては「我々が直面するのは、国家の完全潰滅のおそれである」と警告を発した。[★33]

解凍

イスラエルは、さまざまな党派が自己主張する社会である。逆説的な表現であるが、ばらばらの社会をひとつにまとめ得たのは、アラブの敵意のおかげである。一方、同じ敵意がアラブを情念のうえで結束させ、指導者達はその結果を利用しようとした。エジプト、シリアそしてイラクを連邦化する三国同盟の提案は、イスラエル撃滅を目的とした連合であった。三国それぞれに主義主張が違い、共通するのは反イスラエルの点だけであった。この問題でしかまとまらないのである。自分達の問題も、この問題に集約してしまった。例えばエジプトはイエメン内戦の介入を「シオニズム駆逐過程の第一歩」とし、ヨルダン・サウジ協定（タイフ協定）はこの介入に反対し、「反ユダヤ戦線の形成」を表明した。★34

しかしパレスチナは、著しい対照を成す方向へ流れる激流であった。指導者がライバル打倒など自分の思惑で利用して、その流れはアラブ世界をひとつになって流れたり、分断したりした。例えば一九六三年、三国同盟の死産で、シリアの独裁者ハフェズ・アミン将軍は、イスラエルに対して「柔軟」であり、「少量のアメリカ産小麦のためにパレスチナを売りとばしている」としてナセルを非難し、当のナセルは「エジプトを背後から刺し」て、統合の前にアラブを戦争にひきずりこもうとしている、としてシリアを逆に非難した。長年ヨルダンの首相をつとめたワスフィ・タルはダマスカスに盤踞する不倶戴天の敵共と連帯し、イスラエルと戦争ができず「国連緊急軍のスカートのうしろに隠れている」とナセルを罵倒した。★35 一〇〇万のパレスチナ人難民が存在し、イスラエルは自国の安全を守る外交、防衛政策を堅持していることから、この紛争がアラブの連帯と敵対の双方に引き続き使われるのは明らかであった。

この流れは、一九六四年の初め頃には分流、分断からひとつの流れに戻り始めたようにみえた。ガリラヤ湖からネゲブへの導水計画が、連帯の口実となった。アラブ側が恐れたのはイスラエルの国力増強である。砂漠が灌漑されるとユダヤ人移民をさらに三〇〇万も吸収できるようになり、イスラエルのパレスチナ支配力を強めると考えたのである。シリアはこの恐れを、ナセルと対抗するために利用した。彼等はアルジェリア戦争における勝利を引合いにだし――ナセルの支援に負うところが大きいのであるが――シオニストの野望を叩き潰すための〝人民戦争〟を呼びかけた。ヨルダンとサウジアラビアは両天秤にかけた揚句ダマスカスの側についた。エジプトは突如として孤立状態におかれることになった。アラブ最強の国は、行動に出たくないようにみえた。

しかしナセルは、裏をかかれる人物ではなかった。ドラマチックな構想をうちあげたのである。それは、アラブの全国家を召集した首脳会議の提唱で、ナセルは「パレスチナはすべての見解の相違を越境する」とし、「パレスチナのために我々は、意見を異にする人々全員と話し合う用意がある」と述べた。★36

この大言壮語の背後に、ナセルの思惑があった。パレスチナ問題について、その主導権をシリアに渡したくないのである。そしてその思惑の背後には別の思惑があった。引きずりこまれるような戦争や負けるような戦争はしたくない。首脳会議開催の一週間前、ナセルはポートサイドで次のように述べた。

今日我々は武力を行使することができない。環境がそれを許さないからである。我々と共に耐えてもらいたい。パレスチナの戦いは今後も続くのである。ヨルダン川の戦いはパレスチナの戦いの一環なのである。準備ならず私が開戦できない時に戦いを宣言すれば、皆を破滅へ導くことになる。私は国を破滅へ導きたくない。国家の命運をかけたくないのである。★37

戦争を避けメンツを保つのが、首脳会議開催の動機であったが、ナセルにはもっと大きい理由があった。イエメンのドロ沼から足を抜きたいのである。一九六二年に派遣したのは小さい部隊であったが、見るまにふくれあがって、五万を超える兵力となり、すでにエジプト経済に影響を及ぼしていた。アメル将軍とその取りまきは、戦争で金持ちになっていたであろうが、国家はイエメン出兵ですでに九二億ドルを支出していた。エジプトの農村各一か村あたり約五〇万ドルである。さらに、数千名の犠牲も出ていた。しかしながら、撤収するためには、サウジをはじめとする憎むべき〝反動〟との交渉が必要であった。それは、戦争に倦み疲れたナセルが払わなければならぬ代償であったが、結局その気になる。

一九六四年一月一四日、パレスチナ戦争以来最大のアラブ首脳会議が、カイロで開催された。その後三日間ナセルは遮二無二行動し、手に負えない危険な革命運動家を手なずけ、保守派の王族達を自分の陣営に引きこんで、自分の目的の大半を達成した。しかし、それはただではなかった。アラブ連盟のヨルダン川流域変更計画が、承認されたのである。予算一七五〇万ドルで、バニアスとハスバニの源流でコースを変えるため、イスラエルの取水量と水質が激変することになる。水不足で国が干し上るのを、イスラエル国民が手を拱いて傍観することはないと考えられるので、首脳会議はアラブ統合司令部（UAC）の設置を決めた。工事援護、積極攻勢の準備を目的とする。一〇年分の予算三億四五〇〇万ドルで、統合司令部はアラブ諸軍の装備標準化、ヨルダンとレバノン及びシリアに対する軍事援助を行い、さらにヨルダンにイラク軍部隊、レバノンにもシリア軍部隊を駐留させ、両国の防衛力を強化する計画もたてられた。そして、精鋭のイラク空軍は統合司令部の指揮下に入ることになった。開戦準備に関しては、秘匿、統一、戦備完整が合言葉になった。[★38]

首脳会議は、「アラブの全指導者が一堂に会して協議し合意に達したアラブ人民史上最初の快挙」と讃えられ、ナセルの勝利となった。アラブ統合司令部は、エジプトの直轄となり、アリ・アリ・アメル大将が司令官、アブダル・ムーニム・リヤド大将が参謀長に、それぞれ任命された。イスラエルを相手とする武力闘争では、エジプトが主導権を握ってきたが、武力対決は、統合司令部が運用可能になるまで、少なくとも二年半、すなわち一九六七年まで延期することになった。今やアラブ世界はナセルの統制下にしっかり入った。

彼が首脳会議のモットーにした「行動の統一」は、実現したかに見えた。[39]

しかし首脳会議は、イエメン内戦のドロ沼からエジプトを引抜いてくれなかった。シリアを軟化させることもなかった。ハフェズ・アミンが帰国するとすぐ、政権は「あらゆる手段を投じた戦いにアラブ全人民を総動員することが、我々の任務である…」と繰り返すようになり、国連緊急軍のスカートのうしろに隠れていると、再度エジプトを非難した。[40] 統合司令部は手段であり、シリアはこれを利用しようと躍起になった。ナセルは、アラブの連帯、統合を求め、当面イスラエルとの紛争を避ける方針でありながら、意図せずして反対派の枠を固め、戦争へのはずみをつけてしまう。

これは、その後二回開催されたアラブ首脳会議（六四年九月のアレキサンドリア会議、六五年九月のカサブランカ会議）の過程で、はっきりしている。代表達はアフマド・シュケイリを議長とするパレスチナ解放機構（ＰＬＯ）の創設を承認した。弁護士のシュケイリはがっしりした体格で能弁であったが、ナセルの太鼓持ちといわれていた。また、パレスチナ解放軍（ＰＬＡ）をイスラエルとの境界沿いに配置することも決まった。もっと実質的な決定が二つあった。第一は統合司令部の予算増で、六億ドル追加になった。第二は、一九六七年頃を目処とする〝イスラエル駆除〟の作戦計画の策定である。アラブの指導者達は、お互い他国の国内問題に干渉することをやめ、至高のゴールであるパレスチナの救済に集中することを誓った。[41]

しかし、アラブ内の協力は、再び画餅に帰した。ヨルダンは、パレスチナ解放軍のウェストバンク配備に反対し、イラク軍とサウジ軍のヨルダン配備に反対し、イラク軍とサウジ軍の受け入れを嫌悪し、イラクは空軍機を統合司令部の指揮下に入れるのを望まなかった。さらに、エジプトの将軍達から誰も命令を受けたくなかった。エジプトを除けばシュケイリはどこに行っても嫌われた。そして、アラブ諸国が一様に資金援助の公約を守らなかったので、ＰＬＯはいつも素寒貧であった。[42]

ナセルの頭痛の種はこれだけではなかった。それはほんの序の口にすぎなかった。もっともっと根の深いトラブルが浮上してきたのである。張本人はシリアであった。一九六四年春、エジプトがイエメン内戦のドロ沼に足をとられて身動きがとれないのをよいことに、アラブのヨルダン川流域変更作業を一方的に開始したのだ。予想されたように、イスラエルが黙って見ていることはなく、大々的砲撃でシリアの土木工事を破壊した。シリア軍のサラフ・ジャディド参謀総長は「イスラエルは地図から抹殺しなければならない。これが全軍将兵の願いである」と述べ、イスラエルとの戦いに火をつけ、シリアの解放努力を支援せよ、とアラブ大衆に発破をかけた。★43

一方、ナセルを愚弄したのが、サウジである。イエメンに足をとられ、肝心のパレスチナ救済が、おろそかになっているというのである。一九六五年八月ナセルとサウジのファイサル国王がイエメンの和平（ジッダ協定）で合意した。しかし結局はこの協定も無視され、ナセルはサウジアラビア侵攻の脅しをかけた。そして、エジプト軍の精鋭七万の部隊が、イエメンに足をとられ、身動きできない状態が続いた。この年西独がイスラエルを承認すると、ナセルは足をよろめかしながら、西独ボイコットで主導権を握ろうとした。しかし、サウジアラビア、モロッコ、リビア、チュニジアはついてこなかった。さらに、チュニジアのハビブ・ブルギバ大統領が、国連のパレスチナ分割決議受け入れを表明し、異端ともいうべき挙に出たので、ナセルは本人もボイコットした。★44

二年近い間に三回開催された首脳会議は、エジプトにとってほとんど何の益にもならなかった。ほかのアラブ諸国にとっても然りである。イエメン戦争は終らず、アラブ同士の言い争いも続いた。イスラエルに対し、じっくり腰をすえ足並みを揃えて共同戦線を形成する代わりに、共同戦線に対して挑発するような連合攻勢計画が個々に出された。簡単に言えば、団結の有利性を欠くことばかりである。唯一の成果ともいうべきPLOの創設すらひどかった。ファタハをはじめとするパレスチナ・ゲリラ運動が七つ以上も乱立し、無能と称してこの上部統括機構を忌避した。

アラブの内紛が険悪化する一方で、米エ関係はケネディ政権の末期には極めて緊張し、リンドン・ベインズ・ジョンソン大統領時代ついに破綻した。ベトナム戦争やコンゴ紛争に対する態度、イスラエルやイエメンそしてアラブ親米派に対する政策で、エジプトとアメリカは基本からくい違っており、新たにホイーラス（メラッハ）基地問題で対立が生じた。リビアのトリポリ近郊にあるアメリカの空軍基地で、アメリカにとって極めて重要な戦略要地であったが、エジプトがその存在を非難、攻撃した。

破断界は一九六四年一一月にきた。アメリカをターゲットにした事件が、いくつか起きたのである。ルシアス（ルキウス）・バトル大使は、これを〝連続恐怖事件〟と呼んだ。最初は焼打ち。首都カイロで暴徒がアメリカ大使館を襲撃して、付属図書館を焼いてしまった。次は撃墜事件で、エジプト軍が、テキサスの実業家ジョン・メーコムの所有機を撃ち落としたのである。本人は大統領の親友であった。バトル大使が、引き続きアメリカの小麦を入手したいのであれば、少しはおとなしくなったらよかろうと言うと、当のナセルは怒り心頭に発し、「アメリカの大使は我々の態度を受け入れられないと言っている。それならこちらも言おうじゃないか。我々の態度を受け入れない者は、自由にどこぞへ行くがいい。海に落ちて塩水でも飲んでおれ…我々は、我々をけなす者は容赦しない。舌を切ってやる…我々が、カウボーイの脅迫行為を受け入れることはない」と言い返した[★45]。

かくして、アメリカの対エジプト援助は終った。カイロは、対外債務の返還期限の延長と、世界銀行から融資を得ようと必死であったが、一九六五年には、アメリカはせっせとこれを妨害する方にまわっていた。アメリカの小麦は、今やエジプト人口の食糧需要の六〇%をまかなっていた。それが出荷停止になった。ナセルは、ジョンソンが卑劣な手段で自分を痛めつけていると確信した。一九六四年五月のカイロ訪問時、ソ連のフルシチョフが二億七七〇〇万ドルの経済・軍事援助を約束したので、巨額の損失は多少補塡できた。しかしそれは一時しのぎに過ぎず、宿痾もいうべきエジプトの悲惨な状況を、癒すものではなかった。エジプトは、二九五〇万の人口が年率三・五%で増加し、貧(国民一人当たり年間所得一四〇ドル、インフレ率四〇%)と不健康(男性の平均寿命三五歳)と高い文盲率(四五%)に苦しんでいた。その一方で、容赦ない反体制派弾圧、勝手な財産国有化、息の詰まるような官僚主義がはびこっていた。これが一九六〇年代中頃のエジプトである。それは警察国家であった。ナセル主義の壮大さを象徴するアスワン・ハイダムさえも、有害であった。恐るべきビルハルツ住血吸虫症が、ここから全土にひろがったのである。★46

この暗澹たる状況は、エジプトだけではなかった。高い人口増加率と失業率、低水準の保健衛生と教育は、アラブ世界に共通する一種の風土病であった。★47

アラブ社会は、男性が絶対的権威を持つ家長制の古い体質に全体主義政権がのっかり、進歩、発展とは縁遠い存在であった。そして、傲慢な欧米と、その欧米が押しつけた背徳ユダヤ人国家に報復するには、まず何よりも団結が必要だが、その基本目的すらも、アラブの手からすり抜けていた。

一九六五年一月一日未明にイスラエルへ越境テロをかけたファタハ襲撃隊は、絶望と挫折が後押ししたのである。襲撃は失敗に終ったが、この地域全体に衝撃を与える。最初は感知できないほどであったが、やがて地殻を揺るがすようになる。アラブの冷戦時代、アラブ・イスラエル紛争は中断状態におかれたが、激しい勢いで再浮上していた。

アイスボックス

一九六四年―六五年のアラブ首脳会議は、アラブとイスラエルからみると、失敗のように思われたが、まさに休火山にほかならなかったようである。会議は隣人達のイスラエル抹殺願望の象徴であった。イスラエル国防軍情報部は、アラブが水問題で開戦にふみきるという考えを、以前は否定していた。ところ突然トーンを変え、「この願望は常に象徴的なものであった。ただし今まではである」と判断するに至った。情報部の分析は「我々は初めて、明確な工程を持つ計画の存在を知った。大詰めの日が設定されていた。すなわち、一九六七年から六八年にかけて、我々は新たなアラブの攻勢作戦に直面する恐れがある。具体的には、ヨルダン川流域変更、テロ攻撃の教唆煽動…国境紛争…チラン海峡の封鎖等の形をとる」としている。イスラエルは、抑止力の回復維持のため、自国の選択した時期ではない時に、いくつかの正面で反撃せざるを得なくなる。そのためアラブ諸国は圧倒的戦力で逆襲できるようになると、情報部は警告を発した。★48

イスラエルの見るところ、戦争への坂道コースは、現地におけるアラブの行動を出発点とする。一九六四年一一月、北部域が火を噴いた。シリアが単独で行動に出て、ヨルダン川源流の流れを変えると共に、非武装地帯（ＤＺ、地図「ゴランの作戦」参照）の耕作を阻止しようとしたのである。非武装地帯はイスラエル領の一部で休戦協定でシリア軍が撤収した地域である。全体で約一九一平方キロ、不規則な形状を呈し、三つの地域で構成され、それぞれ豆とかド・ゴールの鼻といった仇名がついていた。イスラエルはそこの領土主権を主張し、混合休戦委員会（ＭＡＣ、シリア代表も委員であった）がこの地域に管理権を及ぼすことを拒否し、シリア人農夫の立ち入りを禁じた。しかし、シリアは、この地域に対するイスラエルの支配を絶対に認めず、ゴラン高原の陣地から耕作中のトラクターに発砲した。

緊張の震源地がガリラヤ湖であった。湖そのものはイスラエルの完全な領土主権内にあるが、かろうじて守られている状態であった。湖の北東端の一角が問題なのである。湖岸に沿って幅一〇メートルの帯状の地域はイスラエル領であるが、シリア軍火砲の直射圏内にあり、ほとんど守れない所であった。シリア軍はイスラエルの漁船を日常的に狙撃し、イスラエルの哨戒艇もまた、東湖岸から二五〇メートル沖合いまでの非武装水域へ、頻繁に進入した。

イスラエル国民の心には、二つの問題すなわち土地と水が、不離一体の形でしっかりと結びついていた。イスラエル国民は、非武装地帯に対する主権を断固として守る決意であり、シリアのヨルダン川流域変更を阻止しようとした。かつてエシュコル首相は閣議で「水源の確保なくしてシオニズムの夢は成就しない」と述べ、「水がエレツイスラエル（イスラエルの地）におけるユダヤ民族生存の基本である」と強調している。戦術的にみても、二つの問題は結びついていた。イスラエルは、非武装地帯の事件を口実として利用し、流域変更工事現場を爆撃した。イスラエルの戦車は、遠距離目標の砲撃に熟練してきて、境界から数千メートル先にあるシリアのブルドーザーを撃破した。しかし、そうするとシリアは倍のお返しをした。

一一月一三日、テルダン（イスラエル領内にあるヨルダン川水源）の北、非武装地帯に近いところで、イスラエルのパトロール隊が射撃を受けた。カムフラージュしたイスラエルの戦車が近くにいて、応戦した。すると、ゴラン高原のシリア軍砲兵陣地が一斉に反撃し、フーラ盆地の西側丘陵地帯にあるイスラエルの村落群に、猛砲撃を加えた。その砲兵陣地はイスラエル軍火砲の射程圏外にあり、打撃を与えるには空爆しかなかった。しかしエシュコルは躊躇した。全面戦争になる恐れがあり、アメリカ製航空機の購入に支障が生じることも考えられた。首相は参謀総長になったイツハク・ラビンに「これは、屋根にいくつか穴をあけるだけのことなのか。それとも屋根を吹き飛ばす問題なのか」と問うた。

ラビンは、シリアに打撃を与えるをよしとし、それも断固とした反撃を望んだ。アラブ世界は分裂して、統一行動がとれない。ソ連の介入も考えられないので、報復攻撃は戦争につながらない。それにアメリカはベトナムで北爆をやっているから、シリアに対する同種の爆撃を云々する立場にはない、とラビンは説明した。納得したエシュコルは、ラビンの論理に従った。そして、イスラエルの空軍機が発進した。★49

三時間に及ぶ戦闘で、イスラエル側は死亡四名負傷九名の損害を出し、村落が大きい被害を受けた。シリア側の損害も相当ひどかった。少なくとも戦車二両と土木機械数両が破壊されたが、心理的打撃が一番大きかった。シリア空軍はイスラエル空軍に全く太刀打ちできなかった。一九六五年の春、流域変更工事は引き続き実施されたが、工事現場は境界から五マイル離れていて、戦車砲の射程圏外にあった。しかし、イスラエルが制空権を握っている限り、工事が完了することはないのである。そこでシリアは増強に踏みきり、ソ連のミグ21戦闘機を六〇機程調達すると共に、リスクの小さい新規の対イスラエル戦を開始した。

パレスチナ・ゲリラの襲撃作戦は、まずナセルが一九五〇年代に使ったが、イスラエルに出血を強要できる有効な方法であり、アラブ民衆の心に強く訴えるものがある。作戦の経費は安上がりであまり金をださなくてもよく、政府が共謀の罪で非難されると、知らぬ存ぜぬで、関与を否定できる。特に隣国から発進した場合は、もっともらしく言い抜けられる。パレスチナ諸派は、アハマド・シュケイリを嫌悪し、PLOという何もしない組織を軽蔑している。そのような諸派からテロの志願者をつのるのは、容易であった。この一連の拒否戦線派はシリアと考えを同じくし、イスラエルとの緊張助長で共通していた。ファタハの武闘部門アシファ（嵐）は、シリアの支援を受け、一九六五年の一年で三五件のテロをやった（イスラエル側の資料。パレスチナ側は一一〇件としている）。

このテロ作戦は再度ナセルを困惑させた。パレスチナ問題に対する彼の指導体制の足を引っ張り、イスラエルからの報復という危険も生じる。アラブ統合司令部を仕切る立場から、その報復に対応せざるを得ない。対応は戦争につながる恐れがある。ゲリラは、エジプトにとって最悪の時に登場した。イエメンで軍が足をとられ、経済も下降を続けているのである。サウジアラビア、ヨルダンそしてイランがイスラム連盟で結束し、ナセルの影響力を制限しようとしていた。ナセルは、この連盟をアメリカとムスリム同胞団の共同謀議と非難し、アルジェリアで開催予定のアラブ首脳会議参加をキャンセルした（会議は開催されなかった）。ナセルは「アラブが統一戦線を形成するのであれば、我々は一二日間でイスラエルを殲滅できる」と述べ、「イスラエルは…シリア、ヨルダンからだけしか攻撃できない」と強調した。さらにナセルは「伝統的な方法ではなく革命的方法によって、パレスチナを解放する」意図であると宣言し、その裏でエジプト及びガザのファタハ活動家全員を秘かに逮捕した。★50

シリアが後押しするテロに脅威を感じていたのは、ナセルだけではなかった。もっとさしせまった危機感を抱いていたのが、ヨルダンのフセイン国王である。統合司令部は、サウジアラビアとイラクの部隊をヨルダンに駐留させる計画であったが、フセイン国王は、イスラエルがこの動きをウェストバンク占領の口実として利用すると考え、駐留に抵抗した。今度は、ファタハの襲撃で、フセインは同じような状況に直面することになった。襲撃事件の半分以上はウェストバンクから発進していた。フセインは、ここにシュケイリの影響が浸透してくるのを阻止し、シュケイリはシュケイリで自分のゲリラ隊をつくって、ファタハと対抗せざるを得なかった。ヨルダンの国王はゲリラ活動を徹底的に押さえこもうとした。しかし国王は、パレスチナ人の正当な抵抗の弾圧には限度があることを、知っていた。イスラエルの我慢に限界があるのもわかっていた[★51]。

‡

イスラエル側は、一九六〇年以来国王と意志疎通をはかってきた。その年フセインは、自分の命を狙ったエジプトがらみの爆弾事件で難を逃れ、ベングリオンが祝意を伝えた（〝陛下は今後も、法と秩序を覆えそうとする反逆行為に対処され、勇気をもって困難な事態を排除されるでありましょう〟と、伝えた）。以来国王はイスラエル側代表と時々接触していた。その二年後、やはりエジプトがらみの国王暗殺未遂事件が起きた。モサッド情報機関が阻止し、国王は難を逃れた。国王は、祖父と同じようにイスラエルとの接触に慎重であり、極秘裡にロンドンで行った。エシュコルの平和条約締結提案は、アラブのコンセンサスを破りたくないので、さすがに受け入れなかったが、生活に密着した実務的な面では静かに協力した。ヨルダン川の共同水利用がその例である。一連の首脳会議が開催された時期、この接触がイスラエル及びその友邦のアメリカとの関係改善に役立った。ヨルダンの反シオニスト宣伝が、シリアと負けず劣らず激しかった頃である。宣伝は宣伝、実務とは別である。しかし、テロとなれば、話が違ってくる。イスラエルは、フセインにテロ防止に努めるよう警告した。[★52] しかしテロはやまなかった。一九六五年五月、イスラエル人六名が殺された後、イスラエル国防軍が反撃した。反撃戦は三回、ウェストバンクのカルキリヤ、シューナ、ジェニンの三か所で、水道施設、製氷工場、製粉場が各一か所ずつ攻撃対象になった。軍の作戦規模からみれば、小さな反撃戦である。しかしそれは、シュケイリにはもっけのさいわいで、レトリックを弄する機会となり、議長はハーシム家の〝植民地主義支配〟を厳しく批判し、パレスチナ解放の第一歩としての王政打倒を叫んだ。フセインは「苦闘中の国家に対する反逆の手は断ち切り、我々を憎悪の色で睨む者の目は抉り出す」ことを誓い、PLO事務所を閉鎖した。フセイン国王はナセルに「PLOの存在目的はヨルダンの潰滅、我が国家とパレスチナのために我々が払った多年に及ぶ努力とその成果の破壊」にある、と伝えた。しかしナセルは心を動かさず、一向に同情しなかった。〝保守反動〟をパレスチナの自由の戦士から守ることなど御免であった。シリアはフセインとナセルを非難した。なぜナセルかといえば、パレスチナ人に救援の手を差しのべず、国連緊急軍を追い払うこともせず、〝三回戦〟の火ぶたを切ることもしないからである。[★53] これまでのところ、ファタハの戦略はうまくいっていた。イスラエルを挑発してアラブ諸国に報復させ、そのアラブ諸国は互いにつつき合いあおり立てながら、次第に三回戦へ向かっていく。

‡

イスラエル側は、この状況展開を不安の目で観察していた。北部での鮮やかな勝利にも拘わらず、困惑は深まるばかりである。そのひとりエシュコルは、アラブが一九六七年まで待たずに開戦に踏みきるのではないか、と考えていた。楽観的な分析を盛りこんだ情報報告を受けた時、エシュコルは「わかった、わかった。しかしその情報が間違っていたらどうするのだ」と言った。

イスラエル国防軍は、アラブが総がかりで攻めこんでくる悪夢にとりつかれ、サダン（かなとこ）演習を実施した。全正面で敵の総攻撃をくいとめ、その後反撃に転じる総合防衛計画である。しかし、この作戦の準備完整にはあと一年かかる。一九六六年七月まで未完であり、その間国家を守りきれない状態が続く。エシュコルは、戦車部隊に三日分の弾薬貯備しかないと知って愕然となり、二倍の六日分にせよと命じた。エジプト空軍だけを相手にするのに、保有機の三分の一が必要であることも、心配であった。このような懸念材料に加えて、一九六五年一月にモサッドの情報部員エリ・コーヘン（アラブ名カマル・アミン・サベト）が逮捕され、頭痛の種が増えた。エリ・コーヘンはシリアの軍部上層部にくいこんでいたが、五月に処刑され、イスラエルはゴラン高原のシリア軍配備と対ファタハ支援に関する貴重な情報取得手段を失ってしまった。[★54]

イスラエルにとってもっと大きい心配の種が、友邦フランスとの関係である。ド・ゴールが登場して以来、関係の冷却が始まった。ベングリオンが閣外に去り、さらにアルジェリア戦争が終り、反ド・ゴールの政争で親イスラエル派将軍達のからみがあり、一九六一年にミラージュⅢ型戦闘機七二機のイスラエルへの引渡しは終っていたが、その後の引渡しが滞っていた。フランスがスエズ問題に幕引きして、中東との関係を再構築しようとしていたからである。一九六五年までにエジプトとの関係が改善し、その年訪仏したエジプトのアメル将軍は賓客として歓迎された。[★55]

イスラエルが抱える懸念材料について、答えてくれるのはアメリカだけ、それもイスラエルに同情的な大統領である。ケネディ暗殺後ジョンソンはイスラエルの外交官に、「君達はまことに偉大な友人を失った。しかし、君達にはもっと良い友人がいる」と言ったそうである。その友情は、一九六四年六月に明示される。エシュコルを迎えた大統領は、「イスラエルの安全保障に関わる問題について、合衆国は…東南アジアの場合と同じように…イスラエルを断固として支援する」と語った。この二人は、同年配で同じ農家出身であり、信頼関係を築くことになる。この時エシュコルは不安を隠し切れぬ面持ちで、「我々には後がありません。一回の敗北が亡国につながるのであります。おそらくこれが我々の最後の拠り所となるのでありましょう。ユダヤ民族は世界に貢献できる何かを持っています。我々の歴史をごらんになり、我々があらゆる困難をのりこえて生きてきたことを理解されるならば、歴史が我々の存続を望んでいる、と私は考えています。しかし、ヒトラー支配下で起きたことを再び経験するならば、今度は生き残ることができないでしょう…我々のおかれている状況を理解していただけると確信します」と答えた。[★56]

ジョンソン大統領は事情を理解し、イスラエルに五二〇〇万ドルの民生支援を行った。軍事支援は別の話である。アメリカ製のM48パットン戦車が、西独経由の間接売却ではあったが、イスラエルへ供給されていた。アメリカはバランスをとるため、ヨルダンにも供給した。航空機はA４スカイホーク四八機の売却がきまったが、引渡しは一九六七年一二月に予定された。しかし西独はアラブの圧力に屈し、武器の売却を中止した。エジプトは、ソ連製の長距離爆撃機を供給されていたので、航空機の取得は急を要する問題であった。一方アメリカの対中東武器売却は、ジョンソン政権時代に四四二〇万ドルから九億九五三〇万ドルに急増したが、イスラエルに占める割合はとるに足りないほど小さかった。一九六五年二月に出された共同覚書には、「合衆国はイスラエルに対し大いなる親善の気持を有し、イスラエルが適当な抑止力を持つことを願う」と明記してある。しかしジョンソン大統領は、対イ武器供給の首位に立つことは拒否した。[★57]

この拒否姿勢は、アメリカの伝統的対中東姿勢に由来する。アラブ・イスラエル紛争で、どちらか一方に全面的な肩入れをせず、中東の軍備競争にはまりこんで、抜き差しならぬ状況に陥りたくないのである。ジョンソン大統領は、それ以上に大きい問題を抱えていた。ベトナム戦争とそれに対する国内の反対世論である。二つともエスカレートしつつあった。[★58] アメリカは、世界のほかの地域問題に深入りする余裕はなく別の問題でソ連と対決することができなかった。エシュコルは、このような事情を理解しても、それが慰めになるわけではなかった、ソ連が北ベトナムとアラブ双方に多量の供給をしていることを考えれば、尚更である。

イスラエルの首相は、国内問題も抱えていた。ベングリオンは、辞任した後もまだ迷いがあって、あれこれ考えていたが、エシュコルが臨時の代役ではないことに気付いた。そして、弟子のペレスとダヤンを引連れて党を出ると、自分の政党ラフィ（レシマット・ポアレイ・イスラエルの略称、イスラエル労働者リストの意）をつくった。一九六五年一〇月の総選挙では、得票率七・九％で一〇議席にとどまった。政権をとるにはほど遠にしても、多数派政党マパイの一角を崩し、党首を翻弄させた。エシュコルは心臓発作を起こしたのである。体調が元に戻ると、今度は経済不況が待ち構えていた。移民の減少、西独のホロコースト補償の支払い終了が、影響していた。失業率は一二・四％に急上昇し、経済成長は年率一％に収縮した。憂鬱な気分がイスラエル全体をおおった。このようなことは、一九四八年の暗澹とした時代以来である。特に青年層が暗かった。[★59]

暗い国内事情に加えて、治安悪化が耐え難いレベルに達していた。一九六六年の一年間で、仕掛け地雷、射撃、破壊行為などの越境事件が九三件発生した。一方シリアは二─三月の丸一か月間で七五件のゲリラ攻撃を加えた、と高らかに発表した。[★60]その二月二三日、ダマスカスに新政権が誕生した。例によって軍事クーデターによる権力の奪取である。首謀者のサラフ・ジャディート少将とハフェズ・アサド空軍司令官が中心になって、前の政権よりさらに過激なバース党政権を樹立した。閣僚はほぼ全員がアラウイ派。多数派のスンニから見れば、嫌悪すべき異端の少数派である。政権は一般的大衆の支持を甚だしく欠き、病的なナセル恐怖症にとりつかれていた。シリアはさまざまな問題を抱えていたが、アラブ反動主義や西側帝国主義といった敵をつくり出して、諸問題の解決はそこにありとした。もちろん、凶暴さにおいてシオニズムにまさる敵はないのである。曰く、

パレスチナ問題が、我々の国内、アラブ世界そして国際政治の主軸である…解放の戦いは、人民解放戦争方式すなわち進歩的アラブ諸勢力によってのみ遂行できる。歴史が証明しているように、人民解放の

戦いこそが、侵略勢力に対する勝利を約束する…アラブの全郷土の解放と、包括的社会主義人民統合の日まで、その解放闘争は続く。[★61]

シリアは国内が不安定、対外的には、エジプト及びヨルダンと激しい張り合いを演じたが、一九六四年に加速が始まり、六六年のクーデターで頂点に達した。シリアの支配者達はイスラエルに喧嘩をふっかけて、威信をたかめようとした。しかしその意図は挫折した。イスラエル国防軍が、流域変更計画を阻止し、非武装地帯支配を拒否したためである。そうするとシリアは、パレスチナ人による襲撃を利用することにした。イスラエルに打撃を与え、ナセルの高慢の鼻を折って恥をかかせ、ヨルダンを弱体化できる。まさに一石三鳥である。襲撃が重なれば、開戦準備の完整度に関するイスラエルの判断を裏付けることになるかもしれないが、それはシリアの知ったことではない。戦争になっても、シリアが窮地に立たされることはない。イスラエルが敗けるか、ライバルのエジプトとヨルダンが敗けるかのどっちかである。うしろだてであるソ連との揺るぎない同盟に守られているので、戦火がシリアに及ぶことはないというのが、シリアの判断であった。

‡

ソ連は中東に莫大な物資を注入していた。軍事援助だけでも金額にして約二〇億ドル。内訳をみると戦車一七〇〇両、火砲二四〇〇門、ジェット戦闘機五〇〇機、それに軍事顧問が一四〇〇人。一九五六年以降の実績である。そのうち四三％ほどがエジプトに供給された。ソビエト用語でいう〝非資本主義革命民主派〟のナセルは、クレムリンにとって希望の星であった。キューバのミサイル危機で完敗した経緯があり、ナセルは西側を敗北せしめる有力な手掛かりであった。モスクワにとって当てはずれではないことがわかってくる。東南アジアで戦争が続いている時、ＮＡＴＯはアラブの親ソ派政権から南側面をつかれ、石油供給に脅威を受けた。その御返しにナセルとアメルは、一九六四年にソ連邦英雄の栄誉を受けた。外国人ではこれまでないことである。

しかし、この地域に対するソ連の椀飯振舞に、反対の声があがった。党幹部と軍首脳は、アラブ人の兵士としての資質、能力やマルクス主義に対する受容度に、疑問を呈した。フルシチョフは一九六四年一〇月に追放されたが、エジプトに対してあまりにも気前がよすぎたのが、解任の一因になったとみる人々もいる。しかしながら、後任の三頭政治家すなわち、アレクセイ・コスイギン首相、ニコライ・ポドゴルヌイ最高会議幹部会議長、L・I・ブレジネフ党中央委第一書記（後に書記長）は、気前よさでは大同小異であった。翌月モスクワに招かれたアメルは「我々は君に何でもやる。秘密兵器を供給してもよい」と提示を受け、「その秘密は守ります」と答えたという。[★62]

シリアでバース党革命があり、ソ連の対シリア援助は前例のない額に達する。エジプトでは共産党は非合法の存在であり、モスクワとの関係も複雑、微妙であったが、これと対照的にダマスカスの新政権は、初めてシリア共産党の党員を含む構成になった。ソ連の対シリア支援は急増し、一九六六年だけでも四億二八〇〇万ドルに達した。その援助でインフラの整備や、ユーフラテス河川ダムの建設が行われた。ダムの方はアスワン・ダムよりも金のかかるプロジェクトであった。シリアの学校ではロシア語が第二国語として教育された。しかし、シリア・ソ連関係は、イデオロギーだけに立脚していたわけではない。第三世界政策は、かつて異論のでようがないほどうまくいっていた。しかるに、インドネシアでスカルノが追放され、ガーナのエンクルマも打倒されたうえ、アジア、アフリカに対する中国の影響が浸透してきて、ソ連は後退を余儀なくされた。その補償になるのがシリアであった。[★63]

当時モスクワとダマスカスは、目立つような大きい問題では、すべて意見が一致していたようにみえる。例外はパレスチナ問題であった。ソ連は、シオニズムに対して罵詈雑言を浴びせ、執拗にイスラエルを非難したが、戦争や暴力を肯定する前の段階で、踏みとどまっていた。中東の戦争はソ連の南部国境に近い地域で生起し、アメリカの艦隊が東地中海へ進出してくる。ソ連の好むところではない。クレムリンの指導者達は、シリアのヨルダン川流域変更計画に反対し、国連分割決議をベースとした平和交渉を提案していた。しかしその姿勢は、一九六六年中頃から序々に崩れ始める。ハイレベルのシリア代表団が訪ソした時に出された共同声明は、イスラエルを「アラブ人民に対する…恐喝、侵略の基地であり兵器庫」と規定し、ソ連が「植民地主義者のシオニズムに対する正義の戦い」でアラブを十二分に支援する、と公約した。[★64]

　ソ連の政策シフトはひとつには権力闘争に起因するとみられる。国防次官アンドレイ・アントノヴィチ・グレチコ元帥が、ブレジネフの支持を得て力の政策を展開し、軍事力の示威を必要とした。アメリカがベトナムに没頭している隙をつくという願望も、指導部にあったのかもしれない。いずれにしても、結果は議論の余地がない。その年の春武力を固めたシリアが、イスラエルに対するゲリラ攻撃の支援を拡大したのである。シリアの名目上の最高指導者ヌルッデン・アタシ大統領は、イスラエルと対峙する前線部隊将兵を前に、「我々は、パレスチナのシオニスト基地撃滅を目的に、全面的人民解放戦争を望む」と述べ、「我々が確立した目的のため、武器をとる時がきた」と激励した。[★65]

　このように挑戦を受けたら、イスラエルがダマスカスを直撃する可能性が考えられる。イスラエルには確かにその能力があった。アメリカの暗黙の支持もあり得るのである。しかし、そのような優位性をもって行動すれば、ソ連を挑発してしまい、もっと重大な状況に直面する恐れがある。シリアの思うつぼである。エシュコルは、同じ世代の人々と同じように東欧出身であり、ロシア人の何たるかを知り、恐れを抱いていた。シリアとの戦争だけでも危険すぎるのに、これにソ連が加われば自殺行為に等しくなる。[★66]

　一九六六年五月二五日、ソ連・イスラエルの危うい関係を浮き彫りにすることが起きた。ソ連の外務省がイスラエルのカトリエル・カッツ大使に、警告を発したのである。それによると、シオニストはシリア侵攻の秘密計画を推進中で、「近東に盤踞する帝国主義、植民地主義の秘密兵器」であるイスラエル国防軍が動員をかけ、話をしている今現在、北部境界域に大部隊が続々集結中であるという。カッツ大使はその話をきっぱりと否定した。エシュコル首相も、テルアヴィヴ駐在のチュバーキン大使と話をしたが、ソ連側は自説にこだわり、シリアの領土主権を尊重するというイスラエルの確約にも、納得しなかった。二日後危機は去った。ソ連のタス通信は、「タイムリーな暴露は…外国の諸勢力と国内の反動勢力に対する…アラブ諸国の闘争に…ソ連邦が連帯している一証左である」と自画自讃した。しかしイスラエルは、そのメッセージに留意し、特にシリアを挑発しないかと極めて神経過敏になり、偵察飛行のような小さい行為まで慎重になった。[★67]

かくして、越境テロに対する報復の実施可能地は、ウェストバンクだけになった。国防軍は二回報復した。いずれもヘブロン域で住民八名が殺され、ヨルダン兵と銃撃戦になった。エシュコル批判者をなだめる目的は、多少果たしたかもしれないが、ダマスカスには何の利き目もなく、抑止にはならなかった。さらにシリアは、イスラエルの攻撃圏外で流域変更工事を再開し、イスラエルの村落に対する砲撃を強め、日を追って熾烈になったので、戦車と火砲による砲撃戦が、北部境界周辺で続いた。ラビン参謀総長は、有効な手段は空軍の投入以外にないと判断した。七月七日、戦闘機が発進し、シリアのミグ一機を撃墜した。

シリアは間もなくして報復した。八月一五日、ガリラヤ湖の境界をパトロール中の哨戒艇が、東岸の非武装水域で座礁した。するとシリアの空軍機が発進し、攻撃を加えてきた。ハフェズ・アサド国防相兼空軍司令官（当時）によると、この攻撃は「空の優位というイスラエルの嘘を…アラブ人民に証明する」ためであったが、返り討ちにあってミグ二機が撃墜された。しかしシリア軍の砲兵達は、ダイバーによる離礁作業を妨害し、哨戒艇は暗夜大変難しい状況下でやっと離礁に成功した。[★68]

パレスチナ人の襲撃はその後も続いた。今や二六ほどのゲリラ集団が群立し、それぞれが戦果を誇った。復讐青年隊、奪還の英雄達といった名称をつけたグループもある。イスラエルの怒りは再びヨルダンへ向けられた。四月三〇日、国防軍空挺隊がウェストバンク北部のラファット村を急襲し、住民一一名を殺害、家屋二八軒を爆破した。この報復にラビンは満足しなかった。参謀総長はフセイン国王を弱体化するおそれがあると警告し、シナイ作戦をモデルにテロリストの中枢、巣窟であるシリアを叩く必要がある、と強調した。エジプトはイエメンで身動きがとれず、アラブ世界は分裂したままである。タイミングとしては今が理想的と説くラビンは、九月九日付国防軍機関誌「バマハネ」で、「テロ、流域変更工事、越境攻撃のいかんを問わず、シリアの行動に対する反撃は、このテロリズムの犯人、それを支援する権力の中枢を対象にすべきであろう」と述べ、「したがってシリア問題は、基本的にはその指導部との衝突である」と言った。

この発言は、エシュコル首相を怒らせただけであった。首相は、シリアに対するこの種の反撃はソ連の介入を招き、アラブを結束させ、全面戦争に突入する恐れがあると考えた。そうなれば、イスラエルの諸都市が爆撃対象になり、ディモナが危なくなるという。首相はラビンを激しく叱責した。イスラエルがシリアの国内問題に横やりを入れているように見られてはならない。シリアを真向かいから叩くよりも、間接手段で対処すべきである、と首相は強調した。間接手段は、男子の兵役期間の六か月延長、シリアの犯罪行為を国連安保理の議題にかけることである。

この二つの行動はブーメラン現象を起こした。兵役期間の延長は、国民の士気を高めるどころか逆に低下を招き、安保理におけるシリア非難決議は、ソ連の拒否権発動で、ことごとく葬り去られた。ダマスカスでは、ユスフ・ズアイン首相の口調は日を追って激しさを増し、「我々がパレスチナ革命の支援から手を引くことはない…我々はあの地を火の海とする。イスラエルは、少しでも動けば墓場行きになることを覚悟せよ」など好戦的言辞を繰り返すようになった。★69

険悪な状況はエスカレートするばかりである。そのように受けとめたのは、イスラエルだけではなかった。エジプトは、この地域を戦争へ引きずっていこうとするシリアの動きに、驚いた。ジョンソン大統領に対する国務省の情勢分析は、「ナセルがイスラエルを激しく非難する恐れはあるが、イスラエルを攻撃あるいは挑発する可能性は当面ない、と考えられる」と判断した。[★70] あり得ない話のように見えるが、イスラエルとエジプトは、シリアに手綱をつけようとする点で、考えを同じくした。

ナセルは、この相似性を認識し、スエズ危機以来初めてとなるイスラエルとの接触再開、に同意した。イスラエル側はモサッドのメイル・アミット長官、エジプト側は非通常型兵器開発プロジェクト長のアズム・アルディン・マフムード・ハリル将軍が互いに接触した。ハリルはナセルとアメルに直接報告した。間に立った人物は、〝スティーブ〟という名しかわかっていないが、この人物を介して二人はこっそりとパリで会い、一九五〇年代に論じられたものと同じ取り決めについて話し合った。エジプトに対する国際援助のとりつけにイスラエルが協力し、それと引換えにエジプトは、自国の反イスラエル宣伝をやめ、イスラエル船のスエズ運河航行禁止も緩和する。さらにエジプトは、三〇〇〇万ドルのローンをイスラエルから受けることを条件に、一九五八年の（ラボン）事件で捕まったユダヤ人達を釈放してもよい、と提案した。ハリルは、一九六六年六月にカイロへ招待したいとも言った。しかしエシュコル首相が却下した。ナセルを信用するには躊躇があり、イスラエルの極秘情報機関のトップを会わせたくなかった。これ以降エジプト側は、接触の事実が洩れてアラブの中傷屋に伝わることを恐れ、完全に接触を断った。イスラエルは、ちょうど一年後、もっと状況が切迫している危機時に、再度接触を試みた。[★71]

秘密外交はイスラエル側をなだめる役をするであろうが、シリアを静めることは、劇的な転換策を意味した。ナセルが提案したのは、相互防衛条約の締結であった。条約は、エジプトを紛争へ誘いこむ力をシリアに与え、エジプトからみれば、シリアの策動に制限を加えることを可能にする。悪のうち小悪をとるという考えから、こうなる。シリアの指導者達は、この提案に乗り気のようであった。指導部は戦闘機を何機も撃墜されて狼狽しそのうえ九月には、ドルーズ族のサリム・ハトゥム少佐によるクーデター騒ぎで動揺、その後の将校団粛清で、さらに大揺れに揺れた。アラブ最強の国エジプトと協定を結ぶのは、政権の下支えに悪いことではなかった。

最初の動きは、一九六六年一〇月中旬に見られた。エジプトの軍事代表団がダマスカスを訪れ、代表団長のサアド・アリ・アメル将軍は「我々は確信する。我々は、共通課題であるイスラエルの抹殺とアラブの完全統合の実現に向けて、速やかに進む」と述べた。ズアイン首相を団長とする代表団が答礼にカイロを訪問した。一一月二日、そのカイロでナセルはシリアの首相に対し、イスラエルの技術的優位性とアメリカの支援により、イスラエルはアラブの攻撃にはまず不死身である、と言った。では、アラブは百年待たなければならぬということか、とズアインが反論すると、ナセルは「一〇〇年いや五〇年も待つことはない。要するに長距離砲がなければ目的は達成できない。その点を理解せよということだ」と答えた。★72 二日後、エジプト・シリア相互防衛条約が調印され、両国の軍事、外交上の関係はすべて回復した。そしてこの条約により、戦闘が生起すれば、互いに救援することになった。秘密の付則文書で、イスラエルが北部で攻撃を行えば、エジプトが南部の攻撃目標を叩くことになった。シリアのイブラヒム・マホウス外相は、「シリア、エジプト両空軍は、ひとつの同じ空を飛んでいる」と言っている。この条約で対ヨルダン関係も変った。エジプトとヨルダンは、シリアに対する反目で共通していたが、条約締結によりこの暗黙の了解は崩壊し、ダマスカス放送とカイロの「アラブの声」放送は、声を合わせてフセイン国王を中傷し、「〝帝国主義とシオニズムの手先〟で〝太鼓もちの反動〟は末路が知れている。ヌーリ・サイード（暗殺されたイラクの首相）と同じ扱いを受ける」などと非難した。★73

先述のように、ナセルはシリアに対し、さほど遠くない将来の戦争について話をした。それでシリア側の気持を静めることができた、と考えていたのなら、間違いである。すぐにそれがわかる。ゲリラのイスラエル襲撃が一一件も相次いで発生したのである。いずれもヨルダンから発進した越境テロで、イスラエル人七名が死亡、一一名が負傷した。報復を主張する軍高官達に対し、エシュコルは「帳面は開いている。記録もとっている」と述べ、この人殺しはひとつとして忘れない。いずれ近いうちに報復すべきであると約束した。その一方で、首相はアメリカに対し、シリア、ヨルダンとの調停を嘆願した。アメリカのウォリー（ワルワース）・バーバー大使に「世論がある。この状況が衝突へ至るかもしれぬことを、考えてもらいたい。いずれ、一度ならず再考した後、行動に出なければならぬ時が来ます」と言った。ノルウェー人将官でオッド・ブルという珍しい名前の国連休戦監視団長は、フセイン国王が越境テロ防止のため懸命に努力している、と言った。しかし首相はその話に同意しなかった。イスラエル情報部の調べによると、国王はテロリストを勾留するだけで、数日後には釈放していた。★74

そして一一月一〇日。ウェストバンクの町ヘブロンと対面にあたるイスラエルの境界内で、事件が起きた。国境警備隊の車が触雷し、隊員三名が死亡、一名が負傷したのである。フセインは、イスラエルの怒りを警戒し、エシュコルに御悔みの書簡を手書きでしたため、境界域の安全保障を再度約束した。国王はその書簡をアンマンのアメリカ大使館へ届けさせた。大使館は電文で、テルアヴィヴのバーバー大使宛に送った。大使は背が高く恰幅のよい外交官で、喘息持ち。生涯独身で通した人であるが、イスラエルに対し包み隠しのない愛情を抱き、イスラエル国民も大使を愛した。極めて有能と評価の高い大使であったが、今回は抜かりがあった。首相府へ直ちに知らせず、電文を机の上に置いたままにしたのである。金曜で、別にとり急ぎのものでもないようであった。大使は週明けにしても良いと考えた。★75

その週末、イスラエルは攻撃を決めた。小規模の限定攻撃ではなく、航空機の対地支援と戦車を投入した、大規模な報復であった。国防軍のエゼル・ワイツマン作戦部長は、「今は一九六六年である。一九五五年タイプの報復攻撃は実施できない」とし、今日の方式をよしとした。一九六六年に外相となったアバ・エバンは、本来は平和主義者であるが、今回は同意した。閣僚の大半がそうであった。抑止力は取り戻さなければならないが、戦争を誘発してはならないというのが、作戦の主旨であった。シリアではなく、なぜウェストバンクを攻撃対象にするのかと問われ、エシュコルは閣議で「当該諸政府だけでなく、テロリストをかくまい、援助を与える住民にも責任がある、との結論に達した」と述べ、一般住民に被害が及ばず、ヨルダン軍との衝突も起きないことを望む、と言った。[★76]

もしエシュコルがフセインの謝罪を事前に受けとっていたら、どうなったであろうか。バーバー大使がぐずぐずしていなかったら、その後の事象は起きなかったのだろうか。たくさんの〝イフ〟を提起できる。

しかし、この後の六か月の展開は、個人や個々の事件に起因するわけではない。それは、一九六六年末までに醸成されたものから、出てきたのである。アラブ諸国とイスラエルとの紛争、アラブ世界の内部紛争、そして米ソ対決が、それぞれの地域の緊張で悪化し、すぐに燃えあがりそうな空気をつくり出した。そのような空気の中では、抑制の利かないエスカレートプロセスを解き放つのに、大した力はいらない。テロ攻撃と報復攻撃、挑みかかれば挑み返され、賭けと誤算が重なり、一瀉千里に戦争へころげ落ちていく。

第2章 触媒

サムアからシナイへ

一九五六年の戦争以来最大規模の急襲隊が編成された。戦車一〇両、ハーフトラック四〇両、隊員四〇〇名の戦力である。一九六六年一一月一三日未明、急襲隊は休戦ラインを越え、ウェストバンクに進出した。目的は、ヘブロン周辺のアラブ数か村の懲罰である。ゲリラをかくまい援助したのが、その理由である。懲罰すれば、ゲリラがいたために、このような目にあうのであり、そのためフセイン国王にファタハの取り締まりを要請するだろう、とイスラエル側は推論した。度肝を抜くような圧倒的な火力を示せば、ヨルダンはゲリラの扱いについて、今後慎重にならざるを得ないだろう。圧倒的火力による対応は、シリアに対するメッセージにもなるであろう。ヨルダン軍はこの地域にいないと判断され、したがってヨルダン軍との交戦は予期されず、抵抗もあまりないと考えられたので、一撃してさっと引揚げるクリーンな攻撃になるはずであった。

イスラエルの急襲隊は、空軍機の直掩を受けながら、ヘブロンの南西一〇マイルの村ルジュム・アドファに到達し、警察署を爆破した。次の攻撃目標が人口五〇〇〇のサムア村で、テロリストの主な発進地とみられていた。住民の大半は指示に従って町の広場に集まった。その後第三五空挺旅団の工兵が、村の中と周辺の家屋多数をダイナマイトで爆破した。すべて計画通りに進んだが、午前七時三〇分に異変が起きた。空挺旅団偵察隊が、ヨルダン軍部隊の接近を認めたのである。北西方向から急行中であった。

ヨルダン兵は、ヒッティン歩兵旅団（旅団長バフジャト・モホセン准将）の将兵約一〇〇名で、車二〇両に分乗し、旅団長が先頭車に乗って、ヘブロン南方のヤッタ村へ向かっていた。敵の活発な動きありとの情報に接して、サムア経由でこの村へ向かったのである。しかし、でこぼこ道は曲りくねり、視界がきかなかった。そして、サムアではイスラエルの部隊が待ち構えていた。車両の四分の三がたちまち炎上し、ヨルダン兵一五名が死亡、五四名が負傷した。しかしヨルダン側は反撃した。空挺隊員一〇名が負傷、大隊長のヨアブ・シャハム大佐が死亡した。ヨルダン空軍のハンター戦闘機隊が急発進したが、上空を警戒中のイスラエル機に阻止され、一機撃墜されてしまった。しかし、作戦はすっかり狂ってしまった。疾風迅雷の勢いで急襲し、一撃するとさっと引揚げる予定が、正規兵同士の戦闘に発展してしまったのである。★1

イスラエルの指導者達は愕然となった。部隊に損害が出ただけではない。アラブの一般住民三名が殺され、九六名が負傷したのである。国防軍は家屋四〇軒の破壊と報告していたが、国連の推計ではその三倍を超えていた。さらに、計算では住民がフセイン国王に（テロリストからの）保護を求めるはずであったが、その思惑は外れ、ウェストバンクのパレスチナ人住民は、国王打倒を叫び始めた。ヘブロンからエルサレム、そしてそこからさらに北のナブルスに至る一帯で暴動が発生し、デモ隊があばれまわった。政府の出先機関は投石され、国王の写真や肖像画は焼かれた。ヨルダン兵がやむなく発砲するに至り、パレスチナ人が少なくとも四名死亡し、数十名が負傷した。

シュレッダー作戦と銘打たれた今回の作戦は、すっかり裏目に出てしまった。国連安保理は、「国連憲章とイスラエル・ヨルダン休戦協定の違反」の理由をもって、全会一致でイスラエルを非難し、「このような行為の反復を防止する…有効な対策」をとるように警告を発した。★2

イスラエルにとってもっと深刻なのは、アメリカの激しい反撥である。ジョンソン政権時代前例のないことだった。アメリカ側は、明らかに無謀なイスラエルの行動に仰天した。特に驚いたのが、イスラエルがフセイン国王の立場を弱めることを敢えてした点である。穏健派の国王は、過激派の海で必死にもがいており、親西側派でしかもアラブのなかでは唯一イスラエルと暫定的な関係を持っている人物である。戦車配備も休戦ラインから距離をおき、イスラエルを刺激しないように配慮した。イスラエルの要求をのんで、新規調達のパットン戦車は、ヨルダン東岸の配置に同意した。しかし、ウェストバンクに火がついたとなれば、その約束を撤回するしれない、とアメリカ側はイスラエルに言った。

ワシントンを訪れたエバン外相は、針のむしろに座ったような気分を味わった。ニコラス・カッチェンバッハ国務次官から「君達が彼を地獄につき落としたのだ…おかげで人違いの人物が塗炭の苦しみを味わっている」と厭味を言われ、「わかっているだろうが、やったことの責任は、君達がとらなければならない」と諭されるし、国家安全保障会議(NAC)のロバート・W・〝マッドボブ〟・コマーは、イスラエルの味方であったが、「中東に新しい争乱の種をまいた」とエバンを攻めたて、「(アメリカの)バランス・オブ・パワー政策は、二つの要素の上に立脚している。第一はヨルダン体制の現状維持、第二はエジプト、シリア或いはパレスチナ人による乗っとり防止、つまりヨルダンを隔離しておくことだ。イスラエルはこの構築を傷つけた」と非難し、「テロリズムの使用を支持する唯一の政府(原文で強調)は…シリアであり…したがってシリアに対して行動したというのであれば、理解できないことではなかった。なぜイスラエルはヨルダンを攻撃したのか」と問うた。安全保障問題特別補佐官ウォルター・ロストウは、一段と非難の色を強め、厭味たっぷりにイスラエルを批判した。

イスラエルは、マキアベリズム的理由により、左岸(ママ)に左翼政権が欲しい。ロシアがアラブを支持し、アメリカがイスラエルを支持する両極化構図をつくりたいのである。そして、列強のなかの友人

が一アラブ国家の友人であるという、イスラエルにとっては困惑すべき状況にしたくないのである。[★3]

エバンは、サムア襲撃をアラブのテロに対する〝過剰〟反応、或いは〝相手側の軍事介入になる状況〟で挫折した〝兵力の限定的投入による統制された行動〟として説明しようとした。しかし、それで同情をひくことはできなかった。エシュコル首相はジョンソン大統領宛書簡で、しくじりをしたことを認め、イスラエルのおかれている苦しい立場に理解を求め、「友人は互いに支え合い、相手が苦しい時には理解してやることが大切であります。今まさに我々が苦しい時にあるのであります」と述べた。ジョンソンは返事をしなかった。代わりにフセイン国王に書簡を送り、〝不必要な行為で亡くなった人々〟に深甚なる弔意を表明し、ヨルダンの領土主権を支持すると述べた。一方国務省は、エシュコル宛のフセイン国王の弔意書簡を伝達しなかったくせに、今度はフセイン宛エシュコル首相の弔意書簡の伝達を拒否した。[★4]

エシュコルは、国内向けには対応を極力よく見せようとした。マパイ党書記局で、英語のビジネスという用語を使い、「サムアの後…アラブ諸国は我々が本気（ビジネス）であることを理解するだろう」と述べたのは、その例である。その時エシュコルは、「小売だろうが量販だろうが、規模は問わない。この国で屠殺は絶対に許さない。必ず対応する。これが我々の誓いである。伊達や酔狂で言っているのではない。言ったことは絶対守ることを、彼等は知るだろう」と言った。軍高官達は、今回の作戦でヨルダン軍の脆弱性が証明され、イスラエルの抑止力が回復したとし、アラブテロの危険性に対する注意喚起を、国際社会に呼びかけた。

しかし、政府高官や閣僚を含む多くのイスラエル国民は、その作戦に納得しなかった。そのひとりが首相の軍事補佐官イスラエル・リオール大佐である。政府上層部の政治に鋭い観察眼を持つ人物で、日記に「我々は、自家製の罠に落ちた」と認め、「我々は一貫してシリアに警告を発し、北部では対応すべき差しせまった環境をつくり出した。そうしておいて、ヨルダンを攻撃したのである」と書いた。ラビン自身、この分析

に同意しているらしく、辞任を申し出た。★5

‡

イスラエルとアメリカの国益が、このサムア襲撃で損なわれたのは、間違いない。しかし、ヨルダンほどひどい目にあったのは誰もいない。三一歳のフセイン・イブン・タラル・アブダッラーは、一九五三年に十代で即位し、以来一二件をくだらぬクーデター、暗殺未遂事件をくぐり抜けてきた。小柄できびきびした動作にいたずらっぽい笑みをたたえた国王は、外柔内剛の人で、洗練されたふるまいの下に剛毅な気性があった。その気性のおかげで、サウジアラビア、イラク、シリア、エジプトから連続して脅威を受けても、それを切り抜けてきた。彼の考えによると、イスラエルは、ヨルダンを踏みつけにした領土の夢を捨てていない。国王は、アメリカのフィンドレー・バーンズＪｒ大使に「彼等はウェストバンクが欲しいのです」と述べ、「虎視眈々として機会を狙っている。形勢有利とあればすきをつき、攻撃するでしょう」と予見した。

この危険は、サムア攻撃に集中してきたように見えた。カイロ放送は、シリア占拠を意図するＣＩＡの陰謀を先導し、イスラエルとエジプトを戦わせて漁夫の利を得ようとしているなどと、フセインを非難していたが、今度は、イラク、サウジの部隊のウェストバンク配置を拒否し、イスラエルの攻撃にさらしたと非難した。シリアはもっと露骨で、サムアは「ヨルダンの反動政権と帝国主義シオニズム」のよからぬ密謀の結果、ときめつけた。★6

フセインは、少年時代祖父がパレスチナ人テロリストに目の前で射殺された経験を持ち、この一連の危険に幻想は抱いていなかった、

イーストバンク住民に熱烈に愛されたが、住民多数はパレスチナ人であり、忠誠を誓うのはよくてシュケイリ、悪くするとシリアそしてファタハであった。サムア事件の後このＰＬＯ指導者は、「一九四八年のアンマンは一九六六年のアンマンと同じ、何も変わっていない」と断言し、カイロから流す宣伝放送はヨルダ

ン軍に王政打倒を呼びかけた。フセインに、アラブ諸政府の不埒な意図を軽く見る余裕はない。諸政府がフセイン追いだしをはかる可能性があるからである。一九六〇年にハザル・マジャリ首相がエジプト人に襲撃されるなど、これまでヨルダンの政府当局者が一一名も殺されている。そして、この一九六六年の流動的状況のなかで、国王にはいくつかのシナリオが考えられた。領土は欲しいがエジプトとシリアを恐れるイスラエルが、ウェストバンクに侵攻する。その場合、ほかのアラブ諸国は傍観する。そして、パレスチナ人が反乱する。そのようなシナリオである。★7

シナイ駐留の国連緊急軍司令官インダル・ジット・リキーエ将軍は、サムア事件の及ぼすインパクトについて幹部将校達にブリーフィングを行い、「今後どうなるのか予断を許さないが、カギになるのはヨルダンである。おそらくフセイン国王の弱さのゆえに、アラブの（対イスラエル）連合が築かれるだろう」と述べた。フセインは弱い存在であったかもしれないが、受身のままでじっとしていることはなかった。ダマスカスで起きたクーデター未遂事件（六六年九月八日）の連座者であるサリム・ハトゥム大佐らの軍将校達をかくまい、アンマンのＰＬＯ事務所はすでに閉鎖しており、今度はこの組織を非合法化し、国内に戒厳令をしいた。しかしその一方で住民には宥和する姿勢も示している。ウェストバンクの村民達に銃を支給し、パレスチナ人の男性に対して徴兵制を導入した。それから、まさに劇的ともいうべき挙に出た。ナセルに宛てた複数の秘密書簡を公表したのである。カサブランカ首脳会議の後に書かれたもので、フセインは「我々は新しいスケープゴートにならないのでしょうか。敵に対する攻撃発起地になり得る国家を、再度非難にさらしてもよいものでしょうか。一九四八年の災難を繰り返してよいのでしょうか。過去に訣別して未来と向きあうべきではありませんか。私の立場に立った場合、あなたなら何をするのか、どうぞおきかせ下さい」と書いている。フセインはダマスカスに対しても、意志表示をしている。クリスチャンサイエンス・モニター紙のインタビューで、「シリアが直接攻撃される場合には、我々は持てるものをすべて投入して、同胞を守らなければ

なりません」と語り、アラブの部内会議を設けて防衛問題全体を討議すべきであると言った。★8

‡

その部内会議は、アラブ連盟防衛委員会として一九六六年一二月一五日カイロで開催され、たちまち反ヨルダン会議に変貌した。ヨルダン代表は、パレスチナ人を守れなかったなどとなじられ、アラブ統合司令部の統一指揮下でなすべき責務を果たさなかった、と非難された。エジプトとシリアの両代表は、イラク及びサウジ部隊のウェストバンク駐留を認めていれば、サムア事件は起きなかったと、口を揃えて批判した。イラクとサウジアラビアは共に一九四九年の休戦条約に調印しておらず、そのような軍部隊がウェストバンクに進出すれば、イスラエルはこれが開戦理由になり得ると考えるだろう。つまり両軍部隊の進出は戦争阻止ではなく開戦を促す。ヨルダン代表はこのように釈明したが、納得してもらえなかった。そこでヨルダン側は態勢を建て直し、エジプトはなぜ自国領からのゲリラ攻撃を再開しなかったのか。なぜ国連緊急軍を撤収させ、イエメンからシナイへ部隊を移さなかったのか、イスラエルがサムアを攻撃している時、あれほど喧伝されたエジプト空軍機はどこにいた、アラブの防衛に対するシリアの公約はどうなった、と反撃した。★9

この一連の問い、つまり非難まじりの反論は、ナセルの神経を逆なでした。痛いところをつかれたのである。つい二週間ほど前エジプトのミグ戦闘機が二機編隊でイスラエルの領空に迷いこみ、イスラエル空軍に撃墜された。エジプトのムハンマド・シドキ・マハムード空軍司令官が「我方は中東最強の空軍を持っている。ミサイルを装備する爆撃機、最新鋭戦闘機は、イスラエルの航空基地を破壊、あるいは戦闘機を撃破する能力を持つ、我々は無敵である…」と高言し、舌の根がかわかぬうちに、撃墜されてしまったのである。

実は、空軍だけでなくエジプトの軍そのものが、惨憺たる状態にあった。イエメンで戦力を消耗し、国防予算も大幅に削減されていたのである。国家が経済危機に見舞われているので、仕方のないことではあった。経済はまさに危機的状況にあり、ナセルは一〇億ドルの外国債の債務不履行に陥っていた。「エジプトを封建主義の腐敗から解放せよ」というキャンペーンで、揺籃期にある産業が労働者主導ということになったが、見事に失敗し、惨めな状態になっていた。例えば、エルナスル自動車プラントは、従業員五〇〇〇名を抱えながら、自動車を週に二台生産していた。民衆の不満はつのるばかりである。西側の外交筋は、政権交代が近いと予測した。最悪の状態を考える人もいた。そのひとりカナダ代表のR・M・テッシュは、「アラブ連合共和国の政策が、崩壊の道を加速している」と観察、軍部がこの地域を戦争にまきこんで、エジプトの威信を回復しようとする状況になる恐れを指摘し、「血の臭いと遠方の砲声が、短気な人間を戦争へ走らせる。民間人などくそくらえというわけである」と警告した。[★10]

‡

このような忠告は、アラブ世界で湧きあがる戦闘的な声にかき消された。アンマンのワスフィ・タル首相は、一九五六年の時のナセルとは違っていた。その年ナセルは、ベングリオンと〝紳士協定〟を結び、国連軍を自国領に入れたが、タルはそのようなことをする位なら、〝死んだ方がまし〟と言った。アラブ統合司令部のアリ・アリ・アメル司令官は、そのタルが自分に連絡することすらすぐにせず、イスラエルがサムアから撤収した後四時間も待って電話した、と主張した。さらにエジプトの新聞は、アラブ統合司令部予算のヨルダンに対する防衛割り当て分を着服した、とフセイン国王を非難した。その次は、ラシド・ハマルシャ大佐というヨルダン軍からの脱走将校とのインタビューである。大佐は、シリアにおける政権打倒工作の黒幕であった、と告白した。一方ヨルダンは、ハマルシャをシオニストのスパイとして一蹴した。ヨルダンは、この元大佐が「オーロラ・ガリリまたはフローラ・ジェリという名のイスラエル人ベリーダンサーと内通していた」と主張、エジプト情報部のリヤド・ハッジャジという脱走者を登場させ、レバノンとサウジ両政府の打倒計画があったことを明らかにした。このクライマックスは一九六七年二月二二日に来る。この日の演説でナセルはアラビア語で語呂合わせをやり、王（アビル）を、ヨルダンの売春婦（アビル）と呼んだ。[★11]

フセインとナセルの関係は、英外務省関係者の覚書によると、〝最早後戻りできない段階〟に来ていた。フセインは、ナセル演説に激怒し、カイロから大使を召還し、おまけにシリアの駐東エルサレム領事を追放した。次回のアラブ連盟防衛委員会は、三月一四日に開催され、ヨルダン代表団は〝軍事機密の漏洩者で嘘の広め屋〟シュケイリと同席するのを拒否し、席をけって退却した。会合はけんか騒ぎの場と化し、収拾がつかなくなった。エジプトとシリアの代表は、フセインがイスラエルのヨルダン川流域変更計画に協力し、アメリカ製兵器を調達している、と非難した。一方ヨルダン代表は、サウジ、チュニジア及びモロッコ代表とタッグを組み、防衛委員会ボイコットを決めた。[★12]

フセインは人格を傷つけられ、怒り狂っていたが、失望感はもっと大きかった。アラブ首脳会議の頃には、エジプト・ヨルダン同盟が暗黙裡に築かれ、アラブの戦備完整まではイスラエルと戦わないとする言外の了解もあった。しかし、いずれも粉微塵に砕け散った。シリアのせいである、とフセイン国王は考えた。国王の信じるところによると、シリアがエジプトを巧みに罠に誘いこみ、エジプトはのっぴきならぬ状況に追いこまれた。あとは戦争、そしてエジプトの敗北、ナセルの没落は不可避である。しかしフセインは、ナセル自身に対する心底の恨みはぶちまけなかった。ジェリコにおける集会でフセインは、「彼が我々を非難攻撃する度に、なぜ我々は反論しないのかという国民の声を聞く。答は簡単である。この人物に何かの感情を抱いているとすれば、それは痛みだけと言っておこう。一度この人物は大事な時に、我国に尽くしてくれたからである」と言った。[★13]

世界に抗する聖アタナシウス

〝その人物〟は自分自身の痛みのもとを持っていた。すでに指摘したが経済、そしてシリアとムスリム同胞団である。そしてそこに底流しているのが、虚脱感であった。一五年前の自由将校団の革命、あるいは隷属から世界の指導国家になるという夢が、流れからそれて消えていた。アルライス（大統領）でありアルザイム（指導者）であるガマル・アブデル・ナセルは、三四歳で権力の座についたが、エネルギッシュで断固とした気構えの人であった。ハンサムでさっそうとした青年政治家は、粗削りだが鋭い感覚の持ち主で、雄弁をもって鳴り、演説を聴く人々は、口語体文語体のアラビア語を巧みに織りまぜた言葉に酔いしれ、話にひきこまれていった。地方郵便局の配達人の息子であったナセルは、パレスチナ戦争に従軍して傷を負った将校であり、それから五年たらずでファルーク王そしてナギブ大将を打倒し、この一五〇年来初めてのエジプト生まれの指導者になった。権力の座について二年たらずで、エジプトの解放者、貪欲な西側帝国主義に立ち向かうアラブの守護者として、中東にその名を馳せるようになる。現代版サラーフ・アッディン（サラディン）である。

初期の業績は目を見張るものがある。独力でいろいろなことをやり遂げたように見える。運河地帯からの英軍の撤収をかちとり、ソ連製兵器を取得し、ついで運河を国有化した。英仏イの三国進攻を撃退し、アラブの統一を現実のものとした。何百万というアラブの同胞が、宗教心にも似た畏敬の念で、ナセルを仰ぎ見た。世界の指導者達は、第三世界民族主義のスポークスマンとして、ネール、エンクルマと並ぶ非同盟主義のチャンピオンとして、ナセルの御機嫌をうかがった。ナセルは、ユーモアがあり他人に対する気遣いの人として知られた。静かで妻と子供達との家庭生活はつましく、職権濫用の収賄が幅をきかすこの国では珍しく、汚職などしなかった。

しかし、その殿堂はたちまち崩壊した。シリア、アラブ諸王族との関係が切れ、イエメン介入は泥沼の悪夢となり、アメリカとの関係も疎遠になってしまった。国内状況は奈落の底へ落ちるように悪化の一途をたどり、その一方で対外関係が相ついで崩壊していた。本人自身の名を冠した運動であるナセリズムは、シリア、サウジ、ヨルダンそしてパレスチナ人の奇怪な有志連合の犠牲となって、すでに死に体になっていた。

ナセルは持病の糖尿病が悪化したためと思われるが、一九六七年頃には肥満体となり、目がどんよりして精神が不安定、被害妄想の気が濃厚で、すぐにカッとなって怒った。シリアの指導者アクラム・ホーラニ（アラブ連合共和国時代の副大統領）は、本人を評して「事を始めるのはうまい。どうやるか心得ている。しかし、どう決着をつけるのか。やり方を全然知らない」と言った。ナセルの意志決定には、いつも非合理的な要素がみられる。かつてはそれが果敢で通っていたのだが、今やその部分が目に余るようになった。

自由将校団の元々のメンバーであったフセイン・サブリは、当時を振り返り、ナセルが自分のまわりに築いた巨大な警察機構（ムハバラット）を評して、「ナセルは秘密機関を通して行動していないと不安であった。つまり、彼の政府支配は、そのような頭の男の支配であった」と述懐した。エジプトの文芸評論家ルイス・アワッドは、まさにその点を指摘し、「ナセル体制下の法律は、有って無き存在であった」と言っている。九九・九九％の得票で再選され、閣議を統裁するナセルは、自分だけが喋り、暴言を吐いて怒鳴り散らすことがよくあり、執念深い軍人独裁者に堕していった。その姿は、イギリスの外交官の言葉を借りれば、世界に敵意をつのらせる〝聖アタナシウス〟であった。[★14]

ナセルに残されていたのは、プライドだけである。逆行コースへ落ちていく過程で、彼のプライドはどんどん肥大していった。アメリカの駐カイロ大使ルシアス・バトルは、「それは、メンツを失うことと…救世主コンプレックスと関係がある」とコメントし、「ナセルは自分が間違っていることを指摘されたくないし、認めることもできない」と言った。[★15] そのプライドは、サウジそしてアメリカによってすでに傷つけられていたが、イエメン介入で一段と傷つき、ジョンソン大統領との確執でさらに傷ついた。それだけではない。もっと由々しい侮辱がヨルダンから投げつけられたのである。ナセルはイスラエルと対決するのが怖いので何もしないとか、国連緊急軍の背後に隠れて出てこようとしないといった身を刺すような辛辣な非難が、強力なマルコニ送信機で発信されるのである。ナセルは、国連緊急軍の存在、イスラエル船のチラン海峡通航を、国民大多数の目から隠し通していたが、侮辱的言葉であばきたてられ、プライドをひどく傷つけられた。ナセルの自尊心は報復を求めていたが、問題はその方法である。

その答は、やがてアブダル・ハキム・アメルが示してくれた。一二月四日、パキスタンを公式訪問中のアメル第一副大統領兼国軍総司令官代理が、提案してきたのである。それは、国連緊急軍に対する撤収要求、エジプト軍のシナイへの集中配備、チラン海峡封鎖によるイスラエル船の通航拒否であった。この一連の行動によって、イスラエルは、シリア、ヨルダンではなくエジプトを攻撃せざるを得ない状況に追いこまれる。戦闘が三〜五日続いた段階で国連安保理が介入し、停戦決議が採択される。一九五六年の場合と同じように、イスラエルが侵略者として非難され、汚辱にまみれながら撤退せざるを得なくなる。これで、〝ヨルダンの鼻をあかす〟だけではなく、エジプトはアラブの救世主として讃えられることになる。

平和維持軍の追放計画は、アメルにとって別に真新しい着想ではなかった。それは、一九五六年戦争が〝勝利〟ではなかった証拠であり、駐留が続く限り、そのいやな思い出がまといついて離れない。陸軍元帥にとって不名誉な証拠であり、軍事力を行使しようとしても、駐留がこれを妨害する。アメルは前の年にも同じような構想を練ったことがある。イエメン駐留部隊の交代の時であったが、ナセルは今回同様その時も拒否した。

拒否理由はいくつもあった。アメル同様ナセルも、国連緊急軍の駐留を屈辱に感じ、その排除を願っていた。当時参謀総長であったムハンマド・ファウジ大将は、「一九六七年になる前のことであるが、ナセル大統領とアメル陸軍元帥は私に対して、国際情勢や中東の地域情勢をみて、この部隊を排除する機会をつかみたいと言っていた」と述懐した。一九六七年四月一八日付ＣＩＡ報告によると、ナセルは、自国の上席外交官に二つの強い願望を語っている。第一は国連のシナイ駐留部隊の排除、第二がチラン海峡の封鎖である。しかし、ナセルにとってタイミングと準備完整の問題があった。国連緊急軍の排除は、積極的対イスラエル闘争への回帰を意味した。たといイスラエルが行動にでなくても、エジプトが消極的で及び腰といわれる筋合いはなくなる。一九六五年にPLO 代表団が訪れた時、ナセルは状況を説明し、「シリアは、国連緊急軍など追い出してしまえと言う。しかしそうするには、きちんとした事後対策をたてておくことが必要ではないか。イスラエルの攻撃がシリアを指向する場合、我々はイスラエルを攻撃することになるのか。そうであれば、イスラエルが私に代って開戦を決めることになる…エジプトが五万の兵力をイエメンに派兵している時に、私がイスラエルを攻撃すべき理由が考えられるだろうか」と述べた。★16

以来二年が経過し、この一連の問いは答がでないままであった。イエメン戦争は、終息に向かうどころか激化し、エジプトの空軍機がサウジの基地を爆撃し、毒ガスを撒布した。エジプト軍の将校達は不満を抱き、反乱寸前のところにあるといわれた。それでもカイロは、必要であればあと二〇年でも軍は戦い続ける、と胸を張った。

一方、アラブの指導者の間では、安全保障問題に対する連帯、協力は、とうの昔に崩壊していた。一九六七年一月及び二月の防衛委員会会議は、サウジアラビアとヨルダンにボイコットされ、統合司令部に対する、加盟諸国の約束不履行を露呈した。それほど潤沢でもないアラブ統合司令部資金の重大な不正流用も発覚した。統合司令部幕僚部のヨルダン代表であったユスフ・ハワッシ大将は、「我々は座っているばかりで何もしなかった。しかし、立派な研究をまとめた」と述懐している。アリ・アリ・アメルの提出した三月付報告は、「統合司令部に与えられた課題、すなわち、相手に拘束されない行動の自由を確保し、パレスチナ解放の地均しをするためのアラブ側戦力の培養任務は、状況により推進し得ず」とした。この統合司令部司令官は、イスラエルの敗北はおろか、アラブ領の相当な喪失をもって終る公算大、と警告を発した。

イエメンの問題を抱え、イスラエルに対しては勝機のある軍事的選択肢がない。ナセルは、国連緊急軍を追放する時至らず、と判断していた。パレスチナ問題は、エジプトとアラブ世界に解凍の余裕が出てくるまで、アイスボックスに入れて、しっかり凍結させておけばよいのである。[★17] しかしナセルの意志決定には、あとひとつの考慮が働いていた。エジプト国内のしかも極めて個人的な要素である。追放を勧告した張本人、アブダル・ハキム・アメル元帥との関係である。

‡

ナセルとアメルは、これ以上緊密な関係はないと言われるほどの親友であった。二人とも同じようにつましい家庭の出身で、若手将校として一緒にスーダンで勤務し、一九五二年のクーデターで共に計画に加わった。ナセルは自分の息子にアブダル・ハキムと名付け、アメルは自分の娘アマルを、ナセルの弟フセインの許に嫁がせた。二人はアレキサンドリアに別荘を持っていたが、隣り合わせであった。互いに相手をアヒ（兄弟）と呼び、あるいはニックネームで呼び合った。ナセルはジミー、アメルはロビンソンである。旅行好きも共通していた。二人の友情は深く、スエズ危機でアメルが情けない行動をとっても、ナセルは彼を許した。その危機時アメルはノイローゼになったといわれる。アメルは、シリアとの統合でも大へまをやり、大酒のみ麻薬取り引きにかかわり、妻に隠れて、エジプトの映画女優ベルリンティ・アブダル・ハミッドと秘かに結婚した。ナセルはすべて許した。やせ型で色浅黒く、無精このうえなく、粗野な人で、ナセルの支配に挑戦する候補とはとても見えなかった。それでも、アメルは野心満々の人物で、自分を支持する人には気前がよく、反対者には冷酷であった。

その冷酷の本性がついにナセルにわかってしまった。一九六二年のことであった。最初は、イエメンでアメルが不正を働いているという報告である。それに、軍のシビリアンコントロールを強めることも拒否した。ナセルが、軍の活動を監督する目的で、大統領評議会をつくろうとすると、アメル支持派の将校達が反乱の脅しをかけた。ナセルは撤回し、アメルの権力を厳しく制限すると思いきや、逆に強めてしまった。今やアメルは軍担当の第一副大統領として、威勢並ぶものがない存在となった。アメルはその地位を利用して、軍を自己の王国に変え、知勇と力量よりも忠誠心をベースとして将校を昇進させ、まわりをおべっか使いのうまいイエスマンで固めた。アメルは自分で自分をムシール（元帥）に昇進させた。アラブ世界では最高の階級である。

アメルの権力はどんどん肥大していった。五年後、肩書に科学相、エジプト原子力庁長官、カイロ交通機構会長、封建主義駆逐委員会議長が含まれ、エジプト・スカウト・サッカー連盟会長すら兼任していた。アメルは、大統領評議会のメンバーの半数、閣僚の三分の一、大使ポストの三分の二を自分の権限で任命することができた。彼の影響力は国内に限定されていなかった。この時代に出されたソ連のコミュニケは、アメルをナセルと同一のレベルにおき、重要性を強調している。カイロのアメリカ大使館は「ムシールは…エジプト社会のほぼすべての局面に自ら介入し…社会に対する浸透力から天下公認の跡目相続人のように考えたであろう。しかしナセルはアメルのことになると及び腰で、あまりに恐ろしいのか魅入られているのか――あるいは双方のため――行動できなかった。ナセルは「むしろ自分が辞任した方がよい」と言っている。[18]

‡

アメルとの関係にみられるナセルの強い心理的葛藤が、国連緊急軍の排除提案に暗い影をなげた。認めれば、国連軍の排除とエジプト国軍のシナイ復帰は、アメルの功になる。ナセルは提案を拒否するにしても、即時却下の方法はとらなかった。その代わりに、検討会議の設置を命じ、国連軍を排除した場合の影響を調べさせることにした。この構想に関し、ソ連の意向を打診し、ウ・タント国連事務総長の意見を求める努力もされた。[19]

しかし、国連緊急軍に対する行動は、将来の問題とされた。イスラエルについてどうするのか、ナセルは当面の計画を持っていなかった。エジプトを苦しめる主敵としてナセルが選んだのは、アメリカであった。

バトル大使の報告によると、三月二二日の演説でナセルは、過去数年間の反米テーマを全部かき集め、それをひとつの〝アメリカ〟にまとめあげ、その〝アメリカ〟を一〇〇回ほど〝帝国主義〟とリンクさせた。筆者は、ナセルの腹心で同紙編集主幹のモハメド・ハッサネイン・ヘイカルである。その記事によると、「経済及び心理戦、そして陰謀と暗殺」によって、革命政権の打倒をめざす〝巨大な秘密組織〟の黒幕が、アメリカである。

バトル大使は、離任間近であったが、ナセルが自分の抱える暗澹たる国内状況から、外国を相手に近く劇的な行動にうって出るのではないか、と推測した。外国とはおそらくイエメン、もしくはアフリカである。臨時大使のディビッド・G・ネスも同じ意見で、ナセルは「狂気すれすれの非合理的考えにとりつかれている。もちろんそれは、国内外での数々の失敗に起因する挫折感と恐怖心につき動かされている」と観察し、「…一体彼は今度どこを叩くのであろうか。リビアか？　それともレバノンか？」と考えた。ナセルの次なるターゲットがイスラエルになる可能性など、このアメリカ人達にとって思いもよらぬことであった。[20]

実際イスラエルは、ナセルの抱える問題から除外されたようにみえた。ナセルは、イラクの新国家元首アブダル・ラーマン・ムハンマド・アレフを迎えた席で、「我々はパレスチナ問題を扱うことができない」と認め、この問題は「段階を踏んだ継続的計画の策定によって」のみ解決できる、とした。これは、かつて「パレスチナ人民の権利を忘れることは絶対にない」と誓い、「二一―三〇〇万の兵を動員してパレスチナを解放する」と胸を張った男の言葉とは思えなかった。雄叫びとは全然違うのである。シリア正面が静かである限り、ナセルが雄叫びをあげる必要もないのであった。[21]

シリアのスフィンクス

イスラエル・シリア国境地帯の静穏というのは、いつも相対的な状況のことであった。一九六六年にはエジプト・シリア軍事協定が復活し、その一一月にサムア事件が起き、シリア・エジプトのいずれも対応できなかった。その一一月以降ダマスカスは年末までは、暗黙裡の停戦を守る気があったようにみえる。これといった国境事件はほとんど起きなかった。ところが、年が明けて一九六七年の一月初旬になると、この地域は再び沸騰し始めたのである。複数のシリア軍戦車が発砲し、キブツ・アルマゴールに三二発も撃ちこんだ。キブツ・シャミールでは、シリア軍の機関銃でメンバー二名が負傷した。一週間撃ち合いが続き、モシャブ・ディションに仕掛けられた対人地雷で、イスラエル側に死者一負傷二の被害が出た。ファタハが犯行声明を出したが、地雷にはシリア軍の標識がついていた。一月一六日、ダマスカス放送は、「シリアは戦略を変え防御から積極攻勢に転移…イスラエル潰滅まで作戦を継続する」とあからさまなことを放送した。[★22]

にわかに沸騰してきた理由は、シリアの政治体制そのものの不可解性と同じように、いまひとつはっきりしない。それでも背景にバース党のイデオロギーがあることは、確かである。そのイデオロギーは、〝憎悪と敵意の毒をまき散らす膨張腐肉〟イスラエルの抹殺をすすめる。それは、アラブ世界をひとつにまとめ、アラブ世界から〝反動勢力〟を駆逐する手段であるが、ナセルの考え方とは逆である。ナセルの場合、統一、連帯は戦争の前提条件である。シリアの政府紙アルバースは、一九六七年四月一〇日付で、「敵本拠地を粉砕し抗戦力を破壊する以外に占領排除の道はない」と題し、「我等の英雄的人民は軍歌を高らかに歌い、決戦開始の秋を待ち望んでいる」と書いた。威勢のよいことで知られる能弁型指揮官ムスタファ・タラス大佐は、第五機甲旅団長から中央戦区司令官に転出、「戦闘は間もなく始まる…アラブ保守派は臆病で勇気に欠ける。シリアはこれ以上待つことはできないのである」と言った。[★23] 戦争の継続によって党の存在が保護される。つまり戦争はバース党のレーゾンデートルであった。

しかし、シリアの国境政策の背景には、イデオロギーだけでは片づけられない事情があった。一九六七年一月のこの時点で、シリアはイラク石油会社（ＩＰＣ）と紛争中であった。イラクの石油は、シリアを経由して地中海までパイプラインで送られる。シリアは、通過料の額に不満を抱き、英国所有のＩＰＣを、イスラエルに奉仕する帝国主義の片棒かつぎと非難していた。ダマスカス放送が「石油戦争から噴出する革命の炎は、元はといえば、国境域におけるシオニストの日常的行動に由来する」と報じ、これに呼応してアルバース紙は「ＩＰＣに対する勝利は第一段階にすぎない…帝国主義、反動そしてシオニズムを駆逐し、アラブの地の浄化の段階に至る」と書いた。[★24] ダマスカスの奇妙な論理によると、国境の状況と石油問題の交渉は、同じコインの表裏として連動し、表で非妥協を貫くと、裏で強いはねかえりを見せる。

‡

それから、シリアの対モスクワ関係もあった。こちらも負けず劣らず謎めいている。ソ連の政策は、相変わらず正反対の二方向性を持っていた。政治上軍事上シリアを強力に支援する一方で、シリアの攻撃的姿勢に手綱をかけていた。この二股行為は、クレムリン内の不協和音のためと思われた。アンドレイ・グロムイコ外相が、これ以上の対米摩擦は避けるべしとし、特に中東における摩擦回避の必要性を、党中央委員会政治局に説いている頃、ソ連海軍は東地中海水域で急速な増強をはかっていた。ダマスカスでソ連の外交官がシリア政府に戦闘的な言辞のトーンダウンを求めている時、現場ではソ連赤軍のアドバイザー達が、シリア軍に発破をかけ、積極的攻勢を強調していた。ソ連には、多年に及ぶ夢がある。それは、トルコを孤立させ、地中海へ出る戦略的航路帯を支配し、米第六艦隊の脅威を排除する願望である。願望を果たそうとする一方で、ソ連人は戦争を恐れていた。[★25] そして、戦争に突っ走るアラブ過激主義に危惧感を抱いていた。

この矛盾した衝動が如実に示されたのが、シリア国境域である。ソ連は、イスラエル軍が北部に集結中であると繰り返し警告した。一九六六年一〇月、一一月そして翌年の一月であるが、その度にイスラエルが一貫して否定した。ソ連は警告と連動する一方で、イスラエルの村落に対するシリア軍の砲撃を支持した。ソ連の精神分裂的傾向は、シリアの実力者サラフ・ジャディド（当時シリア・バース党指導部書記長）の公式訪問時にも、明らかとなる。一月二〇日の訪問で、クレムリンの指導者達に冷たくあしらわれたが、それでも大規模な軍事援助に加えて、〝攻撃的シオニズム〟と向き合う本人の立場に対する支持を、約束としてとりつけた。イスラエルとアメリカからみれば、ソ連は中東で沸騰しない程度に、状況を維持したいように思われた。〝大より小の紛争〟を〝爆発に至らない緊張状態〟に保つのである。★26

シリアの指導者達は、ソ連によって勇気づけられ、以前にもまして大胆になった。対ＩＰＣ闘争で感情をたかぶらせていたが、さらにそのうえに、イスラエルに対する緊張をたかめる別の理由があった。こちらは人間関係に由来する。排他的な支配集団は、一般大衆から軽蔑され、そのうえに内部が割れていた。ミリタリーの将校団対シビリアンの〝医師〟団の構図が第一。具体的にはアタシ大統領とイブラヒム・マホウス外相（共に医師）対軍人。第二は軍人同士の対決。具体的にはアサド（国防相、空軍の支持）対陸軍のジャディド党指導部書記長（陸軍少将）である。さらにこの二人の軍人は、アブダル・カリム・ジュンディ情報局長と対立していた。一月一七日国防相が自分の主治医のところへ行く途中、ジュンディ派の男三人に乗用車を乱射され、危うく難をのがれたと伝えられる。この暗殺未遂事件は本当であるかもしれない伏撃事件は珍しい話ではない。過激社会主義者の支配する都市ダマスカスでは、灰色の陰鬱を破って爆発や銃撃音がしばしば響きわたる。兵隊達が政府省庁を包囲する光景も、珍しくなかった。高級将校や閣僚が日常的に逮捕され、〝特定宗派の偏見をばらまく〟ことから〝社会主義の秩序を乱す〟ことに至るさまざまな罪状で、死刑の判決が言い渡された。★27

このような国内紛争が政権の不安定性を深め、それを克服するためには、ＣＩＡの表現を借りれば、イスラエルとの対決に〝ナセルをしのぐ指導力〟（アウト・ナセル・ナセル）が必要とされた。アサドは、イギリス政府と近い関係にある実業家ファリード・アウダと秘密裡に会い、（イスラエルの）南部正面への陽動作戦のため、資金と武器が欲しいと述べ、これでジャディドとアタシを二人とも追放し、今まさに起きようとしているシリアにおけるエジプト主導のスンニ派クーデターも阻止できると断言し、それから、ＩＰＣ問題などすぐ解決できる、と約束した。★28

‡

この国内外ファクターが境界域に影響していた。この地域では一九六七年の初めから数か月、毎日のように撃ち合いが続いた。ウ・タント国連事務総長は、戦争勃発を懸念して、イスラエル・シリア混合休戦委員会の枠組で問題を解決せよと、当事諸国に呼びかけた。休戦委員会には、一九四九年夏の設置以来これまで六万六〇〇〇件ほどの抗議が双方から寄せられていた。その大半は非武装地帯に関わるものであったが、休戦委員会はたまにしか機能しなかった。シリアは非武装地帯の支配を要求し、イスラエルがこれを拒否するという具合で、このやりとりで休戦委員会の業務はいつも妨害されてしまうのであった。双方の代表はむきだしの敵意で向き合った。

一月二五日から休戦委員会が開催された。激しい敵意が室内にみなぎっていた。イスラエル側はシリアが策略を弄していると疑った。アラブ人農民を平和的に非武装地帯へ戻し、その一方でイスラエルに対する〝人民戦争〟は継続する。これがシリアの狙いである、とイスラエルは考えた。イスラエル代表のモシエ・サッソンは、この会合を〝変則的〟で〝インフォーマル〟と評し、非武装地帯におけるダマスカスの役割に、真摯な姿勢があるとは思わなかった。シリア側も疑ってかかった。代表団は自分達の目的を、「アラブの土地に対するシオニストの侵略に終止符をうつ」ことにある、と規定し、「パレスチナのなかのギャング国家の安全」を保障する気は毛頭ないという姿勢を示した。サッソンが「両者がそれぞれ相互不可侵の約束を忠実に守り、互いに相手への敵対行為を中止する」双務的責任を提案すると、双方の溝は余計にひろがってしまった。シリア代表のアブダッラー大佐は、この提案を拒否し、非武装地帯の紛争除去手段を導入すべきである、と主張した。しかし、自分の番になって、その具体策を話す段になると、大佐はイスラエルとその政策を延々と非難した。話はそれに終始し、以後サッソンとアブダッラーはひとつも合意点に達することができず、決議は逆に遠のいた。[★29]

一方、境界域における衝突事件は日を追って増加し、三月三日には、キブツ・シャミールの一メンバーが重傷を負った。シリアの仕掛けた地雷で自分の乗るトラクターが触雷、大破したのである。三週間後、クハル・ショルド及びザリットの二か村で、村を出た付近に仕掛地雷が発見された。しかしながら、シリア国境よりもっと緊迫した状況にあるのが、ヨルダン国境であった。一九六七年になって最初の数か月で、二七〇件ほどの越境テロが起きた。イスラエル側の計算によると一〇〇％増である。例えば三月一二日、キリアト・ガットからキブツ・ラハブへ向かう列車が伏撃され、軌道爆破で立往生した。線路には、「シオニスト侵略者は殺す。英雄的パレスチナ人に勝利を」と書いたビラがまかれていた。翌日、ウェストバンクの町カルキリヤを正面にみる休戦ライン内で、爆薬を携行するパレスチナ人破壊班四名が逮捕された。三月二六日には、砂漠の町アラドの東で、揚水ポンプを爆破しようとして二名が射殺された。ファタハが三四回シリーズで犯行声明を出している。行動を詳しく説明し、大義に殉じた者を讃える内容である。[★30]

シリアは、このテロ事件との直接のかかわりを認めることはなかったが、大いにもちあげ絶賛した。四月八日、シリア政府は、「周知の通り我々の目的は、パレスチナの解放とシオニスト存在体の潰滅である」とし「我方の軍と人民は、パレスチナの解放に挺身するアラブの戦士一人ひとりを支援する」と、従来の主張を繰り返した。[★31]

西側の観測者は、シリアが国連の調停に抵抗する一方、テロを支持、賛美するのを見て、この国が戦争を決意している、と判断した。例えばダマスカスの英大使館は、イスラエルとの対決姿勢を認め、その姿勢は

「防御的ではなく、大兵力を被占領下パレスチナに投入した大規模攻勢」とし、「あらゆる徴候が同国の方向を示している。すなわちシリア政府と軍は、いかなる犠牲を払っても遂行する」と判定した。一方米大使館のヒュー・H・スマイス大使は、シリアの〝スターリン主義〟政権の〝恐れと要求不満〟を説明した後、「陰謀と攻撃に対するパラノイア的恐怖心が、イスラエルに対する執拗な挑発とあいまって…軍事的冒険へ進む。そしてそれは敗北をもって終ること必至である」とみた。

シリアはパレスチナ人のゲリラ攻撃を支持し、その支持をあからさまにするに至ったので、長い間イスラエルの報復に反対していたアメリカの政府高官は、その反対を撤回するに至った。国防省高官タウンゼント・ホープスは、三月にイスラエル外務省を訪れた際、「シリアなどクソくらえですな」と気色ばみ、「どうして連中の頭をぶん殴らなかったのですか。至極当然の話ではありませんか」と述べた。ユージン・ロストウ（当時国務省次官、政治問題担当）は、ワシントンのイスラエル大使館のエフライム・エブロン公使に対し「一国家からの攻撃は一国家による攻撃であります」と簡明率直に言った。★32

イスラエルは、実際に対シリア報復の下準備をしていた。一月一六日、エブロン公使はホワイトハウスに口上書で「この（シリアの）攻撃的政策の継続により、イスラエルは、国際法上の権利及び国家の責務から、万やむを得ず自衛行動をとらざるを得ない」と伝えた。しかし、問題はそのようなことよりもっと複雑であった。エシュコルがひどく苦しんだように、ここでもソ連が介入する危険があったのである。そして四月一日、パレスチナ人ゲリラが、レバノン国境のキブツ・ミスガブアムを攻撃し、揚水ポンプを爆破した。農家出身で水利技術者のエシュコルにとって、我慢の限界を越える事件であった。ラビン参謀総長と個人的に会った首相は、「シリアを罰しなければならない」と言ったが、「しかし、戦争は望まない。（ゴラン）高原で戦いたくない」と本心を漏らした。首相の軍事補佐官リオール大佐によると、ダマスカス憎しに凝り固まったラビンは、〝シリア・シンドローム〟に苦しんでいたが、首相と同意見であった。次回シリアが挑発してきた時、

イスラエルは装甲ブルドーザーを非武装地帯に入れ、シリアの発砲を待つ。発砲されたら反撃する手はずになった。★33

ダマスカス上空三〇秒

待つまでもなく、三月三一日にその挑発行為がヨルダン国境に近い地域で起きた。農場の灌漑用揚水ポンプ、そして線路の軌道破壊を狙って、爆弾が仕掛けられたのである。計画に従って、イスラエルの装甲トラクター数両が、ガリラヤ湖東岸のキブツ・エンゲブ及びその南のキブツ・ハオンに隣接する非武装地帯に入った。そして予想された通り、ゴラン稜線上のタウフィク陣地から、シリア軍が機関銃を撃ち始め、対戦車火器で狙い撃ちした。イスラエル国防軍も同種の火器で応戦した。短時間の交戦で、損害は双方共にほとんどなかった。四月七日、同種の衝突が起きた。午前九時、湖の東岸南端域のテルカツィルで、トラクター二両が非武装地帯に入った。シリア軍は小火器を使用せず、複数の三七ミリカノン砲で撃ってきた。トラクター二両はたちまち被弾、イスラエルの戦車が砲兵陣地に撃ち返した。するとシリア軍は、八一ミリ及び一二〇ミリ迫撃砲で、複数の村落を砲撃した。

小競り合いで始まった衝突は、ミニ戦争に発展、銃砲撃音が盆地一帯に轟きわたり、ゴラン高原の高地とその下方平地に赤黒い火煙があがっていた。双方が機関銃と火砲で撃ち合っているのであった。国連の休戦監視団報告によると、当日午後一時三〇分までに、キブツ・ガドット（北岸の北約一二キロ）に砲弾二四七発が命中、数棟の建物が炎上中であった。国連が停戦を求め、シリアは、イスラエルが非武装地帯における作業を全面的に中止することを条件に、停戦を受託すると回答した。エルサレムに居るエシュコルは、前線指揮所のラビンと連絡を不断にとりあっていたが、この条件を拒否し、代わりの装甲トラクターを送りこめと言った。ところが、シリアの長距離砲に対抗するため空軍を投入したい、と参謀総長が意見具申すると、首相はためらった。一時間たち、シリアの砲撃は一段と激しくなった。結局エシュコルは折れた。イスラエル空軍のヴォートール爆撃機が発進し、ミラージュの掩護を受けて、シリア軍の陣地と村落にロケット攻撃を加えた。攻撃を開始して間もなく、シリアのミグ戦闘機が迎撃した。

シリア空軍はイスラエル空軍に太刀打ちできない。その時も例外ではなかった。ゴラン高原最大の都市で軍都であるクネイトラの上空で、空中戦が展開し、ミグ二機が撃墜された。残余機はダマスカスまで追尾され、首都上空で一三〇機が入り乱れ、大空中戦となった。わずか三〇秒間でミグ四機が撃墜され、イスラエル空軍機がシリア上空の制空権を確立し、悠々と飛びまわった。追いこまれたシリア政府は状況説明に苦慮した。ダマスカス放送は、「市民に告ぐ。敵機上空にあり。注意されたし。我が空軍機が迎撃中」と報じ、その後「我方の英雄的荒鷲がイスラエル機五機を撃墜した」と経過を述べた。しかし、悲惨な事実は隠しようがなかった。首都の全住民が、空中戦を目撃したのである。イスラエルのミラージュ戦闘機が乱舞し、首都上空で勝利の宙返りをうっていた。そしてラビンの前線指揮所では歓声があがった。イスラエルは主導権を取り戻した、と参謀総長は意気高らかに述べた。エジプトは動かず、シリアは屈辱にまみれた。

ラビンは間違っていなかった。この前のサムア急襲と同じように、四月七日の衝突事件で、エジプト・シリア防衛協定の無力性があらためて浮き彫りになった。シュケイリと個人的に話をした際、アラブ統合司令部のアリ・アリ・アメル司令官は「シリアの兄弟達にイスラエルを挑発するなと、何度言ったことだろう」と嘆き、「我々は軍事上の準備がまだ整っていない。わかっているはずだ…戦いの時と場所は我々が選ばなければならない。これもわかっているはずだ…我々は何度も何度も頼んだ。しかるに彼等はイスラエルの村落に対する砲撃を続け、ファタハの細胞を使って交通機関を攻撃させ、あるいは道路に地雷を仕掛けさせた。このようなことが全部我々の努力を無駄にしているのだ」と言った。ナセルは弁解に終始し、「イスラエル

の攻撃は、イエメン対策の足を引っ張るため…ゴランはエジプトの（射程）圏外だ」と言った。★34

ナセルは、メンツを保つため、シドキ・スリマン首相とシドキ・マハムード空軍司令官を急拠ダマスカスに派遣した。六年前アラブ連合共和国が分裂して以来初の、政府首脳のシリア訪問である。しかしこの二人はレトリックを弄して話をそらし、シオニズムとアメリカ帝国主義そしてアラブの反動が問題の根源とし、それを非難するだけであった。もっとも裏口では、エジプト側はシリアに対して、ファタハ支援をやめさせるよう説得に努めた。支援を続け、戦争を引き起こすことになれば、シリアは単独で行動する破目になる、と警告を発している。

シリア側は態度をあいまいにしたままで、エジプトがダマスカス近郊への空軍機駐留を求めたのに対し、この要請を拒否した。逆にシリアは、戦争になった場合の、エジプトの支援約束をとりつけたのである。ラシードと称するコード名の作戦計画も合意した。二正面同時航空攻撃である。シリアは北の正面を空爆し、エジプトが南及び中部正面を叩く。さらにシリアの陸上部隊がガリラヤ地方を攻撃しハイファをめざす。違うのはここからである。つまりエジプトはここで一線を画し、地上戦には参加しない。帰国したシドキ・マハムード空軍司令官は、ナセルに次のように報告した。「イスラエルが国境域に部隊を集結した場合、エジプトは、イスラエルの部隊を拘束する目的をもって、空軍戦力をシナイ内部とイスラエル南部国境域に増強する…我々は我方地上部隊のシナイ投入については、一切話をしませんでした★35」。

四月七日の戦闘は、アラブ間の暗闘にインパクトを与えた点で、サムア事件に類似する。ヨルダンは早速ナセルの信用失墜にとびつき、イスラエル機はシリアを攻撃したのみならず、シナイの航空諸基地上空を、爆音も高らかにとびまわったが、エジプトはひるんで何もできなかった、と主張した。アンマン放送は、「最近ナセル大統領は演説で、シリアがイスラエルに攻撃された場合アラブ連合共和国は直ちに戦闘に加入すると述べた。我々の敵は…不幸にして…ナセル大統領の言葉の重みをよく知っている…同胞シリアに対するイスラエルの攻撃が数時間続いたことは、アラブ全員が知っているのである…」と批判し、返す刀で「撃墜されたシリア機のうち三機は、ヨルダンに落ちた。調べたところ、装備ロケットは木製の模造品であった。アサドは本物を与えるのが怖いのである」と言った。エジプト側の反応にもトゲがあり、今回の攻撃でフセインはイスラエルと共謀していたと非難した。スリマン首相が「ヨルダンは帝国主義の駐屯地になっている。傭兵ギャング共の訓練キャンプ・イスラエルを保護する反動の前哨地である」と言えば、ナセルは、フセイン国王が祖父と同じようにシオニストと結託していると非難、「この男は生まれつきの手先で、謀反を教えこまれて育った…フセインはCIAのために働いている」と熱弁をふるった。[36]

この暴言合戦で深い痛手を負ったのは、フセインの方である。ナセルと比べると、彼の立場はずっと弱く、危なかった。エジプト、シリアそしてイラクからうとんじられ、サウジアラビアをはじめとする保守派国の保護も受けられなかった。アラブ連盟では、シュケイリPLO議長が、三三件の背信行為でフセインを告発していた。ヨルダンは連盟脱退の構えを示した。アラブ多しといえども、イスラエルからヨルダンを守ってくれる国はひとつもなかった。ヨルダンからみると、サムア事件が証明しているのであろうが、イスラエルはシリアと直接対決するよりも、ウェストバンクを支配しようとしている。追いつめられたフセイン国王は、深まる一方の孤立から脱出するため、手をうった。過激な反ナセル派として知られるワスフィ・タル首相を退任させ、反エジプト宣伝の中止を命じたのである。[37]そして四月二八日、国王は大胆な行動に出て、エジプトのマハムード・リヤド外相を招いた。二人は旧知の仲であった。リヤド外相はヨルダンに飛んだ。

フセイン国王の話す内容は簡単明瞭であった。シリアが罠を仕掛けている。国境域をヒートアップし、エジプトが介入せざるを得なくなる程度まで、緊張をたかめる。戦争が近づいている。そうなればナセルは打倒され、ヨルダンは潰滅する。リヤドの反応も簡明であった。それなら、ヨルダンは、アラブ統合司令部の作戦計画に従って、イラク、サウジの両軍部隊のヨルダン駐留を許すべきである、と外相は言った。フセインはノーと返事し、ナセルが国連緊急軍を排除し、エジプト軍をシナイへ戻すのが先決である、と応じた。かくして、会談は双方の立場が全く変わらぬままに終った。四日後アンマン放送は元の辛辣な論調に戻り、ナセルを「イスラエルと平和的かつ安穏に暮らしている…アラブ唯一の指導者。この指導者の方向からイスラエルへ、銃弾一発撃ちこまれたことがない…この不名誉な状況にどっぷりつかり…御本人はさぞかし御満足なのだろう」と罵倒した。同放送はイエメンの村落がガス弾で攻撃された例をひき、（同胞アラブの住む）イエメンは、確かに〝射程圏外〟にはないと皮肉を言っている。[★38]

‡

アラブの支配者間の関係は日増しに悪化し、イスラエル国境沿いの状況も悪くなっていった。四月七日の事件は、鎮静化に向かわず、エスカレートした。五月にファタハは一四件もテロ作戦を実行した。地雷や爆弾をイスラエル領内に仕掛けるのは、作戦タイプのひとつだが、シリア及びヨルダン国境からだけでなく、レバノン国境からの犯行も起きた。ヨルダンからの越境テロは、五月五日にピークに達した。この日パレスチナ人ゲリラが、レバノン領から迫撃砲をキブツ・マナラへ撃ちこんだ。一方イスラエルは、非武装地帯内で耕作を続け、つまりそれを嫌うシリアから砲撃のお返しを受けた。四月一一日の砲撃では、アメリカの観光客二〇〇名が、ゴラン高原の下にある、キブツのシェルターへ逃げこむ騒ぎとなった。しかし、シリアの砲撃は、イスラエルの動きに対する反撥行為、にとどまらなかった。四月一二日フーラ盆地のキブツ・ゴネンで、柵を修理しているだけであったのに、農民達が銃砲撃にさらされ、ひとりが頭を撃たれた。[★39]

シリアによる攻撃が累積してくると、それがシリアによる直接攻撃かパレスチナ人ゲリラを使った攻撃かのいかんを問わず、イスラエル国民にとって耐え難いものとなった。世論は、特に国境域住民が報復を要求した。テロ発進地のヨルダンだけでなく、背後で糸を引いている真犯人シリアを討つべしという声である。英米は、フセイン王政を心配してのことか、あるいはダマスカスに対する真の怒りからなのか、いずれにせよ同じ方向に進んだ。海外ではイスラエルの外交官は、報復の正当性を訴えていた。イスラエルのアブラハム（エイブ）・ハルマン大使は、国務省次官補近東問題担当になったバトル大使に、「テロ事件を続ければただでは済まないこと位、シリアはわかっているはず。シリア政府は、イスラエルの反撃がないという幻想など抱いていないでしょう」と言った。公式の場においても、例えば国連安保理で、イスラエルのエバン外相は正式に抗議し、「挑発行為に対して反応がないというシリアの前提は、基本的に欠陥がある。健全な善悪の判断力を持つ国であるならば、シリアからテロリストが送りこまれる状況にイスラエルが融和できないことを、理解するであろう」と述べ、テロに対する反撃の正当性を主張した。★40

厄介で面倒であっても、決断をこれ以上避けて通ることはできなくなった。この重荷を背負って矢面に立つのは、二人の男である。年齢、出身共にまるで違うのであるが、性格上補完し合う二人である。ナセルとアメルは、葛藤と政治的策謀のからみ合う関係にあったが、イスラエルの首相と参謀総長は、こみいった関係にはなく、相手の足許をすくうような間柄でもなかった。スムーズにチームを組めたのである。

あり得ぬチームメイト

一八九五年、キエフ近郊に生まれたエシュコルは、もともとシュコルニクという姓であった。ポグロム（ユダヤ人に対する集団的な破壊、虐殺行為）が至る処で発生した時代で、エシュコルは暴力と宗教的熱狂が支配し、シオニズムが勃興する社会環境のもとで成長した。一九歳の時パレスチナへ移住、ペタハティクバで一介の労働者として働き、第一次世界大戦末期ユダヤ軍団に入隊した。戦後、ガリラヤ湖南岸域でキブツ・デガニア（ベット）の創設にかかわった。マラリアにかかり、略奪を目的とするベドウィンの襲撃に防戦するなど、悪戦苦闘の連続であったが、たくましい労働者としての素質を充分に示した。土を愛し自分は土を耕す者であると考えていたが、やがて自分の政治能力に気付く。最初はキブツ代表として、ついでヒスタドルート（労働総同盟）の代表として活躍した。理想家肌のベングリオンと違って、エシュコルは実務家であり、現実主義者であった。公務にたずさわっていた頃、行政手腕を発揮し、大きい仕事をしている。国のインフラが整備されたのは、エシュコルの時代である。国境域のアラブ人社会は、一九四八年以来軍政下におかれたが、一九六六年末それが廃止された。なかでも一番誇りに思っていたのが、一九三七年創設のメコロット（水源の意、水利公社）である。「人間の血管網のように」灌漑網を全土にはりめぐらし、隅々まで耕して緑の大地に変えるのが、エシュコルの夢であった。

エシュコルは、ナセルと同じように質素な人であった。生活のなかで華やかな一面があるとすれば、若くて美人の妻ミリアムの存在である（初婚相手とは離婚、再婚相手は死別、ミリアムは三番目の妻であった）。エジプトの指導者ナセルには、強烈なカリスマ性があったが、イスラエルのこの首相は全くこれを欠いていた。これといって特徴のない顔で、無表情、地味な眼鏡をかけ、すべて平凡である。話につやがなく迫力に欠けるので、典型的な役人のように見えた。カフカの小説『城』の登場人物に似ている。しかし、この灰色の外面の下には熱い血が流れていた。温かい人柄でユーモアのセンスがあり、よく警句を吐いた。ある時「イスラエルでちょいと小金を儲けたいって？」とたずね「なら、大金持ちをひとり連れて来い」と言った。イーディシュ語の文化にも並々ならぬ愛着を持っていた。エゼル・ワイツマン（第七代大統領）は、「愛すべき男、おおらかで…オープン、大の話好きだった」と回想している。シモン・ペレスのような政治ライバルも誉めたたえ、「断固としているが、頑固ではない。柔軟ではあるが従順ではなく言いなりにはならない。妥協なき人生はないことを知っている男」と評している。言質を避ける器用さは天下一品で、「もちろん約束したさ。その約束を守ると約束したか」というのが口癖だった。しかし、そのぬらりくらりとしたところが、優柔不断と受けとめられる場合がよくあった。エシュコルの優柔不断を茶化したのが、「食後、ウェイトレスにコーヒー、それとも紅茶になさいますか、ときかれ、半々にして下さい」というジョーク。

そのエシュコルの一番弱い分野が、軍事問題にあると言われた。安全保障分野ではひとりの人物が伝統的に首相と国防相を兼務して采配をふるう国にあっては、欠陥である。兼務して実力を発揮した男が、ベングリオンであった。砂漠のキブツ・スデボケルのバンガローから、いわゆる後継者の軍事音痴について、文句を言った。特にエシュコルが仏イ同盟を無視し、ディモナ原子炉に関するアメリカの糾弾にばかり気をとられているのが、気にくわなかった。しかし、このような非難はフェアではなかった。国防軍を機甲戦力とジェット機をベースとした現代軍として構築した功績者のひとりが、エシュコルである。報復攻撃の権限を認めぬことは滅多になかった。もっとも、稀ではあるが国内の平和主義者に配慮して認めなかったこともある。エシュコルに欠けていたのは、戦闘経験である。前述のように第一次世界大戦末期、短期間英軍の一組織ユダヤ軍団に所属していただけである。エシュコルはベングリオンの批判がひどくこたえた。「まるで、父親にエデンの園から放り出されたみたいでした」と妻ミリアムが回想している。[★41]

軍事面では軽量級とのイメージは消えなかった。引き金をあわてて引くという非難があれば、引くのを躊躇すると難詰する声もあるなかで、首相は自分のイメージを払拭しようと懸命で、機会さえあればトレードマークのベレー帽をかぶり部隊視察に出掛け、或いは極秘に参謀総長と協議した。

戦闘の話になると、イツハク・ラビンは歴戦の勇士であった。独立戦争時、パルマッハの作戦主任であったが、国軍編成で精鋭のハレル旅団の旅団長となり、この戦争の最激戦のひとつといわれるエルサレム攻防戦を指揮した。同僚の将校達は、キブツ出身の農民がほとんどであったが、本人は労働シオニスト活動家の息子として、テルアヴィヴで育った。活動家の親がほとんど家をあけている家庭環境である。ラビンはイスラエル生まれで率直、もの柔らかな人柄だったが、非常なはにかみ屋だった。彼とエシュコルは、鏡に映した自分を見るような関係にあった。第一、愛敬があるが物静かである。第二、外部は穏やかで柔かい物腰だが強烈な個性がある。そのためであろうか、そしてまた互いに相手を必要としたために、二人はチームを組み、うまくやっていった。回想録でラビンはエシュコルを「話好き、飾り気がなくユーモア感覚にあふれている」とし、「プラグマチスト、経営手腕の確かな行政家、飲みこみが実に早い」と評している。エシュコルは行為をもってこたえ、一九六六年に二期目の参謀総長就任を、ラビンに求めた。一期三年である。首相と参謀総長は力を合わせ、空軍と機甲を中心とする大規模な軍備計画を推進し、抑止力を中心にすえた戦略の策定に取り組んだ。[★42]

時々摩擦でブレーキのかかることがあったが——エシュコルの趣味からすれば、ラビンはあまりにも国民的人気がありすぎたし、ラビンからみると、エシュコルは防衛問題にあまりにもでしゃばりすぎた——首相と参謀総長の関係は、一九六七年の最初の数か月は適切であった。しかし、その関係が危機的状況で試練に耐え得るのか、それまで試されたことはない。ところが、五月初旬アラブの攻撃が北部国境域で激しくなって、イスラエルの内閣は、シリアに対する限定報復の権限を、軍に認めた。ラビンは、大規模反撃を繰り返し求めた。バース党政権について、打倒しないまでも、完全な信用失墜までもっていく必要があるというのである。しかしエシュコルは、ソ連の激しい反撥を恐れて、その時も反対した。クレムリンは、シリア政府に対する陰謀ありとして、再びイスラエルを非難した。今回は、西側の石油企業と十把一からげにした攻撃で、ソ連のビクトル・セミヨノフ外務次官はイスラエルのカッツ大使に「イスラエルは平和に対する重大な脅威」であり、「外国分子の傀儡」であると非難し、中東に大惨事がふりかかるなら、それはシオニストのせいであると言った。[★43]

エシュコルは、ラビンのアドバイスに耳を貸さず、ワシントンに相談し、イスラエルの防衛に対するアメリカの公約の再確認を求めた。具体的には、パットン戦車とスカイホーク攻撃機の売却加速である。バーバー大使はこの売却を支持し、本省の上司宛に「可能な限り多くの援助」が望ましいと勧告した。しかし、武器売却に関する議会の制約は、ベトナムを考慮して一段と厳しくなった。さらにアメリカがディモナの現場査察を求めたのに対して、イスラエルの抵抗にあったので、議会の対イ武器売却反対は、益々強くなった。ジョンソン大統領は、口ではイスラエル支援を厭がっている風ではなかったが、武器は論外であった。[★44]

アメリカはイスラエルへの軍事関与に反対していた。エシュコルがU・Sニューズ・アンド・ワールドリポートに語ったことに端を発し、それが一段と明瞭になった。エシュコルは、戦争になれば、米第六艦隊の支援が期待できる、と言ったのである。アラブ世界は猛烈に反撥し、ベイルート、アレキサンドリアへの米艦の寄港をキャンセルした。シリアのアタシ大統領は米艦隊を「帝国主義者の洋上基地」と評し、「アラブの海とそこに棲息する魚は、腐りきった米帝国主義の体をのみこむ」と言った。アメリカの国務省は、あわてて声明を出し、合衆国軍にそのような約束はないとし、中東で戦争になった場合、第六艦隊は中立を守ることを示唆した。[★45]

戦闘突入に代わる打開策を求めて、努力が続けられたが、最後に頼ったのはアメリカではなく、イスラエル国民にとっては意外とも思える機関、すなわち国連であった。イスラエルのギデオン・ラファエル国連大使は、ウ・タント事務総長に、シリアのテロ支援に対する明確な非難声明を求めた。ウ・タントは、アラブ非難をほとんどしないことで知られていたが、シリアの関与が明らかになった現在、最早これを無視しておけなくなった。五月一一日の記者会見でウ・タントはこの一連のゲリラ攻撃を「陰険で嘆かわしい」行為であり、「平和に対する脅威」と規定し、「休戦の主旨と精神に反する」と非難した。さらに事務総長は「襲撃した個々人は、これまでファタハが起こした事件で通常みられた訓練レベルに比べ、もっと専門的な訓練を受けているように思われる」と認めたうえで、すべての〝関与〟諸政府に中止を呼びかけた。

一見したところ、これはイスラエル側の勝利と思われた。トップの国連事務総長が、一アラブ国家を非難したのである。前例のないことであった。しかし、何も起きかった。安保理協議が提案されたが、ソ連の引延ばし戦術で実現せず、さらに理事会メンバーの三分の一が、議長国台湾に議長としての資格を認めていなかったので、協議が円滑に進むわけがなかった。シリア代表はウ・タントの声明を激しく非難した。同国のジョルジュ・トーメ国連大使は、その声明が「イスラエルの武力行使を大目にみている」と主張した。[46]国連安保理は麻痺状態にあり、アラブ諸国が激怒する状況で、事務総長はこれ以上イニシアチブをとろうとせず、本件は沙汰やみになった。

一方ラビンは、アメリカと国連双方でイスラエルが失敗したことを認識し、積極攻勢の姿勢を示した。国防軍誌「バマハネ」のインタビューで、「自国の意志に反して発進したテロ攻撃に与しない国と、積極的に支援する国がある。これは区別して考えなければならない。ヨルダンとレバノンに対する（イスラエルの）反応は、前者の場合に対するものがふさわしい。シリアの場合は違う。政権がテロリストを支援しているからである。したがってシリアへの対応は違ったものにならなければならない」と言った。

エシュコルは、ほかの多くの閣僚と同じように、威嚇するにもラビンは行き過ぎだと考え、その行き過ぎを批判した。しかし、首相は自分が語る段になると、自分流の熱烈な勧告を持ち出した。五月一二日、マパイ党の公開討論会に出席したエシュコルは、「我々に選択の余地はない。攻撃の発進地とその中枢を叩く。我々が四月七日に使ったと同種の本格的手段で対応せざるを得ない者には、一撃を加えなければならぬだろう」と発言した。そして翌日にはコール・イスラエル（イスラエル放送）で、「我々に対する破壊活動を奨励する国に、責任免除はない。シリアは、このような活動の先頭に立っている」と言った。この後煽動的発言が続く。エシュコルとラビンだけでなく、北部軍司令官ダビッド・エラザール少将、国防軍情報部長アハロン・ヤリーブ少将が次々と発言し、外国の報道機関が一部をピックアップし、誇張して伝えた。エゼル・ワイツマン（当時作戦部長）は、後年回想録で「よく考えれば、大ぶろしきの演説が、当節のはやりであった」と述懐している。[47]

イスラエル人のトゲのある言葉は、ちょうど微妙な時期にシリア側に突き刺さった。信仰心の篤いムスリムと中産階級の商人達が、バース党支配に対する反撥を強めていたのである。シリアのアタシ大統領は警告を発し、イスラエルが攻撃するならば、「シリアは、アラブの全大衆が参加する人民解放戦争を発動する」と言った。イブラヒム・マホウス外相はスマイス大使に、ダマスカスに対する「帝国主義者の陰謀」と「イスラエルによる大規模攻撃が近い将来起きる可能性」について語り、シオニスト部隊がすでに非武装地帯に集結している、と主張した。ところが、大使がシリア政府はゲリラの手綱を引いていると言うと、外相はその言をさえぎり、「略奪された土地の奪回のためパレスチナ人が戦っているのであり、パレスチナ人の戦いでシリアが糾弾されるいわれはない」と言い、同時に「パレスチナは死滅することなき聖なる大義である」と怒りをあらわにした。

エシュコルとラビンの発言は、ダマスカスの行動を抑止することにはならず、逆にファタハ支援を倍加させてしまった。ファタハは再び行動に出て、五月九日と一三日に越境テロを行った。シリア、ヨルダンからの侵入である。前者のケースでは、金髪でヘブライ語を話す男が、イギリスの旅券を携帯し、シリア軍の支配する湖岸域からボートに乗り、ガリラヤ湖を横断した。高度の訓練を受けた男であったが、逮捕された。大量の爆薬と起爆装置を持っており、イスラエルの要人暗殺が目的である、と自白している。[★48]

‡

シリアとの大規模衝突を未然に防ごうとして、イスラエルはいろいろ努力したが、逆に衝突の可能性を深めてしまった。そして、この五月に、一九六七年の独立記念日のパレードをめぐって、同じパターンが繰返されるのである。

パレードの場所はローテーションで、その年はイスラエルの西エルサレム側で、五月一五日に挙行される予定であった。独立して一九年。独立記念日が、太陽暦とユダヤ暦（陰暦の一種）で同じ五月一五日になるのは初めてである。聖都にイスラエルの部隊が多数集結するのは、技術的には休戦協定に違反しない。しかし、アラブ世界が猛烈に反撥した。特にヨルダンの反撥がひどかった。国連もこのパレードに反対し、西側列強も同様で、自国大使の出席を禁じた。

エシュコルはこの反対を一蹴し、ヨルダンはユダヤ人に西壁とオリーブ山へのアクセスを拒否している。これは休戦協定の違反であり、イスラエルがエルサレムの自国領内でやっていることに、とやかく言う資格はない、と述べた。しかしそれでもエシュコルは、緊張をやわらげるため、二つの処置をした。この記念日行事で、詩人ナタン・アルターマンが詩を読むことになっていたが、エシュコルは戦闘的な数行を削除した。次にパレード用重火器の搬入を控えることに同意した。[★49] ラビンはこの二つの決定に怒ったが、結局折れた。パレードには戦車、火砲いずれも展示されなくなった。

首相と参謀総長は、シリアの脅威への対応をめぐって一時不協和音を発した。その後、エルサレムにおけるごたごたは一緒になって避けた。しかし、この回避が思いもよらぬ大混乱を招くとは、二人とも気付かなかった。

行動と対応

エジプトの指導者達も、破局が近いことに全く気付いていなかった。そのひとりであるアンワル・サダトは、四月二九日に出国した。アラブ・イスラエル紛争とは全く関係のない任務で、モンゴルと北朝鮮への表敬訪問であった。要人と会った後モスクワ経由で帰国の予定であった。カイロのアメリカ大使館は「今回の訪問で重要な結果が生まれるとは思われない」と予測した。

アメリカが期待を抱かなかった理由は、主にサダト自身にある。大した軍のポストについたことが一度もなく、国民議会の議長と当たりさわりのない地位にあった。しかし、猛々しいところのない外面——背が高く、色浅黒く、無口であった——が、これまでの経歴を見えにくくしていた。第二次世界大戦時、親独活動に走り、親英忠誠派エジプト人役人の暗殺計画で、二度投獄されている。一九五二年七月のクーデターでは、首謀者のひとりであった。ムスリム同胞団と秘密裡に接触を続ける一方、イスラエルとの秘密接触には反対していた。イデオロギー上ぶれがなく、政権に忠実で志操堅固とみられたためであろうか、ナセルはサダトを信頼し、彼の言うことには耳を傾けた。

ソ連側はその点を理解していた。そして、訪ソ時には、最高幹部との会見を設定すると約束した。サダトは、コスイギン首相、ポドゴルヌイ最高会議幹部会議長、グロムイコ外相、セミョノフ外務次官を含む高官達と会うことになる。一連の会談は、儀礼的な言葉の交換に終らなかった。つまり、単なる表敬ではなかった。ソ連側指導者は、サダトに不吉な話をした。イスラエルが、バース党政権の打倒を目的にシリア進攻を意図しているとし、決行は間近であると言ったのである。クレムリンは、イスラエル大使に厳しい警告をすでに発しているのであるが、一〇～一二個旅団がシリア国境域に集結を終えている。決行日は五月一六日から二二日の間である、と述べたポドゴルヌイ議長は、「奇襲を受けてはならない。今後の対応いかんが興廃を決する」とし、「シリアは困難な状況に直面している、シリアが苦境下に陥るようであれば支援する」と語った。ソ連側は、この情報の確度が高い具体的証拠として、間もなく開催予定の独立記念日パレードに、戦車と火砲が展示されないことを指摘し、重火器類が北部へ送られているためであると主張した。[★50]

‡

ソ連が警告した理由は不明のままで、そのためこの特定の時期になぜこのような話を持ちだしたのか、ソ連はこれで何の得になるのか、さまざまな臆測を呼んだ。ナセルの地位を固め、ソ連、シリア関係を不動なものにするため、ソ連が仕組んだと考える人がいれば、別の仮説をたてる人もいる。それによると、ソ連はナセルをイスラエルとの戦争へ誘いこみ、破滅させてシリアの天下になる道をひらく。そしてそのシリアを通してソビエト共産主義者を浸透させる。アメリカはベトナムに気をとられ、この問題で手一杯であり、その隙をついて強まりつつある中国共産主義の浸透を阻止すると共に、シオニズムに対し足腰が立たなくなるほどの強力な一撃を加える。専門家の多くが、この説を支持した。しかし、アメリカやイスラエルの背後説を唱える専門家もいた。それによると、イスラエルの攻撃計画に関する情報をリークしたのはアメリカで、湾岸諸国に対するエジプトの圧力をゆるめるのが、目的であったとする。イスラエル背後説者は、領土拡張戦争を目論むイスラエルが情報を流したと主張した。後年ソ連の元高官達は、情報の間違った解釈を指摘し、これを非難した。イスラエル国内に信頼できる情報源を持つ複数のKGB情報員がいて、シリアに対するイスラエルの報復の可能性について情報を集め、これをクレムリンに送った。ところが、ソ連邦最高会議メンバーのカレン・ブルテンツによると、「それは未確認情報であり、精査する必要があった」が、「セミヨノフは自制できず、そのままエジプト側に渡した」のである。[★51]

サダトに与えたソ連の警告は、別に目新しいことではなく、シリアに対するイスラエルの攻撃意図情報は、前の年に繰り返し流された。この種の警告は、クレムリン指導部内の深い亀裂、中東におけるソ連の権益に対する認識のくい違いを反映するという。この地域の軍事衝突をすべて回避しようとする流れ、そしてその対極に戦争につき落とそうとする流れがあるとする。シリアに対するイスラエルの報復を充分に予期して、ソ連側はアラブの敗北と超大国の対決を招きかねない戦いを阻止したかったが、それと同時に、アラブのソ連依存を維持するため、中東を高い緊張状態にとどめておきたかった。そのため、イスラエルの行動を抑止する力としてのエジプトの役割を強調し、一〇から一二個旅団が国境域に集結しているという話を流したのである。コミュニストの意志決定者には、ひとつの傾向がある。帝国主義者とシオニストの背信行為に関する己れのプロパガンダに、影響されることである。イギリスの内閣の言葉を借りれば、〝イデオロギー優先の近視眼〟であるが、この傾向がやはり一役買い、イスラエルの対シリア脅威を誇張して伝えた。[★52]

ソ連がやったことは、エジプトで重大な反応を引き起こした。その経緯は次の通りである。五月一四日夜半過ぎ、カイロに戻ったサダトは、ナセルの家へ直行した。家では、大統領とアメル陸軍元帥がすでにロシアの報告を検討していた。イスラエルの動員について、ソ連のディミトリ・ポジダエフ大使が別途外務省に伝え、さらにエジプト国内のKGB機関員もエジプト情報部のサラフ・ナシル局長に流していた。そして、類似のメッセージがダマスカスから届いた——この後もたくさん来たが、次の内容であった。

我々は、次の件に関し信頼すべき筋から情報を受けた。第一、イスラエルが予備役のほとんどを動員した。第二、部隊の大半はシリア国境域に集結している。推定兵力は一五個旅団である。第三、イスラエルは空挺隊の降下を含め、シリアに対し大規模攻撃を意図している。決行日は五月一五日から二二日の間である。

アメル元帥は、イスラエルの兵力集結を確認できる空中写真も見た、と自慢した。[★53]

この数か月シリアへの侵攻間近かとするニュースを度々流したため、鮮度が薄れて一般通報のようになってしまった。ナセルはそのニュースが届く度に一顧だにせず、無視していた。しかし、ソ連からの情報提供となれば、話は別である。クレムリンを含むさまざまなルートから、このような特殊性を帯びた警告情報が伝達されると、簡単に一蹴するわけにはいかない。エシュコルとラビンが威嚇するような声明を出し、記念パレードに重火器類の展示がないことを併せ考えると、情報は確度が高いと思われた。ナセルとアメルは、シリアに対するイスラエルの攻撃で派生する問題、国連緊急軍の排除を含むエジプトの対応について、夜を徹して話し合った。そして午前七時三〇分。検討を終えた二人は四時間後に参謀本部会議を招集し、そこで軍の今後の方針を決めることにした。[★54]

‡

その方針は無造作に決めるわけにはいかなかった。エジプトの経済危機は、軍にも影響を及ぼし始めていた。その一方で、予算削減にも拘わらず、兵員の数だけはふくれあがっていた。機材の整備もままならず（可動戦闘機一機につきパイロット八名になっていた）、訓練もほぼ全面休止の状態であった。しかし、軍の欠陥は、財政難に起因する問題だけではなかった。上級幹部の地位は、能力ではなく門閥、血縁関係、帰属政党によって決まった。さらに悪いことに、中級幹部の地位には、意図的に無能な人材が選ばれた。反抗され、上級幹部に脅威となっては困るからである。将校は忠誠心に欠け、将校同士あるいは、一般兵同士の信頼関係も薄かった。国連緊急軍のリキーエ司令官（当時）は「多数の将校が長期休暇でカイロへ行っていた。シナイで見放されている兵隊達をみて、いつも気の毒に思っていた」と述懐する。機構レベルでみると、陸海空の部隊間の協力を可能にする仕組みはなく、連絡方法すら欠けていた。指揮命令系統が複雑で、さまざまな経路で迂回した後やっと第一線部隊におりて来るのである。そしてその前線では、士気が低く進取の精神に乏しかった。卓越した行為よりイデオロギーが評価基準であり、エジプト軍のアブダル・ムーニム・ハリル空挺隊司令官（当時）は、「我々は、七月二三日革命の栄光を綴った書物や小冊子を山のように持っていた。書物はチリひとつなく完璧な状態で保管され、不断に点検された。書物は神々しいまでの存在で、空挺隊の団結の中心、戦闘力の根源とみなされた。将校達はこれを揶揄した。しかし、忠誠心を示すため、イエメンまで持って行った」と語った。★55

軍の欠陥はナセルに報告されていた。ナセルは、イスラエルとの戦争に長年反対してきたが、欠陥を知ってのことであろう。口先では相変わらず過激なことを言い続け、例えば五月一〇日、アレキサンドリア大法学部の学生集会で、ナセルは「我々は戦いを望む。パレスチナを解放、奪回する」と勇ましいことを言った。しかし、四月七日の空中戦について、具体的対応は何もとらなかった。エジプトのムスタファ・カメル駐米大使は、終始一貫して同じ主旨のことをアメリカ側に伝えていた。つまり、アメリカが対エジプト経済支援を復活してくれるなら、イスラエル問題を〝アイスボックス〟に入れておくということである。ウォルト・ロストウは大統領宛の部内覚書きのなかで、「ごろつきに対する賄賂は誰も望まない」としながらも、「ナセルが中東で一番力のある人物であることに変わりはない…アラブ・イスラエル紛争を破滅的な土壇場へ押しやったワイルドなアラブの手綱を引きしめた」と書いた。[★56]

しかしながら、アメリカ側は知らなかったが、エジプト軍部のなかに反対勢力が存在した。強硬な主戦派である。欠点はあるにしても、軍はイスラエルと比べれば、航空機、戦車、火砲共数倍の戦力を有する。数的優位性だけでも、アラブの勝利は間違いない、と多くの高級将校が信じていた。彼等の考えによると、イスラエルは、経済不況に苦しみ士気が低下している。エジプトが恐れたかつての巨人ではない。イスラエルがシリアかヨルダンを攻撃する前に、先手をうってイスラエルを叩くべきである、と彼等は主張した。シドキ・マハムード空軍司令官は、「敵機がいくら奇襲してもよい。どの方向から来ても問題ない。我方の警戒、防空システムが奇襲機を探知し、撃墜する」と誇らかに語り、ソ連のミサイルの傘の下でエジプト軍の機甲部隊は、敵の妨害を受けることなく驀進できる、と確信した。アメル陸軍元帥は特に天真爛漫で、「我方の機甲部隊は、イスラエルを撃退するだけではない。東方進撃も可能である」と言った。五月初旬には、「エジプトは、有利な位置に進出できる。我方の政治条件をイスラエルに強要し、アラブとパレスチナの権利をのませることのできる位置を、確保できる」とナセルに報告している。[★57]

ナセルは、このようなエジプト軍の自画自賛に納得せず、いつも側近達に、戦う相手はイスラエルだけではない、アメリカと戦うことにもなる、と言っていた。しかし、ナセルにとって問題は、最早イスラエルに勝つかどうかではなく、今度シリアの防衛に馳せ参じることができない場合、自分の権力維持が可能かどうか、になっていた。バース党政権の崩壊は、中東全域の〝進歩的〟政権に連鎖反応を起こす可能性がある。イラクに始まりイエメンに波及し、ドミノ式に政権が倒れ、エジプトの崩壊をもって終るかもしれない。エジプト・シリア防衛協定が役に立たないことが判明し、ソ連の目に映るエジプトのステータスは小さくなってしまうだろう。ナセルは秘話装置付きの直通電話で、ヘイカルと語りあい、「東部正面は崩壊するかもしれない。そうなれば、エジプトが単独でイスラエルと対峙する事態になってしまう」と言った。ナセルは、サムア事件の後、四月七日の衝突の後、最早座して傍観する心境にはなかった。★58

しかしナセルは、アメルに指揮を任せることもできなかった。大統領と陸軍元帥の緊張した関係は相変わらずであり、ナセルは次第に反乱を恐れるようになり、不安が高じて退役将校達を使い、軍におけるアメルの影響をさぐらせようとした。アメルはこの動きを阻止し、そのうえで、ナセルの首相就任要請を拒否した。軍の支配権を手放すことになるからである。アメルの権力は、ナセルの思惑通りにはいかず、肥大していった。アメルの手下であるシャムス・バドラン国防相とシドキ・マハムード空軍司令官が、ナセル派のファウジ参謀総長をすっかり骨抜きにし、北で危機がせまってくると、アメルは自分の昇進と軍を赫々《かっかく》たる勝利へ導く好機と捉え、その姿勢を示すようになった。★59 ナセルはこれを阻止しようとした。そして、イスラエルからアラブを守るのは、アメルでもシリアでもなく自分であるとのイメージを与えつつ、国内における権威と中東の主導権をとり戻そうとした。

‡

参謀本部会議は、予定通り一一時三〇分から最高司令部で開催された。アメル元帥の統裁下で、まず軍情報部長ムハンマド・アハマド・サディク少将が、ソ連、シリア及びレバノンから寄せられた情報について報告、分析を行った。それは、シリア国境域におけるイスラエル軍の部隊集結、五月一七日から二一日の間とする攻撃開始の予想、についてであったが、報告が終るとアメルが会議を主導し、軍に待機命令を出した。空軍及び第一線部隊の警戒態勢は最高レベルに引き上げられ、予備役は現役復帰である。これから四八時間から七二時間の間に、陸軍部隊がシナイに進出し、アルカビル（征服）計画に従い、三段構えの配置につく。それは防勢配備であるが、攻勢作戦が排除されたわけではない、とアメルは言明した。一方ファウジ参謀総長が急遽ダマスカスへ飛び、シリア側指導者にエジプトの決意を伝えることになった。それは、「イスラエル空軍の撃滅、敵領土の占領」を目的に全兵力を投入して戦う意志、の表明であった。★60

参謀本部会議が開かれている時、ナセルはタハリール広場にあるマハムード・ファウジ博士の事務所を訪れていた。博士は、外交問題に関する大統領顧問で、サダトと同じように、大統領と直に話のできる数少ない人物のひとりであった。英外務省は、博士を〝黒幕〟と位置づけし、「有能な交渉人で機略縦横の外交官…難しいボスの政策を最も穏和な言葉で包み込む達人」と評している。二人が話し合っているのは、極めてデリケートな内容だった。国連緊急軍の排除問題である。アメルは、国連軍の完全排除を断固として求めていたが、ナセルはそこまでは考えていなかった。第一の問題はガザである。戦争になった場合、真っ先にイスラエルの攻撃目標になると考えられるが、ガザ防衛は気が重い。第二に、シリアの危機をなぜシナイという自国の危機にする必要がある。第三は、シャルム・エルシェイクである。ナセルはエジプトの部隊をここへ戻すようなことはしたくなかった。兵隊が戻れば、目と鼻の先をイスラエルの船が通るのを、ただ黙って見ていることはないだろう。部隊を戻さないのなら、チラン海峡を再度封鎖せざるを得ない。そうなれば、イスラエルが反撃するのは、ほぼ間違いない。

ファウジは、いくつかの理由をあげて、エジプトは国家主権上、国連総会や安保理の事前協議がなくとも、国連緊急軍をシナイ正面から、退去させ、ガザとシャルム・エルシェイクに集中配備させる権利があると述べ、通告はウ・タント事務総長ではなく、リキーエ緊急軍司令官宛にすべきである、と進言した。前者宛にすると法的性質を帯びるが、後者であれば実務上の処置として扱うことができる。ナセルはこの論法に感心し、これでうまくいくと確信した。これまでナセルは、緊急軍に対する最大派兵国のインド、ユーゴスラビア、そしてウ・タント事務総長と接触し、緊急軍の配置転換要請に全員応じるという感触を得ていた。★61

ファウジがリキーエ司令官宛の文書をまとめている間に、ナセルは参謀本部会議の決定を吟味し、ザカリヤ・ムヒッディーン副大統領を含む主要幹部達と協議した。計画は、午後の半ばには、すでに動き始めていた。国家緊急事態宣言が出され、兵隊と警官の休暇取消、学生ビザの無効措置がとられた。橋梁と公共の施設及び建物は、警備要員を倍増して、厳しい警備下におかれた。この一連の措置は、シリア・イスラエル休戦ライン域の「緊急状態、イスラエル軍の大部隊集結、あからさまな、ダマスカス攻撃意図」に対応したものとされたが、軍部隊の勇壮な市中行進に比べれば、付け足しの余興と同じであった。行進は午後二時三〇分に始まり、兵力数千の部隊が市の中心地を通過し、アメリカ大使館の前を通った。行進部隊はアメル陸軍元帥の閲兵を受けた。その陸軍元帥は隷下指揮官に対し、「赫々《かつかく》たる勝利に導くためには、作戦開始の時と場所を見極める必要がある。各員政治上戦略上の状況展開に注目し、備えを固めよ」とする極秘指令を出していた。

「我々の部隊は、急遽かき集めの状態で、そのまま前線へ向かった」と述懐するのは、当時第六師団の通信将校であったムハンマド・アフマド・ハーミス。イエメン戦争で勲章をもらった軍人で、「我々は、何の準備もなく、軍事上の行動や意図は秘匿すべきなのに、それも全くなしで、白昼堂々移動した」と語っている。参謀本部の作戦部長アンワル・カディ中将は、「我々参謀本部は、この上級指揮官（アメル、当時の肩書は国防軍最高司令官代理）が直接軍に発している諸命令に全く関知せず、何も知らなかった。エジプトの政治指導者はどんどん状況をエスカレートさせた。なぜそうなるのか。我々には理由が全くわからなくなった。その一方で、矛盾する命令が次々に出され、戦略目的の策定や作戦計画もないまま、全師団がシナイへ送りこまれた」と証言する。★62 さまざまな師団が、二本の細道を埋め尽くして東進し、晩春の驟雨でずぶ濡れになりながら、スエズ運河にたどり着いた。そして、国連軍の補給用フェリーボートを徴発し、これを使って東岸へ渡るとシナイの各方面へ向かった。

エジプトが即時攻撃を意図していたのであれば、軍のシナイ進出は夜間極力静かに実施されていただろう。ナセルは、逆に目立つようにやって、イスラエルへ二重のメッセージを送った。エジプトに攻撃意図はないが、シリアに対するイスラエルの侵略を耐え忍ぶこともないというのである。しかしこのメッセージは、各級指揮官に理解されなかった。彼等は、シナイで何をすべきかという指示もなく、そこへ放りこまれた。ファウジ参謀総長は「わが軍はカイロから引揚げられ、シナイの集結地域へ注入された。集結地といっても何の準備もない。それから、我々の任務は何かという疑問が湧いてきた」と言う。エジプト外務省でも同種の疑問が発せられた。マハムード・リヤド外相は、カヤの外の上級幹部達と大同小異で、情報が不足していた。ブリーフィングや状況分析もなく、外交官が新聞で読む知識しかなかった。

ナセルは、この混乱状態に気付いていたとしても、一向に平気のようであった。五万を超える兵力をイエメンにさいていても、エジプトは依然として恐るべき軍事力を持つという戦力の誇示は、見事に果たされたのである。ナセル側近の有力者アリ・サブリ（当時副大統領、アラブ社会主義連合書記長）は、「イエメン駐留部隊は、特に重要部隊というわけではなかった」とし、「主力の機甲部隊は全部エジプトにいたし、航空戦力もそうだった」と証言している。白昼堂々と行進する軍は、イスラエルを躊躇せしめ、エジプトの誇りを回復する。ナセルはプロパガンダ戦に勝つ。しかし一発の弾も撃つ必要はないのである。★63

‡

これはすべてイスラエル人の知らぬところで起きた。エシュコルとラビンは、独立記念日の祝賀行事で多忙をきわめ、シリアに対する脅威をあらためてソ連がもちだしても、対応する時間的余裕などほとんどなかった。首相はチュバーキン大使と会った。そしてこれまでと同じように、イスラエル国防軍にダマスカス占領の計画はないと念を押し、北部国境の視察に招いた。自分の目で確かめて欲しいということである。一二個旅団が集結しているのであれば、兵員四万と車両三〇〇〇両が蝟集していることになり、厭でも目につくはずである。金髪で分厚い胸のチュバーキンは無味乾燥、面白味のない人で、自分の任務はソ連の真実を伝えることであり、それを検査するのは仕事ではない、と言下に断わった。ソ連大使は、この後二度北部視察に招待され、シリアを押さえるように要請され、その度にニエットと言った。しかし、イスラエル人のなかには、はかりしれないほど大きい危機がせまっていると感じる人は、ほとんどいなかった。チュバーキン大使は、イスラエル外務省のアリエ・レバビ事務次官と会った際、「あなた方は、帝国主義と手を組んだ廉で罰を受ける。紅海へのアクセスも失う」と言った。しかし、エルサレムでは警鐘を鳴らす者は誰もいなかった。★64

ソ連の同じ警告がエジプトに伝えられたのかどうか、伝えられたとしたら、ナセルは動くのかどうか。ちょっとでも考えたイスラエル人はひとりもいなかった。イスラエル側は、アメリカから得た情報、そしてイスラエル自身の情報機関の報告から、ナセルは流血事態に関心はなく、平和解決のドアを閉めきってもいないと判断した。さらにナセルは、国連緊急軍を引き続き支持しており、その支持を狙いうちにしたヨルダン等のアラブのプロパガンダに、動じていなかった。一九六五年の暗い状況やアラブ首脳会議開催の頃から、エジプトの開戦意志に関するイスラエルの判定は、ノーになっていた。エジプト経済はきりもみ状態で下降し、アラブの連帯・統合は打ち砕かれている。フランスと米第六艦隊に支援されたイスラエルに挑戦するならば、ナセルは発狂したとしか言いようがない。イスラエル側の見方によると、戦争になるのは、次の条件が揃った時である。第一、ナセルが、イスラエル軍にまさる戦力を蓄積し、戦備完整と感じた時、第二、イスラエルに国内危機が生じた時、第三、イスラエルが国際社会から孤立した時、そして、この組み合わせが揃うのは、まず考えられないとした。★65

しかるにエシュコルは、少なくとも本人は確信が持てなかった。イスラエルをかこむ状況には不安定要素がある。アラブ内部のライバル関係そして超大国のライバル関係である。エシュコルはこのからみ合いに気をゆるさず、勇壮と悲壮、大胆と怯えの入りまじった気持で、対応した。それが、この状況の引火性をたかめるのに一役かうのである。五月一三日の国民追悼記念日に、エシュコルは広言して、「ぶれのない断固とした姿勢が…開戦しても我々には勝てないという認識を、隣人達の間に強めたのであります。今日彼等は、ひるんで正面攻撃を避け…このような対決をはるか未来へ先送りしているのであります」と見得をきった。ところがマパイ党指導部に対する演説で、同じエシュコルは「我々は敵意にかこまれ、深刻な状況下にある。今日成功しなくても、いつかは成功する。明日かもしれないのである。アラブ世界が分裂しているのは周知の通りである…しかし物事はいつでも変わり得る」と警告した。[★66]

第3章 危機

五月後半の二週間

イスラエルは、アラブと国連の非難を浴び、西側諸国大使が出席をボイコットするなかで、独立記念を祝った。パレードはわずか二六分に縮小され、行進将兵は一六〇〇人、そして数台の車両にすぎず、補佐官のリオール大佐は「ボーイスカウトの行進」とひやかした。エシュコルが祝賀を極力地味にしたことに対し、政敵達が激しく非難した。一番声高にあげつらったのがベングリオンで、国際圧力に叩頭し卑屈に振舞ったとエシュコルを批判した。それでも二〇万の市民が式典に参加した。スコーパスの丘に設置されたダビデの星がイルミネーションで光り輝き、参集した市民はお祭り気分を味わった。ちょうどその頃、数千数万のエジプト兵が、シナイへ流れこんでいた。イスラエルの式典参集者達は、南の集結が持つ不気味な徴候に気付かなかった。西側通信社の配信記事をまとめた戦備構築情報は、前日夕方、首相府にいたラビンの許に届いた。ちょうどエシュコルとラビンの両夫婦が、集会出席の準備をしているところだった。近くのヘブライ大付設競技場で、開催されるのであるが、エシュコルの当初の反応は抑制がきいていた。ナセルは顕示欲が強いとみえる。最悪の場合でも、レタマ作戦の繰り返し、とエシュコルは評した。レタマは、エジプトが一九六〇年に奇襲的に実行した、シナイの再武装化である。ラビンはこの意見に同意し、北部では挑発的動きの厳禁、南部では偵察パトロールの強化、を指示した。それで一件落着である。ラビンとエシュコルは競技場へ向かった。そこで、戦闘的な個所を削除したナタン・アルターマンの詩の朗読を鑑賞し、歌手ナオミ・シェメルが歌う新曲「黄金のエルサレム」を聴いた。この歌はすぐに国民歌となる。

しかし首相は、平静を装っていても、内心は心配していた。南部状況に関する情報はその後も届いた。ベネズエラの億万長者マイルズ・シェローバーの邸宅で開かれた祝賀レセプションに出席中も、次から次へと届くのである。エジプト軍は、イスラエル側が熟知するアルカビル（征服者）計画に沿って配置についていた。そしてファウジ参謀総長がダマスカスへ飛んでいた。イスラエル国防軍は、サダン（かなとこ）計画の線に沿って配置されており、どの方向から攻撃されても、それに対応できるようになっていた。ただしそれは、四八時間の事前警戒が前提になっていた。しかしエシュコルはそれだけの余裕があるかどうか不明と考えていた。妻のミリアムが、なぜそんなに気になるのかと問うと、エシュコルは「戦争になるんだよ。わからないのか」とつっけんどんに返した。

翌日、エシュコルはますます不安になった。キングデービッド・ホテルでパレード開始を待っている時、ラビンが当面の対応を勧告した。小規模機甲戦力によるネゲブの戦備増強、国境地域における地雷埋設、一ないし二個予備役旅団の動員である。この勧告を耳にしながら、エシュコルは不安をつのらせた。

ラビンは、状況の微妙さを意識し、ナセルについては非常に警戒していた。一度実際に会ったことがある。一九四八年の戦争末期、包囲下のエジプト兵を撤収せしめるにあたり、双方が接触した。その時、ラビンに「我々の主敵はイギリスだ…我々が戦うべき相手は植民地勢力であり、君達ではない」とその男は言った。それが将来エジプトの大統領になるナセルであった。このエジプトの軍人は、青年将校のラビンに強い印象を与えた。しかしナセルは、権力の座についてから、情容赦ない敵、予測できない相手としての性格をあらわにした。ラビンは最悪の事態に備えざるを得なかった。

後年ラビンは、「対応できなければ、我々が彼等の動きを知らぬという印象をエジプト側に与え、あるいは呑気に構えていると受け取られかねない。つまり、腰抜けにみられ、これが攻撃を誘発するかもしれない」とし、「一方我々が過剰反応をすれば、我々に攻撃意図ありとしてアラブの恐怖心をかきたて、望みもしない戦争を誘発する」と書いた。後者のシナリオの方が危ない、とエシュコルは感じた。首相は軍に初段階レベルの警戒体制を認め、戦車数個中隊の南部派遣を認めたが、予備役の動員は拒否した。

その日は、国をあげての聖書コンテストや空軍舞踏会があり、その間もシナイからのニュースが流れてきた。エジプト軍は二個師団が東岸へ渡り、ジャバル・リブニとビル・ハスナの要塞地帯に布陣した。ラビンはエシュコルに、事前計画にもとづく整然とした進出であった、と報告した。唯一明るいニュースは、ナセルの虎の子である精鋭第四機甲師団が、まだカイロを離れていないことであった。ラビンは、エジプトの動きは単なるショーと確信し――ワシントンはこの分析を確認した――慎重な対応を助言した。エシュコルはうなずいたが、不安を抱いたままであった。ナセルの行動がシリアを勇気づけ、テロリストの発進を増やすとなれば、どうなる。シリアがナセルに発破をかけ、チラン海峡を封鎖する事態になればどうする。エシュコルの心配はつのった。★1

首相がこのようなことを考えている頃、イスラエルの外交官達が行動を開始した。米国務省、英外務省などナセルとチャンネルを持つ外国の政府機関を通して、イスラエルの意向をナセルに伝えた。その意向とは、イスラエルに戦争の意図はないとし、シリアの言い逃れに警告を発する内容であった。ウ・タント事務総長すらも、その伝達を求められた。さらに国連のオッド・ブル休戦監視団長は、イスラエル軍の兵力集中がないことを確信してもらうため、北部視察に招かれた。一方国外では、イスラエルの情報機関員は、エジプトの動きの重大性を現地政府に伝えるよう、指示された。モサッドのメイル・アミット長官は、一時期接触のあったエジプト側連絡者アズム・ディン・マハムード・ハリル将軍と、接触を再開しようとした。複数のレバノン人とも秘密裡に接触し、彼等には、テロ攻撃が続けば恐るべき結果を招く旨伝えられた。★2

しかし、このような対応で事足れりとしているわけにはいかなかった。エジプト軍歩兵部隊が続々と進出し、シナイの兵力はみるみるうちに増えてきた。カイロ放送は「我軍の開戦準備は成れり」と報じ、ナセルはナセルで、パレスチナデーの声明で（この日はアラブ世界で服喪の日とされた）、イスラエルの独立を嘆き、「兄弟達よ、パレスチナ決戦に備えよ。これが我々の責務である」と訴えた。騒然たる雰囲気である。ラビンは、ナセルが本気で戦争を望んでいるとは思わなかったが、はずみがついて止まらなくなる可能性がある。それはイスラエルの抑止力を越え、アラブが勝機我にありとして攻撃に出る転換点に達する、と考えられる。ラビンは、予備役の一部動員を求めた。★3

その危険は、五月一五日の夜から、一六日の夜にかけて、一気にたかまったように見えた。当初イスラエル国防軍の算定では、歩兵第五師団を投入する程度、つまり一個師増強規模とみられた。これ以外に、従来から駐留中の歩兵三万と、ガザに兵力一万のパレスチナ解放軍（PLA）師団が駐留していた。つまり総兵力四万であった。それが一昼夜で一挙に三倍になったのである。歩兵第二及び第七師団が渡河し、第六機甲師団が後続していた。注目すべきは、シドキ・グール少将指揮の第四師団が渡河し、ビル・タマダに布陣したことである。各師団の兵力は一万五〇〇〇、戦車約一〇〇両（T54及びT55）、装甲兵員輸送車一五〇両、ソ連製火砲（榴弾砲、重迫撃砲、カチューシャロケット、SU100対戦車砲）を装備していた。部隊と共に膨大な数量の弾薬も送られた。進出戦闘機はミグ17及び21、そしてイスラエル国防軍情報部は、毒ガス筒も送られていると確信した。★4

ラビンは困惑した。エジプト軍のシナイ展開は、今のところ防勢布陣で、戦車と兵員は塹壕に入っている。しかし、それは単なる数字の誇示の域を越えていた。重爆撃機はすでにビル・タマダの前進基地に進出しており、第四師団が移動中であるので、敵はネゲブ突撃の態勢に入り、ディモナ原子炉の爆撃準備もできる。カイロ発の声明はいずれも攻撃的で、「イスラエルがこの地域を火の海にしようとするなら、イスラエル自体が火の海となって完全に破壊される。この侵略的人種主義の基地は、終りを迎えるのである」と激越な内容ばかりであり、ダマスカスも同調し、「解放の戦いは、イスラエルの抹殺まで続く」と同じような内容を流していた。シリア軍の部隊は第一線に進出中と伝えられた。しかしイスラエルはこの増強に対応できない。対応すれば、エジプトは自軍の動きを正当化する。イスラエル国防軍は動きがとれない。そこをファタハが意のままに攻撃することができる。

五月一七日、ラビンは参謀本部会議で「イスラエルは新しい状況に直面している」と前置きし、「ナセルは自分から進んで何もしない。彼は反応するだけである。そしてイエメンと同じ轍を踏み、トラブルに巻きこまれるのである」と述べた。南部国境へ部隊を移す必要があり、ディモナ周辺の防空対策も進めなければならない。しかし、「相手にわからないように可能なら夜間静かに実施する必要がある」と言った。その後ラビンは、アフリカ代表団のレセプションに出席中のエシュコルを探し出すと、少なくとも二個旅団、予備役一万八〇〇〇の動員許可を求めた。エシュコルはしぶしぶこれを認め、挑発的な言辞は極力慎め、と念を押し、「今週は、脅威やら警告やらで満杯になっているのだから」と言った。軍事問題担当補佐官のリオール大佐からみると、事態は決定的瞬間を迎えていた。この日大佐は日記に、「引返し不能点に到達したのは、誰の目にも明らかであった。サイは投げられた」と書く。★5

思案するエジプト

シリアは、エジプトとの政治闘争を展開中で、イスラエルとの戦争に踏みきると脅しをかけた。それから、イスラエルが非武装地帯で自己主張の堅持をもって応じると、シリアはゲリラ攻撃を再開した。挑発されたイスラエルは、報復を計画した。これは侵攻を意味すると、ソ連はナセルに説明した。これが、まわりまわって、エジプト軍部隊のシナイ派遣につながっていく。奇妙な連鎖である。エジプトの指導者達が、この部隊についていろいろ考え始めたからである。この部隊の使い方、配置、指揮統制等について、部隊を送りこんだ後、あれこれ検討し、そもそも部隊をここに置いている必要があるのか、という話になった。

ムハンマド・ファウジ大将は謹厳実直で極めて杓子定規な軍人であった。エジプトの陸軍士官学校の校長を一七年間務めた後、参謀総長に就任した。任命したのはナセル、士官学校時代の同級生である。任命は、軍事的力量ではなく、大統領に対する不動の忠誠心にもとづいていた。ナセルは彼を――ひ弱ではあったが――アメルの権力を削ぐ手段として見ていた。

ナセルがファウジをダマスカスに派遣したのも、彼の忠誠心を信じてのことである。ファウジは五月一四日に現地入りした。着いてみると首都は異様な興奮状態にあった。イスラエルのためではない。軍の公式機関誌「人民の軍」(Jaysh al-Shab)に反イスラム的記事が、掲載されたためである。アッラーを「歴史博物館におく防腐剤入りの人形」と一蹴した内容であった。政府はこれを帝国主義者の陰謀ときめつけ、執筆者を終身刑にして手早く片付けた。しかし、二万人が抗議の市中デモをやり、問題が別の方向へ発展し、混乱に拍車をかけた。少数派(アラウィ)で構成された政府内の派閥争いが再燃し、政府に商店を没収された商人達が、反政府姿勢を強めていた。アメリカのスマイス大使は、「深刻な外部の脅威に直面していると言いながら、このような足の引っ張り合いや策謀がまかり通る」と皮肉っている。[★6]

ファウジが見つけ得なかったことが、ひとつある。それは、通常とは異なるイスラエル軍の動きで、何ひとつ証拠がないのである。ファウジは、シリア軍のアフマド・スウェイダニ参謀総長と協議し、前日撮影された国境域の空中写真を詳しく調べた。その後航空機に搭乗し、自分の眼で空中から偵察したのであるが、イスラエル軍が集結している証拠は、どこにもなかった。シリア軍自体警戒態勢にないのである。

ファウジは、以上の事実をナセルに報告し、「何もありません。部隊の集結を示す証拠はありません」と結論を述べた。同じような報告が、エジプト軍のムハンマド・アフマド・サディク情報部長からあがっている。

情報部長は、イスラエルのアラブ系住民を使って、北ガリラヤ地方を調べさせたのである。「部隊の集結なし。兵力の集中を示す戦術上或いは戦略上の根拠を欠く」と情報部長は結論をくだした。

カイロのアメリカ大使館は、この結論を裏付けた。CIAも然りであった。わずかでもイスラエルに侵攻の可能性ありとしたのは、外国の観測者のなかではオッド・ブルだけである。オッド・ブルは「これまでのところ兵力増強に関する報告はない」と認めたが、「イスラエルは、攻撃するためにどこかに部隊を集結させる必要は全くない」と慎重な表現をした。★7

ファウジの報告は、ソ連の警告が嘘であることを確認するものであったが、ナセルはこの否定的報告を無視し、あたかもイスラエルが攻撃を開始するかのような状況設定で、進んだ。★8 その理由は容易に見抜ける。軍から大兵力をさいて派遣し、その部隊はすでにシナイに布陣している。これ以上屈辱を味わうことができないのに、部隊を呼び戻すことほど屈辱的なことはない。恥の上塗りはしたくないのである。このまま増強を続ければ、威信は大いにたかまる。大部隊のシナイ進出にアラブ世界は沸いている。熱狂的で陶酔感さえ見られるのだ。ナセルがこのように歓呼して迎えられるのは、久しぶりである。シリアに対する明白な脅威がないのは、歓迎すべきニュースである。エジプトは、干戈を交えることなく、シナイの再武装化すなわち再び軍事的プレゼンスを確立できたし、しかも大義名分はちゃんとたっている。

状況は成功間違いなしのように見えた。ナセルだけではない。アメルも興奮した。アメルは、ファウジの報告で、北部の本当の状況を知っても、別に動こうとしなかった、ファウジは「我々は極めて迅速に部隊を移動し展開しているが、アメルはこの行動をイスラエルの部隊集結に対応する処置、とは考えていない。私はそう信じるに至った」と書いている。

それは、陸軍元帥の権力を拡大する機会でもあった。アメルはこの機会を素早く捉えて、作戦部門の要職に腹心達をすえた。その第一号が、五九歳のアブダル・モホセン・カミリ・ムルタギ中将の地上軍（シナイ方面軍）司令官任命である。これは、ファウジ参謀総長を迂回するため、一九六四年にアメルが作った部署である。ムルタギは、イエメンで政治将校として勤務した人物で、作戦指揮の経験は全くなかったが、シナイの全部隊を指揮する責任者になった。アメルは、ムルタギの下に、東部正面の指揮官としてアハマド・イスマイル・アリ大将を据え、その下に一二名の新しい師団長及び旅団長をおいた。シドキ・マハムード空軍司令官とスリマン・イザット海軍司令官は、共に一九五三年以来その職務にあり、アメルに直接報告し、指示をあおぐ立場にあった。全軍を掌握したアメルは、ムルタギに「君は私の参謀総長だな。こうなれば、最高司令部にこれ以上かかわらなくても、やっていける」と言った。[★9]

　アメルの政治目的に沿うのは、イエスマンの任命だけではない。一九五六年の恥辱を払拭し、エジプトを勝利へ導く必要もあった。しかし、軍がアルカビル（征服者）計画に固執する限り、この陸軍元帥は、イスラエルに対して攻勢戦闘を発動できない。この計画は一九六六年にソ連が策定したもので、縦深にわたる三段構えの防衛線で構成されている。第一線は、地中海沿岸のラファからシナイ内陸部のアブ・アゲイラを結ぶ、薄い布陣である。敵を正面攻撃に誘いこむ罠の役割を持つ。誘いこまれた敵は、前進を続けるうち間もなくしてして砂漠の中に入る。その正面に第二線がある。それは地中海沿岸のエルアリシュと内陸部のジャバル・リブニそしてビル・ハサナの三点を結ぶ線で、アルシタル（幕）と称される。大々的な築城工事を施した線である。第三線は運河への直接経路であるギジ・ミトラ両峠を守る線である。敵の歩兵と機甲は、第二の線でくいとめられる。敵は後方の補給線を遮断され、突破を試みて、戦力を消耗し、そこに友軍の反撃が始まる。すなわち第二線は第三線から増援を得たうえで、反撃の始まる線である。この「楯と剣」の戦略で「戦術予備と戦略予備を投入した包括的攻撃に転移し、戦闘を敵領内へシフトし、その心臓部を叩く」のである。[★10]

　アルカビル計画の築城工事とインフラ整備は一九六七年になっても終らず、さらにこの計画に関わってきた多くの将校達が更迭され、アメルに恩義を感じている者達が任命された。さらにエジプト軍の第一線部隊が多数イエメンに派遣され、いわば遠隔の地で拘束状態にあり、一九六六年の軍報告は、このような状態でアルカビル計画の実施は不可能、と警告した。参謀本部は、一九六七年前半シナイ防衛に必要な予算の不足を、繰り返し訴え、これ以上の軍事対決に強く反対した。参謀総長は「イスラエルとの戦争はできない。予算上無理である」と明言した。

しかしながら、このような勧告でアメル元帥が躊躇したわけではない。元帥は、軍がイスラエルの第一撃を撃退できると確信しただけではない。反撃も主張した。元帥のたてた計画はアルアサド(獅子)作戦と称し、歩兵と機甲及びコマンド隊の諸兵連合でイスラエル領に突入し、ネゲブを横断してヨルダン国境へせまり、エイラート突角部を分断する。エジプト海軍は、エイラート港を南の水域で封鎖し、海上からの支援を阻止する。ほかにも、ファハド(豹)作戦ではイスラエルの沿岸域から東へ進撃し、サハム(矢)作戦は、ガザに面するイスラエルの村落を爆撃する計画である。★11

五月一四日、シナイの前進航空基地に対して、軍作命第六七—五号が発令された。アルアサドという合言葉を受け次第直ちに行動を開始、湾岸施設、発電所、レーダー基地を一六時間にわたって爆撃する。これがその命令の主旨である。命令と一緒に目標地域の空中写真が配付された。大半は第二次世界大戦時に撮影された代物であった。パイロットのひとりハシェム・ムスタファ・フサインが、攻撃目的はエイラートの破壊だけなのか、それともユダヤ人国家全体の潰滅なのかと、何度も念をおして飛行中隊の指揮官にたずねた。

すると、中隊長は困惑した表情をみせた。そして、我々は質問をしない。任務を遂行するだけだ。明確な攻撃意図は最高司令官の胸中にある。我々は最高司令部を信じなければならないと述べ、作戦の機密性と防諜上の問題から何も言えない、とつけ加えた。★12

エジプトは、ネゲブに陸の回廊（ランドブリッジ）を確保することを、エイラート破壊と共に多年の夢としてきた。半官紙アルアハラムでは、ヘイカル編集主幹が論説でイスラエル潰滅の第一歩としてのエイラート占領を、何度も主張していた。しかし、イスラエル南部域を占領しようとすれば、国連緊急軍によって阻止されるのは明らかであった。そのためアメル陸軍元帥は、ナセルの唱えるような単なる配置転換ではなく、国連軍の完全解隊を主張した。元帥はガザに攻撃用の兵力をおき、南の海峡にはチラン島に部隊を配置する計画をたてた。そして空挺隊指揮官アブダル・ムーニム・ハリル少将に対し、シャルム・エルシェイクへ秘かに進出し、五月二〇日までに地域制圧の準備を完了せよ、と命じた。上級幹部のファウジ、ムルタギ、シドキ・マハムードは、このような動きをすれば、海峡封鎖のやむなきに至り、それはイスラエルを挑発し戦争になる、と主張した。しかしアメルはこの忠告を無視し、「最高司令部はシャルム・エルシェイク占領をすでに決めている。その決定を遂行するのが、軍の仕事である」と言った。★13

五月一六日朝、アメル陸軍元帥は機甲部隊のシナイ進出を見送った。一方マハムード・ファウジ博士は、リキーエ国連緊急軍司令官宛のファウジ参謀総長書簡の草稿を提出した。次の内容である。

本官は、アラブ連合共和国国防軍の全部隊に対し、イスラエルがいずれかのアラブ国を攻撃する場合に備え、イスラエルに対する行動準備を完整するよう指示を出した。この指示により我方の部隊は、シナイの東部境界沿いにすでに展開中である。我方の境界沿いに監視所を設定している国連軍の全部隊の安全のため、全部隊の即時撤収を命じられるよう、要請する。

右連絡まで

アルアハラムの編集主幹ヘイカルによると、大統領は書簡がアラビア語版と英語版でいくつか食い違う個所を見つけ、さらに〝撤収〟を〝配置がえ〟に変え、〝全部隊〟の〝全〟を抹消した。大統領は、ガザ及びシャルム・エルシェイクにおける国連緊急軍の継続的駐留に関し、誤解が生じないように考えた、とヘイカルは説明している。ナセルはその主旨でアメルに語句の修正を求めたが、書簡はすでに発送されたので、あとは伝達使を止める努力あるのみ、と言われるのである。アメルの返事に大統領は慌てたが、それほど取り乱したわけではない。不明な点は、ウ・タントとの協議ではっきりさせることができるからである。★14

国連軍の排除

国連緊急軍（UNEF）は、休戦ライン沿いとシャルム・エルシェイク及びガザの監視所計四一か所に、駐留していた。インド、カナダ、ユーゴスラビア、スウェーデン、ブラジル、ノルウェー及びデンマークの派遣要員で構成され、総兵力四五〇〇の部隊であった。編成当初に比べると兵力は半減している。国連緊急軍は、一九五七年の編成以来何度も大幅な予算削減と兵力縮少の対象になった。さらに西側諸国は次第にソ連寄りになっていく国連に不満を抱き、その活動を不審の目で見た。国連の平和維持活動は、例えば、コンゴの場合のようにいくつか失敗しているので、エジプト・イスラエル間の戦争防止能力を持つとは、ほとんど考えられなかった。戦争が勃発すれば、それを観察するだけである。それでも、いろいろハンディキャップがあるものの、国連緊急軍が駐留するだけで、アラブ・イスラエル間の摩擦が強まった時期でありながら、戦闘を防止し、ガザからのテロ発進を阻止し、さらにチラン海峡の自由航行を維持したのである。★15

しかしながら、その駐留は法的擬制のうえにのっかっていた。それは、一九五七年、ハマショールド国連事務総長によってまとめられた〝誠実〟協定で、それによるとエジプトは、部隊の駐留変更の前に国連総会と国連緊急軍諮問委員会と協議することになっているが、拘束力はない。エジプトは、実際のところ望む時はいつでも緊急軍をお払い箱にできるのである。この駐留は、緊急軍によって目下のところ制止されている交戦状態が、まだ継続しているとの前提で、成立している。インドの元国連大使の言葉を借りると、「敵との戦闘を有利に進めるために部隊の撤退を求めることは…部隊創設とその展開の精神に真っ向から反する」のである。しかしこの論理は、ナセルが排除を決めるならば、それまでである。ウ・タント事務総長は、エジプト及びイスラエル双方の代表と話し合った際、至極あっさりと、選択はナセルの一存で決まる、と言った[★16]。

これが、伝達使到着時に考えられていた前提であったが、エジプト軍の国連緊急軍連結将校イブラヒム・シャルカウィ准将が、リキーエ緊急軍司令官に、特別伝達使がカイロから到着した旨報告した。リキーエは、スエズ運河を渡河する軍隊の異常な動きについて、すでに報告を受けていたが、別に何とも思っていなかった。「口先で威嚇する非難合戦やら、デモ、軍事パレード等々…いつも緊張の高まる時期」だったからである。訪問者は入室すると、イッザル・ディン・ムクタル准将であると自己紹介した後、すぐに書簡をとり出した。ファウジ博士が草稿を書き、ファウジ大将が署名した例の書簡である。ムクタル准将は「返事を今すぐいただきたい」と即時回答を要求し、「国連軍はエルサブハ（国境に近い交通の要衝）及びシャルム・エルシェイクから今夜中に撤退しなければならない」と言った。エジプト軍部隊がすでにこの地域に向かって移動中であり、国連軍が阻止しようとすれば、〝衝突〟になる恐れがある、と准将は警告した。

四八歳のリキーエ司令官は、ラホール出身のバラモン教徒で裕福、第二次世界大戦時は英軍に従軍し、戦功に輝いた。戦後国連に勤務し、コンゴ、ニューギニア、ドミニカ共和国に駐留。中東勤務も長く、国連緊急軍の駐留権がもろいこと、そしてまたアラブ・イスラエル戦争がいつ勃発してもおかしくないことも知っていた。緊急調停工作を開始するようウ・タントを促したのは、つい数週間前の話である。ウ・タントからの返事はついに来なかった。鼻であしらわれた訳である。しかしそれすらも、ファウジの書簡に比べればショックは小さかった。この書簡は個人的にもそして司令官としての立場上も打撃であった。リキーエは、二人の准将に、彼等の行為がどのような結果になるのか、わかっているのか、とたずねた。

「オー、イエスサー」とシャルカウィ准将は、にっこり笑って答え、「我々はいろいろ検討した結果、この結論に達したのであります。覚悟はできています。まあ、戦争になったら、今度はテルアヴィヴでお会いしましょう」と言った。

リキーエは、エジプトがだした要求の正確な内容がわからず、困惑した。書簡には、エルサブハ、シャルム・エルシェイクのいずれも一言も触れていないのである。エジプトは、国連緊急軍に国境域とチラン海峡からの退却を求め、ガザには残ってもらいたいようにみえる。リキーエは時間稼ぎをしようと決め、二人の准将に自分には緊急軍の撤収を命じる権限がないとし、本件は軍事問題ではなく、ナセルとウ・タントとの間で決めるべき政治問題であると言った。緊急軍司令官は、書簡内容をニューヨークの国連本部に打電し、エルサブハとシャルム・エルシェイクに駐留する大隊の指揮官には電話で、「可能な限り長期に駐留し、排除されても発砲は控えよ」と命じた。[★17]

‡

ファウジの書簡は、遅滞と時差の関係で、夕方近くウ・タントのデスクに届いた。傍に居たのはラルフ・バンチである。一九四〇年代の精力的な調停官の面影はなかった。ガンを発病し、糖尿病を患っていたが、国連では中東外交の有力専門家として、まだ活動していた。バンチは、当初この中東危機を楽観的にみており、ゴールドバーグ国連大使にこう言った。「メンツやら政治的策略がいろいろ絡んでいます。しかし、慎重に対応すれば状況の悪化は避けられるでしょう。国連緊急軍の駐留も維持できるはずです」。しかしバンチは、駐留に対する事務総長の立場を忠実に固守した。つまり、決心がいかに軽率であっても、駐留取消しの決定権はエジプトにあるということである。バンチにとって不幸なことに、このような配慮にこたえる姿

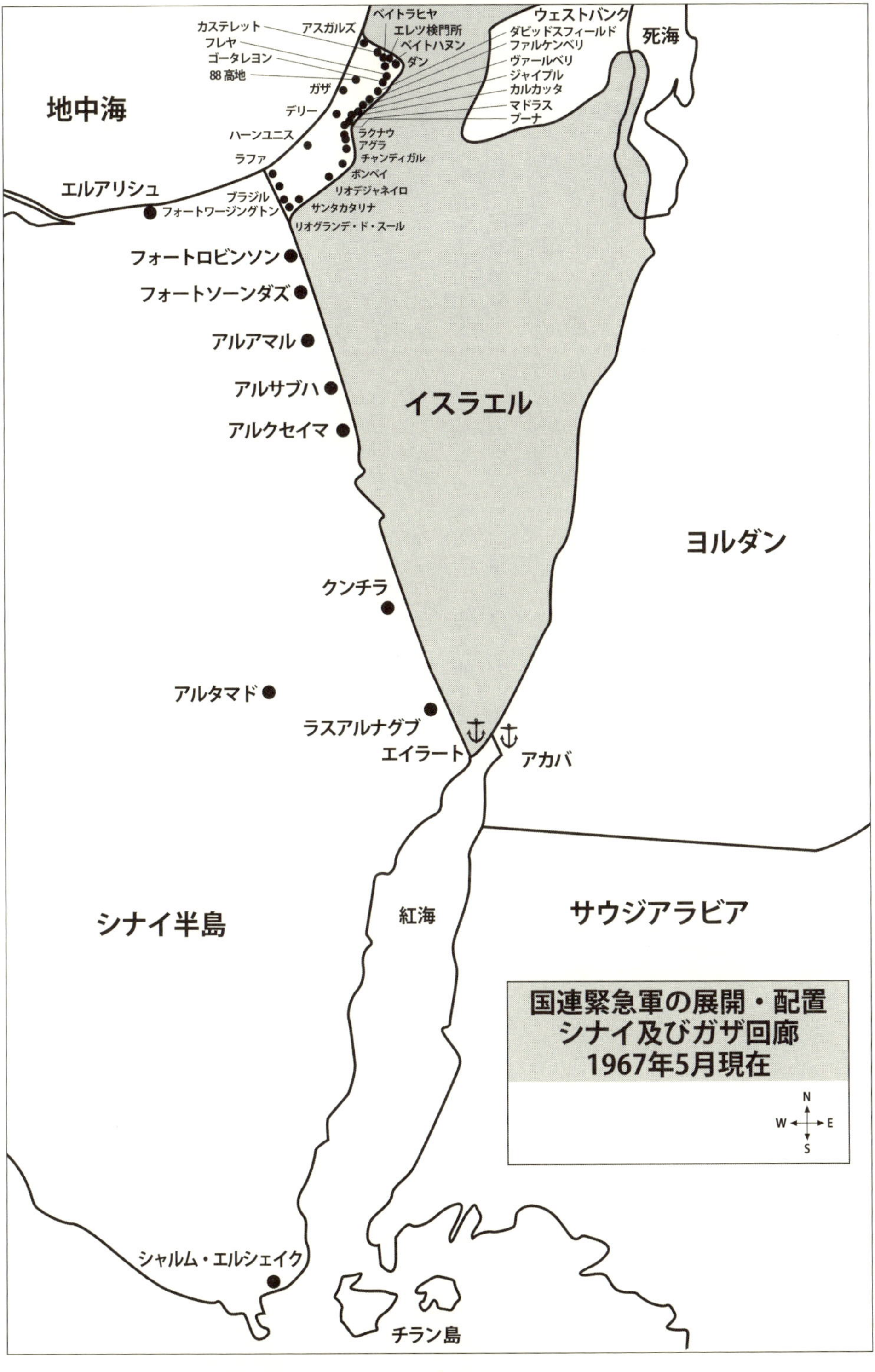
国連緊急軍の展開・配置
シナイ及びガザ回廊
1967年5月現在
N
W
E
S
地中海
ウェストバンク
死海
イスラエル
ヨルダン
シナイ半島
サウジアラビア
紅海
カステレット
アスガルズ
ベイトラヒヤ
エレツ検門所
ベイトハヌン
フレヤ
ゴータレヨン
ダン
88 高地
ガザ
デリー
ハーンユニス
ラファ
ダビッドスフィールド
ファルケンベリ
ヴァールベリ
ジャイプル
カルカッタ
マドラス
プーナ
ラクナウ
アグラ
チャンディガル
ボンベイ
リオデジャネイロ
サンタカタリナ
リオグランデ・ド・スール
ブラジル
フォートワージングトン
エルアリシュ
フォートロビンソン
フォートソーンダズ
アルアマル
アルサブハ
アルクセイマ
クンチラ
アルタマド
ラスアルナグブ
エイラート
アカバ
シャルム・エルシェイク
チラン島

勢は、エジプトになかった。エジプト側は、ナセルの言葉を借りると、本人をワシントンに対するおべっか使い、帝国主義の手先として扱った。

午前六時四五分、ウ・タントとバンチは、エジプトの国連大使を事務総長執務室に呼んだ。モハンマド・アワド・エル・コニー大使は、当年六〇歳、エジプト革命以来外交畑を歩き、四〇年の経歴を持つ外交官である。痩せ型で禿頭、ある専門家は〝気難しく頑固〟と評したが、忠実なナセル支持者であった。シリアのトーメ大使は彼を「名家出身の気高い人物」であり、「戦争という思考を憎んだ」と評している。しかしエル・コニー大使は、バンチに対する嫌悪感をあらわにして、ウ・タントの話だけに耳を傾けた。

ウ・タントは、エジプトが国連緊急軍の扱いで間違いを犯した、と言った。「外交問題ではなく軍事問題として扱うのは誤まりで、本来ナセルと事務総長の間で話し合って処置すべき問題である。そもそも部隊の駐留期間をあっさり変えたり、短縮することはできない」とウ・タントは言った。

ウ・タントは「戦闘再開が可能になるよう、緊急軍をわきにのかせることは、国連緊急軍として立場上できない。国連緊急軍の一時撤退要求は、ガザ及びシナイからの完全撤退要求と同じ、と考えられる。その種の撤退は、国連緊急軍を無力化することになるからである」とも述べた。

ウ・タントは、誠実な意図を有する協定という言葉を繰り返すと共に、部隊解体の危険性についても、何度も指摘し、イスラエルの攻撃が間近にせまっているという証拠もない、と強調した。このようにいろいろと警告を発した後、ウ・タントは一番肝心な点に触れた。「アラブ連合共和国は、国の領内とガザに国連緊急軍を駐留させる件につき、一九五六年に同意した。その同意の撤回がアラブ連合共和国政府の意志であるならば、もちろんそうする権利がある」[★18]。

事務総長は、排除がよくない考えであると言いながらも、基本姿勢は変えなかった。つまり、国連緊急軍の排除には、エジプトが確固たる権利を有するとした。そしてナセルは素早く行動し、自分の決心をユーゴスラビアのチトー元帥及びインドのインディラ・ガンジー首相に伝えた。両名は、予想通り派遣隊のシナイ撤退に同意した。翌五月一七日早朝、兵力三〇のエジプト隊が装甲車三両に分乗し、ユーゴスラビア兵が駐留するエルサブハの監視所を迂回して、国境へ向かった。リキーエ司令官はシャルカウィ准将に抗議した。回答はファウジ参謀総長から書簡の形できた。エルサブハから二四時間以内、シャルム・エルシェイクから四八時間以内に全兵力の撤退を求める内容である。エジプト兵はその後も続々来た。午後一時までにエルサブハのエジプト隊は、兵力一〇〇になり、車両も三〇両になった。さらにその南方のクンチラにも、先遣隊が到着したとの報告があった。[★19]

現地の国連緊急軍はエジプト軍部隊にだし抜かれ、主要駐屯地は最早国境の監視所ではなく、エジプト兵の背後に位置する存在、になったのである。しかも、二大派遣国によってその役目は無効にされてしまった。ウ・タントは、ナセルの決定に抵抗する気力がますます失せ、総会に議題として提出しても、共産圏とアジア・アフリカ圏がエジプトを支持するのは明らかであるから、意味がないとし、安保理で扱っても、米ソの拒否権行使で麻痺状態になると考えた。ウ・タントは、エジプト軍を邪魔しようとすれば、緊急軍兵員の安全が保障されなくなり、将来どこかで行う平和維持活動の悪しき前例になることを恐れた。法律顧問は、国連の関連機関と協議する前にエジプトの最後通牒に屈するのは〝乱暴〟であると助言した。しかしウ・タントはすでにあきらめており、後になって「アラブ連合共和国の部隊駐留同意が、ひとたび撤回されると、その要求を承諾する以外の決定があり得るとは（私には）考えられない」と書き、「実際問題、承諾云々の問題は、ひとたび駐留同意が終了すると、非現実的となる」と主張した。国連緊急軍の存続に関わる大きい障害のひとつが、どうやら国連事務総長自身にあったようである。[★20]

その日の午後開かれた国連緊急軍諮問委員会で、西側の国連大使達は、最終決定の延期を求めて熱弁をふるったが、パキスタンとインド代表は、エジプトに部隊の一方的排除権ありと主張し、ウ・タントはこちらの主張を支持した。席上ウ・タントは、「国連緊急軍は（一九五七年時点では）数か月間の駐留と考えられていたのである」と述べ〝誠実〟協定はシナイからの武力の排除だけに関わるもので、それはとうの昔に達成されているとし、「アラブ連合共和国の同意が存在しなくなったのであれば、国連緊急軍は撤退せざるを得ない。ほかに選択肢はない」と言い張った。その日の夕方ナセルへ送られた覚書にも同じ論旨のことが書かれ、事務総長はエジプトの権利を繰り返し表明した。「部隊はエジプトの裁量でシナイに駐留している」とリキーエに注意喚起を促すメモもある。★21

エジプトは国連緊急軍を排除する不可譲の権利があった。もっとも、その権利を行使することによって、エジプトは世界戦争とはいわぬまでも、局地戦争を激発させるリスクを負う。これが、世界平和の維持を任務とする男の逆説的立場であった。側近のひとりによると、ウ・タントは「感情を表にださず、真ん丸い顔で…むしろ実直な人」で、当年五八歳。高校の校長であったがジャーナリストに転職した。その関係から政府新聞局の局長となり、一九五七年に国連の常任代表に就任した。子供っぽいジョークが好きであったが、それはそれとして堅苦しく物静かな人。「どこから見ても仏教徒の姿である」とジョルジュ・トーメは評し、「彼の反応を予測するのは、極めて困難」と言った。シェルート（両切り葉巻）とスパイスのきいたビルマ料理以外は、耽溺するものがなかった。四年後、ハマショールドがコンゴで飛行機事故によって死亡した後、当時国連のコンゴ和解委員会委員長であったウ・タントが、故事務総長の任期終了まで代理事務総長に選ばれた。一九六六年一二月、安保理によって再任され、視野が狭いとしても、辛抱強い政治家との評価を得た。

国連の事務次長であったブライアン・ウルクハルトは「善と悪、つまりは白黒のはっきりした人であった」とし、「倫理感が政治センスに優先し、たとえ政治上自分に不利になっても、正しいと信じることをした」と述懐する。しかしながら、ウ・タントの考える善は、アメリカの政府関係者から見れば、反米であり、それは必然的に親ソ的であった。アメリカの国連代表部のH・ウジェニー・アンダーソンは、「彼は…アジア

人の心理を受けつぎ…白人に対する根っからの反撥心を持っていた」と言っている。★22
ウ・タントは、シオニズムに対して特に敵意を抱いているわけではなかったが（そしてまたイスラエルはウ・タントの任期延長を支持していた）、それでもユダヤ人国家に対してアンビバレントな感情を抱き、それを表に出した。このユダヤ人国家は、西か東、或いはアジア系かコーカサス系かの二分法に合致しないからである。一方エジプトは、国連緊急軍に反対しているのは極めて厄介な話ではあったが、この二分法にあてはまった。その結果ウ・タントの心に混乱が生じ、例えばアメリカのゴールドバーグ国連大使宛の私信で、それがあらわになる。ウ・タントは「国連部隊はこの地域の平和維持に永年貢献してきたのでありますが、それもアラブ連合共和国の協力があったからこそ」としながら、「共和国政府は部隊の排除を一方的に求めることはできない、求めればペナルティの対象になるという言い方をされる。平たく言えば、平和のため永年国際社会と協力してきたのに悪者扱いをされる。無茶な話であります」と主張した。換言すれば、エジプトの過去の平和貢献が、これからその平和に脅威を及ぼす資格をエジプトに与える、ということである。★23
そのウ・タントには、国連緊急問題に対して、判じ物の答のような単純解決法があった。翌五月一八日朝、事務総長はイスラエルの国連大使にその解決法を提示した。国連軍が境界線を越え、イスラエル側に布陣する案である。これは目新しい案ではない。国連緊急軍の編成時、ハマショールド事務総長がアメリカの支持を得て提案したのであるが、イスラエルは反対した。交戦状態を維持しているのは、エジプトであってイスラエルではない。ガザからゲリラを送りこみ、チラン海峡を封鎖してきたのはエジプトである。国連緊急軍は、イスラエルに同情的とはいえない諸国の軍隊を組み込んで編成されており、エジプトからの越境攻撃をストップするより、イスラエルの対応措置を制限する可能性が高い。
イスラエルのギデオン・ラファエル国連大使にとって、右の議論は前からよく知っている話であった。ドイツ生まれのラファエルは当年五四歳、国連大使になって間もないが、イスラエル外務省創設にかかわったひとりであり、国連のパレスチナ分割をめぐる討議と投票時、代表団の一員として現場にいた。スエズ危機時の長時間討議でも然りで、今回は大使として、緊急軍撤収を全力で阻止するよう本省から指示を受け、平和維持部隊をイスラエル領内に移す案を拒否した。大使はエジプト軍部隊に対する国連の受身的消極性を批判し、ウ・タントに「発砲する前に少なくとも連中を怒鳴りつけることくらいはできたはず」と苦言を呈した。大使は事務総長に、国連緊急軍排除の要求が出た場合必ず総会にかけるという前任者（ハマショールド）の公約を指摘した。するとウ・タントは、「まごつき…大汗をかきながら」、そんなことは知らないと知らぬ振りをして、「すぐナセルを説得してみる」と約束した。[★24]

一方シナイでは、ニューヨークでの対応を越える勢いで、事態が急変していた。国連緊急軍の航空機は、エルアリシュ基地の使用を禁じられ、補給用食料が機体の中で腐敗したまま放置され、国連軍将兵は補給を受けられず、青息吐息の状態にあった。エジプト軍はエルサブハとクンチラの監視所を完全に占領し、エルクセイマでは監視所付近に威嚇射撃を加え、その砲撃で危険な状態にあった。さらにシャルム・エルシェイクでは、ヘリボン空挺隊が砲艦二隻に掩護され、ユーゴ兵三二名編成の基地駐屯隊に即時撤退を要求した。摩擦はエジプトだけと生じたわけではない。リキーエ司令官の搭乗するカリブー機がイスラエルの空域近くを飛んでいると、イスラエル空軍のミステール戦闘機が飛来し、警告射撃で追い払ったのである。[★25] 後日ラビンは謝罪したが、リキーエの危機切迫感はこれでいよいよ強まった。この日の状況変化は、エジプトのリヤド外相がウ・タント宛に送った電報で、クライマックスに達する。それは、事務総長が先にエル・コニー大使に要求した書簡であった、ウ・タントは今それを手にしたのである。曰く、

アラブ連合共和国政府は、国連緊急軍の共和国領及びガザにおける駐留の終結を決定、その旨御通知申し上げる。尚、部隊の撤退に向け、必要な措置を可及的速やかに講じられるよう要請する。

文面は、エジプト政府の公的姿勢に、決定的転換が生じたことを示していた。最初リキーエがエジプトの意図を知らされてから、これまで、国連緊急軍に対する撤退要求の範囲について、混乱が生じていた。シナイからの一部撤退なのか緊急軍そのものの全面的撤退なのか、この二日間不明であった。ファウジ参謀総長から届いた最初の書簡は、境界線（休戦ライン）沿いからだけの撤退要請、と読めた。ナセルの願望に従った内容である。その後、伝達使ムクタル准将が持って来た要求には、シャルム・エルシェイク撤退がある。これはアメル元帥の願望と思われる。エジプト軍部隊の当地域進出も然りである。今やリヤド外相は、国連緊急軍全部隊の撤退を明確に求めてきたのである。

ナセルはバンチ調停官の意図を疑っていた。エジプトが国連緊急軍を休戦ラインから排除するなら、緊急軍そのものを解体すると称して、威嚇しているのではないか、と考えたのである。今やナセルの腹は決まったようである。やれるものならやってみろ。こちらは平和維持部隊をそっくり追放してやる、とナセルは主張するに至った。ナセルが本当にガザとシャルム・エルシェイクに平和維持部隊を残しておきたかったのかどうかについては、後に議論のまとになるのであるが——バンチは強く否定している——、ウ・タントからみると、違いは些細なことであった。彼にとって部隊配置転換要請は、全面的撤退要求と同じであった。ナセルは、バンチの仕掛けた罠を避けたと信じ、今度は自分が仕掛ける番にまわった。[★26]

事務総長は、遺憾というよりはあきらめの表情で、ファウジの書簡を受けとった。そして、「部隊の秩序ある…撤収に向け、直ちに指示を出す」と淡々として答え、「この…撤収が平和に重大な影響を及ぼすのではないかと、本当に心配している」とつけ加えた。彼は、電報で直接ナセルにアピールしようと考え、ブライアン・ウルクハルト次長に電文原稿をまとめるように求めた。エル・コニーは、緊急軍に関する国連総会討論は避けられないと考え、慎重な対応を勧告する気になった。しかしナセルは、慎重さを持ち合わせていなかった。リヤド外相を介して送られてきたナセルの反応は、有無を言わせぬ内容で、「カイロによって拒否されることを避けるため、緊急軍に関するアピールを送る件に関し、送付しないよう本人（ウ・タント）に勧告せよ。このようなことをすれば本人が困惑する立場に立たされる。我々としてもそれは望まぬところである」と指示していた。事務総長はこれ以上つきまわす必要がなくなり、電報は送られなかった。[★27]

五月一九日午前四時三〇分、リヤドとウ・タントの交信電文のコピーが、リキーエの手許に届いた。緊急軍司令官は失望した。苦々しい限りである。国連はいくらでも遅滞戦術がとれるはずである。例えば現地調査団の派遣もそのひとつである。しかし失望はしたが、驚きはなかった。「私は立ち上がると、装具をまとめよ。撤収の時がきた、と部下達に言った」と述懐する。その日の午後、監視所は次々とエジプト兵が占領した。そして、地域所在国連軍将兵の安全は、最早保障できないと言った。午後五時、パレスチナ解放軍（PLA）部隊がエレズ検問所（ガザとイスラエルの通過点）の配置についた。リキーエ司令官は、その時の様子を「軍楽隊が楽を奏し儀仗兵が捧げ銃をするなか、若いスウェーデン兵が国連旗をおろし、四角にたたむと中尉に渡し、中尉は直属隊長にそれを渡した。旗を手にしたリンツコク大佐は重々しく私の方へ歩いて来ると、悲しみを目に一杯たたえて、その旗を私に捧げた」と言っている。

リキーエは、ゲートの警備に立つパレスチナ兵の顔に別の表情を見た。にやにや笑っていたのである。リキーエは、この兵に挙手を返すと、「今度は君達の番だ」と考えながら、気の毒に思った。そして、障害物の間を縫ってイスラエル国防軍連絡事務所に到着した。リキーエはそこで、国連緊急軍のガザ撤収の完了を報告することになる。当日深夜、エジプトは国連に「アラブ連合共和国はシナイにおけるすべての主権を掌握した。以後通達のあるまで国連関係者のシナイ立入りを禁止する」と通告した。ナセルは、緊急軍の職務遂行と平和的撤退に対する同意を多として勲章を授与したいと提案したが、リキーエはその申し出を丁重に断った。リキーエは、緊急軍の任務が達成されることはなかった、と考えた。事実その日の夜、休戦ライン

をはさんで銃撃戦が起きたのだった。★28

五月一九日、緊急軍の撤収決定に関する報告書が総会及び安保理に配付された。そのなかでウ・タント事務総長は、ナセルの指示について、その指示がつくりだした危険を遺憾としながらも、自分が指示におとなしく従ったことを正当化した。ウ・タントは、最近発生している諸問題（北部非武装地帯をめぐる争い、ファタハのテロ攻撃、そして根拠のないイスラエル軍の北部集結）の背景を概括しているが、イスラエルに対して特に批判的であった。イスラエル政府関係者の〝煽動的〟声明、ガザの混合休戦委員会を承認しようとしない態度、を批判したのである。ウ・タントは、この委員会が国連緊急軍の一部代理的機関になり得る、と考えていた。この事務総長が一番気にしたのは、緊急軍の任務遂行能力であった。すなわち、事務総長は、「今回の緊急軍排除はその遂行実績と関係がなく、緊急軍は〝際立った能率と卓越せる行動力〟で任務を遂行した」と述べた。

これが国連緊急軍の墓碑銘となる。ウ・タント批判者達は、たちまち本人を血祭りにあげ、遺憾なことに限度を越え異例の早さで、エジプトの要求をのんでしまった、と指摘した。決断を下す前に、部隊派遣国と正式に協議することをせず、当のイスラエルとはもちろん話し合いも行わず、ナセルに再考を求めることもしなかったのである。ウ・タントの行動は、西側では広く非難された。ニューズウィークのコラムニスト、ジョセフ・オルソップは「異常な腰抜け」と評し、ニューヨーク・タイムズの編集者C・L・サルツバーガーは、「ふられた恋人の客観性と間抜けの活力」と非難した。しかし、それ以上のつまり具体的な行動はとられなかった。西側諸国は、アジア・アフリカの連帯とソ連の拒否権行使を恐れ、本件を総会や安保理の議題にすることを避けた。それからほぼ一か月たった六月一七日、国連軍の最後の一兵がシナイを去った。このニュースはほとんど報道されなかったが、その時点でシナイはもちろん中東全体が全く違った世界になっていた。

今やウ・タントにとって、問題は国連緊急軍をどうすれば復活できるかではなく、戦争勃発をどう防止するかになった。イスラエルのアバ・エバン外相は、事務総長に速やかな調停開始を勧告した。ウルクハルト次長及びバンチ調停官と共に、カイロ、ダマスカス及びエルサレムを歴訪し、調停工作を行えという内容であった。ウ・タントはこの提案を一部だけのんだ。〝定例訪問〟と銘打って、カイロへいっただけである。それも、バンチやウルクハルトを伴わぬ単独行である。この二人はエジプト人の趣味に合わぬ人物であった。ウ・タントはすぐ出掛けたわけではない。星占いで旅行に吉と出るまで三日間待ったのである。★29

待機するイスラエル

イスラエル人は、ハ・ハムタナと呼んだ。〝待機〟の意味である。エジプト軍部隊のシナイ進出の第一報が届いた五月一四日以降、狂乱怒濤のごとく緊張が高まっていく期間をさす。緊張が高まり始めたのは五月一七日、〝最高機密〟筋が国連緊急軍に関するウ・タントの決定をイスラエルに知らせた時である。エルサレムの本省はラングーンのイスラエル代表部へ打電し、「この破滅的行為に踏みきったのは、どのような外交的思慮によるのか、あるいは性格上欠陥に起因するのか未だ不明である」が、「本人の動機を明らかにするヒントになるものがあれば、直ちに連絡されたし」と情報収集を求めた。イスラエルは、事務総長に対する失望もさることながら、一九五六年の具体的成果を失うわけにはいかなかった。チラン海峡の自由航行と南部休戦ラインの静穏は、しっかり守る必要があったのである。しかるに、国連緊急軍がもたらした一〇年に及ぶ安全と静穏が、突如として終り、疑心暗鬼と戦争の恐れが生じたのである。ナセルは次に何をするのか。疑問が次々と湧いてくる事態になった。

答はエジプト空軍によって提供されたようにみえる。五月一七日午後四時、航空機がディモナの上空に飛来した。エジプト空軍が核施設を初めて偵察したのである。ミグ21戦闘機二機が、ヨルダン上空に出現すると東方向から降下し、低空でこの機密施設の上を通過した。イスラエル空軍が対応する間もなく、この二機は休戦ラインを越え、シナイ方面へ消え去った。

‡

この事件は、イスラエルが最も憂慮する事態に触れるものであった。エジプトはイスラエルの原子力開発を考え、機会があるうちに通常兵器による攻撃で破壊しておきたい、と考えるかもしれない。数年前の一九六四年、ナセルはアメリカに警告を発した。イスラエルの核開発は「必ず戦争原因となる。戦争は自殺行為であろうが、構わない」と言ったのである。その時アメリカは、イスラエルが戦略兵器を開発しているのではない、とナセルに保証した。それ以降ナセルが同じ脅しを繰り返したことはない。しかし、その記憶はイスラエル人の心に焼きついた。原子炉が休戦ラインに近く、爆撃を受けやすい。イスラエル人がこの事実を忘れたことはない。ナセルが五月の決心の背景にディモナがある、と言ったことはない。しかしイスラエルの軍幹部達は関係があると考え、先制攻撃が必要との結論に達した。戦争の誘因を考えた場合、原子炉を破壊されるというイスラエルの恐怖の方が、原子炉に対するエジプトの恐れよりも、大きかった。[★30]

ミグ戦闘機が飛び去った後直ちに軍の警戒態勢が第二レベルに引き上げられ、空軍は最高レベルで待機した。ブルーバード作戦が発令され、イスラエルの航空基地、重要施設その他戦略要地の防諜レベルが引き上げられた。軍の分析員は一斉に状況分析の見直しをせまられた。

この見直しの責任者が国防軍情報部長、小柄で繊細な風采のアハロン（アハラル）・ヤリーブ少将であった。ヤリーブは、ハガナ（防衛の意、一九二〇年創設の地下抵抗組織）に入隊、第二次大戦中は英軍のもとで活動し建国後国防軍で勤務した。一九六〇年代駐在武官としてワシントンに勤務し、一九六四年に帰国して軍のアマン（情報部）の責任者に任命された。ちょうどアラブ首脳会議が開催され、ナセルが開戦へ至る段階論を唱えていた頃である。参謀本部で、ほかの幕僚達が日常的に発生する境界域事件の対応に追われている時、ヤリーブはアラブ世界が多正面攻撃の配置にいつつくのか、その時期を見極めようとしていた。地味な仕事であるが、ヤリーブは一九六七年から一九七〇年の間とし、後者の時となる可能性が大きいと判定した。しかしその判断は、エジプト軍がイエメンの泥沼に足をとられたままで、経済的束縛もあるという前提に立っていた。しかるに、その判定がいきなり崩れてしまったのである。今やエジプトの歩兵と機甲部隊がシナイへ陸続として流れこむ事態となり、ヤリーブは代わりのシナリオを提出することになった。

五月一九日、ヤリーブは軍の幹部将校達に対してブリーフィングを行い、「最初から軍事対決を意図しているのか、それとも限定的な威信確立のためであるのか。意図が奈辺にあるのか、今のところ不明である。いずれにせよ我々は、最悪の事態に備える必要がある。意図的或いは意図せざる挑発の結果、軍事対決に発展する恐れがある」と述べた。ヤリーブは、空中写真を展示して、エジプト軍の配置状況を説明した。シナイのエジプト軍は兵力八万に達し、戦車五五〇両、火砲一〇〇〇門がすでに搬入されていた。エジプト軍の今後の行動について、ヤリーブは海上封鎖と原子炉爆撃の可能性を指摘しながらも、シナイ半島の再武装、戦力増強が当面の目的とする見方を有力視した。この態勢をとっていれば、イスラエルは無期限の予備役動員を余儀なくされ、経済的負担が増大する。あるいはイスラエルを挑発して第一撃に踏みきらせ、これを逆手にとってアラブ側がイスラエルを敗北に追いこむことも可能である。

ヤリーブは後に参謀本部会議で状況を詳しく分析し、自分の見解を述べた。それによると、ナセルはエジプトが軍事上イスラエルに対応できぬとは最早考えておらず、賭けに出てもよいと思っている。それも短期戦の集中攻撃である。目的はネゲブの一部占領、ないしはシナイの砂丘にもぐりこむイスラエル軍部隊の殲滅である。ヤリーブは「軍部隊に限定的攻撃を加え、反撃すると彼等はディモナを爆撃する…ビル・ハサナとジャバル・リブニのエジプト軍部隊はいつでも機動できる」と述べ、予備役兵力一四万の大半を動員し、予備役には開戦に備えた動員であることを率直に説明し、国民にもはっきり知らせるべきである、と勧告した。★31

ナセルについて、軍の分析はすべて一致していた。すなわち本人は、論理的に考え、数量的に事物を扱い、それに従って行動しているとし──アメルとの不穏な関係の指摘はなかった──それでも、彼の次の行動はミステリーであるとした。五月一九日午後閣議の席でエシュコルは、「エジプト軍がシナイに居座って動かぬ限り、戦いはない」と確信のほどを披瀝し、ナセルが欲しいのは威信であって戦争ではないと述べた。ラビンがナセルはまず間違いなくチラン海峡を封鎖する、と警告すると、エシュコルは「その川に到達した時は、ライフプリザーバー（救命具、護身用仕込杖）でも探すさ」と言って慰めた。しかしながら、その日の夜首相はマパイ党指導部に「事態は見た目より悪化している」と語った。一方ツビ・ディンシュタイン国防次官には、「戦争になる。本当だ。戦争になるのだ」と警告した。エシュコルは、予備役動員数を二倍以上とし、南部への戦車配備数を三〇〇に増やした。さらにエシュコルは作戦計画の策定も求めている。武力による海峡封鎖の打開、ディモナを攻撃された場合の対応としてのエジプトの航空基地破壊、を骨子とする。

エシュコルは、いろいろと不明点があることから、言葉に気をつけよ、慎重に行動せよとアドバイスした。閣僚達には、イスラエルの自由航行の権利について公に話をしないように求め、外交官達に対しては、安保理の討議を避けるように指示した。安保理では、せいぜいのところ結果なしで終る。悪くするとその権利に異議を唱えることになりかねない。今回の危機に関するイスラエルの対応は、シナイの原状回復を求めるにせよ、イスラエルの自衛権を明言するにせよ、抑制に徹するとし、最も影響力のあるアメリカとの協議を中心にすえるとした。★32

しかし問題は、今回の危機に関するアメリカの考え方がイスラエルと同じかどうか、である。五月一七日、イスラエルのハルマン大使がユージン・ロストウ国務次官と会った時、「イスラエルは独りではない」という言葉を初めて聞いた。ただしそれには、軍事上勝手に行動しないという条件がついていた。アメリカはロシアと話をつけてもよいが、エジプトに対する影響力は限られているという話であった。そしてロストウは要点に触れた。結局のところ、ナセルが自国領に部隊を配置するのは彼の権利である。したがって、イスラエルの先制攻撃は「極めて重大なあやまち」である、とクギをさしたのである。

ロストウの言葉は、スエズ危機を記憶するイスラエル人にとって、不吉な響きを持っていた。あの時アメリカはイスラエルに対し執拗なまでに圧力をかけ、経済制裁の威嚇もした。その思い出がよみがえるのである。この既視感は、その日の午後一段と強まる。ジョンソン大統領のエシュコル宛親展書簡が届き、そのなかで大統領は、イスラエルが休戦ライン周辺で生起する越境攻撃に〝試練の限界まで〟耐えたことを認めながら、先制攻撃は許さないと明言し、「この地域の緊張を強め暴力を助長するような行動を慎まれるよう」力説し、「たぶん理解されていると思うが、合衆国は、相談を受けないでとられた行動の結果責任をとることはできない」と警告した。[★33]

イスラエル側は、予備役召集が防衛目的に限定されているとし、その旨カイロとダマスカスに連絡して欲しいと、ワシントンに伝えた。エバン外相はバーバー大使に「開閉器のスイッチが自動的に開になるわけではない」と述べ、チラン海峡が通航可能である限り、攻撃的行為が意図されることはない、と強調した。しかし、自制の見返りには、アメリカの安全保障が必要である。エバンは、「イスラエルはやろうと思えば発砲も怒声をはりあげることもできる。しかしテロリズムについて静かにしていることは、政治上不可能である。合衆国が、イスラエルは静かにしているのがよいと考えるのであれば、そのコミットメントが信じるに足るとわかるだけの対応をすべきである」と説明した。

イスラエルの態度は、ジョンソン宛エシュコルの返書に反映され、イスラエルの首相は「協議なしにコミットすることは望まないという点は理解する。しかし南部方面には大々的な戦備増強が進み、それが北部からのテロ作戦と連動し、さらにソ連がこの緊張の元凶である諸政府を支援している状況に鑑みて、必要が生じた場合の履行を期待して、イスラエルの安全に対するアメリカのコミットメントを緊急に再確認する必要あ港である。

この折り入っての要請は、いずれもかなえられなかった。アメリカの政府高官は、〝イスラエルの要請に相当にこたえる〟一括支援を考えてもよい、と約束した。しかし、武器の供給はなしであった。ディーン・ラスク国務長官は米艦寄港を「アラブが早速乗って来るプロパガンダ馬車」として一蹴した。「エジプトの敵意をかきたてる赤旗」というのである。バーバー大使は、結託しているとの印象を避けるため、エシュコルと直接話をするなと指示されていた。イスラエルのハルマン大使は、もっと悪い事態になる可能性を指摘した。アメリカがイスラエルに圧力をかけ、イスラエル領内に国連緊急軍を入れ、それをシナイにおける新しい現実として認めさせるというのである。大使はエバンに「この一連の政策は基本的欠陥があり、破滅を招く可能性がある」と強調し、次のように述べた。「今回の危機については、責任の一端は、大きい一端だが、アメリカ政府にある。我々双方にとって満足のいく結果をだせるのはただひとつ。ワシントンが一方的かつ大胆に行動することである★34」。

エシュコルは、ジョンソンの対応にひどく失望し、ド・ゴール大統領に助けを求めた。エシュコルは「イスラエルの安全と領土保全、並びに中東における平和の維持をフランスが支持する旨明言することが、我々の直面する微妙な状況において外交上心理上最も貴重な力となる」と嘆願した。同種のアピールがイギリスのハロルド・ウィルソン政権に対しても行われている。もっとも、一九五六年の旧友達は、いずれもこのような声明を出す気がなかった。一方ソ連のチュバーキン大使は再び外務省に呼ばれた。そしてエバンが、イスラエルの平和希求を改めて強調した。大使は、国連緊急軍を排除するエジプトの権利を擁護し、シリアに対する言語威嚇と武力による敵対行動を非難した。さらに大使は、シリアのテロ関与を否定、テロはアメリカの手先の仕業と非難したうえで、「前に警告している。君達がやっているのだ。ＣＩＡの挑発にこたえて、

やっているのだ」とエバンに説教した。★35

‡

イスラエルは、保証を得ようとして得られず、その外交努力は徒労に帰した。その間エジプトのシナイ戦備増強が続き、五月二〇日時点で八個師団が配置についていた。アメル元帥は「この攻撃発起点から、圧倒的兵力をもってイスラエルに反撃できる」と豪語している。エジプトの艦隊が紅海に入り、エイラートをめざしているという噂も流れた。さらにエジプトの宗教省は、パレスチナ解放の聖戦を宣言した。PLOのシュケイリ議長は、来たるべき戦争におけるイスラエルの完全潰滅を予言し、ダマスカスではハフェズ・アサド国防相兼空軍司令官が、「アラブの郷土に盤踞するシオニスト存在体潰滅の秋来たる」として、戦闘開始の主導権確保に触れた。アラブの軍事代表団がにわかに行き来するようになったのも、この頃である。イラクの代表団がシリアを訪れ、シリアの代表団はエジプトへ向かった。カイロから戻ったシリアのマホウス外相は、「我々二つの兄弟は一個の動員部隊に変貌した。国連軍撤退が意味することはただひとつ…〝我が部隊が戦いに赴くところである。道を開けよ〟である」と語った。

ナセルの言動は拍車のごとくアラブの大衆を駆り立て、彼等は熱狂状態に陥った。一九五〇年代は陶酔の時代といわれるが、それ以来の現象である。アラブの保守系指導者に選択の余地はなく、この行進に参加せざるを得なかった。シリアとエジプトが互いに相手を倒そうと相変わらず画策している時、一緒になって興奮したのである。五月二一日、シリアがサウジの外交官二名を〝反動主義者〟と結託した廉で追放し、エジプトの空軍機が再びサウジの基地にガス弾攻撃をかけている頃、リヤドはカイロとダマスカスを基軸とするアラブの団結を呼びかけた。その同じ日ヨルダンの国境の町ラムタで、シリアの自動車爆弾が爆発し、ヨルダン人二一名が死亡した。フセイン国王はシリア大使に国外退去を求め、「もう誰を信じてよいかわからない。信用できないのはイスラエルか、それともアラブ友邦なのか」と書く。しかし、その王宮からは「アラブ姉妹諸国を支援し、決然として共通の敵に立ち向かう」声明が発せられるのである。穏健派のレバノン紙アルザマンは論説で心理のメカニズムを分析し、状況を次のように的確に要約している。「我々は、ダマスカスのマルクス主義無神論政権の崩壊を願い、その願望の第一線に立ちながら、イスラエルの手で倒されると、我々の願望は、その政権の不滅を願う方に変わる」★36。

‡

この大騒ぎの激しさに、イスラエル国民が気付かぬわけはなかった。予備役召集が八万の規模に達したことも然りである。予備役動員による経済的負担は、思わず息をのむほどであった。世論は、何もできない政府の無力に嫌気がさし、次第に批判を強めた。ベングリオンはこの流れを素早くつかんで、エシュコルを責めつけた。イスラエルの自衛権に対する国際保証のとりつけができず、その一方で喧嘩腰の声明を出す。ソ連を怒らすだけである、とベングリオンは言った。エシュコルに対する圧力があまりにも激しいので、リオール補佐官は、首相が精神的にあるいは肉体的に参ってしまうのではないのか、いや両方同時のブレークダウンもあり得ると考え始めた。

精神的緊張の点では、ラビン参謀総長の方がずっと大きかった。エジプト軍は、シナイ進出によって、機先を制する主導権を、イスラエルから奪いとってしまった。この機先を制する主導権こそラビンの作戦のかなめであり、アラブを守勢にたたせ、態勢をつき崩すうえで、不可欠である。イスラエルは、ナセルの挑戦に即応しなかったため、この主導権という抑止力をだいぶ失ってしまった、とラビンは考えた。敵の配備は守勢のままであるが、状況は極めて流動的で、狙撃手の銃弾一発で全面戦争になる恐れがあった。

エシュコル首相が南部のイスラエル軍部隊を視察した時、ラビンは「多数の損害が出て、恐ろしいほど難しい戦争になるのでしょうが、エジプト軍を負かすことはできます」と胸中を語った。首相はうなずかぬわけではなかったが、ラビンが今後イスラエルのとるべき行動をたずねると、首相は「我々は外交上の選択を最後まで追究する」と言っただけである。

ラビンは、エシュコルと二人三脚で働いてきたので、気心は通じ合っているつもりであるが、ラビンはトップにリーダーシップが欠けていると感じ始めた。軍の開戦準備について、特にそれが感じられるのである。ラビンは、政府の命令を遂行するのではなく、自分が政策の策定を求められていると感じ、次第次第にその思いを強くしていった。五月一九日、ラビン参謀長は幹部将校達に、「誰も我々を助けにきてくれない。今やこれがはっきりした。自覚してよい時だ」と言った。つまり、外交上軍事上のイスラエルの孤立をさしているのであるが、ラビンは「政治家達は問題を外交手段で解決できると信じきっている。私は元の状態にはもう戻れないと思っているのであるが、たとえそうであっても政治家には、戦争に代わるあらゆる方法に訴えて解決して欲しい。彼等がそうできるようにしてあげなければならない。ただし、エジプトがチラン海峡を封鎖すれば、戦争に代わる選択肢はなくなる。そして戦争になれば、二正面で戦わなければならない」と言った。ラビンは地中海沿岸の人口密集地帯を守る有効な手段はなく、イスラエルは化学兵器による攻撃に無防備であることも認めた。

ラビンは、すでに先制攻撃の可能性を考えていた。特に頭にあったのが、大々的先制攻撃によるエジプト空軍の撃破である。イスラエル空軍は、数年前からモケッド（焦点）というコード名の計画を練っていた。ラビンはこの計画には自信があったが、地上戦には確信がもてないでいた。国連安保理が介入して停戦決議を出すまで、どれ位時間的余裕があるかとラビンに聞かれ、エバン外相は二四時間から七二時間の間と推定した。エジプト軍をシナイから駆逐するには時間が足りない。「私に時間をくれ。時間だ。時間が必要だ」とラビンは懇願した。目的が達成できないとわかっていながら国民に死を求めることは、国家にはできない。ラビンはそう思っていた。[★37]

ラビンは、危機的状況になって一週間もたっていないのに、煙草を猛烈にふかし、コーヒーをブラックでがぶ飲みし、中毒状態になっていた。五月二一日、ラビンにインタビューした記者達は大変驚いた。ラビンが吃りながら話をし、しかもその話が支離滅裂であった。倒れる寸前にあるのは、誰の目にも明らかであった。エバンはバーバー大使に、「ラビンは神経衰弱の状態にある」と耳打ちした。その日参謀総長はベングリオンに呼ばれ、キブツ・スデボケルにある本人のバンガローを訪れた。建国の父ベングリオンは当時八一歳で、非常に憤慨していた。そして忠臣を引見してエシュコル打倒の策を練っていたのである。後にラビンはエシュコルの妻ミリアムに「ベングリオンが来いと言えば、行かざるを得ない」と言った。しかしラビンは、エシュコルに何も言わずに行った。ベングリオンの支持と励ましを期待していたのであるが、きつい叱責を浴びただけであった。

部屋に入ってくるなり、ベングリオンは「自業自得だな」と言った。「我々は極めて難しい状況に追いこまれている。ナセルが本気で戦争を考えていたのかどうか。私は非常に疑問に思っている。しかるに、今や我々は深刻な状況に陥ったときている」と一撃したベングリオンは、報道関係者向けに挑発的な声明を出し、大々的な予備役動員を行い、これがすべて戦争の可能性をたかめてしまった。しかもイスラエルは完全に孤立したままで、にっちもさっちも行かない状況である、とラビンをとがめた。「君や、君に大量動員の許可を与えた者は、あやまちを犯したのだ」とベングリオンは非難し、少なくとも列強のひとつを味方につけないでナセルと渡り合うのは、破滅的行為であり、過去二〇年間に営々として築きあげてきた国家の安全を危険にさらし、自殺行為といってもよいと述べた。もちろんベングリオンは特にエシュコルを槍玉にあげた。「開戦に踏みきるかどうかは、首相をはじめとする内閣が決めることで、その決心の責任はそちらにある。本件は軍が決めることではない。政府は然るべき任務をきちんと果たしていない。機能しているとはいえない」とベングリオンはとどめを刺した。

ラビンから見ると、ベングリオンは、イスラエル国防軍の実力を理解していない。イスラエルがイギリスやフランスの保護を最早必要としないことも、わかっていない。ラビンは、ベングリオンの理解不足に失望しながら、自分の師匠にあたる本人から非難されて、深く傷ついた。ある目撃者によれば、バンガローから出てきたラビンは、「口にくわえた煙草が今にも落ちそうで、肩をおとし前こごみになり」悄然として去った。「君達が国を危機にさらしたのだ。戦争をしてはならない。我々は孤立しているのだ。責任をとれ」というベングリオンの叱声が耳朶を打ち、いつまでもラビンの耳に鳴り響いていた。[★38]

副官によると、スデボケルから戻る途中、ラビンは「上に登るほど壁が高くなる」と呟いた。しかし、参謀総長はもっと高い壁に直面する。その日次に会ったのはモシェ・ダヤンであった。

ダヤンは、一九六四年にエシュコル内閣の農業相を辞任した。ベングリオンがマパイと袂を分かった頃である。以来元参謀総長のダヤンはエシュコル政府に批判的で、北部政策については特に然りであった。一九六六年一〇月、ダヤンはクネセット（国会）で「現在大掛りな越境攻撃はみられない。ファタハ所属の無法者が数十名越境した。だからといって、イスラエルが逆上のエスカレートにとりつかれる必要はない。アラブ諸国は、シリアの政治闘争には参加する。しかし、シリアが戦争を仕掛けても、戦争にはのってこない」と言った。ダヤンは、サムア急襲作戦、四月七日の空中戦、そしてラビンの報復威嚇いずれにも批判的で、「その行きつく先は戦争」と予見し、「煙のシグナルをあげる者は、相手が本物の火と受けとめる可能性があることを、考えなければならない」とつけ加えた。五月一七日には、政府のぶざまな対応のおかげで、ナセルはディモナ爆撃もチラン海峡の封鎖も意のまま、無血の政治的勝利を得ることができるだろう、と主張した。

それではラビンは、ダヤンからどのような支持を期待できたのであろうか。参謀総長は、ナセルが海峡を封鎖した場合を想定して、新しい計画を練っていた。休戦ラインの防衛に終始せずガザを占領して、これを自由航行権の交換条件にする。これが新計画の骨子で、参謀総長としての先輩の意見をききたかった。その日の夜ラビンは、アツモンと称するコード名の新計画を、ダヤンに示したが、一蹴されてしまった。ガザは

◉——モシェ・ダヤン。「嘘つき、大言壮語家、独演者」といわれながら、国民の人気は高く尊敬された。撮影フリッツ・コーヘン、IGPO

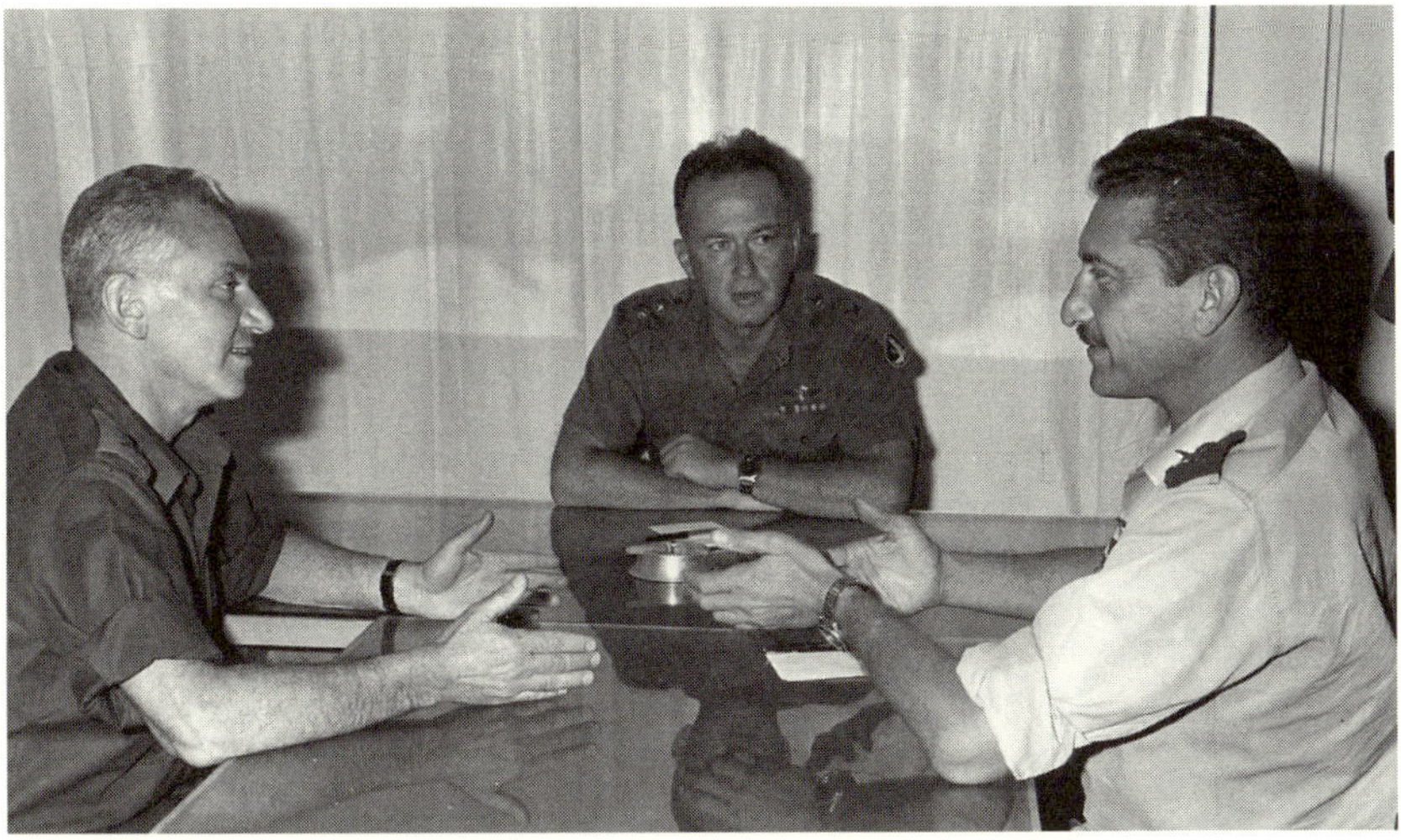

◉——作戦をめぐって論争する軍首脳、左からバーレブ参謀次長、ラビン参謀総長、ワイツマン作戦部長。IGPO

難民があふれている。ナセルはこれ幸いと難民を押しつけるだろう。封鎖に対して領土上の答はない。軍事的心理的衝撃を与えなければ、意味はない。エジプト軍が完膚なきまでに叩き潰され、ナセルが屈辱にまみれる。それしかないとダヤンは主張した。

ラビンは、アツモン計画に関する意見は聞いたが、ダヤンにはもっと期待していた。つまり、政府に対する不満がいろいろあり、多少でも同情して欲しかったのである。政府は開戦かどうかの決断ができず、それを自分に押しつけ、有無をいわさぬような立場にたたせている、とラビンは言った。不満を言っても、ダヤンは何も言わず無言を通した。その夜ラビンは再び悄然と去った。ダヤンは「茫然とし、途方にくれた様子で、やたらに煙草を吹かしていた」と述懐した。戦いに備える指揮官とはどうしても見えなかったのである。[★39]

‡

ナセルがチラン海峡で行動に出れば、戦争は必至と思われた。イスラエル船で海峡を通航したのは多くない。しかしそれでも、この狭い海峡は（シナイとアラビア半島の間で、最大幅七マイル）、ユダヤ人国家の生命線であり、粛々として輸入されるイラン石油の搬入路であった。海峡の航行は、イスラエルにとって象徴的意味も有した。エジプトに対する一九五六年の勝利のあかし、なのである。イスラエルは、海峡が封鎖された場合は自衛で行動する権利を持つと考える。それを国際社会に認めてもらおうと散々苦労してきたのであり、その権利を剥奪されるのであれば話は別であるが、権利を自ら放棄することはない。

ナセルは果たして海峡封鎖の挙に出るのであろうか。この問題でイスラエルの指導者達は二つに割れた。エジプト軍の空挺隊が、シャルム・エルシェイクに進出している現実にもかかわらず、討論していたのである。モサッドのメイル・アミット長官は、ナセルにその意志なしと明言し、「そのような行動はナセルの命とりになる」と説明、「その行動は、軍事的外交的論理に反する」と主張した。軍情報部長も同じ意見で、海峡封鎖は戦争を意味する。ナセルは政治的名声を得たいだけで戦争を望んではいない、と述べた。しかしエシュコルとラビンは、この見方に与しなかった。五月二一日、閣議の席で首相は「エジプトは、海峡封鎖かディモナ原子炉の爆撃を計画している。いずれかを実施した後総攻撃が始まる」と予想し、「勝敗の帰趨は最初の五分間にある。問題は、どちらが先に相手の航空基地を叩くかである」と言った。

しかしそれでも、エシュコルは戦争を確実視しながら、ナセルを刺激することは極力避けた。艦艇の海峡通航提案は、これを却下し、予備役兵が南の休戦ライン近くに駐留しないように、気を配った。さらにまたエシュコルは、米英の外交チャンネルを介してヨルダンのフセイン国王に、ナセルに向かって海峡再封鎖もできない臆病者呼ばわりするのはやめて欲しい、と伝えた。ウ・タントがカイロに向かう数時間前、イスラエルではクネセット（国会）の夏会期が始まり、開会演説を行ったエシュコルは、パレスチナのテロとそれを支援するシリアを非難した。しかし、ナセルについては、嘘の噂にしがみついているとして、軽く非難しただけであった。エシュコルは動員が限定的であることを強調し、中東全国家に「国際主義、領土保全そして国際権利の相互尊重」を呼びかけた。ナセルに警告が発せられるとするならば、国連事務総長によって伝えられるメッセージに、託されるのである。もちろん非公開で伝えられるが、「チラン海峡通航の自由は、至高の国家権益であり、イスラエルはいかなる犠牲を払っても、それを守る」という内容であった。[★40]

海峡封鎖

国連緊急軍が部分撤収ではなく全面撤収に踏みきるので、ナセルが不快に思ったとしても、顔に出すことはなかった。アラブ支援の沸き立つようなたかまりは、イスラエル国民をパニック状態につき落とし、かつての偉大なエジプト人指導者を再びトップに押し上げた。国連緊急軍を追放するのと、危険なチラン海峡再封鎖とは話が違う。前者はナセルに政治的勝利をもたらしたが、後者は戦争になりかねない。「ここで作用するのがナセルの性格である」と指摘するのは、英外務省のエジプト専門家である。「失敗すれば、普通なら損失の少ないうちに手を引くか、力を二倍にして対応する。成功すれば、成果をとって手を引くか、成果を二倍にしようと努める…ナセルは、失敗でも成功でも根っからのギャンブラーであった」と述懐した。[★41]

しかし、この時のギャンブルでは、賭金が異常に高かった。平均的なエジプト国民は、一九五六年以来イスラエル船がチラン海峡を通航していることに気付いていなかった。ナセルが公にしなかったからである。国民は海峡がどこにあるのかさえ知らなかった。そのような背景があるにもかかわらず、ヨルダンとサウジアラビアからいつもあざけりを受け、エジプトの指導者達はいまいましく思っていた。一九四九年にエジプトは「湾岸からユダヤ人を排除」し、アカバ湾をアラブの海として守る任務を引き受けた。あざけりで、任務失敗の思いを新たにするのである。アラブの海にできないことは、エイラート港の繁栄となる結果を生み、それが失敗を余計浮き彫りにした。イスラエルは、この紅海ターミナル港によって、エジプトの伝統的権益圏であるアジア、アフリカに通商上の足場を築き、ナセルの個人的な競争相手であるイランの国王のもとから石油を輸入していた。過去二年間だけをみても、貨物五万四〇〇〇トンが流入し、二〇万七〇〇〇トンが輸出されている。入港船は五〇〇隻を超える。

エジプトは、この屈辱に報復するため、一九五八年のジュネーブ協定に調印しなかった（海洋法に関する国際会議で採択された協定、第四及び一六条で、海峡の国際的地位を保障した）。カイロの主張によると、イスラエルは、休戦協定の調印後にエイラートを不法に占領したのであり、侵略戦争で自由航行を手にした。エジプト領を経由して軍事物資を船舶で輸送する権利はない。国連は、イスラエルが不正手段で得たイスラエルの権利を守ることはできない。[★42]

ナセルは海峡封鎖を切望した。早くも五月一七日に、国連緊急軍がまだ海峡を守っていたが、原則的再封鎖を決めている。しかし、その履行は全く別の問題である。一九五六年のシナイ作戦（第二次中東戦争）で、イスラエル国防軍は、シナイのエジプト軍陣地線を突破し、紅海沿岸沿いとスエズ湾岸沿いに南下して、シャルム・エルシェイクに迫った。その記憶は生々しい。軍情報部は、イスラエルの動員完結が間近であり、侵攻開始の可能性が強まっており、その可能性を見過ごすことはできない、と報告している。五月二一日深夜、ナセルの邸宅に政府及び軍高官が召集された。この深夜会議でナセルは、国連緊急軍の追放が戦争の可能性を二〇％にたかめたとすれば、チラン海峡の封鎖は五〇％強までたかめることになると述べ、問題は軍の態勢がととのっているかどうかである、と言った。

すると、アメルが間髪を入れず、「ビ・ラクバティ」と言った。「その点は大丈夫。防勢攻勢両方の作戦を立て、状況に即応できる態勢にある」。陸軍元帥は、いずれにせよイスラエルが海峡を攻撃するであろうから、海峡を封鎖してもエジプトが失うものは何もない、と説明した。一方封鎖に失敗すれば、恥をさらすことになると主張する元帥は、「イスラエルの旗が目の前を通っていくのに、（シャルム・エルシェイクの）駐留部隊が、手を拱いて何もしない。そんなことが考えられるか」とスリマン首相にかみついた。もともと技術畑の首相は、海峡を封鎖するのはエジプトの国益にならない、と主張したのである。元帥は幕僚達の進言を無視して、部隊をそこへ送りこんだ張本人であり、今や「その駐留が封鎖を必要とする」と論じるようになった。その論法は別として、彼の権力は絶大であり、会議出席者は誰ひとりとして反論できなかった。★43

ナセルだけはできたが、彼も反対しなかった。封鎖について、大統領が留保した形跡は記録にない。本人の弁明者であるモハメド・ヘイカルの著作にもない。翌日ナセルはアブ・スウェイル航空基地を訪問し、元気溌剌、意気天を衝くパイロット達を前に、激励演説をした。同行したのがアメル、バドラン国防相、ムヒエディーン副大統領そしてヘイカルである。その時ナセルは、切迫するイスラエルのシリア進攻について「正確な情報」を受けていると説明し、「アカバ湾に対する主権と領土保全の確認」として、「新帝国主義に奉仕する軍事力」である国連緊急軍を追放した経緯、について語った。そして、要点が語られた。

アカバ湾はエジプトの領海である。我々はいついかなる場合も、イスラエル船のアカバ湾航行を許さない。ユダヤ人が戦争の脅しをかけた。言おうじゃないか。来るなら来てみろ（Ahlan Wa-Sahlan）。戦う用意はできている。我々の軍隊そして全国民は戦う用意ができている。いついかなる場合でも我々が我々の権利を放棄することはない。この水域は我々のものだ。

ナセルがこのように述べた後すぐ、アラブ諸政府に要請電が送られた。それは、エジプトの決定を伝えると共に、イスラエルへの石油輸送の阻止を要請する内容であった。カイロ放送は、「エジプト領海内の然るべき水域に機雷が敷設された」と報じている。軍は待機状態に入り、アメル元帥の命令で、海軍に駆逐艦一隻と魚雷艇一個艇隊の派遣が指示された。イスラエルの艦艇及びエイラートへ向かう石油タンカーのチラン海峡通航の阻止が目的である。アメルは「艦船には警告弾を二発発射し、停船しなければ船体に撃ちこむ。それでも停船に応じなければ撃沈する」と命じている。

シャルム・エルシェイクに進出した空挺隊のムハンマド・アブダル・ハフェズ隊長はこう語る。「我々はチラン海峡の封鎖命令を受けた」。「ＳＵ１００自走砲七門と重砲級の沿岸砲四門が送られ…駆逐艦一隻が哨戒し、フルガーダ基地にミグ21戦闘機一個中隊が進出した…我々は、海峡を航行するイスラエルの艦船すべてに対し、警告弾を撃つように命じられた…停船しなければ接近して発射する段取りであった」。ハフェズ隊長は、この地域に国連緊急軍が駐留していた事実を知らず、イスラエルが航行権を享受していたとの認識もなく、戦闘を予期して大いに張切っていた。「無論、海峡封鎖は宣戦布告と同じである…しかし当時は知らなかった。いずれにせよ我々は疑問を抱くことなく、命じられたことを遂行した」と語る。★44

アラブ世界も大いに意気があがった。「来るなら来てみろ」というナセルの大見得が、大合唱となって響きわたった。ウェストバンクのヘブロンや東エルサレム、或いはバクダッド、ベイルート、トリポリで、大衆デモが道路、広場を埋めつくし、エジプトの行動に歓声をあげた。レバノン、クウェート、サウジアラビアの軍は戦時編制となり、イラク軍の機甲部隊はすでに行動を起して、〝名誉の戦いに参戦〟すべくシリア及びヨルダン国境へ向かっている、と伝えられた。そのヨルダンでは、フセイン国王が軍服姿で行進部隊を閲兵した。アメリカの供給した戦車は、ヨルダン川を渡河しないものとされていたが、歩兵と共にウェストバンクへ向かった。★45

ウ・タントは、アラブの熱狂には加わらなかった。海峡封鎖命令が出たことは、中継地のパリで聞いた。ひどい屈辱を味わい、カイロ行きを中止しようとしたが、思い直してナセル説得を決意した。封鎖命令の撤回を求め、最低でも最初に発砲しないとの約束をとりつけるつもりであった。

五月二三日午後、事務総長の搭乗機がカイロ国際空港に着陸した。リキーエ国連軍司令官が、エジプトから立ち退き命令を受けて、ちょうど一週間たっていた。空港には数百人が待ち構え、事務総長がタラップを降りていくと、ナセル万歳とか我々の望むのは戦争だ、などと叫び始めた。その群集のなかから出て来たのがリヤド外相で、すぐに打ち合わせを始めるつもりであった。しかしウ・タントは疲労感を覚え、翌朝九時四五分まで会談を延期した。

五月二四日。空は晴れわたりひんやりした朝であった。UNEF・Iのナンバープレートをつけたリムジンが、ウ・タントを乗せ、ナイル川にかかる大学橋を渡り、ソ連大使館前を通って、セミラミス・ホテルに到着した。外務省が臨時に事務所をおいているところである。

リヤド外相は、快活な人柄であったが、イスラエル軍の北部集中はないとするアメリカの確言を価値なしと一蹴し、シリア南部を占領して、そこにも国連緊急軍をおこうとする秘密計画がある、と主張してやまなかった。リヤドは、シナイ再武装がイスラエルの侵略阻止にあるとし、侵攻を思いとどまらせるためのもの、と言った。しかしリヤドは、エジプトの行動に別の意図があるとし、「一九五六年のイスラエルの攻撃に最後の幕引きをする」必要がある、と主張した。国連緊急軍は立ち退いてもらわなければならない。〝必要なら武力で〟エジプト領から排除する。さらにイスラエル船のエイラート出入港を阻止する。このような一九五六年の残滓を一掃して幕引きとする。そのためには戦争も辞さない、とリヤドは力説した。リヤドは、外交上の交渉余地をほとんど示さなかった。休戦とその仕組みについて、復活の可能性を話し合う用意が、エジプトにはあるとしながらも、例えば境界線の線引きなど基準になるものの導入は、イスラエルの存在を認めることにつながり、あるいは交戦状態から引離すことにもなるので、拒否するとした。

ウ・タントは、葉巻を吹かしながら、リヤドに言いたいだけ言わせた。話が終ると、ウ・タントは二―三週間の状況凍結を提示した。この間エジプトは海峡を封鎖せず、イスラエルも通航しない。このモラトリアムは――キューバ（ミサイル）危機の線に沿って――特別任命の国連調停官に、平和的解決のための時間を与える。リヤドは疑り深い目でウ・タントを見た。政府の肚は決まっている。人民に対して、躊躇の色を見せることはできない。特に軍に対しては然りである。軍はアラブの大義を守る決意であるから、動揺してはならないのである。エシュコルは、武力に訴えてでも海峡を開くというメッセージを、ウ・タントに託していた。このメッセージは外相に何のインパクトも与えなかった。

この後ウ・タントは、タフリルクラブで開かれた昼食会に出席した。ホストのマハムード・ファウジ博士によれば、ナセルとの会談は夕食後、夜の遅い時間帯になるとのことであった。国連事務総長は、この遅延に自尊心を傷つけられたとしても、表には出さなかった。彼はナセルが好きで、「いつも快活、飾り気がなく、礼儀正しい…国民の真の指導者」と考えていた。ラングーンで初めて会った時のことは忘れられない。ビルマの民族衣装をまとったこのエジプト人は、びしょ濡れになりながら、水祭りを楽しんだ。ウ・タントにとっては懐かしい思い出である。この情愛が会談の場でもあふれていた。話し合いは午後一〇時から大統領官邸で始まった。国連事務総長が封鎖中止を求めたとしても、自分は拒絶せざるを得ない。訪問後に発表すれば、客人が気まずい思いをする。それを避けるため、訪問前に封鎖の発表をしたのである、とナセルは説明した。ウ・タントは二つ返事でその説明を受け入れた。

ナセルは、リヤド外相の説明とほとんど同じことを言った。シナイの部隊集結は、シリアに対するイスラエルの意図に対処し、アラブの尊厳と名誉を守るためであり、必要に迫られた処置であると言った。(戦闘の)主導権を握ることを夢みて、イスラエルを相手にする用意はできているかと将軍達にたずねたことも、ナセルは認めた。将軍達は、ナセルに「今ほど良い状況はありません。部隊の装備は良好、訓練も充分行き届いています。軍は高い練度を誇り、我方に有利な条件が揃っている。第一撃を加える好機です。必ず勝ちます」と言った。ナセルは、「将軍連中は必ず勝つと断言するのです。そんな時何と言えばよいですか」と肩をすくめた。ウ・タントは何を言わず微笑を返しただけであった。

この後ナセルは話題を変えて、延々と反米演説を続けた。アメリカはエジプトに〝飢餓戦争〟を仕掛けている。イスラム勢力を糾合してナセル打倒をはかっている。イスラエルの部隊集結を放置している等と非難した後、今度はイスラエル攻撃に移った。イスラエルはエイラートに対する法的権利がない。紅海に港は必要ではない。石油なら地中海側のハイファ港へ搬入できる。休戦ラインからの国連緊急軍退去がシャルム・エルシェイクからの排除をも意味し、――単なる再配置要請との指摘はなく――そしてその排除が戦争を意味することに、ナセルは気付いた。それでいてナセルは、我々が最初に発砲することはないと繰り返し約束し、「攻撃されない限り、我々の方から最初に攻撃する意図はない。攻撃されるなら、自衛する…最初に攻撃はしない」と主張した。さらにナセルは、チラン駐留部隊には〝良い子〟でいるように指示してもよい、イスラエルが応じるなら、提案のあったモラトリアムを守ってよいと、言った。

この会談は奇妙な形で終った。ナセルが、国連緊急軍にエジプトの最高栄誉章を授与したい、と再び提案し、国連軍の余剰装備品を購入したいと述べた。ウ・タントは、この提案に首をかしげながらも、楽観的な気分で官邸を辞した。ウ・タントは、会話内容をノートにとっていたリキーエに感想を洩らし、「ナセル、外相をはじめとするアラブ連合共和国首脳部は、事務総長室を高く評価しているが、今回改めて評価したということだ。事務総長は、アラブ世界ではどこでも極めて人気がある。尊敬もされている」と述べ、自分の提案した〝息つく時間〟が受け入れられたので、今度はイスラエルが従う番である、と言った。しかし、彼の期待感をリキーエは共有しなかった。この前国連緊急軍司令官は、ナセルが何だか目がうつろで、弱々しく見え、まるで軍が支配者で、大統領は添物のような感じなのである。リキーエは、会議の印象を聞かれて、「これから中東は大きい戦争になりますね、後始末に五〇年はかかると思います」と答えた。[★46]

ラビン参謀総長の胸中

イツハク・ラビンは、戦争勃発の可能性に対する確信を強めた。海峡封鎖の情報が国防軍情報部に届いたのは、五月二三日午前二時三〇分である。エジプトの潜水艦が海峡を通航し、シャルム・エルシェイクに複数の重砲が設置された情報も、併せて伝えられた。ゴラン高原では、シリア軍の兵力増強が最大レベルに達し、臨戦態勢にあった。国連の休戦監視団はその前から行動を厳しく制限されている。後年ラビンは、「中東パズルの解読の鍵──宣戦布告のもととなる事件、すなわちナセルの海峡封鎖──がはめこまれたわけである。ボールが我方のコートに打ちこまれたのである。問題はこれにどう対応するかであった…」と述懐した。ラビンは、単に航行の自由とエイラートの安全が危険にさらされているのではないことを、知っていた。その夜ラビンは上級幹部達を前にして、「国家存亡の危機である。今や生か死の問題になった」、と判断を述べた。[★47]

エシュコル首相は、先制攻撃を依然として拒否していた。エシュコルは、夜明け前補佐官のリオール大佐に叩き起こされ、「首相、エジプトが海峡を封鎖しました」と告げられると、直ちにテルアヴィヴの国防軍地下作戦本部（通称ピット、ヘブライ語でボル）へ急行した。ピットは張りつめた空気で、ラビン参謀総長をはじめ参謀本部員達が、期待感をみなぎらせて待っていた。

口火を切ったのはヤリーブ情報部長で、開口一番「ポスト・シナイ作戦期は終りました」と述べ、「海峡封鎖に対処した行動をとらなければ、イスラエルは国家の威信と国民の信頼を失い、国防軍の抑止力が問われることになります。何もしなければ、アラブ諸国はこれを弱さのあらわれと解釈し、イスラエル打倒の機会と見なすでしょう。対応がなければ国家の安全と存続に関わる由々しき状況となります」と主張した。次に立ったワイツマン作戦部長は、「我々は今すぐに攻撃すべきです。それも迅速な行動が必要で…敵には決定的な打撃を与えなければなりません。生半可な攻撃では、ほかの諸国が参戦してしまいます」と主張した。最後にラビンが「シリアとヨルダンの態度は、エジプトの動きがうまくいくかどうかで決まる」とし、エシュコルに取引材料としてガザの占領、あるいはエジプト空軍の撃破のいずれも可能と説明、いずれの場合でもエジプト空軍に対する先制攻撃が前提となると述べ、「我々は厳然たる現実を認めなければなりません。筋道からいえばまずエジプトを叩き、それからシリア、ヨルダンとも戦うことになります」と総括した。

エシュコルは、イスラエルが時の利我にあらずの状況下にあり、その一方で軍が先制攻撃を勧告している事実を、今や理解するに至った。しかし、見通しは暗く、エシュコルは重い気持を抱いた。イスラエル空軍がエジプトを攻撃している間、北部イスラエルはシリアの砲撃にさらされた状態になる。キブツ、モシャブを中心とする農村地帯の壊滅が、充分に考えられる。別の問題もある。それは、ジョンソン大統領が依然として武力の行使に反対しているので、こちらも不安材料である。エシュコルは、参謀本部の勧告を一応是認して、その後もう一度様子を見ることに決めた。この一週間のうちに石油タンカーが一隻エイラート港に入

港の予定であり、ワシントンには再度アピールし相談するのである。[★48]

アピールしてきたのはワシントンの方であった。その日の夜、再び、ジョンソン大統領のエシュコル宛親書が届いたのである。それは、イスラエルの首相にぶれがないよう自重を求めた内容であった。前に首相と大統領が交わした、イスラエルの安全に対する約束を指摘しつつ、国連緊急軍に関するウ・タントの決定は残念ではあるが、ソ連が協力的であるように思われるので、合衆国は〝国連内外における〟危機の、平和的解決に努力中である、とジョンソンは述べていた。さらにジョンソンは、イスラエルが当面の困難を乗りきることを目的に、四七三〇万ドルの援助及び二〇〇〇万ドルの融資を提供してもよいとした。その内訳はハーフトラック一〇〇両、パットン戦車、ホーク地対空ミサイルの部品、食料の供給と経済支援で、実のところヒモつきだった。イスラエルは、テスト船を使って封鎖に挑戦してはならない。いかなる場合でも戦争に走ってはならない、とクギをさしていた。ロストウ国務次官はイスラエルのエブロン公使に、「あらゆる平和努力が駄目になった後でしか、イスラエルの一方的行動は正当化されない」と警告し、「そのような正当化は、合衆国国民と世界の諸国民を納得させるものでなければならない」と、こちらもクギをさした。[★49]

‡

この親書は、エシュコルを束縛することだけに集中していた。行動してはならぬ理由をイスラエル国民に説明して納得させる一方、行動せざるを得ない理由を世界に説明して、納得させせよというわけである。次の内閣防衛委員会で、この板挟みの状況が如実に露呈した。一九四八年以来イスラエルの政府は常に連立政権であり、エシュコル政権も例外ではなかった。政府は、社会主義の右派から中道マパイ党（最大政党）、そして社会主義左派のマパム（統一労働者党）、戦闘的社会主義アフダット・ハアボダ（労働組合）、政治的には穏健な正統派のマフダル（国家宗教党）の連立で、国家危機に鑑みて、野党代表もメンバーになっていた。右派のガハル党からメナヘム・ベギン、ラフィ（労働者リスト）からモシェ・ダヤンとシモン・ペレスの三名である。

イスラエル社会の左から右までの意見、立場が、この委員会に集約されていたが、別の表現をすれば、深い亀裂が走っていたということである。

防衛委員会はラビンの状況説明で始まった。ラビンは厳粛な表情で、本日正午一二時〇〇海峡が正式に封鎖される、と報告した。イスラエルの抑止力が拘束され、縮小した状態であることから、ナセルは時と場所を選んで開戦することができる。防勢布陣から数時間で攻勢へ転移できる。イスラエル国防軍が海峡を占領しようとすると、エジプト、そしておそらくはシリアそしてたぶんヨルダンも、イスラエル国内を攻撃するだろう。イスラエルからみると、状況は一九五六年の場合と、逆になっている。当時エジプトは単独で、英仏と連合を組んだイスラエルと対峙した。今回は孤立したイスラエルが、エジプトをはじめ多数のアラブ国家と対峙しているのである。ソ連がアラブ側にたって干渉する可能性もある。「我々は、公園内のそぞろ歩きの話をしているのではありません」と述べたラビンは、「我々は奇襲攻撃でエジプト空軍を撃破し、時をおかず陸上部隊がシナイへ突入する。これ以外に選択肢はありません」と結んだ。

ラビンに向かって質問が矢つぎ早に飛んだ。イスラエルはシリアも攻撃するのか。空軍がエジプトを空爆している時シリアが攻撃すれば、被害はどの程度を想定するのか。列強との同盟なくして単独で戦えるのか。イスラエル空軍が壊滅したらどうなると質問したのは、マパイ党出身のザルマン・アラン教育相であった。全員が想定したくない、恐ろしい問題である。「空軍がなければ、我国の防衛は成りたたない。丸裸も同然となる。その空軍が潰滅する可能性はないのか」と教育相は問うた。

ラビンは疲労困憊の状態にあったが、懸命になって答えようとした。イスラエルはシリアを攻撃しない。ただしシリアが大々的な砲撃を行う可能性がある。その場合空軍の北部展開が可能になるまで、相当の被害が出ると思われる、とラビンは言った。そして、敵空軍の撃滅どころか味方航空戦力の消耗に終る可能性については、ワイツマンに説明を求めた。作戦部長のワイツマンは当時四一歳。空軍生え抜きで、空軍司令官

（一九五八―六六）として活躍し、フォーカス（モケッド）作戦計画の策定にかかわった歴戦のパイロットである。向こう見ずで自由奔放、およそ謙遜と縁のない男で、教育相の恐れをあっさり片づけてしまった。「空軍は、保有機六〇〇機のうち二〇機を喪失する」と言いきったワイツマンは、「いかなる国といえども領空を密封することはできない。イスラエルの第一波攻撃は、探知されぬよう決行する」と述べた。

国家宗教党代表のハイム・モシェ・シャピラ内相は、ワイツマンの威勢のいい話にのらなかった。六五歳のシャピラは極めつきのハト派で、シリアに対するエシュコルの積極防衛策によく反対してきた人物であり、ラビンに対してきついことを言った。シリアは孤立するので、容易に懲らしめることができる。軍はそう確信したではないか。ところが、シリアは孤立していない。懲らしめは戦争になると主張するシャピラは、「戦う覚悟はできている。しかし自殺行為は御免である」と言った。

軍の肩を持ったのは、モシェ・カルメル運輸相とイスラエル・ガリリ無任所相である。二人はエジプトに対する宣戦布告を求めた。戦闘的な論客として知られるベギンは、先制攻撃を支持した。シモン・ペレスも然りである。

エシュコルは、この論争が続く間引きつった表情で座っていた。国家の将来と自分の今後がかかっていることを意識し、リオール補佐官の言葉を借りれば、「心配で、心配でたまらぬ」様子であった。国民の間には、国防相を兼任するエシュコル首相に退陣をせまり、ベングリオンの登場を求める声が強くなった。少なくとも国防相の兼任はやめよというのである。エシュコルは、自分に対する国民の信任を回復しようと懸命で、クネセット（国会）で「海峡通航の自由を妨害する行為は、国際法の重大違反であり、イスラエルに対する戦争行為である」と大見得をきった。しかし、この勇壮な言葉と裏腹に、エシュコルは戦争になることを考えて、恐れおののいていた。

エシュコルは、アラブとイスラエルでは戦車及び航空機の戦力比が三対一であることを指摘して、「南ではエジプト、北ではシリアが農村地帯を占領しようとする。何で止められる」と言った。政府内でいろいろな見方があるなかで、首相は問題を受身的に考えていたようである。アラブに対して「ユダヤ人がここに立ち尽くして泣きごとを言っているのではない」と明言する必要性を強調しつつ、外交手段を尽くす必要も併せて強調した。首相は、衝突を招くような行動はとりたくないとし、国際的に頼りきりになるのもどうかと思うと述べ、「我々は戦争を望まない。しかしアラブが我々を爆撃するのなら、この際どこを爆撃しようと関係ない、我々は迅速かつ大々的に反撃しなければならない」と明言した。しかしその後で、報復はもっと兵器を取得するまで延期できないか、と考えた。

エシュコルは、自分のジレンマにどっぷり浸りきりのようであった。その時アバ・エバンが立ち上がり、首相をそこから引き上げた。その通り、問題はエイラートではなく、抑止力であると前置きして、外相は「基本的な海洋権益を守れない国家は、国家の権利に対する他の侵害を撃退しない。そして、撃退しないもっともらしい言い訳を考える」とし、ここで態度を明確にしないならば、アラブ世界で…我々に抵抗力があると考える者は、ひとりもいなくなる」と断言した。しかしそれでも、エバン外相は、アメリカが支持せずソ連はおそらく対抗手段をとる、スエズ危機時の二の舞いになるとして、軍事行動をとることに反対した。それには含みがあり、外相はワシントンから受けた要請を、閣僚達に知らせた。それによると、イスラエルは四八時間の協議期間を受け入れ、その間アメリカが多国籍護送隊の編成を考える。この隊がイスラエル船を護送してチラン海峡を通航するのである。アイゼンハワーは自衛するイスラエルを支持すると約束したが、今回のアメリカの提案はその範囲を越えると述べたエバンは、「歴史の岐路に立つ今現在、ユダヤ史には今回のようなことが多々あるとは思えないのであるが、この歴史的重みに鑑み、アメリカ提案をとるべきである」と言った。そして、雄弁をもって鳴る外相は大上段に構え、「そうしなければ、なぜこれ（封鎖突破策）を試さなかったのかと、後になって悔やまれる。そして、その理由を後代の人々に説明できなくなる」と結んだ。

アメリカの提案は採決にかけられることになった。しかしその前にダヤンが自分の見解を述べるのである。ダヤンは軍服を着用して、南部正面の視察に出かけたところ、憲兵に見つかり、警護されてエルサレムへ戻ったばかりで、会議には軍服姿で出席した。ダヤンはぶっきら棒な男で、「列強のドアをドンドン叩いたり」、エジプトに防備を固める時間をさらに与えることに反対であると主張し、「我々はイギリスとは違う。イギリスは伝統的に緒戦時に大負けする。我々にはその余裕はない」と皮肉った。それでもダヤンは、アメリカをなだめられるというのなら、四八時間の延期もよかろうと是認し、ただしその後エジプトに対し空陸よりする一大空陸戦を敢行する、と提言した。ダヤンは「二ないし三日間の戦闘で、戦車数百両を撃破する」とし、ヨルダンあるいはイスラエル国内のアラブ人が攻撃したら、反撃すると述べた。

委員会は、軍事行動の延期を決めて散会した。西側特にワシントンのイスラエル支持をとりつけるため、エバンにその時間を与えることにしたのである。その間政府は、危機感を抑えることにした。クネセットでは本格的な論戦をしない。公式行事も一切中止しないのである。一方、野党を加えた挙国一致内閣の構想も検討する。そしてアツモン作戦（航行の自由と引換えにするためのガザ占領）の準備を進め、あと三万五〇〇〇人の予備役を動員することになった。しかし〝待ちの姿勢〟は続くのである。エジプトがイスラエルの航空基地や戦略目標を最初に爆撃するならば、イスラエルは総力をあげて反撃することになった。★50

エシュコルは、戦争と外交努力の二股コースをとった。しかし、その操舵法に安心した者は誰もいないようであった。アラン教育相など数名のマパイ系閣僚は、エシュコルがエバンを特使に選んだことに、不服であった。エバンは実力がなく、信用できないというのである。一方、作戦指揮本部のあるピットでは、軍幹部達がエシュコルの優柔不断に不満を抱いていた。フォーカス作戦及びシナイ進攻作戦計画は、すでに策定が終り、他の正面についても必要が生じれば直ちに発動できるように、北のヨルダン川源流占領、エルサレム西方の突角地帯であるラトルン回廊の攻略計画も、併せて策定された。作戦の成否はいずれも奇襲いかんにかかっており、その奇襲は、最高指揮官であるエシュコル首相の言葉いかんにかかっていた。しかし首相は逡巡し、決心の言葉を発するのに躊躇していた。

ラビン参謀総長は、不安にかられていた。イスラエルは、合衆国大統領の直々の要請を、無視するわけにはいかない。そして、エバンが任務を完了する前に、四八時間はとっくに過ぎているはずである。シナイ正面の状況変化にも焦燥感がつのる。エジプトの第四師団は布陣を終り、海峡にはすでに機雷が敷設されていた。エジプトの聖職者の言葉を借りれば、「アラブがパレスチナで味わった一九年間の屈辱を、ムスリムの血で洗い流す」べく、アラブ諸国首脳が部隊を派遣し戦陣につく、と表明している。

意志決定の重圧は、ラビンにとって耐え難いものになった。内閣防衛委員会の会議が終って数時間後、ラビンは午睡中のエシュコルを起こし、自分は考えを変えた、イスラエルは開戦すべきであると言った。「回避する方法はないのか」と首相が質問すると、ラビンは厳しい調子で「大きい損害が出るでしょうが、選択の余地はありません」と答えた。しかしエシュコルはまだ納得せず、「イスラエル国防軍は、外交手段が尽きるまで攻撃しない」と言った。そして、攻撃許可はでなかった。ラビンの立場はいよいよ容認されぬものになってきた。イスラエルでは、「ナセルはラビンを待っている」というリフレイン付きの新しい戦意昂揚歌が流行し、何もしないラビンをはやした。しかしながら、ラビンの回想録にもあるように、現実は全く違っており、ナセルがラビンを待っているというのなら、そのラビンはエシュコル（の決心）を待っているのであり、エシュコルは閣議を、閣議はエバンを、そしてエバンはジョンソン大統領を待っていた…」のである。★51

この後の状況展開はめまぐるしかった。リオール補佐官は「緊張につぐ緊張、緊張は高まるばかりであった」と述懐する。「世界中から報告やメッセージが流れこんでくる。電話は鳴り通しで…騒然たるなかで時間がどんどん過ぎていく」のであった。この一連の圧力が、大きい重圧となってラビンにのしかかった。ベングリオンから浴びた叱責も重荷であった。シャピラ内相は「エジプトはひとつの正面で戦うだろう。ところが我々は少なくとも二正面で、いやおそらくは三つの正面で戦わざるを得なくなる」と警告し、「それに加えて我々は完全に孤立する。戦闘中武器弾薬が欠乏しても、補給を受けられない…イスラエルは大変な危険にさらされる。君はその責任を一手に引き受けたいのか。私なら目の黒いうちは絶対そんなことはしない」と言った。★52

シャピラの言葉がきいたのか、エイラートに対するエジプトの脅威がたかまったとする報告のためか、五月二三日夜ラビンは切れてしまった。後日ラビンは報道陣に対し、「自分のせいで、国が最も困難な状況下で戦争に直面する…私は罪悪感に責めさいなまれ、危ない状態になった」と当時の心境を明かした。「自分の管轄にあるものないもの、すべてが自分の肩にかかってきた。この九日間ほとんど何も口にせず、睡眠もとらず、矢つぎ早に煙草を手にして吹かし続けた。疲労困憊し、すっかり衰弱していた」。妻のレアは、ラビンの状態を見て、南部正面の視察行は駄目と言った。思案した揚句レアは、軍の首席医務官エリヤフ・ギロン博士に、応診を求めた。診察した博士は、急性不安症と判断し、精神安定剤を処方した。

ラビンが神経衰弱になったことは秘密にされた。ずいぶん後になって公にされた時も、〝ニコチン中毒〟として発表された。その夜ワイツマン作戦部長がラビンの自宅に呼ばれた。上官の参謀総長は〝じっとだまりこくったまま〟でふさぎこんでいた。やっと口を開いたラビンは、「わ、私は国を危険に陥れた…わ、私のミスで…」と吃りながら言った。「これからかつてない激烈な大戦争になる」。六か月後報告書がファイルされたが、そのなかでワイツマンは、ラビンが自分のポストを提示した、と述べている。作戦部長はその提示をこばみ、国の士気を維持する必要性を指摘し、決断は不可避であるから政府に助言して勇気ある決断を求める責任、を説いた。後日ラビンは、この会話などなかったと主張した。しかし、参謀総長は職務遂行力

を失い、作戦部長が職務を事実上代行した。これが真相である。[★53]
　ワイツマンは、ラビンの逡巡などにとらわれず、軍の攻撃計画を拡大した。エジプト空軍の撃滅とガザ攻略に加えて、イスラエルの部隊は、エルアリシュへ向かい、時間が許せばさらに西進してスエズ運河をめざす。中部軍管区と北部軍管区も、ヨルダン及びシリアの介入に備えて、反撃計画をたてることになった。カルドム（手おの）作戦と称し、遅くても五月二六日に発動ということになった。ワイツマンは参謀本部会議で「明日までにイスラエル国防軍は戦闘準備を完了する」と語り、政府は必ず承認すると述べた。五月二五日夜、まだ深夜には時間があったが、イスラエル軍機甲部隊はすでに休戦ラインへ向かって進んでいた。[★54]

アメル元帥の暁作戦

　しかしながら、ワイツマンは甚だしく失望することになる。エシュコルはカルドム作戦を認める気が全然なかったのである。首相は、ラビンが神経衰弱になったことに強い不安を抱き、エバンが交渉中に戦争になることを、恐れていたので、南部正面における行動を厳しく制限するよう軍に命じた。首相は、シナイ上空の偵察飛行の回数も制限した。

　エシュコルが手綱を引きしめている頃、エジプトでは対決を求める声がたかまった。ナセル側近のひとりマフムード・ジッヤルは、「カイロ市中は、戦争に備える首都というよりは、カーニバルのように見えた」と述懐する。首都では、不気味なポスターが市中いたるところに、ベタベタと張りつけられていた。アラブの兵士が、鼻のまがった顎鬚姿のユダヤ人を射殺し、銃剣で串刺しにし、絞め殺しあるいは体を切断する恐ろしい絵ばかりである。カイロ放送は「アカバ湾は歴史的見地からアラブ、アラブ、アラブである。我々の兵士がしっかり守っている」と報じ、或いはアメリカをターゲットにして、「アメリカの施設をすべて吹飛ばす。アメリカよ、お前の存在そのものを抹殺する。数百数千万のアラブが、その準備をしているところだ」

と大言壮語した。

アメル陸軍元帥は、この狂乱状態にまきこまれ、チラン海峡封鎖に対する、イスラエルやアメリカの反応がないことに自信を深め、自分の考える攻撃計画を練りあげていった。前方の築城地帯を視察した時、同行したムルタギ中将に「今度は我々の方から開戦する」と打ち明けた。さらにアメル元帥は、戦略目標に対する空爆、エイラート占領のほか、目標を拡大して、ネゲブ全域の占領を計画に加えた。新しい計画はコード名を暁（アルファジル）作戦計画と称した。そして、その作戦命令は、今度も最高司令部を迂回して、アメル元帥の自宅から発せられた。元ナセル側近のジッャルは、「後になって納得がいったのであるが、カイロ市中の風景は、指導部がとりつかれた発想を反映しているのであった。つまり、イスラエル撃滅は、司令官の自宅に数本の電話線を引き、勝利のスローガンを書くだけで成るというわけで、まるで子供のゲームのようであった」と指摘する。[★55]

アメル元帥の暁作戦は、ナセルの戦略に違反した。後者は、イスラエルを戦争に引きずりこみ、先に打たせる構想なのである。では、なぜナセルはアメルの作戦を却下しなかったのだろうか。エジプト人の間では意見が分かれる。ヘイカルのようなナセル派の人間は、ナセルが攻撃計画の青写真を望み、その策定に直接関与しなかったものの、暗黙裡に認めたと主張する。一方ナセルに批判的な専門家は、アメルがナセルの意志を露骨に無視し、ひとりで策定したと断言する。真実が二つの意見の中間あたりにあるのは、間違いない。ナセルは暁作戦の内容を知らされたが、アメルの命令をくつがえすだけの政治力を持っていなかったのである。これから明らかになるが、エジプトのイスラエル侵攻準備は、ナセルにとって好都合でもあった。

暁作戦に対する反対の声が、まず高級将校の間からあがった。彼等の多くは、シナイを再び武装地帯にするのは、単なる演習であると信じていた。ところが今になって、戦争が所定のコースであることに気付いたのである。ファウジ参謀総長は、不必要な挑発として、シャルム・エルシェイクの再占領に反対していたが、この暁作戦を破滅とみなした。当時をふり返って、ファウジは「この計画は何か政治目標を持っていたのだろうか」と問い、しばらく考えてから、「軍部と政治指導部のリンクが欠けている時、計画は成りたたない」と言った。[★56]

暁作戦の適用は、三段構えの防衛戦略である征服者計画を、滅茶苦茶にしてしまった。築城地帯、陣地網の配備に兵力が充分ではないのに、軍は旅団全部に突撃発起位置への配置転換を命じたのである。予備兵やイエメンからの帰還兵など数万の人間が、シナイへ陸続として流れこんでいた。その多くは牛車に乗り、銃はおろか軍服もないみすぼらしい姿で、飢えを訴えていた。怒号と喧騒のなかで、配置転換命令がきたので、混乱に一層拍車がかかった。エジプト軍情報部のアブダル・ファタハ・アブファデル次長は、乗換え駅のカンタラで、「男の大群集を見た。軍指導部に指揮統率力がなく、無謀と怠慢のため、この男達は右往左往していた」と証言する。その時次長は「これが、これから敵イスラエルと対峙する軍の実態なのか」と考えるのである。

エジプト軍の保有戦車のうち推定で二〇％は、戦闘で使いものにならない代物であった。火砲の四分の一、作戦機の三分の一が然りである。そして、部隊のうち所定の位置についたのは、半分以下の状態にあった。そこへ配置転換の命令がきた。部隊の多くは、これまで経験したことのない任務につくように命じられ、全く不慣れな地域のところへ送りこまれた。「そこには、通信、兵站線がなく、火砲の射撃規程もなければ、地域（占領地域）の統制組織もなかったし、段階計画も存在しなかった」とファウジは述懐する。ファウジがアメルに「我方の部隊は本計画について何も知らない」と抗議すると、陸軍元帥は「それならわかるように訓練せよ」と怒鳴り返した。[★57]

混乱状態はまさに目をおおわしめるほどで、地上軍（シナイ方面軍）司令部長官のムルタギ中将のようなアメルの下働きすらも、暁作戦の論理に疑問を抱き始めた。ファウジと同じように、ムルタギは軍の目的が戦略より政治的なものと考えていた。しかし、攻勢戦闘の開始意図を聞いて、ショックを受けるのである。ムルタギが、兵力不足と準備不足を指摘したところ、「アメルは私の反応に驚いたようであった」が、陸軍元帥は自分の計画に固執した。シドキ・マハムード空軍司令官も、パイロットの能力からみて、自分に与えられた爆撃行の任務遂行は無理、と考えた。空軍司令官は、アメルに直訴した。「エイラート爆撃…ディモナ原子炉爆撃…ハイファ製油所爆撃…私をアメリカ空軍の司令官とでもお考えですか。エイラート爆撃と豹作戦（イスラエルの沿岸地帯爆撃）の同時遂行などできません！」[58]。返ってきたのは冷たい沈黙であった。

ナセルは、それでも介入することをこばんだ。封鎖決定の後、エジプトの大統領は超多忙の日々を送ることになった。シリアの首相、クウェートの外相、イラクの副大統領等々アラブ諸国の代表団を迎え、中国、北ベトナム、北朝鮮から来た連帯書簡に対し、返書を準備したし、定例最高司令部会議に出席する日課もあった。ナセルは会議で大言壮語し、話す内容は日増しに激越の度を強めた。アラブ商業労連の会議では、「我々は、アカバ湾封鎖がイスラエルとの戦争を意味することを知っている」と述べ、「戦争になれば、全面戦になる。目的はイスラエルの壊滅である…これがアラブの力というものである」とぶちあげた。ナセルは、〝アメリカのギャング的行為〟について何度も言及し、アメリカはイスラエルの権利、権利とまるでとりつかれたように擁護する、と繰り返し、「イスラエルとは何か」と問いかけ、「イスラエルとはアメリカのことだ」と言った[59]。

ナセルのアメリカ非難は目新しい話ではないが、ジョンソン大統領の演説が五月二三日に放送されたことで、いよいよ過激になった。その放送でジョンソンは、海峡封鎖が〝非合法〟であり、〝平和の大義に対する破壊的行為〟と指摘、合衆国はチランを国際水路と考えるとし、「この地域に存在するすべての国家の政治的独立と領土主権を擁護するアメリカの立場」を繰り返し強調したのである。さらにホワイトハウスから口上書が送られ、エジプトは海峡で〝侵犯〟行為を行い、合衆国の重大権益を傷つけ…正規軍、非正規軍による…公然非公然に暴力を主導することによって、〝最も重大な国際事態〟に直面する、と警告した。アメリカが武力による封鎖解除を計画しているとか、海兵隊がチラン島上陸作戦の訓練を開始といった噂が、流れていた。米第六艦隊は、東地中海を遊弋し、すでに警戒態勢に入っていた。

ナセルは、アメリカの武力介入を恐れた。ホワイトハウスからナセル宛にジョンソンの親書が送られたが、それでナセルの恐怖心がやわらいだ訳ではない。その書簡でアメリカの大統領は、貴国や御国の大統領個人に強い憎しみを抱いているわけではないと前置きして、「閣下と私の任務は後ろ向きになることではなく、中東そして人類社会全体を、戦争の危機から救い出すことにあります。私は誰も戦争を望んでいない、と確信します」とし、調停工作のためヒューーバート・H・ハンフリー副大統領を、カイロへ派遣すると述べていた。ナセルが納得したわけではない。その同じ週イスラエルを〝中東全人民を導くビーコン〟と呼んだのは、当のハンフリー副大統領であった。リヤド外相は、合衆国大統領が一九四九年の休戦協定を支持する旨表明し、イスラエルに対する強い肩入れを示していないのをみて、恐怖心を鎮めようとした。しかしナセルはワシントンの意図に不信感を抱いたままで、米イ共同謀議を恐れていた。[★60]

‡

ナセルの不安は、米エ関係の全体的状況に由来する面があった。それは、今回の危機が発生する前すでに崩壊寸前のところにあった。かつて米エ間には表面にでない外交チャンネルがあって、有毒物を吸い出すサイフォン役を果していた。しかるに、ワシントンとカイロ双方の人事異動の結果、パイプに詰まりが生じることになった。駐米大使のムスタファ・カメル博士（五八歳）は前任が駐インド大使で独身。数日内に退官の予定であった。博士は法学部教授として教鞭をとった経験もあり、都会的センスを持ち、親米派のひとりだった。エジプトの将来はアラブ世界の支配ではなく経済開発にあると信じていた。ワシントンとの対話回路を維持するために苦労し、スタッフ達には、ナセルはアメリカを尊敬し、パレスチナ問題を必ず凍結状態におく、と言いきかせた。海峡封鎖の後でも、カメル大使は状況が逆転不能にあるわけではないとし、交渉の余地はまだある、と主張した。

カメル大使がワシントンを離れる前、アメリカの駐カイロ大使ルシアス・バトルが三月に離任していた。後任のリチャード・H・ノルテは、ナセルが海峡封鎖宣言を出す前日の五月二一日に、着任した。ノルテは、少なくとも書類のうえでは、申し分のない経歴の持ち主であった。第二次世界大戦時は海軍飛行士、ローズ奨学生としてオックスフォードとイェールに学び、アラビア語に堪能であった。中東研究所（The Middle East Studies Association）の所長としての経験もある。ノルテは、ナセルがシナイで優位に立ち、攻撃されるならば、道義の勝利を主張し得るし、イスラエルに侵略者のレッテルを貼ることも可能になる、と考えた。当時、状況打開のスケールの大きい剛腕外交が必要な時であったが、ノルテにはその訓練と実地経験がなかった。今回の危機にどう対応するか、と記者団に聞かれ、ノルテは「何の危機か？」と答え、認識の甘さを露呈した。★61

国務省は、ノルテの経験不足を考慮し、チャールズ・ヨストを派遣して、カイロ大使館を補強することに決めた。ヨストは駐ダマスカス大使の経験を持ち、エジプトのリヤド外相とは知己の仲であった。しかし、ヨストが到着するまで、ノルテは単独の状態にあり、まだ信任状も提出していなかった。隙をつくように、ノルテの機先を制して動いたのがリヤド外相である。エジプトはイスラエル行きの船舶及び貨物をすべて止める。そして、それを護送しようとする部隊から自国を守る、と発表したのである。ノルテは、ナセルが対イスラエル戦争のコースをとることに決めたと判断。ナセルは充分に準備し、自信を持っている。勝利する理由なきにしもあらずとしたうえで、「今日のアラブの精神状態は、一九五六年よりは一九四八年初めの状態に近いと思われる」と警告し、「アラブは、勝利が仮定ではなく現実と確信している」と報告した。★62

‡

ノルテは、西側外交官にとってすでに自明の理であることに、やっと気付いたのである。つまり、エジプトのイスラエル征伐能力をめぐる疑問は、西側のイスラエル擁護拒否と、自衛に対するイスラエル自身の躊躇、逡巡によって、小さくなっているのであった。ナセル側近のヘイカルは半官紙アルアハラムに、「アラブ連合共和国とイスラエルの武力衝突は不可避」と論じ、「封鎖は、イスラエルの抑止力を徐々になくす効果を有し、イスラエルに戦闘を強要せしめる」としたうえで、「イスラエルよ、始めるなら開始せよ。お返しの我等が第二撃をくらえ。ノックアウトだ」と書いた。

エジプトの自信は次第にたかまっていく。それでもナセルは、米イ間の軍事協力の可能性を否定しきれず、恐怖心を払拭できなかった。ナセルは、ファウジ博士に心境を打ち明け、ひとつの可能性に言及している。それは、イスラエル船がアメリカの護衛を受けて海峡を通航し、シャルム・エルシェイクのエジプト軍部隊がこれに発砲するシナリオであったが、アラブはアメリカとの戦いを優先し、その隙にイスラエルがシナイを占領する。ファウジ博士は、このような動きが可能であることを認めざるを得ず、「危機時におけるアメリカのふるまい方は、氷山のようです。大半は水面下に隠されていて見えません」と言った。[★63]

アメリカが出てきた時の対応を考えた場合、ナセルは暁作戦に一定の有利性があることを認めた。もしジョンソンが軍艦を海峡へ送りこめば、エジプト軍はイスラエル南部占領計画に従って、行動をおこす。その作戦でナセルは、攻勢の選択肢を手にしながら防勢の姿勢を維持することができる。アラブを戦争へ向けて糾合しつつ戦争が突発しないように、手綱をとることも可能である。つまりナセルは、暁作戦を両掛けで丸損を避けるのに使える、と考えた。彼は、海峡に機雷を敷設したと高言し、パレスチナ人のゲリラ攻撃を全面的に支持すると胸をはった。実際には、機雷の敷設はなかったし、カイロはファタハの手綱を引こうと躍起になっていた。平和に関心があることも、裏ルートでアメリカへ伝え、牽制している。五月二六日、ナセルはアルコ・プロダクツ社のシディキという人物と会い、自分の求める目的はただひとつ、アラブ世界における自分のリーダーシップを顕示することにあり、誰かと戦う意図はないと語った。シディキはこの件を国務省に報告し、「上陸、艦隊移動の形をとった直接的軍事行動を合衆国はとらない。これがナセルの対米緊急要請である」と伝えた。★64

‡

ナセルが心配するアメリカの介入の危険は、懸念材料のひとつにすぎなかった。あとひとつの懸念がソ連の出方である。この介入に対応するのかどうか。対応するとすればどう出るのかである。

エジプトはソ連の強力な支援を信じていた。少なくとも危機勃発の当初は強力であった。三月にグロムイコ外相がカイロを訪問した際、戦略協力が話し合われ、四月のコスイギン首相の公式訪問で再確認され、ソ連とエジプトの〝共通の反帝正面の強化〟のため、ソ連は約五億ドルの支援を約束した。五月一五日にアメル元帥が隷下部隊指揮官にくだした命令には、「東側ブロックは状況に超然として傍観することはなく、アラブの地における西側帝国主義勢力の勝手な行動を許さない」と書かれている。この前提は、共産圏の報道で裏書きされている。シナイの再武装化と国連緊急軍の排除は、両方とも激賞され、モスクワはその声明のなかで、「近東で侵略行動を起こそうとする者は、アラブ諸国の団結力に直面するのみならず、ソ連をはじめとする平和を愛する人民から強力な反撃を必ず受ける」と、警告したほどであった。エジプトに対して経済援助を約束し、国連においてはソ連代表は、国連安保理のシナイ干渉に我慢しないことを、明らかにした。★65

ところが、封鎖ですべてが変わったのである。ソ連のポジダエフ大使は事前に通告を受けたが、封鎖に関するクレムリンの見解は、前もって検討されていなかった。エジプト、ソ連間に奇妙な沈黙が支配した。まるでカイロとワシントン間の関係のようである。外交筋の報告によると、ソ連は態度を変えつつあった。エジプトのシナイ行動に干渉するなと西側に警告し、ナセル支持を強調していたのに、クレムリンのトーンが変って、交渉による解決の必要性とそれに対するソ連の支持を力説しているのである。戦争になった場合、モスクワがどのような態度をとり、どこにどう距離をおくのか。エジプトのムラード・ガーレブ大使は何度も探りを入れた。しかし応答は全くなかった。

五月二三日午後、苛立ったナセルは、再度ポジダエフ大使を執務室に呼んだ。そして咎めるような口調で、「現在起きている事象は、すべてソ連邦の影響のせいである。この点をモスクワの君のボス達に是非伝えて欲しい」と言った。エジプトがシナイに進出したのは、イスラエルがシリアを攻撃するというソ連の警告があったからである。その結果はどうか。イスラエル軍が、北ではなく南に集結し、エジプトと対峙する事態になったではないか、とナセルは難詰した。ソ連邦は、エジプトを窮地に置き去りにする気か。見殺しにできないはずである。追加の軍事援助をしなければならない。特に空対地ロケットが必要である。それにアメリカを相手にするため政治支援もなければならない、とナセルは要求した。これに対しポジダエフ大使は、可もなく不可もないお手本的態度で、「閣下をはじめアラブ世界は知っておかなければなりません。ソ連邦は断固として独立アラブ諸国のうしろ楯になります。状況が帝国主義とそのワラ人形イスラエルによる戦争に発展した場合、我々は必要な措置をとります」と模範解答をした。ナセルは安心しなかった。「イスラエルに警告しないでもらいたい」とクギをさし「そうすれば、受けるに値しない一種の国家承認を、イスラエルに与えてしまう。そして、弱者の特権を享受させてはならない。あなた方の警告は、帝国主義列強に向けられるべきだ」と言った。★66

この時の会話でナセルは、まずはソ連の立場をはっきりさせる必要がある、と確信した。エジプトが開戦に踏みきるか。あるいはアメリカが封鎖に対し挑発するまで待つのか。いずれにせよ、ソ連の立場を確認しておかなければならない。そのため、バドラン国防相を団長とする特別代表団が五月二五日にカイロを立ち、モスクワへ向かった。アメルは自分に忠誠を誓う者を団員に入れ、ナセルは外務省のサラフ・バッショウニイとアフマド・ハサン・フェキの二名を含む自分の配下の者を入れた。ソ連側は、アラブ連合共和国代表団の訪ソ目的を「未保有タイプの兵器の入手」交渉のためとしたが、訪ソの本当の目的は、ソ連のうしろ楯を得た行動でどこまで進めるかを見極めることにあった。★67

‡

エジプト軍のシナイ再武装化は、整然とはほど遠い混乱のなかで進められた。とはいえ、米ソの意図も不透明であったが、それでも暁作戦の準備は急速に進んだ。北シナイ方面には、サアド・アルディン・シャズリ少将の指揮する第一打撃部隊が、特別編成師団（兵力九〇〇〇、戦車二〇〇両及び火砲）としてつくられ、第一四機甲旅団と共にラファ域まで進出した。北ネゲブへの進攻を目的とする。作戦命令が第一号から第六号まで出されており、航空基地、ミサイル陣地、レーダー基地、淡水化プラントを含む攻撃目標が指定された。軍人家族はガザから疎開し、代わって行政官、技術者及び医師が派遣された。北ネゲブに進出した後占領地行政にたずさわる予定であった。第四師団の中隊長であったアミン・タンタウィは、「勝利を確信していた」と証言する。「ナセルの演説で、その確信を得たのだ。必勝の信念に燃え、解放の秋が来たと考えた。我方から第一撃を加え、数時間で敵を潰滅すると思っていたし、占領、潰滅後イスラエルをどうするのか。私にはいろいろ考えがあった」。

五月二五日朝、準備が完了し、エジプト地上軍司令官のムルタギ・ムーシン中将が歩兵部隊の上級指揮官を召集した。席上司令官は軍の戦力が定数に達したと指摘、戦車、火砲、兵員共に三対一で我々に断然有利であると述べた。攻撃開始は二日以内、払暁決行となった。★68

待ち続けは国運をかけたギャンブル

イスラエルでは、ほとんどパニック状態で動きを観察していた。シナイの戦備増強の規模と程度は息をのむほどであり、文字通りアラブの全国家が部隊の動員を進めていた。この数週間ネゲブで待機状態にあるヨッシ・ペレド中尉（当時第八四機甲師団所属、後に北部軍司令官）は、ホロコーストの生き残りで、「我々は、イエメンでエジプト軍のガス攻撃を受けた被害者の写真を見たことがある」と前置きし、「我々は個人的にも国家としても抹殺されるのではないか。当時すでにそのように考え始めていた」と述懐する。

ヤリーブ軍情報部長は、エジプト軍の攻撃開始は時間の問題、数時間を残すのみと判断した。ヤリーブはエシュコル首相に「ナセルがまだ待つ必要ありと考える理由は、最早なし」と報告し、「さまざまな徴候からみて、ナセルはすぐに挑発行動をとり始めるでしょう」と述べた。情報部長の指摘する徴候とは、第四師団が引き続き前進中であること、四個旅団がイエメンからシナイへ移動したこと、サウジ軍とイラク軍が動きだし、両軍の部隊がシリアへ入る準備をしていること、アラブの大使館同士で交される通信の傍受によれば、今まさに起きようとする〝不意の炸裂〟に言及されていること等である。ホッド空軍司令官は、イスラエルの基地及び都市に対する、大々的空襲を予想した。一方モサッドのアミット長官は、ネゲブに対するエジプトの占領構想に触れた。一方、イスラエル軍については、〝座して待つ〟待機状態が続いて、士気の急激な低下が指摘された。空挺隊のヨナタン（ヨニ）・ネタニヤフ小隊長はガールフレンド宛の手紙で、何のために待っているのだろう」と綴っている。彼の上官達も全く同じ意見であった。待つことは士気に影響するだけではない。戦闘がないのに部隊維持で毎日二〇〇〇万ドルが出ていく。その間エジプト軍は着々と防備を固めていく。参謀本部は、「毎度の延期は、イスラエルの命がかかったギャンブル」と評した。[★69]

イスラエルは先制攻撃をすべきなのか。実行すべきであれば、どのような方法になるのか。五月二五日夕方首相府で開催された会議のテーマが、これであった。出席者は首相のほか、ヤリーブ軍情報部長、モサッドのアミット長官、リオール首相補佐官、ワイツマン作戦部長、レバビ外務事務次官、ヤコブ・ヘルツォーグ首相府長官。一番注目すべき人物がラビン参謀総長で、三十余時間に及ぶ雲隠れの末に職務に復帰した。出席者のひとりハイム・バーレブ参謀次長の記憶によれば、「彼は――何と言ったらよいか――いつもの彼ではなかった」。「もちろん、ラビンはこれまでの経過、状況の変化について、すべて説明を受けた。しかし本人は弱々しく、いつもの精気がなかった」。まさにその通りで、ラビンは入室するなり、辞任を申し出たのである。首相は、「それは忘れなさい」と一蹴した。後年ラビンは、「エシュコルは心の温かい、聡明な人であった。人間はいかに弱い存在であるのか、おそらくずいぶん前から知っていたのである。私は状況の然らしむるところにより、それに向き合わざるを得なかったのである」と記している。★70

当日は、その弱さが議題になった。ラビンの話ではなくイスラエルの脆弱性についてである。ワシントンは、イスラエルの安全保障について、言を左右して約束しないでいた。物資上の支援なし、口約束もなしである。国防軍がずいぶん前に発注した軍事資材の発送も、遅らせていた。エシュコルは、その話を聞き、四八時間の延期受け入れを決めたことに、後悔し始めた。エシュコルは、エバンの緊急召還に関する提案も聞いた。ジョンソン大統領と会う前に外相を呼び戻すのである。アメリカは事情を察知するであろうから、イスラエルの奇襲攻撃がアメリカにとって〝パールハーバー〟になることはない。イスラエル船の海峡通航案も出た。しかしエシュコルは、いずれの提案も否定した。イスラエルの攻撃を事前通告するようなもので、エジプトが逆手にとって第一撃を加えてくる。一方、予備役の追加動員は認め、クンチラの正面に実体のない幽霊部隊を置くことも了承した。シャズリの部隊を牽制するのが、目的である。しかし、先制攻撃については、決定は先延ばしとなった。

気力を失くしつつある首相は、参謀総長に対したずねた。「一体君は内閣に対して私に何を言わせたいのか」。ラビンは回復とまではいかず、無愛想で、「もう爆発点に達しています。残る問題は、なぜいつまで待たなければならないかだけです。アメリカが、我々に対する攻撃は合衆国に対する攻撃に等しい、と宣言するのに同意するのであれば、それは待つ理由になり得るでしょう。同意がなければ、理由もなしです！」と答えた。

ラビンの意見にほとんどの者がすぐに同意した。ヤリーブ情報部長はイスラエルの情報見積りをアメリカに提供してはどうか、と提案した。一方レバビ事務次官は、アラブ諸国軍の連合攻撃を受けようとしている旨、ジョンソン大統領に説明したらどうか、と言った。これを書簡の形にすれば、三つの意義がある。イスラエルが先制攻撃をした場合、不誠実と非難されることはまぬがれる。拒否されても、イスラエルの行動を肯定する道義的基盤はつくっておける。第三に、もっと精力的な介入をアメリカに促すことが可能である。エシュコルは、これにあとひとつ意義をつけ加えた。エバン外相がイスラエルの手を縛るような約束をしては困るのである。留保したのはただひとり、ヘルツォーグ博士だけであった。アイルランドの前首席ラビの息子で、外交問題では俊英と考えられていた。博士は張りのある声で「合衆国大統領は、皆が望むような宣言を出すことはできない」と注意を促した。議会の制約があるからである。それでも要請されると、博士はエバン宛メッセージの下書きをまとめた。このメッセージをエバンがアメリカの政界指導者達に渡すのである。ラビンが「我々は、行動の前に外交による解決をめざし、そのためにあらゆる努力を払った。後世のためこの点が記録に残されることを望む」と締めくくり、会議は終った。

‡

イスラエルの指導部は、再び待つ道を選んだ。しかし、その選択は、次の内閣防衛委員会会議で、再度反対意見に見舞われた。閣僚達は、ラビンとヤリーブから状況説明を受けた。二人は、国家存亡の淵に立っているわけではないとしたうえで、イスラエルの直面する脅威を繰り返し説明した。しかし、二人は立場の違う反応を受けるのである。

ゾラフ・バルハフティク宗教相は、国家宗教党の同志達と同じように、戦争への動きを一切拒否し、「我々はすでに戦略的奇襲の機会を失っているのであるから、誰が最初に一撃をかけるかは論点がずれている。何がそう重要なのか」と問うた。ザルマン・アラン教育相は、ソ連の〝広大無辺の力〟について警告し、イスラエルの諸都市を粉砕し押し潰す〝鉄と火の壁〟を指摘した。反対の合唱に加わったシャピラ内相は、ベングリオンの国防相就任を要求した。

エシュコル首相はシャピラに向かって「私は、我々を嘘つき呼ばわりした人物と組んで、一緒に戦うようなことはしたくない」と言い始めた時、ニュースがとびこんできた。ミグ21戦闘機四機が高度五万五〇〇〇フィートでディモナ上空を飛行し、写真をとったという。イスラエルの戦闘機がスクランブルをかけ、ホークミサイルも発射されたが、どちらも成功しなかった。

「エジプトの戦闘機がディモナ上空を飛んでいるのに、ここでベングリオンがどうのこうのと議論している場合か！」。エシュコルは声を荒らげ、怒りをあらわにしつつ会議室から出て行った。今度はラビン、ワイツマンと協議するのである。首相は単刀直入に聞いた。「君達は二人共今日の攻撃決行を望んでいる。そう理解していいのか」。

「エジプト軍は攻撃準備を完了。あらゆる徴候がそう指し示しています。我々に選択肢はありません。直ちに攻撃を開始すべきです」と作戦部長は具申した。参謀総長は、ミグ戦闘機が発信した奇妙な信号に言及し、戦略爆撃機宛の信号ではないかと言った。そして、危機的状況ではあるが、外交努力を尽くすべきであるとし、「エバンがジョンソンと会った後まで待ちましょう」と述べた。[★71]

エバンの打診旅行

外部の観察者からみれば、イスラエルの命運を託せる人物は、エバン外相をおいてほかにいないと思われた。ケンブリッジで教育を受け、数多くの言語を巧みに操り、多弁にして雄弁なエバンは、イスラエルの誕生に深くかかわってきた。国連では一九四七年から四九年までユダヤ機関代表部の代表として、さらに、加盟が認められた一九四九年五月以降一九五九年まで、イスラエル代表として活動し、一九五〇年から五九年まで駐米大使としての重責も果たした。エバンは多くの警句を吐き、なかなかの名言もある。例えば、アラブが一九四九年以降国連分割決議を支持するようになったことについて、「両親を殺した後、哀れな孤児におなさけを、と言う子供みたいなもの」と評し、国連緊急軍の消滅は、「煙が出て燃え出すやいなや、現場から消え去る消防隊」と定義し、「はてさて何の役だったのか」と皮肉った。アメリカでは政界の有名人であり、その発言は報道機関によく引用された。アメリカのユダヤ人社会にとって一種の偶像であった。一九五六年に帰国すると選挙に出て当選。間をおかずベングリオン政権で教育相、エシュコル政権では副首相になった。外相としてはまだ一年半にしかならないが、国際外交の場における経験から、畏敬とまではいかなくても、高く評価された。イスラエル国外では、である。

イスラエル国内では、多くの人からみれば、エバンはケープタウンのぶざまなオーブリー・ソロモンの忘れ形見にすぎなかった。くどくて冗長で退屈、イスラエルの生き方やメンタリティから途方もなくずれてしまった人、である。かつてエシュコルは内輪の話で「うまい解決法を示せない。うまいのはスピーチだけだ」と言った。イーデッシュ語で「デルゲランター・ナール」と評したこともある。「博学のバカ」の意である。エバンを中傷する人々は、嘲笑するだけでなく、本人を信用していなかった。彼等は、一九五六年のスエズ危機の際、アメリカと国連の保障を誇張して伝え、政府をミスリードした、と信じている。つまり、シャルム・エルシェイクとガザからの撤退と引き換えに、安全通航を保障するというのであったが、今その約束の頼みの綱になっているわけである。エシュコルを初めマパイ党系閣僚は、党幹事長のゴルダ・メイヤーを芯のもろさが露呈した、と批判家達は非難した。そして国家の命運がかかっている時に、そのエバンが最後の頼みの綱になっているわけである。

――本人が病気でなければ――ワシントンに送りたいと考えていた。[★72]

エバンは、途中寄り道をしてワシントンへ行くことに決め、五月二四日朝パリに到着した。イスラエルは、フランスの態度を非常に憂慮していた。イスラエルが自国の安全保障についてフランス側にその支持の再確認を求めても、ソ連との仲介を依頼しても、ナセルの行動に対する非難を期待しても、フランスからは全くの梨のつぶてで、イスラエルの懸念は強まるばかりであった。軍需品はフランスからまだイスラエル国防軍へ引渡されていたが——フランス政府は気付いていなかったと思われる——フランス外交は、イスラエルと直接対立するコースをとっていた。[★73]

儀礼的な握手の後ド・ゴールはいきなり「戦争はするな」とエバンに指示した。「最初に発砲するなということだ」。エバンは、このぞんざいな口のきき方に驚愕した。年老いてげっそりした表情も驚きであった。エバンは、海峡封鎖はあからさまな戦争行為であり、エジプトが事実上最初の一撃をすでに加えたのである、と主張した。さらにエバンは、一九五七年にイスラエルがシャルム・エルシェイクからの撤退に同意したのは、自由航行に対するフランスの力強い支持があったからである、と述べた。「それは一九五七年の話だ。今は一九六七年ではないか」。ド・ゴールはにべも無かった。

言い方は違っていても、意味することは同じであり、明確なメッセージとしてエバンにつきつけられたのである。それは、フランスは最早この保障を尊重しないということであった。絶頂期の頃ド・ゴールは、植民地の重荷から解放され、フランスの位置付けの転換をはかろうとしているところであった。つまり、西洋と東洋、共産主義と資本主義の結節点へ持っていくのであった。ド・ゴールは、自分が築いたアラブ世界とのかけ橋も誇りであり、「不幸な歴史を持つ小国イスラエルのために、うわべだけの同情をいくらか感じる世論の故に、単にそのために」このかけ橋を傷つけることはしたくなかった。ド・ゴールは、英米ソの首脳と一緒に海峡問題を〝ダーダネルス海峡方式〟で解決するつもりであった。エバンは「彼は、あたかもこれが制度的存在であるかのように語り、私が知らねばならぬ現実であるかのような言い方をした」と述懐した。

エバンはド・ゴールに疑問を呈した。ソ連が四大国提案に協力するのかどうか。期限なしで延々と続く外交活動にイスラエルが待っておられるのかどうか。エバンは慎重な言いまわしのフランス語で「抵抗か降伏の選択をしなければならないのなら、我々は抵抗します。その点の迷いはありません…私は、イスラエルがナセルのつくり出した新しい状況をこのまま受け入れるとは思いません」と言った。★74

会談は始まった時と同じような調子で終った。ド・ゴールはエバンに「戦争はするな」と説諭して話をしめくくったのである。その後、モーリス外相と二人だけになった時、ド・ゴールは、イスラエルはいずれにせよ開戦する、と予言した。記者団に対しては、「イスラエルが攻撃されるならば、我々はその国の潰滅を許さない。しかし先に攻撃するのであれば、我々はその行動を非難する」と語った。大統領のスポークスマンはさらに一歩進めて、イスラエルが先に発砲すれば侵略者のレッテルを貼られてしまう。そうするまでもない。船を一隻チラン海峡に送りこめば済むことだ、と言った。★75

エバンは、ロンドンでは温かく迎えられた。まるで兄弟を歓迎するようで、パリとは大違いであった。ダウニング街一〇番地の首相官邸を訪れたエバンは、ハロルド・ウィルソン首相が吹かす〝あまり香りのよろしくない〟パイプの煙を浴びながら、席についた。エバンの正面に陣取ったのはジョージ・ブラウン外相である。エバンは〝予測不能、表情のない…アラビスト〟を見詰めた。そして、ド・ゴールよりもっとひどい扱いを受けるのではないか、と腹をくくっていたのであるが、全く逆であった。ウィルソンは昔からイスラエルのファンであり、後年イスラエルに関する本を一冊書いている。息子はボランティアとしてキブツで働いていた。ウィルソンは、ナセルの〝たくらみ〟が中東のバランス・オブ・パワーを根本から変えてしまい、ソ連に有利な結果をもたらしているとし、きちんと対応しなければ、〝一九三八年の二の舞い〟になると述べた。さらにウィルソンは、〝国連或いはその枠組の外〟における行動、を通して、海峡封鎖の解除に努力すると約束した。そして、その目的に沿ってジョージ・トンプソン国務相をワシントンに派遣し、秘密協議にあたらせていると語り、これからブラウン外相がモスクワへ行き、ソ連の態度をさぐる予定であると言った。ウィルソンは極めて好意的で、イギリスは一九五七年の約束を堅持するためあらゆる努力を払うとしたうえで、戦車砲弾の引渡しを急ぎ、何なら余剰フリゲート艦レビヤタン号をイスラエルに供与してもよいと言った。

実際のところウィルソンは、イギリスが護送船団方式による国際協調路線で、〝正面に出て先頭をきる〟ことには慎重で、エジプトと衝突も避けたかったのである。首相はアメリカ側に「あくまでも航行の自由を問題にすべきで、陸上の守備位置に焦点をあててはならないと考える」と語っていた。オックスフォードの経済学者であったウィルソンは、自分の財政改革に及ぼすアラブの石油禁輸の影響、を考えていた。それでも奇妙なことに、ウィルソンは、イスラエルが先に発砲すべきではないといった忠告、警告を、一切口にしなかった。この左派労働党員は、かつて「どの犬も一回なら噛んでも許される。しかし、異なる意見は、噛みついてばかりいる犬とみなされる」と言ったそうであるが、戦争問題には沈黙した。[★76]

‡

ロンドン会談はエバンの気分を昂揚させたに違いない。しかし疲労困憊の状態で、一九五七年の保証に関する自分の責任を感じていた（イスラエル国民は保証が切れたことについて私を非難するが、その保証のおかげで一〇年間の安定があったことを評価してくれない、とエバンは考えた）。一番後になったワシントンでの会談に、不安と期待の入りまじった気持で、「アメリカに対して、我々の立場をはっきりさせておかなければならない。すなわちイスラエルは、海峡封鎖に宥和しないことを決定している。アメリカの宣言が、海峡をナセルの手に残す内容であれば、我々がその宣言に満足することはない」と事前にハルマン駐米大使宛打電した。

エバンの着手した任務は、言うはやすく達成は難しであった。ジョンソン大統領は封鎖を公に非難した。しかし、封鎖解除のため一肌脱ぐとは言っていない。さらにエバンにとってもっと大きい不安材料が、有事の際における大統領のイスラエル支持の固さである。アメリカの政府高官達は、ナセルの挑発を甘受する態度を示した。最初は、国連緊急軍をイスラエル側へ移すというウ・タント案を支持し、次には、発砲の前に、開戦理由となる挑発行為が起きたことを、否定した点がある。さらにアメリカは、いついかなる場合もイスラエルの〝単独行為〟を許さぬと言った。★77

しかし、アメリカの無関心をかき乱して目覚めさせるには、単独行動の脅しをかけるのが一番効果的と思われた。アメリカのバーバー大使は、イスラエルの外務省から、エジプト軍のシナイ展開に関してブリーフィングを受け、進んだ段階にあるという最新情報を聞いた時、「それはすなわち、イスラエルが銃をとるということか」とたずねると、「我々がお伝えできる権限を与えられているのは、これだけです」と素っ気ない返事がかえってきた。一方アメリカにいるイスラエルの外交官達は、大車輪でロビー活動を続けていた。両院の議員、民主党活動家そして大統領の個人的友人にも接触した活動であった。ハルマン大使は、ペンシルバニア州のゲティスバーグへ急行し、ドワイト・アイゼンハワーの許を訪れた。本人とダレス国務長官がイスラエルに与えた一九五七年の公約を、公にして欲しいと求めたのである。年老いた元大統領は同意し、「私は、イスラエルが孤立することはないと信じる」と言った。

いずれもホワイトハウスを動かしたとは思えない。イスラエル側に伝えられたところによると、ジョンソンはベトナム問題で頭が痛いうえに、議会の制約もあり、イスラエルに圧力をかけられ憤慨しているという。ロストウは、イスラエルのエブロン公使に「平和的手段を追究し、万策尽きた後でなければ、イスラエルの一方的行動は正当化できない」と述べ、「そのような正当化は、アメリカ国民と国際社会の前でしっかり説明されなければならない」と強調した。さらに、中東でジョンソンがどのような手段をとろうとも、それは国連の討議と憲法の精査の対象となるというのである。★78

五月二五日木曜日朝、エバンはニューヨークのケネディ空港に到着した。彼を迎えたのは、このような雰囲気のアメリカであった。幸先のよい明るい話がありはした。エバンを出迎えたエブロン駐米公使とラファエル国連大使は、議員八七名がジョンソンにイスラエル支持を求めた、と伝えた。英米の護送船団構想も進捗しているという話であった。しかし明るい話は、すぐに陰りが生じた。宿泊ホテルで、ハルマン大使がエバンにメッセージを伝えた。後にエバンは、我が人生で最もひどいショックのひとつであった、と述懐した。ショッキングなメッセージはエシュコルの署名入り訓電で、攻撃が迫っていると警告。「アラブ側が大規模攻撃を計画中」という文言で始まり、「問題は最早チラン海峡ではない。イスラエルの存在そのものが危機に瀕している」とし、エジプト軍六個師団がシナイに展開し、ミサイル艇隊がアカバ湾に進出したと伝えていた。イエメンからエジプト軍の機甲数個旅団が移動しており、シリアとイラクは出撃態勢をととのえているとしたうえで、「西側の態度の後退がアラブを勇気づけ、時々刻々と彼等の欲望を肥大させている。爆発寸前の状況を回避するため、大統領がどの具体的対策を——繰り返すがどの具体的対策をとるのか、貴殿は大統領にせまり、確認しなければならない」と指示していた。

エバンは顔面蒼白となった。ナセルが開戦の決意を固めたとは思えないし、それができるはずがない。そう確信するエバンの目には、イスラエル側がエジプトの脅威を誇張し、自国の脆弱性を誇示しているように見えた。目的はただひとつ、できもしない約束を大統領からとりつけるためであり、電文を読んだエバンは「途方もない無責任…常軌を逸した行動…」と感想を洩らした。この電文は「思慮、正確度そして戦術上の理解に欠ける。全然正しくない」のである。エバンは、ラビン崇拝にはほど遠く、米イ関係にみられる複雑な面を知らぬ、アマチュア的干渉に腹が立った。後に彼は、この要求が精神状態の危ない参謀総長から出た、と書く。それでもエバンは、新しい指示を受け入れ、アメリカ側との最初の会談を二時間早めて、午後三時三〇分に設定して欲しいと言った。★79

エバンは、まず国務省関係者と会い、次にペンタゴンへ行き、最後にホワイトハウスを訪れた。イギリスのウィルソン首相は、エバンとの話し合いで受けた印象をジョンソンに伝え、イスラエルに対する具体的な安全保障の確約がなければ、この国が開戦するのはほぼ間違いない、と警告していた。テルアヴィヴにいるアメリカのウォリー・バーバー大使も、ウィルソンの判断と全く同じであり、「イスラエルの一方的行動が数時間で始まるかどうかは、歴史が明らかにするであろうが、先日には時間の問題であった。現在のところ、これは本職の希望的観測であるかもしれないが、結論が数日間先延ばしになっている、と思われる」と本省に報告した。

ウィルソンとバーバーは、この後どうなるかは知っていた。日曜日（五月二八日）の閣議で、エバンが一連の会談内容について報告する。そしてその席で先制攻撃の有無が判断される。バーバー大使が「特定の行動について実質的な支援ではなく、同情の言葉を受けるなら、一体どうなります」とたずねると、質問された外務省のモシェ・ビタン北米局長は、「これで一巻の終りということですな」と答えた。[★80]

暗礁にのりあげるレガッタ構想

今回のように政府全体が油断して、国際危機に後手後手になったケースは、アメリカの外交政策史上稀である。エジプト軍部隊がシナイに進出した日、ホワイトハウスはハンフリー副大統領のカイロ派遣を考えていた。多くのほころびが生じた米エ関係の修復が、目的である。パレスチナ問題でナセルが柔軟な姿勢を引き続きとっていたので、修復任務は成功するとの期待があった。五月一五日、アメリカの国家安全保障局の中東専門家ハロルド・ソーンダズは、「今イスラエルを責める時ではないという冷徹な計算が働いているのは、アラブ世界ではここ以外にない」と分析し、問題の兆しがあるとすれば、それはシリアに端を発するものであり、特にシリアのパレスチナテロ支援に起因すると書いた。ソーンダズの考える解決法は〝シリアに対する（イスラエル国防軍の）短期急襲〟で、イスラエル側に「必要なことはやりたまえ。しかし、迅速かつ限定的行動に徹せよ」と忠言した。この提言は、国家安全保障担当大統領補佐官ウォルト・ロストウらが受け入れ、ロストウはこれを覚書にして、「我々は、エシュコルが（パレスチナ人の）襲撃を阻止しなければならぬ差し迫った状態にある点に同情し、（シリアに対する）限定攻撃が唯一の対応法であることを、不承不承認める」と大統領に伝えた。アメリカの政府高官達は、エジプトのシナイ再武装化を知らされた時、最初は象徴的行為として一蹴し、シリアが策略を弄して戦争にひきずりこもうとしても、ナセルはそれに乗らない、と考えた。★81

その次に来たのが、国連緊急軍の消滅、そしてアメリカのゴールドバーグ国連大使の表現を借りれば、ナセルに対するウ・タントの気骨なき弱腰姿勢である。アメリカの対中東政策は、突如として無頓着な対応を根こそぎにされ、緊急モードへつき落とされた。そして中東統制班（ミドルイースト・コントロールグループ）が、急処設置された。M・バンディ、W・A・ハリマンといった外交問題の専門家をはじめ、国務、国防、国家安全保障局、CIAから代表を集め、ユージン・ロストウ国務次官が班長になった。ウォルト・ロストウが手直しした方針によると、目的はアメリカが一切の義務を負うことなく、a―イスラエル壊滅の防止、b―侵犯阻止、c―ウ・タントを外して根性を叩き直す、の三つである。

ジョンソン大統領は、突如として親書を送り始める。宛先はナセルそしてアタシの両大統領で、抑制を求めた。コスイギンには、アラブに対して影響力を行使するように求め、「この地域諸国に対し貴国及び我国はそれぞれに結びつきを有し、その結びつきが我々双方を望みもしない困難の中へつき落とす可能性がある」と警告した。英仏には、三国宣言に〝新しい生命を吹きこむ〟可能性と、西側艦艇の東地中海水域集結構想を打診した。エジプトによる毒ガス使用についても、質問が発せられた。★82

しかし、最も急を要する問題はイスラエルであり、イスラエル側指導者の対応次第であった。この国については、危機時にアメリカが一番強い影響力をもっていたが、ジョンソン政権の高官達からみれば、予測困難の状況をつくりだしかねない国であった。エジプトの本格的攻撃を招かないで、シリアの支援するテロに報復できれば話は別であるが、それができないと判断すれば、まずシナイに先制攻撃を加える恐れがある。そうなれば、アラブ世界におけるアメリカの立場が打撃を受ける。悪くすればソ連の介入を招き、グローバルな戦争の可能性も出てくる。国務省は、イスラエル側の意向をナセルに伝えて欲しいと求められ、これを拒否した。イスラエルが実際に攻撃する事態になれば、アメリカは衝突の共犯者とみなされる。拒否した高官達はこのように考えた。

ウォルト・ロストウによると、破局を避ける決め手は、エシュコルを説得することにある。〝この導火線に火をつけない〟と納得させるのである。相手から第一撃を加えられる、それから反撃する方がよい。そうすれば、ソ連は正義をふりかざして介入する道義的理由を失う。相手に先制されると、そうでない場合よりも被害が大きいであろうが、結局はイスラエルが勝つと、アメリカの情報機関は読んでいた。このような道筋を踏まえて、ワシントンは兵器の売却と経済援助で時間稼ぎをしながら、イスラエルの対応を遅らせる方法の発見に努めた。しかるに、この一時しのぎは、五月二二日に無効となる。ナセルが海峡を封鎖した日である。[★83]

ワシントンは、海峡封鎖をAFP通信で初めて知った。今回も不意をつかれたのである。ジョンソンは、ナセルとエシュコル宛の親書をまとめたばかりで、更なる抑制の必要を強調していたのである。急遽国家安全保障会議（NSC）が招集されたが、集まった補佐官達は、ソ連が事前にどの程度ナセルの動きを知っていたのか、皆目見当がつかず、ナセルの動機についてすらもわからないのであった。ルシアス・バトル前カイロ大使は、「彼（ナセル）は、我々が知っている以上にソ連の支援を受けているのか、あるいは少し精神に異常をきたしているのか。どちらかである」と言った。ペンタゴンの高官達は、軍事力による封鎖解除について、第六艦隊の能力を疑問視した。上陸用兵力（海兵隊）と対潜部隊を欠くからである。一方ラスク国務長官は、アメリカの一方的行動には上院の強い反対がある、と報告した。会議開催と同時に、ホワイトハウスと国務省の文書保管庫をひっかきまわす騒ぎが起きた。ゴルダ・メイヤーに対するダレス長官の公約など、アメリカ側がイスラエルと交わした公約文書を探したのであるが、出てきたのはわずかであった。アメリカ政府がとった具体的対策は文字通りただひとつ、テルアヴィヴ、カイロ及びダマスカスの大使館から基幹要員以外のスタッフ全員に対する、避難命令だけである。[★84]

フランスの場合と同じように、アメリカの一九六七年は一九五七年ではなかった。米軍はベトナムの泥濘に足をとられ、国内では大学のキャンパスや都市スラム街が燃え、騒然とした空気であった。アメリカに別の海外戦争の危険を冒す余裕はない。そこから導かれる答は自ずと明らかで、封鎖を解除し通航の権利を回復することによって、イスラエルの先制攻撃を先に制する方法しかない。しかし問題はその方法である。フランスは三国共同行動に反対し、アメリカは四大国サミットには抵抗感がある。この種サミットは、ソ連の演台となり、プロパガンダの場と化すだけである。国連安保理は行き詰まり、死に体である。それでも、この打つ手なしの中から、ひとつの案が出てきた。国際護送船団構想である。

これは別に目新しい案ではなかった。スエズ危機時イスラエルが、運河の権利回復の一手段として打上げたが、ダレスが撃ち落として沙汰やみになった経緯がある。ところが、イギリスから特使として訪米したジョージ・トンプソンが、五月二四日にワシントンで提案し、アメリカはこれに飛びついた。

これには段取りがあって、まず海運諸国が海峡の自由航行権を宣言する。エジプトがこの宣言を拒否すれば、護衛隊に守られて国際貨物船団がエイラート向けに航行する。護衛するのは、米海軍第六艦隊の駆逐艦と英海軍の空母「ハーミーズ」及び同「ビクトリアス」で編成された艦隊である。この〝探り〟の嚮導艦隊は、エジプトが船団を阻止しようとすれば、直ちに撃退する。必要ならば、地中海とインド洋の〝掩護〟艦隊に増援を求める。さらに英米両空軍の爆撃機がエジプトの飛行場、基地その他の戦略目標を爆撃し、ソ連の介入を牽制する。イスラエルが船団に加入してもよいが、イスラエルが何か得することがあっても、それは〝たまたま〟のことである。問題はイスラエルの権利ではなく、あくまでも自由航行権であるからである。

ユージン・ロストウによると、発進命令を出す前の準備に二週間を要し、大統領が承認する。コード名を「紅

海レガッタ作戦」と称した。単にレガッタともいう。[★85]

このレガッタに対する当初の反応は、前向きであった。五月二五日、ジョンソンはモントリオール万博の視察という名目でカナダを短時間訪れ、ピアソン首相と会談した。ピアソンは国連緊急軍構想の生みの親で、ジョンソンは「マイクはグループに加わる用意がある」とウィルソンに伝え、「この方式でイスラエル人は落ち着く」と付記した。ウィルソンも同じように楽観的で、「無能の国連で延々と話を続けていくより、世界平和の方が重要である。私は、このようにまっとうな洞察力を有し、平和維持組に加わる勇気を持つ国は多々ある、と確信する…フランスですら賛成するかもわからない」と応じた。

内密ではあるが、ファイサル国王の息子ムハンマド王子、前アラブ連盟事務局長の息子ウマル・アッザムは、ＣＩＡの極秘会談で支持を表明し、この船団方式が穏健派アラブ諸国を救う唯一の方法である、と述べた。穏健派諸国の首脳は、表向きナセルに対してリップサービスをするであろうが、打倒とまでは言わぬまでも、ナセルを押さえる国際努力を、内心では歓迎している、と二人は述べた。

ところが、構想浮上から四八時間もしない内に、計画は挫折する。西ヨーロッパ諸国に対する打診段階で、反応が極めて鈍かったのである。戦争にまきこまれぬまでも、アラブからの石油供給に支障をきたす、というのである。イラン国王は、イスラエルとの通商関係にスポットライトがあたるのを嫌った。船主達は、所有船を危険にさらしたくかった。ワシントン自体、国務省とペンタゴン内で、前に躍り出てレガッタを嚮導する、お先棒かつぎの知恵を疑問視する空気があった。アラブ世界を敵にまわす恐れがあり、戦時下のアメリカにとって兵站支援が重すぎるというのである。実施の前提となる議会の承認も、見通しが暗かった。

以上のような事情は、何ひとつイスラエルに知らされなかった。それどころか、イスラエル代表との討議でホワイトハウスの高官達は、終始一貫してレガッタ計画の準備進捗を吹聴し、参加意図を表明した国の数や、合衆国政府の貫徹意志の固さを、自慢していた。イスラエル側はこの楽観的見通しを、少なくとも初期段階では額面通りに受けとめた。ハルマン大使は「アメリカが必ず実施すると約束するのなら、実施の時期は二次的問題」とロストウに言った。[★86] しかし、エバンがエシュコルから受けた電報は、タイミングや成功率にかかわりなく、レガッタが急速に意味を失いつつあることを示唆していた。状況は、航行の自由がたとえ回復されても、イスラエルの生存を保証できないところまできていた。

‡

ディーン・ラスク国務長官は、中東政治に不案内の人ではなかった。一九四七―八年には、国務省国連デスクのチーフとして、イスラエル建国をめぐる疾風怒濤の状況に直接かかわったが、ラスク自身はこの建国に反対で、ユダヤ人とアラブ人を主体にする、多民族国家の建設を支持した。その後、ロックフェラー財団の会長として、相互承認とエルサレムの機能的分割をベースとした和平案をいくつか提案したが、アラブによってことごとく拒否された、その経験から、「中東和平のために努力する者は、必ず双方から棍棒で殴られる」という結論に到達するのである。この人物は、地方の貧乏家族から身をおこし、ローズ奨学生となり、第二次世界大戦では中国で功績があった。そして二人の大統領のもとで国務長官を務めるのであるが、先の結論でひるんだわけではない。当時五八歳のラスクは、堅苦しい印象を与えたが、茶目っ気もあった。任期中、ベルリン問題、キューバ危機、トンキン湾事件と大危機に見舞われるなか、アメリカ外交の舵とりをしたのが本人で、成功の度合はまちまちであった。今回中東で火の手があがると、多国間協議、非介入そして慎重な対応を三原則とし、その方針を貫こうと決意した。

ラスクにとってエバンは初対面の人ではない。エバンはラスクを「イスラエルの建国で、強烈な熱情をかきたてられたアメリカ人」の数のなかに入れなかったが、二人は現実感覚では波長が合っていた。前回会ったのは一九六六年一〇月、場所はニューヨークのウォルドーフ・アストリア・ホテルだったが、その時は国際問題を概観する内容で、話題もベトナム戦争から南アフリカ情勢、あるいはド・ゴールの誇大妄想からウ・

タントの無能ぶりまで、多岐にわたった（ラスクはド・ゴールを評して「我々が扱っているのは、〈小さいロネーヌ王国の〉ロネーヌ十字架ではなく、一九四〇年の〈ビシー政権の〉ペタン精神」である」と言い、返す刀でウ・タントを冗談めかして〝図抜け一番〟と評した）。会話は当意即妙の応酬で、次のように滑稽なものもある。

ラスク――カンボジアにお国の代表はいますか。
エバン――来月派遣の予定です。
ラスク――私が言えるのは、丈夫な精神科医を送れです。これにつきますな。
エバン――大丈夫です。なにしろキブツ出身ですから。
ラスク――お国の国際収支はいかがです。
エバン――六億ドルほどの黒字ですね。
ラスク――少しばかり貸してくれませんか。[★87]

しかしながら、五月二五日木曜の会談にはユーモアの気など全くみられなかった。今回はフォギー・ボトム（国務省）での真剣勝負である。外相は今度の訪問を〝国運を賭けた〟任務であり、イスラエルの空気を〝終末論的ムード〟と定義した。外相は、危機勃発以来「現実はいつも予想より厳しく」、今のように、「降伏か行動かの問題になってくると、あまり悠長にしておられない」と述べた。自分が固い保障を手にして戻るか、それともイスラエルが孤立感を味うのか。ラスクの目には、言葉と裏腹に至極〝のんびりしている〟ように映った。表情からは差し迫まった状況は窺えないのであるが、エバンはエルサレムからのメッセージを引用し、「エジプト・シリアの総攻撃が今まさに始まろうとしている。いつ始まってもおかしくない」と言ったが、しかし要請を字義通りに受けとめる必要はない、とつけ加えた。必要なのは、エジプトに対する〝警告と制止〟を表明したアメリカの声明であるという。

警告はラスクにとって新しいニュースではなかった。バーバー大使が、イスラエルの外務省から同じ話を聞き、今朝報告してきたのである。大使は、「イスラエルの懸念は彼等にとって純粋なものであると確信する」と述べ、当該情報は「大部分が情報機関の懸命な努力の結果である」と報告した。国務長官は、自分と客人のために飲物をつくり、一杯やりながらエバンに、メッセージの全文をゆっくり読み上げてくれと頼み、「少し時間をくれないか。ワシントンが情報の確度を精査する」と言った。

エバンが待っている間、アメリカの情報機関が、エバンの警告を〝ごしごしそぎ落とし〟た。その結論はイスラエルの判断と違い、エジプト軍は防御態勢のままで、攻撃準備の徴候はないとし、イギリスの情報機関と国連も確認しているという。さらにカイロのノルテ大使は、イスラエルの警告は自国の攻撃開始の煙幕にすぎない、と考えていた。ラスクは前よりもよそよそしくなり、CIAのリチャード・ヘルムズ長官に「もし、これが間違っているのなら、その時は、フィオレロ・ラ・ガーディア（ニューヨーク市長。一九三四―四五）の言葉を借りれば、〝御見事〟ということになる」と言った。

次回の会談で、ラスクはエバンに「今の段階で侵攻するなら、ナセルは理屈のわからぬ〝無分別〟男ということになる」と言った。イスラエルに対する保障については、合衆国政府は、議会の承認がなければ、「あなたに対する攻撃は我々に対する攻撃に等しい」といったNATO式の表現は使えない、と告げた。さらにラスクは、議員四一名が海峡におけるアメリカの一方的軍事行動に反対していると述べ、ほかに多くの議員が、ベトナムで戦争しながら中東で軍事介入をする余裕はないとして、軍事的公約に反対しているとも言った。したがってイスラエルは国連を信じ、イギリスの船団方式を頼りにすべきではないか。国連軍をイスラエル側に駐留させる案も、再検討すべきではないかと国務長官は示唆した。そして長官は、要すればイスラエルは戦争をしてはならぬ、これが一番肝腎な点であるとクギを刺し、「あなたの情報が、イスラエルの計画的先制攻撃の事前通告、とは考えたくない。先制攻撃は恐ろしい誤まりである」と説いた。
その後会話は漠然とした空気のなかで続いた。エバンは、国際提言と〝協調〟するイスラエルの意欲を語り、ホワイトハウスが「我々は海峡を開く」という文言を入れたエシュコル宛の親書を出すよう、熱心に勧めた。一方ラスクは、イスラエルがテルアヴィヴのアメリカ大使館と距離をおいているのはいかがなものか、と懸念の気持を表明し、もっとオープンな情報交換が望ましいと言った。それでおしまいである。保障なし、公約なし、公然あるいは内密の約束は一切なしで会談は終った。エバンは慌てず、ラスクがエシュコルの警告の裏を読んでいると感じ、まだジョンソン大統領との本番の話し合いが残っている、正念場はこれからだ、と考えていた。エバンは「アメリカが夕食会でカクテルと第一コースの間に、こみいった新しい軍事同盟を決めるとは判断しなかった」と気軽に考えた。★88
夕食会は、その夜国務省の最上階で催された。ホスト役はユージン・ロストウ国務次官である。弟のロストウ国家安全保障担当補佐官は、すっかりアメリカの主流社会に同化していたが、兄の次官の方はユダヤ人としての出自に愛着を抱き、私的な会話では、気のきいたイーディシュ語の表現を添えて、話を盛りあげた。イスラエルに対する温かい気持は顔に出た。しかしそれでも、冒頭の挨拶で次官は、ラスク長官が前に表明した内容を繰り返しただけであった。大統領は議会の承認がなければ、イスラエルの安全を保障できない。その承認は、現在の状況下では極めて難しい。したがってイスラエルは、海峡問題に関する国連の見直し作業とその後に続く海洋宣言と護送船団航行という一連の流れに、希望を託すべきである云々。
これに対してエバンは、イスラエルに対するダレスの公約（一九五七年）をかいつまんで紹介し、国連討論は速やかに——せいぜい四日間——結論を出すべきである、と強調した。さもなければ、封鎖は現実の一部として常態化してしまい、イスラエル国民は、公海の自由航行を保障する船団構想に不信感を抱くようになる、とエバンは言った。このような双方の強調点を別にすれば、米イ間の立場には大きい溝があるようには見えなかった。

エバンの補佐役モシェ・ラビブは「我々はワインを飲みながら、状況を分析した。冷静で、事務的な処理をするような淡々とした態度が印象的であった」と述懐する。外相は「興奮することなし…真摯で穏やかにワシントンの政策を検討し、エジプトに関する（アメリカの）諜報が間違っていなければ、この政策が平和をつかむ一番良い方法である、と評価した」のである。さらに外相は、もちろん大統領がエシュコルの期待する保障をだせないことはわかっているとし、「私がテルアヴィヴにいたのなら、メッセージの文面はこのようにならなかったはずである」と言った。ロストウが書いているところによると、いずれにせよアメリカはカイロの大使館に〝慎重な覚書〟を送ると告げられると、エバンは「彼等（イスラエル）の要請に対するこの措置に、この上なく満足しているようであった[★89]」。

‡

エバンは、エシュコルの親書にパニック的空気を察知し、淡々たる態度をもってそれをやわらげようと努めるあまり、うかつにもワシントン自体が抱く緊急感を、ゆるめてしまった。ロストウ次官はイギリスのパトリック・ディーン駐米大使に、「明日にでも攻撃すると言いに来たと思いきや、彼等は、提案中の船団構想について単に確認に来ただけであった」と伝えている。ラスク国務長官は、大統領がエバンと会う前に、考慮しておくべき要点として、アメリカはイスラエルを〝束縛〟する立場にはない。イスラエルが独力で何とかやっていくのを見守るか、或いは〝公約を避けつつ船団構想に積極的立場をとるか〟であるが、自分としては後者をすすめる」と勧告した。後者であればイスラエルの先制攻撃を遅らせることができる。時間稼ぎをしている間に、国連は国連で討議をすすめることができる。アメリカとしては、国連緊急軍のイスラエル領内駐留などの代替案を考えることができる。イスラエルが求める公の安全保障について、エバンは大統領との会談で強く要求するとは思われない、とロストウは書いた[★90]。

イスラエル人のもっと率直な気持は、ハルマン大使が代弁していると思われる。大使もこの夕食会に出席し、怒りに身をふるわせながら退席したのである。オックスフォード出身の弁護士で、一九五九年以来駐米大使の任にあるハルマンは、エルサレムに怒りの電報を送り、イスラエルに〝売り物にならない商品〟を押しつけ、誠実な行動をしていないとし、アメリカ政府を次のように非難した。

この一二日間アメリカは、それなりの責任をもって、我々が自分の権利と安全を守ることを牽制してきた…彼等（アメリカ人）は、我々の問題に関わり我々の立場に立って支援するとの印象を与えながら、我々を押さえつけた。彼等は、我々がその死活的権益を守るため、結局は戦わざるを得ないことを知っている…しかし、彼等の介入の安請合いの結果、今や我々は全く違った軍事環境のもとで戦わざるを得ない…今夕彼等がエバンに語ったことは、明確さと具体性に欠け、拘束力のある具体的行動予定がなく、とりわけアカバに関してアメリカが責任をもって行動するとの公約が、全く含まれていない。

この電報は地震が直撃したようにエルサレムを揺るがした。ジョンソン大統領が、いかなるレベルでも、実行を伴う言質をイスラエルに与えたくないのであれば、エバンが委任事項を遂行しなかったのは明らかである。これは、外相にも解釈のしようがない表現に言い直され、直ちに返電された。

イスラエルは、エジプト及びシリアによる総攻撃の重大危機に直面しているのである。この状況において、アメリカから——宣言と行動の両面で——約束をとりつけるのが最重要課題である。直ちに、繰り返す、直ちに、イスラエルに対する攻撃はアメリカに対する攻撃に等しいとする合衆国政府の宣言を、とりつけよ。本宣言の具体的表現とは、イスラエル国防軍と協同作戦を実施する旨の、地域所在米軍部隊宛命令、を意味する。アメリカの返事がいかなる内容であっても、本国政府に伝えるとだけ回答せよ。状況の重大性に鑑み、一刻の猶予なく直ちに最高首脳に届けられたい。大統領不在の場合は、ラスク国務長官に渡されたし…本電報に関わる件は極秘事項である。いかなる場合でも本件について当方への電話連絡は絶対に避けること。★91

この指示からにじみ出ている強烈な不快感と不信感は、エバンのところでぼかされてはならないのである。かっとなったエバンはエルサレムに電報を送り、エジプトの攻撃準備なるものの詳細を要求した。しかし彼は、自分の政府の対応に面くらったが、さらにアメリカ人に対して苛立ちを強めた。ラスク国務長官から連絡がきて、大統領との会談延期を求められた時——大統領は、届いたばかりのウ・タント－ナセル会談に関する報告を読む時間が欲しいとのことであった——エバンは気色ばんで、自分の帰国が遅れることは、意志決定過程に〝はかり知れない心理的打撃〟を与えると警告し、「日曜日開催の閣議は、イスラエルの歴史上…おそらく最も重大な会議になる」のは間違いなく、「率直に申し上げるが、来週には戦争になっていると思う。封鎖行為を放置しておくわけにはいかない。はねかえさなければなりません。現段階で展望を変え得る方法がほかにあるのか、甚だ疑問である。効果があると思われるのはただひとつ。貴国の大統領が、海峡は必ず解放するという不退転の決意を示されることです」と言った。ラスク長官は〝明らかに狼狽した様子〟で、「わかった」とだけ言って電話を切った。

しかるにエバンは、その後会ったロバート・マクナマラ国防長官、統合参謀本部議長E・G・ホイーラー大将に対し、再び政府の指示をぼかして伝え、重要なことではないように話した。「私は、大統領にこの〝構想〟を伝える役目は果たした。私は陰鬱なヒポコンデリー的無駄話にこれ以上時間を費やす必要はないと思った」。そのように思うエバンは、イスラエルが直面する重大な危機を強調する代わりに、ホイーラーとマクナマラの解説を拝聴するだけであった。イスラエルは、三正面で同時に攻撃を受けても、イスラエル国防軍は二週間で勝つ。先制攻撃なら一週間でケリをつけられる。練度、士気、意志疎通のいずれをとっても、イスラエルは相手側より格段にすぐれているから、恐れる必要は全くないと二人は言った。そして、イスラエルの情報機関がエジプトの攻撃計画をつかんでいるというのなら、その情報源を明らかにした方がよい。そうしないと、先制攻撃の大義名分がたたないと、クギをさした。[★92]

‡

アメリカ側は、当惑した。当惑するのも無理はない。イスラエル政府が戦争の予報を出しているのに、アメリカ、イギリスそして国連は、その情報をつかんでいなかった。エジプト軍の配置は変わっていないのである。当のエバンすら、その予報を否定しているようにみえた。ホワイトハウスは賭けに出たくなかった。

‡

エジプトのムスタファ・カメル駐米大使が、最後の御奉公で、ウォルト・ロストウの許を訪れた。二人は親しみのこもった挨拶を交わしたが、はりつめた空気があった。国家安全保障担当補佐官は、エジプトが発信するプロパガンダにうんざりしていた。特に、ＣＩＡ・モサッドの謀略なるものには、うんざりなのである。ダマスカスのバース党政権を打倒し、国連緊急軍をシリア領内に入れる企みがあるというのである。ロストウは、「あなた方の相手は、エジプトとシリアによる奇襲攻撃が近い、と信じていますが」とエジプト大使に言った。「考えられないことはわかっています。アラブ連合共和国がそんなに無鉄砲とは、とても思えません。そのようなコースが最悪の結果を招くのは、火を見るよりも明らかでありますから」。ロストウは、自分の言葉を〝フレンドリー〟なオブラートに包み、イスラエルも同じように警告を受けたと言って、警告をやわらげて伝えようとした、カメル大使は噂を否定し、アメリカ国籍者の疎開がそのような噂を生んだのであろうと言い、イスラエルの戦争計画に関するエジプトの報道を引用し、「ナセルは国連に全面的に協力

する」と約束した。★93

その夜ホワイトハウスは、予防措置の一環として、イスラエルの発する警報要旨をモスクワに伝えた。ジョンソン大統領は、ソ連側指導者に警報を検証できないと率直に認め、エジプト側に確認を急ぎ、作戦行動に類するものは阻止されることを期待する旨、要望した。これで、戦争を是認しないとするアメリカの意志は、エジプトとソ連に伝わった。しかし問題はイスラエルである。真意が奈辺にあるのかわからない。エルサレムから発せられる緊急性を帯びた深刻なメッセージは、エバンの説明と整合性がない。戦争突入と外交交渉の用意。どちらが真実に近いのであろうか。その解読作業と、アメリカが今後とるべき厳しい針路決定は、エバンが最後に会う人物の肩にかかってきた。

‡

この人物ほど評価が分かれる人は珍しい。まるで二人の人間を見るようである。側近中の側近であるリチャード・ヘルムズのような人々からみると、彼は「この人のためなら一肌ぬぎたいと思う立派な人、約束を守る人…人間の苦しみを心から理解する人」である。ウォルト・ロストウは「敗残者を思いやる人であった」と述懐する。兄のユージンの評価は「とてつもなく心の温かい、素晴らしい人」であり、その温かい心と思いやりの気持は、公民権擁護、貧困撲滅戦争、そして大規模な社会福祉をめざす「偉大な社会」計画のヴィジョンに、表明されているという。しかし、ほかの人々の評価からは、全く違った人物像が浮かびあがってくる。平気で恥知らずなことをやる、権力欲にとりつかれた男、権謀術策の人である。この欠点に加えて、ベトナムの泥沼に足をとられた悲劇もあって、ひどい評伝を書いた人は、ひとりだけではない。良心の呵責を感じない、いかがわしいナルシスト。「道義心や倫理観をなぎ倒すほどの激しい飢餓感につき動かされた暴君」と散々の評価である。★94

この二重人格性は、ユダヤ人とイスラエル国に対しても表れた。民主党では、ユダヤ人活動家達と極めて緊密な関係を持っていた。特にハリウッドの大物プロデューサーで党の財務委員長であるアーサー・クリム。イスラエル出身の妻のマチルダも熱心な支持者であった。ユダヤ人社会との連絡には、実業家のエイブ・ファインベルグがインフォーマルな形でかかわっていた。テキサスのヒルカンツリー出身には珍しく、ジョンソンはユダヤ人を多数起用した。ロストウ兄弟のほか、スピーチライターにベン・ワッテンベルグ、国内問題担当補佐官にラリー・レビンソン、国連大使に連邦最高裁判事のアーサー・ゴールドバーグ、エイブ・フォータスを最高裁陪席判事に任命した。ホワイトハウスの法律顧問ハリー・C・マクファーソンは堂々とイスラエルに味方した。大統領顧問のジョン・P・ロッチも然りで、かつて「自分はイスラエル人をテキサス男として見ているが、ナセルはサンタ・アナの男にすぎない」と言ったことがある。ジョンソンは一九六〇年の選挙で、副大統領候補としてケネディと組んだが、スエズ危機に対するアイゼンハワーの政策に批判的で、対外援助についてはイスラエルに対する大々的援助を提唱したのが、ユダヤ票の獲得となり、これが選出につながったといわれた。

そして、浮上したのがベトナムの問題であり、反戦運動の高まりであった。反戦運動では人口に比して不釣合いなほど、ユダヤ人達が大きい役割を果たしていた。一九六七年に実施された世論調査によると、アメリカのユダヤ人の約半数は、ジョンソンのベトナム政策に反対であった。その頃よく目についたのが、「戦争反対にユダヤ人である必要はない」というキャンペーンバッジである。ファインベルグが、アメリカのサイゴン死守はイスラエルを見捨てないという証明になる、と言うと、ジョンソンは「では聞くが、アメリカのユダヤ人達はなぜそれを信じない！」と叫んだ。ジョンソンの目には、アメリカのユダヤ人達は恩知らずのように映った。自分がイスラエルを擁護しているのに、敵すなわちパレスチナ・ゲリラと兄弟分のようなベトコンに対する戦争を支持せず、偽善的態度をとっている、とジョンソンは考えた。彼の怒りは、イスラエルにも向けられた。イスラエルは、戦争支持の表明を拒否し、大統領のアジア政策を支持するよう、アメリカのイスラエル派に呼びかけることもしない。その一方でイスラエルはその報復政策にアメリカの理解を求め、アメリカの要求するディモナの査察に応じない。これでは一方交通ではないか」ジョンソンの恨みはつのるばかりで、「イスラエルは与えるよりもらうばかりだ」とファインベルグに文句を言ったことがある。[★95]

それでもジョンソンは親イスラエルでぶれることはなく、かつてエバンに「本当の意味で友人」と言った。石油企業との関係が深かったとはいえ、アラブ諸国の機嫌をとるようなことは、一度もなかった。イスラエルに対する一括援助は、国務省とペンタゴンの反対を押しきって、自ら進んで承認した。[★96]

イスラエルに対するこのアンビバレントな態度――憤懣と賛美――は、大統領執務室における会談（五月二六日、金曜）でも顕著であった。ジョンソンはイギリスのウィルソン首相に「会わなければならないと思うので、エバンには会う予定」と書き送っている。執務室の机には、イスラエルに対するこれまでの大統領の公約ファイルが、置いてあった。国務省が、エブロン公使の協力でやっと集めたのである。アイゼンハワー元大統領の供述書も添えられていた。一九五七年の公約に関する証言で、ウォルト・ロストウがゲティスバーグまで行って、とってきたのである。この公約がジョンソンの肩に重くのしかかった。イスラエルの迅速な勝利を予測した情報見積りもそうである。ベトナムにおけるアメリカの軍事能力について、前に同じような見積りを見ていたのである。ジョンソンは、イスラエルの壊滅があってはならぬと考えていたが、その一方で、アメリカのユダヤ人団体に〝こづきまわされ〟て、うんざりしていた。ホワイトハウスに電報を山のように送り、代表団が次々と訪れて、イスラエルのため、大統領の介入を要求した。外相を執務室に招き、その翌日イスラエルが開戦すれば、一体どのような印象がつくり出されるのであろうか。これも懸念材料であった。[★97]

側近達を集めた午後一時の会議で、ジョンソンは、「エバンに何と言うべきだろう」とたずねた。「日没頃私が猫の首に鈴をつけなければならないが、何を話すか知っておく必要がある」。ルシアス・バトル前カイロ大使が、アラブに対するアメリカの立場を総括し、「何をしても我々は関わり合いを持つことになります。イスラエルの側につくことができなければ、過激派アラブは我々を張り子の虎ときめつける。我々がイスラエルの側につけば、アラブを全部敵にまわすことになる。アメリカの対アラブ関係はひどく傷つく」と述べた。ジョー・シスコ（国際機構担当国務次官）は、国連に対するイスラエルの不信感を指摘し、現状維持を是認する〝下心〟があるのではないかと疑っているようだ、と言った。エジプト空軍機のディモナ上空航過に触れながら「イスラエルは国家存亡の時にある」と指摘したのは、ハンフリー副大統領である。ホイーラー統合参謀本部議長は、レガッタ計画の概要を説明した。しかしマクナマラ国防長官は、具体的な約束は何であれ反対であると言った。フォータス判事が「イスラエルを孤立させてはならない」と主張したのに対し、ラスク国務長官は話をさえぎり、「イスラエルが先制攻撃をかけるのなら、アメリカのことなど忘れるということだ」と言った。このように打ち合わせは、何の結論もなく終った。ジョンソンのアドバイザー達は、答を出す代わりに、疑問だけを残した。「君達がエバンの立場にあるとする。我々は国連と海運国グループを頼りにしていると言えば、それで君達は満足するか。今夜エバンにもっとあげればよかったと、月曜になって後悔するのではないか」とジョンソンは疑問を呈した。[★98]

ジョンソンには時間稼ぎをする以外、ほかに手はないようであった。戦没将兵追悼記念日（メモリアルデー）を加えると長い週末になるので、これを言い訳に使い、一日かそれ以上エバンとの会談を延期する。そうすればイスラエル政府は、エバン不在のままでは、決断をくださない、とジョンソンは考えた。これでホワイトハウスは、選択肢の見直しの時間を得る。エバンの訪米に、マスコミは過熱報道を続けているが――ジョンソンはイスラエルが仕掛けたと思った――この間に冷めてくるだろう。今決断すべきはエバンとの会談延期である。できるなら無期限が望ましいと考えたが、エブロン公使の介入でその期待は消えた。

一年前マチルダ・クリムが公使を紹介した時、ジョンソンは「友人のハリー・マクファーソンとエイブ・ファインベルグから、あなたのことをいろいろ聞いている。いいところばかりですな」と言った。以来アメリカの大統領とイスラエルの全権公使の間に、ユニークな友情が芽生え、非常に親密になったので、公使からの書簡は当日大統領に手渡しされた。在米ユダヤ人社会の機嫌をとるための親睦かどうかわからないが（ハルマンはジョンソンの意図をそう感じていた）。いずれにせよエブロンと知り合いになった人々は、一致して認めたことがある。それは、労働組合出身のこの政府官僚が、途方もない人脈構築力を有することであった。元同僚のモルデハイ・ガジットは、「午前二時でも政府高官に会うことができた」と述懐する。★99

午後五時三〇分、ジョンソンがエバンとの会談に時間をさかないことを知って、エブロンは大慌てでホワイトハウスへ急行した。ウォルト・ロストウに面会を求めたエブロンは、単刀直入に切り込んだ。外では山のように報道記者が待ち構えている。会談中止となればマスコミは、米イ関係に深刻な亀裂と大々的に報じるだろう。アラブ諸国とソ連にもすぐ伝わる。ロストウが、大統領には問題を研究する時間が必要とか、イスラエルの圧力戦術にうんざりしている等と言い返していると、執務室からメッセージが届いた。エブロンに来てくれとのことである。

ジョンソンは興奮した様子で本人を迎え入れ、「イスラエルの状況が深刻であることはわかる。しかし私は、ラスクとロストウがすでに話をした以上のことは、約束できない」と機先を制した。「自分は船団方式を追究するつもりだ。イタリア、カナダそしてアルゼンチンがすでに支持を表明している。ただしその実施にはひとつ条件がある。国連は役立たずの〝ゼロ〟であり、アメリカはウ・タントに借りなど全然ないが、政府はこの国際機関による平和的な解決努力を先行すべき、と考えている。機関が八方手を尽くして失敗したならば、自分は湾内における合同行動の承認を議会に求める。私はイスラエルの友人であることに変わりはないが、承認がなければ身長六フィート四インチの一テキサス男にすぎない」と言い、朝鮮半島問題に関する対応で議会がトルーマンを容赦しなかった事例に触れた。ジョンソン大統領はエブロンに言った。「自由航行の件は約束を守ると言ったが、イスラエルが日曜に最後通牒を出すからといって、アメリカはソ連と戦争になるようなリスクを賭けるわけにはいかない。イスラエルが開戦するというのなら、それは危険を覚悟のうえでの主権国家としての決断であり、外部からとやかく言う筋合いはない。「イスラエルはアメリカの衛星国家ではない。アメリカもイスラエルの衛星国家ではない」。ジョンソンは一時間以上も話を続け、その間エブロンは黙っていた。しかしそれでも大統領は、マスコミ対策の条件をつけ、結局はエバンと会うことに同意した。「報道には二度とリークしないことだ」と大統領は念を押した。[★100]

この後、エブロンがエバンを探しまわるなど、一騒動あったが、外相はハルマン大使と共にホワイトハウスの横の出入口から中に入った。「エバンと名乗る男が、大統領に面会を求めていますが」と警備員のひとりが伝えた。居合わせた報道関係者もその事実を伝えるが、ジョンソンは入館を許す前にイスラエル人の頭を冷やした、と報じることになる。

大統領執務室（イエロー・オーバル・オフィス）は実際上作戦室のようであった。大統領のほかに、マクナマラ、ホイーラー、ロストウ兄弟、シスコ、そして大統領報道官のジョージ・クリスチャンが待っていた。最初に発言を求められたエバンは、芝居がかった口調で「我々の足元に、不安このうえない深刻な状況が、しのびよっています」と前置きし、イスラエルの安全保障に対するアメリカの公約の歴史をひとくさり弁じ、エルサレムから届いた最新の電文を引用し、イスラエルは安全のみならず国家存亡の危機に直面している、と述べた。そして、アメリカは、軍事戦略のすり合わせをイスラエルと行っているという主旨の声明、を出すべきであると主張した。「問題は、海峡を解放する意志と決意をアメリカが持っているかどうかです。私はこの答を本国に持ち帰らなければなりません。我々は単独で戦うのか。それともあなたは、我方についてくれるのでしょうか」とたずねた。

ジョンソンはちょっと躊躇し、エバンの方に体を傾けた。エバンは「ジョンソンの目に苦悩の表情を見た」

と思った。そして大統領は力強い声で「あなた方は侵犯の犠牲者である」と述べ、〝歯に衣を着せぬ口調〟で、ウ・タントと彼のシナイ撤収決定について、語ったが、それでも国連の調停を尽くす必要も指摘した。「私はこの国の王様ではない。あなたや貴国の首相には役立たずである…あなた方の血と命が危険に瀕しているのはわかっている。我々の血と命もいろいろな地域で危険にさらされている…本件を国連で徹底的に検討し討議を尽くすまでは、私は行動を起こすための票も金も、一票、ビタ一文も手にすることができない」。

論議を尽くした後初めて、船団の編成と出航が可能になる。ジョンソンはざっと計算して二週間以内であると述べ、「私は弱々しいネズミではないし、卑怯者でもない。その時には我々はやる。必要なのは五ないし四か国の船団加入国で、それでグループを編成する。それができなければ、我方だけでやる。アメリカ合衆国大統領、議会そして国全体が、あらゆる手段を投じた海峡封鎖解除計画を支持する。君の内閣にそう伝えて構わない」と胸を張った。自分が上院の有力議員達の感触をさぐったところ、慎重ながら支持に前向きのようである。イスラエルは、国外のコネを利用して、この計画に貢献できるのではないか。「イスラエルのあなた方は、世界一の情報機関を持っている。大使館もベストだ。これを総動員して、この水域の解放に関心を持つ人々と手を組んでもらいたい」と大統領は言った。

そして、大統領は最も厄介な、言いにくい問題に触れた。イスラエルによる先制攻撃の危険である。アメリカの全情報機関が到達した判定を引用して、ジョンソンは「エジプトに…攻撃の意図はない。意図があっても、イスラエルが勝つ」と述べ、一方的行動によってイスラエルが直面する苦難に触れ、次のように警告した。

貴国内閣が実施の必要性を判断し、決心するのは、国家としての主権の問題である。私は先に自分が言ったことを忘れたわけではない。撤回はしないし引っ込めることもしない…私としては、アメリカそして世界に、戦争の発端はイスラエルにあり、イスラエルが戦争を起こした張本人である、とみられてはならないと思う。イスラエルが単独決行に走らないならば、イスラエルは孤立しない。

大統領は、最後のくだりを三回繰り返して述べ、ラスクの手書きメモをエバンに渡した。「イスラエルは戦争を起こした責任を問われるようなことをしてはならない。私はこの点を強調せざるを得ない…イスラエルがそのような決断をくだすことは、我々には考えられない」とある。大統領の立場を念押しするメモであった。「我々政府は、お国の政策を知っている。知りたいのは、行動の意向である」とジョンソンは言った。

エバンは答えなかった。延々と続く国連討議の泥沼にはまりこむ恐れを指摘し、注意を喚起しただけである。それから、戦闘勃発の場合に備えて、米イ軍事連絡委員会の設置を提案した。マクナマラは、大統領のめくばせで、極秘という条件をつけて、検討してもよいと言った。★101

アラブ・イスラエル戦争の回避をめざす頂上会議として全世界が注目した話し合いは、要領を得ぬままに終った。エバンは執務室を出る前に、「海峡と湾を解放し、安全な航行を保障するためあらゆる努力を払うというのが大統領の意向であると、我方の首相に報告して、間違いはないか」と念を押した。ジョンソンはイエスと答え、固い握手をもって話し合いのケリをつけた。力まかせに強く握るので、エバンは、これでおしまいの意かと一瞬考えた。ところが大統領は、客人と一緒にホールをおりながら、もう一度「単独決行に走らなければ、イスラエルは孤立しない」と言った。

ジョンソンがこの会談をどう認識したかについては、いろいろ見方がある。大統領の日誌には、「彼等は喧嘩腰で来た。しかし私だってそうであった！マクナマラは大喜びして帽子を放り上げたかったと言った。ジョージ・クリスチャンは、自分が同席したなかではベストの会談と言った」と書いている。しかし、別の資料では、ジョンソンが椅子にへたりこみ、「失敗した。連中はやるつもりだ」と溜息をついたことになっている。しかしまた、ジョン・P・ロッチの述懐によると、ジョンソンは炭酸飲料のドクターペッパーを手に、ウォルト・ロストウと対話をしながら、エバンの口調を真似しておどけ、「ウィンストン・チャーチルのミニチュア版だな」と言った。そして、ロストウにイスラエル人が何をすると思うか、とたずねた。すると、この国家安全保障担当補佐官は「攻撃しますね」と答えたという。するとジョンソンはうなずきながら「その通り、連中は攻撃する。そして我々は何もできぬというわけだ」と言った。[★102]

エバンは、ジョンソンの〝インポテンツのレトリック〟と〝敗北主義者の言葉〟で語る〝無気力大統領〟の姿に驚き、毒気に当てられ、この対峙の場を去った。彼は、アメリカ側が自由航行に対するアメリカの一九五七年の公約より一歩前に出た、と感じたが、共同コミュニケがないので、その約束に重みが欠けた。エバンの印象は、翌日ニューヨークで再確認される。ゴールドバーグ国連大使が、ロストウ兄弟その他の側近達による〝むしろ衝動的な〟発言に頼りすぎてはいけない、と警告したのである。国連大使は、レガッタ計画に参加する国はないと断言し、「大統領の声明とは議会の共同決議を意味する。大統領はベトナム戦争があるから、このような決議を引出すことはできない。国民の生命財産が失われ、国家の安全にも関わるのであるから、あなたの政府にはこの点をはっきり伝えた方がいい」と率直に忠告した。

エバンは、すっかり気落ちしているわけでもなかった。イスラエルの国連大使ギデオン・ラファエルと共に空港へ向かう車中で、しばし瞑想し、アメリカは〝あらゆる手段を投じて海峡を解放する〟用意があるのだから、イスラエルが〝あらゆる手段を投じても〟間違いではないわけだ、とポツリと言った。時がくれば公約の真価が問われる。そして、イスラエルが単独で行動しなければならぬ時はすぐに来る、とエバンは考えた。[★103]

コスイギン登場

エバンがケネディ空港を飛び立った頃、エジプトのバドラン国防相が協議のためクレムリンに到着した。問題は驚くほど似かよっており、同じように厳しい性格を帯びていた。戦争になった場合、超大国はいかなる立場を取るかである。エバンと同じようにバドランも、この問題について、クレムリンから明確な答を引出そうとした。しかしソ連側は、アメリカと同じように、とらえ所がなかった。

国務省のクレムリン観測者は、「モスクワは、中東危機の境界を我々より高いレベルに設定しているので、いつもソ連の政策は瀬戸際政策の気味がある」との分析を提出している。しかし、中東の扱いをめぐってソ連の指導部内に分裂があり、それを隠蔽しようとすることが、外部の観測者の目には大胆に映る。

この分裂は、モスクワから発せられる相矛盾するシグナルに明らかである。官製報道は、アメリカのハノイ爆撃とつるんだ、イスラエルのシリア征服陰謀、を盛んに流し続けたが、ソ連の外交官達は戦争回避努力を強調した。例えばソ連の駐ワシントン臨時大使チャルニアコフは、ソ連が中東の軍事対決を望まず、アラブ側に自制を強く求めている、とウォルト・ロストウに言った。テルアヴィヴ駐在のソ連大使館付商務官ミハイル・フロロフは、アメリカ側商務官に「我々はエジプトの発砲を阻止できる。あなた方は、イスラエル船の（チラン海峡）通航をとめられるのか」とたずねているし、帰国中のソ連大使アナトリー・ドブルイニンは、アメリカのルエリン・トンプソン大使に「戦争回避に向けて我々がアメリカと協調できると思う」と言った。ソ連のニコライ・T・フェデレンコ国連大使はゴールドバーグ大使に「ソ連は中東の戦争を最も望まぬ国である」と真剣な表情で語っている。[★104]

しかし実際のところソ連は、エジプトやシリアに対して慎重を強く求めなかったし、プラウダをはじめとする政府統制下の新聞は、アラブをせきたてる官製記事しか書いていなかった。トンプソン大使は、「個人的な注意と自制の勧告を受けなければ、この種の声明や記事はアラブ側指導者を誤解させる。自分達の方策が支持されているとは言わぬまでも、少なくとも正当化の理由になる、と読まれてしまう」と書いた。大使のみるところ、ソ連はアメリカに危機処理を押しつけ、自分は手を汚さない。アラブの怒りを買うのはアメリカであり、結果がどうなっても勝者はソ連である。「たとえイスラエルがアラブの隣人達を徹底的に負かしても、敗北が引き起こす西側憎悪のおかげで、ソ連はアラブ世界にその地位を再構築できる、と計算」しているのである。★105

中東危機は、クレムリンの思惑通りに展開しているように見えた。五月二二日まで、つまりナセルの海峡封鎖宣言まではである。ソ連側は、この動きに関して事前通告を受けなかった。そして、それを讃えることははっきり避けた。他国の自由航行権にとがめだてをするのは、ロシア人にとって問題であった。天に唾するのと同じである。彼等自身、ダーダネルス海峡通航という同じ権利を求めて、何世紀も苦闘しており、国際水路に関する一九五八年のジュネーブ協定に調印している。ソ連は封鎖を喜ばなかったが、「たかが数隻の船がアカバからチラン海峡経由で紅海へ通航できないからといって、戦争を始めるのは許し難い。ナセル非難もあたらない」と、あるソ連の学者はコメントした。しかしソ連としてどう対応するか。特定の問題に関わることはなく、全体的にアラブを支持するのが、唯一の手であった。かくしてソ連のチュバーキン大使は、イスラエル側指導者との話し合いで、自由航行の〝原則〟を、チランに対するエジプトの揺るぎない主権と区別した。プラウダは「近東において侵略を働こうとする者は、アラブ諸国の団結力にはね返されるだけではなく、ソビエト連邦をはじめ平和愛好人民の強い反対にあう」と主張した。

威嚇が漠然としていること自体、いろいろと解釈の余地が残されていた。攻撃されたらソ連がエジプト支援にかけつけるというのは、ひとつの解釈で、多くのアラブがそのように理解した。ソ連は特定の行動にでない。ナセルと距離をおく。これはアメリカの解釈であるが、果たしてそうなのか。★106

‡

バドラン国防相率いる一一名編成の訪ソ団が求めたのは、その答であった。迎えるソ連側のホスト役は、コスイギン首相。当年六三歳レニングラード出身のテクノクラート（高級技術官僚）で、フルシチョフの追放後とりたてられ、ブレジネフにつぐ地位に昇進したのである。同僚達からは高い知性の人としてみられており、あくの強くない無色の指導者であるとしても、いつも慎重冷静な対応を求め、同盟国としてのアラブの本当の価値に、確信がもてないでいた。イスラエルが攻撃された場合、アメリカが傍観するとの確信も、コスイギンにはなかった。通常兵力はベトナムに釘づけになっているので、中東における脅威に対処するには、選択肢はひとつしか残っていない。すなわち核の投入である。

コスイギン首相は、エジプト軍の戦闘準備は完了し、イスラエルに勝てるというバドランの主張をしりぞけ、海峡封鎖に英米が介入する可能性を指摘したうえで、妥協するように忠告した。「我々はあなた方を支持する。しかし、主張を通して政治的勝利を得るのが筋道である。剣を振りまわして殺し合うより、交渉のテーブルで問題を解決した方がよい」と言った。首相は、約束分の兵器は供給するのが、三か月後にしか渡せないと述べ、追加の要請については〝検討する〟としか言わなかった。PLOへの武器供給は論外であり、「我々はPLO傘下のどの組織もその解放軍も欲しくない。貴国を戦争へひきずりこむことがないよう。慎重に考えて、行動してもらいたい[★107]」。

コスイギンの路線は、基本的には〝うまくいっているうちに止める〟であり、代表団が外務省のアレクセイ・シボリン中東局長、セミョノフ外務次官と会った際、その線に沿った勧告が行われた。セミョノフのダーチャ（別荘）における徹夜会議で、エジプト側に伝えられたのは、「ソ連はいかなる軍事対決も望まず。火中の栗を拾わず…第二次世界大戦で苦しみは充分すぎるほど味わった…エジプトは緊張を緩和する時である」という勧告であった。

しかし、ソ連内部には鋭い対立があった。コスイギンや外務省の立場と、ブレジネフ派の軍人達の見解に、深い亀裂がみられたのである。軍人の代表格がグレチコ国防相、第二次世界大戦時のコーカサス攻防戦の生き残りであるが、戦略上から中東を最重要権益圏とみていた。さらに国防相は、エジプト軍の即応能力の高さを公言してはばからず、その戦力の前に西側は手を足も出なくなったも同然、と主張した。さすがにエジプトに戦争せよとまでは言わなかったが、攻撃されてもエジプト軍は反撃して必ず勝つ、との信念を披瀝した。そしてプラウダの記事は、エジプト支持の第一歩であり、ナセルとエジプトの大義に対するモスクワの力強い支援表明は、今後続々と出されると述べ、「アラブに対するソ連邦の政治的支持と物質援助は疑問の余地がない…精神的にも支援する」と明言した。

グレチコの発言に、バドランは非常に感動した。バドランは軍の階級では准将であるが、分隊を指揮したこともない。やせ型で丸顔、眼鏡をかけていたが、印象の深い人物であった。当時三八歳。比較的若い年でこの地位に昇りつめたのは、アメルに尽くしたおかげである。バドランは、アメル陸軍元帥の期待するものをソ連側から引出そうと決意していた。別の言い方をすれば、バドランは、エバンがアメリカから引出そうとした公約と同じ性格のものを、ソ連側に求めたのである。つまり、エジプトの戦争はソ連の戦争と同質という言質を、取ろうとしていた。グレチコの発言が、それに相当すると思われた。そこでバドランは、コスイギンの発言は無視することにして、グレチコ発言の摂取に努めた。一〇年後バドランは、「訪ソは、軍事観点からみれば失敗であったが、政治的にはプロパガンダの効果があった」と述懐する。フェキ外務次官とガーレブ大使は、そのような成果に疑問を抱き、話し合いの記録文書を直接ナセル宛に郵送した。それは六月一三日に届く。つまり何の役にも立たなかった。★108

五月二七日早朝、バドランはまだモスクワにいたが、ワシントンから一通の電文が届いた。内容は、アラブの攻撃がせまっているとするイスラエルの警告であった。コスイギンからみると、そのメッセージはバドランがほのめかしたこと、すなわちエジプトが開戦準備中という話を裏づけるものであった。それよりもっとショッキングだったのは、イスラエルがエジプトの計画を知っていることであり、先制攻撃を意図しているのは間違いないのである。コスギインは直ちにジョンソンとウィルソンに警告電を送り、「イスラエルは目下盛んに戦闘準備中であり、近隣アラブ諸国に対する攻撃意図は明白」と述べ、このような攻撃は、英米の後押しがなければ開始不可能としたうえで、〝この点について二つの選択肢はあり得ない〟のであり、阻止のためには介入も辞さないと威嚇し、「イスラエルが意図を捨てず、戦闘が始まれば、我々は侵略の犠牲になる諸国に支援の手を差し述べる」と主張した。コスイギンが最も厳しい言葉を浴びせたのはエシュコルで、「火をつけるのはやさしいが、火の手を消すのは、イスラエルを戦争の淵へ押しやっている者が考えるのと違って、容易なことではない」と牽制した[★109]。

しかしコスイギンは、警告電を送るにとどまらず、カイロとテルアヴィヴのソ連大使に訓電を送り、駐在国の首脳と直ちに接触し、就寝中であっても叩き起こして、戦争の危機について警告せよと指示した。

土曜日午前二時一五分、チュバーキン大使はテルアヴィヴのダンホテルへ急行し、警備を何とか説得し、宿泊中のエシュコルの部屋へ向かった。大使はコスイギン親書を声を出して読み上げ、イスラエルが先に発砲するのかと、詰問調でたずねた。パジャマ姿のエシュコルは、「この戦争では、すでにエジプトが先に発砲しています」とだけ答えた。エシュコルは、洗面所からコップをとってくると、飲み残しの生ぬるいオレンジジュースを注いで、大使にすすめた。そして、「我々は、シリアのように由緒正しい先進国ではないが、上級の使者がモスクワからその我方の方針を聞くためにおいでになるとはね。私をモスクワへ招くという手はないものですか」と揶揄した。大使はイスラエルの意図について、執拗に何度もさぐりをいれた。エシュコルはその都度答を避け、とうとうたまりかねて「大使が国の大統領に信任状を呈出する時、平和を守ると確約して、それで受け入れられる。これが世界の常識だが、あなたはこれまでどうしてきたかわかっておいでになるのか」とチュバーキンをせめた。「我々の方から最初に発砲したことは一度もない。しかるに、至る所に砲弾が降り注ぐ。国内のあちこちに地雷が埋設される。話のもっていき所が違うのではないか」。そして大使が公正な解決をさぐる時間はまだあると牽制にかかった時、ついに堪忍袋の緒がきれて、エシュコルは声を荒らげた。「ちょっと、ちょっと待ちなさい。災難から逃れるためなら、どんな些細なチャンスでもよい。方法なり提案なりあるのか。話はそっちが先だろう。平和と安全が守られているのなら、問題はないのだ★110」。

チュバーキンは狼狽し、自分の任務を果たせなかったと思いながら、ダンを去った。午前四時であった。カイロのドミトリ・ポジダエフ大使の場合は、違っていた。大使は同じ時間帯にナセルの門を叩いた。

地平に没する暁作戦

ポジダエフは、ナセルを前にしてコスイギンの大統領親書を読み上げた。「一時間前ジョンソン大統領より本職に連絡あり。エジプト軍がイスラエル側拠点に対する攻撃を準備中であり、今まさにその攻撃が始まろうとしている。もしそのような事態になれば、合衆国は、ソ連邦に対する抑制公約から解放される、と思考する」。親書を読み上げた大使は、すでにエシュコルはもっと強い警告を受けた、とだけつけ加えた。

ナセルは落ち着いた反応を示した。「全員に是非知ってもらいたい。エジプトは戦争を望まず。その方向に進んでもいない。しかし攻撃されるならば自衛する」。

しかし、ナセルが胸中を明かさず、ソ連大使の知らぬことがあった。暁作戦がすでに秒読の段階にあったのである。空陸海の投入部隊は入念に準備を進め、決行命令もすでに出されており、払暁を期して攻撃開始の予定であった。アメル元帥は、携帯カメラだけのミグ機がディモナ上空を飛行しただけで、イスラエル中がパニックになったと自慢し、腰抜けのシオニスト共は最初の一撃で逃げ出すと豪語していた。

ナセルがこの歓喜を共有していたのかどうかはわからない。しかし、コスイギンのメッセージを受け取ると、ナセルは顔をしかめ、険しい表情になった。この電文の最も重要な点は、エジプトに対するソ連の援助拒否の恐れや、アメリカの介入の可能性ではない。それは、イスラエルがエジプトの機密情報を入手している証拠、であった。国家機密が筒抜けでは大問題である。[★111]

ナセルはアメルとの緊急会議を招集し、最高司令部に急いでかけつけた。大統領は元帥に暁作戦が洩れたと語り、作戦即時中止の必要を説いた。アメルは、「待つだけなら、戦争を始める前に負けになる」と抗議して、必死に抵抗した。しかしナセルは、命令をくだして済ませることはせず、第一撃中止の決心をした理由、エジプトにとって抑制した方がよい理由を、縷々説明しようとした。「ジョンソンとイスラエルは虎視眈々として機会を狙っている。その機会を拒否するには、我々としてどのような行動をとり得るか」と問うた。世界は、イスラエルの動員を日常的なものと考える。だが、我々が動員すれば、侵略者とみなされる。特に国連緊急軍とチラン海峡について処置した後であるから、次を予想されてしまう。「（もしエジプトが先に攻撃すれば）ジョンソンが第六艦隊に我方の攻撃を命じても、多くの国が当然と思うだろう」。ナセルは、戦争になる可能性は極めて高いとみていたが、外交手段による解決の手もまだある、と考えた。ウ・タントの手をわずらわすことになるはずであった。

ナセルが急に暁作戦の方向転換を決めたのは、国家の安全保障に関する懸念に起因するのは間違いない。ソ連の態度が今ひとつはっきりしない時にアメリカの介入があるのを恐れ、世界の世論に敏感でもあった。しかし、その背後に大統領と元帥の間に複雑な人間関係があり、これがやはり意志決定過程に大きく影響していた。大統領は何かを決めても、それを命令として元帥にのませることができず、アメルはナセルの要請を〝考えておく〟とだけ言って、いつまでも引延ばしすることができた。

アメル元帥は、自宅に戻ると私物司令部からモスクワのバドランに電報を打ち、「シャムス、洩れているようだ」と注意を促し、シドキ・マハムード空軍司令官には「エイラート計画はいつ実施できるか」と打電した。

四三歳の空軍司令官は、発進命令を今や遅しと待っていた。司令官は、イスラエルが海峡封鎖を容認することは絶対になく、エジプトがやらなければ必ず第一撃を加えてくる、と確信していた。電報を受けた空軍司令官は、「意気天を衝く勢いで、「一時間もあれば出撃可能」と返電した。航空基地では直ちに命令が出され、パイロットは攻撃機に搭乗し、発進命令を待った。しかし四五分後、空軍司令官は「計画中止」の命令を受けた。

空軍司令官はすっかり力を落とし、「なぜですか。アッラーの御加護があるのを信じないのですか」と問うた。問題はそこにあらずと返信したアメルは、ロシアの圧力があったことを認めた。しかし、そのようなことでシドキは納得しなかった。「パイロット達に声をかけたとき、彼等は嬉しさで小躍りした。彼等は壮途につく期待で胸をふくらませている」と嘆いた。

エジプト軍の作戦は事実上中止になった。攻撃開始直前の介入で、取消されたのである。作戦中止は、エジプト軍将校五名の逮捕で締めくくりとなった。当日朝、イスラエル側に越境してきたところを捕まったのである。五名共作戦計画を知っていると考えられた。一方シナイからは複数の急報がカイロへ飛んだ。車両五〇〇両より成るイスラエルの部隊がエイラートを通過し、西へ向かっているという。報告によると、部隊は砂漠の基地クンチラをめざしていた。そこは一九五六年の第二次中東戦争でイスラエル軍が突破した戦略要地である。アメルは直ちにクンチラへの大々的増援を命じた。日没に近づく頃、シャズリの戦車部隊はラファを出発した。それは暁作戦の残滓を砂塵で覆い尽くすつらい旅であった。[★112]

計画延期

シャズリが出た頃、エバンが戻ってきた。着陸は同じく夜で、空港から緊急会議の席へ直行である。閣議室はじりじりした空気で、いまにも爆発しそうな雰囲気であった。エバンは、ロンドン、パリそしてワシントンにおける話し合いの一部始終を説明したが、閣僚の多くは、楽観的報告に半信半疑であった。半官紙ダバールは、〝合衆国、海峡封鎖打開に有効な行動を提示せず〟と大見出しをつけて報じていたし、肝腎要のホワイトハウス会議の中味が、覚書として送られてこなかった。致命的である。エバンは、直接自分が内容を伝えるのである、と主張した。

そこで官僚達がアメリカのバーバー大使と秘かに接触し、国務省から何か情報を得ていないかと、しつこく探りを入れていた。大使は、彼等が血相を変えているのを見て、イスラエルから要請のあった連絡委員会の設置を、ワシントンに求めた。戦争への圧力を弱める、ただそれだけの理由でもよいではないかと大使は主張し、「エバンは理性の声をあげることができるであろうが、イスラエル政府の立場は左するか右するかで微妙な均衡状態にあるので、それを崩すだけでも設置する価値がある」と説明した。しかし、連絡委員は来なかったし、エバンだけが、リオール大佐いうところの〝イスラエルで一番長い夜〟に、一八名の閣僚を相手にすることになった。

閣議は、明るい材料のない状況のもとで開かれた。国家宗教党は、政府が戦争を選択すれば連立からおりると脅していたし、国防軍は下手をすれば、破滅に見舞われる、と警告していた。エシュコルが執務室をおくテルアヴィヴでは動員兵の母や妻が、ダヤンの国防相就任を求めて、デモ中であった。労働組合大会におけるナセル演説は、イスラエルでは大々的に報告されたし、ヘイカルの戦争歓迎社説も然りである。閣議開催のその日、カイロ放送は、「我々は挑戦状をつきつけたのだ。出てこいエシュコル、武器を手にして戦え。血祭りにしてやる。戦いはイスラエル抹殺で終る」と挑発した。イラクの第一及び第八機械化旅団がダマスカスに向かいつつあったし、ヨルダン、レバノンの軍は戦闘準備を進め、遠方のクウェートまでが遠征部隊を送ろうとしていた。★113

閣議は、軍のヤリーブ情報部長及びワイツマン作戦部長の状況分析で始まった。アラブ諸軍の準備状態、戦闘突入の危険性について説明し、続いてラビン参謀総長が、軍の士気低下徴候を憂慮し、アメリカが間もなくナセル懐柔に走る可能性を指摘した。ラビンが「首縄が我々をじわじわと締めつけている」と言っている時、時差ぼけのエバンが、不精髭で室内に入った。

エバンは、まずワシントンの自分のところへ送られてきた電文に触れ、イスラエルの攻撃を正当化する〝安っぽい策略〟を非難した。エバンは憤慨するにとどまらず、すぐアメリカの計画に話題を移し、段階論として説明した。国連で討議し、自由航行宣言を出し、それから船団編成の準備で、国際社会を味方につけて成果をあげる。ジョンソンは、自由通航権について〝岩のような固い〟信念の持主であり、必要であれば第六艦隊を投入して、その権利を守る。しかしジョンソンは絶対に先制攻撃を支持しない。イスラエルが先に攻撃すれば、単独で行動しなければならなくなる、とエバンは警告した。

その後、大嵐が吹き荒れるような大激論となった。エバンとジョンソンのやりとりの解釈が、タルムード的吟味のようなテーマになった。ある大臣は、「単独で行動するなとイスラエルにアドバイスすることは、イスラエルに何もするなと命じることと同じではない」と指摘し、別の大臣は、違った解釈をした。一九五六年の場合と違って、制裁の威嚇がないのは、イスラエルの自衛権をはっきり否定しないで、アメリカにイスラエル防衛の支援能力がないことを、シグナルとして送っているのだという。

エバンは、ジョンソンの言葉の深読みを避けるべきだと注意した。その一方でエバンは、ゴールドバーグ大使の警告を明らかにしなかった。つまり、大統領の約束は議会の承認が必要との条件がついているのであるが、エバンは、船団の発航には〝数週間〟を要するとだけ言った。そして、その期間は、軍が動員体制を維持していても、イスラエルが国家の威信ではなく国の基本問題に集中しているのであれば、長すぎて待てないというほどではないとし、「威信で未亡人や孤児を生んではいけない」とつけ加えた。

反エバンの急先鋒が、イガル・アロン労働相であった。前に公式訪問でソ連に行った時の話であるが、訪問先のクレムリンでは、イスラエルが挑発的行動をとらず、抑制が真剣であることを委曲を尽くして説明し、ソ連側要人の説得に最大の努力を払った。しかし、テルアヴィヴに戻った現在、国家の安全保障の観点から状況を把握し、「敵が先に始めたことを世界に示すため、我々はその敵に第一撃を許さねばならぬなどと、本当に考えている者が、この席にいるのか」と問うた。アロンの予想によると、イスラエルが手足を縛られている間にシリアのテロ攻撃が再び始まり、アメリカが海峡解放に向けて動きだした瞬間に、エジプトがディモナを攻撃する。そして、「ナセルは、中東を核兵器の脅威から救った英雄として自画自賛できる」のである。イスラエルは領土獲得を目的とするのではない、とアロンは強調した。占領しても、それを航行の自由との取り引きにするだけであり、敵の軍事力を完膚なきまでに叩く」のが目的である。アロンは国防軍の能力に全幅の信頼をよせ、エジプト軍を撃破できると確信し、「ガリラヤ地方の住民はしばらく防空壕に退避し、我々は次の段階でシリア軍を相手にする」段取りで、勝利の暁にはイスラエルに対する評価は国際的にたかまり、再び尊敬されるようになる、と結んだ。

この後閣僚達が次々とアロンの見解に支持を表明した。ハイム・ギバティ農業相は、イスラエルがアメリカの保護領化する危険と国民の士気に及ぼす影響を指摘した。ツビ・ディンシュタインとイスラエル・ガリリの両無任所相は、裸の王様的ファクターについて語った。保証など実際にはないのにあるように信じこむ。イスラエルが戦いたくないことをエジプトに見透かされる。ヨルダンが崩壊する可能性もある。モシェ・カルメル運相は「イスラエルは、エジプトの戦力を撃破することによってしか救えない」と断言し、「単独で立ち上がれないと言う者は、我々はここに存在し得ない、と言っているのである」と主張した。ラビン、ワイツマンなどの軍幹部も、自分達の立場を利用して、アロン支持を表明した。ワイツマンは、国防軍に対する信頼がないと抗議し、信頼欠如は自分に対する侮辱に聞こえるとあたりを見回し、「我々はアラブに勝つ。

離由は簡単。我々の方が秀れているからです」と述べた。ラビンはもっと抑制した口調で、「イスラエル国が、自国の存在は国民の力ではなくアメリカの一公約にかかっていると考えるならば、何をか言わんやであります」と言った。

しかし、エバンに反対する者もいれば支持する者もいた。前と同じようにハイム・モシェ・シャピラ内務相は「国防軍のエジプト軍撃破能力よりも、アメリカの公約の方が信頼性が高い。私は後者を信じる」と明言した。アラン教育相、ヴァルハフティク宗教相はジョンソン大統領を信頼すると語り、左派マパム党のイスラエル・バルジライ保健相は、アメリカのイスラエル支援よりソ連のアラブ支援の方が大きいのではないか、と言った。モシェ・コール観光相は、ワシントンと距離をおく時に生じる危険を指摘した。一方ピンハス・サピル蔵相は意外にも、アラブもそうだろうがイスラエルが人的損害に耐え得るか疑問であるとし、「国家を建設するのは至難の業であるが、国を失うのはやさしい」と結んだ。

レビ・エシュコル首相は、両陣営の板ばさみとなり、再び煮えきらぬ状態におちいった。首相は、賛否両方の立場を、いろいろな角度から考えていた。イスラエルの抑止力に対し、追加の武器及び資金調達の可能性とそれに要する時間を考え、ジョンソンを全面的に信頼する気になれないが、いい子である姿勢を見せる必要がある。アメリカの計画は、エジプトの軍事的脅威やパレスチナ・テロに対して何の解決にもならず、逆にイスラエルの行動を拘束し、その行動を非常にせばめてしまう。しかし、イスラエルに同情する、世界唯一の超大国を袖にするわけにもいかず、拒否した場合の結果は考えたくもない。

内閣は意見がわかれ、首相はその流れのなかで、あれかこれかと考えをまとめることができずにいた。午前四時、ラビンによると、疲れ果て、すっかり気落ちしたエシュコルは、数時間睡眠をとって、それから決をとろうと、休憩を宣言し、「アメリカかチュバーキンか。我々の将来をどの手に託するか、決めなければならない」と言った。閣議は数時間中断した。この間極秘電報が二通、ワシントンから届いた。

最初の一通は、エバンの話を裏書きする内容で、ジョンソンがレガッタ計画を支持し、〝自分の権限内で可能な手段〟を投じて、海峡解放に努力するとしていた。この電報にはラスク長官の追記があり、カナダとオランダがレガッタに参加する可能性を指摘していた。二通目の電報は、バーバー大使が直接手渡したもので、モスクワの見解に対する大統領の反応を示していた。モスクワによると、攻撃を意図しているのはエジプトではなく、イスラエルである。ジョンソンは「イスラエルが先制攻撃をして戦争勃発の責任を問われることがあってはならない」とし、ソ連による直接介入の恐れがあると警告、「イスラエルによる先制攻撃は、イスラエルの友人達が味方につくことを不可能にする」と断言していた。

日曜午後、早い時間に閣議が再開されたが、この二通の電報のおかげで、閣内のバランスが変化した。開戦支持が少し多かったのであるが、今や均衡状態になってしまった。九名の大臣（大半は国家宗教党とマパム、マパイ二名そして独立リベラルが一名）が先制攻撃に反対し、首相を含む九名が支持にまわった。そしてカルメル大臣を除き、出席者全員がアメリカとの交渉継続を勧告した。

結局政府が決めたのは、最長で三週間待つことであった。この間にアメリカが約束に従って行動し、イスラエルは国際支持のとりつけ、資金調達と武器購入の時間にあてる。そして当面は緊急軍の再配置を求めず、休戦協定の復活も考えない。エジプトがシナイの原状を回復し、あらゆる形態の封鎖をやめるのが先決である。そしてコミュニケを出すことになった。「イスラエルは、チラン海峡を戦争行為とみなし、すべての国が有する自衛権を行使し、適当な時期にこの封鎖に対して自衛行動をとる」という内容である。

ラビンは痛々しいほど失望した。「はっきり言う。三週間たっても我々は絶対同じ問題に直面する。問題は同じでも我々のおかれている環境はもっと悪くなるはずである。国防軍は、動員状態を続けなければならない。これが軍にとって最大の問題である」と言った。アロンも「イスラエルは軍事上政治上好機を逸した」と思った。しかし閣僚の半数はそうは考えなかった。ザルマン・アランはこの半数の声を代弁し、マパイ党員に「それ（外交手段）が戦争を防止するとは一概に言えない。私は幻想を抱かない。しかし、機会がひとつでもあれば、それをつかむべきだと思う。戦争は逃げていかない。外交活動は続く。時間を利用できるのは、ナセルだけではない」と語った。[114]

‡

紙一重のところで戦争は避けられた。先に攻撃するのがイスラエルにせよエジプトにせよ、この段階で戦争が始まっていれば、中東の歴史は根本的に変わっていたのであろう。ナセルが先に攻撃しないことを決め、その直後イスラエルも同じ決意をしたので、危機は峠を越えたようにみえた。程度の差はあるが、双方は非暴力的解決の道をさぐることにした。

このような解決に向けた動きのひとつが、ウ・タント報告である。かなり遅れて五月二七日にやっと出されたが、報告書の半分以上は、国連緊急軍に対する処置の正当化と休戦協定維持メカニズムの復活に費やされているが（ウ・タントは、「私は、撤収を求めるアラブ連合共和国の真剣なる態度と決意に納得し、納得するに足る極めて立派な理由があると考えた」と自己の行為を正当化した）、自分の考えるモラトリアム概念を打出している。すなわち、事務総長は関係諸国に「格別の抑制と敵対行動の停止」を求め、緊張緩和に役立つ…実行可能な「方法」について触れた。それは、国連調停官の任命を意味していた。イスラエルでは、エシュコル首相が予備役動員兵力のうち四万の動員解除を決めた。少なくとも二週間の〝息抜きの時間〟を得たと思い、その間に選択肢をいろいろ検討することにした。[115]

しかし、緊張緩和の空気はみせかけにすぎなかった。イスラエルの国防軍首脳は、先制攻撃延期の閣議決定に不満であり、イスラエルを支援するというアメリカの公約に懐疑的で、首相の動員解除命令を無視した。軍高官の間には、政府の対応を疑問視する空気があった。政府は緊急事態に対応できず、活を入れて落胆自失状態から覚醒させる必要がある、とする認識である。首相の立場はすでにゆらいでいたが、ワシントンからの警告で一段とぐらついた。エバンの外交交渉に関する国会報告をまとめている時に、届いたのである。結局彼の所信表明は、船団提案に言及せず、海峡封鎖解除にかけるアメリカの〝はっきりした態度と力強い決意〟に触れないことになった。イスラエルが要請した米イ両軍の連絡委員会設置すら、承認をえられていなかった。★116

一方、バドラン国防相は、意気揚々として戻って来た。モスクワを離れる前、グレチコ元帥が国防相を脇に呼びよせ、「アメリカが参戦すれば、我々は貴国の側について参戦する」と言った。ソ連はすでにエジプト周辺の水域に駆逐艦と潜水艦を派遣しており、なかには〝秘密兵器〟を装備した艦もある、と耳打ちし、「はっきりさせておきたいが、有事の際我々を必要とするならば、合図してくれ。ポートサイドでもどこでも直ちに救援にかけつける」と言ったのである。外交官のサラフ・バショウニは、「バドラン送別宴での話。ウォッカで乾杯する際の極ありふれたロシア式挨拶にすぎない」と考えたが、カイロ放送はこれに尾ひれをつけ、モスクワの全面支援の約束として、次のように伝えた。

ソ連邦は、政府と軍共々アラブの側につき、引続き支持し励ます。我々はあなた方の忠実なる友人であり、今後もそうである。我々国防軍は、あなた方の支援を続ける。これがソビエト人民とその党の政策だからである。国防省とソビエト人民の名において、我々は帝国主義シオニズムに対するあなた方の戦いに声援を送り、勝利を願う。我々はあなた方とともにある。いついかなる時も支援を惜しまない。

バドランは、ほかの代表団メンバーが慎重を求めるコスイギンの要請を伝えようとすると、これを妨害した。エジプトは今や無敵であると確信し、「第六艦隊が我々の対イ闘争に介入するなら、目に物見せてやる。我方の爆撃機とミサイル艇は、巨艦空母といえども一撃のもとに撃沈できる」と閣僚達に豪語し、「我々には力がある。空母などイワシの缶詰にして一丁あがりだ」と胸を張った。バドランの判断を裏付ける話が、シリアのアタシ大統領から伝わってきた。アタシもモスクワ訪問から戻ったばかりで、ソ連側指導者達から抑制を求められ、ファタハの対イスラエル襲撃の中止をせまられたのであるが、「ソ連邦は、イスラエルの侵略にさらされているアラブ人民を断固として支援する、と約束した」と言った。

ナセルは最早説得材料を必要としなくなった。自由将校団の同志達に「ソ連邦は、この戦いで我々を支援し、状況が一九五六年時点の姿に戻るまで、列強のいかなる介入も許さない。これがコスギインのメッセージである」と自信たっぷりに語った。[★117]

エジプトは、ソ連の力強い支援があると信じ、その確信は安保理の協議で益々強まった。ソ連代表のフェデレンコは、満州生まれで極東問題の専門家、蝶ネクタイにパイプがトレードマークで、国連雀によると〝才気〟のある、〝熱烈火を吐く雄弁家〟であった。エジプトに不利な決議の採択は断固として拒否せよ、と命じられていた。以前オランダとカナダが出そうとした中東に関する動議を阻止し、その機会に台湾代表の劉議長を激しく非難した。牽強付会的にイスラエルとナチドイツを比較したこともある。

安保理メンバーは、フェデレンコのガミガミ女的性格に慣れていた。しかし、ウ・タントのモラトリアムを拒否するとは、誰も考えていなかった。青天の霹靂である。フェデレンコの説明によると、危機そのものがアラブをおとしめ侵略を正当化するための捏造であり、「ソ連邦は、安保理を慌ただしく招集するに足る理由はないと考える。西側列強によって人工的に仕立てられたドラマチックな空気を受け入れない」と述べた。フェデレンコは、フランスの四大国協議提案にも、同じような理屈をつけた。英米はいやいやながら、同意していたのであるが、フェデレンコは五月二八日以降協議に〝応じられない〟日程にしてしまった。[★118]

ウ・タントのモラトリアムは、ほかの関係国からも疑問を呈されることになる。イスラエルは、あからさまな戦争行為を国連が追認したものとみなし、アメリカも疑問視した。アメリカは、国旗を掲げたイスラエル船の海峡通航案を保留にすることに同意したが、石油のような〝戦時禁制貨物〟の禁止は拒否した。そして、エジプトはモラトリアムを前向きに考えなかった。エル・コニー大使が血相を変えてウ・タントの執務室にかけこみ、ナセルは、イスラエル向けの石油その他の〝戦略物資〟の通航を認めない、外国船によるものも駄目である、と声を荒らげて言った。事務総長は、ギデオン・ラファエル大使に覚書きを渡したところであった。それは、「これから二週間イスラエルの国旗を掲げた船舶はチラン海峡を通航しない」という内容で、エシュコルに確認を求める覚書であった。エジプト側の立場を知らされた事務総長は、バンチに電文をラファエルから回収するよう指示した。回収理由の説明は一切なしである。★119

かくして、五月最後の数日は緊張緩和に向かう時とならず、単なる一時しのぎに終った。危機は峠を越したどころか、まさに始まったばかりで、間もなくしてその徴候がヨルダンに現れる。まわりで火の手があがり始めるなか消息がつかめなかった国である。

第4章 秒読

五月三一日—六月四日

ヨルダンのフセイン国王は、その地位が盤石ではなく、綱渡りの状態にあった。アラブ過激派に命を狙われながら、アラブ穏健派に助けを求めることができない。危機に見舞われた時、どの当事国も強力なうしろだてを得ているように見えるが、ヨルダンはひとりぼっちであった。戦争になれば王国の半分は失う恐れがある。王位もそして命を奪われることも、考えられぬことではなかった。

フセインは、サムア事件以来、懸命に衝突防止に努め、ウェストバンクのテロリストの動静について、テルアヴィヴと秘かに情報を交わしていた、国王は、イスラエルの怒りが、そのよってきたる所、すなわちシリアに集中するよう期待した。しかるに、イスラエルのシリア進攻がせまっているとする報道がとびかった時、国王は首をかしげた。強力な性能を誇るアジュルン基地のレーダーは、北部域におけるイスラエル軍の集結徴候を一切探知していなかった。それでもやはり、エシュコルがヨルダンに〝イスラエルと平和裡に生きる…アラブ唯一の指導者〟などナセルをからかうのはよして欲しい、と要請した時、フセインはすぐに応じた。国王の目には、状況が急激に手に負えなくなってきたのが、よくわかった。ウェストバンクのみならずヨルダン川東岸域でも、騒然たる空気になってきて、ナセル賛美とイスラエル撃滅を求める声がたかまっていた。★1

アハマド・トゥカーン外相はアメリカのバーンズ大使に「エジプトとシリアがヨルダンを支援しないと計算して、（イスラエルは）罰を受けることなく、ヨルダンを攻撃できる」と言った。しかし、今やヨルダンはもっと大きい脅威に直面していた。エジプトの第一撃である。エジプトの攻撃が撃退されると、ナセルはヨルダンをスケープゴートに使う。パレスチナ人は暴動を起こし、おそらくは軍部も反乱に走り、政府を打倒し、ＰＬＯと首のすげ換えをする恐れがある。一方エジプトが攻撃に成功すれば、その軍はネゲブを縦断し、アンマンにせまる可能性がある。五月二一日のラムタ爆撃は、ヨルダン兵をシリア国境へ引きつけ、ウェストバンクの守備に穴をあける意図であった、とフセインは確信した。どっちになっても、ヨルダンは傷つく。国王秘書官のザイード・リファーイが指摘しているように、ヨルダンの苦境は信じられぬほどで、「たとえヨルダンが直接戦争に関与しなくても…負けた責任を問われて非難される。そして、次は我々の番となる。我々がアラブの政治の主流から離れて孤立すれば、いとも簡単に餌食にされてしまう」のである。[★2]

　フセインは、イタリアのメッシナ海峡を航行しているようなものであった。行手には海峡から突き出たスキラの岩（エジプト）とカリュブディスの渦巻き（イスラエル）。その間をぬって行かなければならないが、無事通過の公算は低いようにみえた。フセインは繰り返しワシントンに訴え、戦時におけるヨルダンの領土保全を保障する旨明言して欲しい、と要請した。カイロに対しては、アラブ統合司令部（ＵＡＣ）規約の相互防衛条項の復活を求めた。しかし、米エ双方に対する働きかけは、いずれも実を結ばなかった。アメリカ側は、独立した存在としてのヨルダンを認める方針に変わりはないが、議会の制約があると弁解し、保障云々を公に表明することは拒否した。エジプトを訪れたヨルダンのアメル・ハマッシュ参謀総長は、アラブ統合司令部は死に体であり、ヨルダンは自主防衛を考えるべきで、〝波風をたてる〟べきではない、とすげなく扱われるのである。かつてヨルダンは防衛に積極的に関与したサウジアラビアとイラクすらも、今や見限ってしまい、シリア支援に転換中であった。

フセインの選択肢は限られていた。シリア・イスラエル間の戦争では局外に立ち、エジプトが参戦すれば、数個連隊規模の部隊をシナイへ送り、間接的象徴的に関与する。五月二二日、内閣・参謀本部緊急合同会議が開催され、出席した国王は、いずれの場合でも、イスラエルは報復しようとするとの判断を示した。バーンズ大使は、フセイン国王が〝一か八かの覚悟〟をしたとし、「国内で反乱が起きる高い確率、イスラエルによる殲滅の可能性、両天秤にかける国王は後者を選び…神殿のサムソンのように行動するだろう」と考えた。[★3] その日の午後、国王は軍服姿で、アンマン市中を行進する精鋭第四〇、第六〇機甲旅団を観兵した。虎の子の機甲部隊を使用する必要がないことを望みつつ、戦闘力を誇示しておく。これが観兵式の狙いであった。それにもかかわらずフセインの願いは、ナセルのチラン海峡封鎖によって、断たれてしまうのである。

「私は茫然となった」とフセインは西側外交官に語っている。「このような手段は、思慮分別に欠けているから、行き着く先は破滅しかない。アラブ諸国に戦争の準備が全くないのに加えて、事前連絡はなく相談も協議もなければ、共通計画もない。藪から棒の話である」と不満を述べ、「ナセルはまるで気違いのようにふるまっている」とし、明らかになっていないソ連の支援で「本気になっている。極めて危険である」と言った。国王は歯に衣を着せぬ鋭い批判を浴びせたが、しかしそのスポークスマンは、封鎖を称え、無条件の全面的な支持を表明した。アメリカ船籍のグリーンアイランド号が、ヨルダン陸軍向けの弾薬を満載してアカバへ向かったが、海峡の手前で引返した。船主はこの水域の機雷敷設を恐れていた。封鎖がこのような問題を引き起こしても、ヨルダンでは抗議の起きようがなかった。

フセインはナセルに怒り狂っていた。そして、ホワイトハウスにも恨みを抱いた。フセインの主張によると、そこは〝シオニスト〟のロストウ兄弟に支配されている。そしてまたそこが提示したレガッタ計画も、イスラエルの守りを固めるための策略、とみた。そしてアメリカのバーンズ大使に「ナセルの意図するのは、イスラエルとの戦争ではなく、アメリカとの政治戦争」であると警告し、「貴国大統領は一歩後退して、イスラエルにチランを攻撃させるべきである。そうするとナセルは平和の調停者として役割を果たすことができる」と勧告したうえで、「アメリカが、イスラエルの航行権という限定された問題のため、アラブの友人達を失い、中東における自由世界の影響力を喪失するのは、非常に残念である」と言った。

しかるにフセインの目からみると、ワシントンはアラブが親イスラエルとみなす路線を維持し、エジプトはシリアにとりつかれたままで、戦争に向かってどんどん加速させている。フセインは選択の余地がなく、ナセルと同一歩調をとらざるを得なかった。国王は、アラブを納得させなければならなかったのである。自分が欧米の傀儡ではないことをアラブ世界に示し、自国民には――フセイン自身の計算では三分の二がパレスチナ人である――自分が彼等の郷土のために戦う用意があることを、証明しなければならない。バーンズ大使は、「ヨルダン政府が、傷を受けやすいと考えるものを減らすため、今後数週間のうちに何か動きを起こす決意を固めても、おかしくない」と予測し、サウジとイラク両軍の部隊駐留を歓迎するだろうと考えた。[★4]

事実、フセインは時をおかずこの動きに出た。第四〇機甲旅団（保有戦車パットン一〇〇両）にヨルダン川渡河とエリコ周辺への布陣を命じたのである。それは、アメリカの了解する制限域を越える行動であった。次に、ナセルを懐柔するため、国王は反ナセル主義者のワスフィ・タル儀典長（一九六七年三月まで首相）を解任した。トゥカーン外相は「我々は鷹のように彼を監視する。なにかやりだせば我々が押さえる」とバーンズ大使に打明けた。一方ハマッシュ参謀総長がカイロへ派遣された。近く勃発する戦争におけるヨルダンの役割を協議するためである。ナセルは会うのを拒否し、結局、参謀総長はアラブ統合司令部のアリ・アリ・アメル司令官と協議することになった。

しかしフセイン国王は、臨戦態勢を固める一方で、アメリカ側にはヨルダンにイスラエル攻撃の意図なしと強調し、その旨イスラエル側に伝えて欲しいと言った。しかし国王は、ワシントンに警告も発している。

アメリカがイスラエル一辺倒になれば、アラブ穏健派が危なくなるというのである。ジョンソンに口頭伝達を求めたフセインは、「ナセルは、今回の危機でアメリカがイスラエルに与している事実を確認したので、アメリカの信用は今後大いに傷つく、ナセルは目下この点を強調するため懸命になっており、達成間近のところまできている」と言った。★5

ナセルの歓心を買う行為に、身内の反対がなかったわけではない。タルをはじめ数名の側近達は、このような方針では国家に悲惨な結果をもたらすと考え、国王に忠告しようとした。しかし国王は聞く耳を持たず、同盟を結ぼうと躍起になった。ダマスカスがまだ自分を裏切者扱いにしていることを知ると、国王は補佐役達に「誰がアラブの大義に忠実で誰が裏切者か、シリア人は間もなく気付く」と言った。★6

しかし、最初に気付いた者はシリア人ではなく、エジプトの駐ヨルダン大使オスマーン・ヌーリであった。五月二八日夕方、サード・ジュマ首相の私邸に招かれた大使は、ショックを受けた。国王が来ており、その国王は、四八時間内にカイロを極秘に訪問したい、と言ったのである。大使は大急ぎでこの要請を本省の上司に知らせ、深夜に回答を携えて戻って来た。それは条件付きの訪問受け入れであった。第一は、イスラエルがシリア攻撃を意図する場合、ヨルダン領からその意図を阻止する。第二、イラク軍部隊のウェストバンク駐留を認める。第三、シュケイリを議長とするPLOをパレスチナ人の代表組織として認める。第四、アラブの西独ボイコットに従う。以上の四点を約束すれば、来訪を歓迎するというのであった。厳しい条件であったが、国王はこれをのんだ。国王は、明五月三〇日早朝、カイロへ飛ぶことになった。

その日、空港ターミナルには、トゥカーン、ジュマ、ハマッシュ、空軍司令官サラフ・クルディ准将が待っていた。フセインは軍服姿で、胸に陸軍元帥の階級章、腰には、三五七口径マグナム拳銃を帯びていた。到着が遅れたので、弟ハサン王子の統治継承証書にサインするのもそこそこに、カラベル（中距離ジェット旅客機）に乗りこんだ。自ら操縦して、カイロ近郊のアルマザ軍用飛行場へ飛ぶのである。飛行場で出迎えたのは、四人の副大統領にリヤド外相、アラブ統合司令部（UAC）のアブダル・ムーニム・リヤド参謀長、大統領府のアブダル・ムーニム・ファリド官房長である。錚々たる顔ぶれのトップが、ナセルその人であった。ナセルはヨルダン国王の手をとりながら、「今回の訪問は極秘になっているので、陛下を逮捕したらどうなりますかな」と言った。フセインは動じることなくほほ笑みながら、「そんな恐れがあるとは、考えもしませんでした」と答えた。

一行はクバッフ宮殿へ向かった。そこに待っていたのがアメル陸軍元帥である。そして、大統領、国王、元帥の三人は別室で協議を開始した。話し合いは予定より長く、昼食をはさみ午後まで続いた。冒頭フセインは、「私は、我国が重大な責務に立ち向かっていると思う。この責務に対する私の気持は、全アラブに共通する。心は同じである。ヨルダンに危機がせまっていることはわかっている。私には対イスラエル戦が不可避との認識もある」と言った。それからシリアをめぐるエジプト・ヨルダン関係の状態を遺憾としたが、全アラブの行動の一環としてヨルダン軍はシリア防衛の任につく用意があるとし、全アラブの行動はヨルダンを守ることでもあるとつけ加えた。ナセルの応答は多岐にわたるが、「アラブは危機に直面して大同団結できる。この点を誰にも理解させるには、政治上軍事上の立場を整理して、共通の立場にまとめる必要がある…当初の私の計算では、イスラエルとの戦争が勃発するのは三—四年先という予想であったが、実際はもっと早い。急展開中である」との認識を示した。

しかしフセインは、一般的な話をするためわざわざ飛んで来たのではなかった。目的は取り引きの締結である。フセインはナセルに、エジプト・シリア相互防衛協定とそっくりのものでよいから、相互防衛協定に調印したいと意志表示をしたうえで、イラク、サウジ、シリア、エジプトの外征部隊が自国領に駐留してもよい、と言った。ナセルは論駁せず、リヤド外相を呼んでシリア、イラクへすぐに行けと指示した。両国軍の急派とヨルダン上空の防衛に任じるジェット戦闘機の展開、を交渉するのである。バグダッドのアレフ大統領に、電話で連絡をいれて協力を要請し、ガザにはシュケイリを至急カイロへ送れと指示した。しかし、この一連のジェスチャーは高くつくことになる。フセインはすぐに痛感するのである。そして、アンマンのPLO事務所を再開するだけでなく、フセインは、ヨルダンの誇りである国軍を、リヤド将軍の指揮下に入れることを認めざるを得なくなった。将軍の直属上官はアメル元帥である。

エジプトとヨルダンが合意した協定は、「どちらかが攻撃された場合、それは両国に対する攻撃と受けとめ、持てる手段をすべて投入し…撃退する」相互防衛の内容で、その日の午後調印式が行われた。仕事を終えた後は気楽な半日で、フセインは飛行場やヘリオポリスの新しい軍司令部の視察で過ごした。地図の判読と軍事情勢のブリーフィングで、フセインはエジプト側に奇襲の恐れを指摘した。それは、航空機を使ったイスラエルの先制攻撃であるが、ナセルは気にしている様子は全くなく、ユダヤ人にそのような能力はないと主張した。ナセルは、アラブ諸軍の連合力をもってすれば、戦争は数日で片付くと予想し、「アメリカが介入するようであれば、私は躊躇なくソ連に支援を求める」とつけ加えた。

その日の最後を飾るのが、シュケイリPLO議長の登場である。しわくちゃの人民服を着たシュケイリは、うろたえていた。それもそのはずである。人民解放軍を率いてアンマンに突入し、「フセインは無視する」と最近宣言したばかりだった。そのシュケイリは国王の方へ歩みより、「パレスチナ人の首席」と名乗り、近い将来ヨルダンを訪問したいと述べた。ナセルは「君が近い将来行くことはないさ」と断言し、少し間をおいて「今から向かうところなのだからな」と笑った。そしてフセインの方へ向き直って言った。「この人が問題を起こすようであれば、塔にでも放りこんで、あとは私にまかせてください！」[★7]。

フセインは、バーンズ大使に語ったところによると、「パレスチナ問題の肩の荷をナセルに移して」、ヨルダン王国へ戻ったところ、お祭り騒ぎのような歓迎を受けた。ナセルとの会談は極秘であったはずなのに、地域一帯に大々的に放送されていた。カイロ放送は、「運命の時がせまりつつある。世界はアラブが戦いに備えて身を固めていることを知るだろう」とがなり立て、その放送は歓喜の声で迎えられた。フセインとシュケイリを乗せた車は、文字通り空中に持ちあげられた。国王は疲れ果てていた。「しかし、私はあの時ほど幸福そうな国王の顔を見たことがない。国王の顔は晴れやかであった」とジュマは述懐する。フセインは、カイロで国家の安全保障をあがなった、と確信したのである。アメリカが王国の領土保全を保障せず、イスラエルの軍備増強に手を貸しているように思われる時、アメリカに代わる〝政治上軍事上の保険〟をかけた、と思ったわけである。フセインはナセルが先に手を出すとは考えなかった。海峡封鎖を撤回することはないだろうが、先に開戦はせずイスラエルの攻撃を待つ。攻撃を受ければ、反撃し、イスラエルを叩きのめす。戦争の帰趨にかかわりなく、ナセルがアラブの同盟に加わらなかったとしてヨルダンを非難することは不可能になる。★8

しかし、ヨルダン国民がこぞってフセインの手柄を讃えたわけではない。ワスフィ・タルは国王の政策に危機感をいだき、国王に「ウェストバンク喪失を防ぐためなら、二〇〇〇人の反徒殺害も辞しません」と言った。パレスチナ人の間にすら不安に思う人もいた。例えば東エルサレム市長のアンワル・ハティブやヘブロン市長ムハンマド・アリ・ジャバリのようなリーダー格の人物は、エジプトがヨルダンを戦争に引きずりこみ、相手のイスラエルは必ず東進すると考えた。防衛協定を批判する者は、ヨルダンが兵隊として扱われる可能性を、直ちに指摘している。戦略上の意志決定は、戦争勃発までは合同防衛会議で行われるはずである。しかし現実には、ヨルダン軍はすでにエジプト軍の指揮下に入っていた。軍はカイロに連絡部すら持っていなかった。そしてこの防衛協定は、コード名でカレッジ・ランと称する米ヨ秘密協定を、無効にしてしまった。この協定でアメリカはヨルダンに、F104戦闘機（スターファイター）一二機、対空砲、無反動砲、弾薬を供給していたのである。アメリカは、エジプトの手に渡ることを恐れて、武器弾薬の供給をやめ、戦闘機もトルコへ移した。フインドレー・バーンズ大使は国王が「パンドラの箱を自身の計算以上に開きすぎた」

と考え、ヨルダン情勢が「一九一四年八月を想起せしめ…警戒を要する」と観察した。[9]

それは冷厳な現実となる。六月一日、ヨルダン正面担当のリヤド司令官が到着、直ちにウェストバンク防衛の視察を開始した。それは、イスラエルの侵攻に備えた防衛態勢の研究だけではなく、シナイ正面の敵戦力を可能な限りこちらへ吸収するための研究視察であった。その分エジプトにかかる圧力は軽減される。そのエジプトは、第五三及び第三三コマンド大隊の派遣を決めた。その任務は、イスラエルへ潜入し、一連の戦略目標を破壊することにある。

リヤド司令官とコマンド二個大隊の到着は、ヨルダン大衆の士気を大いに盛り上げ、熱狂的空気をさらに煽る結果となった。パレスチナ人の間に特に強いこの熱気は、シュケイリが利用しないわけはなかった。このPLO議長は、アンマンを離れてはならないという国王命令を無視してエルサレムへ行き、そこで激越な口調で金曜説教を行った。PLOは「ヨルダン正面の前進陣地に布陣中である。そこでシオニストのギャング共と対決する」と語り、解放組織は最先端兵器を装備し、自ら戦闘を指揮する、と胸を張った。群集は熱狂し、沸き立つ空気のなかで暴徒化し、西側領事館を襲撃、制止しようとする軍隊と衝突した。意気軒昂たるシュケイリは、「我々はイスラエルとその住民を抹殺する。生き残りは、もし居ればの話であるが、船に乗せて海中に投棄する」と約束した。[10]

影の薄くなるエシュコル

イスラエルは開戦せず待機を決めた。この意志決定の流れのなかで、フセインがナセルと同盟を組むことになり、それは開戦への圧力となってイスラエルへふりかかってきた。その圧力は、早くも五月二八日夕方に噴出しつつあった。この日の夕方、エシュコルは閣議の後参謀本部の幕僚達と会う予定であったが、その前にひとつ仕事を済ませておかなければならなかった。会合場所へ向かう途中、イスラエル放送のスタジオに立寄り、やきもきしている国民に状況を説明するのである。

イスラエルはアラブの侵略を撃退する力があるが、危機を穏やかな方法で解決するため、アメリカと一緒に努力中である。エシュコルは国民にそのように伝えたいと思っていた。しかし、彼は極度の睡眠不足で、咳の出る風邪にかかっていた。さらに、最近白内障で手術を受け、片目義眼で視線がよくさだまらなかった。このような肉体的条件に加えて、放送原稿が問題であった。スタジオに入ってから渡された原稿は、抹消や追加がやたらに多く、あちこちに線で引っ張って訂正や書きこみがしてあった。首相はこれで生放送をしなければならないのである。放送は惨澹たる結果に終った。それは、しどろもどろで、放送は話す内容に論理的なつながりが全くなかった。ラジオ聴取者は、首相が精根つき果て、パニック状態にあると解釈した。イスラエル国民が困惑したのは、エシュコルの様子だけではない。主権国家の命運が自国民の力ではなく、他国の手にゆだねられていることが、ショックだったのである。主流紙のひとつハ・アレツの論説委員ゼーブ・シフは、「ホロコーストに苦しんだ民族が、安全を他人にまかせて危険に身をさらすのは、まさに驚きである」と書いた。ネゲブでは、トランジスター・ラジオのまわりを囲んだ兵隊達が、この放送を聴いて泣き出したといわれる[★11]。

エシュコルにとって、夕方の悲劇は最後ではなかった。ピットで首相の到着を待っているのは軍幹部達で、これから閣議の検討結果を聴くのである。チラン海峡の封鎖以来、国防軍情報部は、いくつかの予想をしていた。第一はディモナと航空基地に対するエジプトの奇襲攻撃である。第二がミサイルによる猛攻撃、第三が毒ガスそして放射性物質による原始的装置の使用である。シリアが攻撃に加わることは確実であり、おそらくヨルダンも参戦するであろう。国防軍は、アメリカが介入することはないと考えた。レガッタ計画が実現するとも思っていなかった。このような判断から、国防軍は緊急時計画を復活した。まずエジプト軍を殲滅し、それからほかの正面でも戦闘の主導権を握る。必要なのは政府のゴーサインだけであったが、政府からきたのは部隊の無期限待機であった。ネゲブでは、シナイの状況を反映して、混乱が生じていた。元空挺隊指揮官で当時南部正面の機甲師団長であったアリエル・シャロン少将は、「部隊は…あちこちを移動し、ほかの部隊が使った道をたどり、ほかの部隊位置に布陣し…右往左往していた。軍は自分達が何をしているのかわからぬようであった」と述懐した。

この混乱は、エバンの帰国と政府の決断によって解消する、との期待があった。しかし、その期待は裏切られるのである。ラビン参謀総長は、自分の口から軍幹部達にどうしても言えず、首相からの説明を求めた。エシュコルは、アロン労相に付き添われてピットにおり、紹介抜きで軍幹部達に話を始めた。エシュコルは、この数日間の出来事をかいつまんで説明し、ジョンソンとコスイギンからの書簡そして封鎖突破船団構想に触れ、「戦争を始めるのは、政治上、外交上そしておそらくは道義上筋が通らない」と言った。そして、「我々は抑制し、一ないし二週間いやもっと長くなるかもしれないが、我が軍を待機状態におかなければならない」と述べた。エシュコルは、海峡封鎖解除に対するアメリカの約束を信じるとし、戦争になれば、死傷者が出る。機材は失われ外国の援助も途絶える。この点をよく考えて欲しいと熟慮を促した。「君達指揮官が気落ちしているのはよくわかる。しかし、よくよく考えれば、ここはしっかり踏ん張って試練に耐える以外に手はない。これが大人の分別というものだ。たとえこのエジプト軍を完膚なきまでに叩き潰しても、必ず新しい軍が登場する。別の世代が生まれ、我々に親愛の情を示すようになるには、おそらくあと一五年はかかる。今はその時ではない」。首相はそう結んだ。

軍指揮官達は静かに聴いていたが、話が終ると反撃に転じた。その口火を切ったのが、エシャヤフ・ガビッシュ南部軍司令官で、「二週間たっても海峡は封鎖されたままでしょう。その時には状況はもっと悪化している」と主張した。ウージ・ナルキス中部軍司令官がうなずきながら、「その時点で戦争になれば、戦死者の数はもっと多くなる」と指摘し、「問題は我々ではなく若い世代である。彼等は国防軍が攻撃しない理由

◉——南部軍管区を激励に訪れたベギン無任所相(中央白シャツ)とシャロン師団長(左)、ヨッフェ師団長(右)。撮影＝モシェ・ミルナー、IGPO

◉——下：ガザから撤収する国連緊急軍司令部要員。前列左がリキーエ司令官。撮影＝イラン・ブルナー、IGPO

◉——チラン海峡、前方はアラビア半島西海岸。イスラエルにとって国とアジア・アフリカを結ぶ唯一の交通線であり、アメル元帥はイスラエル船の通航がゆるせなかった。IGPO

を絶対理解しない」と述べた。さらにナルキスは、「介入するというロシアの威嚇はこけおどしにすぎない」のであり、アラブ諸国軍は「石鹼の泡と同じ、ピンで突けばすぐにはじける」と言った。アブラハム・ヨッフェ師団長は、試合前の体重測定よろしく双方を評定し、「ソ連の支援を受けたエジプトは、イスラエル撃滅を唯一の目的とする軍隊をつくった。イスラエルは違う。IDFは国家を守るために建軍されたのである。しかし政府は、任務すなわち国民の期待する任務を遂行させない」と言った。

反撃は続いた。後年極右グループの指導者となるレハバム・ゼービ作戦部次長（色浅黒く、ガンジーの仇名がついていた）と、マッティヤフ・ペレド主計総監（後年極左の指導者）は同じ意見で、イスラエルが生き残りたいのであれば、直ちに脅威を排除すべきであると主張した。ヤリーブ情報部長は「汚い仕事を代わりに誰かがやってくれるなど、イスラエルがそんなことを期待するのは無理である」と前置きし、「我々にまきついた喉輪を断ち切れるのは、我々だけである」と指摘した。なかでも一番説得力のある意見を述べたのはシャロン師団長である。曰く、

今日我々は、敵が恐れる我々の最も強力な武器を、自らの手で片付けてしまった。我々には、エジプト軍を撃破できる力がある。しかし、我々が航行の自由問題にこだわり、これで手をあげるならば、イスラエル潰滅のドアを自分の手で開けたことになる。今しなければならぬことを先延ばしにして後でやれば、その代償はずっと高くなる…イスラエル国民は、正義の戦いには馳せ参じる。犠牲を覚悟で戦う。問題は航行の自由ではない、イスラエル国民が生き残れるかどうかが問題なのである。

‡

エシュコルは、懸命になって辛辣な言葉の数々をかわそうとした。イスラエル国防軍は、好みの戦争をやるために建設されたのではない。戦闘能力が高いことは、開戦を正当化しない。エジプト軍がシナイに駐留

しているだけのことで先制攻撃をするのは、理由にならないと主張する首相は、「抑止力とは忍耐力、持続力を意味する」と言った。首相の主張は、軍幹部達に全くインパクトを与えなかった。アロンが間に入って話し合いを終らせなかったならば、彼等は延々と侮辱的なことを話し続けたであろう。もっともそのアロンもそしてラビンも、首相を一切弁護しなかった。エシュコルは傷つき、意気消沈し逃げるようにピットを去った。

「あれは反乱そのものでした」と息巻くのはミリアム夫人である。「全員が心配したけれど、誰も民主的手続を考えなかった」と述懐する。イスラエルの自己イメージは、天下無敵と脆弱な小さな存在の二つに分裂し、この二つがもろに全面に出てきて、イスラエルの指導部を真二つにした。空挺隊指揮官ラファエル・エイタンは、「イスラエル軍の名誉が汚され、踏みにじられた。軍を指揮する軍人達は、命懸けでその名誉を守ってきたので、突きあげてくる怒りを抑えることができなかった」と説明する。しかし、どんなに強い怒りであっても、この軍人達は本気でエシュコル追放を考えたことはない。法の支配を冒すこともしなかった。彼等は、首相が去った後ピットに残り、予備役三万の動員解除を含め、兵隊の士気維持をどうするかで議論した。[★12]

しかし世論はそれほどやさしくはなく、承知しなかった。翌日の新聞各紙は、エシュコルのしどろもどろの放送とその重苦しいインパクトを大々的に報じた。主流紙ハ・アレツは、「政府は、現在の構成では危機時に国家を指導できない」と断じ、ベングリオンとダヤンの登場を求め、エシュコルには退陣して、〝民間問題〟に専念するように勧告した。一九六五年の選挙時に結成されたエシュコルを守る市民の会は、意見広告を出して、主要政党で構成される挙国一致内閣の組閣を求め、「我々からみるとエシュコルが攻撃を躊躇するのは、弱さからであって英知に由来するものとは思われなかった」と主張した。西エルサレム市長のテディ・コレックは、国際船団という考えは、〝ナンセンス〟と一蹴し、「アメリカやイギリスの船が通過した後でも、海峡は再度封鎖できる」と書いた[★13]。

舞台裏での動きも活発であった。ベングリオンは日記に、「エシュコルが内閣にとどまっている限り、我々は無限の深みに落ちていく」と書いた。メナヘム・ベギンは政敵ベングリオンに、特別戦時内閣の首班として復帰し、エシュコルを副首相にすえよと勧告した。エシュコルはこの構想を拒否し、「この二頭の馬は、同じ馬車にはつなげない」と警句を吐いた。これに関してゴルダ・メイヤーはベギンとラフィ党のシモン・ペレスと会い、防衛担当副首相としてダヤンに入閣してもらう案を提示した。しかしながら、ダヤンは提案を考慮することすら拒否し、国防相としてのポストを要求した。そして、そのポストにつくならば、大臣として執務するのみならず、自ら戦争を指揮すると言った。

ダヤンはロビー活動をせず、賢明にも政治家達の談合に任せた。国防相候補としては、イガル・アロンよりダヤンの方が有力であった。元参謀総長のダヤンは、国民の英雄であり、特に女性の間に人気が高く、どこでも歓呼の声で迎えられた。一九五六年の戦争では参謀総長として作戦を指揮して勝利し、その回想録『シナイ作戦日記』は、「アカバ湾における…航行の自由、フェダイーン（コマンド・破壊活動グループ）の封殺、エジプト・シリア・ヨルダン軍事同盟の…無力化」の実績を綴ったもので、一九六六年の刊行は、まさに時宜を得た出版であり、名声は一段と高まった。エシュコルは、対抗勢力としてのダヤンを中和するため、内閣復帰の話を流し始めた。ラビンは参謀総長の地位を譲ってもよいとしたが、ダヤンは受ける気がなく、自分が欲しいのは南部軍管区司令官の職務である、と言った[★14]。

世論は沸騰、政界が大揺れに揺れている頃、軍内部にも激震が走った。ラビンは、自分にかかる重責を軽減しようと考えて、ハイム・バーレブ前作戦部長を参謀次長に任命したのである。サラエボに生まれコロンビア大に学んだバーレブは、一九四八年の独立戦争時は歩兵大隊長、一九五六年のシナイ作戦では機甲旅団長。いずれの戦争でもエジプト軍と戦った軍人である。当時フランスの軍教育機関で指揮幕僚課程に在籍中であったが、急遽呼び戻された。この任命は、参謀本部では受けがよかったが、収まらないのはワイツマンである。次期参謀総長は自分と考えていたのだが、その最短距離の地位がバーレブに与えられたので、激怒した。回想録に「私のステータスは傷ついた」と書き、「私は彼等（ラビン、エシュコル）にとって乱暴な男なのであった…ヘブロン、ナブルスそしてエルサレム全域に我等の権利があり、武力でその権利を守る向う見ずの〝無頼漢〟に見えたのである」と怒りをあらわにしている。

ワイツマンは、国家がトラウマにとらわれ右往左往の状態にある時、辞表を叩きつけた。首相官邸に乗りこんだワイツマンは、ピンハス・シャピラ蔵相と昼食をとっていたエシュコルの前につかつかと進み出て、「エシュコル、国は滅びつつある。モシェ・ダヤンなどでなぜ時間を無駄にする。イガル・アロンなど誰が必要とする。命令してくれ。そしたら我々は勝つのだ…あんたは勝利の首相となるではないか！」と吠えまくった。そして階級章を軍服からもぎとると、わざとエシュコルの机の上に投げつけ、足音も荒く大股で出て行った。

この権力争いにかかわりのない一般国民にとって情勢は深刻にうつり、国民は非常な危機感を抱いていた。あちこちで塹壕が掘られ、退避壕がつくられた。土嚢づくりも盛んであった。特にエルサレムでは、学校の防空壕が改装され、防空演習も日常的に実施された。タクシーは全部、バスも大半は徴用され、緊急献血運動も始まった。マゲン・ダビッド・アドム（赤十字に相当する医療機関）には、「苛酷な条件に耐える身体強健かつ経験ある」外科医の緊急派遣が求められた。血漿の海外調達は追加注文が行われた。特別委員会もいろいろ設定された。食料備蓄委、動員による労働力不足に対処する労働者補充委、ヨーロッパへの児童疎開委などである。病院には、ベッド一万四〇〇〇床が用意され、毒ガス攻撃の恐れもあるので、解毒剤も準備された。一日二〇〇名のガス患者搬入が考えられた。墓も用意された。約一万人分である。[★15]

まわりは、不吉な事態に備えた行動で、暗い話ばかりであったが、ひとつだけ光明があった。ユダヤ人世界に、前例のないほど大きい支援の輪が広がったのである。イスラエルの吸収力を遥かに超えた多数のボランティアが押し寄せた。若くして独身そして手に技術を持つユダヤ人青年は、特に歓迎された。寄付も予想を遥かに上廻った。ニューヨークとロンドンではイスラエル支持デモがあり、世界規模で献金運動も始まった。「ヨーロッパのユダヤ人は、イスラエルのため史上初めてひとつになって行動した。道義的、政治的、経済的支援が総動員されている」。サピルにそう書き送ったのは、フランス・ユダヤ人社会の指導者エドモン・ド・ロスチャイルドである。そのパリからはイスラエルのウォルター・エイタン大使が、フランスのユダヤ人社会に〝革命〟が起きている、と報告している。献血で列をつくり、疎開児童を受け入れ、イスラエルに寄付金を送るため美術品さえ売る人々もいたというのである。非ユダヤ人からの支援もあった。特に歓迎されたのは、二万セットほどのアメリカ製ガスマスクである。皮肉にもドイツからの供給であった。[★16]

しかし、この一連の善意的支持でも、ユダヤ人のなかにある不安を、払拭できなかった。ホロコーストに見舞われるのではないか。そして今度も見捨てられるのではないか。重苦しい気持が誰の心にも淀んでいた。主流紙ダバールの副編集長ハンナ・ゼメルは、エシュコルに「あなたは何を待っているのか」と問うた。ゼメルは、国際社会におけるイスラエルの孤立を描き、戦争になった場合の重大な被害を予想し、ブルート・フェトジッヒ・ヴィ・ヴァッサーという言葉で締めくくった。イーディシュ語で「血が水のように流れる」という意味である。後年ラビンは当時のムードを、「居ても立ってもいられない気持であった。政府は、戦争を回避できるかもしれないという幻想にしがみつき、我々はいらいらしながら会議に明け暮れていた。何も決まらないから、重苦しい空気のなかでいくら検討会議や作戦会議をやっても、堂々めぐりのようなことに、終始していた」と書いた。イスラエルの諸都市に対する大々的爆撃の噂や、兵隊は一世代丸ごと死滅するという予想が市中に流れ、ロッド国際空港には「国外に脱出される方にお願い。最後の人は空港の電灯を消してください」と立て看板が立っているなどと、いろいろとジョークもとびかった。[★17]

五月二九日、イスラエル国民にとって黙示録を思わせる事件が起きた。シナイ国境域で、双方が砲火を初めてまじえたのである。越境したエジプトの偵察隊が、ガザ南東のキブツ・ベエリに接近したところを、イスラエルの空挺隊に伏撃された。するとエジプト軍は、ベエリとその北に位置するナハル・オズを砲撃し、穀物畑に火がついてあたり一帯が火の海になった。空挺隊は数時間釘づけ状態になった。この地域を担当するイスラエル・タル師団長は、状況のエスカレートを恐れて、増援派遣を躊躇した。少しでもエスカレートすると戦争につながる可能性があった。しかるに、この小競り合いの後、今度はミグの領空侵犯事件が起きた。再び飛来し、イスラエル軍の配置を偵察したのである。アラブ側は自信を得て、動きが早くなった。複数の軍事専門家は、「ナセルは戦争の危険がある情勢をつくり出してしまった」と判定したし、エシュコルは五月二九日の議会で「火の手があがり大火災になりそうな形勢である」と語った。★18

‡

カイロ訪問後のフセイン発言ほど、大火災を予感させたものはない。国王は帰国すると、「アラブ諸国の全軍が今やイスラエルを包囲した」と前置きし、「アラブ連合共和国、イラク、シリア、ヨルダン、イエメン、レバノン、アルジェリア、スーダンそしてクウェートが大同団結し…どの国のアラブも同じアラブ。アラブはひとつのアラブである、どの国の軍隊も変わりはない。ひとつのアラブ軍である」と言った。ハマッシュ参謀総長はバグダッドに飛び、四個旅団の派遣をイラク側に要請した。ヨルダンはホーカーハンター戦闘機二四機を保有するが、参謀総長は戦闘機一八機の派遣も求めた。ヨルダンの戦力は、一一個旅団。兵力五万六〇〇〇、戦車はセンチュリオンとパットンを合わせて二七〇両である。イスラエルの海岸平野部は帯状を呈し、一番狭いところで、海岸からウエストバンクまで九マイルしかない。ヨルダン・イラク連合部隊がそこを攻撃すると、国土が分断される恐れがある。ゴラン高原では、シリア兵約五万、戦車二六〇両のほか多数の火砲が、すでに配備を終えている。イラク軍の戦車隊が間もなく派遣されるはずである。一方エジプトは一三万、戦車九〇〇両、火砲一一〇〇門を有し、ナセルいうところの「世界を驚嘆せしめる作戦」の

ため待機中であった。この四か国の軍が連携するのである。★19

エジプト・ヨルダン相互防衛協定の調印は、国防相兼務を続けようとするエシュコルの希望を断ち切った。最後の土壇場になって一縷の望みを託したのが、ダヤンの要望であった。南部軍管区司令官なら受けると言っていたので、ダヤンをそちらへ廻して、自分は兼務を続ける考えであった。ラビンはガビッシュ司令官をピットに呼び、交代の決定を伝えると共に、副司令官の地位を提示した。

筋骨たくましく無骨なガビッシュは、一九四八年の戦争で足に重傷を負い、一九五六年のシナイ作戦で作戦部長として活躍した軍人である。四二歳になった今日、少将の肩書を有し、この二週間寝食を忘れて、作戦研究に取り組んできた。エジプトとの対決は不可避と判断し、部下将兵に覚悟を求め、赤い舌作戦（ラション・アドマ）のもとで、第四九師団と称する幽霊部隊をつくりあげた。数両の戦車とジープを使い、たくさんの偽装網を設置し、あたかも大部隊が存在するように仕組んだのである。ガビッシュは、一九五六年時の突破域であるクンチラとクセイマを結ぶ線の正面に〝配置〟した。エジプトは、すっかりこの計略にはまり、シャズリの軍をラファ域から南へさげ、さらに第四師団を動かしてシャズリの予備としたので、イスラエルの機甲の前に北シナイの防衛はさらに手薄になった。その功績に対してガビッシュに与えられたのは、更迭である。しかも降等に近い。ガビッシュは、エシュコルの決定に打ちのめされ、その決定に唯唯諾諾と従ったラビンに失望した。ガビッシュは辞任を申し出て、「ダヤンには敬意を表する。しかし私はここには一分たりとも残りたくない」と言った。

ダヤンは任命に快く応じるように思われた。「一兵士として、自分はハーフトラックでも何でも操縦する」と言って、記者団を喜ばせたが、さまざまな政治の流れが合流しダヤンをほかの所へ押しやった。国家宗教党は、挙国一致内閣ができなければ、連立から抜けると主張し、ラフィ党とガハル党は、ダヤンが入閣しなければ政権に参加しないと言った。ゴルダ・メイヤーは、アロンを国防相に望んだ。そのアロンは、ダヤンならエバンの代わりになると主張したが、それはマパイが拒否した。このように連立工作が続いたが、国民の我慢は限界に近づくばかりである。六月三日（土曜）には、挙国一致内閣の成立を求めるデモが予定されていた。

エシュコルは憤慨していた。「あなたは、ダヤンを望むが戦争は望まんと言う。これをどう理解すればいいのか」と怒気を含んだ声でシャピロにたずねた。しかしエシュコルは答がわかっていた。内閣は、国防相としての彼の能力に信をおかなくなっていた。メナヘム・ベギンも、同じ理由からベングリオンを推した。本人が戦争反対の立場であるにもかかわらず、である。降伏か否かの選択しかもはやない。首相補佐官のリオール大佐は、「閣僚なら多すぎるほどいる。議員もそうだ。しかし、庶民はいつもダヤンを求めた」と嘆き、「その時レビ・エシュコルはすっかり変ってしまった。死ぬまでエシュコルは前のエシュコルではなかった」と述懐する。★20

六月一日午後四時三〇分、ダヤンはテルアヴィヴでついに宣誓した。彼の職には極めて厳しい制限が加えられた。エシュコルが執拗に要求したため、ダヤンはいかなる攻撃も首相の事前承認を必要とし、全般的な戦争方針からずれる作戦は、実施できないことになった。さらに、イスラエルの都市が爆撃されない限り、アラブの都市に対する爆撃は不可とされた。そして、ダヤンの力を削ぐために、エシュコルは、考古学者として知られる第二代参謀総長のイガル・ヤディン教授を、特別顧問に任命した。

ラビン参謀総長も、ダヤンの国防相就任には、複雑な気持を抱いていた。レハバム・ゼービ作戦部次長は、「ラビンは気乗りしなかった。しかし、事実として受け入れるすべは知っていた」と述懐する。「ダヤンには存在感があった。ラビンは、国民の士気をたかめるダヤンの力を知っていた。そして、戦争になる場合、国防相としてエシュコルよりダヤンと組んだ方がよいことも、わかっていた。ラビンは、戦争の結果がどうなるか予想できず、結果責任を一部負ってもらうにも、都合がよいと考えた」。ダヤンは軍人として華々しい軍歴を誇る。ラビンは、自分より名声においてまさるダヤンを新しい上司として迎え、会うとすぐ「作戦面における私の権威を認めますね」とたずねた。ダヤンは、在ベトナム米軍司令官マックスウェル・ティラー大将が、統合参謀本部を尊重するように、自分も参謀本部を尊重すると答え、さっさとピットへおりていった。そしてそこで待機する軍幹部達に向かって開口一番、「君達の腹案を見せてもらおうではないか。持っていればの話だが、どうだ。私にはもうあるぞ」と一撃した。[★21]

その日夜遅くアハロン・ヤリーブ情報部長が、マイケル・ハドウ大使と〃夜更けの一杯〃をやろうと、イギリス大使館に立ち寄った。ヤリーブは杯をかさねながら、日頃の憤懣をぶちまけた。エシュコルは優柔不断である。意志決定ができない。サムア襲撃は大へまだった。エバンは命令に違反し、ワシントン協議でイスラエルの安全保障を重点にすべきところ、海峡封鎖問題を中心課題にしてしまった。そのとどめがダヤンの任命である。イスラエルは、〃きざな自己中心野郎〃に重責をおわせることになり、これから二日たてば、三正面で戦わなければならない。戦争には勝つだろうが、目をおおいたくなるほどの甚大な損害をこうむった後のことである等々。一九五〇年代初期からイスラエルと中東問題を専門にしてきたハドウ大使は、静かに口を開き、同調しなかった。大使は、〃ネズミの穴を窺うテリアのように〃チラン情勢を観察してきたが、戦争が不可避とは思っていなかった。「時々だが、少々我々の背筋を寒くさせるので、イスラエルは報いを受ける」と本省宛報告に書いているが、〃ヤリーブちゃん〃には、心配するなと言った。くよくよ考える必要はない。「二一時間で戦争になるようなことはない。国際社会がそうさせない。四八時間の外出許可という事態にもならない」とし、アメリカを信じなさいと忠言した。[★22]

‡

しかしながら、大使の忠告は、イスラエルでは大した反響とならず、危機が第三週を迎え、重大段階に入ったため、消えてしまった。ジョンソン大統領は、海峡解放のために〃あらゆる努力を払う〃と約束し、イスラエルを見捨てることはないと言ったが、舌の根がかわかぬうちに、後退したように思われる。イスラエルは、ホークミサイル一〇〇基、パットン戦車一四〇両、そしてスカイホーク攻撃機二四機を含む武器供給や、米軍との連絡委員会設置を要請していたが、ホワイトハウスは引き続き回答を遅らせた。ハルマン大使は、「戦争になった場合、緊急連絡に必要な電話番号がない。航空機の識別コードもない。第六艦隊にどうやったら連絡できるのか全然わからない」と不満を洩らした。ユージン・ロストウはその声を聞いてはいる。イスラエルは、兵力削減をアメリカに提案していた。米ソの仲介でシナイとネゲブの兵力を相互に削減する案だが、これも全く梨のつぶてである。イスラエルがせいぜい耳にしたのは、米政府がエジプトに経済圧力をかけてもよいという話だけであった。

何事も一向に決まらないので、業を煮やしたエシュコルは、再度緊急書簡をジョンソンに送った。海峡解放のためあらゆる手段を投じるという大統領の約束を信じて、政府は開戦を思いとどまったが、イスラエルは「抑制勧告が道義的論理的根拠を欠く状況」に追いこまれつつある。残された打開の道は、ウ・タントの努力によるシナイの原状回復、米イ軍事連絡委員会の設置と〝一ないし二週間内〟の船団出航しかない。このように書いたエシュコルは、「イスラエルはその歴史上最も由々しき事態を迎えている」と強調して親書の結びとした。しかし、この書簡でアメリカの立場が変化したわけではない。ジョンソンは、〝あらゆる手段〟とは言っていないとエシュコルの表現を否定し、「憲法の規定による権限内でとり得るすべての手段といったのである。誤解のないようはっきりさせておきたい」とし、その旨イスラエル側に即刻明確に伝えよ、とウォルト・ロストウに指示した。★23

連絡を受けたエブロン公使は、「大統領じきじきの決心と判断したのは、私が間違っていたのか」とたずねた。ロストウは「君はジョンソンを長い間見てきているわけであるし、どう判断するか。君には判断する権利がある」と答えた。奥歯に物のはさまった返事である。そして、くやし涙を流しながら、「たくさんのことがあの男の決断にかかっている」と言った。エブロンは大慌てでこの話を本省に報告した。ラビンによると、その概略報告でエルサレムは〝顔面を殴られた〟ようになった。「この電報を読み間違えることは絶対あり得ない。我々は、アメリカの行動を期待できぬということである…〈最後のわら一本がらくだの背を折る〉ということわざがあるが、まさにとどめをさされたような感があった」。

もうひとつの危機が米イ間に発生しつつあった。イスラエルはどのくらい待つ余裕があるかとロストウに聞かれて、エブロンは「約一〇日」と推測した。バーバー大使はもっと短いと予測し、「シナイかガザ回廊を発進基地として大きいテロが起きれば、イスラエルはいずれ対応せざるを得ない。彼等（イスラエル）は、ナセルの息の根を止めることができる、と考えている。テロを止める方法がほかになければ、そうせざるを得ないだろう」と述べた。当のエシュコルは、エブロンの報告に〝雷に打たれたように〟仰天したが、最後のひとふんばりをする気であった。モサッド長官のメイル・アミットをワシントンに派遣して、エバンができなかったことを確認させるのである。すなわち、米政府は本当にイスラエルと共同歩調をとる意志があるのか。とれないのであれば、イスラエルが単独で行動することになるが、それでもよいのかという確認である。[24]

モサッド長官の訪米

イスラエルからみれば方針撤回のように思われたことは、アメリカにとってはいまいましい、フラストレーションの産物であった。ウォルト・ロストウの証言によれば、「アイゼンハワーが公約のあったことを認めた瞬間から、ジョンソンが海峡を解放しなければならないと考えたのは間違いない」。彼は、この危機には断固たる政策をとるべきであると提唱し、ジョンソンに、国の政策は、〝本気〟で臨む強い姿勢が窺えず、〝記録に残すため〟の体裁にしか見えない、と警告した。しかし大統領は、中東問題と取り組むにあたり、さまざまな障害に直面した。レガッタ計画については、国防相、CIA、統合参謀本部いずれでも、反対する声が強まっている。実施できるだけの充分な兵力がアメリカにあるのか甚だ疑問、というのである。中東統制班（ミドルイースト・コントロールグループ）は、「武力による威嚇は、彼（ナセル）を現方針にしがみつかせるだけ」と判定し、「虚栄心と強欲をくすぐる方法が必要」とした。バトル前大使に、チラン海峡へ送りこまれた米艦船が砲撃されると、どうなると聞かれ、ホイーラー大将は、机をばんと叩き、「ルーク、戦争だよ」と怒鳴った。

レガッタ計画に対する軍の反対は、議会の反対に比べれば、色あせる。ホワイトハウス高官のラスク国務長官、マクナマラ国防長官そしてハンフリー副大統領が、議会に共同決議案を提示した。それは、大統領に「諸外国と力を合わせ（自由航行の）権利を確実に守るため、合衆国軍隊の使用を含む、適切な行動をとる権限」を認める内容であった。議会は前向きに受けとめなかった。上院外交委員会は、ラスクいうところの〝トンキン湾症候群〟にとりつかれ、レガッタ計画に全く関心を示さなかった。マイク・マンスフィールド、ウィリアム・J・フルブライト、アルバート・ゴラの三議員は特に強硬で、政府は国家を第二のベトナムへつき落としてはならないとし、中東危機は国連の枠組内で解決すべきである、と主張した。親イスラエル派といわれるロバート・ケネディとジェイコブ・ジャビッツすらも、船団構想に留保をつけた。ラスクとマクナマラは九〇人ほどの議員に打診したが色よい返事は得られず、すっかり意気消沈して、大統領に「議会のベトナムハト派が転換過程中で、（イスラエルの）タカ派につく動きありというのは、本当であろうが、議会から意味のある決議を引き出そうとすれば、激論のドロ沼に足をとられる恐れがある」と報告した。★25

しかし、議会の承認をとりつけるのは、レガッタ計画の問題のひとつにすぎなかった。他国の加入とりつけも問題であった。ジョンソンは、打診した一八か国のうち少なくとも一四か国が参加の意向を示したと考えた。しかし、チラン海峡の自由航行宣言にサインする気があるのは、アイスランド、ニュージランド、オーストラリアとオランダの四か国にすぎなかった。イタリア、ドイツ、ブラジルは、漠然とした表現であっても軍事行動を示唆するような文言に、しりごみした。フランスは相変わらず四大国首脳会議を唱え、アルゼンチンは、自国は海運国家ではないと主張した。アメリカの一外交官によると「ベルギー人は無駄口をたたく」だけであった。一番の衝撃がカナダの豹変である。最初にレガッタ計画を支持した国であるが、アラブの反撥を恐れ——カナダの国連緊急軍派遣隊は、親イスラエルのえこひいきと非難され、四八時間の猶予付きでシナイ撤退を要求された——、船団構想を棄て、休戦協定の復活、イスラエル国内への国連緊急軍の駐留、を支持するようになった。

ジョンソン大統領は、日誌に「カナダ、ヨーロッパ諸国は責任を負わないだろう。それは自分達の問題ではないと主張する。今すぐ中東に関わることはない」と書いた。特に脅しとして利いたのが、ナセルの威嚇であった。封鎖打開を試みる船舶には発砲する。船主国に対するアラブ原油の輸出を中止するという。ソーンダズは、ウォルト・ロストウ宛の覚書で、アメリカがレガッタを発航し、後続する国がない可能性を指摘した。[★26]

「我々は成功しないかもしれない。おそらくうまくいかない。しかし、我々が努力したことを納得のいく形で示すことができなければ、我国の世論は、爾後我々がすべきことに理解を示さず、支持もしない」。そう考えるウィルソン首相は、次第に懐疑的になっていくジョンソン大統領を励まそうとした。一九五六年のスエズ危機で崩壊寸前までいった英米同盟は、今回の危機にぶれることはなく、例えばレガッタ計画への勧誘は分担して行った。しかし、国内意見及び諸外国の見解という二重の圧力を受けて、この関係もほころび始めた。イギリスの閣議用に準備されたポリシー・ペーパー（政策枠組書）は、「（海峡に関する）国際行動は、国際と名を冠しただけの見え透いた英米の行動と受けとめられる」とし、「せいぜいのところ積極的な支持はヨーロッパの一ないし二か国。多少増える可能性はあるが、あとは世界中の国が敵意を示す」と分析した。閣議も同じ結論であった。曰く、

アラブ諸国特にアラブ連合共和国の軍事配備は、中東のバランス・オブ・パワーを永続的に変え、イスラエルにとって不利になる。イスラエルと西側列強はこれを受け入れざるを得なくなる…長い間我々が（スエズ）運河に関して擁護しようとしてできなかった権利を、アカバ湾に関して強く押し通すべきかどうかは、疑問である。アカバ湾の海峡の自由航行権回復は、イギリスの権益にとって本質的な課題でもない。

イギリスもまた、レガッタ計画に〝軟弱〟になり、自国の主張を頑として譲らなくなった。国連軍は一部象徴的な形で戻すが、海峡はエジプト軍の統制下におくというのである。イスラエル向けの〝戦略貨物〟は、石油を除き押収される。一方、イスラエルが開戦しないよう阻止に努力し、世界を超大国の対決にまきこむのを防ぐ。アメリカは、船団構想が〝イギリスの提唱〟として演出し、それを世界の利益ではなく、イスラエルの国益と結びつけて吹聴している。イギリスはこのように認識し、不快感を抱くウィルソン首相は、ジョンソンが自分に認めた以上のことを、エバンに約束したのではないかと疑った。首相は、宣言調印の会場提供を拒否し、海軍の合同計画策定活動を限定した。★27

その策定は、議会の疑惑を招かないように、静かに行われた。法的にあいまいなチラン水域におけるアメリカの地位、レガッタ計画を実行した場合の損失——外国為替で一〇億ドル、対外資産で数十億ドル——等々の調査や計算が進められた。そして、作戦発動のスケジュールも概定した。まず、非戦略貨物を搭載したイスラエル船が外国旗を掲げて先航し、石油を搭載した同種の船が後続する。海峡でどちらかが航行を妨害さ

れると、米海軍の駆逐艦二隻と戦術指揮艦一隻が封鎖に挑戦する。この小艦隊が攻撃されれば——作戦策定家達によると、起こりそうにないシナリオではあるが——地中海を根拠地にする機動部隊が〝敵航空兵力を無力化〟し、必要なら上陸作戦を実施する。エジプトとイスラエルの間で戦争が勃発すれば、どちらが先に手を出したかに関わりなく食糧、人道的支援及び弾薬をイスラエルに提供する。★28

レガッタ計画用の不測事態対応作戦は、六月五日に策定完了の予定であった。もっとも、実施にはあと一か月以上を要することもあり得るとされたが、ジョンソンにはそれだけの時間的余裕がない。エシュコル書簡に示唆されているように、イスラエルは二週間以上攻撃を遅らせることはないと思われる。統合参謀本部はこの想定にたって、六五隻ほどの海軍艦船を地中海東部水域へ移動させ始めた。空母「イントレピッド」は、ベトナムから戻る途中西航して、無事スエズ運河を通過し、第六艦隊の空母「アメリカ」及び「サラトガ」と合流した。艦隊は、〝ポートサイドから半径二四〇マイル圏〟の外に待機した。この距離であればエジプトを挑発することにはならないが、対象域は優に航空機の攻撃圏内にある。★29

この艦隊リストにはない艦艇が一隻、象牙海岸のアビジャンからスペインのロタへ進出するように命じられた。全長四五五フィート、乗組員二九四名の技術調査補助艦艇（AGTR）リバティ号である。武装は複数の五〇口径機銃だけであったが、最新式の傍受装置と解読装置を装備し、乗組員には、秘密の海軍情報収集隊（ネイバルセキュリティ・グループ）のスタッフが含まれていた。リバティ号は、コード名でロックスターと呼ばれるスパイ船であり、国家安全保障局（NSA）の指令で行動する。ロタで米海兵隊所属のアラビア語翻訳家三名をのせた。リバティ号にはすでにロシア語の専門家三名が乗船中である。船は別命あるまで現在位置で待機ということであったが、在欧合衆国海軍司令部から直接命令がきて、整備を終えた船は六月二日にロタを出港し、〝最大戦速〟で中東へ向かった。エジプト及びイスラエルの領海のすぐ外で、手順に従った哨戒任務につくのである。★30 本当の任務は、艦長のウィリアム・L・マクゴナグル海軍中佐も知らなかったが、シナイにおけるエジプト軍部隊とソ連軍顧問団の動きをさぐることにあった、と思われる。

‡

ジョンソン大統領はレガッタ計画の実行を誓った。しかしその誓いは、別の観点に立つ外交路線をさぐるさまたげにはならなかった。議会や海運諸国の反対だけではない。中東諸国駐在のアメリカ大使達は、希望のもてない寒々とした見通しを報告してくるのである。選択肢を別に考える必要があった。

ベイルートのポーター大使は、海峡が本当に問題と考える者はアラブ世界にひとりもいないとし、「問題がヨルダンのアカバ湾に関わるものであっても、アメリカはこのように強く憂慮するであろうか」と疑問を呈し、ソ連の罠に落ちてはならないと警告した。ダマスカスから報告したヒュー・スマイス大使は、「両天秤にかければ、我々はイスラエル、すなわち発展性のない保護国の方に傾いている。アメリカにとってこの国の価値はもともと感情的なものである。片方にアラブ諸国に代表される重要な戦略上、政治上、通商・経済上の権益がある」と主張する。アンマンのバーンズ大使は、国家安全保障上の本質を指摘し、アメリカはイスラエルに対する公約を〝履行しない〟ことを勧告、「イスラエルが戦争を始めた場合、我々がイスラエルを励ましたのではないといくら説明しても、アラブを納得させることはできない。それがこれから…北アフリカ及び中東に持つ我々の権益をぶちこわす」と書いた。そしてカイロからは、ノルテ大使が、ナセルはイスラエルが一九五六年にエジプトにしたことをやっただけ、つまりは、〝仕返し〟であり、武力でつくられた国家、すなわちユダヤ人国家を救う義務はアメリカにない」と伝えてきた。大使は、エジプトが必ず船団に発砲すると警告し、「ソ連の全面的支援を受けたアラブ連合共和国が、〝自由航行〟をふりかざし、これを押し通そうとする海軍その他の軍と対決しない、と考えるのは、間違っている。繰り返すが、回避することは考えられない」と主張した。★31

この一連の熱烈な勧告は、ベイルート及びジッダの両大使館で爆弾攻撃があって中断したが、ラスク国務長官に強烈なインパクトを与えた。長官はレガッタの〝全速前進〟の決意に変わりはなかったが、払う対価について幻想はすでに失っていた。ベルギーのハーメル外相に対し長官は「海峡解放のためには、武力行使も辞さないことをイスラエル人に示さなければ、勝手な制裁を思いとどまらせることができないだろう」と打ち明け、「一方、この方向でコミットしてしまえば、平和的解決をさぐるうえで、柔軟な対応力がそこなわれる恐れがある。それだけではない。ナセルと直接的な軍事対決に発展する可能性がある」と語った。

結局ラスク国務長官は、国連安保理における外交交渉にもっと力を注ぐようになり、ウ・タントのモラトリアム構想を中心にすえた、デンマーク案を推進した。ゴールドバーグ国連大使は精力的にロビー活動を展開し、見通しがつくようになった頃、エジプトが独自の逆提案を出してきた。ソ連側と暗黙の了解に達する以外に打開のチャンスはない。フェデレンコは、個人的には開戦阻止の気持を表明しており、地中海のソ連艦船は〝軍事パレード〟用と言っていた。しかし、公式の演説は、相変わらず敵意をむき出しにした内容で、キューバを封鎖し、ベトナムを〝血の海〟にしておきながら、エジプトの封鎖権は否定するとして、アメリカを激しく非難した。★32

国連ではどうしても埒が明かない。そこでアメリカ政府は、フェデレンコの頭越しに直接本人の上司達と話をつけることにした。ジョンソンはクレムリンのコスイギンに、ラスクは同じくグロムイコ宛にそれぞれ書簡を送り、自由航行の保障と戦争回避は双方に共通する関心事であることを強調し、海峡を封鎖し世界平和を危機におとしいれているナセルを不埒として非難し、ムチとアメを使いわけて説得しようとした。ムチはイスラエルの先制攻撃で、「我々は、イスラエルが引き下がるとは思わない…そしてまた、引き下がれと要求できる筋合いのものではない」とした。その対極にあるのがアメ、すなわちモラトリアムに関する協定で、ニューヨークまたはモスクワで米ソ首脳会議を開き、筋道をつけるとした。★33 ホワイトハウスが返事を待っている時、光明ではなく熱風が吹いた安保理討議は終り、四八時間後の六月五日、月曜まで休会となった。

国連外交と対ソ交渉は、精力的に推進しても、向う側の当事者との直接交渉に比べれば、限定的な価値しかない。直接話のできるチャンネルを回復できれば、期待以上の成果が生まれる可能性もある。この方向で努力することになり、先陣を承って、六月一日にチャールズ・ヨストがカイロに到着した。国務省の中東専門家ヨストは、ノルテ大使を支援するわけであるが、旧知のリヤド外相に連絡したところ、自宅で会うことになった。

外相は、九〇分以上も延々と話した。「感情を、抑揚をつけずむき出しにして、激しくかつ執拗に」アメリカの政策を糾弾し（どうしようもないほど親イスラエルと評した）、返す刀でイスラエル自体を非難、「シオニストが（パレスチナ）難民をどう扱っているか、学童全員が知っている。教育を受けているのだ。この問題が消え去ることはない」と言った。ナセルについて外相は、封鎖問題で後退することによって、メンツを失うわけにはいかないのであり、それを破ろうとする者とは〝誰とでも〟戦うという。軍幹部達はナセルに攻撃をせまっているが、ナセル本人はイスラエルが先に手を出すまで待つ。それから一挙に反撃に出て、砂漠でイスラエルを叩き潰す。国連の調停によって短期戦で終る。戦争は、行き詰まり打開にはちょうどよいかもしれない、と外相は考え考え言った。その後当事者は、難民が帰還しイスラエルは別の石油輸入元を探し得る〝現実的な解決〟に到達できるだろう。「問題は経済的なものではなく純粋に心理的な問題である」と外相は言った。

この会談は、カイロとの対話を継続しても意味があるのか、見通しを難しくした。ヨストはアラブに〝戦闘疲労〟の徴候は見られず、チラン海峡で妥協する気もないとし、「イスラエルの攻撃あるいは海峡における西側の武力行使の可能性がある限り、アラブの興奮と団結は、おそらくたかまっていく」と報告した。そして、エジプトは武力をもって封鎖を守り通す覚悟であるとし、アメリカはナセルの新しい地位を受け入れ、イスラエルは、一九五七年以前と同じようにエイラートなしで生きていくことを学ばなければならない、と

結んだ。★34

しかし、ワシントンはナセルに近づこうといろいろ手を尽くしていたから、ヨストがリヤドと会ったのは、始まりにすぎなかった。違った面から秘密の接触があった。ロバート・B・アンダーソン。左様、一九五六年にエジプト・イスラエル間の平和をめざして秘密工作をやった、例のテキサスの石油王である。アンダーソンは、今回の危機勃発以来大統領と直接電話で連絡をとりあっていた。五月二四日、カメル大使が離任挨拶に来た時、ジョンソンは、アンダーソンの隠密カイロ行を提案した。歓迎するとの回答を得て、アンダーソンは自信満々で出発した。今回の危機は、エジプトの経済問題が主因とし、アメルをワシントンに招いて解決すると考えていた。協定でも結んで、エジプトが穏健政策をとる見返りにアメリカの小麦を供給するという構想である。

五月三〇日夕方、アンダーソンはカイロに到着した。ナセルは余裕綽々、自信にみちた表情で、来訪者を迎えた。フセイン国王の訪問直後であり、ナセルは気持が高揚していたようである。ナセルは、イスラエルが一三個旅団をシリア国境に集結中で、そのうち攻撃を開始すると主張、しかしエジプトには反撃の〝秘策〟ありと胸を張った。ナセルが主として恐れるのは、シリアとパレスチナ組織の暴走である。シリアは、エジプトがヨルダンと新しい協定を結んだことを心よく思っていない。そのシリアやパレスチナ組織のひとつが、戦争を始めるかもしれない。その場合エジプトは介入せざるを得ない。アンダーソンが、アラブ世界の知識人は、平和に対する気まぐれな望みは持っていない。安っぽい期待には反対である。それもさることながら、彼等はこぞってナセルに傾倒している、さすがであるとお世辞を言うと、ナセルは皮肉っぽい口調で、「そんな断言の事実より、断言する人の品格に感服する」と言い返した。

このようなやりとりの後、会議はやっと危機回避の本論に入った。ナセルは、国連や国際司法裁判所をあまり信用しておらず、この国際機関による調停がうまくいくか疑問であると述べ、アメリカの仲介については言下に拒否した。ナセルは中立的立場の者の仲介を望むと言ったが、どこの誰とは特定しなかった。アメル元帥をワシントンに招く件については、ナセルはザカリヤ・ムヒッディーン副大統領の派遣を望んだ。内務畑を歩いてきた人物で、最近人民レジスタンス隊の司令官に任命されたばかりである。アンダーソンは同意し、ハンフリー副大統領の答礼訪問を提案した。

この会談の結果、ナセルは一一日前のジョンソン親書にやっと返事を書く気になった。エジプトの大統領は、シリア攻撃を企んでいるとか、国連決議を相変わらず侵害し、侵略を専らにしているとしてイスラエル非難に終始しており、返書は決して穏やかなトーンではなかった。エジプトの海峡対策は〝当然の帰結〟であり、イスラエルの貨物が通過することはできないと、主張は全く変えていない。しかし、この強情な姿勢を崩さぬ一方で、書簡はムヒッディーン副大統領の訪問招請を受け入れ、アメリカの副大統領のカイロ訪問を歓迎する、と結んだ。これこそまさにホワイトハウスが求めていた手掛かりであった。中東統制班は直ちに行動を開始し、フル回転でジョンソン・ムヒッディーン会談の手配に着手した。それには、アラブ・イスラエル紛争の包括的解決構想、ナセルの自尊心をくすぐる〝レバント風タッチ〟の添えものの準備が含まれる。エジプトからは六月五日に先遣隊が到着するので、その受け入れ準備も行われた。[★35]

アメリカの政策は、前途多難とはいえ、レガッタ計画の準備、国連安保理の活入れ、ナセルとの関係再構築の面で、一定の前進を示しつつあった。しかし、もう一方の当事者である肝腎のイスラエルについては、問題山積するも解決の目処はたっていなかった。

モシェ・ダヤンの国防相就任は、ワシントンでは賛否相半ばする空気で迎えられた。バーバーは、〝過度な楽観視〟をいましめながらも、元参謀総長の任命は、イスラエルの安全保障上の安心感を強めると考え、「我々が外交上のはずみを維持することができるならば…イスラエル関係がうまくいく可能性は、前よりも高まる」とみた。ラスクは、少し慎重で、政治上の立場からみればダヤンがエシュコルやベングリオンに恩義を感じる必要はなく、独自路線を進むと思われるとし、「外交工作が始まろうとする現段階で、戦争勃発直前を示す新しい徴候はない」と大使達に訓令を送った。しかし、ほかの政府関係者達は楽観視しておらず、例えばルシアス・バトルは「この（ダヤン）任命は、開戦決断の可能性を強める」と予見した。

肝腎の問題は、イスラエルがどのくらい待てるかである。レガッタのプランナー達が準備に必要と考える一か月間は、発砲を控えるのか。それとも、アメリカの情報機関が判断しているように二週間内に戦争を始めるのであろうか。

ジョンソン大統領は、結局のところ〝単独で己れの道を行く〟だろうとの腹積もりで、外交工作のためできるだけ時間をかせごうと決めていた。大統領は、ムヒッディーンのワシントン訪問と組み合わせるため、ちょうどウィーンにいたホワイトハウスのハリー・マクファーソンに、六月五日にイスラエルへ立寄るよう指示し、イスラエル側とハイレベルの会議をする権限を与えた。エシュコルの特使メイル・アミットと腹を割った話し合いをする権限も認められた。[★36]

‡

小柄な体に生気のみなぎるアミットは当時四四歳（三五年後もまだ現役で、イスラエルの情報偵察衛星計画の責任者であった）、イスラエル独立前はハガナで活動し、一九五六年に軍作戦部長になったが、その後諜報畑に転身した。一九六一年、コロンビア大ビジネススクールで学位をとった後軍情報部長に任命され、二年後モサッド長官に就任した。モサッドの仕事をナチハンティングからエジプトのミサイル開発の探知に転換したのが、アミットである。エリ・コーヘンをスパイとしてシリアへ送りこみ、失ったが（一九六五年）、一九六六年八月に世界をあっといわせる成果をあげた。イラク軍パイロットをミグ21戦闘機諸共亡命させたのである。アミットはエジプトのハリリ非通常型兵器開発局長と関係を築いた。今回のシナイ危機で、緊張緩和を目的に連絡をつけようとしたが、応答はなかった。以来アミットは状況が衝突コースに入ったことを確信する。ラビンとヤコブ・ヘルツオーグ首相府長官が、ワシントンのエバン宛警告電を起草した時、相談にのったのがアミットである。イスラエルは直ちに行動すべきであり、行動すれば必勝間違いなしと判断していた。エシュコルに「彼（ナセル）が先に手を出せば、彼の命運は尽きます」と自信たっぷりに言っている。

アミットは、ワシントンでもよく知られた人で、馬鹿気たことを許さぬ手堅い専門家として、評価が高かった。ジョンソン大統領に対してウォルト・ロストウは、「イスラエル生まれ…ハルマンやエバンは、自分が生粋（のイスラエル人）であることを、いつも証明しなければならないが、本人は極く自然、態度も柔軟である」と人物像を紹介し、「この連中にとってこれからの一週間ほどが正念場」とつけ加えた。アミットはＣＩＡと緊密な関係があり、特にテルアヴィヴ分室のジョン・ハッデン室長とは密接に連絡しあっていた。危機の初期段階で、ハッデンは午前二時三〇分にアミットを叩き起こし、「先に発砲すれば、君達は独力でやっていかなければならなくなる」と警告した。

この警告がまだ生きているのかどうか。それを確認するのがアミットの最初の仕事であった。アメリカの判断ミスを指摘して、納得させるのも、第一の仕事に負けず劣らず重要な任務で、「一〇日前イスラエルに汚い仕事を片付けることが許されていたなら、アメリカの介入という危険は発生していなかったはず。しかし今になってイスラエルが行動しなければ、アメリカは、中東の後片付けのため介入せざるを得ない」と主張するのである。さらに、イスラエル国民は、アメリカが自分達のために血を流すことなど誰も望んでいない。「ここはベトナムではない。我々が望むのは、ソ連の介入阻止、国連での政治的支持、イスラエルに対する武器供給の実施である」と強調する。ところがエシュコルは、アミットの任務を軽視し、ファントフラッハ（イーデッシュ語で〝室内履き〟の意）と一蹴した。しかし、それ（任務）が伝えるのは、「イスラエルの血はアメリカの良心にかかっている」という重大なメッセージであった。

アミットは、身分を隠し五月三一日にイスラエルを出発した。機中でアミットは暗澹たる気持に襲われる。

イスラエルの著名人数名が搭乗していたのである。安全のため国外に避難しているのが明らかであった。ワシントンでは、ジェームス・ジーザス・アングルトンが出迎えてくれた。モサドとの連絡係を長年つとめている人物で、モサドは〝CIAきってのシオニスト〟と評していた。アミットから見ると、アングルトンはイスラエルの将軍連中よりも闘争心に満ち、「ソ連は何年も前からこの危機を画策していた」とか「ジョンソンは、イスラエルが彼等の意図をくじくことを秘かに望んでいる」と主張してはばからなかった。アングルトンは「レガッタは編成できない」と主張した。アミットのもうひとりの知人リチャード・ヘルムズも同じ意見であったが、最終的な判断はジョンソン、ラスクあるいはマクナマラが行う、とつけ加えた。

CIA本部では、あとひとつ会議があった。アラブの戦力計算には手慣れた中東専門家二〇名が出席し、イスラエル側の見積りに同意した。「はりつめた空気で、ぴりぴりしていた。しかし、友好的な雰囲気であった」とアミットは指摘する。アミットによるとジャック・スミス中東課長が「あなたは、すでに改宗した者達に、ずっと説教してきたわけです」と言ったという。しかし、本番はこれからである。マクナマラとの会談が待っていた。

前ハーバード大ビジネススクールの教授で、フォード社の社長マクナマラは、アメリカのベトナム介入の立役者であり、冷徹かつ組織的な考え方をする人として知られる。そのマクナマラは、ノーネクタイ、ワイシャツの袖をまくりあげた姿で、アミットを温かく迎えた。そして挨拶もそこそこに、「モシェ・ダヤンは元気か」とたずねた。「私はあの人を尊敬している」と言うと、いくつか核心をついた質問をした。戦争になった場合、何日でケリがつくか。イスラエル側の損害をどのくらいに算定しているか。アミットは簡潔に答えた。勝負は二日でつく。損害は大きいと考えられるが、一九四八年の戦争の時よりは小さい。そう答えたアミットは、イスラエルが求めるアメリカの政治、軍事支援について触れた。そして、先制攻撃の問題について、言質をとろうとして、アミットは戦争支持の助言を得て、これから国へ戻ると言った。マクナマラは「あなたの言うことはよくわかった。大変参考になる」と答えただけである。

アミットの記録によると、ジョンソンが会談中二回呼び、会談内容を十二分に知らされた。かくしてモサッド長官は、国防長官同様大統領は開戦するなとは、明言しなかった、との結論に到達する。マクナマラは後にその結論に異議を唱え、「彼がそう考えたとは信じられない。我々は先制攻撃に絶対反対だった。先制攻撃は、ソ連を挑発し、そして介入を招く。そうなるとアメリカはイスラエルを救うため、介入せざるを得なくなる」と語った。しかしアミットは、アメリカの態度、意図をすでに見抜いていた。レガッタ計画はホワイトハウスの内部で意見が分かれており、軍事面でも、ガスマスクと医薬品をいくらか供給するにとどまり、軍事支援は拒否する。アミットに対応するうえで、ジョンソンの目的がイスラエルの恐怖をやわらげ、外交工作のための時間稼ぎにあったとすれば、はっきりいって時機はすでに失われていた。待ち続けてもイスラエルは何も得られず、事態は複雑になり混迷の度を深める。アミットは益々その確信を強めて帰途につくのである。[★37]

ハルマン大使が到達した結論も同じであった。問題解決の方法、手順、落としどころについて、アメリカ側と三週間近くも突っこんだ協議を重ねた末の結論で、渋々ながらそう認めざるを得なかった。大使は協議のためエルサレムへ戻る予定で、席上アミットと並んで自分の見解を述べることになっていた。しかし、帰国の前にもう一度だけ確かめようと、大使はラスク国務長官に会った。これが最後の願いとばかりに、行動支持の確約を求めたのであるが、ラスクは陳謝し、自分はイスラエルがすでに受けている以上の保証は、何も与えられないと述べ、先制攻撃について再度警告した。長官はこの機会を借りて、ムヒッディーン副大統領のワシントン訪問を明らかにし、状況は〝逐一知らせる〟と約束した。ハルマンはがっかりした。これから延々と対エジプト交渉を始めるのである。船団編成が無期限延期になったも同然である。大使は「アメリカが、戦争行為がとうの昔に起きていたことを認識するまで、イスラエルは一万の損害を耐え忍んでいなけ

ればならないのか」と問い、エジプトが最初に攻撃すれば、「イスラエルはやられる」と言った。★38

快刀乱麻の男ダヤン

アミットが戻った時、イスラエルの空気は出発前とはずいぶん違っていた。四八時間の間に変わったのである。パニック的雰囲気は消え始め、自信とまではいかなくても、落ち着いた空気になっていた。軍では、幹部達がハ・ハムタナ（待機期間の意）を、さまざまな恵の時と考えるようになった。まずエジプト軍は、この時間を利用して塹壕掘りに精を出すが、どうしても第一線防備が中心となり、前へ前と出てくるので、奥行きが浅くなり、一度突破されればシナイ防衛は難しくなる。エジプト空軍も作戦部隊の多くは東の方に進出し、イスラエルの戦闘機の攻撃圏内に入ってしまった。一方イスラエル国防軍は、攻勢作戦を練りあげ、その線に沿って訓練を重ね部隊配置を行った。シャロン少将が苦言を呈した、行き当たりばったりの部隊移動は終った。情報部の幹部将校シュロモ・メロムは、「軍は、装填終り、遊底閉鎖。あとは引き金をひくだけになった」と述懐する。

政治的にも、イスラエルの状況は安定した。低迷状態を脱して、主要野党の参加する挙国一致内閣が成立したのである。第一回閣議は、六月一日、木曜日の夜に開かれ、無任所相になったメナヘム・ベギンが、ユダヤ民族の命運と苛烈な試練について、例によって芸居がかった大演説をぶった。ベギンがその待ちかまえている試練の話にさしかかると、エシュコルは「アーメン、アーメン」と言った。★39 内閣は最初の具体的行動として、内閣防衛委員会と参謀本部の合同会議を開くことに決めた。翌朝午前九時二五分、ピットで開催されるのである。

この変貌は、いくつかのファクターに起因する。世論の圧力や兵站組織の改善、それに妙な話であるが、国民の肚がすわったことがある。イスラエルは独りである。じたばたしても始まらないという認識が、静かに浸透したのである。しかしながら、ひとりの人物の登場に比べれば、決定因とは言えない。左様、モシェ・ダヤン国防相就任が空気を変えたのである。

マイケル・ハドウ大使は、ダヤンとよく話をしてきた人であるが、その会話について「アイルランド人と議論をしているようなもの」と書いている。「ダヤンは議論のための議論を好み、さまざまなアイディアを叩き潰す。ところが別の日には、自分が否定したはずの論を主張している」。事実、ダヤンは古典的な矛盾の人であった。戦士として名をあげ、アラブ人に対する深い尊敬の念をはっきりと表明する。一九三〇年代初期、自分の村ナハラルを襲撃したアラブ人、自分を打ちのめし、死んだと考えて去ったアラブ人。その人達を含めて尊敬するという。詩人にして児童文学の作家だが、子供をもうけたことを後悔すると公に言った人。恋の火遊びで知られた男でもある。この大地を愛するといいながら、勝手にその地を掘り返し、大量の古代遺物を私蔵した人物。軍規・軍律にうるさいくせに、自分は平気で破る傾向のある軍人。ある級友は、彼を評して「嘘つき、大言壮語屋、策謀家、気難しく、気位が高く自分が大将でないと気の済まない人物。しかし、以上のもろもろがありながら、賛美される人」と述べている。

人によって評価の変わるのも珍しい。メイル・アミットのような信奉者は「独創的、勇猛果敢、独立独歩、存在感のある人、集中型」と評し、「必ずあたる鋭いカンを有し…指揮統率力と権威が自ずと備わった」指揮官、と主張する。しかし、全く別の面を見る人も多い。そのひとりであるギデオン・ラファエルは、「ボートを揺らすのが得意の戦術であった。転覆はしないが、操舵手は舵がとれなくなり、乗せたくない乗客が船べりから落ちる」程度の揺さぶりをかけたと主張する。個人的は話であるが、エシュコルはダヤンをアラブ人のアブジルディにたとえた。下卑た野盗で隻眼だった。

しかし、賛美派、中傷派のいかんを問わず、ダヤンの輝かしい戦歴と豊富な経験に文句はつけられなかった。ダヤンの戦歴はウィンゲート夜戦隊への入隊に始まる。一九三八年である。これは、ゲリラ戦の権威として知られる英国軍人オルド・ウィンゲートが編成した隊であった。その後、ハガナの小隊長として活動し、逮捕されて二年の実刑判決を受けた。アッコにあるイギリスの刑務所で一年半過ごして一九四一年二月に釈放されると、今度は偵察隊員として連合軍に協力、シリアとレバノンを支配するビシー政権軍と戦った。同年六月八日の襲撃戦で片目を失い、以来黒い眼帯がトレードマークになる。一九四八年の独立戦争は第八五コマンド大隊長としてロッド、エルサレム、ヨルダン河谷で戦った。ダヤンには軍事才能と共に政治的資質があった。ずいぶん前から政治的な読みの深さで知られており、戦後ロードス島で行われた休戦交渉で、イスラエルの代表団のひとりとして参加した。四年後の一九五三年、三八歳の若さで参謀総長に就任。テロに対する報復政策を続けた。これは世界の大半の国から非難されたが、イスラエルでは高く評価され、人気をたかめた。そして、一九五六年のスエズ作戦における見事な指揮と赫々たる勝利で、その名声はさらにたかまった。その後ダヤンは政界入りを果たし、最初はマパイ党その後はラフィ党議員となったが、機敏、深遠という言葉があてはまる政治家であった。ベングリオンに近いが義理を通すわけでもなく、エシュコルに反対するが、冷酷無情なわけではなかった。ギデオン・ラファエルは、「彼は〝独演者〟であり、その政治的離業により、一部には尊敬され、一部には恐れられた」と書いている。[★40]

ダヤンの公務復帰は、軍と国民双方の気持を落ち着かせる効果があり、内閣を奮い立たせ、最も重大な決断に踏みきらせるのである。当時空挺大隊の副大隊長であったゲダリア・ガルは、「ダヤンの任命は空気を一新した。彼は変化の象徴であった…国民は心配していたのだ。我々が戦いを始めないからではなく、政府が明らかに戦争を恐れていたからである」と述懐する。

ダヤンはエクス・マキナであった（デウス・エクス・マキナ、古代ギリシア・ローマ劇に登場する神、混乱した劇の筋を解決するために出現する）。その登場は大きいインパクトを与える。金曜日夜に開催された挙国一致内閣の閣議で、すでに顕著であった。新国防相はその会議を支配した。イスラエルは二つの選択肢がある、とダヤンは説明した。第一は、封鎖を既成事実として追認し、あとは永久にたてこもる選択肢。これでは生きていけない。第二はエジプトの即時攻撃である。「我々の方式に従った戦いを相手に強要し、戦闘の主導権を握る。戦争に勝利するにはこれしかない」とダヤンは強調した。極めて楽観的に聞こえる。「我々が開戦し、機甲戦力をもって突破しシナイに攻めこむならば、彼等は我々の戦い方で戦わざるを得なくなる。さらに我々には、ほかの正面は限定的兵力をもって牽制できる可能性がある」。そう言ってから、ダヤンは声のトーンをおとし、神妙な声で「たとえ彼等が先に我々を攻撃し、我々が先制攻撃の第一撃能力を失い…我々にとって不可欠の土地で…彼等の計画に従った戦争を強要されても…神よ我々を助け給え」と言った。[★41]

‡

ダヤンは、あたかも戦争が当然の帰結であるような話し方をした。しかしエシュコルには説得が必要であった。たとえ外交上の解決がないとしても、ソ連が恐ろしいとエシュコルは考えていた。イスラエルの共産党員ベルガー・バルジライは、ソ連外交の専門家であるが、スターリンによってシベリアへ追放された経験があり、最近国防軍情報部に、ソ連は中東における自己の地位を守るため、あらゆる力、影響力を集中、投入すると解説した。ソ連は戦争に介入するのかとたずねられて、ベルガーは「もちろん」と答えた。ベルガーの分析は、次に来たエシュコル宛のコスイギン書簡で裏書きされたように見えた。ソ連の首相は、「イスラエル政府が武力対決を自らの責任において決意し、開戦に踏みきるのであれば、このような行動の代償を全面的に払うことになる」と再度警告していた。

エシュコル首相は、まだアメリカに希望を託し、その力添えを望んでいた。封鎖そのものに直接挑戦しなくても、イスラエルの封鎖環打開努力を支えて欲しい、と考えていたのである。首相は、アメリカにその意思があるかどうか確かめようとして、再び軍情報部に確認を求めた。ホワイトハウスが、イスラエルの一方的行動に対して、いわゆる〝ゴーサイン〟を出す徴候がみられるからである。アメリカの姿勢を示す資料には、ニューズウィーク誌コラムニストのジョセフ・オルソップそして国防省の上級幹部タウンゼント・フープスの発言があった。アメリカに海峡を解放する真剣な意思はないとし、イスラエルの単独行動を勧める内容である。エイブ・ファインベルグ（ジョンソンの私的連絡係）によると、ゴールドバーグ国連大使は、ジョンソンをすでに説得済みであると言った。つまりアメリカの大統領は、イスラエルの先制攻撃が唯一可能な選択肢であることに、納得したというのである。軍情報部の資料には、通信傍受記録も含まれていた。それによると、アラブ側指導者達は、船団構想をもはや深刻な脅威と受けとめていなかった。軍情報部は、ムヒッディーンのワシントン訪問後、アメリカが休戦協定体制の復活と国連のイスラエル領内配置を支持する公算大、と警告した。

確認作業は、ワシントンのイスラエル大使館でも行われた。表に出ない静かな行動である。エブロン公使は、ウォルト・ロストウとの私的会話で探りを入れた。イスラエルの貨物船が一隻、封鎖線突破を試みる。エジプト軍がその船に発砲すれば、イスラエルは間髪をいれずシャルム・エルシェイクを攻撃する。それは戦争になる公算大である。このシナリオの場合、アメリカはどう反応するのか。イスラエルに対する一九五七年の公約を守るのか。ソ連を〝近寄らせない〟のか。このように問うた公使は、このような計画の方が、イスラエルにとってよいだけでなく、アラブとロシアを相手に考えた場合、アメリカの国益にかなうものではないか、と言った。アメリカとイスラエル双方の情報機関の予想が当たって、エジプトが国際船団に発砲しないならば、封鎖の問題は決着がつかないことになる。エブロンとエシュコルが驚いたことに、ロストウはこの考え方を一蹴しなかった。彼は「誰が（今回の危機で）勝利をつかもうとも、我々が敗者になるのは間違いない」という個人的感想を付して、この会話内容をジョンソンに伝えた。★42

このような姿勢あるいは反応をみて、エシュコルは、アメリカと極力連繫をとって行動する決意をいよいよ固めた。木曜日（六月一日）の夜も更けた頃、エシュコルはダヤンとエバンに、「〝しかし待つと約束したではないか〟とアメリカに言わせないためには、我々はどうすべきか」と問うた。外相は答えようがなく、外交上の選択肢はもはやないと認めた。その日記者団にイスラエルはあとどのくらい待つのかと質問されて、エバンは「年とか月といった単語は君達のボキャブラリーから消した方がよい…イスラエルは、独りというなら単独でも海峡を解放する。できるのであれば、諸国と一緒にやる」と答えていた。その夜エバンはダヤンに、時を刻む時計が二つあると言った。「ひとつはワシントンの時計で、船団発航までの時を刻み、あとひとつはイスラエルの時計。こちらは開戦までの時を刻んでいるが、二つが同調の動きをとることはない」。ダヤンは何も言わなかった。そもそも新国防相は、海峡解放という政治問題と国防上の戦略的必要性を、前から峻別していたのである。ダヤンが気にしたのはただひとつ、「アメリカはアラブの軍事的脅威にどう対処するつもりか」であった。

翌日朝、内閣防衛委員会と参謀本部の合同会議が開かれ、参加者達は同じ問題に直面した。ヤリーブ情報部長は「今まさにエジプトが勝負に出る絶好の時」と述べ、アラブ諸国軍が連合して戦えば、イスラエルを国連分割線（一九四七年）いやそれ以上まで押し返すことが可能、と予想した。しかし彼の主なテーマは、アメリカに関することであり、「アメリカは、チラン海峡を武力で解放する意図がなく、イスラエル・エジプト間の問題解決に向けて、近い将来具体的行動に出ることもない。これが我々の観察である。しかし我々の考えによると、アメリカは我々の行動の必要性を理解している。我々は行動しなければならない。これが我々の判断である」と言った。

ラビン参謀総長が、話をついで、「我々は引返し不能点にある。我々に退却はない。目的はナセルにノックアウトパンチをくらわすことである。これで中東の秩序全体が変わる。さらに言うならば、我々が単独でやるとすれば、まあ、誰も我々を助けてくれないと、私が考えているわけではないが、一九五六年とは違う強いインパクトを与える」と述べた。参謀本部で戦争を望む者など誰もいない。しかし、イスラエルの存続のためには、ナセル打倒しか選択肢はない、とラビンは結んだ。

その後各部の責任者達が戦闘計画を説明した。最初に立ったのはモッティ・ホッド空軍司令官である。空軍はエジプト空軍機なら、全機その所在地を知っている。一日一〇〇〇回の出撃回数をもって、その大半を地上で撃破する。しかし、敵はイスラエルを空中偵察で見ていると注意を喚起し、手遅れになる危険性を指摘し、「空軍は準備完了。直ちに出撃可能」と強調、「待つ必要はない。二四時間さえ時間の無駄である」と言った。

ガビッシュ南部軍司令官は数枚の地図を使って、エジプト軍のシナイ配置を説明、二個師団から六個師団に増強され、しっかり布陣していると指摘、「封鎖直後にシャルム（エルシェイク）を攻撃していれば、ピクニック同然だったはず」と主張した。

「軍は、今や遅しと満を持している。エジプト軍の攻撃は撃退する。完膚なきまでに叩き潰す。一世代は脅威を及ぼさないほど足腰をたたなくするのだ」と言ったのは、アリエル・シャロン機甲師団長である。

軍側のブリーフィングが終り、今度は閣僚の番になった。ハイム・モシェ・シャピラは「我方の都市が爆撃されることはないのか」とたずねた。ザルマン・アランも損害を気にして、「こちらの航空機の損害はどうなるのか」と質問した。数名の閣僚は、「エジプト軍がすでにシナイに展開しているのなら、なぜあと一週間とか二週間も待つのだ」と疑問を呈した。

ホッドが「最良の都市防衛は、エジプト空軍の撃破である」と応じ、「ベトナムでのアメリカの航空機損害は一四%であるが、我々の損害はもっと低くなる」と答えた。

その後も閣僚からいろいろ質問があり、それぞれ答が出された。ひとつを除いてはである。イスラエル・バルジライ保健相が、「しかし、第一撃がそんなにうまくいくというのなら、それでソ連が介入せざるを得なくなるのではないか」とたずねたところ、ホッド空軍司令官は答に窮して、立往生した。ラビンが救いの手をさしのべ、ソ連が軍事介入するとは思われず、停戦成立を目的にアメリカと協力の道をさぐる、と言った。

ピットは、人でぎっしり埋まり、煙草の煙がもうもうと立ちこめていた。濁った空気でとにかく蒸暑い。このひといきれに将軍達の我慢も限界に近づいてきた。出席者の苛立ちが高じ始めていると、アブラハム・ヨッフェ師団長がいきなり立ち上がると怒声をはりあげ、「私は、予備役の連中と一四日間もネゲブに座りこんだままだ。第一線には挫折感が漂っている。全く沈滞した空気である。主導権をとれず、じっとしているだけ。その間にナセルはどんどん強くなっている。ここでナセルから主導権を取り返すべきではないか」とぶちあげた。

ヨッフェに続いて、マッティ・ペレド主計総監が立ち上がりもっと強い調子で、「敵は防備を固め、日増しに強くなっている。こちらは何にもしない。待っているだけである。それだけではない。予備役の動員を続けているので、経済は悪くなる一方である。何かの理由や目的があってのことなのか。そもそもその目的すら誰も説明してくれないではないか」と叫んだ。するとシャロン師団長が、「これすべて、諸大国におもねっているからである。へいこら卑屈に頭をさげて援助を乞い、我々の立場を逆に弱めている。生き残りたいのであれば、立ち上がって我々の権利を堂々と守るべきである」と言った。

この後怒号合戦が続いた。つかみかからんばかりの勢いで、相手が根負けするまで続く文字通りの〝消耗戦〟である。そのように観察したリオール大佐は、これはすべて将軍達が事前に仕組んだ作戦と考えた。「彼等は閣僚達に向かってガンガン言った。閣僚達をひざまずかせるか、泣き声をあげさせるか。ひょっとするとこれが狙いか、と私は思った」と述懐する。

この喧騒に分け入ったエシュコルは、疲労困憊していた。国内では執拗に責めたてられ、節目節目でアメリカに失望し、今や四八時間以内の戦争勃発を甘受せざるを得なくなった。それでもまだ、ワシントンが船団編成に踏みきる可能性に賭け、あるいは少なくともイスラエルにゴーサインを出してくれることを望みながら、待つ意味を、つまりは時間稼ぎの必要を説明しようとした。そして「我々はまだジョンソンの助けが必要である。戦闘中は必要としないだろう。そうなることを願いたい。しかしその後のことがある。我々はまだジョンソンの助けが必要である」と将軍達に講義を始めた。「我々は勝利してもアメリカの支援が必要となる。戦果を守るには必要なのだ。大統領には、はっきりと認識しておいてもらいたいのである。イスラエルは、戦争防止のために意図された政治行動のために、必要な時間は与えた。大統領がそう考える。そこが肝腎である。二—三日の違いで、勝敗の帰趨がどうこうなるということではないだろう」。

エシュコルは話を続けた。話をしているうちに段々と怒ってきて、まずシャロンを槍玉にあげた。へいこら卑屈になって諸大国に頭をさげたおかげで、武器の入手が可能になり、それで国を守ることができるのではないか。そう言ったエシュコルは返す刀でペレドに、戦闘が終った後に友人が必要なことを説き、「人口二〇〇万の国が一〇年毎に戦争をやり、アメリカや世界を嘲る余裕がどこにある」と言った。そして、どこか重苦しい、謹厳実直な表情に戻り、「戦場の勝利では何も解決しない。撃破したところでアラブが存在することには変わりがない」と締めくくった。[★43]

モシェ・ダヤンは、この大騒動の最中、ひとり沈黙を守っていた。黙って考えていたダヤンは、政府が国防相としての自分の権限に介入し、干渉していると考え、腹を立てていた。リオール大佐に「安全保障の根幹に関わることを多数決で決めていいのか。私は反対だ」と言った。ピット会議が終ると、ダヤンはエシュコル、エバンそしてアロンに声をかけ、別個に会議を開いた。後で、ラビンとヘルツォーグが加わった。その席でダヤンは、明日、日曜日閣議を開き、軍に行動権限を与えるべきである、と言った。その翌日払暁を期して開戦というシナリオである。アロンは、スエズ運河を占領し、チラン海峡解放の取引材料にする案を提言した。しかしダヤンは反対であった。運河にはさまざまな国際権益がからんでいる。それを敵にまわす余裕は、イスラエルにはないとした。アロンはガザ占領を示唆したが、これもダヤンは反対した。わざわざ攻めるまでもない。シナイが陥落すれば、長さ二〇マイルのガザ回廊は手をあげる、とダヤンは予想した。

エシュコルは、ダヤンの（権威ある）指示にもはや抵抗しなかった。エバンさえ屈服したように見えた。外相の心の変化は序々に生じた。ジョンソンがレガッタ計画を具体化できないという報告で、まず変わった。次に、ワシントンの新しい徴候でまた変わった。イスラエルの先制攻撃にもはや拒否姿勢をとらない、と読めたのである。アメリカはいつまでもイスラエルを抑えるのかとたずねられた時、ラスク国務長官は、その場のはずみで「他者を抑えるなどというのは我々の仕事とは思わない」と答えたのである。それから秘密のルートを通して、エバンはフォータス判事からのメッセージを受けとった。判事は、「イスラエルが燃えているのに御託を並べている」ラスクに激怒し、ゴーサインを出しているようにみえた。

イスラエルが、これまで、政治交渉を中途半端にして単独で行動していたのであれば、とり返しのつかない悲劇的誤まりを犯すことになったであろう。その場合アメリカがイスラエルをかばうことは、ほぼ不可能になり、爾後の関係は緊張したものとなったはずだ。戦争は、勃発すれば長期戦となり、戦費その他もろもろの負担も大きくなる恐れがある。しかしイスラエルは、エシュコルとエバンを批判してはならない。イスラエル国民は、アメリカがその介入の基準を考えるようになった現在、これまでの自分達の自制と熟慮した手続きが決定的影響力を持っていることを、認識すべきである。

もっと〝青信号っぽい〟サインが、ゴールドバーグ国連大使から発せられているようにみえた。大使はギデオン・ラファエルに、「あなた方は独りであることを理解しなければならない。あなた方は自身でその帰結をよく考えなければならない」と伝え、レガッタ計画は死に体である、と言った。ナセルは、イスラエルに対し生存に関わる脅威を及ぼしているが、その脅威に対処できるのはイスラエルだけというのである。アメリカと世界の世論は、イスラエルを支持する。アラブが先に攻撃すれば、尚更である。そう言ったゴールドバーグは、「あなた方が独りで行動するのであれば、やり方の心得はあるということだろう。私はそう理解している」と結んだ。[★44]

このようなシグナルは、エバンに決定的インパクトを与えた。しかしながらダヤンは、そんなことを考える時間などなく、戦争そのものについて戦略研究に没頭し、軍幹部達との打ち合わせで過ごした。そのダヤンは、土曜の夜ピットで、「我々が行動できる時間は七二時間ほどしかない。したがって、戦争に勝利したかどうかの判定基準は、撃破したエジプトの戦車数ではない。その時間で占領した領土のサイズである」と幹部達に言った。その領土には、シナイ半島全域が含まれるが、ガザとスエズ運河は除く。ラビンは、シャルム・エルシェイクの占領にも反対した。距離的に遠すぎる。兵站支援が難しいというのが、その理由である。しかしダヤンは、ここを含むよう強く主張し、エジプト軍が潰走すれば、チラン海峡はガザと同じようにイスラエルの手に落ちる、と言った。シナイ作戦時エジプトは、軍が敗北したことはなく、単に戦場から撤収しただけであると主張した。ダヤンは、この一九五六年の神話を叩き潰すとも言った。

今回のシナイ進攻作戦は、航空攻撃の直後に始まり、三経路で進むことになった。地中海沿岸のラファ方向へ進む北シナイルートがひとつ、あとの二つはシナイの中央域突破である。この作戦遂行にあたっては、さまざまな欺瞞計画もたてられた。空軍は、アカバ湾の南方水域まで空中偵察を数回にわたって実施し、海軍は地中海から多数の上陸用舟艇をエイラートへ陸送する。いずれも、イスラエルの攻撃がシナイ南端を指向する、とエジプトに信じこませるための欺瞞工作である。国境域から機甲部隊や歩兵が撤収するニュースも伝えられた。もちろん後で秘かに戻るのである。動員中の予備役兵数千名が休暇を楽しむ写真も配信された。イギリスのマイケル・ハドウ大使は、海岸が夏休み中のブラックプールのように人であふれている、と報告している。その日ダヤンは記者団にいたずらっぽい表情で、自分は交渉による解決に前向きであると語

◉——開戦前ウ・タント国連事務総長(左)と会談するナセル大統領。
大統領は「勝利を確信する将軍達にどんな言葉をかけていただけるか」と述べた。AP

◉——戦雲漂うなか壕掘りをするテルアヴィヴ市民。撮影＝イラン・ブルナー、IGPO

り、平和にはあらゆる機会を与えるべきであると言った。ハドウ大使は「イスラエル国防軍がたいまつをかざす時は去った」と考察し、「彼等は比較的長い期間を準備にあてている」とその報告に付記した。[★45]

作戦の成功を期してあらゆる努力が払われるが、その成功はエジプト正面だけではなく、シリア及びヨルダン正面の状況いかんにかかっていた。ダヤンは軍幹部達に対し、「ヨルダンがエイラート、エルサレム内あるいはテルアヴィヴ域を攻撃すれば、我方の計画に齟齬をきたす。我々がエルサレムで戦っているなら、エルアリシュに到達できない」とし、国境域の町村がたとえ砲撃されても、東部及び北部正面では〝完全な消極〟防御に徹する、と指示した。

‡

ダヤンは、シリア、ヨルダンとは戦わないと軍幹部達に念を押し、現場視察のため参謀本部を去った。ダビッド・エラザール北部軍司令官に対し、「この構想を頭に叩きこんでくれ。これはエジプトを相手にした戦争なのだ」と言っている。

二人の男は、ギブツ・ダンからシリア正面を観察した。前日ここから一八マイル南のクハル・ハナシでテロ事件が発生し、イスラエル人二名とパレスチナ・ゲリラ一名が死亡した。イスラエル国防軍情報部は、もっと悪い事態になることを前から警告していた。イスラエルがエジプトを攻撃すれば、一時間以内にシリアは歩兵及び戦車をもって北ガリラヤ地方へ機甲攻撃をかけ、北部の都市及び農村を砲撃する。シリア軍はその目的に沿って部隊をゴラン高原に集結し、攻勢布陣中である。シリアの諸港には、ソ連の武器弾薬を満載した船が続々到着し、揚陸中をスパイされている。

エラザールは、一連の作戦計画をたてていた。ゴラン稜線に対する限定的襲撃を主とするメルカハット（ママレード）作戦からゴラン高原全域の占領（メルカハイム〈ペンチ〉作戦）まで、事態に応じ、いくつかの作戦を策定した。この二つの中間に位置するのがマケベット（ハンマー）作戦である。ゴラン中央域で陽動しつつ、高原の北部と南部を攻撃占領する。この作戦の主目的はヨルダン川源流の占領と、シリア軍の撃破である。マケベット作戦は、モケッド作戦（フォーカス、航空撃滅戦）と同時並行的に実施される。シリア軍に対して先制攻撃をかけ、ヨルダン軍を牽制するのである。このように説明したエラザールは、「エジプトとの戦争があれば、ここでもきっと戦争になる」とし、「戦闘勃発から五―六時間後、シリア軍は一斉に行動に入る。我々が挑発するまでもない」と主張した。ラビンは原則としてこの作戦計画を承認した。しかし、作戦実施に必要な戦力の割当ては拒否した。特にヘリコプターは、文字通り全機南のシナイ正面用に確保された。ラビンは、シリア軍の戦闘決意に関するエラザールの判断にも、反対であった。エラザールは、いかなる状況下でもシリア軍は戦う決意であるとしたが、ラビンは、エジプト軍が急速に崩壊すれば、シリア軍はすぐに手を引く、と確信していた。

エラザールにとって最後の頼みの綱は、ダヤンであった。キブツ・ダン訪問時、エラザールは国防相に「我々は、戦争が勃発したら、グリーンライン（一九四九年の休戦ライン）で終結しないようにしなければならない」と述べ、「我々が谷の底から自衛するなら、今後も恐ろしい状況が続く」と言った。エラザールは、ザウラというシリアの要塞村を指差し、あそこを占領すれば、ゴラン高原と平地の農村地帯との緩衝地帯となり、高原進攻の場合は、攻撃発起地として使用できると主張した。

しかし、ダヤンはきっぱりと拒否し、「ここにいる君達は動いてはならん。隠忍自重しなければならない」とエラザールに命じた。ダヤンは、速やかに部隊を非武装地帯へ入れて、休戦ラインまで進出する案は認める用意があったが、シリアとすぐ戦争になるような作戦は拒否した。

中部軍管区でも同じであった。ウージ・ナルキス司令官は、同世代の兵士と思いを共有していた。一九四八年の時イスラエルは、ウェストバンクと東エルサレムを確保できなかった。その力不足を残念に思っていたのである。友人で同期のレハバム・ゼービ参謀本部作戦部次長は、「独立戦争は中途半端で終った。我々全員が、エレツイスラエル（イスラエルの地）を東の方まで解放することを、夢みていたのだ。西の海岸平野部の安全を保証するのは、ヨルダンが手にしている東の高地を確保する以外に方法はない。我々が作戦計画を練っている時、ラビンをはじめ全員がその夢に導かれた」と述懐する。

中部軍司令部には、そのような作戦計画が一杯あった。アラブは、帯状の海岸平野で一番細いくびれた地域をついてくる。そこに攻撃を集中し、イスラエルの国土を二分しようとする。あるいは西エルサレムの孤立化をはかる。これに対する反撃戦がいくつか想定されたが、最も知られていたのがパルゴル（鞭）作戦計画で、ウェストバンクにあるヨルダンの火砲陣地の破壊と東エルサレムの包囲環を形成する、四八時間の作戦である。ラビンはこの作戦を最優先して考え、「たとえ北部の農村地帯が陥落しても、我々はウェストバンクからの攻撃に対応しなければならない」と言った。

しかし、ナルキスがエルサレムを展望する丘でダヤンに会うと、鞭作戦どころかほかの小規模作戦すら拒否された。ダヤンは「ヨルダンと事は起こすな」と命じた。「参謀本部に面倒をかけるな」。「我々が何もしなくても、ヨルダンの攻撃はあり得る。スコーパスの丘を攻撃してもですか」。「その場合は、歯をくいしばって、現在位置を死守せよ」。ダヤンはそう答えた。「我々は一週間内に運河とシャルム・エルシェイクに到達する。それから総力をあげてここに来て、君の問題を解決する」★46。

‡

ダヤンにとって、この土曜日は難儀な長い一日であった。しかし、その日はまだ終っていなかった。エルサレムにあるエシュコルのアパートで、話し合いが行われるのである。

首相は、国防軍の戦力についておさらいを終えたばかりであった。ジェット戦闘機は、装備定数より六機足りないが、ほかの分野は、戦車、火砲、ハーフトラックいずれも充足し、装備もきちんとしている。しかしこの報告は首相にとってわずかな慰めでしかなかった。パリから気懸りなニュースが届いていたのである。

ド・ゴール大統領は、中東で戦争を始める国には武器を供給せずと、前から言っていたが、イスラエルに対する武器禁輸を決めたのである。エイタン大使は、「あなたは、我々があたかも先に手を出して第一撃を加えたように非難される」と抗議し、「この先誰が戦争を始めるのか事前にわかっていないのに、どうしてイスラエルをボイコットするのか」と詰め寄った。ド・ゴールは、イスラエルにアラブを撃破する力はないと考え、ムスリムの世界に対するフランスの歴史的きずなを取り戻したい、と願っていた。ド・ゴールは決心しており、その質問にまともに答えず「大使閣下よ。私にはひとつだけわかっていることがある。それはあなた御自身が、自分の政府が何をどう決めるかわかっていないということだ」と一蹴した。[★47]

土曜（六月三日）の夜遅く、エシュコルはこのニュースを聞き、召集をかけた人々の到着を待った。ダヤン、エバン、レバビ（外務省事務次官）、ヘルツォーグ、ヤディンである。エシュコルは妻のミリアムに、「ユンガーメン（イーディシュ語で若者達の意）は、予期しないニュースを持ち帰ったのかな」と言った。「我々は長すぎるほど待った。世界がこの事実を知ることが大事。我々が勝つのは確かだが、犠牲の多い戦争になるだろう。どのくらい戦わせてくれるって？　我々が勝ちいくさを続ければ、ロシアが圧力をかけてくるのは間違いない。ド・ゴールなどは停戦を要求するだろう」。

「実に重苦しい空気だった」。そう述懐するのはリオール大佐である。記録係として会議に呼ばれたのだった。アミット（モサッド長官）とハルマン大使が開戦を勧告すれば、ほかの問題つまり、フランスのボイコットやソ連の警告は、考慮の埒外となる。二人は真夜中に到着し、一様に同じメッセージを伝えた。アメリカは、船団作戦を実施できない。失敗である。アメリカは軍事上イスラエルと協力することもできない。「イスラエルが開戦し勝つならば、全員が我も我もと味方するようになる。勝たなければ、厄介なことになる」。そう警告したアミットは、あわてて「これは私の予想だが、ナセルに一泡吹かせる行動なら、アメリカ人は歓迎するだろう」とつけ加えた。アミットとハルマンは、先制攻撃の即時実施を提唱しているようにみえた。

ところが、この二人はあと一週間待った方がよいと提案して、参加者を驚かせるのである。エチオピアのマサワにドルフィン号が碇泊している。イスラエルの輸送船で九〇〇万ドル分の石油を搭載している。この船を海峡突破に使うという。

ダヤンは、それまで沈黙していたが、突然大声をあげた。「我々が船を海峡へ送りこんで見給え。それで一巻の終りだ。エジプトは、攻撃の意図をもって船を送ったことを知る。ならばと先に我々を攻撃する…そして我々はイスラエルの地を失う。待つなど狂気の沙汰だ！」。

アミットとハルマンは、この激しい言葉に唖然となり、提案を撤回した。その瞬間から夜明けまで、ダヤンが会議を仕切り、自分の望む方向へ舵をとった。この後の早朝閣議でも同様だった。望む方向とは攻勢方針のことであり、ダヤンは承認を確信していた。「空軍は一ないし二時間で主な目的を達成する。地上部隊も初日で主なところは片付ける。二日目で運河をめざす途上にある。エジプトは、少なくとも半年間は空軍なしの状態になっているだろう」とダヤンは計算した。★48

ダヤンは入閣して二日以内で、イスラエル政府を仕切っていた。国家の意志決定の大半をコントロールし、開戦へ向かって誘導した。しかし、国防相が内閣は自分の結論承認印を押すゴム印と考えていたとすれば、誤りである。日曜日（六月四日）朝八時一五分、閣議が始まった。集まった閣僚達は、まずエバン外相から長ったらしい外交状況分析を聞いた。話の主旨は、武力解決に対するジョンソン大統領の反対に軟化の兆しがあるという内容であるが、エバンは武力行使について大統領は条件をつけていると強調し、大統領を代弁する形で、ナセルが先に発砲する、それもターゲットがイスラエル船であるのが望ましいとした。議会と海運諸国の残念な反応にもかかわらず、アメリカ政府は船団プロジェクトを鋭意推進している、とは言わなかった。

エバンがアメリカの政策研究の発表を終るか終らぬかのうちに、ジョンソンから新しい書簡が届いた。これも、イスラエルの安全保障と公海の自由——船団構想に問題があるにはあるが——に対するアメリカの責任を力説した内容で、「我々はアミット将軍と、胸襟を開いて充分に意見を交換した」ことを認め、先制行動の考えを排除しないことをほのめかしていた。しかるに、その印象は書簡の結びでたちまち崩れてしまう。アメリカの大統領は、「強調しなければならないが、イスラエルは、先に手を出して、開戦の責任を問われるようなことがあってはならない。イスラエルは、単独行動を決意しなければ、決して独りではない。我々は、イスラエルがその決意をするとは、どうしても考えられない」と結んでいた。

この後、ヤリーブ軍情報部長の番になった。ジョンソンの警告は警告として、即時行動の必要性について、閣僚達を納得させなければならない。部長が描き出した状況図は、まさに恐るべき様相を呈していた。エルサレムそして、海岸平野部の細くくびれた地域を突く態勢にあるヨルダン軍。エジプト軍は、エイラート占領を目的とした攻勢布陣をしき、北のラファは大々的な築城工事を施して、防備に万全を期している。さらにヨルダンへの派遣部隊は、ウェストバンクに進出した。シリア軍はゴラン高原で防備を固める一方、眼下のイスラエル側盆地への突入準備を活発に進めている。アラブ世界は、イスラエル撃滅を目的とするアラブの連繋攻撃に、兵員、戦車及び航空機を転用しつつある。ソ連の支援もある。

次に説明に立ったダヤンは、アラブの連合戦力がこれ以上増大しない前に、直ちに行動に出る必要があると強調した。ダヤンは今なら奇襲と同じような効果があると述べ、「ナセルは、自分が着手したプロセスを完結させなければならない」と主張した。さらにダヤンは、敵航空機数百機の撃破を予言し、苦々しい外交戦の後この戦いに勝利するには、航空撃滅戦という我等の戦い方しかない、と結んだ。

次はエシュコルの番である。この三週間すさまじい重圧に耐えてきた男、激しい非難にさらされ、孤立し嘲りの対象になった男が、ついにしめくくりの言葉を述べることになった。そしてその男は「私は行動の時が来たと確信する。我々は国防軍に対し、行動開始時と方法を決めるよう命令をくださなければならない」と言った。

それでも反対の声があがった。ハイム・モシェ・シャピラ内相は、イスラエルは友邦なくして戦争はできないというベングリオンの言葉を引用した。するとダヤンが話をさえぎり、「それなら、ベングリオンに友邦探しをさせたらよかろう」と片付けてしまった。「見つかるまで我々が生きているかどうかわからんが」。そのシャピラに援軍があらわれた。ホロコーストの体験者で宗教相のゾラフ・バルハフティクである。三人の息子が兵役についていた。短躯で小柄な人であったが、その順法精神は、息子達に対する気遣いを超越し、仰ぎ見るほど高かった。バルハフティクは、一隻の船を送って海峡を通航させよと要求した。相手が発砲すれば、それが開戦理由になる。「イスラエルが先に手を出して戦争を始めたと非難されるよりも、我方の船員が一人、二人殺された方がよい」。後にバルハフティクは、「私は、我方の勝利に疑問を抱いたことはない。私が心配したのは勝利した後の事態である」と説明していた。

今や開戦支持派が多数を占めるに至り、国際非難の脅威云々は、この多数派には説得力を失った。アロンは、宗教相の恐れを一蹴し、「連中は我々を非難するだろう。しかし我々は生き残れる」と言った。残るは採決だけである。今や一二名が開戦支持となり、反対は二名だけとなった。決議は、ダヤンが下書きしたが、次のように感情を一切排し、簡潔な内容である。

政府は、首相、国防相、参謀総長及び国防軍情報部長より軍事及び外交状況の報告を聴取し、エジプト、シリア及びヨルダンの軍隊が、イスラエルの生存に脅威を及ぼす多正面攻撃を目的に、布陣しているとの結論に達した。政府はその認識の故に、包囲環からイスラエルを解放し、目前にせまったアラブ統合司令部による攻撃を阻止するため、軍事作戦の発動を決定した。★49

作戦開始のタイミングは、ダヤンとラビンに一任した。二人は、イラク軍部隊のヨルダン進出とエジプト軍コマンド隊のウェストバンク布陣の前が望ましいし、可及的速やかな開戦を希望した。かくして、攻撃開始時は一九六七年六月五日、月曜午前七時から七時三〇分の間に決まった。

蘇えるアラブ世界

六月二日、最高司令部に幹部将校が召集された。席上ナセルは、「我々は敵の攻撃を予期しなければならない。四八時間から七二時間内。遅くても六月五日までに始まると考えられる」と言った。この幹部会議では、最初に軍のサディク情報部長が説明に立った。イスラエル軍は動員を完結し、配置についている。イスラエル機がシナイ上空に飛来し、くまなく偵察している。ダヤンの国防相就任と併せ考えると、イスラエルに積極的行動主義が復活した徴候が窺える。イスラエルには、現状を認めるか攻撃するか、二つの選択肢がある。イラク軍がヨルダンに進出しようとしている現況からみて、後者の可能性が強い。これまでイスラエルは、このような部隊の存在を宣戦布告のもとになる事件、とみなしてきたから、すぐに行動するのは確かである。それで問題は、エジプトが最初に攻撃すべきかどうかである。

この後、サディクとシドキ空軍司令官が激しく言い合った。時には大声で怒鳴り合う激論となったが、きっかけは情報部長が航空機の後退を勧告したためである。奇襲攻撃を避けるため、シナイの前進基地から後方にさげよと言ったのであるが、空軍司令官が激怒し、「サディク、余計なお節介をするな。前進基地の放棄は、パイロットの士気を駄目にするのだ」と怒鳴った。シドキは、敵に第一撃を許すような地上待機にも反対し、「一五―二〇％の損害を受ける」と予想、「我々は半身不随状態になる」と言った。議論に分けて入ったナセルは、イスラエルに対する先制攻撃は国際世論を敵にまわす恐れがあり、折角できたフランスとの意志疎通を駄目にする、と述べた。アメリカとの対話も始まっている。ムヒッディーンのワシントン訪問が予想されている。これまでイスラエルは、極めて深刻な戦略的敗北を喫してきたが、もしエジプトが開戦に踏みきれば、それもなくなる。このように説明したナセルは、シドキ空軍司令官に向かって「君にはそれでも八〇―九〇%の航空機は手許に残るではないか。その航空戦力で敵をどれくらいやれるか」とたずねた。空軍司令官は「六〇―七〇%は撃破できる」と答えた。★50

ナセルは、この危機について二つの可能性を考え、その間を揺れ動いていたように思われる。第一は、イスラエルが追いつめられて、数日内に実力行使に踏みきる可能性。エジプト空軍かスエズの製油所が攻撃目標になると考えられる。第二は、戦争が回避されて外交交渉で決着する可能性。その場合エジプトが主たる勝利者になる。すなわち、シナイの新しい現状が国際的に認められ、アメリカそしてアラブ諸国から相当な財政支援を受ける。ナセルは、自由将校団の元同僚達にイスラエルはいつ攻撃するのかと問われて、何の屈託もない様子で、もしあるとしても「六か月から八か月の間」と答えた。イスラエルはアメリカの許しがなければ絶対に動かない。そのアメリカはソ連に妨害されるというのである。二つの可能性で揺れ動くナセルの心は、二つのインタビューで露呈した。六月三日イギリスの新聞に別個にインタビューされ、ひとつでは戦争がせまっていると答え、もうひとつでは危機は終ったと述べている。★51

イスラエルがすでに敗北し、無血勝利が得られたと信じたのは、ナセルだけではない。カナダの駐カイロ大使R・H・テッシュは、「外交官のなかで、イスラエルが破れかぶれで攻撃すると考える者は、ほとんどいない。イスラエル国内で起きていることに要注意とも思っていない」とし、「ナセルは鮮やかな手並みで大成功を収め、ソ連がアメリカの力を相殺した。これが一般的な受けとめ方である」と述べている。燈火管制と防空演習は引き続き施行され、病院では緊急用ベッドの確保、青年向けの軍隊ユースクラブの開設など、準備は進められてはいるものの、エジプトのムードは正常になりつつあった。国内旅行の制限解除とともに、緊急条令が一部緩和されている。観光さえ活気づいてきたと思われた。国連ではエル・コニー大使が、「〝一九世紀型砲艦外交の植民地主義政策〟に抗議し、エジプトの領海を侵す不法行為に断固反対し、それを阻止するため必要な処置をとる」と威嚇したものの、米空母「イントレピッド」は、数隻のエジプト船にエスコートされ、何の妨害も受けず、逆に数千人の村民が歓声をあげるなか、スエズ運河を通過した。人民議会で獅子吼したナセルは、「我々が、一九五六年以前の状態を回復できるのであれば、神の御加護により、我々は必ず一九四八年時点の状態へ復帰できる」と述べ、「我々はイスラエルと対決する用意ができている…問題はアカバ湾やチラン海峡ではない。国連緊急軍の撤収でもない…問題は今や…イギリスとアメリカが加担した…パレスチナの侵略に回帰したのである」と主張した。★52

‡

戦争は宙ぶらりんの状態でまだ始まっていないのか。それともすでに勝利しているのか。判断の迷いが、シナイ正面の混乱に輪をかけた。数千数万の予備役兵が装具を持たず食料も携帯せず、手ぶらの状態で陸続としてやって来た。彼等は何でここへ送られたのかわからず、目的意識どころか地域認識すら持っていなかった。軍の戦備計画当局がまとめた報告書によると、シナイの戦闘準備完整には、少なくともあと六か月を必要とする。しかし、この報告は注目されず、おそらく誰も読まなかったと思われる。粛々たる準備どころか、シナイ正面を支配しているのは混乱だけであった。駐在武官としてカラチに勤務していたタフィク・アブダル・ナビ准将は、対戦車旅団の旅団長に任命されて、シナイ正面に到着した。ところがその旅団には火砲がない。迫撃砲もない。あるのは、ほかの部隊から借りた戦車が七両だけである。それに、兵隊達は、対戦車戦闘のことなど全然知らないのである。

砂漠を行ったり来たりして、戦う前からすっかり消耗した部隊がいくつもあった。戦車と歩兵がまずクンチラに進出した。シャズリの部隊を増強するためである。ところが、ナセルの特別命令で、今度はガザへ行くことになった。車両は損耗し、兵隊は疲労困憊し、ぼろぼろになったのである。軍隊経験の豊富な上級指揮官達は、この大遍歴を愚劣な行為と考えた。軍の戦力が消耗するだけでなく、アルカビル（征服者）作戦計画をベースとする部隊配置が滅茶苦茶になった。しかし、軍幹部のなかで抗議したのはただ一人、アメル元帥だけで、ナセルに「これは我々の計画を根幹からくつがえす」と言った。
「ガザは政治上プロパガンダ上至高の価値を持つ。私がパレスチナの奪回を約束しながら、ガザとエルアリシュを失ったら、アラブ諸国から何と言われる」。大統領は答えた。
しかしアメルは納得しなかった。「それで、我々が戦争に負けてしまえば、彼等は何と言うだろう」。アメルは納得せず、引き下がらなかったといわれる。★53
イスラエルは攻撃するかしないのか。ナセルがこの判断で揺れているのに対して、アメルはアルアサド（ライオン）作戦に沿った攻勢計画を全く変更していなかった。ネゲブで航空戦と地上戦を展開する構想であり、イスラエルが反撃に出てシナイ突破を試みた場合、シャズリの部隊がそれをくいとめることになっていた。アメルはムルタギ地上軍（シナイ方面軍）司令官に「私とモシェ・ダヤンとの間には、（一九五六年の）三国同盟戦争にさかのぼる対立がある。宿怨だ。私にとって今回は、イスラエル軍を撃滅し、ダヤンを痛い目にあわせる絶好の機会だ。生涯忘れぬ教訓を与えてやる」と言った。一方シドキ空軍司令官に対しては、「二〇％の損失は気にするな。残る戦力で戦え！」と一喝した。アメルはその戦闘に備えて、部隊配置をいろいろと変えた。例えば、第一二四及び一二五予備旅団を一〇日間で四回移動させた。軍情報部は南ではなく北及び中部シナイを指向する地域へイスラエル軍が集中していると報じていたが、これを無視した。★54
しかしアメルは、自分の計画にこだわり過ぎた。さらに権力拡大に夢中になった点も指摘される。六月初めアメルは、シナイの軍の構造に手をつけ、夢中になって改造に取り組んだ。半島を東部、西部、運河地区に分け、さらにその上に前方司令部と野戦司令部をつけ、屋上屋を重ねる組織にしてしまったのである。最高司令部から第一線の現場に命令が届くまでに、六人をくだらぬ上級将校の手を経由しなければならなかった。そして、その要所要所には、例によってアメルの縁故者やとりまきが配置された。戦闘経験がほとんどない軍人官僚で、アメルに対してしか責任を問われない。忠誠の対象はアメルである。イスラエル人達は、この組織、改革を文字通り興奮状態で観察した。「アメルは指揮統制を五段重ねにしてしまい、戦闘経験のない素人を指揮官にすえた」と指摘するのは。ガビッシュ南部軍司令官。「命令がまだ途中でもたもたしている頃、あるいは上にあげた要請が承認されるまで、我々の方はスエズ運河まで中間あたりを進んでいる」と言った。

しかしアメルは、この欠陥が全然頭になかったようである。軍の戦闘力を信じ、特に空軍を信頼していた。シナイの前進基地に来たアメルは、パイロット達を前にして訓示し、「この戦争は、ユダヤ人、イスラエルそしてラビンにとって、自分の力を試す最後のチャンスになるだろう。そして、彼等の書いた一九五六年史とシナイ占領の戦史がナンセンスの寄せ集めであることを、自ら証明することになる」と言った。六月四日、シュケイリPLO議長と電話で打ち合わせをした時、アメルは「我々は速やかに戦闘の主導権を握り、イスラエルを未来永劫葬り去る」と自信のほどを語った。アメル陸軍元帥は翌日にシナイの前方陣地を巡察する予定で、その一環として軍作命第二号を発令した。そのなかで元帥は過去二週間の出来事を要約している。すなわち、エジプト・ヨルダン相互防衛協定の成立。イラク軍部隊のヨルダン派遣、イスラエルの進攻支援工作（アメリカに求め、ソ連に阻止された経緯）を概説し、イスラエルは、動員体制の維持に伴なう途方もない経済出血を強要され、その東部正面では耐え難いほどの脅威にさらされ、このような重圧からイスラエルは二週間内に攻撃を開始すると総括。そして、「我方の目的は敵主力部隊の殲滅にあり、我軍は、保有する強大な戦力をもって、これを達成する」とし、「戦いは、エジプトだけではなく全アラブのための闘争である。軍とアラブの名誉は諸士の手にあり。アッラーの御力を信じよ。余は勝利を確信す」としたうえで、「軍紀を厳守し、〝旺盛なる攻撃精神〟をもって任務を全うせよ」と結んだ。★55

‡

アメルとナセルは、軍の戦闘能力を信じて疑わなかった。イスラエルの攻撃に対して、これを撃退できると考えたが、ただし、イスラエルを敗北せしめるには、アラブの総力が必要とした。ダヤンは、シリアとヨルダンを戦列から引き離しておくことを戦略の基本においたが、エジプトは両国の戦闘加入を条件に考えていた。

ヨルダンでは、献血運動があり、ナセル派が街頭デモを行い、軍は必死に戦争準備を進めていたが、生活はエジプトの場合と同じように正常な状態で続いていた。ヨルダン軍及び在ヨルダン・エジプト軍の統合司令官になったアブダル・ムーニム・リヤド大将は、ウェストバンク防衛の調査を急いだ。問題は、休戦ラインが総延長で三〇〇マイルもある長大性と、パレスチナ人を慰撫しておく政治的必要性にある。ハーシム王国公式軍隊史によると「パレスチナの村落がひとつでもイスラエルの手に落ちれば、ヨルダンのみならずアラブ世界全体で深刻かつ暴力的反撥を引き起こす」のである。そのため、ヨルダン軍部隊は戦略的要地に重点的に配備されず、手持ち一一個旅団のうち九個旅団が、住民の目につく村や町に薄くばらまかれた。戦争になれば、各地に散在する部隊は、イスラエルの攻撃が指向する地域へ急行、集中して対処する。それができなければ、ヨルダン河谷を見おろす高地へ後退することにした。

フセイン国王は自らリヤドの作戦計画を認め、ほかの軍高官達も異議を唱えなかった。独り反対の声をあげたのが、作戦部長のアティフ・マジャリ准将。信頼の厚い古参将校である。准将は全兵力をエルサレム防衛にまわせと主張し、「エルサレムを支配する者がウェストバンクを支配する」と言った。しかし、リヤド統合軍司令官が上官の権威で押し切った。結局エルサレムには、イマム・アリ歩兵旅団が増派されるにとどまった。ここには、弾薬一か月分を持つ第二七タラル王旅団が、すでに布陣中であった。一方、機甲第四〇、機甲第六〇の二個旅団は、ヨルダン河谷に布陣した。戦闘の推移に応じて、ウェストバンク、エルサレムのいずれにも進出できる。軍は、優れた指揮統率のもと、精到なる訓練で鍛えられた戦闘力を有し、少

なくともアラブ諸国特にイラクからの援軍が到着するまで、持ちこたえる、と期待された。[★56]

しかし軍は、その線を持ちこたえるだけで満足するわけではなかった。勝利の期待を胸に作戦家達はタリク作戦を復活させた（七一一年にジブラルタル海峡を攻略したアラブ軍司令官タリク・イブンザィードの名を冠した作戦。尚、この海峡の名称も本人の名に由来する）。この作戦は、ユダヤ側（西）エルサレムをイスラエルから分断して占領し、イスラエルがウェストバンク支配を意図すれば、ここをテコに使う。開戦と同時に、エルサレムの北及び南のイスラエル側陣地（スコーパスの丘、ガバメントハウスの稜線、ラトルン回廊周辺）を攻撃し、この四地域の建物はすべて破壊し、住民を含め皆殺しにする計画であった。ヨルダン軍は、火砲及び航空機によるイスラエル側航空基地の砲爆撃も、予定していた。

フセイン国王は、自制心のある人物として知られるが、その人にしてこの熱気に抵抗できなかった。六月四日、イスラエルが四八時間以内に攻撃する可能性ありとナセルから連絡を受けた後、国王は非アラブ圏の大使を召集し、戦闘に介入しないように警告、「干渉しないでもらいたい。我々は、我々の側につく人々を、絶対に忘れない。イスラエルの側につく人々は我々の敵であり、かつて友好関係にあったことは忘れて欲しい」と言った。[★57]

‡

エジプトとヨルダンは、緊密に協力しつつ戦争の準備を進めたが、シリアはエジプトとの防衛協定がありながら、謎めいた独自路線をとった。シリアの首脳は、この協定を無視し、カイロとの協力をないがしろにしたのである。ただし、イラク軍部隊の受け入れには同意し、その第一陣は、戦車五〇両より成る部隊で、六月一日にアレッポに到着した。しかしシリアは、エジプトの航空機派遣提案には難色を示した。冷たいシリア・エジプト関係は、ナセルとフセインの関係改善に反比例して冷却度を強めた。中央戦区司令官ムスタファ・タラス少将は、「我々は、フセイン国王がワシントンの主人から給料をもらっている限り、ヨルダンとその国王に対する態度は変えない」と冷たくつき放した。政府紙アルバースは、〝裏切り三人組〟とキャプションをつけて、ナセル、フセイン、シュケイリの写真を掲載した。エジプトは関係改善を目的として、まずマハムード・リヤドを派遣し、次にザカリヤ・ムヒッディーンを送ったが、いずれも宥和工作は失敗した。アメルは幕僚に不満を洩らし、「シリアの態度はよろしくない。対ヨルダン協定の場合と大違いである…ムヒッディーンを粗末に扱い、我方が出した軍事上の要請をはねつけた」と嘆じた。★58

エジプト、ヨルダンと対照的に、シリアは開戦間際の国のように見えた。まさに臨戦態勢である。緊急法が導入され、極めて厳格に施行された。橋と公共施設には重武装の兵隊が配置につき、通りには軍服姿の民兵が隊伍を組んで行進した。ぴりぴりした雰囲気で、ショー的空気は微塵もなかった。軍は、エジプト、イスラエルのどちらが先に攻撃しても、直ちに行動できるよう準備を完了していた。軍は、ゴラン防衛を目的とするジハード（聖戦）作戦を棚上げし、ナスル（捷号）作戦に転換し、こちらの準備をすすめていた。これは、ソ連が組立てた攻勢作戦で、増強三個師団による電撃戦である。ゴランから西へ四〇マイルまでの圏内占領を当初の目標とする。まずガリラヤ湖北方のキブツ・ミシュマル・ハヤルディン域の防衛線を突破し、ティベリア、ツファット、そして北ガリラヤ地方のダン地区村落群を占領する。そして、態勢を立て直した後、アフーラ、ナザレそしてハイファ占領をめざして、行動を再開する。

このナスル作戦参加部隊は、五月二四日の夜から布陣を始めた。第三五師団部隊は、バニアス（ヨルダン源流のひとつ）、急傾斜を呈するゴラン西斜面の上にあるテルアザジアットの陣地を増強した。ゴラン最大の都市クネイトラには、歩兵三、砲兵二、戦車二の旅団が集結し始めた。突撃の先頭をきるのは精鋭の第一二三及び第八〇旅団である。六月三日、シリア軍歩兵が、突破戦に備えて前方に進出し、壕を掘って待機した。対人障害物は撤去され、渡河用のゴムボートが搬入された。作戦は六日間で完了の予定であった。

軍は、このような攻勢作戦を実行できる能力があるのかどうか。疑問を呈した者は誰もいない。将校団は繰り返し粛清の対象になり、追放された将校の後には、バース党イデオロギーを叩きこまれた〝教育者〟約二〇〇〇人が、後釜として送りこまれた。一九六六年に第八歩兵旅団の旅団長となったイブラヒム・イスマエル・ハィツヤーは、「私は幹部学校の教師として働いていた。まわりの将校達もほとんどは教師で、戦争に行く覚悟などなかった」と述懐する。ゴラン地区担当情報部長ナシャート・ハバシュ大佐は追放され、その後任には、一介の大尉が指名された。兄がバース党幹部という縁故任命である。北京駐在武官であったアハマド・スウェイダニは大佐から三階級特進して中将となり、参謀総長に任命された。シリアの戦車二五〇両と火砲二五〇門は、少し年代の古い形式が多かったが、イスラエルの年代物に比べると新しかった。しかし整備がなっていなかった。補給も問題で、不規則であった。第一線部隊は、食糧欠乏のため配置を離れるケースが絶えなかった。特に空軍は標準以下であった。軍の内部資料によると、シリア空軍のパイロットのうち〝良〟はわずかに四五％、〝普通〟が三一％、残る二三％は平均以下の〝不可〟である。ドマイル及びサイカル航空基地所在のジェット戦闘機四二機のうち、稼働機は三四機であった。

　しかし、将兵の士気はこれまでになく高かった。テルファクール要塞にいたムハンマド・アッマル歩兵大尉は、「我々は、前と比べると強くなっている、大地にへばりついて守り通せると思っていたし、ゴランは難攻不落と信じていた。我々はシリア、エジプト、ヨルダンの連帯ニュースに大いに励まされた」と述懐する。別の将校マルワン・ハムダン・フーリ大尉は、「我々は前より格段に強くなり、敵など一撃のもとに倒せる。我々は解放の時を待ち望んだ」と証言する。参謀本部の部員達も同様に自信満々であった。「戦争になれば、シリアとアラブ連合共和国は、せいぜい四日でイスラエルを撃破できる」。タラス少将はそう計算した。[★60]

　アラブ諸国は、激しく反目し合い、立場の相異をあらわにするにもかかわらず、ポスト植民地史で今回ほど連帯したことはない。アラブはひとつになった世界として存在し、まとまって行動できる。一九四八年よりずっと前から多くの者が待ち望んでいた時が来た、と思われた。これで復讐ができる。イスラエルのみならず、今後も末永く押さえつけていくためにイスラエルをつくった西側に対して、積年の怨みを晴らせるのである。アルジェリアのブーメディエン大統領は誇らかに、「シオニスト存在体の破壊とこの地域からの英米駆逐によって、郷土は自由になる」と言ったし、イエメンのサラム外相もこれに同調し、「我々は戦争を望む。戦争がイスラエル問題に決着をつける唯一の方法である。アラブは戦う用意ができている」と言った。穏健派で名の通った人々さえ、過激なことを言った。例えば、ヨルダンのジュムア首相は、バーンズ大使に「あなたは気が狂ったに違いない。アラブ人は、内心でナセルの没落を望んだ者もいるだろう。しかし、チラン海峡によって没落することを望む者は、誰ひとりとしていない」と強調した。レバノンの民族主義リーダーのラシード・カラミ（当時首相）はポーターに、「アラブはこれ以上イスラエルの屈辱に耐えられない。この問題については完全に意志の統一ができている…究極においてアラブは勝つ」と胸を張った。

西はモロッコ、チュニジア、リビアから東はサウジアラビアまで、つい数日前までエジプトを不倶戴天の敵とみなしていた諸国から、派遣隊がシナイへ集まって来た。シリアすらもついに軟化してイラク軍と肩を並べて戦うことに同意し、一個旅団のヨルダン派遣を決めた。アラブ側が協同して行動すれば、航空機九〇〇機、戦車は五〇〇〇両、兵員五〇万の戦力となる。これに加えて、アラブの政治力は極めて強力である。アラブ産油諸国は、イスラエル支援国のボイコット、製油所の国有化に同意し、パイプラインの破壊も辞せずとの態度を表明した。ナセルは、スエズ運河の封鎖もあり得ると警告している。イラクのアレフ大統領が「我々の目的は明快。イスラエルを地上から抹殺することにある。アッラーの思し召しにより、我々はテルアヴィヴとハイファで合流する」と明言したように、北アフリカから肥沃の三日月地帯そしてペルシア湾に至るまで全アラブが一体感を共有し、熱気にあふれる共同行為で、強く結ばれていた。★61

夏の短夜

六月三日の夜から四日かけて、アメリカのジョンソン大統領はニューヨークで、民主党の募金パーティに出席していた。ジョンソンは、党の主導権をめぐってロバート・ケネディに突きあげられ、内政と党務に専念せざるを得ない状況にあった。先週は、大半をテキサスの自分の農場で過ごし、アドバイザー達との打合せで時間を潰した。しかし、これからの自分自身の長い政治生命を考えているといっても、間近にせまる国際災難をあいまいにして放っておくわけにはいかなかった。

その災難を回避できる可能性は段々と薄れ、今や遠くにかすんでしまったように見える。ラスクと、マクナマラの両長官は、二日前ワシントンで複数のイギリス政府高官と会った際、レガッタ計画が死に体であることを、事実上認めた。議会はこの計画に〝激越な嫌悪〟感を示し、それに加えて海運諸国は計画参加に否定的で、このような不利な条件のため近い将来編成できるとは思えない、と二人は言った。緊急時対策は、リークの恐れがあるため、策定中断の状態にある。そして、たとえアメリカが宣言を出したとしても、なにがしかの〝効果を出す〟ことにはならない。CIAの判断によると、いかなるタイプの船であっても、アメリカ船が海峡を通航しようとすれば、エジプトはほぼ間違いなく発砲する。また統合参謀本部の報告によれば、スエズの東方水域にある米軍はエジプトによる本格的攻撃を撃退できる火力を持っていない。一方、ソ連の艦艇一〇隻がダーダネルス海峡を通過し、地中海東部水域に入っており、このニュースと併せ考えると、先の二つの判断は、一段と悲観性を帯びてくる。このソ連艦艇群は、付かず離れずの距離で第六艦隊を追尾中であり、ナセルの救世主として卑劣かつ好戦的な西側から守る態勢にあった。★62

中東専門家のソーンダズは、レガッタ計画にまといつく事態を〝おどろおどろの恐怖の行列〟と呼んだ。しかしそれでも、枢要な地位にある政府高官達は、この計画をまだ支持していた。特にロストウ兄弟が然りである。ウォルトは自由航行を、アメリカが義務として堅持しなければならぬ〝明明白白の原則〟とみなし、ユージンは武力行使も辞さぬ覚悟があれば船団計画はうまくいくと信じ、ナセルは「外交力を見せつけられ、鉄鋼の響きを聞かされれば」屈服すると考えた。この二人は、海運諸国に宣言署名の圧力をかけ続けたが、内容を薄めて、海峡問題とイスラエルとの結びつきを除去した。彼等は、外国船籍ならまだ石油はイスラエルへ輸送され得るのかどうか、封鎖は海峡全体なのかそれともエンタプライズ水路だけに適用されるのかなど、いろいろと思案した（エンタプライズの水深は二三〇フィート、幅三九〇〇フィート。ほかに幅二三〇〇フィートのグラフトン水路などいくつかの水路がある。航行にはエンタプライズだけを使用）。

ロストウ兄弟が思案している時、ジョンソンは船団構想から段々と離れていった。彼が注目したのは、〝エブロンシナリオ〟に描かれたような、イスラエルの単独行動案である。国防省の高官達は、彼等言うところの〝イスラエルを先頭に立たせる〟選択肢をよしとした。彼等は、イスラエルがナセルを負かすと確信した。このシナリオであれば、アメリカがアラブ及びソ連の双方と直接対決するような可能性はない。このシナリオは、アメリカの思惑とは別に、実施が近いように見えた。CIAは、マサワに碇泊中のイスラエル船ドルフィン号の動静をつかんでいた。それによると、乗員は軍人であり、石油を搭載中であるが、七二時間以内に出航の予定であるという。海峡を通過しようとすれば、発砲されるのは、確実であり、その発砲はイスラエルが攻撃開始に必要な口実を与える。その後の戦闘で、イスラエルがアメリカの援助を必要とする可能性は少ない[★63]。

このような賭けに危険が伴うのは明らかである。しかし、利点もそれに劣らず大きい。情報筋は、「イスラエルが単独で戦って勝利すれば、イスラエルに同情するアジア、アフリカ諸国は…ナセルが度を越してやり過ぎた、と考えるであろう。しかし、西側の共同行為であれば、その同情はヨーロッパ列強に対する恨みで相殺されてしまう。ヨーロッパ列強が再び他国の命運を左右するようなことをしている、と怒るであろう」

と判断した。さらに、アメリカがイスラエルのために首を突っ込む場合とイスラエルが単独で行動する場合を考えると、ソ連の介入する可能性が小さいのは後者の場合とみられた。国家安全保障会議（NSC）のハロルド・ソーンダズの判断によれば、イスラエルを引き止めれば、イスラエルの安全保障に長期にわたって関わらなければならず、一方、封鎖を無理矢理押し通るならば、二〇年に及ぶアメリカの公平な政策を御破算にしてシオニズムに加担し、アラブ穏健派をナセルに引き渡すことになる。「残る選択肢は、イスラエルにこの仕事を任せることである。我々は失敗したことを認め、戦闘の生起を許さざるを得ない」。これがソーンダズの結論である。

ジョンソンは、イスラエルが二―三日のうちに行動を開始し、どんなに長くても一〇日間で決着をつける、と確信した。アメリカは外交上イスラエルを支援することはあり得るが、一九五六年のスエズ危機のようなイスラエルと英仏外征部隊の結託はないし、ユダヤ人国家イスラエルに対する大掛りな軍事援助もない。むしろイスラエルは、ウォルト・ロストウの言葉を借りれば、映画『真昼の決闘』の保安官が独りで立ち向かうように、「単に自尊心を保つだけでなく、この地域で尊敬されるため」に武器をとるのである。すでにジョンソンは、スタッフ達に戦後処理の研究を命じていた。その場合の筋道としてはいくつかあるが、再びロストウの言葉を借りると、ナセルが〝ヒトラーのように…イスラエル抹殺を決意しているのか…それとも抜け目のない辣腕家として取り引きしようとするのか〟である。取り引きの対象には、境界問題と難民の帰還問題がある。

ラスク国務長官は、挫折感を抱きながら、同じ結論に到達していた。イスラエルはレガッタ計画がうまくいかなかったことを知っているのではないか、それで単独行動に踏みきる決意をしたのであると考え、「ほかの国が、イスラエルのやったような手口でアメリカ政府部内にくいこんでくるならば、我々は、おそらくその国と関係を絶つ」と言った。アラブ諸国に駐在するアメリカ大使に対して、「海峡の現状を黙って受け入れよとイスラエルに言ったところで、何もならない。イスラエルは戦うであろうし、我々は制止することができない」とも言っている。しかし同時にラスクは、「お手あげの状態で、戦いたければ、勝手に戦うがいいだろうと中立を決めこむわけにもいかない」と書いている。国務長官としてのラスクは、アメリカの中東政策史を概括している。すなわちアメリカは、地域のすべての国の独立と領土保全を支持し、イスラエルと英仏連合の手からエジプトを守り、そのエジプトの手から親西側の穏健アラブ諸国を守った。しかし、このバランスをとる行為は維持が難しく、今やそれがもろに露呈してしまった。「アラブ世界の〝聖戦〟心理が、生か死かであとがないというイスラエルのがけっぷち心理と、がっちり組み合っている…本格的戦闘の見込みについて、双方共に比較的冷静に考えているようにみえる。そして双方は共にうまくいくと考えているようである…誰か大きい計算違いをしているのである」。

その計算違いとその結果がどうなるのか、ジョンソンがその不安を抱きながら、ニューヨークのレセプションに向かったのは間違いない。大統領の胸中は複雑であった。苦境下にあるイスラエルを助けたい。それと同時にアラブ世界の親米政権も支援したい。雪だるま式にグローバル規模になるような戦争は防止したい。その願いが真剣であっても、東南アジアのもうひとつの戦争に拘束され、さらにまた行動に消極的な西側世界の態度のため、思い通りにはいかない。大統領は、可能な選択肢をすべて試み、このような束縛のなかで最善を尽くした、と感じていた。夕食会の時、エイブ・ファインベルグが耳元で「大統領閣下。もう持ちません。二四時間以内に始まります」と囁いた。大統領は驚くよりも悲しい気持に襲われた。★64

カイロでは、イラクがエジプト・ヨルダン相互防衛協定に参加し、その加入式典でナセルが演説をした。ラスク長官に言わせれば、静かな土曜に活を入れた話で、実際にその場を大いに盛りあげ、熱狂的雰囲気となった。ナセルがこの機会を借りて、チラン海峡に対するエジプトの主張を繰り返し、海峡が国際水路であることを拒否したうえで、封鎖に挑戦する船舶に対しては、武力をもって応じると宣言した。

ムルタギ地上軍（シナイ方面軍）司令官は、明朝アメル元帥との話し合いを予定し、メモを書いた。危機的状況にある補給と将校不足を検討するはずであった。司令官は、エジプト空軍の戦闘機隊に自分自身の命令を出したばかりであった。「諸士の武器と必勝の信念をもって…奪われた土地を回復せよ」とし、「イスラエルの侵略を撃退すべく、勇躍栄光の戦いに赴く諸士に、世界が注目している」と訓示した。しかしムルタギ自身はその夕方休暇でイスマイリヤに来ており、アメル元帥は、カイロにいて徹夜パーティに出ていた。その夜のナセルの動静は不明である。シドキ・マハムード空軍司令官は娘の結婚式に出席中で、明日早朝、アメル元帥及びイラクの上級代表団と一緒に、前線視察に赴く予定であった。参謀本部の部員の大半は、アメル元帥一行を出迎えるため、ビル・タマダに向けてすでに出発していた。

「シナイ正面の司令官は所定のところにいなかった。幕僚達も然りである」。そう嘆じるのは、シナイ方面航空隊参謀長アブダル・ハミッド・ドゲイディ少将。「指揮官が全員自分の指揮所から遠く離れたところにいた。このような戦争は初めてである」と述懐する。夜半過ぎ、緊急第一報が届いた。ガザとラファ周辺でイスラエルの動きが活発となり、中央戦区に戦車が集結しつつあるという。しかし、エジプト軍の指揮官は誰も指揮所にいなかった。★65

‡

対照的であったのが、リキーエ将軍の動きである。戦争が翌日勃発すると確信したのである。カイロで国連緊急軍の撤収を準備中、ムルタギの命令——戦闘ラッパである——を読み、直ちに搭乗機をガザへ飛ばすように命じた。機上の人となった彼は、眼下に無数の点を見た。兵員と戦車である。「通常は絶対絶命の場合にとる態勢」にあった。リキーエはこの状況をニューヨークに打電し、「戦車、火砲を含むアラブ連合共和国軍部隊が展開中。その規模大、攻勢展開以外に考えられず。その所在域には防御に適した所はない…ムルタギのメッセージが意味することは明白である」と報告した。リキーエは朝に発信するつもりであった。

もっともウ・タントは、国連本部に居ず、電文をすぐ読むことはなかったであろう。エジプト訪問時に歯茎が化膿し、手術を受ける予定であったからだ。[★66]

‡

フセイン国王は同じような予感を抱いた。トルコ大使が国王に会いに来て、翌日開戦、エジプトの基地に対するイスラエルの空爆をもって戦争が始まる、と伝えた。後日国王は、この件についてエジプトに警告した、と主張する。国王は空軍を厳重警戒態勢下におき、軍幹部将校達と打ち合わせた後、午前一時就寝、眠れぬ短い夜を過ごすのである。[★67]

イスラエルのカトリエル・カッツ大使は、再びクレムリンに呼ばれ、グロムイコが再びイスラエルの〝戦争狂騒熱〟を非難した。冷静な大使だが、さすがにその時は切れた。「カイロとダマスカスでは、隣国の壊滅を叫んでいる。アラブの指導者達はジェノサイドを求めているではないか。平和愛好国の外務省に呼ばれて、イスラエルに対する警告を与えられるのは、どういうことか。呼ぶ相手を間違っているのではないか」。グロムイコは無表情で聞いていたが、アラブが一九五六年のことを忘れるとでも思っているのか、と言い返した。「彼等にだって感情はある」と主張するソ連外相は、ソ連がシオニストの侵略を甘受することもないとし、「君達の将来を危うくする一番確実な方法は、戦争の道を選ぶことだ」と説教し、「感情に左右されてはならない」と繰り返し言った。[★68]

‡

「イスラエル国防軍は、強力なばねのようであった」。イツハク・ラビンは開戦前夜の様子を述懐する。「数週間に及ぶ待機時、作戦計画は何度も手直しされた。状況の重点が南部正面へ移ってきて、それに合わせて作戦計画も変わってきたのである。何か農場の話のようにみえるが、熊手とか鍬と名付けて作戦計画を何度も点検した。図上演習をやり地図や砂盤で研究を重ねたのである。そして、戦車、ハーフトラック及びトラックを使った方式で、最終案をまとめあげた」。ラビン参謀総長は、南部軍管区司令部を視察中、ダヤンの最終訓示があるというので、テルアヴィヴに呼び戻された。訓示は短く、一連の指示であった。エルサレム周辺の部隊は増強する。ただし戦車は市内に入れない。ヨルダンとは、相手の軍が先に攻撃しない限り、戦わない。守備を有利にするための小規模な地形争奪戦も認めない。北部正面も同じである。シリアが参戦しないのであれば、戦うことはない。

南部正面については、ダヤンはナハション第一号作戦を概括し、説明を加えた。エルアリシュとジャバル・リブニを結ぶ線まで占領し、ラファ・エルアリシュ、アブアゲイラを結ぶ交通線の確保（シナイ中部のアブ・アゲイラは、ビルラーファンを経由してエルアリシュとつながっている）、そしてこの地域所在のエジプト軍部隊の撃破を目的とする（ナハションは、地が割れて紅海となった所へ最初に足を踏み入れたヘブライびと）。イスラエル軍は、停止することなく可及的速やかに前進する。この第一号作戦では、シャルム・エルシェイクは攻撃目標に含まれていなかった。到達まで多大な時間を要すると考えられ、シナイの占領地をチラン海峡の自由航行権と交換するとされた。最後にダヤンは、フォーカス作戦に触れた。地上戦の前に実施される航空撃滅戦である。フォーカス作戦は月曜朝に実施。午前七時四五分、サディン・アドム（赤いシーツ）の合言葉が発信され、攻撃開始となる。

イスラエル国防軍の兵力二七万五〇〇〇、戦車一一〇〇両、航空機二〇〇機。準備は成り、中東史上最大の攻勢作戦を前に、全軍が腕を撫して待機した。夜明け数時間前、ダヤンは周りのことを考える時間的余裕を得て、しばし感慨にひたった。ダヤンは、「責任を引き受けてから、ずっとその耐え難いほどの重圧を感じ」ていたが、究極においてイスラエルは生き残ると確信しつつも、そのために支払う身がつぶれるほどの代償のことが、脳裡から離れなかった。そして、「開戦に反対するベングリオンの言葉を軽んじることができなかった。ド・ゴールの立場を無視するわけにはいかない。慎重なラスク長官のアドバイスも然りである。ましてやロシア人の威嚇を一蹴するわけにもいかない」と考えるダヤンは、ソ連の対応に関して、「イスラエルの勝利が迅速であれば、その対応は遅く、快速進撃といかず作戦がもたつけば、介入の危険が強まる」と計算した。

その夜、ベングリオンも同じような恐れを抱きつつ、感慨にひたった。日中ダヤンから最新情報を知らされたベングリオンは、日記に「大変心配である。これから我々がとろうとしている手段が、これでよいのかどうか…これは拙速ではないのか、この性急さは私の理解を越える。最初に（アメリカ側と）協議するのが、もっと賢明ではないのか」と書いた。

イツハク・ラビンも、アメリカ側との連絡、協調が充分ではないことを思い悩んでいた。「政府と参謀本部は、最悪の戦略情勢のもとで、イスラエル国を戦争に導いた」と述懐する。それでも参謀総長は、躊躇し逡巡を繰り返した後にその決断がくだったことに、多少の慰めを抱いた。ダヤンの訓示が終ると、ラビンは〝数週間来初めての休息〟をとるため、大急ぎで自宅へ帰った。

首相補佐官のリオール大佐も、自宅で一眠りしたい組であった。首相官邸を出たのは夜半過ぎであった。エジプト軍がシナイに進出して三週間。この間の出来事は、補佐官にとって、ほかの惑星の話のようであった。先制攻撃が失敗した場合、イスラエルはアラブの連合部隊による一斉攻撃に耐えられるのか。リオールはいろいろと思い煩った。リオールは妻ズハラの横に陣どると、目覚時計をとり朝六時にセットして眠りについた。その時間になれば、妻を起こし、防空壕に退避するよう指示するつもりである。

しかし、ひとりだけ眠らぬ男がいた。エシュコル首相である。ひとり机に向かう首相は、一対の手紙を書いていた。一通目はコスイギン宛、イスラエルに対するソ連の軍事非介入を求める内容で、エシュコルは「我々は、我々を敵視する諸国の軍に包囲され、生か死かの瀬戸際にあり、ヒトラーの衣鉢をついだナセルはユダヤ民族絶滅の目的を果たそうとしている。このような状況のなかで我々は生存をかけた闘争を展開中なのである。大いなる試練の時、ソ連の役割がユダヤ民族に対する理解と友愛によって決まることを、我々は確信する」と書いた。

二通目は、ジョンソン宛。やはり熱のこもった内容である。実は、この日の夕方激しい論争が起きていた。エジプトがすでに開戦していることを主張すべきかどうかで、議論があったのである。ダヤンは反対であった。しかしアロンは、ナセルに開戦の責任を問うても別に損にはならない、むしろ何か得るものがあるだろうと主張した。エバンとヘルツォーグがアロンを支持した。そこでエシュコルは、エジプト軍がイスラエルの村落を砲撃し、空軍機が境界域に飛来していることを指摘した。さらにエシュコルは、今日の対決をもたらした一連の事件に触れた。ナセルのイスラエル抹殺の呼びかけ、国連に対する緊急軍の撤退要求、チラン海峡の封鎖、エジプト・シリア、エジプト・ヨルダンの各防衛協定の成立、そしてソ連の無茶苦茶な言い逃れ等を、エシュコルは書き綴った。

この状況概括のなかには、ひとつの理解が暗示されている。なぜ中東が紛糾し、泥沼化するのか。アラブ・イスラエル紛争が、アラブ内部の対立構造と超大国間の対立、そして関係諸国の国内政治によってたきつけられ、増幅する環境、背景があるということである。テロ、越境襲撃や砲撃、報復攻撃といった事件で、その背景が動揺し、危機的状況を生み出す。そして、その危機はひとたび着火すれば火炎となり、戦争に向かってどんどん広がっていく。

「我々の前にある闘争は未だ終っていない」と書いたエシュコルは、〝イスラエル最大の友人〟の精力的支援を求めた。特にソ連を牽制して欲しいということであった。戦争の目的については、首相は大言壮語することがなかった。先に触れた背景を根本から変えたり、将来同じような戦争が勃発する可能性を除去したりする考えはない、とした。イスラエルが懸命に努力しているのは、目前の脅威を排除し、以後平穏な状態を無期限に継続することにあり、「我々は我々の領土で平和裡に生存し、合法的な海洋権を享受したいだけで

ある」とエシュコルは結んだ。[★69]

第5章 戦闘……第一日、六月五日

イスラエル空軍の対エジプト先制攻撃
地上戦開始
ヨルダン、シリアの参戦

午前七時一〇分（イスラエル時間）、フーガ・マジステール一六機が、ハツォール航空基地を次々と発進した。一九五〇年代のフランス製練習機であるが、新しくロケット弾発射装置をつけた機体である。フーガは、ミステール及びミラージュ両戦闘機の使用周波数で発信し、両機種による飛行と思わせつつ、通常の哨戒隊形で飛んだ。四分後本物の作戦機オーラガン戦爆機が、ハツォール基地を発進。さらにその五分後、ミラージュ戦闘機一個飛行中隊がラマト・ダビッド航空基地から、ヴォトール双発機がハツェリム航空基地から、それぞれ発進した。七時三〇分には、二〇〇機近いイスラエル機が飛行中であった。モッティ・ホッド空軍司令官は、この攻撃隊に激励の言葉を贈った。「攻撃の壮途につく我等には、イスラエルの英雄たちの士魂あり…ヨシュア・ビンヌン、ダビデ王、マカベの蜂起者、そして一九四八年、一九五六年の戦士達…我等は彼等の精神を受けつぎ、彼等から力をもらい、我国の安全と独立を侵し、我国の未来に脅威を及ぼすエジプトへ、今まさに向かわんとす。飛べ、高く飛翔し彼を撃て。イスラエルが末永く安全に生存できることを願って、彼等を砂漠に追い、撃破せよ」。

攻撃隊は低空飛行を続けた。エジプトは、八二か所のレーダーサイトを持っている。それに探知されぬよう、時に一五メートル以下で飛ぶこともあった。イスラエル機の大半は地中海へ針路をとった。この後反転してエジプトへ向かうのである。残りは、紅海を南下し、エジプト領奥深く進空する。無線封止が厳しく守られ、編隊はすべて手信号で連絡しあった。空軍作戦部長ラフィ・ハルレブ大佐は、「肝腎なのは、探知されることなくエジプトの海岸線へ接近することである」とし、機械的故障で飛行困難になっても、救助信号は送れないので、海面に不時着水せよ、とパイロット達に指示した。

しかし、このパイロット達は、いくつかの点で恵まれていた。飛行時間が多く、エジプトのパイロットに比べると練度がまるで違う。航空機も整備が行き届いていた。保有機数は二五〇機（ミラージュ六五機、スーパーミステール三五機、ミステールⅣ三五機、オーラガン五〇機、ヴォトール軽爆二〇機、フーガ四五機）。そのほとんどが稼働機であった。空軍は、砂漠にエジプトの航空基地を設置し、モックアップをおいて猛訓練を施し、おかげでパイロット達はフォーカス作戦の腕をみがくことができた。この訓練は極秘のうちに実施され、数名の閣僚しか知らなかった。参謀本部の部員達も、概要を書いた一枚の紙を受けとっただけである。一方、イスラエルは相手について、ことこまかに知っていた。エジプト側航空機の各所在地はもちろんのこと、搭乗パイロットの名前、階級そしてパイロットの声までわかっていた。

情報の大半は、電子機器による傍受で得られたが、スパイ活動による入手もあった。例えば、ヴォルフガング・ロッツは、ドイツ生まれのイスラエル人スパイで、ナチの元ＳＳ将校になりすましてエジプト軍の幹部将校の間にくいこみ、一九六四年に逮捕されるまで、軍の機密情報を入手した。上層部にくいこんだ者には、ほかに例えばアンワル・イフリムという情報将校、ナセルの個人マッサージ師アリ・アルフィがいる。航空機の動きについてよく把握し、ホッドをして「リアルタイムの情報機関」といわしめたほどの人々である。一方エジプト側は、航空機の保護、遮蔽についてほとんど何もしなかった。航空機は機種別（ミグ、イリューシン、ツポレフー）で航空基地に配置されていたので、イスラエルは容易にターゲットの優先順位を決めることができた。コンクリート製格納庫の建設が空軍によって提案され、承認された。しかし全く実行されなかっ

◉——エジプト攻撃へ向かうイスラエルの主力戦闘機ミラージュIIIC。イスラエルは1963年から導入を開始し、六日戦争では65機で戦った。
IGPO

た。航空機は野外駐機で、それもきちんとした掩体に入っているわけではなく、まわりを土嚢できちんと囲まれていなかった。「ジェット戦闘機は最強の武器である。ただし空中にあればの話。地上では全く無防備。赤子の手をひねるようなもの」。ホッドはよくそう言った。★1

‡

エジプトの空軍機は、その時間帯はほぼ全機が地上にあり、搭乗員達は、朝食をとっていた。イスラエルの空襲は夜明けに始まる公算大として、ミグがすでに払暁哨戒をやっていたが、午前八時一五分（エジプト時間、イスラエル時間より一時間早い）に帰投した。空にあがっているのは訓練飛行中の四飛行小隊だけで、いずれも武装していなかった。実は、ほかに飛んでいる機が二機あった。ビル・タマダ基地行きのイリューシン14型輸送機、アブ・スウェイル基地行きの同型機である。いずれもアルマザ基地を発進したが、前者にはアメル元帥とシドキ・アハマド空軍司令官が搭乗し、後者にはフサイン・シャフィー内務情報機関長、イラクの首相、ソ連の上級顧問が乗っていた。エジプト軍の主だった将軍達は、この二機に分乗中か、出迎えのため基地で待機中かであった。イスラエル側は、レーダースクリーン上にこの二機を認め、この二機が編隊を探知するのではないかと懸念した。実際に警報が出されている。もっとも、警報を出したのはイリューシン機の方ではなかった。この二機は何事もないように巡航高度へ上昇していった。

警報を出したのは、アジュランのレーダー基地であった。ここにはイギリスの供給した装置がある。中東では最高の性能を誇る機種のひとつであった。午前八時一五分、突如としてレーダースクリーン上に、多数のブリップが現れた。ヨルダン側は、多数の機が離陸して西の海へ向かうのには慣れっこになっている。しかし、これほどの大編隊は初めてである。当直将校は、アンマンのリヤド司令部に連絡し、イナブ（葡萄の意）と伝えた。戦争勃発を意味するコード名である。リヤド司令官は、この情報をカイロのシャムス・バドラン国防相に中継で送った。そして、解読できないままで放置された。エジプト軍は、デコード周波数を前日に変えたが、ヨルダン側には通知していなかった。イスラエル側も周波数を変えていた。アジュランの警戒員達は、このブリップがイスラエル機か外国機か判別できなかった。外国機とすれば、イギリスかアメリカの空母機である。警戒員達がスクリーンを見ていると、ブリップは突然東へ転針し、シナイの方へ向かい始めた。彼等は繰り返しコードをアンマンへ打電した。

しかし、たとえこのメッセージが解読されたとしても、バドランはそこにいなかった。国防相は、仮眠中は絶対に起こすなと命じて、数時間前に床についたのである。翻訳班長のマスード・ジュナイデ大佐も、そしてガマル・アフィフィ空軍作戦部長もいなかった。任務遂行能力を問われた作戦部長は、戦後裁判にかけられ、「私は一〇年も軍の仕事から離れていた。この職務について六か月も経っていなかったのである。私はそこにいなかったことをアッラーに感謝する。そこにいる者は、少なくとも誰に連絡し、どうするかの心得がなければならぬからである。私がそこにいたら、状況はもっと悪くなっていたのであろう」と主張した。空軍情報部もイスラエルの空襲について相当に報告していたのであるが、最高司令部の将校達はアメル寄りで、空軍のナセル忠誠派を信用せず、その報告を無視した。★2

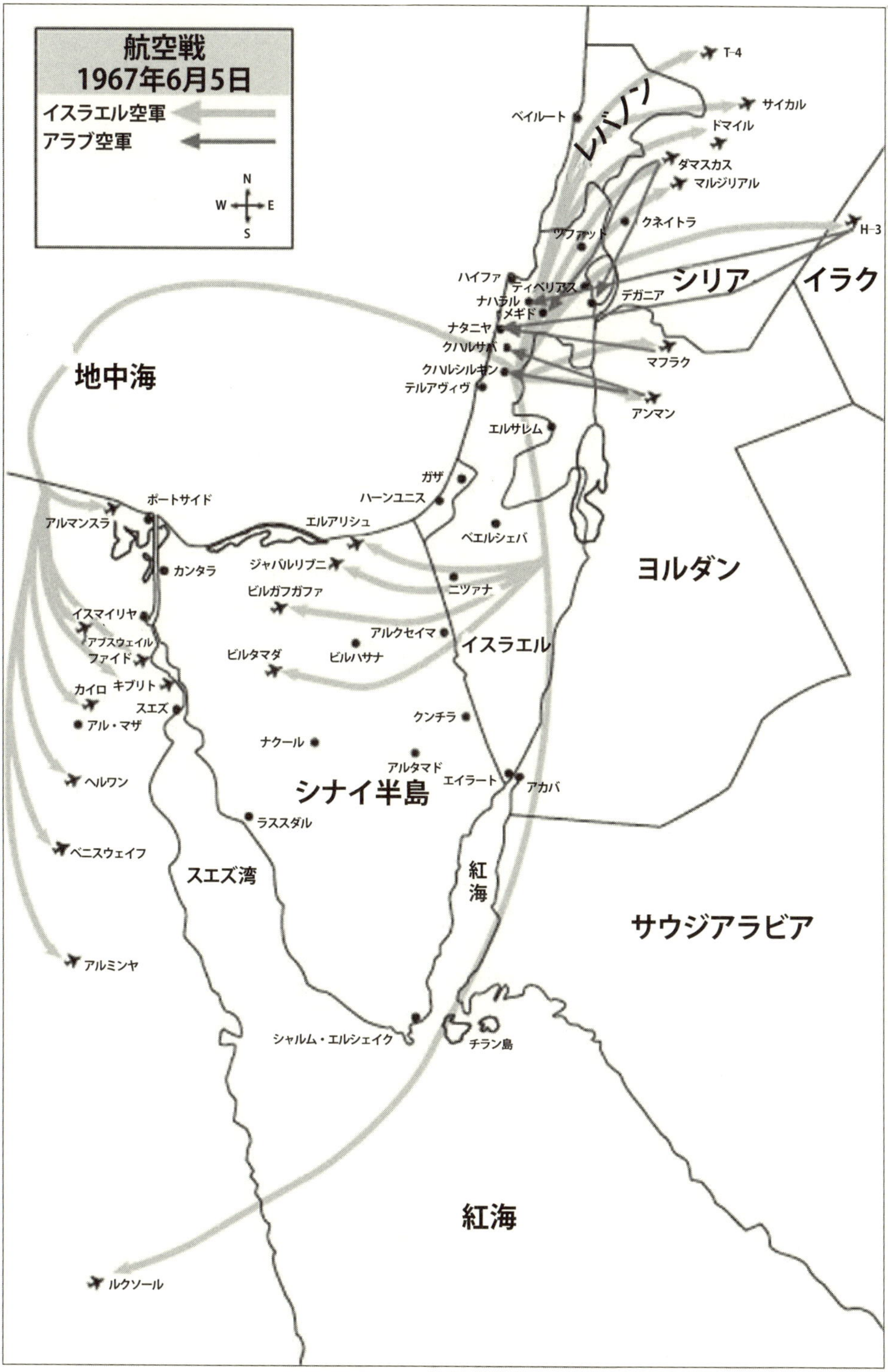

航空戦
1967年6月5日
イスラエル空軍
アラブ空軍
N
W
E
S
T-4
サイカル
ベイルート
レバノン
ドマイル
ダマスカス
マルジリアル
クネイトラ
ツファット
H-3
ハイファ
ティベリアス
シリア
イラク
ナハラル
メギド
デガニア
ナタニヤ
クハルサバ
マフラク
クハルシルキン
テルアヴィヴ
アンマン
地中海
エルサレム
ガザ
ハーンユニス
ポートサイド
アルマンスラ
エルアリシュ
ベエルシェバ
カンタラ
ジャバルリブニ
ヨルダン
ニツァナ
ビルガフガファ
イスマイリヤ
アルクセイマ
アブスウェイル
ファイド
ビルタマダ
ビルハサナ
イスラエル
キブリト
カイロ
スエズ
アル・マザ
クンチラ
ナクール
アルタマド
エイラート
アカバ
ヘルワン
シナイ半島
ラススダル
ベニスウェイフ
スエズ湾
紅海
サウジアラビア
アルミンヤ
シャルム・エルシェイク
チラン島
紅海
ルクソール

イスラエルにとって、その数分間は成否を分ける重大な時であった。「耐え難いほどの緊張感が漂っていた」と述懐するのはワイツマン作戦部長。結局辞任しなかったのである。一度は啖呵をきったものの男の意地をぐっとこらえて、職務にとどまったが、地上戦に関してはほとんど関心がなく、空軍も自分が手塩にかけたフォーカス作戦のことばかり心配していた。「この五年間私はこの作戦について語り続け、説明し、骨格をつくりあげ、肉付けをして、作戦計画にまとめあげた。そしてそれにもとづいて訓練をしてきたのである。あと一五分。それが夢に終るか現実になるのか。結果がわかる」と当時の気持を語る。

この作戦には数十の飛行中隊を必要とした。複数の航空基地から発進した攻撃機は、無線を使わず静かに空中で集合し、編隊を組んで一一の攻撃目標に向かう。目標は一番近いところで二〇分、遠いところで四五分の飛行時間である。計画は極めてこみいっており、まるで迷路のように組立てられ、危険一杯であった。保有ジェット機のうち一二機を残して全機投入となり、イスラエルの空は文字通りガラ空き、無防備状態となった。アメフトのファンがヘイル・メリー（試合前半の終了間際、ロングパスで点をいれること）と呼びそうな状態である。猛訓練を重ねてきたので、空軍指揮官達は、たとい相手の戦闘機が離陸できたとしても、エジプト空軍を三時間足らずで撃破できると確信していた。しかしそれでも、ラビンは不安を抱き、フォーカス作戦が失敗した場合に備え、複数のコマンド隊に夜間攻撃の準備をさせた。航空基地破壊を主目的とする。[★3]

ラビンはダヤンと共に、ホッドが陣取る空軍司令部で待機した。ワイツマンも一緒である。空軍司令官は、至極真剣な表情である。「最初の四五分は、まるで一日のように長かった」と述懐する。先制航空攻撃の責任が、この男の肩にかかっているのである。キブツ出身のホッドは、やせ型で寡黙、第二次世界大戦後、ホロコーストの生き残りを密航で英国支配下のパレスチナへ運び、独立戦争の前には、スピットファイヤー戦闘機一機を秘かに運びこんだ。一九四八年の時も、一九五六年の時も、技量に優れ、沈着冷静な名パイロットとして知られた。派手なタイプではない。むしろ根性と機略縦横の戦士である。古代ローマの軍人政治家キンキナトゥスのように、農業に戻るのが、一番の望みであった。しかし一九六六年になって、当時空軍司令官であったワイツマンの強い後押しがあって、その後任になったのである。就任以来ホッドは、フォーカス作戦に磨きをかけ、猛訓練を施して、基地帰投から燃料、弾薬の再補給を経て再出撃するまでの時間を、八分以内に短縮したのである。これに対してエジプト空軍は八時間を要した。ワイツマンはホッドを評して、「この男はヘブライ詩人のビアリクやシェークスピアの言葉を引用することはできないだろう。しかし、単純明快なヘブライ語をもってアラブを締めあげることなら、お手のものだ」と言った。

ワイツマンが傍らで見ていると、ホッドは、大汗をかきながら、いくらでも水の入る巨大ラジエーターのように、水をたて続けにがぶ飲みしていた。攻撃開始のニュースを今か今かと待っているのである。先頭編隊は、電子妨害装置を使って、沖合に遊弋するソ連艦艇の探知を避けつつ海岸線に接近し、やがて内陸部に入った。午前七時三〇分（イスラエル時間）、最初の攻撃目標が視界に入ってきた。整然としている。例えばファイード、キルビトの両巨大基地は、エジプトの情報部がイスラエルの攻撃圏外とみていたところであるが、ジェット機がエプロンに並び、あるいは半円状の掩体に入っていた。航空基地の多くは滑走路が一本しかなく、使用不能になれば、万事休すとなる[★4]。

空中の視界は極めて良好で、ほとんど無風状態である。攻撃には最適の条件であった。イスラエルの戦闘機は一気に九〇〇〇フィートまで急上昇し、エジプトのレーダーに機体を暴露した。スクランブルをかけようと、パイロット達が走り出す。しかし、搭乗機までたどりついた者はほとんどいない。

戦闘機はダイブし、四機編隊が二機一組となって、攻撃を開始した。平均三回、時間が許せば四回攻撃したが、第一回は爆撃、それ以降は地上掃射であった。攻撃の優位順位は、第一が滑走路破壊、その次がイスラエルの都市攻撃能力を持つ長距離爆撃機、第三が戦闘機の地上撃破であった。最後目標が、ミサイル、レーダーそして支援施設である。第一波と第二波の間隔は七分から一〇分であった。帰投時間に二〇分を要し、着陸して燃料弾薬再補給後の再出撃まで八分。そしてパイロットには一〇分間の休息が与えられた。つまり各機は、最初の攻撃発進から一時間以内で、第二撃の発進が可能であった。この間エジプトの基地はほぼとぎれることなく、イスラエル機の攻撃にさらされていた。

「攻撃目標に近づくにつれ、空は次第に晴れ渡ってきた」と述懐するのは、アビフ・ビンヌン大尉。ミステール戦闘機隊を率いて、ファイード基地に向かった。ミステール戦闘機の編隊長である。「ダイブして爆弾を投下した。滑走路の末端にミグ21四機を認めた。四機列を成して動いている。私は爆弾投下装置を引込め、機関砲を射ち始めた。二機に射弾が命中し、火だるまになった」。

ビンヌンが投下した爆弾は、デュランダルと称する極秘兵器であった。フランスとの共同開発による装置だが、フランスがローランの聖剣にちなんでデュランダルと名付けた特殊穿孔弾である。(ローランはシャルル大帝麾下の一二勇士のひとり)。投下されると、重量一八〇ポンドのこの爆弾は逆噴射ロケットとパラシュートで安定し、目標の上までくると、六〇度の角度でブースターが作動し、滑走路に突入する。爆発すると幅五メートル深さ一・六メートルのクレーターを作るので、滑走路は使用不能になる。周辺には遅発信管付きの爆弾がばらまかれるので、滑走路の修理もできない。アブスウェイル航空基地には、一時間足らずでこの装置付き爆弾が一〇〇発以上も投下された。「基地にはミグ四〇機が散開して駐機中だったが、我々がそのうち一六機を撃破し、帰りがけに、SAM2中隊をひとつ破壊した。天に沖する黒煙が方々にあがっていた。すべて被爆飛行場のものであった」。ビンヌンはそう述懐する。

地上では、エジプトのパイロット達が茫然自失の状態にあった。防衛網を突破し、全く虚をつく形で攻撃するイスラエルの能力が、信じられないのである。「私は滑走路に立っていた。九時〇〇分である。訓練飛行に出ようとしているところだった」。マスリ航空基地司令タシン・ザキ准将は述懐する。「ちょうどその時、ジェット機の爆音がした。音のする方向を見ると、灰色のスーパーミステールが二機飛んでいる。この二機は滑走路の助走路付近に爆弾を二発投下した。そして後続の二機が滑走路の中間地点に二発投下、さらにその次の後続機二機が末端に落とした。数分で滑走路は全体が爆破状態になった。全くの奇襲である」[★5]。

滑走路を破壊されて、エジプト機は離陸できなくなった。イスラエル機の餌食である。最初は三〇ミリ機関砲を撃ちこまれ、その次には、熱線追尾ロケットで破壊されてしまった。スエズ運河の西にあるベニスウェイリとルクソールの二基地では、巨人爆撃機ツポレフ16が一〇トンの爆弾諸共地軸をゆるがして次々と爆発し、その爆風で攻撃隊の一機は文字通り上空に吹きあげられた。シナイ半島では、ジャバル・リブニ、ビル・タマダ、ビル・ガフガファの前進基地は、ミラージュとミステールの混合編隊に攻撃され、駐機中のミグ戦闘機多数が破壊された。離陸しようとして火達磨になったミグも数機ある。滑走路が攻撃対象にならなかったのは、エルアリシュだけである。イスラエルの輸送基地としてすぐに使用するため、破壊されなかった。

午前八時〇〇分（イスラエル時間）、第一次攻撃の終了までに、カイロ西、ファイド、アブ・スウェイルの三航空基地は、平均して二五波による攻撃にさらされた。シナイの四航空基地及びスエズ運河西岸の二航空基地は徹底的に破壊された。最高司令部とシナイ諸部隊を結ぶ主要通信線は、寸断された。一番潰滅的打撃を受けたのは、エジプト空軍そのものである。三〇分ちょっとの間に、保有機の半数にあたる二〇四機を喪失した。九機以外はすべて地上で撃破されている。

イスラエル側は呆気にとられた。飛行一個中隊だけでひとつの航空基地を制圧し、完全に破壊できるとは、考えもしなかったのである。フォーカス作戦の成功率が一〇〇％を超えたのも、予想外である。予想では、エジプト軍は、初期のショックからすぐに立直り反撃するはずで、攻撃隊の四分の一は撃墜される計算であった。反撃を予想していたため、パイロットは、空中戦用に五分間分の燃料と弾薬の三分の一をとっておくように、命じられていた。しかし、空中戦は起きず、対空砲による応戦も大したことはなかった。エジプト軍の対空砲一〇〇個中隊と二七か所のＳＡＭ２地対空ミサイル陣地は、すべてアメル元帥から応射禁止命令を受けていた。アメルは、イスラエル機と間違えられて、自分の搭乗機が撃たれることを恐れたのである。対空部隊が応射したのはカイロだけである。それも、頭上の三角翼機に向かって、滅茶苦茶に打上げた。対空砲部隊を指揮するサイード・アハマド・ラビ少佐は、「我々は厳重な警戒態勢にあり、弾薬も充分に持っていた。しかし、射撃命令を受けていなかった」と言う。「私は意を決して、自分で引き金をひいた。そして、これで軍法会議にかけられるなと思った。ところが、武功章をもらった。おかげで仕事を失わずに済んだ」。

ラビ少佐は、イスラエルのジェット機を数機撃墜したと主張している。イスラエル空軍は、第一次攻撃で総計八機とパイロット五名を失った。そのうちの一機は機体が損傷していたが、無線封止を破ることができず、ディモナ上空に迷いこみ、味方のホークミサイルに撃墜された。

司令部に結果がわかったのは、第一次攻撃が終ってからである。想像を絶する戦果で、ホッド自身が攻撃隊パイロットから報告を受けて、確認するまでは、俄かには信じられない数字であった。「胸のつかえがおりた。一個だけだが、息のできぬほどの石ころが詰まっていて、それがとれた感じだった」とダヤンは書いている。しかしイスラエル国民の胸のつかえは、まだおりていなかった。空軍のあげた戦果は、可能な限り秘密にされた。公になると、イスラエルの戦車隊がシナイを進撃中に、国連安保理で停戦決議が採択されてしまう。午前八時一五分、ダヤンは、赤いシート作戦の開始を命令した。

その頃、第二次攻撃隊は、目標上空に近づきつつあった。攻撃目標は基地一四で、その半数近くが運河の西側にあった。エジプトのレーダー基地全部である。すでに奇襲効果は失われ、パイロット達は無線封止もしていなかったが、エジプト側の反撃は激しくなく、それも対空砲による応射が大半であった。イスラエル空軍は、一〇〇分ちょっとの間に一六四波に及ぶ空襲を敢行し、第二次分だけで一〇七機を撃破し、九機を喪失した。その日の朝エジプト空軍は、第一線機を四二〇機保有していたが、そのうち二八六機を失った。内訳は、ツポレフ16爆撃機三〇機、イリューシン28中型爆撃機二七機、スホーイ7戦闘爆撃機一二機、ミグ

21迎撃戦闘機九〇機、ミグ19戦闘機二〇機、ミグ17戦闘機七五機、輸送機及びヘリコプター三二機である。同空軍のパイロットの約三分の一が戦死している。航空基地一三が破壊され使用不能になったが、レーダー基地二三と対空陣地計二三が同じように破壊された。午前一〇時三五分、ホッドはラビンに向かい「エジプト空軍もはや存在せず」と報告した。★6

‡

イスラエル、エジプトそしてアラブ世界で戦場の様相が明らかになってくると、茫然自失の状態は益々強くなった。残骸と化した航空基地では、将校達が、恐るべき悲劇に見舞われたことを認識した。ビル・タマダ基地のパイロット、ハシェム・ムスタファ・ハサインは、当時の気持を次のように述べている。

攻撃（第一波）が終って三〇秒ほどたった頃、第二波が来襲した…我々は遮蔽物を求め、砂漠の中を無我夢中で走りまわった。しかし攻撃機は撃たなかった。基地上空を旋回するだけである。基地が完全に破壊され、ターゲットになるのが残っていないので、驚いているのだ。ターゲットになるのは我々だけだった…自衛用の拳銃一丁で、砂漠を逃げまどう哀れな人間。残っているのは、抵抗力のない者だけ。機体、装備共に最新式のジェット機に乗るパイロットが、拳銃で戦うなど…まさに悲喜劇であった。第二波の来襲五分後、攻撃機は姿を消し、砂漠は異様な静寂につつまれた。聞こえるのは、破壊された我等が航空機、基地施設そして隊舎の燃える音だけだった。我方の損害一〇〇%、彼等の損害〇%。彼等は鮮やかな手並みで任務を完遂したのである。

マリス基地司令ザキ准将も同じような経験をした。フサイン・シャフィー内務情報機関長の搭乗機が補助滑走路に着陸したところを、ミラージュ数機が機銃掃射をしながら、低空で攻撃してきた。ザキ准将は呆然として眺めていた。搭乗員と乗客は何とか逃れた。しかし二番機はついていなかった。全員が滑走路上で死んだ。「イスラエルは、この日のために何年も準備してきたのだ。しかし我々ときたらパレードの準備しかしていなかった」。ザキ基地司令の証言である。「毎年、恒例の革命記念日パレードのため、何週間も訓練し、リハーサルをやった…しかし、戦争のための準備は全くなかった」。

アメル元帥の搭乗機は全然着陸できなかった。シドキ・マハムード空軍司令官いうところの〝イスラエル機の森〟に囲まれ、ひとつの基地上空を旋回しつつ機会を窺ってもできない。次の基地へ向かえば、そこは炎上中である。搭乗機は九〇分近く旋回した後、カイロ国際空港に着陸した。そこにはアメルの空軍連絡将校ムハンマド・アユブ大佐が、ピストルを引き抜き、手に握りしめて待っていた。アメルに対するクーデターが起きたと勘違いしていたのだ。「御本人を殺す気か！この犬どもが！」。大佐はアメルのまわりにいる将校達に向かって叫んだ。彼等もピストルを引き抜いて身構えた。シドキ・マハムードが間に割って入り、「馬鹿者！何をするか。銃は引っ込めよ。攻撃しているのはイスラエルだ！」と怒鳴りつけた。

アメル元帥は、軍用の輸送手段がなくてタクシーで最高司令部へ行った。ミグ戦闘機のなかで飛行可能なのは、わずか三七機であった。しかもアメル自身があやうく撃墜されそうになった。それでも元帥は溌剌としていた。やっと戦争が始まったのである。元帥は直ちに空軍司令官に命じた。第一は、イスラエルの沿岸地帯の占領（豹作戦）に対する空軍の対地支援、第二は最新式戦闘爆撃機スホーイの投入。必要であればロシアの指導教官を同乗させてもよいとした。この指示をした後アメルは、ダマスカスとバグダッドに連絡し、ラシード作戦の至急開始を要請した。イスラエル側航空基地の爆撃である。イラクは同意した。しかしすぐ、〝技術上の遅延〟を訴えてきた。一方シリアは、現在航空機は飛行訓練に使用中と返事をした。

このような失望すべき点があっても、エジプトの最高司令部のムードが暗くなったわけではない。ソ連の駐在武官S・タラセンコは、「将校達は、妙に落ち着いていた。我不関焉といった態度で、ラジオを聴き、コーヒーをのんでいた」と語る。一方カイロ市内では、住民達が祝賀気分を味わっていた。ル・モンド紙の中東特派員エリク・ルウロ記者によると、「市中は熱狂する住民であふれかえっていた。対空砲が打ち上げられ、数十万の群集が、〝くたばれイスラエル！　戦争に勝利するぞ！〟と叫んでいた」。しかしルウロ記者は、ほかの外国特派員達と同じように、前線に近づくことを許されなかった。国際電話はすべて遮断され、政府声明が唯一の情報源であった。「本日午前九時〇〇分、イスラエルは、カイロをはじめとするアラブ連合共和国に対する空襲をもって、攻撃を開始した。我方の航空機が直ちに出動し、撃退した」という簡単な内容である。

反撃の戦果発表はなかなかのものであった。敵機撃墜は、アメリカの爆撃機一機を含め、八六機、味方の損害は二機である。アメリカのノルテ大使は「このニュースに接して、（エジプト社会は）興奮のるつぼと化し、熱狂した雰囲気がある」とし、「ラジオは勇壮な愛国歌を流し、音楽の合間に、パレスチナ奪還とかテルアヴィヴで合流といったスローガンが叫ばれている」と報告した。アメル元帥は、アンマンのリヤド統合軍司令官にこの戦果を送信し、「イスラエルは、先制、奇襲にもかかわらず、保有機の七五％を喪失。エジプト軍は反撃し、シナイ方面において攻勢に転じつつあり」と伝えた。★7

ナセルは、イスラエル機による空襲の報告がきた時、最高司令部にいなかったが、戦闘開始を歓迎し、流れはすぐ変えると確信した。しかし、午前一〇時に至った段階で、すでに疑問を持ち始めている。ちょうどイスラエルの第二次攻撃の真最中で、エジプト空軍がイスラエルの爆撃機一六一機を撃墜、と主張していた頃である。大統領はアメル元帥に連絡しようとしたが、連絡がとれなかった。シドキ・マハムード空軍司令官の応答もない。この後真実を語る者が数人出てくるが、そのひとりアンワル・サダトは、自宅にこもっていた。サダトは午前一一時〇〇分に司令部に到着した。そこでソ連のポジダエフ大使のほか数名の高級将校から、エジプト軍の惨澹たる状況を聞いた。「私は家に戻り、何日も外に出なかった」と書く。そして、「こちらのマスコミは、一時間毎に、赫々たる大戦果を報じた。すべてでっちあげである。群集は、嘘で固めた戦勝報道に酔い痴れ、拍手喝采し…路上で踊り狂った」と伝える。サダトはその狂乱状態を見るに堪えなかったのである。

しかしナセルは、事情に暗かった。軍や政府で誰ひとりとして蒙を開いてくれる者がいなかったからではない。すべては脚色に沿って進み、カイロ放送で報道され、「目下、我方の航空機とミサイルが、イスラエルの全町村を攻撃中」とか、「一九四八年の尊厳喪失に復讐し、休戦ラインを越えギャング共の巣窟たるテルアヴィヴへ向かって進撃せよ」とアラブに呼びかけが行われた。★8

シナイを覆う赤いシーツ

夜間秘かに休戦ラインまで接近したイスラエルの部隊があった。無線封止を守り偽装して夜明けを待ったが、払暁後イスラエルの攻撃機隊がいくつも編隊を組み、爆音高く頭上を飛んで行った。そして午前七時五〇分。作戦開始の合言葉（赤いシーツ）が届き、その部隊が動き始めた。タル少将指揮のウグダ（師団）である。今回の特別任務用に戦車二五〇両、火砲五〇門、空挺一個旅団そして偵察隊で編成された増強師団であったが、ナハル・オズ（ガザ市南東）とハーン・ユニスの南方の二地域から休戦ラインを越えた。奇襲効果を高めるため発砲せず、全速進撃である。シナイを突破してスエズ運河へ至る。その経由地がラファである。部隊前方にラファの交叉路域が見えてきた。しかし、ラファ・カンタラ道へ向かうにはラファ・ギャップと称するワジ（涸れた谷）の道路を通らなければならない。七マイルはある。その重要性のため、エジプト軍はこの地域に完全装備の四個師団を配置していた。あたりは地雷原が設けられ、塹壕、機関銃座、隠蔽砲座、地下壕が組織的に構築され、交通壕で結ばれていた。この道路の外側は、狭い涸れ谷がいくつも走り、あるいは砂丘地帯であり、交通不能である。攻撃者はどうしてもこの築城地帯を通らなければならない。

イスラエルの計画がまさにその通りであった。重要地域を選び、そこを徹底的に叩き、機甲の集中をもって突破するのである。

タルは、第二次世界大戦そして第一次及び第二次アラブ・イスラエル戦争を戦ってきた古強者で、一九六四年以来機甲部隊を指揮し、徹底して鍛え抜き、機動力のある精強な機甲部隊に育てあげた。タルは、前にシリア側との小競り合いで負傷していたが、エジプト軍最強の築城地帯突破が、今回の任務である。機甲による集中突破で敵の一角を突き崩し、崩壊をひろげていく。これがタルの狙いである。出陣前の訓示で、タルは幹部将校達に、戦争が計画通りにいくことはほとんどない、と言った。戦いにはひとつの鉄則しかない。「全員が攻撃する。全員が突破する。わきを見ず、振り返らない」と言った。機甲部隊は、一九五六年に同じ地域を三六時間ちょっとで突破していた。今回は二四時間で突破することになった。[★9]

タル師団にとって最初の行程はやさしかった。先頭の貫通部隊が、イスラエル最強の第七機甲旅団。旅団長はシュムエル・ゴネン大佐である。ゴネンの部隊は、ガザの南で方向転換すると、エジプト兵達の歓迎を受けた。彼等は友軍戦車と勘違いしていた。スターリン重戦車（中東最大の戦車であった）を装備するエジプトの第一一機甲旅団は、抵抗らしい抵抗をしなかった。砂丘地帯の通過は難渋する。イスラエルの第三五旅団の空挺隊員達がここを通過して正面攻撃をかけたが、あまり妨害しなかった。「誰か天国で我々を見守っていたのだ。そうとしか思えない」。戦後ラファエル・エイタン旅団長はそう言った。「意図せずして彼等がとった行動、意図せずして我々がとった行動のいずれも、ことごとく我々が有利になる結果を生んだ」。しかし、運がよかっただけではない。エジプト軍情報部は読み違いをしていた。この地域の攻撃は単なる陽動であって、主攻はラファとハーン・ユニスではなく、その南方向と考えていた。

ゴネン（三七歳）は、室内装飾業者の息子で、一三歳の時神学校をやめハガナに入隊した男である。闘志満々で、志操堅固、頑固一徹の軍人であった。前日ゴネンは部下達に、「一九四八年、一九五六年の時と同じように、我々は彼等をぶちのめす」と断言し、「国民は運河で足を洗うようになる。カイロのナセルは打倒だ」と言った。しかし同時にゴネンは「我々が勝利しなければ、帰るところがなくなる」とつけ加え、弾薬を節約せよと命じた。ゴネンに与えられた任務は次の通りであった。まずラファは直接攻撃しない。ラファ攻略は空挺部隊の仕事である。ゴネン旅団は、北のハーン・ユニスの方からラファを迂回する。経路は、エジプトの火砲から最も遠く、かつまた海の風下からなるべく離れたところが、選ばれた。後者は毒ガス攻撃を避けるためである。南からは、メナヘム・アビラム中佐指揮の第六〇機甲旅団が、シャーマン及びAMX計八六両の戦車をもって鉄の万力のように、ハーン・ユニスを絞めつける。

ゴネンは、センチュリオン五八両とパットン六六両の強力な機甲打撃力を有していたが、ハーン・ユニス突破は、戦車一個大隊に任せた。この戦車大隊は、町の方へ向かった。最初は散発的な抵抗を受けていた。しかるに「突如として地獄のふたが開いた」のである。先頭を行く偵察隊の将校オリ・オルは「あたりは修羅場と化した」と述懐する。隊の半数が一瞬のうちに犠牲になった。「火砲、機関銃、そして対戦車砲、ありとあらゆるものが、打ちこまれてきた…この地域一帯にエジプトのT34戦車が布陣し、我々を目がけて撃ってきた。一両のハーフトラックは路外に出る前に敵弾が命中し、車内の八名が全員死んだ」。別の戦車大隊がかけつけたが、こちらも叩かれた。一番激しく抵抗したのは、第二〇パレスチナ師団である。ガザ軍政官のムハンマド・アブダル・ムーニム・フスニ少将指揮で、一級の部隊とは考えられていなかった。

ゴネンの先頭戦車六両はたちまち撃破され、将校三五名が死亡した。アビラムの機甲旅団は砂で身動きがとれなくなり、砂丘地帯は空挺隊にとって走行上悪夢であった。

タルは出陣の前「生か死かの戦いになる。攻撃あるのみ。いかに甚大な損害を蒙ろうとも攻撃を続ける」と訓示していた。事実、その損害は甚大であった。経路上には、随所に対戦車壕が掘られ、道路わきに機関銃座が連なっていた。石積みの段丘がいくつもあり、やむなくそこを避けて行くと経路からはずれ、迷路の中に入ってしまう。しかしそれでも、進撃速度は速かった。ゴネンの機甲旅団は四時間ちょっとでハーン・ユニス鉄道連絡地に到着した。ラファまであと九マイル。旅団は二列縦隊で次の目標地まで驀進した。ラファは、複数の軍事基地が不規則に広がり、ここは迂回することになっていた。主目標は、ラファの南西八マイルのシェイク・ズウェイドの防御地帯である。ここには第七師団隷下の二個旅団がいた。この部隊は、アルファジ（暁）作戦を予期し、三週間前ネゲブ占領の目的をもって編成されていた。師団長は、歩兵学校の校長アブダル・アジズ・スリマン少将、ほかの幹部将校の大半が教導学校の教官であった。つまり、規則や常識にとらわれず独創性を尊ぶイスラエルのアプローチには、対応の準備ができていなかった。海と砂丘は考慮の埒外にあった。さらに問題は彼等の保有武器である。火砲二〇門そしてその戦車六六両は、イスラエルのセンチュリオンやパットンに比べれば、旧式であった。「我々は、北の海を背にして攻撃され、いくつかの地域では機甲攻撃の重圧にさらされた。そして火砲と航空機による激しい砲爆撃が続いた」。イザット・アラファ大隊長はそう述懐する。「この地区のほかの指揮所とはほとんど連絡がつかなかった。戦場で何が起きているのか。さっぱりわからなかった」。

それでも防者側は、深く塹壕を掘り、偽装して守り、相手に手痛い犠牲を強要した。戦後ゴネンは記者団に、「火砲陣地は深く掘り下げてあり、一度に一〇発斉射した。その度に戦車が火を噴いて炎上した。我々は遺体の多くをラファに残して進んだ。炎上戦車多数も遺棄した」と語っている。先頭の戦車集団が突破するため、大々的な航空及び砲兵支援を求めなければならなかった。エジプト側はスリマン師団長と幕僚数名が戦死した。指揮官を失って、多くの将兵が陣地を放棄した。後には戦車五〇両、そして死傷兵約二〇〇〇名が残された。

戦闘は抵抗から潰走に推移した。しかしアビラムの大隊は、敵の側面について判断を間違い、逆に自分の両側面が激しい攻撃にさらされて立往生し、救出に数時間を要した。このような事態の発生がありはしたが、それでもイスラエル軍は日没までに掃討を終え、エルアリシュをめざすことになった。まわりには、戦意をなくした数千の敗残兵がたむろし、ジープとトラックなど数百の車両が遺棄されている。攻撃隊はこれをぬうようにして一路西進した。

道路はすでに啓開されていた。午後遅く、イスラエルの第七九機甲大隊の一部が、ジラディ隘路に、挺身攻撃を加えた。エルアリシュへ至る経路の一番の難所で、七マイルほど砂丘をぬって行かなければならない。エジプトはまわりをすっかり固めていた。しかるに、防者の第一一二歩兵旅団は、イスラエルの戦車を友軍戦車と勘違いした。その結果は、イスラエル国防軍の内部資料に説明がある。

道路の両側は、砲塔だけを出した戦車、対戦車砲、迫撃砲陣地、機関銃座が配置され、交通壕で連結され、さらに地雷原で守られていた。陣地間の距離で一番離れているのは、五〇メートルであった。エジプト側は（イスラエルの戦車隊に）驚きのあまり、発砲しなかった。（イスラエルの）指揮官は、エジプト軍が逃げたと考え、発砲するなと命じた。戦車隊が隘路の中ほどまで来た時、エジプト兵が逃げていないことが明らかになった。

攻守所を代えること数回、激闘の末イスラエルはやっと隘路を確保し、西側に出た。この日の午後だけで二〇マイル以上も前進したのである。前方にエルアリシュの郊外がひろがっていた。人口四万、シナイ方面軍政の中心地である。「午後一〇時、暗闇の中我々は次の目的地に到着した」とヨッシ・ペレド中尉は述懐する。「見渡す限りエジプトの戦車が燃えていた。そしてエジプト兵の死体も、そこいらにころがっていた。しかし、我方の戦車も多数燃えていた。そして、炎上戦車の傍に横たわるイスラエル兵達は、もはや生きてはいなかった」。イスラエル側は全部で二八両の戦車を喪失した。兵員の損害は死亡六六名、負傷九三名で

あった。★10

イスラエルの攻撃作戦は、損害が大きかったものの、予定よりもずっと早く進んだので、翌日に予定されていた海上・空挺連合のエルアリシュ強襲作戦は、キャンセルされた。作戦準備中の空挺隊は、エルサレム正面に投入されることになった。戦争は始まったばかりで、決戦が生起したわけではない。しかしイスラエルは、その岐路に立つ戦闘に勝利したのである。それも、相手が通常は適合している環境下で、しかも、フォーカス計画が重点をおく空軍力が、まだ小さな役割しか果たさなかった状況下で、この事態になった。

ここよりさらに南の方でも同様の結果になった。ウンム・カティフの戦闘である。幅二マイルの正面は、奥行き六マイルの縦深防御である。ここが、エジプト軍のアルカビル（征服者）戦略の第一線であり、その防衛は、シナイ防衛の縮図であった。三段構えの線形布陣（リニヤーディスポジション）で、陣地帯は、地雷原、対戦車砲陣地、機関銃座、火砲八〇門、戦車九〇両があり、兵員一万六〇〇〇が、布陣していた。万全の構えで、ここで敵を潰滅できるはずである。

その西方のアブ・アゲイラ交叉路域は、シナイ内陸への入口であり、ここを経由してミトラ峠、そしてイスマイリアへ行ける。ここはアブ・アゲイラの前衛域であり、一九五六年の戦争で、イスラエルの猛攻撃を何度も撃退し、食糧弾薬が尽きて、やっと降伏したところである。以来ウンム・カティフは、ルワハ・ダムとその近くのアルクセイマに強力な砦を設けて、一段と強力な陣地帯になった。この陣地帯を守るのが、第二歩兵師団の将兵である。将兵は戦いの用意ができていたが、指揮官の師団長がサアディ・ナギブ少将で、アメル元帥の飲み仲間。政治的任命であった。

ナギブに向かってくる男が、アリエル・シャロンである。三九歳のシャロンは、物議をかもすとしても、異彩を放つ人であり、鼻柱も強い。一九五〇年代の報復攻撃、一九五六年のシナイ作戦における血みどろのミトラ峠攻防戦で、公式には大絶賛され、それに劣らず激しい非難も浴びた。前のポストである国防軍訓練部長の時、シャロンは、ウンム・カティフの築城状況を詳しく研究し、五六年の戦争の過ちは、絶対に繰り返さない、と誓っていた。シャロンの計画によれば、エジプト軍が通過不可能と考えている砂丘地帯を踏破し、北から機甲攻撃をかける。それと同時に、ウンム・カティフ稜線上の陣地を西から戦車で攻め、ジェベル・リブニやエルアリシュからの増援を阻止する。イスラエルの歩兵が、三つの塹壕線（各三〇〇〇ヤード）を攻撃、掃討する間、空挺隊がその一マイル後方の砲兵陣地にヘリボーン攻撃をかける。一方、南々東方向のクセイマに対しては、機甲による牽制攻撃を加え、孤立状態におく。シャロンは、以上の目的を達した後、自分の指揮する第三八師団の三個旅団をもって、エジプト軍の防衛第二線を攻撃する意図であった。それはヨッフェの第三一師団との共同作戦で、シナイ中央域のジェベル・リブニ、ビル・ラーファン、ビル・ハサナが、攻撃対象となる。

午前八時一五分、ナタン・ニル大佐指揮の旅団が動き出した。先頭のセンチュリオン戦車がニツァナを出ると、アウジャで休戦ラインを越え、放棄された国連緊急軍哨所の傍らを通過した。エジプト軍は、タラト・ウンム、ウンム・タルファ及びH（丘陵）一八一に拠りながら、見事な遅滞戦闘を展開した。対地支援中のイスラエル機が一機低空攻撃をかけて、対空砲で撃墜された。ウンム・カティフの火砲も撃ち始めた。イスラエルの部隊は、激しい弾雨にさらされ、砂丘と地雷原の通過に難渋しながら、北及び西の方向から接近した。大きい被害が出た。砂嵐による視界不良も前進を遅くした。それでもニルの戦車隊は、アブ・アゲイラの北側面の（イスラエル国防軍のコード名で〝オークランド〟）の貫通に成功し、薄暮までに旅団は所定の隊形を整えることができた。九〇門を超える火砲が進出し、放列を敷いてウンム・カティフに猛砲撃を加えた。その間民間バスに分乗した予備役の召集歩兵が続々と到着し、敵陣までの行進距離圏で降車した。指揮官はエクティエル・アダム大佐である。一方、ダニー・マット大佐の空挺隊を空輸するヘリコプターも到着した。この一連の動きはエジプト側に全く察知されなかった。防衛境界線に対してイスラエルの探りの攻撃があり、防者のエジプト兵達はその対応に夢中で、気付かなかったのである。彼等は、最高司令部からの反撃命令を待っていたが、その命令は来なかった。命令がなければ動けないのである。[★11]

日没後、イスラエルの突撃隊は、それぞれ閃光灯をつけた。味方撃ちを防ぐため、大隊毎に色を別にした。しかし、行動開始の前にシャロンは電話を受けた。ガビッシュ南部軍司令官からである。司令官は二四時間の攻撃延期を勧めた。空軍に余裕ができて、対地支援が可能になった。築城地帯を攻撃できるという。シャロンは賛成しなかった。しかし彼の返事は混信で司令官に伝わらなかった。会話は中断した。そこへガビッシュには別の電話がきた。空軍は、対地支援の提案を取り消す。航空機は別の正面に必要になったという内容であった。第二の正面で突然戦闘が始まったのである。相手はヨルダンであった。

火を噴くヨルダン正面

「現実に戦争が起きても、エルサレムが除外される可能性はいつもある」。そう言ったのは、アメリカの駐エルサレム総領事エバン・ウィルソンであった。戦争勃発前の発言である。この地域に燃え広がる動乱から、一見隔離されているように見えて、エルサレムは比較的静かなムードに包まれていた。エルサレムは東西に分断され、市中を走る長さ二マイルの分離線（休戦ライン）で、アラブ側とユダヤ側に分かれ、イスラエルとヨルダン双方の兵隊が、過去一九年間全く変わらぬ組織的警戒態勢で対峙してきた。エルサレムの分離地帯は、高い障壁、鉄条網そして地雷原で構成され、文字通り完璧であった。一九四九年の休戦交渉時、地図で線引きに使った鉛筆の芯の厚味によって、実地ではその分離線が家の真中を通っているケースが、いくつもあった。双方のバンカーと監視所が目と鼻先というところも多かったが、勤務兵が互いに顔を合わせることは滅多になく、まして物理的接触となると、ほとんどなかった。

六月五日の夜、この奇妙な生き方に変化の予兆はなかった。ヨルダン側から時々小火器の銃声がしたが、イスラエル国民は無視するよう厳重な指示を受けていた。イスラエルの飛び地であるスコーパスの丘には、二週間に一度補給隊が行っていたが、国防軍は今回これをキャンセルし、いくつかの訓練計画も中止した。当時エルサレムで勤務した予備役兵のヨラム・ガロンは、「立哨でも、我々はウージ短機関銃から弾倉を抜いて勤務についた」と述懐する。「暴発で撃ち合いに発展しては困る」からである。イスラエルは二正面で戦う余裕などなかった。中部軍管区の弾薬は、相当量が南のエジプト正面へ送られていた。大テルアヴィヴ圏の防衛にあてられたのは、年代物のシャーマン戦車五〇両、カノン砲三六門、迫撃砲二七門であった。首都エルサレムのなかでは、予備役兵の多くが帰郷中であり、ヨルダン軍と対峙する線には、七一名の兵が守備についているだけであった。戦後国防軍の査問で、中部軍司令官ナルキス少将は「中央戦区の安全は、奇跡を頼りにしていたようなものである」と証言した。「敵が攻撃することはない。我々はそう信じたかった」。[★12]

しかしナルキスは、相手に対する願望で安全が確保されるとは思っていなかった。彼の目からみると、フセインは、〝頼りにならない〟男である、ナセルと防衛協定を結び、エジプト軍のコマンド隊を自分の支配地に入れてしまった。ヨルダン軍が攻撃すれば、イスラエルがいくつかの境界周辺域を失う可能性が充分ある。例えば、ヘブロン突出域に近いラキッシュ開発都市、エルサレム郊外のメバセレット・ツィオンがそうである。なかでもナルキスが一番心配したのは、小さな飛び地（一平方マイル）のスコーパスの丘の状況であった。ここはエルサレムで一番高く、市内を俯瞰する。ハダサ病院とヘブライ大学の本拠地であったが、一九四八年の戦争で活動を停止、以来建物群は休眠状態にある。ここは、国連の監視を受けて、警察官八五名と文民三三名で編成された守備隊が、守っていた。イスラエルは、重火器をいくらか秘かに搬入していたが、この飛び地が一番の攻撃対象になることに変わりはなかった。東からはオリーブ山、北からはウェストバンク都市のラマッラから、攻撃を受けやすい。スコーパスの丘の陥落は、イスラエルの国家威信に非常な打撃を与える。ナルキスは、「シナイ全域の占領でも埋め合わせができない」と言った。それだけではない。エルサレムの南部と連結すれば、ヨルダンは、ユダヤ人口一九万七〇〇〇の西エルサレムを、孤立させることが可能となる。★13

ウェストバンクと境界を接する地域も、状況は大同小異であった。国防軍の緊急時対策によると、有事の際には境界沿いの防衛力を増強することになっていた。六月五日時点で、増強用の指定部隊は、使えなかった。手持ちは、予備役編成の旅団五で、二個旅が北のエズレルの谷（盆地）防衛、エルサレム防衛、ロッド空港防衛、そしてテルアヴィヴへの接近経路防衛に各一個旅が割当てられた。幹部将校達は、ラトルン突出域の奪取（イーデッシュ語でこの機動戦をハップと呼んだ）について、しばしば話題にした。しかし、先述のシャーマン五〇両が手許になければ、攻勢作戦ができないことは、よく知っていた。その戦車を持つ第一〇機甲（ハレル）旅団は、エジプトが南から攻撃した時に備え、戦略予備として控置してあった。「我々の任務はいまひとつはっきりしなかった」。そう回想するのは、ナルキスである。本人は、一九四八年の独立戦争で、失敗に終ったエルサレム旧市攻略戦に投入され、同じハレル旅団と共に、戦っている。ナルキスは、「ウェストバンクあるいはヨルダン河谷の占領命令は、なかった。しかし私は、戦火はこの地域に波及し、戦争はエルサレムで終ると確信していた」と述懐する。★14

午前七時五五分。空襲警報のサイレンが首都エルサレムに鳴り響いた。事情がわかっているからナルキスは驚かない。しかし、兵隊や住民は、何かの間違いだろうと考えた。午前八時のニュースで、エジプトの戦車と航空機がイスラエルへ接近中との（でっちあげ）報道が流されても、俄かには信じられぬ風であった。しかしそれでも、病院は緊急態勢をとり、博物館は、死海文書などの貴重展示物を安全な保管庫に移した。ラジオは、予備役召集のコールサインを読みあげた。

政府は、まだ希望を棄てていなかった。ナルキスの言葉を借りれば、ヨルダンが「アラブの連帯に敬意を表して数発の〝礼砲〟を撃ち、連帯の責務を象徴的に果たした」後、消極的姿勢を保つ。そうあって欲しいと願うイスラエルでは、その消極的姿勢を確保するため、国王自身にアピールする構想が検討された。ダヤンはこの構想に反対で、「あなたは我々を攻撃しないことになっていますと？フセインがそれで納得すると思うのか」と言った。しかしアロンは、警告を発すべきであると執拗に主張した。そこで三つのチャンネルが選ばれた。アメリカ国務省、イギリス外務省、そしてエルサレムのオッド・ブル将軍（国連休戦監視団団長）である。午前八時三〇分、ブルは外務省のアーサー・ルーリエ次官補に召致された。ルーリエは国連問題の専門家で、次のように言った。

午前八時一〇分、複数のエジプト機が我方の領空を侵犯したことが探知され、我方の航空機と機甲が反撃した。ヨルダンが平静を保つならば、イスラエルは攻撃しない。しかしヨルダンが攻撃するならば、イスラエルは総力をあげて反撃する。この旨フセイン国王に伝えるよう、ルーリエは外務大臣の名においてブル団長に求める。

ブルはやせ型で、いかめしい顔付きの男だった。大戦中は戦闘機乗りだったが、国連の中東監視委員として一〇年近い経験を持ち、この意志表示に動かされなかった（ブルは、イスラエルに対して敵意を抱き、出身国ノルウェーは親イスラエルに偏向しているとし、後年回顧録でその偏向矯正に力を注いだ）。ブルは、エジプトが戦争を始めたという主張を否定し、ルーリエが読み上げる文面のトーンに憤慨した。「これは脅迫である。単純明快、まじり気なし脅迫である。その脅迫をひとつの政府からもうひとつの政府に伝達するのは、国連の正常なやり方ではない」とブルは答えた。彼はニューヨークとの協議に二時間欲しいと言った。しかしルーリエは、メッセージの即時伝達を主張した。ヨルダンは、どう見ても戦争の準備をしていた。★15

ヨルダンの将兵は、戦いの時が来たと覚悟を求められ、準備がこの二四時間の間に加速していた。スコーパスの丘と境界を接するヨルダン側陣地帯の指揮官マーン・アブナッワル将軍は、「予備の弾薬は分散し、機関銃の給弾ベルトには全部弾をつめ、砲弾には信管をつけた」と述懐する。午前八時五〇分、補佐官のガージ大佐が、朝食の席に来て「陛下、イスラエルの攻撃がエジプトで始まりました」と告げた。フセイン国王は、驚いた風には見えなかった。司令部に連絡した国王は、イスラエルが大打撃を被り、エジプトが迅速な反撃を開始したとするアメルの主張を知った。アジュルンのレーダー基地は、シナイ方面から数百機の航空機が北上中と報告してきた。ヨルダン側はエジプト機と判断したが、実際は爆撃行から帰投中のイスラエル機であった。国王は、イスラエルが東エルサレムとそのアラブ住民八万、あるいはウェストバンク全域またはその一部を占領、支配しようとするのではないか、と考えていたが、この情報は国王の恐れを鎮めるものであった。ヨルダンは今や攻勢に出ることができるのである。

しかし、この攻勢の規模については、これから国王が決めなければならない。午前九時になってすぐ司令部に入った国王は、リヤドが一連の大々的攻撃命令を出したことを知った。イスラエルの航空基地に対する、火砲と航空機による砲爆撃、コマンド隊の攻撃等である。シリアに対する要請も出されている。一〇個旅団をもってゴラン高原からヨルダン河谷へ進撃し、そこでイラクの機甲部隊（戦車一五〇両）と合流し、リヤドがエジプト及びサウジアラビアに求めている渡河機材を使ってヨルダン川渡河戦を実施するのである。リヤドは第二代イマム・アリ旅団に対しては、南エルサレムのガバメントヒル稜線の占領を指示していた。リヤドは、エジプト軍が間もなくベエルシェバとベツレヘムの方から北上してくると確信し、その一連の指示は、エジプト軍の側面掩護を目的とした。イスラエル軍の迂回攻撃、すなわちイスラエルがネゲブからウェストバンク（ジュディア地方）を攻撃する可能性を考え、リヤドはヨルダンの戦車旅団を南の方へ移すことにした。

第六〇旅団はエルサレム・エリコ街道方面、第四〇旅団はヘブロン方面へ移動するのである。

この一連の措置は、実施されるならば、イスラエルとの全面対決をもたらす。戦後インタビューを受けたアワド・バシル・ハリディ歩兵大佐はリヤドを評して、「アラブ世界のみならず世界に通用する最良のアラブ人将校のひとり」と絶賛したが、そのリヤドは、防衛域について詳しく研究する時間がなく、ヨルダン軍のメンタリティも理解していなかった。軍の指揮命令構造は家族的結びつきと同じであった。ヨルダン軍の情報将校シャフィク・ウジェイラトは、「彼は地形の特徴を知らなかった」、「我々の意志疎通の方法や我々の戦い方についても知らなかった」と指摘する。リヤドは、航空基地の破壊、エジプト軍の攻勢作戦の支援などエジプト軍のニーズを最優先し、ウェストバンクと東エルサレムの安全保障というヨルダンの願いを、無視した。この点を参謀本部の幕僚数名が指摘した。なかでも強い声をあげたのが作戦部長のアティフ・マジャリ准将で、ガバメントハウス稜線に対する急襲支援用に投入できる火砲はもちろん戦車もないと強調し、むしろスコーパスの丘を速やかに占領すべきであり、タリク作戦の実施を最優先せよと主張した。喧嘩腰の激しい言葉のやりとりがあり、マジャリは憤然として席を立った。しかし結局は、リヤドの思い通りになった。命令の撤回あるいは変更ができるのは国王だけであるが、その国王は何も言わなかった。★16

午前九時三〇分、アンマン放送は国王の重大発表を伝え始めた。国王はヨルダンが攻撃されたと述べ、「報復の時が来た」と言った。ナセルからの電話を受けたばかりで、短い会話のなかでエジプトの大統領は、イスラエルが潰滅的打撃を受けた、航空基地も破壊されたとするアメル元帥の主張を間違いないと確認し、「国連が停戦決議を出す前に可能な限り大きい地域を可及的速やかに確保せよ」と国王に促した。その夜の国連安保理開催を見越しての話である。イラクはフセインに、自国空軍がイスラエルを攻撃中である、と伝えた。嘘である。

フセインがこのニュースで奮い立ち、自制を求めるイスラエルの動機を、胡散臭く思ったのは、確かである。

◉——上：アメリカ政府首脳と協議するエバン外相(中央眼鏡の人物)。

この時ジョンソン大統領(右)は「先制しなければ孤立することはない」と述べた。

撮影＝Y・オカモト、LBJ図書館
◉——下：エジプトと相互防衛協定を結び、コマンド隊を受け入れたヨルダンのフセイン国王(右)。

撮影＝スリマン・マルズク

イスラエルの航空基地に対する限定的砲撃とガバメントヒル稜線（国連域である）の占領は、イスラエルの全面的反撃を誘致することはない、と信じていたのかもしれない。いずれにせよフセインは、政治的にそして物理的に生き残るためには、リヤドの決定に従う以外選択の余地はなく、戦わざるを得なかったのである。アメリカのバーンズ大使が前方展望所にいるフセインの許をたずね、ルーリエの書簡を手渡すと、国王は極めて事務的に「連中はもう戦争を始めてしまった」と言い、「まあ、それで連中は空から回答を得ているところである。サイはなげられた」と結んだ。★17

‡

イスラエルに対するヨルダンの砲撃は、一時間前の午前一〇時〇〇分に始まっていた。砲兵二個中隊が、アメリカ製一五五ミリ長射程砲ロングトムで、射撃を開始したのである。地上目標はテルアヴィヴ郊外、北部にあるイスラエル最大の航空基地ラマト・ダビッドである。砲兵隊指揮官は、「貴官のリストに記載された敵要地すべてを対象」に二時間の連続射撃、を命じられていた。その要地には、軍事基地のみならず帯状の細長い海岸平野にある農村、が含まれる。ハリー・マクファーソンは、当時テルアヴィヴの北にあるバーバー大使公邸に宿泊中であったが、数発の爆発音で目がさめた。戦車砲が射撃に加わり、ついで航空機が出動する。午前一一時五〇分、ヨルダン空軍の保有するホーカー・ハンター戦闘機のうち、稼働機一六機がナタニヤ、クハル・シルキン、クハル・サバの各近郊を攻撃した。この攻撃は重大な損害を与えることはできなかった。住民の死亡一負傷七のほか、輸送機一機が破壊された。わずかな戦果であったが、心理的衝撃は大きかった。フセインの宮殿の外でバーンズ大使と行き合ったソ連大使は、「我方の計算では、イスラエルが武器の供給を受けなければ、そしてアラブに最後まで思う存分戦うことを許せば、アラブが勝つ」と言った。

ヨルダンの攻勢作戦は、シリア及びイラク空軍の参戦をもたらした。シリアは、イスラエルの北部爆撃を

◉——南部視察中の閣僚。前列左よりエシュコル首相、アロン労相、タル師団長、ガビッシュ南部軍司令官。IGPO

目的とするラシード作戦を開始、正午までにミグ一一機が、エシュコルとホッドの出身地キブツ・デガニアを含む北部農村に銃爆撃を加えた。うち三機がイスラエルの戦闘機に撃墜され、残りは遁走した。一方、イラクのハンター三機は、ダヤンの出身地ナハラルを含めエズレルの谷の農村を機銃掃射した。同じイラク空軍のツポレフ16爆撃機一機がガリラヤ湖南方のアフーラを爆撃したものの、メギド飛行場の近くで撃墜された。やはり被害は軽微で、鶏小屋数棟と老人ホームがひとつ破壊されただけであったが、地上に激突した時、イスラエル兵一六名が巻添えになって死亡した。時をおかずダマスカス放送は、「シリア空軍はイスラエル諸都市の爆撃を開始、その陣地破壊に着手せり」と威勢のよい報道を行っている。戦争はイスラエルの東部正面に波及し、すぐにエルサレムも火の手につつまれるのである[★18]。

エルサレムでは、午前九時三〇分以降機関銃による撃ち合いが断続的に続いていたが、ヨルダン軍は次第にエスカレートさせ、三インチ迫撃砲と一〇六ミリ無反動砲を使うようになった。ナルキス少将は、旧市住民及び聖所に対する被害を回避するため、小火器による応戦を厳命した。射撃も平射だけである。エルサレムには、第一六エルサレム（エチオン）旅団が守備についていた。隊員はほとんどがエルサレム住民で、予備役旅団である。旅団長のエリエゼル・アミタイ大佐は、「相手はどんどん撃ち始めた…我々は応射しないよう我慢した」と述懐する。一九四八年の戦争でアミタイは、ナルキスと同じように、ハレル旅団所属の小隊長として、エルサレムで戦った。「戦車は発砲できないし、無反動砲の移動もできなかった。ヨルダン軍を刺激することを恐れてのことであった。我々は彼等に静かにして欲しかった」。ナルキス少将は、スコーパスの丘のことが段々心配になってきたが、ヨルダンを挑発するようなことは避けようというダヤンの指示に従っていた。午前一〇時三〇分、ヨルダン放送が、軍部隊がガバメントヒル稜線を占領した、と発表した時も（後に嘘であることが判明した）、イスラエルは対応を控えた。

これまでヨルダン側は、イスラエルの首脳部が予想した通りの反応を見せ、全面戦争には及ばない限定的なやり方で、アラブの連帯を誇示した。しかし午前一一時一五分に状況が変わった。ヨルダン陸軍がユダヤ側エルサレム（西エルサレム）に対し、榴弾砲で砲撃を開始したのである。以後六〇〇〇発を撃ちこむことになる。まず南のキブツ・ラマトラヘルと北のスコーパスの丘に始まり、砲撃は漸次中心部そしてその郊外域へ移ってきた。軍施設、クネセット（議会）、首相官邸が狙われたが、砲撃は無差別でもあった。九〇〇棟を超える建物が損傷する。エインカレムの新ハダサ病院では、シャガール作のステンドグラスが砕け散り、シオンの丘の永眠教会の屋根も炎上した。一〇〇〇名を超える住民が負傷した。うち一五〇名は重傷で、二〇名が死んだ。午前一一時三〇分頃、イギリスの総領事が「機銃及び迫撃砲、たぶんカノン砲も使って、激しい射撃がエルサレムで続いている」、「ヨルダン軍は、銃砲弾を新市へまるでホースでまくように注ぎこんでいるようにみえる。エルサレムは完全に戦火につつまれた。領事館にはすでに何発も命中している。一発はあやうく総領事に命中するところであった」と報じている。★19

‡

エジプトに対して大戦果を一気におさめ、幸先がよいと思われていたが、ヨルダン正面が急速に悪化してき

◉――6月5日早朝、シリア軍の砲撃を受けるガラリヤ地方の開拓村。
ガラリヤ地方の住民は6日間の防空壕生活を送った。

た。これはイスラエルが味わう最初の大きい挫折であった。ダヤンは二正面作戦を避けたかった。少なくとも南部正面が安定するまで、第二戦線の形成を望んでいなかった。さらに、戦線を広げすぎると、武器弾薬が欠乏する恐れもあった。フランスが対中東武器禁輸の宣言を出していたのである。（もっともフランス製武器の供給は秘かに続いた。ただし、供給速度はのろくなった）。ナルキスは、スコーパスの丘の確保を念頭に、歩兵による突破戦を何度も要請した。ダヤンはその度に拒否したが、東部正面の新しい脅威に反応して、一連の行動を許可した。第一がヨルダン、シリア及びイラク三空軍の撃破、第二がアジュルンのレーダー施設破壊である。エルサレム旧市のまわりにあるヨルダン軍の第一線陣地の破壊、掃討も許可された。第一〇ハレル旅団は、北部軍管区からの抽出部隊と共に、パルゴル（むち）作戦の発動に備えることになった[★20]。

一二時三〇分少し前、イスラエル空軍は、マフラク及びアンマンの両航空基地に対し、電撃的空襲を実施した。戦前ワイツマンは、ヨルダンの挑発行動がなくても、先制攻撃を加えて空軍を叩いておいた方がよい、と考えていた。しかしラビンは拒否した。しかるに、ホーカー・ハンターがナタニヤを空襲した現在、ワイツマンは空軍投入の大義名分を手にしたのである。イスラエル機は、ホーカー・ハンターが基地で給油中を攻撃した。両基地は、滑走路に穴をあけられ、管制塔も破壊され、わずか九分で使用不能になった。午後一時一〇分、第二波が来襲し、第一波がし残したことを全部片付けた。ヨルダン空軍のホーカー・ハンター二〇機はすべて破壊された。戦闘機以外にも八機が大破炎上し、オッド・ブル休戦監視団長の専用機も破壊された。わずかに一機だけ生き残ったC130ハーキュリーズ輸送機がパイロット一四名を収容し、離陸に成功した。機はイラク西部のH3航空基地に向かい、そこで戦闘を続行するのである。イスラエルは、対空砲によってミステールを一機撃墜された。

フセイン国王は、庭で空襲を見ていた。傍らでは幼い二人の王子（アブダッラー、ファイサル）が、爆発音に小さい胸をふるわせた。国王は、友人のフィラス・アジュルニ空軍少佐の死も目撃した。戦闘機で離陸しようとして撃墜されたのである。後年国王は、私邸にいたので助かったと述懐している。バスマン宮殿の執務室は、機関砲とロケット弾でずたずたにされたのである。

ヨルダン空軍の潰滅を目撃した人物のひとりが、国王のアドバイザーで、エジプトとの連合に反対したワスフィ・タルである。前首相は、両手で涙をぬぐいながら泣いた。何度も首相の体験のあるタルは、「我々は、国王がこれまで営々として築かれたものを、全部失った」と声をふるわせ、シュケイリの方へ向き直ると、あたかもナセルをなじるように、「エジプト空軍はどこにいるのだ。君のいうミグ戦闘機、ミサイルはどこにある！」と声を荒らげた。★21

ヨルダンにとって、空軍の潰滅は序の口にすぎなかった。イスラエルの報復は始まったばかりである。イスラエル空軍は、ダミヤ橋付近から南下してきた第四〇機甲旅団も攻撃した。その旅団をロケット弾で叩いたのが、フーガ・マジステール飛行中隊である。指揮官アリエ・ベンオル空軍少佐は、「ベツレヘム、ヘブロンそしてエリコ上空を飛んだ。実に胸おどる体験だった…その時の気持は何というか…今度こそ我々の歴史的郷土で戦っている。そのような感慨がこみあげてきた」と言った。フーガ・マジステールは数十両の戦車を撃破し、トラック二六両の弾薬輸送隊を攻撃した。トラックは次々と爆発、炎上した。ベンオルは「私の中にあれほど強烈な感情が隠されていたとは、全然知らなかった。ここでの戦闘で、その感情が一気にあふれ出たのである」と語ったが、五日後北部域への出撃で、戦死する。

エルサレムでは、ヨルダン軍の砲撃に対し、イスラエルは秘密兵器で応じた。開発した国防軍技術部のダビッド・ラスコフ大佐の頭文字をとって、L兵器と呼ばれたが、棺状の形をした短射程の特殊臼砲弾である。前方防衛陣地に予め搬入し、バンカーのなかに隠しておく。照準も事前につけておき、いざという時に引っ張り出して発射する。着弾すると猛烈な爆発を起こす。「人間、土嚢、岩石が空中に噴きあげられた」。ある目撃者の証言である。「真っ黒な煙がヨルダン側のバンカーに吹きこみ、あたりは夜のように暗くなった。そしてばらばらになった建物の残骸や電柱が落ちてきて、バンカーを埋めた」。手を上げて出て来たひとりのヨルダン兵は、イスラエルが原爆を投下したと思った、と言った。★21

イスラエルは、ヨルダンの攻撃に対して反撃はしたが、引き続き抑制の道をさぐっていた。午前一一時四〇分に提示のあったオッド・ブル休戦監視団長の停戦案を、イスラエル側が受け入れた。イスラエル・ヨルダン混合休戦委員会のイスラエル代表ジェリー・ビーベルマン大佐がヨルダン代表のスタノウィ大佐に会い、「信頼すべき情報によると、エジプト空軍は潰滅した」と述べ、そのような状態であるから、ヨルダンは直ちに停戦に同意すべきである、と言った。しかし、このような提案は何のインパクトもなく、無駄であった。ジュムア首相はラジオ放送で国民に対し「今我々は至高の聖なる時代に生きている。アラブ諸国の全軍隊が結束し、共通の敵に対し、名誉をかけて英雄的戦いを展開中である。我々は、過去の汚点を消し去る今回の戦いを、何年も待っていた。まさにその時が来たのである」と言った。神殿丘に立つ岩のドーム・モスクの上には、いくつもスピーカーがとりつけられ、「武器をとれ。ユダヤ人に盗まれた土地を奪回せよ」と大音量で呼びかけた。★23 この声に押されて、ヨルダン軍は攻撃を開始した。

一二時四五分、第二七イサム・ビンザイト大隊の大隊長バディ・アワド少佐に連絡がきた。ちょうど少佐が、エジプト軍の赫々たる勝利とヨルダン軍のガバメントハウス占領をラジオ放送で聴いている時であった。連絡は、リヤド司令部から直接大隊長に来たもので、サビル・アルサアド（幸福への道）というパスワードである。それは、アワドが二個中隊を指揮して稜線へ進出せよという意味である。がっしりした体格の少佐は、一九四八年のエルサレム攻防戦に参加した古強者で、タフな将校であった。イスラエルが戦車で反撃してくると確信していたが、陣地を守り抜く自信はあった。兵力四〇〇、無反動砲四門のほか、重機関銃と迫撃砲がそれぞれいくつかあった。それに構内は四方を壁で囲まれている。

エルサレム南部に位置するガバメントハウスは、英委任統治時代高等弁務官事務所として使われ、一九四八年以降国連の休戦監視団が、ここに駐留していた。ヘブライ語でアルモン・ハナティブ（高等弁務官公邸）、アラビア語でジュベル・ムカベル（高貴の丘）と呼ばれた。新約聖書では、悪の勧告の丘として知られる。ここの施設は丘陵地の東端に位置し、ここを制する者は、ベツレヘムとヘブロン方面への道路を制し、アラブ側エルサレムあるいはユダヤ側エルサレムを切り離すための攻撃で、ここを中間準備地として使うこともできる。要地としての重要性のため、イスラエルとヨルダン双方が緊急時対策の一環として、有事の際この丘陵地稜線を占領する計画であった。休戦協定では非武装地帯の扱いであったが、ヨルダンは丘陵地の南及び南東の斜面に防御工事を施した一連の砲床を設け、イスラエルは西側に農業試験場とアレンビー兵営をつくった。イスラエル国防軍は北側斜面に、秘密の見張所をひとつ持っていた。いわゆる離れの一軒家で、ヨルダン側の動きをここで観測していた。しかし、スコーパスの丘やシリアとの非武装地帯と違って、この丘陵地がヨルダン・イスラエル間の摩擦のもとになることは、滅多になかった。確かに、こまごました問題でイスラエルと国連が言い争ったことはある。例えば五月一一日、ガバメントハウスの屋上に翩翻《へんぽん》とひるがえる国連旗が盗まれ、代わりにイスラエル製の淡青灰色パジャマの下衣が、ぶらさがっていた。ブル団長が文句を言って、非難の応酬があった。★24

アワド少佐の大隊は、ガバメントハウスの外辺部に布陣した。樹木の多いところで、そこに迫撃砲と無反動砲の陣地を設け、ラマトラヘル、アレンビー兵営、アラブ、ユダヤ両住民が住むアブトールのユダヤ人地区に狙いをつけた。ブル団長は怒り狂ってヨルダン側に抗議した。回想録で「一生であれほど怒ったことはない」と述懐している。リヤド司令官の命令を再確認せよとせまったが、アワド少佐は命令は命令として職員全員の疎開を求めた。ブル団長は拒否し、自分を含め職員達と構内にバリケードをつくり、その中にたてこもってしまった。ブル団長は、反撃回避を願って、イスラエル外務省と連絡をつけようとする。

午後一時三五分、アワド少佐は、西側斜面のイスラエル側兵力の偵察を目的として、斥候班を送り出した。このヨルダン兵達が農業試験場に近づくと、突然銃撃された。場長夫人のラヘル・カウフマンと作業員三名が、チェコスロバキア製の旧式小銃で、撃ってきたのである。農場試験場と〝離れの一軒家〟からの報告は、ヨルダンの攻勢を裏付けるものであった。その話は東エルサレムにも広がっており、ライフ誌特派員ジョージ・カルバロは、アラブの住民達が、ガバメントハウス丘陵地の陥落を祝い、「明日はテルアヴィヴを取るぞ」と喚声をあげる姿を目撃した。

イスラエル側は、ヨルダン側がとっている一連の動きに神経をとがらせていたが、午後二時に、強い衝撃を受けた。アンマン放送が、スコーパスの丘の陥落を発表したのである。実際に陥落したわけではないが、ガバメントハウスの例をみると、実際の行動に先立って、占領したと発表している。嘘の結果発表は、今後とるべき行動の事前通知を意味している。ナルキスは、イスラエルの飛び地が次に狙われると考えた。後にナルキスは「その発表は、ヨルダンが意図している証拠であった」と証言し、「過去の願望と期待感が高じて、意図が実現したとの幻視に変わる」とつけ加えた。有力なシナリオとして考えられるのは、ヨルダン軍のパットン戦車数百両がヨルダン河谷からラマッラへ向かい、スコーパスの丘を後方(北)から攻撃する案である。ナルキスの計算では、進出の所要時間は八時間であった。★25

イスラエルにとって危機的状況になってきた。ヨルダン軍が、ガバメントハウスの稜線から扇形に展開して、タルピヨット、カタモン、サンシモンなどエルサレム南部を占領し、北のスコーパスの丘占領部隊と連結すれば、万事休すである。エルサレムは完全に失われる。一方ウェストバンクでは、イラクの第八機械化旅団が、パレスチナ人部隊一個大隊の増強を得て、ダミヤ橋の方へ向かっていた。第四〇機甲旅団の旧守備位置へ進出の予定である。ヨルダン軍の機甲七個旅団と力を合わせれば、このイラク軍旅団がイスラエル分断の先陣になり得る。

さまざまな徴候がみられることから、戦略の見直しが必要となった。ダヤンは、エシュコル、ラビン及びヤリーブ(軍情報部長)と協議した際、ラマトダビッドに深刻な打撃を与えている長射程砲の破壊が必要、と主張した。この砲兵はジェニン近郊に布陣しており、イスラエルの戦車で攻撃する。ただし戦車はジェニン市内に入らない方が望ましい。西エルサレムに対する砲撃も、阻止しなければならない。ヨルダン軍の進出をくいとめる必要がある。なかでも最大の課題がスコーパスの丘の確保である、とダヤンは言った。ダヤンはエルサレム防衛の一環として、ラトルン回廊の占領を考えてもよいとしたが、それ以上の占領は不可であるとし、「我々の目的はエジプトだけを相手とし、これを撃破することである。二正面の戦いにならぬようにしなければならない」と主張した。

エシュコルはその線で行こうと言った。しかしラビンは反対し、「空軍は叩いた。彼等に制空権はない。この段階で領土を占領してはならぬという理由がどこにある」と述べた。ヤリーブも賛成した。「いずれにせよフセインは行動せざるを得ない。座して待つということでよいのか」。国防相はこの意見具申を公式の記録に残し、射撃中止を求めてヨルダンに対して説得工作を続けるように求めた。しかし、この協議に出席していたリオール大佐からみると、ダヤンは矛盾したことを言っているように見えた。ヨルダンとの戦争は回避したいと言いながら、一方でヨルダンに対する攻勢作戦の開始を口にしている。「この男は、後世に残す記録と外交儀礼のためにあることを言い、現場ではそれとは全く違ったことを言う。畜生、モシェ・ダヤンは一体何が欲しいのか」。リオール大佐はそう書いた。

現場では、ダヤンの指示は、一切のあいまいさを排した内容であった。ダヤンは、機甲二個旅団によるジェニン域攻撃を、北部軍司令官に認め、レハバム・ゼービ作戦部次長にエルサレム（東）攻略作戦の策定を指示した。その骨子は次の通りである。サマリア地方を南北に走る高地稜線は、エルサレム・テルアヴィヴ街道を支配する。そこはヨルダン軍が保持しているが、その稜線に沿ってハレル旅団の戦車を進め、北からくる敵機甲部隊を阻止し、スコーパスの丘の守備隊を救援する。それと同時に歩兵が飛び地の南側麓にあるヨルダン軍の陣地を破壊する。一方、ガバメントハウスとその丘陵地を速やかに奪取する。[★26]

ガバメントハウスの攻撃任務は、アシェル・ドライチン中佐（三四歳）に与えられた。エルサレム旅団の第一六一予備役大隊の大隊長である。開戦直前ラビンは同大隊に対し、「一九四八年の時自分はここで戦った。もし戦争になるようであれば、我々ができなかったことを、諸君の手でやり遂げてもらいたい」と言った。ドライチンも同じ気持であった。旅団の現役将校達と同じように、戦争回避を心から願っていたが、戦争になればその時はその時、ヨルダン軍は無敵、不敗という神話を叩き潰すという必勝の信念を持っていた。中佐はガバメントハウス奪回の腹案を持ってはいたが、攻撃命令が来た時は、あまりに急な話であったので、地面に地図を描いて説明する時間しかなく、部下に対する指示も手短に行った。「すべてあわただしい話であったから、ヨルダン軍を奇襲するのだな、と感じた。しかし、作戦は単純ではない。複雑である。混乱していた」。ドライチンの述懐である。

ドライチンの攻撃隊は、歩兵二個中隊とシャーマン戦車八両の編成で、午後二時二四分にアレンビー兵舎を出発した。戦車は、途中で機関の故障や、農業試験場の泥土に沈んで、五両が動けなくなった。攻撃に参加できるのは三両だけとなった。相手は必死になって抵抗した。アワドの兵隊達は、構内の壁を防盾として戦い、シャーマン戦車二両を撃破した。イスラエル側の被害は、戦死一名（中隊長）、そしてドライチンを含む七名が負傷した。しかし、攻者は火力と数において勝り、やがて建物の西側正門から突入し、構内を手榴弾で掃討し始めた。ブル団長は、反狂乱の状態で、ヨルダン兵はとっくに逃げた、撃つな、撃つなと叫びながら、かけ廻った。ドライチンは同意した。それで間に合ったのである。手榴弾を一発部屋に投げ込もうとするところであった。後でわかったが、その部屋には、国連の作業員三〇名とその家族がひそんでいた。

イスラエルと国連の関係は、とても理想的とはいえず、行動で関係が高められるとも思えなかった。イスラエル側は、この突撃で弾薬を惜しむようなことはせず、構内の施設に相当の被害を与え、ブル団長の車も破壊した。国連の監視団長は、施設からの撤収を要求した。しかしイスラエル側は怒り、ヨルダン側はやすやすと中に入ったではないかと主張し、拒否した。ドライチンは議論する時間などなかった。まだガバメントハウスの裏の高地（アンテナヒル）で、戦闘が続いていたのである。その戦闘は、次第に西及び南側の陣地の攻防戦に移っていった。陣地はその形状からベル、ソーセージと仇名がついていた。その先には、スール・バヘルとジャバル・ムカバルというアラブの村があった。

戦闘は白兵戦になる場合が多く、四時間近く続いた。アワド少佐と生き残りの部下達は、ヒッティン旅団の兵隊が守る陣地に後退し、ヨルダン河谷にいる機甲旅団の来援を求めた。しかし、来援はなく、ヨルダン軍は次第に追いつめられていった。午後六時三〇分までにガバメントハウス域から一掃され、部隊は一〇〇名近い死傷兵を残してベツレヘムへ逃げこんだ。ドライチンは、あれからさらに二回負傷し、部下は一〇名になってしまった。弾薬も欠乏していた。惨澹たる状態である。その夜ガバメントハウスの丘陵地に塹壕を掘って守りについた兵隊達は、反撃を予期していたが、実際にはヨルダン軍不敗の神話を打ち砕いたのである。イスラエル兵達は南エルサレムも掌握した。★27

‡

ナルキス中部軍司令官にとって、ヨルダン軍のガバメントハウス攻撃は、不意をつかれた驚きではなかった。攻撃で気落ちしたわけでもない。ユダヤ側エルサレム（西）は砲撃されていたが、この攻撃で反撃の理由を得たのである。午後三時一〇分、この反撃戦酣の頃、ナルキスは、モルデハイ・グル大佐の指揮する第五五空挺旅団の応援を得た。空挺旅団は、エルアリシュの攻略任務を与えられて、落下傘降下と海上よりする強襲上陸を組み合せて、攻撃する予定であった。しかし、シナイ作戦が予想以上に速いペースで進捗したため、その任務を解かれ、隊員達はバスに詰めこまれて、エルサレムへ向かった。

「第五五は天からの授かりもの。空からこちらへ降りてくれた」。戦後ナルキスはその時の気持を幕僚に語っている。「南の天は空挺が欲しくなかったわけだ」。ダヤンは、エルサレム旧市の占領提案すらも、考慮外として検討を拒否したが、ナルキスはその目標をたてた。一九四八年の失敗をただす機会が生まれたのである。「戦闘がどのように始まっても、旧市で戦いは終る」。ナルキスは幕僚にそう語っている。グル大佐が司令部に姿を見せるや否や、ナルキスは挨拶抜きで、「明るいうちに取れるものは全部取ってくれ」と言った。グル大佐は、旅団長としては最年少の指揮官であった。一九四八年の独立戦争では、短期間ネゲブで戦っただけだった。しかし、旧市生まれであり、ナルキスのエルサレム攻略構想に異論はなかった。直ちに部隊の配置を決め、スコーパスの丘、旧市の両方面に配分すると、グルは厳かな表情で「我々はこれからエルサレムを解放する」と言った。

しかし、任務は口で言うほど簡単なことではなかった。グルをはじめ旅団幹部達は、地形を熟知していなかった。市街戦というか都市型戦闘の訓練をほとんど受けておらず、作戦に必要な地図と空中写真を持っていなかった。その多くは、ヨルダン軍の砲撃で失われていた。さらに問題は装備である。重火器と通信機材の大半は、空中投下用に梱包されたままであった。作戦を練る時間も五時間しかなかった。第五五空挺旅団の情報将校アリク・アフモン大佐は、「当面の目標は、深夜までに旅団を戦闘ができる態勢に仕上げることであった。問題は、どうすれば立派にやれるかではない。ひどいやり方を極力避けるにはどうするか、であった」と述懐する。

隊員の集合すらずいぶん厄介な問題であった。道路はヨルダン軍の砲撃下にあるので、未舗装の迂回路でエルサレムへ向かわざるを得なかった。しかしそこは、ハレル旅団の車両で充満し、隊員を乗せたバスは大渋滞で身動きがとれなくなった。隊員同様旅団自体も、この地域の戦闘には不慣れであった。これまで訓練や演習はすべてネゲブで行われてきた。エルサレムはいくつもの丘で構成され、その岩だらけの斜面には、地雷が濃密に敷設されている。戦車には不利な地形であるが、空挺隊は不慣れである。戦闘の後大隊長のアハロン・ガル大佐は、「我々は二種の敵に直面した。ヨルダン兵と地形である。どちらが手強いか、一概に言えない」と語っている。

第一〇機甲旅団には、先任格の旅団長ウーリ・ベンアリ大佐がいた。一家言あって鼻柱が強く威勢のよい人物で、父親は第一次世界大戦時ドイツのために戦って、鉄十字章を授与されながら、最後にはダッハウ強制収容所で死んだ。ベンアリ本人は、ハレル旅団の出身で、一九四八年の独立戦争で戦い、一九五六年のシナイ作戦では、戦車隊を率いて戦った。財務問題上のスキャンダルで軍の経歴に傷がついたが、ドイツのパンツァー戦術の研究を続け、戦車の運用法に影響を及ぼした。開戦当日についてベンアリは「我々は、中部軍管区行きで、非常に残念に思っていた…戦争は午前八時に始まったという話だったが、一〇時半になっても、我々は手持ち無沙汰でじっとしていた。妊婦のようにすわりこんでいたのだ。これから何かが生まれる

のはわかっているが、それが何かわからない。苛立つばかりであった」と述懐する。★28

命令は午後になってきた。ダヤンの認めた線で、旅団はエルサレム・テルアヴィヴ街道を俯瞰する丘陵へ北向きに進む。三地点から北上し、東へ転針して要塞化したアラブの村ビドゥ、ネビサムエル、ベイトイクサ、シェイク・アブダル・アジズを通過し、約一一マイル進み、ベイトハニナ付近で第一の目標であるラマッラ・エルサレム街道に到着する。そして、シェアファトを占領し、スコーパスの丘に進出した空挺隊と連結する。午後四時までに部隊の大半は、攻撃突起位置についた。相手はヨルダンのハシミ旅団、歩兵である。それにエジプト軍コマンド隊の二個大隊が布陣していた。

イスラエル軍は、敵の動静については相当の情報を持っていたが、複雑で通行困難な地形、目標地の環境について詳しい研究がなく、虚をつかれる結果になった。休戦ラインから二マイル北上すると、攻撃隊はレーダーヒルに逢着した。英軍が第二次世界大戦時につくったレーダー基地で、バンカーが配置され、三〇〇メートルの地雷原で囲まれていた。「我々の突撃を掩護するはずの戦車は、地雷に触れて次々と擱座《かくざ》した。我方の部隊はばらばらになった。ほかに方法はない。我々歩兵は、戦車の掩護もなく、ヨルダン軍の激しい銃砲撃にさらされ、地雷を避けるため、石伝いにぴょんぴょんはねて進んだ。陣地では、ナイフと銃剣による必死の白兵戦となった」。ガル大佐の回想である。最悪の問題が地雷であった。ベンアリ大佐によると、「新旧入りまじり、全く予想がつかなかった。地雷探知機など清掃機材を持っていなかった…数十本の足を吹き飛ばされた★29」。

イスラエル兵二一名が戦死、シャーマン戦車七両が撃破された。ヨルダン側の損害も比較的軽微で、戦死八名であった。ヨルダンのハシミ旅団は浮足立ち、深夜までにラマッラへ至る道路の北の陣地線まで後退し、イスラエルの戦車に道を開いた。スコーパスの丘の確保に目処がつき、アラブ側エルサレム（東）をウェストバンク北部から切り離すことも、可能になってきた。

ヨルダン軍砲兵隊の長射程砲ロングトムは、ブルキンとヤバッドの両村の間に放列をしき、午後の遅い時間帯になっていよいよ激しく砲撃するようになった。エラッド・ペレド准将の指揮するウグダ（師団）が、ウェストバンク攻略の配置についたのはその頃である。師団は対シリア戦を目的としていたが、急遽対ヨルダン戦に転用されることになったのである。ペレドは、十代の頃ハガナに入隊して偵察隊で活動し、国軍創設後歩兵、機甲等の兵科で戦い、参謀本部の作戦次長になった。軍生え抜きの男である。師団の移動した地域は、エルサレム周辺と違って比較的平坦であり、道路がいくつもあるので戦車戦に適している。師団はハルマゲドンの伝説で名高いエズレルの谷（盆地）から、ヨルダン側のドタンの谷に進出した。ペレドはジェニンを包囲し、降伏をせまる意図であった。手持ちの戦力は、北部軍管区から転用した機甲二個旅団のほか、中部軍管区の機械化歩兵一個旅団であった。「我々は午後五時に休戦ラインを越え、一気に南下した」。ペレドはそう回想する。「前方には複数の対戦車砲中隊が布陣していたが、我々はその中をつき抜けた。我々に気付いたヨルダン兵は、小火器で撃ち始めた」。

ウェストバンク北部域には、ヨルダン軍の歩兵三個旅団と機甲一個旅団のほか、支援の独立歩兵大隊が半ダースほどいた。部隊の一部は、北部ヨルダン河谷（ベトシャン付近）におけるイスラエルの陽動作戦につられて、一部引き抜かれていたが、残りは北部一帯にばらまかれて布陣中であった。三〇マイルを越えるヨルダン軍の防衛線で、その正面に位置する第二五ハリド・ビンワリッド歩兵旅団では、旅団長のアワド・バシル・ハリディ大佐が、フセイン国王に直訴し、「村落放棄について、陛下が政治的問題を抱えておられるのはわかるが、政治問題と軍事問題を同時に扱うことはできない」と抗議した。全村落の死守は無理な話であるが、大佐には有利な点があった。第一は、ジェニン周辺は掩蔽壕が張りめぐらされ、交通壕でむすばれている点、第二が地形の熟知である。さらに大佐は、第四〇機甲旅団の強力な増援が期待できた。ヨルダン軍の中で一番新しい旅団が、ガージ准将指揮の第四〇機甲旅団で、M47及びM48パットン戦車を装備し、付属の歩兵大隊は装甲兵員輸送車Ｍ１１３を持っていた。旅団は、一二時間以内でジェニンに到達できる距離圏にいたが、開戦と同時にエルサレム方向へ向かい、南下中にイスラエル機に狙われて満身創痍の状態になった。ジェニンに対する脅威が現実のものとなり、リヤド統合軍司令官は、今度は北上を命じた。白昼の転進で、イスラエル機の攻撃にさらされ、車両数十両が炎上した。アンマン北東のマフラクに待機していたイラク軍第八機械化旅団は、第四〇機甲旅の後釜としてダミヤ橋をめざしたが、途中でイスラエル機に捕捉され壊潰した。★30

イスラエルの攻勢作戦は午後二時に始まった。先陣をきるのは、ウーリ・ラム大佐、モシェ・バルコフバ中佐の指揮する機甲二個旅団と、アハロン・アブノン大佐の歩兵旅団である。ラムとバルコフバの機甲部隊は右へ迂回し、それぞれ南及び南西方向からジェニンへ向かい、歩兵は真直ぐ北から攻めた。経路のメギド・ジェニン道周辺は、ハリディ大佐の第二五歩兵旅団が展開していた。イスラエルの部隊は休戦ラインを越えると、野砲、戦車砲そして迫撃砲の猛砲撃にさらされた。

「我々は自分達だけが攻撃されていると思った」。ハリディ大佐はそう述懐する。この部隊は地上及び空中から激しい砲爆撃を受けた。しかし、掩蔽壕に守られ、対戦車火器を装備し、戦車も三〇両ほど持っており、猛烈に抵抗し、一時は先頭部隊を包囲した。そして逆包囲されるまで、その包囲環をとかなかった。近接戦闘では、イスラエルの旧式シャーマンがそれよりは新式のパットンに対抗できた。その戦車砲はパットンの装甲を貫通し、そしてまた外装燃料タンクを発火させた。一方、複数の偵察中隊が、戦略要点のアラベ交叉域を押さえたので、ヨルダン軍の増援は遮断された。

ヨルダン軍は容易に手をあげず、戦闘を続けた。ハリディ大佐は空軍の対地支援を要請した。その要請は、アンマンのリヤド司令官からカイロへまわされ、カイロでは、ファウジ参謀総長がシリアへ転電した。ヨルダン軍が包囲され、エジプト軍の戦車隊はネゲブを驀進《ばくしん》北上中である。決断の秋であると総長は添書をつけた。ファウジの回答は、その夜九時三〇分にきた。シリア空軍機が明朝明け方ジェニン域のイスラエル軍を攻撃する、という内容であった。[★31]

実際のところ、シリア空軍は壊滅状態にあった。イスラエル空軍機が、ドメイル、ダマスカス、サイカル、マルジ・リアル、H4の航空基地を日中に空襲し、八二回に及ぶ出撃でシリア空軍保有機の三分の二を破壊した。イリューシン28型爆撃機二機、ミグ21三二機、ミグ17二三機、ヘリ三機である。イラクのH3航空基地も攻撃され、一〇機が撃破された。奇襲効果はすでに失われていたので、イスラエル機一〇機が撃墜された。大半は対空砲による。パイロットは六名死亡した。うち二名は落下傘で降下したが、シリアの村民に惨殺された。[★32]

ハフェズ・アサド空軍司令官は、「我が空軍は、北部全域に対して大々的な爆撃を敢行」し、「敵は航空戦力の大半を失った」と言った。シリア側は、戦争を始めたのはイスラエルであり、反撃戦でイスラエル機六一を撃墜し、ハイファの製油所は火の海になったと発表している。アタシ大統領は「我々は決意している。この戦いは、帝国主義とシオニズム打倒の究極の解放戦である…テルアヴィヴで会おう」と言った。

シリアは、武力による威嚇をしながら、その実、壊滅的打撃を受けて、ショックを受けていた。中央戦区指揮官ムスタファ・タラス大佐は、イスラエル機に急襲され、機銃掃射で指揮所テントにブスブス穴をあけられた。危うく命びろいした大佐は、すぐ指揮所を後方へ移した。「タウフィク・ジャハニ少佐が、落ち着いてくれと、私に煙草を差出した。しかし私は断った。あの時決心したのだ。煙草はもう絶対吸わんのだ」。しかし、シリア軍将校が全員が全員茫然自失したわけではない。その日の午後革命軍事政権首脳部会議で、アタシ大統領は地上戦の開始を強く主張し、「我々は、イスラエルが歩兵と機甲で先制攻撃をかける前に、やらなければならない」と言った。その時アタシは、ゴラン正面への圧力を軽減し、シリア領への反撃を避けるため、レバノンからの攻撃を提案した。しかし、レバノンが反対していることがわかり、結局、翌日午前五時四五分に、捷号（ナスル）作戦が発令された。この攻勢作戦は、砲撃をもって開始される予定で、長さ三〇マイルの正面で、ガリラヤ湖北方のロシュピナ、アエレット・ハシャハル、ミシュマル・ハヤルディンの各町村が砲撃対象に選ばれた。★33

午後二時三〇分、砲撃開始。砲撃は時間の経過と共にいよいよ熾烈となった。怒りの声をあげた住民達は、政府に圧力をかけた。命がいくつあっても足りない。ゴランを攻略して、ケリをつけて欲しいと、矢のような催促である。ヤリーブ軍情報部長は、シリアの攻勢が、キブツ・ガドットの正面を中心とするゴラン中央域に形成されつつあると判断し、警告を発すると共に、この地域におけるロシアの通信を傍受した事実を併せて報告した。ラビンは、少なくとも非武装地帯を対象とした先制攻撃は必要とし、許可を求めた。しかし、ダヤンは応じなかった。軍はすでに二正面で戦闘中である。わざわざ三つ目の正面をつくる必要はない、と国防相は言った。議論の末渋々認めたのが、航空と砲兵による反撃であるが、一般住民の居住する村落に弾をうちこむな、とクギをさした。ダマスカスが地上戦を控えている限り、北部正面で戦争をすることはない。ダヤンはそう総括した。★34

ダヤンの戦争限定努力は、真剣か腹黒い意図（リオール大佐はそう考えていた）であったかどうかは別にして、アラブ、イスラエル双方の兵士数万がすでに戦闘中という事実を、動かせるものではなかった。戦闘特に航空戦は、イスラエルに有利に展開していたが、この先どうなるのか予想はつかないのである。開戦に至る数か月間の政治的混沌状態は、開戦後も続いた。イスラエルとアラブ諸国のみならず、米ソと国連が加わったせめぎ合いが、延々と尾をひくのである。

つまずく国連外交

六月五日午前四時三五分（ワシントン時間）、大統領寝室の電話が鳴った。電話の主はウォルト・ロストウで、戦争勃発を知らせてきたのである。ロストウは二時間前から状況室（シチュエーションルーム）に居て、第一報に続く報告を逐一聴いていたのであるが、確認がとれたので、大統領を起こしたのである。ジョンソンは、静かに「有難う」と言った。それから、ラスク国務長官、マクナマラ国防長官、ゴールドバーグ国連大使に電話をかけた。その後簡単に朝食を済ませ、状況室へ行ったのである。ロストウ、ヘルムズCIA長官そして、ホイーラー統合参謀本部議長が、待機していた。状況室の日誌には、「大動乱勃発」と記録されている。

問題は、基本的な情報にあった。アメリカは、シナイにあるいくつかの飛行場が使用不能になり、地上戦が始まっていることしか知らなかった。エジプト側の情報は、イスラエルが先に手を出し、カイロ爆撃とスエズ運河の封鎖を試み、その過程でイスラエルは航空機一五八機を喪失したとしていた。しかしイスラエルの政府高官――エバン外相とエブロン公使――は、エジプトが先に発砲し、ジェット機の大群が休戦ライン方面へ飛来、戦車隊がネゲブを北進中と述べた。このように情報が錯綜していたが、それでもアメリカの情報機関は、エジプトの発表が「おそらくは非常な誇大報告」で、「喪失数はせいぜい一〇機程度」と判定。開戦経過についても、イスラエルが先制行動をとり、航空及び地上戦でたちまち戦闘の主導権をとったと結論した。

しかし、このようなニュースに政府が喜んだわけではない。「初期段階でイスラエルが勝っているという徴候があっても、気休めにもならなかった」。マクナマラはそう述懐している。「どのような結末になるのか、皆目見当がつかなかった。我々が直接関与することになるのかどうかも、判断がつきかねた」。一方ラスク長官は、イスラエルが「海中に叩きこまれなかった」のはよいとしても、レガッタ計画とムヒッディーン副大統領の訪米が駄目になったので、〝烈火のごとく怒って〟いた。ラスクは、この二つにまだ期待感を抱いていたのである。ジョンソンも、外交努力が失敗したので、憂鬱になった。後年、ジョンソンは「イスラエルが決断して行動した時、正直失望した。戦争の行末も心配であった」と書く。★35

一番の不安がソ連の出方であった。午前七時四七分、ペンタゴンの作戦指令室（ウォールーム）で当直将校がマクナマラ長官を呼び、「コスイギン首相がホットラインに出ています。大統領と話をしたいそうであります」と言った。ホットラインは、ここではMO（大型トラック）リンクと呼ばれていた。キューバのミサイル危機の後設置されたが、祭日のメッセージ伝達に使われ、これまで本物の危機時に使用されたことはなかった。国防長官は臨時にホワイトハウスの状況室へ接続した。

「何と言ったらよいものでしょうか」とマクナマラはたずねた。

「おや、何と言ったらよいかだって？」。ジョンソンが鸚鵡返しに言った。

コスイギンは、ジョンソンと名乗る男が本当に大統領であることを確信したうえで、メッセージを伝えた。「軍事紛争の即時停止を成立させるのが諸大国すべての責任である。ソビエト政府は、これまでこの方向で行動してきた。今後も然りである。合衆国政府が同じ方向で行動し、適切なる影響力を…イスラエルに行使されることを期待する」。

三〇分後、回答が送られた。ラスク国務長官がグロムイコに、戦闘報告に〝驚愕〟したと伝え、ワシントンの阻止努力を約束し、「我々は、国連安保理が可及的速やかにこの戦闘に終始符をうつことが極めて重要であると考え、その目的に向かって…全メンバー国と協力する用意がある」と伝えた。その後大統領自身が書いた。電文の冒頭に「親愛なる同志コスイギン」と書いたので、クレムリンでは、ジョークと考えた者もいる。さて、その電文で大統領は、大国の責任というソ連の考え方を支持し、安保理における速やかな行動というラスク長官の要望を繰り返し述べて、「戦争終結に向けて我々の持てるすべての影響力を行使する」と約束した。〝建設的〟かつ〝友好的〟性格の意見交換は、この後さらに一七通も続くが、ソ連の精神状態に対してアメリカの懸念があり、その懸念を軽減する方向に傾いていた。もっともジョンソンは、思いきったことはやりたくなかった。危ない橋は渡りたくない。イスラエルと結託しているとの印象を避けるため、ジョンソンは空母「アメリカ」と「サラトガ」を含む第六艦隊をクレタ島水域にとどめ、海兵隊上陸チームのマルタ島休暇の取消しをしなかった。さらにアメリカの武器禁輸は中東全域に適用された。レビ・エシュコルとの連絡は間接的となった。ハリー・マクファーソンがイスラエルに到着した時、ことづてを伝えただけである。それもごく短い内容で、「神が正義を守る力を我等に与えられますように」とあった。★36

ジョンソンは、先見の明を発揮して、当面の状況に対応する戦略上の措置をとりながら、戦後処理についてすでに考えをめぐらしていた。問題は戦争をどう捉えるかであるが、何にもならぬ無ではなく突破口として考えるのは、アメリカ人にとって目新しいアプローチではない。ハロルド・ソーンダスは、早くも五月一五日時点でホワイトハウスに対して、「戦争になれば、イスラエルの勝利がはっきりするまで（その能力があるとしての話であるが）、我々の対応を遅らせると、得るものがある…国境線（領界）確定、そしてたぶん難民問題の解決などの形で、勃発から得られるものがあるかどうか」を検討せよ、と提案した。二週間後、ユージン・ロストウ国務次官が、中東タスクフォースをたちあげた。文官と制服双方の幹部で編成されたチームで、アラブ・イスラエル紛争の平和的解決を可能にする〝聡明な構想〟の提言を任務とする。ロストウは、「危機が好機でもあることを、忘れないで欲しい。既存のパターンにゆるみが生じ、崩れてくる。ドアが開くということだ。地平線の彼方を見すえて欲しい」とチームに言った。

戦争第一日が終ろうとする頃、ウォルト・ロストウは、大統領宛に覚書をまとめ、「解決条件についてロシア側と、可能であれば関係諸国と…交渉を開始すべきである」と勧告した。ロストウの考えによれば、イスラエルが新たに獲得する土地とアラブの譲歩を交換条件として、解決が可能になると思われるが、「地域を充分に手中にし、エジプト軍の航空機と戦車を徹底的に破壊し、取引上絶対有利な立場に立つと確信するまで、停戦は、イスラエル人の心にある基本問題の答にはならない」。つまり、「今後数日間の軍事的展開が、ワシントン駐在のヨーロッパ諸国大使に、注意喚起の呼びかけが行われた。解決をさぐる第一段階として、ワシ外交手段による幅広い問題の解決が可能かどうかの、決め手になる」というもので、イスラエル側に対しても、戦後処理について独自の考えを提言することになった。[★37]

しかしながら、この外交が行き詰まることは、緒戦段階ですでに明らかであった。レガッタ計画は、その日の朝完全に消えた。日本、ナイジェリア、エチオピア及びポルトガルが、戦争勃発を知る前に不参加を通知したのである。ムヒッディーン副大統領訪問は、正式にキャンセルになったわけでないが、無期限延期に

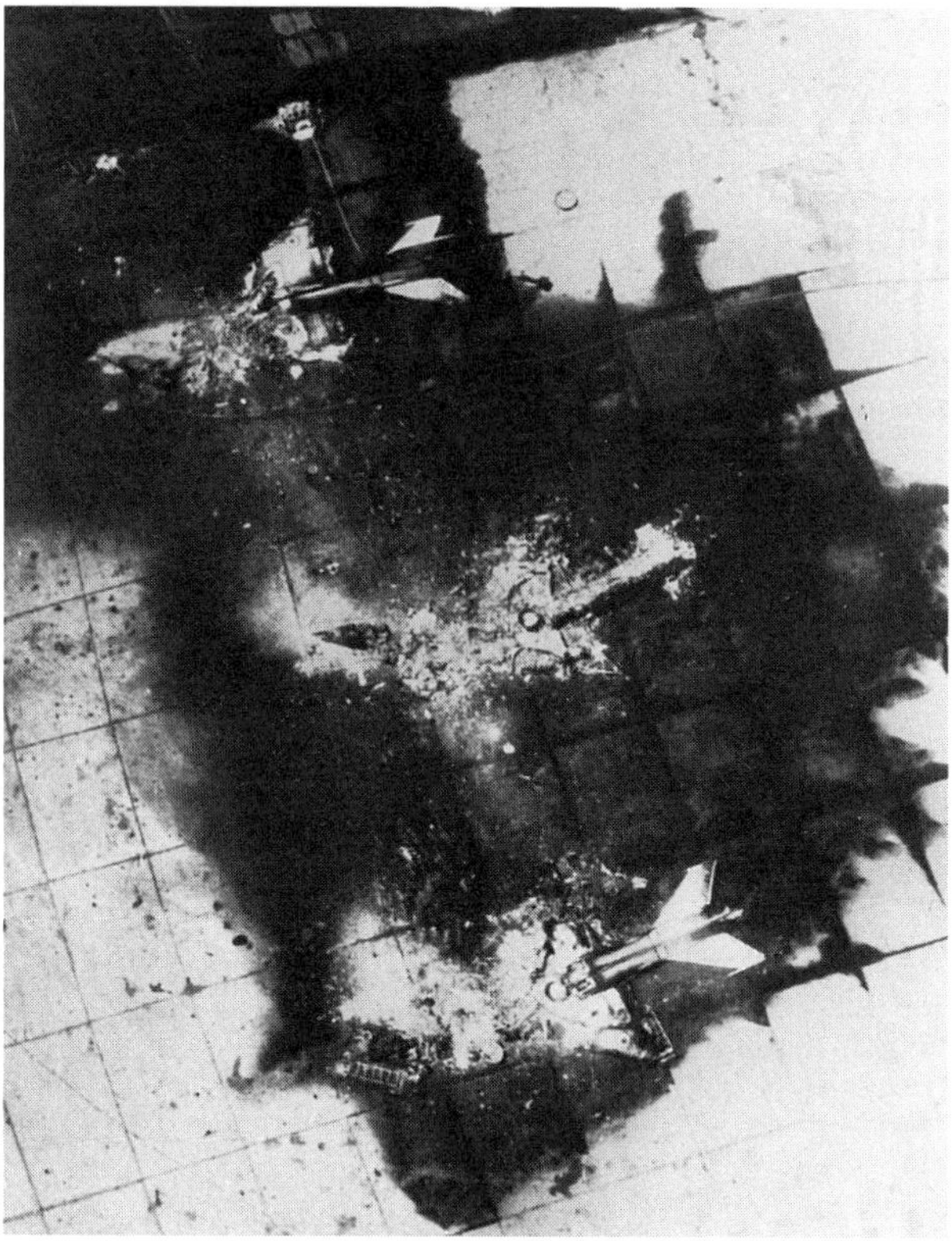

◉——6月5日朝、地上で撃破されたエジプトの戦闘機。IGPO

なった。ワシントンのアラブ諸国大使は、アメリカがこの戦争で中立政策をとるという話を一蹴し、イスラエルに攻撃を教唆してエジプトをミスリードしたとして、アメリカを非難した。アメリカの大使館、領事館はベイルートを手始めに、怒り狂った暴徒によってアラブ世界で次々と襲撃された。アメリカ国内で波風が立たなかったわけではない。国務省スポークスマンのロバート・マックロスキーが、「我々の（戦争に対する）立場は、思考、言語、行動共に中立である」と言ったことに対し、アメリカのユダヤ人達が猛烈に抗議した。当惑したラスク長官は、「国際法上の偉大な概念である中立とは、無関心の意ではない」と釈明せざるを得なくなった。アメリカ政府は単独行動の自由を制約され、多国間協議を選択せざるを得なかった。つまり国連を通した行動で、戦争勃発後に出した最初の公式声明で、次のように示唆している。

我々が阻止に努めてきた事態、すなわち大規模戦闘が中東で勃発したことを知り、深く憂慮する…合衆国は、持てるエネルギーをすべて投入し、戦争の速やかな終結と、当該域の平和と発展が新たに始まるよう、努力する。我々は、速やかな停戦に向けて国連安保理を支持するよう、すべての関係諸国に呼びかける。★38

ジョンソンは、現実の戦争に直面すれば安保理は迅速かつ能率的に行動して戦争を終らせる、と考えた。国連本部に戦争勃発の第一報が届いたのは、午前二時四〇分（ニューヨーク時間）である。発信人のリキーエ将軍は、イスラエル機がガザのエジプト軍陣地を爆撃し、国連緊急軍の隊列に機銃掃討を加え、インド兵三名を殺害した、と報じた。その報告に接して、バンチは事務総長の居宅に電話を入れ、いきなり「戦争になりました」と言った。四五分後、ウ・タントは日課の瞑想を終えて国連本部へ向かった。ほぼ同じ頃ギデオン・ラファエル大使が、六月の安保理議長であるオランダのハンス・タボール大使に電話し、イスラエルはエジプトからの〝卑劣かつ非道〟な攻撃を受け、反撃中である、と言った。ラファエルは、安保理でその主旨の声明を読み上げるように、本省から指示されていた。しかし、午前六時三〇分までに、その指示は変っていた。ラファエルは、〝極秘・親展〟と書かれた一通の封筒を受けとり、エジプト空軍の潰滅を知った。そしてラファエルは新しい指示を受けた。いかなる手段を使ってでも、停戦決議の採択を可能な限り引き伸ばす。これがその指示である。

皮肉な話であるが、エジプトのモハマド・エル・コニー大使も、同じように採択の引き延ばしを求めていた。彼もまた、ガザ、シナイ及びエジプトの航空基地に対する〝二心ある計画的攻撃〟を非難し、「エジプトは、国連憲章に従い、あらゆる手段をもって自衛することに決めた」と発表した。大使は、カイロと長時間話をして、大々的反撃が始まっていると確信していた。彼とほかのアラブ大使――シリアのトーメ大使、ヨルダンのファッラ大使――は、ラジオでアラブの赫々たる大勝利の報道を聴き、共産圏をはじめアラブ友好諸国代表から祝辞を受け、得意の絶頂にあった。「我々はイスラエルを完全にだました」とエジプト大使は、フェデレンコ大使に伝えた。エジプトが喪失したのはベニヤ板製の飛行機だけと主張し、「この戦争で誰が勝つか、今にわかる」と言った。★39

安保理は、ソ連とイギリス主導で、午前九時三〇分に開催されたが、フランス代表のロジェ・セドウ大使は、果たして会議を開く必要があるのかと疑問を呈した。アラブ側代表は、停戦という考えそのものに反対し、イスラエルのラファエル大使は、部隊を境界へ戻せという命令を出そうとする動きには、イスラエルが〝冷たい見方〟をすると述べた。フェデレンコは「帝国主義集団の公然非公然の行動に励まされた…イスラエルの冒険主義」を非難し、イスラエルを名指しで非難しない決議には、拒否権を行使すると威嚇した。安保理会議は行き詰まり、〝緊急協議〟のため一時休会になった。しかし、メンバーのなかでそのような協議を真剣に考えているのは、ゴールドバーグ大使だけのようであった。フェデレンコは大使館の執務室に閉じこもって連絡を断ち、アラブ側は勝利感に酔い、イスラエル側は黙して語らずの状態であった。ワシントンが思い描く和平プロセスの発進には、環境がよろしくないように見えた。

それでもゴールドバーグは、この戦争が待ちに待った好機と考え続けた。それは、外交上のみならず本人自身にとっての好機でもあった。ポーランド移民の子としてシカゴに生まれ、八人兄弟の末っ子であったが、青果商を営む父親は本人が三歳の時死亡した。刻苦勉励して貧困の中から身をたて、やがて労働問題の弁護士として全国的に知られるようになる。ケネディ政権の時労働長官として入閣したが、大統領が国連の首席代表のポストを提示した時、最高裁陪席判事の地位（一九六二―六五）を棄てて、そのポストを受けた。しかしゴールドバーグは、その時の決断をすぐ後悔するようになる。話がまわりくどいうえに無味乾燥ときているので、雄弁で鳴らした前任のアドライ・スティーブンソンと比べられ、すっかり影が薄くなった。さらに、ジョンソンとは日々接触があるとはいえ、意志決定プロセスから外され、自分の影響力を投影できなくなった。ベトナム戦争に反対する姿勢を強め、ゴールドバーグは真剣に辞任を考えていた。

ゴールドバーグをかこむ状況は、中東危機で一変した。自他共に認めるシオニストで、イスラエルを支持し、国務省と摩擦を起こすことも度々であった。今や、テルアヴィヴとホワイトハウス双方に対する密接な関係を、最大限に活用する機会が訪れたのである。平たくいえば、双方の橋渡し役である。五月一五日、ゴールドバーグは同僚の国連大使達を遊覧に招待し、サークルラインのフェリーでマンハッタンのまわりを航行中、ジョンソンの派遣したコーストガードの警備艇が近づき、エジプト軍のシナイ進出を伝えた。ゴールドバーグはその艇に移乗し、代表部へ戻った。

六月五日午前四時四〇分、ゴールドバーグはまず状況室に電話を入れ、ついでバンチと話をして、安保理の緊急会議招集を調整した。彼の頭にあったのは、現在位置での停戦であった。正午頃、ラファエル大使にイスラエルは何か欲しいのかとたずねると、大使は〝時間〟と答えた。★40

しかし、早くもイスラエル勝利の噂がニューヨークに到達し、時間はどんどん少なくなってきた。午後六時三〇分、インド代表が、安保理開催の目的は、開戦前すなわち六月四日時点の原状を回復することにあり、と強く主張した。その決議案は、海峡封鎖と国連緊急軍の撤収を暗黙に認めており、ゴールドバーグには基本的に受け入れられない内容であった。ゴールドバーグはジョンソン及びウォルト・ロストウと連絡をとりながら、イギリスのロード・キャラドン大使と連繋して英米の決議案をまとめた（キャラドンは、以前ヒュー・マッキントッシュ・フット男爵と称し、最後のキプロス島総督。一時期、パレスチナ英委任統治政府の役人であった）。この決議案は交戦当事諸国に即時停戦を呼びかけ、確実な兵力の引離し、行動の性質を問わぬ武力行為の自制、そして地域の緊張緩和を求めた内容であった。さらに、エジプトに海峡封鎖解除、シナイからの部隊撤収を要求する言語上の表現が、使われた。

ゴールドバーグが後に語ったところによると、その時の考えは、「平和回復の機会を手にしたいのであれば、状況が凝固する前に速やかに行動しなければならぬ」ということであった。

フェデレンコも戦場の実態を知って、それに気付いたように見える。それでも彼にはためらいがあり、イスラエル軍の撤退とチランに対するエジプトの統制権をうたわない決議案に、イエスと言わなかった。彼は、翌日朝までの討議延期を提案し、その間エジプト大使と話し合うことをゴールドバーグに勧めた。そのゴールドバーグは、エジプト大使に「アラブ側はいつも過去の提案を受け入れようとする。時遅しで、その時は状況が変わっているのである」と言った。二人は親しい間柄であったが、その関係は役に立たなかった。エル・コニー大使は、アメリカ案の検討を拒否した。[★41]

第三次アラブ・イスラエル戦争を恒久平和に変貌させようとする、つまりは紛争の性格をかえようとするアメリカの努力は、不吉な様相を呈し始めていた。アラブはそしてまたソ連も今のところ戦闘中止に関心はなく、ましてや問題の解決など論外であった。一方イスラエルは、少なくとも四八時間は停戦になるのを阻止する決意であった。戦闘中止とアラブの非戦宣言がリンクされてはならないのである。エバン外相の国連本部訪問も、その遅延作戦の一環として使われた。ラファエル大使は、外相がニューヨークに向かっており、翌日国連安保理で演説する、と発表した。外相は、自分がイスラエルの立場を国際社会にしっかり伝えるまでは、決議の採択がないことを願っていた。ラファエル国連大使に「我々は、戦闘開始にあたり、目的を決めたわけではないが、目標については知っていた。もっと安全で安定した存在が保障され、平和へ一歩近づくことである」と書き送った。[★42]

開戦初日の航空撃滅戦(七面鳥狩り)

前線のアラブ・イスラエル双方の兵隊にとって、平和という言葉ほど遠い存在はなかったであろう。双方の軍は、初日の夕方までに本格的戦闘に入り、激戦が続いていた。それが間もなく戦争の帰趨を決する戦いとなり、ひいては中東全体の方向を決めるのである。

午後一〇時〇〇分、シナイ正面では一〇五ミリ及び一五五ミリ砲を持つ砲兵六個大隊が、イスラエルの軍事史上最大の砲撃戦を開始。ウンム・カティフに対し、二〇分足らずで六〇〇〇発を撃ちこんだ。シャロンが、「天地よ振動せよ」と言ったとされるほどの激しさであった。戦車隊が北端域のエジプト軍防衛線を攻撃している頃、東部域では歩兵が三段構えの防衛線に殺到して陣地戦を展開、空挺隊は西方面のエジプト軍砲兵陣地を蹂躙中であった。シャロンいうところの〝連続打撃戦法〟である。これは夜戦を中心とし、予期せざる方向から多方面で一斉に攻撃をかけるのである。捕虜になったあるエジプト軍将校は、「火炎の蛇がとぐろを解いて襲いかかってくるようだった」と言っている。

エジプト軍は潰滅的打撃を受けた。その日彼等は一日中アラブの大勝利を伝える、高揚感あふれる報道を聞いていた。「我々は戦況を一般のラジオ放送で知った」。そう述懐するのはハサン・バフガット。ウンム・

カティフの後方にいた上級の情報将校である。「全世界が、我々の部隊がテルアヴィヴ郊外に追っている、と考えた」。午前一一時四五分、アメルの司令部が出した軍作命第四号は、「境界沿いに地上戦発生。敵は我方のシナイ正面第一線の突破を試みるも、その攻撃は失敗」と述べている。軍作命第一二号（午後四時三〇分）及び軍作命第一三号（同六時〇〇分）は、イスラエル軍部隊がクンチラ及びウンム・カティフを攻撃、いずれの攻撃部隊も潰滅、敗走と主張した。ムルタギ中将は、ウンム・カティフに対するイスラエル軍の直接攻撃を全く予期していなかったが、ジャバル・リブニとビル・ラーファンの部隊に、反撃を命じた。いずれの方向からの反撃も、道路上に設けたイスラエルの陣地に阻止され、航空機による執拗な攻撃にさらされた。ウンム・カティフのエジプト軍指揮官は、増援を断念し、自軍陣地への砲撃を命じた。★43

しかし、イスラエル軍の作戦がすべて円滑にいったわけではない。ダニー・マットの空挺隊を輸送中のヘリコプターは、半数が降着地点を見失って戦場へ行けず、残る半分も、迫撃砲の攻撃を受け降着できなかった。モルデハイ・チポリ大佐指揮の機甲旅団は、一両の地雷処理戦車がないばかりに、立往生した。一方、ニル大佐の機甲旅団は、ルワハ・ダムの後方陣地線を突破中、搭乗戦車に敵の戦車砲弾が命中し、大佐は両足に重傷を負った。しかしながら、全体的な流れは変わらず、予期以上の成果をあげたケースもある。イスラエル側は、戦死四〇名負傷一四〇名の損害でエジプトの防衛線を突破し、ウンム・カティフにせまった。

シナイ正面のエジプト軍第一線は、いずれも同じ目にあった。南にさがった地域では、アブラハム・メンドラー大佐の第八機甲旅団が前進中であった。もともと旅団は、本当の進撃路からエジプト軍を引離すため、いわゆるおびき寄せの役目についていたが、クンチラの堅牢な掩蔽壕群を攻撃、占領した。ここでは、エジプトの軍事史が攻撃精神の精華と讃える偵察部隊の勇戦敢闘があった。隊員のヤーヤ・サアド・バシャ偵察将校は、「大隊は、伏撃位置についた。向かってくる敵は数と火力において勝る」と回想する。「大隊員は敢然として戦いをいどみ、多数のイスラエル戦車を撃破した。我方の戦車は残余三両となり、そのうち一両は損傷していた。士官、下士官の大半は戦死。私は、自分の大隊が崩壊していくさまを、この目で見た…イスラエルの戦車に轢き殺された兵の死体が散乱し…負傷者がころがっていたが、どうしようもなかった」。メンドラーの部隊は、夕暮れまでに、戦略上の重要な地域を確保し、シャズリ隊のウンム・カティフ救援を阻止できた。さらにメンドラーは、次の主攻地ナクールをめざすシャロンとも合流できた。

シナイの北部では、タル師団がラファとハーンユニスの奪取地を固め、エルアリシュの郊外に到達した。国防軍の戦闘詳報によると、「市街地掃討は極めて困難な戦闘であった。エジプト兵は屋上から発砲し、バルコニーや窓に拠って撃ってきた。彼等は我方のハーフトラックに上から手榴弾を投げ落とし、トラックを並べて道路を封鎖した。我方の兵隊は手榴弾を投げ返し、トラックを戦車で押し潰した」のである。

深夜近く、タルとシャロンの両師団の間を、照明灯を皓々とつけて通過する部隊があった。ヨッフェの指揮する三つ目の師団である。ビル・ラーファンとジャバル・リブニをめざしていた。アブ・アゲイラを北に見つつその近くを通り、先頭をいくエルハナン・セラ大佐のセンチュリオン戦車は、シャロンの戦闘域を通り抜ける時は、友軍戦車と撃ち合いを演じ、それから南西方向へ転針した。それよりさらに北では、イッサハル・シャドミ大佐の第二〇〇旅団が、ワジ・ハリディンの砂地を少しずつ慎重に進んでいた。ここは、エジプト軍が通過不能と考えていた地域であるが、イスラエルは、一九五六年のシナイ作戦時（第二次アラブ・イスラエル戦争）、空挺隊が調査し、戦車が通れることを知っていた。セラとシャドミの両旅団は、地雷原と砲撃に難渋しながら通り抜け、ジャバル・リブニ、アブ・アゲイラそしてエルアリシュへ至る幹道交叉域をすべて分断し、シャロンを包囲しようとしたエジプトの機甲二個旅団の進出をくいとめた。

イスラエルが戦闘を避けたかったガザでは、ほかの地域と比べてあまりうまくいかなかった。ダヤンは、長さ二五マイルのガザ回廊へ入ることをはっきり禁じていた。市街戦は難しく厄介である。さらに、自ら進んでパレスチナ人難民二五万の重荷を背負う必要はない。ダヤンはそう説明した。ところが、赤いシーツ指

シナイの地上戦
エジプト軍
エジプト軍の進出
イスラエル軍
イスラエル軍の進出
1967年6月5日
1967年6月6日
1967年6月7日
1967年6月8–9日
N
W
E
S
地中海
死海
エレツ検問所
師団
ガザ
アリムンタル
ナハルオズ
ベエリ
キスフィム
ハーンユニス
師団
ニリム
歩兵旅
ラハブ
ベエルシェバ
ポートサイド
ジェイクズウェイド
ジラディ峠
エルアリシュ
師団
ハツェリム
ディモナ
ラファ
機甲師
ロマニ
ビルラーファン
ワジハリディン
アウジャ
ニツァナ
181高地
アブアゲイラ
タラドウンム
ウンムタルファ
ネゲブ
カンタラ
ビルハマ
ルワハダム
ウンムカティフ
フィルダン橋
ビルガフガファ
師団
アルサブハ
師団
イスマイリヤ
ジャバルリブニ
師団
イスラエル
機甲旅
アブスウェイル
アルクセイマ
グレートビター湖
ビルタマダ
ビルハサナ
山霊旅
ファイド
キブリト
ギジ峠
師団
旅団
スエズ運河
スエズ
機甲師
ミトラ峠
クンチラ
機械旅
ヨルダン
師団
ナクール
アルタマド
エイラート
アカバ
ラススダル
紅海／アカバ湾
シナイ半島
スエズ湾
サウジアラビア
エジプト
旅団
アルトゥル
旅団
チラン海峡
シャルム・エルシェイク
チラン島

令が出た直後、ガザのパレスチナ人陣地が、近くのイスラエル側村落ニリムとキスフィムに砲撃を開始した。ラビンはダヤンの命令を参謀総長の権限で押さえ、増強機械化一個旅団（第一一機械化旅、指揮官エフダ・レシェフ大佐）にガザ進攻を指示した。ガザに突入した部隊は猛烈な射撃を受け、激しい抵抗に直面した。抵抗したのはPLA（パレスチナ解放軍）、それにラファから逃げこんだ第七師団の残存兵であった。空挺隊指揮官ラファエル・エイタンは、双方を評して「エジプト兵は、機動戦より固定陣地で戦う方が、性格的に合っている。これと対照的にパレスチナ兵は、もっと犠牲心がある」と言った。

ガザ戦はこの戦争で最も熾烈な戦闘のひとつとなり、イスラエル側は戦死七〇名の損害をこうむった。ほかにCBCのベン・オイザーマン記者、ライフ誌のポール・シュッツアー記者が死亡した。死亡直前に撮影した写真は、戦争特集号に掲載された。ほかに国連緊急軍の兵士が一二名死亡している。イスラエル軍は日没までにアリ・ムンタル稜線を確保した。ガザ市を眼下にする戦略的要地である。しかしイスラエル軍は、ガザ市自体からは、撃退された。★44

‡

中部正面でも、予期しない戦闘が発生した。やはり頑強な抵抗であった。ジェニン周辺では、ヨルダンの第一二機甲大隊が、戦力において格段に大きいバルコフバ隊を、何度も撃退した。イスラエル軍は、カバティヤ交叉域に近いブルキンの森を突破しようとしたのであるが、副大隊長のムハンマッド、サイード・アジルニ少佐は、「最後の一兵になるまで弾を撃ち尽くすまで」森を死守せよ、と命じた。少佐は、イスラエルの戦車一八両を撃破したと証言する。「パニック状態になって、イスラエル兵達が炎上戦車のまわりを走りまわっていた。驚いた蟻の群れが逃げまどっているようだった」と述懐するのは、アジルニの先任、サラフ・アラヤン少佐である。しかし、イスラエル機の激しい銃爆撃にさらされ、ヨルダン軍は次第に抵抗力を失っていた。彼等のM48パットン戦車は、増加燃料タンクを外装し、近距離で撃たれると極めて脆かった。イス

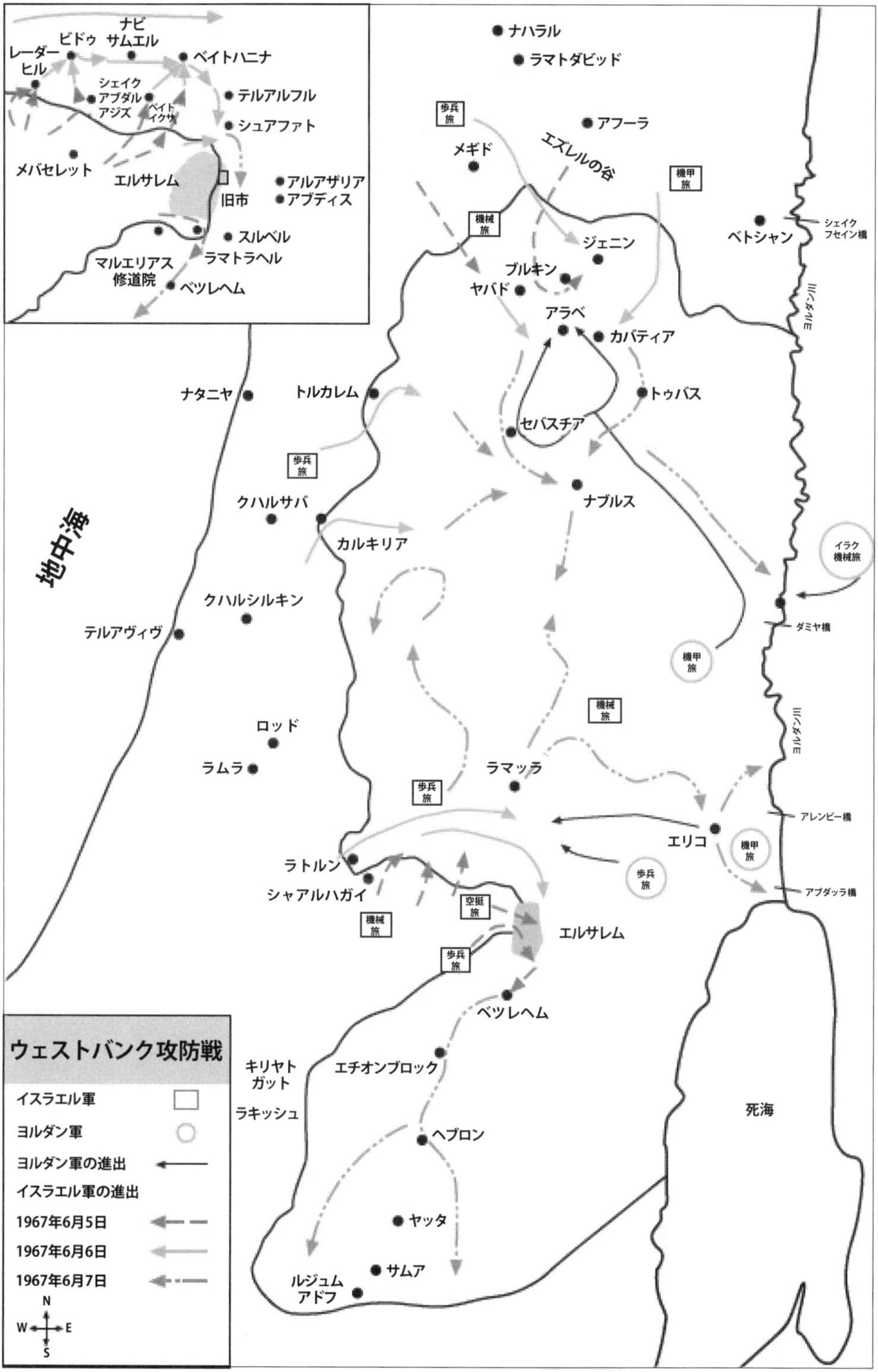

ウェストバンク攻防戦
イスラエル軍
ヨルダン軍
ヨルダン軍の進出
イスラエル軍の進出
1967年6月5日
1967年6月6日
1967年6月7日
N
W
E
S
地中海
死海
ナハラル
ラマトダビッド
アフーラ
メギド
エズレルの谷
ジェニン
ブルキン
ヤバド
アラベ
カバティア
ベトシャン
シェイクフセイン橋
ヨルダン川
トゥバス
セバスチア
ナブルス
ナタニヤ
トルカレム
クハルサバ
カルキリア
クハルシルキン
テルアヴィヴ
イラク機械旅
ダミヤ橋
ロッド
ラムラ
ラマッラ
エリコ
アレンビー橋
アブダッラ橋
ラトルン
シャアルハガイ
エルサレム
ベツレヘム
エチオンブロック
キリヤトガット
ラキッシュ
ヘブロン
ヤッタ
サムア
ルジュムアドフ
歩兵旅
機械旅
機甲旅
空挺旅
レーダーヒル
ビドゥ
ナビサムエル
ベイトハニナ
シェイクアブダルアジズ
ベイトイクサ
テルアルフル
シュアファト
メバセレット
アルアザリア
アブディス
旧市
スルベル
マルエリアス修道院
ラマトラヘル

ラエルの旧式シャーマンでも撃破できたのである。アジルニ少佐の戦車一二両が破壊され、使える戦車は六両になってしまった。そして日が暮れた。南方向からいくつも光が近づいてくる。アジルニ少佐は、第四〇機甲旅団から増援が来たと考えた。しかしそれは、イスラエルの戦車隊であった。その戦車隊は、射程圏内に入ると直ちに砲撃を開始した。

イスラエルの公式戦史は、「ヨルダン兵は勇敢かつ巧みに戦った」とその善戦を讃え、「ペレドのウグダ（師団）が高台へあがりヨルダンの歩兵陣地へ進めるように、ヨルダンの戦車と対戦車火器を事前にひとつずつ破壊しておかなければならなかった」と攻者側の苦戦の模様を綴っている。イスラエルの第三七機甲旅団の指揮官エフライム・ライナーは、まず砲撃支援と航空機の対地攻撃を受けなければ、一歩も進めなかったと し、「旋回していた一機が、ヨルダン軍の指揮戦車めがけ降下していった。指揮官は負傷し、通信手と搭乗中の情報将校が死亡した。それでやっと私は、こちら攻撃中と師団に報告できた…後は古典的な夜間戦闘で、うまくいった」と回想する。負傷したアジルニ少佐は、残存戦車に対してジェニンへの後退を命じた。戦車はそこでハリディの第二五歩兵旅団の残存兵と合流し、巧みな防衛戦を展開するのである。★45

ウェストバンク北部の突破戦が進展している頃、エルサレム域でも変化がみられた。エルサレム域の北ではベンアリの第一〇旅団が、ビドゥ、そして重要なベイトイクサーベイトハニナ交叉路へ近づきつつあり、西ではモシェ・ヨトバト大佐指揮の第四旅団が、雑多な歩兵部隊と共に、ラトルン回廊の開通を命じられていた。回廊の西入口に位置するヨルダン軍の警察要塞（アラビア語でババル・ワッド、ヘブライ語でシャアルハガイと称す）は、一九四八年の時は、イスラエルの攻撃につぐ攻撃を耐え抜いた。しかし今回は、気抜けするほど簡単に陥落した。六月五日夕方である。周辺のヤル、イムワス、ベイトヌバの各村も然りであった。

この三つの村には、エジプト軍第三三及び第五三〝雷電〟大隊が駐留し、イスラエルの航空基地攻撃を準備中であった。「午後七時〇〇分、偵察隊が、それぞれラムラとハツォールへ向かって出発した。隊には案内役のヨルダン兵斥候班が付いていた」。コマンド隊将校アリ・アブダル・ムーニム・マルシは証言する。「我々は、イスラエルの村落の間を抜けて行った…我々は割当て任務がよくわからなかった。なにしろ基地のひとつの写真しかなく、それも手のひらサイズのものが一枚であった」。しかも、マルシの兵隊達はすぐに探知されてしまう。近くの畑に逃げこんだが、イスラエル側は畑に火をつけた。コマンド隊員六〇〇名のうち生き残ったのは、わずか一五〇名で、ヨルダンへ逃げて行った。

その晩ハイム・バーレブ参謀次長は、「部隊は、二時間以内に市内(東エルサレム)に突入します」と愉快そうに報告した。部隊とはハレル旅団の戦車のことである。そしてその市内でも衝突が起きる。午後七時四五分、イスラエルの迫撃砲と野砲が一斉射撃を開始した。国連の検問所であるマンデルバウムゲートからスコーパスの丘を結ぶ、いわゆる北側の線が射撃対象で、その線に沿って配置されたヨルダン軍の陣地に、砲弾が集中した。照明弾があがり探照灯が夜空を切り裂く。この線の近くに布陣するイスラエルの歩兵は、初めて一息つく余裕を得た。それまで終日ヨルダンから火砲と小火器で撃たれっ放しだった。もっとも、モッタ・グルの空挺隊員にとって、この報復砲撃は単なる準備にすぎず、本番である懸案課題の遂行は、これからであった。アラブ人居住地のシェイクジャラから突入し、スコーパスの丘と連絡するのが、第一の課題である。しかし、掩蔽壕、鉄条網として地雷原で構成された濃密な防御網が、グルの行手をさえぎっていた。

ラビンは、グルを説得して、夜明けまで攻撃を延期させようとした。明るくなれば、空軍の対地支援が可能になる。しかしグルは説得に応じなかった。双方は至近距離で対峙し、すぐに市街戦に転移する。このような状況でジェット機はほとんど役に立たない、とグルは言った。それに空挺隊員は夜間戦闘が得意である。さらにシナイ正面で戦闘が激しくなったり、あるいはシリア軍が地上戦を開始すれば、軍がエルサレム作戦を無期限延期にすることも考えられる。グルは深夜決行を望んだ。しかし兵站支援上の問題があり、決行時間を午前二時一五分まで延期せざるを得なかった。夜明けまで九〇分しかない。それでもグル大佐は自信満々であった。後日グルは、「アラブ側は固定陣地でエルサレム（東）を守り…彼等が第二線を構築していないことが、わかっていた。我々が（第一線を）突破すれば、前進は容易になるだろうと考えた」と書いた。★46

エルサレム域に布陣するヨルダン軍は、タラル王、ヒッティン及びイマム・アリの三個旅団で、タルの指摘するように固定陣地に拠り、しかも相互間の連繋がなく、連絡すらほとんどなかった。このような状況のもとで、エルサレム攻防戦の指揮権を与えられたのが、タラル王旅団のアタ・アリ・ハザ旅団長であった。時間的にはその日の午後遅く、イスラエルの反撃が激しくなってきた頃である。痩型のアリは当年四四歳。一五歳の時軍人になり、一九四八年のマンデルバウム・ゲート付近における戦闘で、武功章を授与されている。イギリスのカンバーレイ幹部学校の卒業生である。柔かい物腰でまじめ一方だが、アラブ過激派を嫌い、燃えるような愛国心を内に秘めた軍人であった。「一九六七年まで、私はイスラエルが戦争を始めるとは思っていなかった」と旅団長は述懐する。「しかし、ナセルが戦争を始めるという恐れを、一九五六年以来ずっと持ち続けていた」。旅団長は、ヨルダンが〝ナセルの戦争〟に引きずりこまれるのに怒りを抱いた。しかしそれでも、少なくとも停戦まではエルサレム（東）を守り抜こうと決心した。

アタ・アリ旅団長は、南のアブトールから北へエルサレム旧市、シェイクジャラ、そしてスコーパスの丘を越えた先の北側に位置するテル・エルフルをむすぶ線を固めた。使える兵力は旅団兵員五〇〇〇とパレスチナ解放軍（PLA）一〇〇〇で、火器は重迫撃砲、機関銃、榴弾砲を装備していたが、戦車を持っていなかったアタ・アリは、戦力は少なくとも一対三でイスラエルが有利と考えた。自分のところの通信機が損傷したので大変困ったが、苦心の末西部軍管区司令官ムハンマド・アフマド・サリム少将に連絡をつけ、戦車と兵員の速やかな派遣を求めた。

サリム少将は要請に応じ、第六〇機甲旅団から機甲一個大隊（パットン装備）を派遣した。第四〇機甲旅と同じように、第六〇も精鋭部隊で、指揮官はフセイン国王の甥シャリフ・ザイド・ビンシャケル准将。米陸軍参謀大学の卒業生である。当初の命令は、ラトルン回廊からイスラエル軍を撃退せよということであったが、エルサレム自体の状況が悪化してきたので、旅団はアラブ域のエルサレム郊外からスコーパスの丘を攻撃することになった。エリコとエルサレムの高度差は二七〇〇フィート、距離にして二〇マイルある。戦車は急峻な坂道をのぼっていった。それと並行して、ワジケルトからイサウィヤの方へ山道を上がってくる歩兵がいた。イマム・アリ旅団である。しかしながら、二つの部隊は共に目的地に着く前にイスラエル機に発見されてしまった。そしてロケット弾と機関砲による攻撃で共に潰滅する。

　その夜午後九時四〇分、アタ・アリはオリーブ山の上空に光を見た。ちょうどイスラエル軍が南エルサレムを占領し、北の線へ攻撃をかけようとする頃である。アタ・アリは本能的に何が起きたかを知った。ラマッラとヘブロン方面からの増援を再度要請したが、両市とも攻撃に備える必要ありとして、拒否された。エルサレムにもはや救援は来ないのである。★[47]

‡‡

　ヨルダン軍の状況が悪化し、彼等が追いつめられていくさまは、イスラエル側指導部がつぶさにフォローしていた。イスラエル側にとってエルサレムで勝てるかどうかではなく、エルサレムの東半分の占領が政治的にみて分別のあることなのかどうかが、今や問題になってきた。ベギンやイガル・アロンのような閣僚はそうであると強調し、終日エシュコルにせまって、エルサレムでの攻勢を認めるよう圧力をかけた。エシュコルは額を手のひらで叩きながら、「ジス・アーゲダンク」と冷たくつき放した。イーディシュ語で〝それもひとつの考え〟の意である。再び首相は、イスラエルの戦闘力に対する全面的な自信と、国家の将来の安全に対する懸念の間を揺れ動いていた。ソ連がいつ介入するかわからぬうえに、イスラエルが旧市とそこの聖所を占領すれば、キリスト教世界が黙っていないだろう。非難するだけでなく、禁輸措置をとるかもしれない。エシュコルはそう考えていた。国際社会の反撥を恐れたのは、エシュコルだけではない。ほかの閣僚も、特に国家宗教党出身の閣僚達が然りであった。しかし、それを相殺するような圧力も作用していた。第一がヨルダンの行動である。外交チャンネルを通して、イスラエルはヨルダンに繰り返し停戦の呼びかけを行った。しかし、テルアヴィヴ郊外とエルサレムの下町に対する砲撃は続いた。ダヤンが国防相就任の宣誓式のためクネセット（議会）に来ると、建物はがらんどう、人っ子ひとりいなかった。ダヤンはやむなくテルアヴィヴへ戻った。ほかの閣僚達がどうにかエルサレムへたどり着いたのは、夕方になってからである。そしてベギンの要請で、地下壕で閣議が開かれることになった。

ベギンの目的は、エルサレム旧市問題を検討することにあった。イスラエル軍は旧市に進出すべきかどうか、進出するとすれば、イスラエルの政策はどうなるのか、を話し合うのである。閣僚達は、フセインに砲撃をやめさせ、スコーパスの丘を守ることが、軍事上最低限必要であると考えたが、それに加えて、二千年来の夢が現実になるかもしれぬという思いに、とらわれていた。つまり、エルサレムがユダヤ民族の首都として再統一される可能性、を考えたのである。リオール大佐は、「おそらくエルサレムで開催された最も重要な閣議」と書いた。自分の神経のたかぶりを意識しながら、「強制収容所で抹殺された正統派一家の息子として、ユダヤ民族の一子孫として、そしてまたイスラエルの一国民として、私は高揚した気分を抑えられなかった」、とその時の心情を吐露した。★48

砲弾が間断なく飛んでくる。閣僚達はその爆発音に負けじと声を張りあげ、こもごもその心情を語り、感情をたかぶらせた。ベギンは、「時まさに政治的試練の秋」と前置きし、「つまりフセインは我々の警告を無視し、砲撃を続けている。我々に選択の余地はない。対応措置をとり、旧市を攻撃すべきである」と語った。アロンは、「旧市がイスラエルとは不可分の一部になることを望む。少なくともイスラエル国民が聖所へ自由にアクセスできるようになって欲しい。我々全員の願いである」言った。しかしエシュコルは、慎重を期したいと述べ、「旧市占領については、外交上の（好ましくない）結果をあらゆる角度から吟味しなければならない」とし、「たとえウェストバンクと旧市を占領しても、いずれは撤収させられるだろう」と述べた。国家宗教党（ＮＲＰ）のハイム・モシェ・シャピラはエシュコルを支持し、「市を国際機関の管理下におくよう、圧力がかかると思う。私は、国際化に反対しない」と主張した。砲撃下の論争は、観念より直感の線で行き詰まった。マパイ党のザルマン・アラン教育相はシャピラ内相を支持し、左派マパイ党のモルデハイ・ベントヴ住宅相はベギンの側についた。エバン外相は、聖所損傷の恐れを指摘し、憂慮すると述べた。

議論は平行線をたどってかみ合わず、結局閣僚達は、合意しないことで合意した。エシュコルが、「フセインに警告を発した後に始まったヨルダンの砲撃によって、エルサレムの状況は変化した。この状況変化に鑑み、旧市占領の機会が生じたと考えられる」という内容の打開策を出し、閣僚達はそれを受け入れた。しかし、さし迫った問題はヨルダン軍の砲撃であり、その砲撃を沈黙せしめるのが緊急課題であった。

ダヤンはすでにその課題に取り組んでいた。地下のピットで、ラビン参謀総長、ワイツマン作戦部長、バーレブ参謀本部次長と共に検討中であった。君達が何を望んでいるかわかっているぞ、とダヤンは言った。「君達はジェニンをとりたいのだろう」。誰も反対の声をあげなかった。ダヤンはその占領に異議を唱えなかった。かくして、ウェストバンク作戦の第一段階がさしたる討論もなく許可された。エルサレムについては、ダヤンはフセインに再度メッセージを送るように命じた。今回はヨルダン軍がイスラエル砲撃を継続すれば、アンマン爆撃を辞さないという警告であった。当面軍は、エルサレム旧市の北及び南方面に対する攻撃を強め、包囲環を形成することが認められた。エシュコルが閣議の討議内容を伝えると、ダヤンは、「やろうと思えば旧市は明日までに我々の手に落ちる」と答えた。しかし国防相は、シナイ占領が完了するまでその作戦の繰り延べを決意した。★49

‡

エジプト及びヨルダンの両正面は連動していた。本質的なからみ合いがあるのである。イスラエルのエジプト攻撃に対して反応する形で、ヨルダンのイスラエル砲撃が始まり、エジプトに対する緒戦時の勝利によって、イスラエルはヨルダンに反撃できた。もうひとつの結びつきが、軍に対する認識である。ナセルもそしてフセインも自国軍の危ない状態に気付いていなかった。ナセルの軍高官達は、恐れて大統領を啓発しなかった。端的に言えば事実を知らせなかった。一方フセインは、現場との連絡に欠け五里霧中の状態にあった。両者ともカヤの外に置かれていたのである。エジプト空軍は、アラブの戦争遂行力のカギ的存在であるが、両名とも数時間で壊滅した事実を容易に信じようとせず、シリア軍が地上戦に出ず坐りこんでいる間イスラエルの戦車隊が二正面で進撃していることに気付かなかった。ラジオと新聞を中心とするエジプトのプロパガンダ機関は赫々たる大勝利の虚報を流し続け、ヨルダンの公式声明は、イスラエル軍がエルサレムとジェニンから撃退され、その空軍は三一機も撃墜された、と伝えた。[★50] しかし、戦闘初日が終ろうとする頃、破滅の証拠が続々とみられるに至って、そのような無知と虚構は持ちこたえることができなくなった。

ナセルが事実を知ったのは、午後四時である。その日初めて最高司令部に来ると、司令部は混乱状態につき落とされていた。アメル元帥は、泥酔かドラッグで朦朧としており、極度の興奮状態から一転して陰惨な鬱状態にあった。電話でムルタギを呼び出したアメルは、まず部隊をエルアリシュからウンム・カティフへ移せと怒鳴り、ついで考えを変え、今度はジャバル・リブニの第二線へ行け、と絶叫調で命じた。シドキ・マハムード空軍司令官に対しては、エジプトを攻撃したのはイスラエルではなくアメリカの航空機であり、パイロットのひとりフスニ・ムバラクが、アメリカのジェット機を複数目撃した、と言った。外務省やソ連大使が、情報を求めて接触しようとしたが、アメルは、いずれの電話にも出なかった。外務省とソ連大使は、シャムス・バドラン国防相とも連絡できなかった。国防相はベッドを執務室に持ち込み、とじ込もってしまった。アブダル・ラティフ・バグダディが、カメル・ハサン及びハサン・イブラヒムと共に（三人は自由将校団のメンバーでナセルの旧友）、手助けをしようと自ら志願し、司令部へ行った。するとこの体たらくである。「これが、国家の安全保障をになう最高責任者か。これがダヤンと同格の男なのか。そう思うと情けない」。バグダディは冷笑した。

ナセルは陸軍元帥と話をしようとしたが、本人は打ち沈み、支離滅裂の状態にあった。二人はどのような話をしたのか。正確な会話内容は不明なままであるが、話の結論は明らかである。エルアリシュの第一四機甲旅団のサラフ・モホセン旅団長に対し、明朝払暁を期して反撃、との命令が出された。航空機による掩護なしである。アルジェリアに対しては、空軍潰滅の事実を知らせて、保有するミグ戦闘機多数の貸与要請を出すことに決まった。そして最も重大な決定が、英米直接関与のデマを流すことであった。小国イスラエルに手もなくやられたというエジプトの不名誉は、小さくなる。ソ連の介入を求める理由として使える。このフィクションは一挙両得である。エジプトのガーレブ大使は本省から訓令を受け、コスイギンと会って結託の話を伝えよ、と指示された。アラブ産油諸国は、イラクとクウェートを手始めに、ナセルの呼びかけに応え、アメリカ及びイギリスに対する出荷停止を決めた。午後六時五分、カイロの「アラブの声」は、「アメリカは敵である。アメリカは、イスラエルの背後にいる敵性勢力である。アラブよ、心せよ。アメリカは、血をまき散らす人殺しであり、イスラエル抹殺を阻止しているやからである」と報じた。★51

中東では噂が伝統的な情報伝播手段である。そして今回もその噂が広がり始めた。イスラエルのジェット機が、エジプト軍航空基地の滑走路に初弾を投じて一六時間後、空爆の結果が噂となってレバノン、シリアの市中に流れ始め、ついでイラク、サウジアラビアに広がって行った。ヨルダンの軍情報部長イブラヒム・アイユーブ准将は、午後七時〇〇分に部員を召集し、「エジプト空軍は保有機の九〇%を地上撃破で喪失した。ただ今この情報を受けたところである」と言った。

不思議な話であるが、中東で戦闘の推移を全く知らなかった数少ない社会のひとつが、イスラエル社会である。イスラエルの空襲警報のサイレンは、一日中鳴りっ放しで、警報の解除はなかった。イスラエル国民の理解するところでは、エジプト軍の戦車が轟音を発してネゲブへ向け驀進中であり、ほかのアラブ諸軍が進攻準備中のはずであった。エシュコルはコールイスラエル（イスラエル放送）で、同胞が直面している〝無慈悲、血みどろの戦い〟に触れ、「第一線と銃後の境がなくなるかもしれない…イスラエル全域が第一線になる恐れがある」と警告した。この種の警告は非常な不安感を与えた。しかしそれでもダヤンは、イスラエル国防軍の戦果について完全な報道管制を主張した。戦果をあげていることがわかると、国際圧力が強まり、ソ連が介入する危険が生じる。停戦を可能な限り遅らせ、その間に戦果を拡張しておきたいというのである。★52

しかし、それでアメリカへ最新情報を提供しなかったというわけではない。モサッドのアミット長官は、マクファーソンとバーバー大使に対し、イスラエルが国家生存の危機に直面し、苦渋の選択をせまられた経緯を強調しつつ、状況説明を行った。戦いはイスラエルの国家生存のためだけではない。中東の親西側勢力が生き残れるかどうかは、この一戦にかかっている、と長官は言った。シナイ、エルサレム及びウェストバンクの三正面における全体的な戦況説明書が、この後テルアヴィヴ経由でワシントンへ送られた。それには、航空機の損失がアラブの四〇〇機に対しイスラエルは一九機であったことが、付記されていた。最新の戦況報告は、まず、ウォルト・ロストウが読んでチェックした後、「七面鳥狩り初日の結果報告、地図を付けて同封」とメモを添えて、大統領に届けた。★53

第６章

戦闘……第二日、六月六日

イスラエル進撃とアラブの退却
戦争と平和・アメリカの立場
〝大嘘〟と停戦

イスラエル自然保護協会長のアブラハム・ヨッフェは当年五三歳、太鼓腹を抱えた姿は、歴戦の兵士にはとても見えない。しかし本人はシナイ戦の勇士であった。一九五六年秋、ヨッフェ大佐は歩兵（第九歩兵旅団）を率いてシナイ半島東岸を南下し、シャルム・エルシェイクを占領した。後年、南部軍司令官時代、通過不可能と考えられていた砂漠を研究し、戦車で砂漠を機動する緊急時対策をたてた。開戦数週間前ガビッシュ少将（現南部軍司令官）から呼び出しを受け、ヨッフェは挨拶のつもりで私服のまま駐屯地へ行った。駐屯地を出る時は、准将の肩章付き軍服を着用し、ウグダ（師団）の指揮官になっていた。予備役編成の機甲二個旅団（戦車各一〇〇両）を指揮する第三一師団長である。ヨッフェに与えられた任務は、シナイ中央域の突破であった。タル部隊の南、そしてシャロン部隊の北に位置し、双方の側面を守りつつシナイに突入する。それから東方向へ突進し、エジプトの防衛第二線を攻撃する。その第一目的は、シナイ幹道の要地を押さえることにあった。地中海沿岸を走る北の幹道は、エルアリシュのところで南へくだる道とつながり、それがビルラーファンで枝分かれして、東南にくだる道はアブ・アゲイラで中央幹道とつながり、南西にくだる道は、アブ・アゲイラの西四〇キロの地点でやはり中央幹道につながっている。ヨッフェは深夜になるまでにその目的を達成した。そこで敵と新たに接触する。センチュリオン二四両を持つシャドミ大佐は、「エジプトの機甲二個旅団が接近中との情報を受けた」と述懐する。「すると、前方観測兵から〝全車両照明灯を消しています。見えません！〟と報告があった。私は、盲撃ちで構わん、撃てと命じた。最初の一斉射撃で七両が大破炎上した。エジプトの戦車隊は直ちに分散し、以降砂丘地帯で激しい戦車戦になった。戦闘は午後一一時に始まり翌日午前一〇時まで続いた」。シャドミ大佐が手をつけた仕事は、イスラエル機が正午頃までに後始末をつけた。砂漠には、黒こげの残骸が多数ころがっていた。エジプト兵は西のジャバル・リブニ方向に逃げた。イスラエルの部隊は戦闘隊形をととのえ、そちらをめざした。

エジプト軍の中央部を叩いたので、タルとシャロンの両部隊は、前日に片付けられなかった仕事（ジラディ隘路、ハーンユニス、ウンム・カティフ要塞の占領）を完了できた。いずれも激しい戦闘であった。シャロンのセンチュリオンは、アブ・アゲイラに正面攻撃をかけて突破すると、エジプト軍の主要塞地帯ウンム・カティフに主攻をかけた。ところが接近経路はびっしりと地雷が敷設され、大穴が随所にあけられていた。イスラエルの工兵隊が経路を啓開したのは午前四時であった。その後猛烈な戦車戦が展開する。一〇ヤードの距離で撃ち合うこともあった。双方の戦車損害はエジプト四〇両、イスラエル一九両。至近距離で黒煙をあげていた。一方、クティ・アダム大佐指揮の歩兵は、三段構えの塹壕線の掃討を終えた。歩兵の損害は、イスラエル側戦死一四、負傷四一、エジプト側は戦死三〇〇、一〇〇名が捕虜になった。

シャロンの隊員達は、午前中一杯かかってウンム・カティフ周辺を掃討し、南東方向のクセイマ占領の準備を行った。一方、ゴネン大佐の戦車（第七機甲旅団）は、西側で立往生している前方部隊と連結すべく、激しく突進してジラディ峠を貫通した。しかし、この前方部隊は救援を待つことはなく、エルアリシュ郊外まで進出していた。ゴネンは一緒になろうと急進し、空中投下で補給を受けながら、エルアリシュ飛行場に到達し、七時五〇分に占領した。しかし戦闘はまだ終っていなかった。ヨッシ・ペレド中隊長は、「我々は午前八時に市内へ入った。市中を横ぎって海岸道にとりつく意図だった。エルアリシュは人影もなく、全く静かであった」と述懐する。「ところが、突如としてあたりが沸き立った。天地がひっくり返るような騒ぎになったのだ。家から窓から、前、うしろあらゆるところから我々に向かって弾がとんできた」。
ゴネン大佐は、部隊の一部をエルアリシュ掃討にあて、主力を三つに分けて前進した。イスラエル・グラニット大佐の隊（戦車、工兵、砲兵で編成）は、地中海沿岸道を西進してスエズ運河をめざし、ゴネン大佐自身の指揮する隊は南へ転針してビル・ラーハンとジャバル・リブニへ向かった。一方エイタン大佐の第三五空挺旅団は、ガザ占領の任務についた。ダヤンが恐れていたように、ハーンユニスからアリ・ムンタル稜線に至る地域の戦闘は、酸鼻をきわめた。南部正面におけるイスラエル側の損害の約半分が、ここで生じた。しかし、ダヤンの予見通り、シナイから切り離されて、ガザはすぐに落ちた。午前の中頃、イスラエル軍は市内のエジプト軍司令部を占領し、掃討戦を開始した。★1
第一線のエジプト軍は、イスラエルの攻撃で潰滅的打撃を受けた。第二師団は半身不随の状態で孤立し、第七及び第二〇の両師団は潰滅状態にあった。数千の車両が破壊され、道路を埋め尽くし、原野に散乱、昼間は黒煙をあげ夜には無数の火となってあたりを照らした。無傷なのに放置された車両も数百台はあった。ソ連製エンジンが、砂漠の環境に適さぬ証拠であった。少なくとも一五〇〇名の将兵が戦死した。将校斥候のアデル・マフジブは、ウンム・カティフから脱出し、夜明け前ビル・ハサナにたどり着いたが、そこは「火煙につつまれ、完全に破壊されていた。生き残りの兵隊達は食糧もなく放置されていた。車はあっても燃料がない。兵器はあっても弾がない。地獄遍路のようだった」と述懐する。ジャバル・リブニでは、将校斥候ハサン・バフガットが、味方砲兵の射撃を見ていた。東からこちらへ押し寄せてくる数千の兵をめがけて、撃っている。「一時間後、その兵のひとりが我方のところへ来た。エジプト兵だった。砲兵は、アブ・アゲイラから後退中の友軍兵を叩き潰してしまったのである」。バフガットの回想である。
エジプト兵は、敵の火砲に撃ちまくられ、朝から晩まで空爆にさらされた。ビル・ガフガファ航空基地の保安将校アッザム・シラヒは、当時の基地の模様を次のように語っている。

「戦闘二日目、アメル陸軍元帥から基地司令に連絡があった。新しい飛行機を送るので、滑走路の爆弾孔を至急埋めよという話であった。我々は全員で穴埋めにかかり、滑走路を補修しようとした。しかし空爆は続いた。我方の対空砲は、息つく間もない激しさで撃ちまくった。砲身が真っ赤になり、熱でゆがんでしまうまで撃った。しかし、効果はなかった。多数の防空隊員と共に、パイロットの多くが死んだ。この後新しい飛行機が来ることはなかった。イスラエルに対し無抵抗だった」。エジプト空軍のジェット機で数機は飛び上がっている。例えば、その朝ゴネンの補給隊を機銃掃討した二機のスホーイが然りである。しかし飛び上がっても、全機イスラエル機の餌食になった。★2

しかし、散々撃ちまくられていても、シナイのエジプト軍が全滅したわけではない。ナセルの軍の半分以上はまだ健在であった。虎の子の第三及び第六の両師団とシャズリ部隊は、まだ一発も撃っていない。パイロットは数百名が生き残っているので、航空機の供給があれば、すぐ実戦力になる。アルジェリアの保有する航空機のうちミグ戦闘機四八機が、目下エジプトへ空輸中であった。モロッコ、チュニジア、スーダンからは義勇兵部隊が、馳せ参じつつあった。世界中からエジプト支援国が、連帯のメッセージを送ってきた。北ベトナムのホー・チミン大統領は、ナセルに親展電報を送り、「我々は、英米帝国主義の反動的手先イスラエルの行為に憤激し…彼等が惨めな敗北を喫する運命にあることを確信する」と声援を送った。ソ連の公式声明は、「帝国主義とシオニズムに対するアラブの正義の戦い」を「断固として支援し」、その勝利を「確信する」とした。カイロ放送を聴くエジプト国民は、軍がクンチラ及びハーンユニスに対する敵軍の攻撃を粉砕し、敵領内へ進攻しつつあり、と聞かされるのである。★3

この状況はイスラエルの場合とは全く対照的であった。大多数のエジプト兵と違って、イスラエルの進攻軍と航空機の大半は、過去二四時間戦闘の連続で、兵員は疲労困憊、燃料弾薬も不足気味になっていた。政

◉――戦闘第2日、北シナイで空中投下により補給をうけるゴネン旅団。
双胴輸送機ノルドアトラス(22機保有)が使用された。ゴランでも空中補給が実施されている。IGPO

治面からいえば、英米共に紛争中立を宣言し、フランスはイスラエルに対する武器禁輸に踏みきった。午前一時〇〇分からラビンがラジオに登場し、空陸戦におけるイスラエルの勝利を公表した。それで国民の士気はあがったが、イスラエルが勝利を認めたことが、国際圧力をたかめ、早期停戦の可能性が増した。ラビンは、その場合を考慮しつつ、特にシャルム・エルシェイクについて最小限の目的を果たすまでは引っ張るとしても、国連決議を尊重せざるを得ないとした。

ダヤンは軍幹部達に「我々が目的を果たす前に、戦争が終りに近づく」と述べた。午前七時四五分、ダヤンはラビンに命令を出した。一切の冗長を排し、次のように簡潔な内容である。

「一、ガザ占領を完了せよ。二、エルアリシュ交叉路域を掃討せよ。三、西進し運河まで少なくとも四マイルの地点で停止、待機せよ。四、アルクセイマ方向への南進攻撃に備えよ」。

当初ダヤンは、メンドラー大佐の部隊（第八機甲旅団）を使おうと考えた。クンチラから紅海沿岸にとりつき、シャルム・エルシェイクへ向かって急行させる案であるが、結局空挺へリボーンと海軍の急襲上陸の連撃作戦に落ち着いた。これは、遅くとも翌日（六月七日）の夜までにと進められた。六月六日については、南部正面がまだイスラエルの主攻域であり、丸々一日〝エジプト軍機甲戦力の徹底的処理〟にあてられた。[★4]

‡

皮肉な話であるが、エジプトはイスラエルの状況判断とは違った判断をしていた。皮肉というのは、ナセルとアメルは二人共、状況を現実よりはるかに絶望的にみていたからである。ところがカイロは、即時停戦を呼びかけてイスラエルに対する国際圧力を強めることはせず、自国軍の赫々たる勝利とネゲブ進撃を、主張し続けた。まだ相当の戦力が残っているので態勢をたて直し、昼は塹壕に拠って防戦に努め、イスラエル空軍の行動が制約される夜間に反撃することができたはずであるが、エジプトの指導者は、極めて無秩序な一斉退却を命じた。

総崩れのもとをつくったこの命令は誰が出したのか。エジプト国民の間では見解が分かれる。ハサネン・ヘイカル（アルアハラム紙編集主幹）やアンワル・サダトのようなナセル擁護派は、作戦の指揮はアメルがとっていたのであり、大統領は後になって実情を知り、命令を取消そうとしたのである、と主張する。アメル弁護派は、確かに指示は出したが、その指示内容は大統領に逐一知らされ、同意を得ていると断言する。しかし、両派が見解を同じくする点もある。命令を六月六日朝五時五〇分の時点までさかのぼると、次のことがわかる。この時ファウジ参謀総長は、アメルの発令電文の写しを受けとった。シャルム・エルシェイク守備隊に西方への撤収準備を命じる内容である。正午少し前、陸軍元帥は防衛第二線への後退を求めた。しかるに午後五時〇〇分になると参謀総長を呼び、総退却計画を二〇分以内に提出せよと命じている。ファウジは

アメルが独自に行動していると考えたが、後にアメルとバドラン国防相は、ナセル本人がその命令を承認したと証言した。★5

いずれにせよ、ファウジ参謀総長はうちのめされた。軍は確かに強い心理的衝撃を受けたが、まだアルカビル（征服者）作戦の実施は可能であり、勝機もある、とファウジは信じていた。イスラエル軍は、エジプト軍の防衛第一線で深手を負っており、ジャバル・リブニとビル・タマダの防衛第二線へ誘いこみ、殲滅することが可能である。そう考えたのは、ファウジだけではなかった。文字通り参謀本部全体がそうであった。その日早朝、ムルタギ地上軍（シナイ方面軍）司令官に電話を入れたアメルは、震え声で「軍の状態はどうか」とたずねた。ムルタギは楽観的に答えている。シナイ所在一四個旅団のうち、潰滅したのは四個旅団だけで、健在旅団のなかで三個旅団がウンム・カティフをまだ持ちこたえている、と言った。ソ連邦の部隊の駐留が期待できる。一九五六年の場合と同じように国連軍は必ずやすぐに介入してくる。「北部の隘路を増強すれば、外国軍の運河域到着まで持ちこたえることができます」とムルタギは答えた。彼は、アメルが撤退を考えているとは、夢にも思わなかった。

しかし、撤退こそアメルの意図していたことであった。ファウジは間もなくそれを知ることになる。ファウジ参謀総長とカディ作戦部長は、ギジ及びミトラ峠までの段階的後退と、運河線の集中防衛を主旨とする計画を立てた。ムルタギは、「後退は三日かかるはずであった」と回想する。「第四師団は海峡域に残す。翌日夜第四師団は撤収し、その後は予備旅団一個で埋める。この後退戦術はその時になればうまくいくと思われた」。しかしアメルは、言下に拒否し、「私が与えたのは撤退命令だ。以上！」と怒鳴りつけた。

陸軍元帥は、書式命令の準備をこれ以上待てなくなり、シナイにいる自分の手下達に直接電話した。シドキ・マハムード空軍司令官には、「残存航空機を一三時〇〇分までに整備待機」と命じ、「君の任務はただひとつ、第四師団が運河西岸に到達するまで掩護することだ」と指示した。ほかの手下には、どのような手段でもよいから、すぐ後退せよとだけ言っている。例えば、第三歩兵師団のオスマン・ナサル少将は、師団の幹部将校達に司令部で緊急会議があると告げ、荷造りすると出て行った。その後、カイロのカフェに出入りするナサルの姿が目撃されている。しかし、将校の大半は、噂で命令を耳にしただけである。ファウジの参謀本部と現地指揮所との直通電話は、アメルのはっきりした指示で、開戦前にすべて切断されていた。

戦後アメルは、エジプト空軍と防衛第一線の崩壊を例示して、自分の決心を正当化し、「軍の全滅と投降を防ぐには後退しかなかった」と述べた。しかし、彼の命令はまさにその通りの結果をもたらした。二四日以上もかけて集結した大軍が、数時間で一斉に退却すればどうなるかである。

第四師団の通信将校ムハンマド・アハマド・ハミスは、「大隊長が我々を集合させ、後退することになったと言った。こんなに驚いたことはない。来たるべき時に備えて、兵隊達の士気は高かった。一体どんな顔して彼等に話をすればよいのだろう」と思った。ハミスは何も言わず、部下達を車に乗せ、夜を徹して走り続けた。「突然だった。夜空が白み始め、私の操縦兵が窓の外を見て叫んだ。運河だ！我々は後退したんだ！操縦手は、泣きながら叫び続けた」。ほかの部隊は、こんなにうまくいかなかった。道路は数千両の車両で埋め尽くされ、数万のエジプト兵が雪崩をうって西へ向かっていた。そこへイスラエル機が来襲する。機銃掃射で多くのエジプト兵が犠牲になった。アメルが命じた掩護は、ついに実現しなかった。[★6]

ナセルとアメルの複雑怪奇な関係が、ついに戦場のアナーキーをつくり出した。空軍を潰され、ガザと北シナイを喪失して、二人の名誉は汚された。しかし二人共にダメージコントロールの意志や気構えを持っていなかった。軍事行動で最も難しいといわれる後退行動で、秩序ある組織的後退を実行する腕がなかった。おそらく二人は、一九五六年のメンツ保持神話が繰り返されると信じ、退却は圧倒的力を誇る帝国主義勢力との対抗上必要な戦術的措置、と言い逃れができると考えた。ソ連製兵器がかくも無惨な姿をさらしたので、ソ連当局も黙っているわけにはいかないだろう。介入を余儀なくされるはずである。しかし、なぜ命令が出されたのか、誰が出したのか、ナセルかアメルかという問題を論じている場合ではなかった。エジプト軍は総崩れの様相を呈していた。

ビル・ラーファンから大群があふれ出るところを目撃した男がいる。ヨッフェ師団の副師団長アブラハム・アダン大佐である。これまで二度シナイで戦った歴戦の兵士である。アダンはこの光景を呆然として見ていた。「焼けこげ余燼くすぶる車両の間をぬって進んでいくと、突然この大群にでくわした。広大な原野が見渡すかぎりびっしり人でうめつくされていた。多すぎて数えられなかった」。戦後軍の聞き取り調査で、アダンは言った。「愉快な気分にはなれなかった。なにしろ、巨大な軍隊のなかを、こちらは戦車一個大隊で走っているのだ」。ピットで戦況を見ているダヤンは首をかしげた。「確かにイスラエルは制空権を握っていた。しかしエジプトの都市が爆撃されているわけではない。エジプトの機甲部隊は、戦おうと思えば、航空機による対地支援がなくても戦えたはずだ」。ダヤンの述懐である。★7

その日の午後、ヤリーブ軍情報部長は、参謀本部会議で、シナイの状況が激変していることを明らかにして、「我方のパイロット達の報告によると、初段階の空爆で一部使用不能になった道路を、エジプト軍が算を乱し、総崩れの状態で退却中である」と述べた。バーレブ参謀次長は、エジプト軍を撃破する好機であり、追撃の手をゆるめてはならないと強調した。しかし、敵の逃げ足があまりに速く、国防軍部隊は追いつけない。問題はどうすればよいかである。

「エルアリシュとジャバル・リブニを結ぶ軸路を越えた以西で、何をどうするかについては、開戦前軍には何ひとつ計画はなかった。議論すらなかった」。ヨッフェ准将の回想である。「それ以上のことができるとは誰も考えていなかった。ましてや（エジプト軍の）崩壊があれほど速いとは意外であった。我々が四日連続で戦闘するとは誰も考えていなかった。我々が考えていたのは、敵目標を正確に叩く、一撃離脱戦であった」。問題は、軍をいかなる目的をもってどこまで進めるか、である。夕闇せまる頃ガビッシュ南部軍司令官は、三人の師団長（シャロン、タル、ヨッフェ）をジャバル・リブニに召致し、今後の方針について説明した。
ガビッシュは二つの意図を明示した。すなわち第一、防衛第二線におけるエジプト軍の建て直しを阻止し、第二にエルアリシュに対する反撃を拒否する。ガビッシュは、残存戦車の破壊は言うに及ばず、エジプト軍を叩きのめし、敗残兵を峠の向うへ追いやりたいと言った。この意図に従って、タル師団には、ジャバル・リブニ以西のエジプト軍陣地を叩き、ビル・タマダの東に位置するエジプト第三師団とビル・ガフガファにいる第四師団を攻撃する。ヨッフェ師団は、ビル・ハサナを貫通して南を叩き、第三師団の残存部隊を攻撃した後、師団を二手に分けギジ及びミトラの両峠へ向かう。一番南のシャロン及び師団は、まずナクールでシャズリ部隊の後退を阻止し、エジプト軍の残存部隊をタルとヨッフェが待ち伏せる地域へ追いやる。一方、イスラエル・グラニット大佐指揮の部隊は、引き続き地中海沿岸を西進し、ロマニ経由でカンタラをめざすが、運河自体を占領することは、少なくとも当面はないとされた。政治上の理由からである。ヨッフェは「ガビッシュが命令をくだし、これで戦争の結末がどうなるかはっきりした」と述懐する。「予期しないことが起きる可能性はあった。例えば第四師団が待ち構えているとか、いやもっと悪いことがあるかもしれなかったが、基本的には追撃戦であり、戦争の帰趨はすでに明らかであった」[★8]。

‡

エジプトの指導者達も、少なくとも軍事闘争に関しては同じ意見のようであった。戦場の退却に伴って、エジプトは戦車と大砲から政治プロパガンダ戦へ鞍替えした。英米が共謀してイスラエルのために介入中というプロパガンダである。ナセルとアメルは、少なくともこの点では完璧な協調ができた。両名はソ連のポジダエフ大使に会い、ソ連の直接支援を引き出す一手段として英米イ結託の話を持ち出した。アメルは、アメリカとイギリスによる攻撃の具体的証拠を提示できず、一転して今度は、ソ連製兵器の欠陥について難くせをつけ始めた。大使は「私は兵器の専門家ではない」と一言断わったうえで、「しかし、我々がベトナム人民に供給している兵器が、アメリカ製よりも優れているのは証明済みである」と答えた。しかしナセルは、議論などほとんどせず、コスイギン宛の手紙を口述した。米第六艦隊が地域所在の米軍基地と共に、イスラエル軍を活発に支援している。今エジプトは航空機を緊急に必要としている。モスクワがエジプトに対して同様の支援をしなければ、ユダヤ人に大勝利を奪われてしまう、という内容であった。★9

神話はその日のうちに雪だるまのようにふくれあがり、アラブ世界の隅々までひろがった。ダマスカス放送は、「英空軍の爆撃機がキプロス島基地をひっきりなしに離陸し、イスラエル救援に向かっている」、「キャンベラ爆撃機が我方の前方拠点を爆撃中である」と報じた。アンマン放送は、米空母三隻がイスラエルの沿岸水域で作戦中であるとし、米艦艇がポートサイドの港外に出現、ハイファでは港内に入港し、スエズ運河の出入口をブロックしている、と報道した。ほかにも、さまざまな報道がある。例えば、イスラエルのパイロットが米軍機を使用し、CIAの支給した地図でエジプトを攻撃しているとか、アメリカのパイロットがイスラエル人に変装して航空機を操縦しているといった類いの話である。捕虜になったイスラエルのパイロット達が、アメリカと共闘しているというもっともらしい〝告白〟を報じたメディアもある。ジェット機一二〇〇機でエジプトを空襲している。こんなに多数の機を単独で投入できるわけがない、とその記事は主張した。ナセルは「アラブの大衆よ、帝国主義者の権益破壊に立ち上がれ」と呼びかける声明を出した。この声明は各方面に広くばらまかれている。

放送後数時間もしない内に、中東所在のアメリカの大使館、領事館が暴徒の襲撃にさらされるようになった。バグダッド、バスラ、アレッポ、アレキサンドリア、アルジェのほか、チュニスやベンガジといった温和な都市でも、アメリカの外交官達は最悪の事態に備えてバリケードを張りめぐらし、構内にたてこもった。イラクとリビアでは製油所が閉鎖されたし、サウジアラビア、クウェート及びバハレーンは、アメリカとイギリスに対する石油の禁輸措置をとった。アルジェリア放送は「アメリカはアラブの敵ナンバーワン」と発表し、「中東からアメリカを駆逐し…そのプレゼンスを抹殺しなければならない」と主張している。エジプト在住のアメリカ国籍者にとっても災難であった。多くは長期居住者であったが、即刻国外退去を通告され、銃を構えた兵隊の前で身体検査を受け、追い出された。ライフ誌特派員トーマス・トンプソンは「アウシュビッツへ移送された人々は、これと同じ気分を味わったに違いない」と書いた。数百名が追放されたが、トンプソン記者はその憂目にあったひとりである。カイロでは、リチャード・ノルテ大使が、怒り狂った群集が大使館前に集まるところを見ていた。「群集のデモと館内乱入に備え、機密文書をすべて――繰り返す――全部焼却中」と大使が本省へ電報を送った。ところが、大使はこの騒然たる状況のなかでエジプトの外務省に呼ばれ、警備付きで赴いたところ、イスラエルとの英米共同謀議の〝事実〟をつきつけられるのである。リヤド外相は閉口一番「あなたは戦争反対と言っている。ところが、イスラエルがエジプトを攻撃したというのに、あなたは何もしない」と激しい口調で大使を非難し、「あなたは、誰が先に手を出したかわからないと言っているが、誰が敵対行為を働いているか、明々白々である。これが事実であることは、カイロ駐在の大使なら九〇人、少なくとも八〇人は知っている」と言った。

アメリカの大使は、イスラエルに侵略国のレッテルを貼る停戦決議が通るなら、国際社会の同情票はさぞかしエジプトに集まるだろう、と言っただけである。ムヒッディーン副大統領は予定通り訪米できるし、訪米すれば海峡問題は外交手段で解決できるとも大使は強調した。しかし大使の言葉は外相に通じなかった。外相は同じ調子で、「エジプトが戦争を始めたのであれば、今頃第六艦隊がエジプトにのしあがっていることだろう」と言った。★10

リヤド外相は、イスラエルの攻撃にアメリカがからみ共謀していると思いこんでいたが、それでもワシントンとの関係断絶には反対した。戦後の交渉でエジプトは、アメリカを通さなければ埒が明かぬことを知っていたからである。ところがナセルは反対であった。ワシントンからエジプト大使館スタッフを召還し、対

エルサレム攻防戦
6月5–7日
非武装地帯
ヨルダン軍
イスラエル軍の進出6月5日
イスラエル軍の進出6月6日
イスラエル軍の進出6月7日
市境
N
W
E
S
シュアファト
フレンチヒル
ミブタルの丘
弾薬の丘
警察学校
シェイク
ジャラ
イサウィア
ハダサ病院
ヘブライ大学
スコーパスの丘
ナブルス道
アメリカンコロニー
アメリカ領事館
マンデルバウムゲート
ワジジョズ
オーガスタ
ビクトリア
病院
ロックフェラー
博物館
ムスララ地区
ムスリム
地区
ヘロデ門
ライオン門
ダマスカス門
ビアドロロサ
新門
キリスト教徒地区
マリアの墓
の教会
オリーブ山
ゲッセマネの園
神殿丘
旧市
ヨシャパテ教会
インターコンチネンタルホテル
西壁
キドロンの谷
ユダヤ人地区
ムグラビ門
エルアクサモスク
ヤッホ門
糞門
アルメニア人地区
シオンの丘
シオン門
シルワン
至エリコ
アブトゥル
アレンビー基地
タルピヨット
ガバメントハウス
アンテナヒル陣地
ソーセージ陣地
至ベツレヘム
至ヘブロン

米外交断絶を発表したのである。ほかのアラブ六か国（シリア、スーダン、アルジェリア、イラク、モーリタニア、イエメン）が同調して断絶を発表した。さらにアラブの産油一〇か国が石油の対英禁輸を決めた。ダマスカスではアメリカのスマイス大使が、四八時間以内の国外退去を通告された。退去するまで公邸で軟禁状態におかれている。ノルテは「カイロにおける我が華々しき任務は、かくして終りぬ」と書いた。

ナセルは、軍事上は負け戦を続けていたが、アラブ世界を統率し、少なくとも政治戦では勝利しつつあった。しかし、アラブの一国すなわちヨルダンがエジプトに従わぬ限り、勝利は中途半端のままとなる。かつて帝国主義者の手先と罵倒されたフセイン国王は、今やナセルの〝我が英雄的愛国の兄弟〟と持ちあげられ、〝小柄ながら勇敢な国王〟と讃えられる身となった。[★11] 英米の共同謀議の非難の大合唱に国王を加えれば、この地域特にアラブ親米派の間に、強い波紋を生み出す。ナセルはフセインの協力が必要であった。しかしフセインには自分自身の悩みがあった。

死体安置所

「あの夜は地獄だった」。フセインは回想録にそう書く。「まるで真昼のようだった。ロケットが飛ぶ。イスラエル機が旋回し夜を徹して爆弾を投下する。その爆発で大地は震動し、夜空が赤黒く染まった」。国王は夜間にアンマンの総司令部と、第一線のまだ安全な前進指揮所を行き来した。その第一線の安全な地域は、どんどん縮小していた。

ジェニンでは、ハリディ大佐の歩兵とアジルニ少佐の残存戦車三両が、まだ持ちこたえていた。戦力において遥かに勝るイスラエル軍は、北及び南の両方向から攻めていた。必死で防戦していると、午前四時に思いもよらず救援が来た。第四〇機甲旅団から二個大隊が、イスラエル軍の探知を逃れて、到着したのである。救援隊は、ハリディの歩兵旅団を増援し、ジェニン防衛の任についた。もうひとつの第二機甲大隊は、東のアラベでイスラエル軍を阻止した。ガージ准将指揮のパットン戦車は、〝アッラーのために！〟と雄叫びをあげ、戦車砲を撃ちながら突撃した。Ｍ１１３に分乗するアミール・アブダッラー機械化大隊が後続する。イスラエル側の車両が次々に被弾し火を噴きあげ、炎上した。戦いの流れが変わり始めた。イスラエルのモシェ・バルコフバ旅団長は、「敵は充分我々を引きつけておいてから、至近距離で発砲した。彼等は頑強で、勇敢に戦った」と述懐する。ガージ准将はイスラエルの戦車を撃退しつつあり、第四〇機甲旅の残存パットン戦車で固めながら、守勢から攻勢作戦への転移を考えていた。

そして朝になった。ヨルダン軍は再び空からの攻撃にさらされるようになった。イスラエルは、二時間に及ぶ猛烈な砲爆撃をガージ部隊に加えた。その部隊は死亡一〇名、負傷二五〇名の損害を出し、残存戦車はわずかに七両。そのうち二両は燃料切れの状態にあった。残存装甲兵員輸送車は一六両である。満身創痍の部隊は、死傷者の大半を戦場に残し、トゥバス道を東南にたどり、トゥバスから南へ転進してナブルスへ向かった。一方、バルコフバの機甲旅団は砲撃を加えつつ、アブノンの歩兵と共にジェニンに突入、激しい抵抗にあった。特に警察要塞周辺の抵抗は手強く、バルコフバ自身負傷した。ジェニンはウェストバンク北部を統制する戦略要地である。イスラエルがここを実質的に支配できるようになるまで、午前中一杯激しい戦闘が続いた。★12

ヨルダン軍は、エルサレム正面でも市の西方丘陵地帯で、後退しつつあった。ハレル旅団の一隊がビドゥの外縁部で激しい抵抗にあい、イスラエル兵一名とヨルダン兵二〇名が死亡し、さらに別の一隊はごつごつした岩場に足をとられハーフトラックの大半を失ったが、午前二時五五分にシャーマン戦車五両がネビサムエルに到達した。待ち構えていたのが、ヨルダン軍のパットン戦車一個中隊である。一五分に及ぶ戦車隊で、パットンは外装増加タンクに火がつき、炎上しつつ敗走した。かくして、ベイトハニナへ至る道路が啓開されれた。ここは東エルサレムの郊外であり、ラマッラ・エルサレム街道から五〇〇メートルしか離れていない。★13 スコーパスの丘は、確保されたも同然であった。

しかしながら、ナルキス軍司令官は、それで安心できる余裕はなかった。ナルキスの見るところ、第六〇機甲旅団は、まだユダヤ側エルサレム（西）に直接脅威を及ぼし、機甲攻撃を意図している。スコーパスの丘の守備隊は、戦車の接近音ありと報じ、追加爆撃を要請していた。当初バーレブ参謀次長は、二四時間もたたないのに五回連続して出撃し、パイロットは疲労困憊しているとして、要請に応じなかった。しかしナルキスを黙らせることはできなかった。航空機による対地支援がなければ、エルサレムは失われる、とナルキスは要請を撤回しなかった。「疲労しようがしまいが、あの機甲は撃破しなければならんのだ。それが空軍の役目ではないか」と強硬であった。

イスラエル空軍は、ビンシャケル旅団の戦車に潰滅的打撃を与えた。だが、この中部軍司令官は半信半疑で、敵戦車が何両残っているか不明であるとし、スコーパスの丘の命運を不確かなままにしておけない、と主張した。計画通り守備隊は、空挺隊によって救出されることになった。

その前に立ちはだかるのが弾薬の丘。エルサレム最強の築城地帯である。第一次世界大戦時、トルコ軍を駆逐したアレンビー大将指揮の英軍が、そこに兵器庫をつくったのである。そこは、地雷原とコンクリート製障害物が配置され、塹壕が張りめぐらされていた。イスラエル側はこの要塞をスコーパスの丘と西エルサレムに対する直接の脅威と受けとめ、ヨルダン側は、東方向へのイスラエルの攻撃をくいとめる防衛第一線と考えていた。この線を境にして対峙するイスラエル兵とヨルダン兵は、共に何時間も砲撃にさらされていた。だが、双方の兵士の士気は等しく高かった。主要補給品が絶えることもなかった。戦えば壮絶な戦闘になることは間違いない。午前一時二五分、グル大佐指揮の空挺隊は静かに攻撃発起位置についた。

グルの空挺隊は三つの攻撃隊に分けられた。第一隊は、東西両市を結ぶ国連の検問所、マンデルバウム・ゲートに近い無人地帯から突入する。攻撃目標は警察学校である。ここが、弾薬の丘へ至る南からの接近経路を防御している。第二隊は、アラブ住民の居住するシェイクジャラとアメリカンコロニーを通り、南東方向のロックフェラー博物館をめざす。第三隊は、ワジ・ジョズの涸れた谷を伝ってオーガスタ・ビクトリア病院をめざす。スコーパスの丘とオリーブ山の中間にある稜線上の施設である。イスラエル側は、この一連の攻撃によって、イスラエルに対する脅威を排除し、旧市（オールドシティ）突入の態勢をととのえることを所期の目的とした。攻撃開始に先立ち、ナルキスは空挺隊員に「エルサレムはエルアリシュとは違う。今度こそ一九四八年の罪滅ぼしをしたい」と訓示した。★14

午前二時一〇分、準備砲撃が始まった。野砲、戦車砲そして迫撃砲を撃ちまくる。西エルサレムで一番高いヒスタドルート（労働総同盟）ビルの屋上からサーチライトが敵陣地を照射し、陣地を浮き彫りにすると共に敵兵に目潰しをくらわせる。エルサレムは再び白昼のようになった。警察学校へ向かうのは、第六六空挺大隊である。指揮官のヨセフ・ヨッフェ少佐は一九四八年の戦争に従軍し、五〇年代の報復攻撃にたびたび参加した歴戦の兵士だが一介の農夫でもある。隊員達は匍匐前進して第一線の鉄条網にとりつくと、これを破壊して進んだ。しかしまた鉄条網があり、その後にも四線あった。軍の地図に記載されていない。攻撃隊は月があがるなか無人地帯で集中射撃を浴びて進退きわまった。「バンガロール（破壊筒）で鉄条網を爆破する。だが、それで終りではない。第二、第三の鉄条網が張りめぐらされている。我々は分隊ごとに、バンガロールを使いながら、じりじりと進んだ」。空挺隊情報将校アリク・アフモン大佐の述懐である。「それで終りではない。一番難しい戦闘が待ち構えていた。最難関の弾薬の丘である。最後の鉄条網が切断されるまで、イスラエル兵七名が戦死、十数名が負傷した。そろそろあたりが白み始める。午前三時一〇分、じりじりしていたグルは、警察学校到達の信号を受けた。「有難い。感謝感激雨あられだ」とグルは答えた。

警察学校は、英委任統治時代イギリスが建て、のちに国連に引継がれたが、イスラエルはここがアタ・アリの主指揮所として使用され、したがって防備も固いと考えていた。実際には、ここを守っていたのは、第二アルフセイニ大隊の一個中隊だけである。兵力一四〇、スリマン・サライタ大尉が指揮していた。イスラエルの工兵隊は、エルサレム旅団から借りたシャーマン戦車二両による掩護射撃を受けながら、突撃路を啓開した。突撃隊はその後二時間かかって、掩蔽壕と掩蓋機銃座を三四ほど破壊した。それでもヨルダン兵は頑張った。イスラエルの突撃隊は、サライタ大尉の位置する陣前一五メートルのところで、くいとめられてしまった。大尉は、戦死一七名負傷四二名の損害を出し、自分の陣地に対する砲撃を要請し、まだ戦闘力のある部下達と共に弾薬の丘へ後退した。

警察学校戦は、イスラエルにとって高い代償を払った戦闘であった。戦闘続行の可能な兵力は一個分隊だけであった。しかし、増援を得て、空挺隊は弾薬の丘へ向かった。ここの攻撃は、西、東及び中央の三方向から実施された。

弾薬の丘の守備隊長はマンスール・クランシュル少佐であった。伝令のファルハン・ハマン一等兵が少佐のところへ来て、「報告致します。敵は警察学校の左地域へ進出。戦車一個縦隊、歩兵二個中隊の戦力であります。小隊長は、状況掌握しておりますが、砲撃支援を要請。以上」と報告した。しかし、砲撃は敵の前進をくいとめるには不充分で、警察学校からの増援も到着しなかった。砲撃でヨルダン兵が負傷しただけであった。それでも守備隊は健闘し、アッラー・アクバル（神は偉大なり）と叫びつつ、手榴弾を投げブレンガン（軽機）を撃ちながら突撃、イスラエル兵を撃退した。

‡

イスラエルの尖兵分隊は事実上殲滅された。シャーマン戦車三両のうち一両は撃破され、残る二両は砲身を低くできず、隠蔽壕を撃てなかった。砲撃支援を求めようにも、自分達が危険にさらされるので、支援を求めることができなかった。背のうの幅が広すぎて塹壕や交通壕を自由に通れず、空挺隊員はやむなく遮蔽物のない地表を進まなければならず、ひとりまたひとりと倒れた。イスラエル兵は、弾薬の丘だけではなく、ワジの向うの西側に位置するミブタルの丘からも撃たれた。ここもヨルダン軍の拠点であった。「我方の損害は、大半が手榴弾と比較的遠距離からの射撃によるものであった。銃剣創つまり白兵戦によるものはほとんどなかった」。生き残り空挺隊員のひとりヨハナン・ミラーの証言である。複数の攻撃隊は将校と下士官がほぼ全員死傷し、隊はばらばらになった。しかし、その場で臨時編成の攻撃班が次々とつくられて攻撃を続行、死体で埋まる塹壕の中を進んで行った。明け方の四時三〇分、攻撃隊はクランシュルの指揮壕に到着していた。

クランシュル少佐は無電で「戦闘は白兵戦の段階に突入。弾薬が欠乏しています」とアタ・アリに報告した。「これでお別れです。私と部下の最後については別途そちらへ報告のいくことを願っています」。アタ・アリは「戦友よ、武運を祈る」と激励し、この地域全体に対する砲撃要請に応えた。クランシュル少佐は足に重傷を負っていたが、この牽制砲撃を利用して生き残りの将兵を指揮し、ただひとつ残っている北への経路を伝い、シュアファト稜線へ脱出した。掃討が終ったのは午前五時一五分。イスラエルの工兵達は、TNT火薬二一ポンドを使って、少佐の指揮壕を爆破した。ヨルダン側の損害は戦死七一名と負傷四六名、負傷兵の大半は重傷であった。イスラエル側の損害は戦死三五名、ヨッフェ隊の四分の一が死亡した。アラブ・イスラエル戦史上最も凄惨な戦いのひとつ、弾薬の丘をめぐる戦闘はかくして終った。★15

ヨッフェの隊が弾薬の丘に攻撃をかけ始める頃、空挺旅団のほかの大隊は、市中を走る休戦ラインを越えた。ヨッシ・フラドキン指揮の第二八大隊は、前進の合図を待っていると、八八ミリ迫撃砲の猛射にさらされ、待機中すでに六四名の死傷者を出した。このようなことがあって攻撃開始は遅れに遅れ、兵員と機材も不足状態になったが、それでもなんとか無人地帯を横断し、東エルサレムのアメリカンコロニーに到達した。そこから防備の薄いサラディン通りを通って、旧市をめざす予定であった。

フラドキンは、一九四八年及び一九五六年の戦争に従軍し、戦闘経験の豊富な人であったが、エルサレムで戦ったことはなかった。「兵隊達は自分達に何を期待されているか、ほとんどわかっていなかった。彼等は我々がどこに連れていくのか知らなかった」。戦後フラドキンは同僚の将校達にそう語っている。そのフラドキンが、サラディン通りと間違えて、ナブルス道に入った。そこは、ヨルダン兵が大挙して待ち構えていた。弾薬の丘からイスラエル軍の動きを見たクランシュル少佐は、ナブルス街道地区防衛担当のナビ・シュヒマット大尉に連絡し、「敵戦車がそちらへ向かっている。正面を広くとって戦え。家一軒たりとも敵に渡すな。弾薬が尽きるまで、最後の一兵になるまで戦え」と指示した。ナブルス街道に面して三段構えの陣地が設けられており、そこに拠る大尉は、バズーカと対戦車砲で守りを固めていた。イスラエル兵はうっかりしてこの火線の中に踏みこんだのである。戦車が零距離射撃で砲を撃ちながら進み、空挺隊が一波、二波、三波と突撃したが、ことごとく撃退され、ヨルダン兵は陣地を守り通した。「連中は酔っ払いのようだった。よたよたになり、へたりこんだ」、第二アルフセイニ大隊のマハムード・アブファリス中隊長は述懐する。「我々は、命令ではなく信念で戦った」。この中隊長の主張によると、ひとりのイスラエル軍将校がとびかかってきたが、耳を切り落とし、ピストルで撃ち殺したという。

ヨルダン軍は頑強であったが、イスラエル側の火力と推進力にじりじりと押され、抵抗力を失っていった。ガージ・イスマイル・ルバイヤ小隊長は、生き残った部下五名に活を入れ励まそうとした。「しかし、うまくいかなかった。部下達の顔をくい入るように見た。死に顔とはこういうものか。私はそう思った」。ルバイヤは大隊本部に無電を入れた。しかし通じなかった。シュヒマット大尉は、死者四五名負傷一四二名を残し、ムスララへの後退をすでに命じていた。旧市に隣接した地区である。

‡

イスラエル側にとっても、地獄絵のように凄惨な状況になっていた。「突然、通りは修羅場と化した」。空挺隊員イガル・ニルの証言である。「あっという間もない。まわりで戦友達がばたばた倒れた。前には何も感じなかったのに、急に恐怖心が湧いてきた。ひとりぼっちになり、見捨てられたような気持になった」。アメリカ領事館からＹＭＣＡまで六〇〇メートル。わずか三〇名が到達した。最初の兵力の半分である。彼等はここを、シムタット・ハマベット（死の谷）と称した。

第七一大隊は、もっと幸運であった。鉄条網を破壊し地雷原を啓開した後、スコーパスの丘の麓のワジ・ジョズに近いところへ出たのである。指揮官のウージ・エイラム少佐は、シカゴで教育を受けた技術者で、報復攻撃戦の勇士であった。シナイから転用された時は失望した。戦後「エルサレムへ行くと聞いて大いに失望した。そこでは落下傘降下はできない。だとすれば、境界線守備くらいだろう。そう思った…しかし、砲撃が始まり…深刻な状況であることに気付いた。つまり、戦争になると知った」と述懐した。

ワジ・ジョズを押さえると、旧市をエリコから切り離せるし、東エルサレムをラマッラから切り離せる。あとは、ウェストバンクと東エルサレムを結ぶルートは、アルアザリヤの郊外を通って東へ向かう経路しかない。そこはイスラエルの砲兵が砲撃下においた。オーガスタ・ビクトリアの周辺には、強力な陣地がまだいくつも残っていたが、この砲撃のためウージ・エイラムに対する反撃ができなかった。これはいけると判断した第二八大隊は、分遣隊を出し、旧市の北西の角にあるロックフェラー博物館の方へ向かわせた。城塞のような構造の施設であるが、分遣隊は短時間の戦闘で午前七時二七分にここを確保した。

グルは、ここが旧市への突入にあたり、理想的な突撃発起位置になると考えた。突入は近くのヘロデ門を経由するはずであった。グルは、収蔵品の保護を目的とするへブライ大の考古学者三名を伴い、ロックフェラーへ行き、前進指揮所をここに移した。この地域にはまだヨルダン軍の狙撃兵が大勢いた。グルは、容易に動けないことを知り、自分の旅団がはなはだしく損耗し戦力が低下していることを、あらためて認識した。しかしそれでも、グルは速やかな突入を考え、ナルキスに許可を求めた。答はノーであった。エルサレムに関してどうするか、政府はまだ決めていない、と軍司令官は答えた。怒り狂ったグルは、「旧市突入を禁じる命令に従うことによって、悔いを後世に残すことにならないのか。外壁で突入配置についた国防軍の恥とならないのか」などと、政府を無視することを、あれこれ考えた。ナルキスは、包囲して降伏をせまるのが上策であり、「包囲すれば、そこは突入のための中間準備地域にもなる」と主張した。ナルキスの説得で、グルの怒りは静まった。空挺旅団はロックフェラー博物館で再編成され、その日の午後オーガスタ・ビクトリア稜線を攻撃、占領することになり、その準備に着手した。[★16]

グルの隊員達がロックフェラーで休息している頃、ウーリ・ベンアリ大佐と第一〇旅団が、敵陣を突破してラマッラ・エルサレム街道にとりついた。ラマッラ近郊のテル・アルフルで戦車戦が展開する。岩の多い小山で、フセイン国王の新宮殿が建設中であった。ここにはディブ・スリマン大尉及びアワド・サウド・エイド大尉が指揮する戦車二個中隊が布陣していた。パットン戦車三〇両の戦力で、対するイスラエルの戦車はシャーマンであった。ヨルダンの戦車は敵の進撃をくいとめ、ハーフトラック多数を撃破した。しかし結局は、イスラエル空軍の活動とパットンの外装燃料タンクの弱点が相乗効果を及ぼし、ヨルダン側は戦車の半数を失った。両大尉は、黒煙をあげて炎上する友軍戦車を残し、エリコの方へ後退していった。

この後第一〇旅団は第四旅団と合流し、アラブ人居住地のシュアファトそしてフレンチヒルを抜け、ミブタルのヨルダン軍陣地帯を貫通して、弾薬の丘に出た。この二個旅団の行動は素早く、あまりに迅速に現場に到着したので、西エルサレムの部隊は、ヨルダン軍の増援と勘違いして発砲した。戦車兵は獲物を求めて、あちこちを徘徊したので、混乱が広がった。空挺の副旅団長モシェ・ペレス大佐は、「どこが占領したところかどこがそうでないところか、区別がつかなかった」と述懐した。

後年イスラエルの戦史研究者達は、弾薬の丘の戦闘が果たして本当に必要であったのか、と疑問を呈し、戦車の迅速な到着が、かえって余計な犠牲をもたらす結果になったのではないか、と論じた。戦いが終った後、研究室では何とでも言える。しかし、戦闘の最中、敵情がはっきりしない状況下、ヨルダン軍のパットンが接近中という情報もあり、スコーパスの丘を救援するには弾薬の丘を攻略するのが最上の策、とナルキスは考えたのである。この行動は、東エルサレムに対する二重の包囲環を形成することにもなった。内側に歩兵、外側に機甲である。ヨルダン軍の状況判断は、六月六日正午の段階で、その急報によると「敵は、旧市街を除くエルサレム全域を占領す」となっていた。★17

このニュースで、フセイン国王が愕然となったわけではない。夜明け前の段階ですでにリヤド統合軍司令官が、「二四時間以内に決断しなければ、軍はおろか国まで失う」と警告していた。統合軍司令官は「我々はウェストバンク喪失寸前のところにあり、我方の部隊はすべて孤立あるいは各個撃破される」とし、二つの選択肢を提示していた。即時停戦受諾か総退去かである。いずれも思いきった選択であった。しかし、おそらくは正しくない選択肢であった。ヨルダン軍は旧市のみならず東エルサレムのほとんどの地域を確保していた。ウェストバンクにおけるイスラエルの進出は、ラトルンとジェニン域に限定されていた。航空機による掩護がなくても停戦まで持ちこたえることが出来るはずであった。その場合ウェストバンクの大半は、ヨルダンの手に残る。状況は、シナイにおけるエジプト軍の状況に似ていた。そしてエジプトの場合と同じように、感情が現実を見えなくしていた。フセインは、統合司令官のアドバイスを聞くと、直ちに米ソ英仏の大使を呼び、政権は「無茶苦茶な攻撃をすぐにやめさせなければ一時間ともたない」と言った。国王は、再びシュムプレガデス岩（黒海の出入口にあったとされる二つの岩礁）にはさまれてしまった。正式の停戦受諾は、エジプトがまだ戦っている時なら、降伏宣言に等しい。パレスチナ人は暴動に走り、軍が反乱を起こすことすらあり得る。一方、退却も問題である。ナセルが自軍の退却の口実に使い、アラブ陣営の崩壊因になったと、ヨルダンを非難する可能性大である。「ヨルダンは、停戦になった後の方が法と秩序を守るのが難しくなる恐れあり」。バーンズ大使の分析である。「ヨルダンが戦闘を継続できるように、ナセルがフセイン打倒を呼びかけたらどうなる?」とバーンズは考えた。

フセインの解決法は、イスラエルと秘密に交渉し、戦闘中止の了解に達するか、あわよくば、国際機関の課す停戦に持ちこむことであった。国王はバーンズ大使に電話した。ほとんどヒステリー状態で、ウェストバンクから撤退すべきかどうか決断しなければならないが、あと一五分しかないと述べ、「今夜撤退しなければ、完全に撃ち負かされる。明日になれば、選択肢はひとつになっている。機材の破壊命令を出し、将兵は各自出処進退を自分で決めさせることになる」と言った。国王はナセルがひどいへまをやったと断言し、「紛争がこんなに早くかつ広くエスカレートするとは誰も予想しなかった」と主張、「ヨルダンで物事を仕切っているのはリヤド将軍」と責任を転嫁し、このような状況になったのは自分のせいではない、と言った。さらに、自国軍は民間のターゲットに最初に発砲していないとも言った。フセインが語る唯一の関心事は、「暴力を速やかにやめさせること」であり、これがなければ政権は倒れると主張したが、停戦という用語の使用は避けた。

フセインは、一晩で四回も、事実上の停戦要請を伝えた。しかし返事は、いつもノーであった。「時すでに遅しである。イスラエルではフセイン体制の維持に関心を喚起することは無理」と、バーバー大使はテルアヴィヴから説明した。イスラエル側は、エルサレムとナブルス地区で戦闘が続いている点を指摘し、フセインは自国軍に対する統制を失っているか、攻撃をやめさせようとしてイスラエルを欺こうとしているかのいずれかであろう、と主張した。ワシントンは、戦闘中止を支持しながらも、フセインに対して温かい回答は出さなかった。自ら軍を指揮統率するか標的になっておくか、自分で考えたらよろしかろうという内容であった。

失望した国王は、やけになって自己流の警告を発した。戦闘が続くようであれば、ヨルダンとして選択の余地はない。ナセルの唱える英米共同謀議の話にのるだけである、と言った。★18

それは言葉だけの威嚇ではなかった。三〇分後、カイロから電話がかかってきた時、それが証明される。

電話の主はナセルであった。ナセルは、イギリスも空母を持っているのかとたずね、「米英が（攻撃している）と言おうか、それともアメリカの単独行為にしておくか」とフセインに意見を求めた。フセインは「米英の方がよろしかろう」と答え、その内容を盛りこんだ声明の速やかな発表、に同意した。ナセルは弾んだ声になり、「本当か。私は私で声明を出す。あなたはあなたで声明を出す。シリアにも声明を出してもらいたいものである。内容は、米英の艦載機が作戦に参加し、空母から発進して我々を攻撃しているとするが、この点を是非強調し、徹底的にたたきこみたい」と言った。国王に対しエジプトの大統領は、苛烈な戦いではあるが「手をあげてはならない」と励まし、「我々の心はあなたと倶にある。今現在我方はイスラエルに航空機を出撃させている。朝からイスラエルの航空基地を爆撃中である」と述べて、電話会談は終った。[★19]

この電話会談は、盗聴防止装置のない普通の電話回線で行われ――UACの高度の秘話装置は付けられていなかった――、イスラエルの情報機関が盗聴し、その会話記録が公表された。フセインがこの会話を否定したことはない。エジプトの半官紙アルアハラムは公に認め、「国王と大統領は、アラブ世界にこの重大な状況展開を知らせる必要があるとする点で意見が一致、対応路線をとることで合意した」と書いた。ヨルダンはナセルから、アメリカとの関係維持という特恵を認められた。しかしこの例外措置はただではなかった。フセインは、ジョンソン言うところの〝大嘘クラブ〟の一味扱いをされるのである。

西側によるイスラエル支援の共同謀議という主張に参同したおかげで、フセインはパレスチナ人をなだめ、ナセルとの同盟関係を維持することができた。しかし軍事的にみると国王の立場は刻一刻と悪くなるばかりである。シリアとサウジアラビアに対し繰り返し支援を求め、両国はその度に前向きの返事をして、部隊派遣を匂わせた。しかしそのような支援はついに来なかった。シリアの第一七機械化旅団は国境のところまで行ったが、それ以上は一歩もすすまなかった。当初旅団長は、地形偵察が必要とし、次からはダマスカスからの指示がない、と主張した。サウジの部隊も、上層部からの命令がないという口実を使い、国境のところで停止して動かなかった。サウジの部隊に配属になったエジプトの軍医ムニル・ザキ・ムスタファ博士は、一機でよいからイスラエル機が攻撃してくることを願った。「攻撃され、撃ち返す。これで戦争に参加したと言うことができる。しかし何も起きなかった」。痛烈な回想である。

戦闘に加入しようとしたのは、イラクの第八旅団だけである。ダミヤ橋を渡ろうとして、イスラエル機に爆撃され、潰滅した。ほかにイスラエル機は、PLO（パレスチナ解放軍PLA）一個大隊を潰滅し、イラク西部のH3航空基地を空襲した。イスラエルはミラージュ戦闘機を二機撃墜されたが、基地所在のミグとホーカーハンターはことごとく地上で撃破され、航空直掩というフセインの最後の望みも、かくして潰え去った。

正午頃、落胆したフセインはリヤド統合軍司令官に、アメル陸軍元帥へ真実を伝えるように求めた。リヤドは、「ウェストバンクの状況は絶望的になりつつあり」とし、「イスラエル軍は全正面において攻撃を続行」「我方昼夜を問わずイスラエル空軍により爆撃を受け…反撃不可能…ヨルダン、シリア及びイラクの三軍は潰滅」と書き、国連の停戦決議がない以上部隊をウェストバンクから撤退させる以外選択肢はない、さもなければ全面的敗北との結論を示した。フセインはこの結論を自ら認めざるを得ず、一二時三〇分ナセル宛に続報の電文を送った。

兵員及び機材の多大なる損害に加え、航空直掩を欠くため、我方の戦車は一〇分に一両の割で損耗。敵方兵力の大半はヨルダン軍に対して集中投入されつつあり…この状況が続く限り、結果はひとつしかあり得ない。戦いは、閣下とアラブ世界が全部隊諸共このアラブの砦を失い、栄光の戦いとして血をもって歴史に描かれて終る。★20

◉――エシュコルの鼻先をかすめてカイロへ飛ぶフセイン国王。マーリブ紙、イスラエル

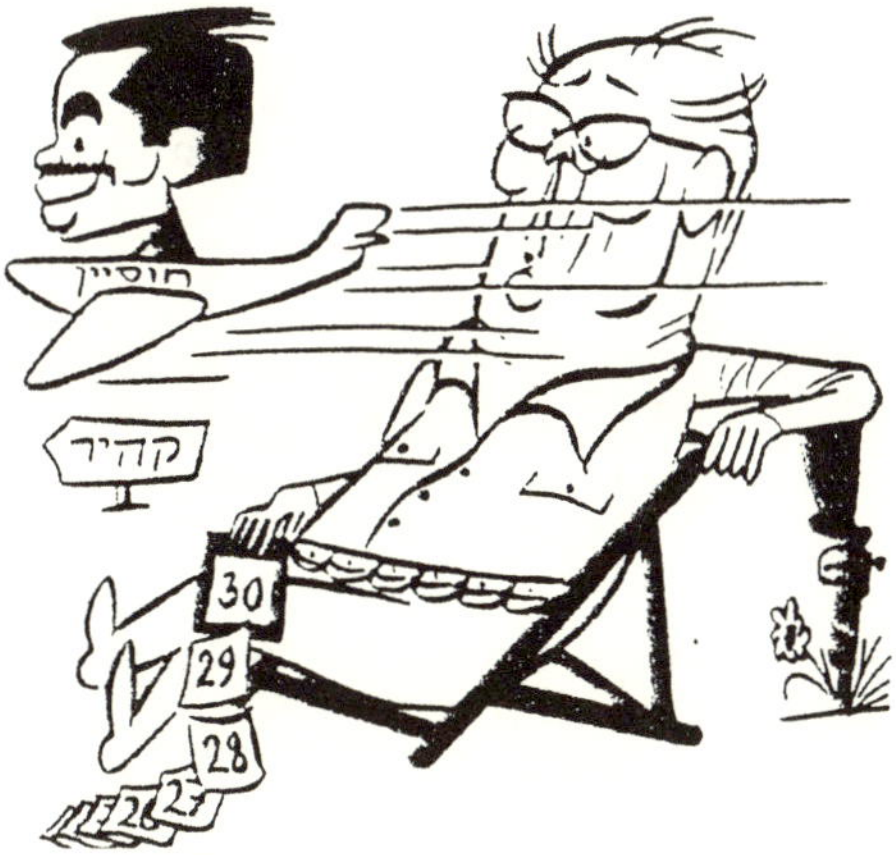

◉――エシュコルの寝こみを襲うナセル。マーリブ紙

◉――花弁占いで決めようとする優柔不断のエシュコル。マーリブ紙

ヨルダンの国王は、公然の停戦や（権威者から許可された）撤退のいずれも受け入れたくなかったが、結局は自分の大権を放棄し、ナセルに決断を任せた。しかるに、午後の時間がどんどん過ぎるのに、そのような決断の知らせはこなかった。一方イスラエルの攻撃はいよいよ激しくなった。ジェニン周辺にいるペレド准将指揮の戦車隊は、南のナブルスへ向かって動きだし、別働隊は西のカルキリヤの方から、ナブルスへ向かった。エルサレムの郊外では、第一〇及び第四の二個旅団が人口五万の都市ラマッラを占領し、エルサレムの市内では、ミハエル・パイクス中佐指揮の第一六三歩兵大隊が、旧市南壁を眼下にするアラブ人居住地域アブトールを攻撃した。ここは極めて防備の固い戦略要地で、凄惨な戦いとなった。イスラエル側は大隊長を含め一七名が死亡、五四名が負傷した。イスラエルがここを占領したことにより、旧市は南のベツレヘム及びヘブロン方面と分離されてしまった。一方、ウェストバンクの稜線とエリコをつなぐ道路が一本だけ残っていたが、ラマッラ占領部隊が間もなくその最後のルートも分断してしまう。

ウェストバンク所在のヨルダン軍は、六月六日午後の遅い段階で、大半が分断され、個々に孤立する危険にあった。リヤド統合軍司令官は、通常は沈着冷静な軍人であったが（戦闘中も習慣の午睡をかかさなかった）、今やフセインと大声で口論するようになった。国王が撤退を認めようとしないためである。「あなたに合わせてウ・タントごっこするのが一番難しい」とリヤドは嫌味を言った。

激怒した国王は、司令部を飛び出ると、そこいらにあったジープに乗りこみ、全速でヨルダン河谷めざして走って行った。そこで国王が見たのは、ジェニンから後退してくる第二五歩兵旅団と第四〇機甲旅団のなれの果てであった。「敗北の、あの幻のような光景。私は決して忘れない」。国王の回想である。「幻想の世界のようであった。トラック、ジープその他あらゆる型の車両が、車体の半分を叩き潰され、折れ曲りあるいは黒こげとなり、くすぶり続け、黒々とかたまって道路を埋め尽くしていた。あたりは、鉄とペンキのこげた臭いが火薬臭と入りまじり戦場特有の臭いが漂っていた。そして、憔悴しきった兵隊達。薄汚れ、包帯を巻きあるいは足を引き摺る者。太陽は大地を焼き一点の曇りもない澄みきった青空から、鋭い金属音を響かせて、ミラージュ戦闘機が急降下してくる。兵隊達は逃げまどった」。フセインは、第四〇機甲旅団にいる従兄弟のアリ・イブンアリの消息を聞こうと考えた。しかし自分の地位を利用するのが厭で、国王は黙っていた。[★21]

フセインが焦燥感をつのらせている頃、その国王陛下の軍隊はまだ戦っていた。旧市の城壁内では、アタ・アリが旧市死守の決意を固めていた。重迫撃砲が二門しかのこっていなかったが、食糧と弾薬は二週間分ある。アタ・アリは、アルメニア人地区に指揮所をおき、旧市の七つの門にそれぞれ五〇名の兵を配して、イスラエルの攻撃を待った。

午後七時ちょっと過ぎ、イスラエルの攻撃目標はまだ旧市ではなく、オーガスタ・ビクトリア稜線を指向していたが、フラドキン指揮の第二八空挺大隊は、ワジ・ジョズ経由で稜線へ行くつもりが、道を間違えてライオン門（聖ステパノ門）の胸壁のところへ来てしまった。大隊は激しい射撃にさらされた。ゲッセマネの園とヨシャパテ教会を結ぶ狭い陸橋の上では、シャーマン戦車四両が方向を転換しようとして被弾した。空挺隊の偵察中隊のジープ三両も被弾した。この戦闘でイスラエル兵五名が死亡、二五名が負傷し、生き残りは周囲より一段低い聖マリアの墓所内に逃げこみ、地面にへばりついて弾を避けた、一方スコーパスの丘にいる監視兵が、パットン戦車四〇両の出現を報じた。アルアザリヤを通りオリーブ山へ向かっているという。グル大佐は、壁を背にして戦う破目になることを恐れ、フラドキンにロックフェラー博物館への後退を命じた。イスラエル軍は完全な旧市包囲環の形成ができず、旧市守備隊を降伏に追いこむことに失敗した。ヨルダン軍からみれば、貴重な時間稼ぎができたのである。[★22]

イスラエルがオーガスタ・ビクトリアに到達できないことは、フセインに発奮材料になったはずで、撤退忌避の気持を強めたに違いない。もっとも、その行動は、ヨルダンよりもイスラエルに遥かに大きいインパクトを与えた。イスラエルでは、政治家と軍幹部達が、切迫した状況下で、旧市占領の是非をめぐって大激論を展開中であった。それは時間との競争であり、国際世論の動向、国連及びアメリカとイスラエルとの関係も考慮する必要があった。同じように切迫した状況が別の所で生じていた。一触即発の地で火がつきそうになったのである。それはシナイでもウェストバンクでもなかった。北の正面すなわちシリア情勢が切迫してきたのである。

ダマスカスとエルサレム

イスラエル北部の農村地帯に対するシリア軍の砲撃は、先日から全く衰えることなく続いていた。イスラエルの応戦はほとんどなく、イスラエル最大の圧力団体（キブツ運動）のメンバーである住民達は、行動を求めて政府に圧力をかけ続けた。運動の代表格が、イガル・アロン労相である。オックスフォード大出身で、独立前は精鋭のパルマッハ隊隊長、一九四八年の独立戦争では旅団長として対エジプト戦の英雄となった。四九歳のアロンは農民達に、シリアの火砲が住民に狙いをつけた状態で終戦になることはない、と約束した。

アロンは、この火砲群の制圧作戦について、少なくとも暗黙の支持をエシュコルからとりつける自信はあった。エシュコル自身ガリラヤ地方の農夫であり（キブツのデガニア・ベット創設者のひとり）、水問題の専門家であったから、北部住民に深く同情し、ヨルダン川源流の確保を安易に考えることがなかった。「戦争が始まった瞬間から、エシュコルは特に北部を気遣っていた」。リオール大佐の述懐である。「どの協議、討議でも…〝北部の状況はどうなっている〟と、三、四回は必ずたずねた。私は首相が少しとらわれ過ぎではなかったか、と思う…毎度毎度バニアス（ヨルダン川源流のひとつ）のことをたずねて、人々はうんざりしていた。一日一二回、バニアスはどうなっていると聞いた」。

しかし、閣僚全員が、エシュコルのようにゴランに憑かれていたわけではない。例えばザルマン・アラン教育相やハイム・モシェ・シャピラ内相は、三正面の戦闘になり、しかもソ連の介入の恐れがあるとして、シリアとの対戦に反対であり、この点でダヤンと意見を同じくしていた。強力な味方である。
　国防相も、ソ連に対する懸念があった。北部軍管区は、すでに兵力の一部をウェストバンクに割いており、ゴラン攻略に必要な戦力を有するか疑問である、とダヤンは言った。閣議の席上ダヤンは、シリアによる戦略上の脅威は小さいとし、「我々は、距離的には遠いが、エジプトの方が恐ろしい。極めて強力な存在であるからだ。我々は、ヨルダンが恐ろしい。弱い国だが至近距離の存在であるからだ。しかるにシリアは、弱いうえに遠い存在である。直ちに攻撃する必要はない」と言った。
　しかしダヤンは、戦略上の考慮と共に、軍事上の意志決定権は自分の専権事項としてしっかり握っておきたかったのである。ゴラン攻略をよしとするアロンやガリリ無任所相、カルメル運輸相に対し、「安全保障問題に介入するな」と述べ、「安全保障問題に民主主義はない。嘴を入れ介入するようであれば、私は辞任する」と警告した。北部に関しては、ダヤンは、最低限の行動しか認めない方針であった。それは、非武装地帯の占領であり、バニアスの泉の占領もあり得るという程度であった。しかしダヤンはベングリオンに、シリアの〝無謀な行為〟は我慢ならぬ、と語っている。ほかの正面が決着すれば、次はシリアというのである。★23
　北部正面についてダヤンは、許容できる程度の戦闘レベルに押さえておくことを、基本方針にしていた。許容範囲の状況なら、適当にあしらっておくのである。しかし、その前提が崩れる事態が起きた。六月六日午前二時〇〇分、フーラ盆地の農村地帯に対する大々的砲撃が始まった。北はキブツのダン、クハルショルドから、南のガリラヤ湖畔のキブツ・エンゲブに至る町や村が、砲撃対象になった。二六五門の火砲が発射する弾量は推定で毎分四五トン。ロシュピナの町だけでも一〇〇〇発近い砲弾が撃ちこまれた。イスラエル軍の工兵隊が、砲撃をそらそうとして境界沿いに煙幕を展張した。しかし、それは一部の効果にとどまった。

死者二名負傷者一六名のほか、住宅二〇五棟、公共ビル一四棟及び自動車四五両の被害が出た。

シリア軍の砲撃参加部隊は、一三〇ミリ砲を装備する第一二九及び第一六八砲兵大隊で、ほかに重迫撃砲及び対戦車砲が計四個中隊参加していた。シリア軍第一一旅団の観測将校イブラヒム・アクトム大尉は、ゴランのテル・アザジアットから眼下の盆地を展望し、「敵は多大なる損害を被り、後退しつつあり」と報告している。一方アサド国防相は「この歴史的重大岐路に立つ我が軍は、戦闘を開始、全正面において敵拠点を砲撃中」とし、「これは、解放戦争における初弾発射にすぎない」と明言した。

砲撃にイスラエルが対抗手段をとらなかったので、シリアは前日の空襲で揺らいだ自信を回復した。深夜近くになって、ダマスカスの総司令部は、カイロのエジプト側司令部から極秘電報を受けとった。「我が軍は、イスラエルとその軍を猛攻撃中。すでに敵空軍戦力の大半を壊滅し、陸軍部隊はテルアヴィヴへ向かって進撃中…北部正面の戦況並びに敵状を至急報告願う」とある。スウェイダニ参謀総長は直ちに参謀本部会議を開き、ナスル（捷号）作戦の実施を発令した。イスラエル北部の占領である。

作戦は、フーラ盆地北端部への陽攻をもって始まる。それに続く主攻は三個旅団を投入し、ガリラヤ湖に近い盆地南部域を指向する。

陽動攻撃は午前七時〇〇分に開始された。第二四三歩兵大隊が、T34戦車二個中隊を伴い、バニアスからキブツ・ダンの方へ攻めくだって来た。キブツ住民の姿は見えず、シリア軍は、住民はキブツを放棄と判断した。実際は防空壕に避難していただけである。警報が鳴ると防衛隊員は直ちに配置についた。「外に出ると前方に戦車が見えた。六両いる。主砲を撃ちながらくだってくる。そのうちに戦車は発煙弾に切換え、白燐弾を撃ちこんできた」。キブツ住民の証言である。記録にはヨッシという名前しかない。「それが、歩兵の突撃の前触れだった…。喊声があがった。見ると歩兵がいる。距離約三五〇メートル。ざっと数えて七〇名、横一線となり、突撃して来た…無我夢中で撃ちまくった。そして敵兵が倒れ始めた」。

◉──上：イスラエル包囲環は成れり。エジプト、シリア、ヨルダン、レバノンの戦車砲で串刺しになるユダヤ人。
アルハヤト紙、レバノン
◉──下：アラブ諸国の軍勢をうしろだてにイスラエルをアカバ湾に蹴落とすナセル。
アルジャリダ紙、レバノン

同種の攻撃がテルダンのほか、アシュモラの軍陣地にもかけられたが、いずれも撃退された。この陽攻でシリア側は戦車七両を撃破され、兵員二〇名が死亡。イスラエル側は指揮官のイツハク・ハルフォン大佐が死亡した。★24

陽攻は撃退された。しかるに肝腎の主攻はついに実現しなかった。土地不案内で地形がよくわからぬため、三個旅団は指定の攻撃発起位置に進出できなかった。さらにヨルダン川に架かる橋梁の幅が狭く、横幅の大きいソ連製戦車が通過できないことも、判明した。戦車隊は歩兵との交信手段を持っていなかった。出撃命令を無視して、クネイトラ近郊の兵営に居座った部隊もある。攻撃に失敗したため、ダマスカスは捷号作戦の完遂を断念した。あきらめきれない向きがあっても、イスラエルの砲兵とジェット機による激しい砲爆撃を浴びて納得した。シリア軍の内部報告は、「シリア正面の状況はよくない。我方の部隊は、攻勢作戦に移らなかった。理由はいくつかある。攻撃位置に到着できず、あるいは出撃準備が整わなかったためであり、あるいはまた敵機から身を守るシェルターがなかったためである。予備隊は空襲に耐えられず、士気は地におちて逃げまどい、ちりぢりになった。予備隊員の大半は、六月六日夕刻までに命令もなく基地へばらばらの状態で戻ってしまった」と述べている。

シリア軍は、「ナパーム弾を含む各種兵器による間断なき空中攻撃にさらされ、戦力の二〇%を喪失、最も苛烈な状況下におかれ」て、以後防勢作戦――ジハード（聖戦）作戦――を復活させた。しかしそれでも、仮想の攻勢作戦は発動した。ダマスカス放送は、キブツ・ダンの南にあるシャアル・イシュブを占領し（実際には攻撃もされなかった）、イスラエル機五機を撃墜したと主張、ユダヤ人達がハイファ方向へ敗走中と報じた。自国民だけでなくエジプト側へも事実は伝えられなかった。カイロに伝えられたのは、「我軍の部隊はフーラ盆地を制圧、ロシュピナ及びツファットへ向け快進撃中」で、「本夕刻までのナザレ到達は確実」という内容であった。★25

◉――テルアヴィヴは炎上、地上にはユダヤ人の頭蓋骨が山積みとなる。アルジュンディ・アルアラビ紙、シリア

一方、イスラエルの北部農村地帯に対する砲撃はエスカレートし、終日続いた。破壊度は地域によって異なる。ラビンは、その戦意誇示に別に動揺することはなかった。当時アラブ世界では「シリアはエジプトと一蓮托生で戦うことはない」という説が流通し始めており、シリアがそれに論駁しようとしているにすぎないとして、ラビンは一蹴した。ラビンは、非武装地帯とバニアス源泉の占領、シリア兵の生け捕りを目的とした小作戦を考えていた。シリア兵捕虜は、シリア上空で撃墜されたパイロットとの交換用である。しかしこの小作戦も今のところなしである。戦闘の順位は、まだウェストバンクが第一であり、ゴラン高原ではない。ラビンはそう判断した。

北部軍司令官ダビッド・エラザールは、この判断に疑問を呈した。サラエボに生まれ、バーレブとは幼少の頃から同郷の友人であった。一六歳の時パレスチナへ移住、やがて職業軍人となり、一九五六年のシナイ作戦では、当初歩兵旅団長として参戦、後に機甲科へ移ったが、勇猛果敢な戦闘指揮で知られた。なかなかハンサムなうえにカリスマ性のある風貌の人物で、北部農村の住民から敬愛され、それに報いて住民が安心して暮らせるよう、シリアの脅威を一掃する必要がある、と考えていた。

エラザールによると、シリア軍のガリラヤ地方砲撃とキブツ・ダン攻撃は、本格攻勢の序曲にすぎない。隷下部隊の多くはウェストバンク戦に投入されてはいるが、手持ちの戦力でも、少なくともゴラン北部の占領は充分に可能と判断し、六月八日朝からの攻撃を計画し（天気予報で七日はかすみがかかり、航空による対地支援が難しいとされた）、政府は必ずこれを承認すると考えた。[★26]

しかしダヤンは、三つ目の正面をつくって戦場を広域化することに反対で、ソ連を挑発する危険もあるとしていた。ラビンは農村に対する砲撃の排除とヨルダン川源流のひとつを占領する必要性を強調した。一方、モサド長官のメイル・アミットは、アメリカが作戦を支持するのは間違いない、と主張した。しかし国防相は動かなかった。エラザール軍司令官とそのマケベット（ハンマー）作戦は、許可を得られぬままであった。

しかしダヤンは、シリアに対する寛大な措置をヨルダンには適用しなかった。フセインは、平静を保って欲しいというイスラエルの要請を拒否した。ダヤンはそれに怒っていた。ところがその国王は戦端を開くと、今度は暗黙の停戦を求めるようになった。ダヤンにしてみれば、何を今さらという気持である。ダヤンはラビンに向かって、「まず我々は、彼が我々に強要した仕事を先に片付ける。それから彼に時宜に適した回答を送る」と言った。ダヤンの頭にある〝仕事〟とは、ヨルダン河谷を眼下にするウェストバンク高地帯の完全制覇である。敵機甲軍部隊を撃破すれば、国防軍の一部がそこから東へくだって、エリコとヨルダン川渡河点まで進出する。ダヤンが引継ぎ抑制を求めたのはエルサレムだけで、旧市占領の提案をことごとくはねつけた。

この日正午、ダヤンとワイツマン作戦部長は、ナルキス中部軍司令官と共に、敵の重圧から解放されたスコーパスの丘を訪れた。黄金のドームが輝き、教会の高い塔がいくつも見える。「神々しい眺めだな」とダヤンは叫んだ。しかしナルキスは、城壁に囲まれた地域への突入許可を得ることに頭が一杯で、観光気分に浸ってはいられなかった。二〇〇〇年前にローマのティトス将軍はユダヤ人とエルサレムの歴史的結びつきを破壊しようとしてできなかった。ナルキスはその歴史の経緯を思い浮かべながら、旧市突入の即時許可を求めた。ダヤンは「絶対に駄目だ」と否定し、「軍は周辺に地雷を埋設し、包囲下において降伏を促す」との方針を述べた。城壁を破って突入すれば、国際社会の激しい反撥を招き、イスラエルは窮地に追いこまれる。「私はバチカンの反撥を買いたくない」とモシェ・ダヤンは言った。[★27]

ローマをほのめかしたのは、それなりに理由があった。教皇がエルサレムの解放都市宣言を提案したという話が、イスラエルに伝わっていたのである。聖所が戦乱にまきこまれないための方策であるが、この案はすぐワシントンが支持することになる。そしてワシントンは、ヨルダンとの停戦を受け入れて旧市突入を断念するよう、イスラエルに圧力をかけ始めた。突入は、世界のキリスト教徒を怒らせるのみならず、アメリカ国民の反感を買うことを意味した。

軍の旧市包囲は、政府に一種の既成事実を与えた。勝利するユダヤ人兵士が、ユダヤ教にとって最も聖なる所を目前にしながら、そこへ行くことを許されない。どういうことであるかという疑問は当然湧いてくる。当日午後二時に開催された内閣防衛委員会は、この問題を重要案件としてとりあげた。

エシュコル首相は、思案に思案を重ね、躊躇した末に答を出した。イスラエル軍は旧市を占領する。その後政府が主要教会の指導者を招いて協議し、聖所保護を約束する。これが首相の結論であった。ベギン無任所相は、国連で停戦に向けた動きがあることを指摘したうえで、「一九四八年の時と同じように、我々は城壁の外に押し戻される恐れがある」と警告した。ベギンは、政治家、軍人及び民間人を含む国の指導者達が西壁まで行進し、そこで聖都のために祈りを捧げることを提案した。イガル・アロン労相が賛成し、旧市をとり決着をつけよと言った。ハイム・モシェ・シャピラ内相は、宗教界代表によるフセイン説得を提案した。イスラエルがキリスト及びイスラムの両宗教界代表と話をして、流血なき旧市放棄に向けて、秘かに働きかけてもらうのである。閣僚の大半は、このような提案に冷ややかであった。例えばガリリ無任所相は、「大げさなことをさせず、国際圧力がたかまる前に、旧市をとれ」と主張した。

しかし、ここでも決定的な役割を果たしたのが、ダヤンの言葉であった。ダヤンはまだ旧市突入に反対していた。いずれにせよイスラエル国防軍がこの地域を制圧しているのであるから、急ぐことはない。突入すれば都市型戦闘になる。シナイ方面の戦闘が終ってからでよい、とダヤンは言った。しかし国防相は、ベングリオンとの私的な会話では、別の説明をしている。イスラエルは、国際制裁という脅迫にさらされて結局は放棄する。ただそれだけのために聖所を占領すべきではないというのである。ダヤンは、イスラエルの積極行動派に対してブレーキ役になることが往々にしてあった。しかし、エルサレムについて、ほかの正面の戦闘についてダヤンの本心はどうであったのか。謎のままである。ある国防軍幹部は、アメリカの外交官に対し、冷やかし気味に「ダヤン将軍は、事態の進行に水をさす動きに、見て見ぬふりをする」と言った。[★28]

停戦をめぐる戦い

旧市をとるのか、シリアを攻撃するのか、シャルム・エルシェイクを占領するのか。するとすれば即時断行かあるいは一日待つのか。いずれの問題も時間というファクターがからんでいた。イスラエル人の理解する戦争の帰趨は戦場だけでなく、六〇〇〇マイル離れたワシントンとニューヨークで決する。

六月六日早朝、アバ・エバン外相はテルアヴィヴを発った。その認識に立ってのことである。外相の任務は、国連安保理の停戦討議に先手を打つことであった。外相は、包括的平和計画を提案する意図であった。外相の読みからすると、アラブ側は必ず反対し、討議が長びく。これで数日とはいわぬまでも、多少の時間稼ぎができる。しかし同時に、外相は別のことも考えていた。停戦後に予想される熾烈な外交戦のことである。外相は、一九五六年の〝悪夢〟と〝政治的トラウマ〟は絶対回避すべきであると決意していた。あの時イスラエルは、戦争に勝利したものの、勝利の成果であるはずの平和を相手から引き出すことなく、撤退を余儀なくされた苦い過去がある。「再び我々はアラブの攻撃を撃退し、その包囲環を再び打破することになったが、首つり縄を我々にまきつけようとする計画が再び動き始めた」。エバンは状況をこのように見ていた。

しかしながら、エシュコルには別の思いもあって、躊躇していた。軍事的勝利が、一九四八年以来続いているアラブ・イスラエル間の紛争構造を変えることを願いながら、現段階で和平を口にするのは、リスクが大きすぎる。内閣官房長のヤコブ・ヘルツォーグ博士は、エバンに「今の段階で、外交プランや和平提案を提示しないで欲しい。これが我々の願いだ」と政府方針を伝え、「我々は、まず軍事局面に決着をつけなければならない。現況で長期の外交目標を口にして、これを推進すれば、（それならなぜ直ちに戦闘を中止しないという話になって）、我軍の進撃をとめようとする圧力が強まる。さらに、戦場ではさまざまな問題で双方の代表が接触することもあり、これが直接交渉につながる可能性がある。しかし、このような提案を国連に出せば、直接交渉の芽をつんでしまう」と言った。★29

エバン外相は、不眠不休の状態で荷の重い旅に出ることになった。旅そのものも苦労の連続であった。ヨルダン軍の砲撃で、ぶ厚い弾片がうなりを生じてかすめ飛び、あやうく命びろいをした。家を出ると、道路は軍用車両で数珠つなぎの状態にあり、交通渋滞を抜けて空港に数時間遅れで到着したが、搭乗機は国内線用の双発プロペラ機であった。ほかの機は全部徴用され、これしか残っていなかったのだ。敵のレーダーを避けるため海上すれすれの低空飛行を続け、やっとの思いでアテネ空港に到着すると、今度は乗り継ぎ便を求めて走り廻ることになり、中継地のアムステルダムを経由して、ニューヨークに到着した時は、疲労困憊の状態であった。しかし休息する暇はない。国連安保理会場へ直行するのである。

心配そうに待っていたのは、ギデオン・ラファエル国連大使である。大使は過去二四時間、停戦決議の採択引延ばしで、孤軍奮闘していた。その停戦決議が、戦争状態の終結なしで事態を戦争前の状況に戻す内容であれば、イスラエルとしては受け入れられない。大使はアメリカのゴールドバーグ大使に「かつてナセルは、軍事的敗北から政治的勝利を手にした。このようなことを二度とさせてはならない。これは、イスラエルだけではなく、中東における西側の立場にとっても、極めて重要な点である」と書き送った。現地入りしたエバン外相は早速アメリカの国連大使に連絡し、停戦決議に休戦条約体制への言及を含んではならないと強調、そのようなさり気ない言及が、後々の和平努力に与える害について、延々と講義を始めた。「アバ…心配するな」。やっと言葉をさしはさんだゴールドバーグは言った。「もう終った。決議案その他もろもろ準備は済んだ…ギデオンを寄越してくれたまえ。本人に決議案を渡す」。

しかし、エバンはそのテキストの読み直しをする時間もなく、すぐに安保理会場へ呼び出され、トランジットの時にまとめた手書きメモを見ながら、論戦を開始した。

エバンは、イスラエルが「一連の重大な危険を切り抜け、輝かしき抵抗の勝利の道」を進んでいると前置きし、シナイ半島の再武装化、国連緊急軍の撤収そしてナセルの海峡封鎖に始まる危機の起源について、時間を追って説明した。さまざまな比喩を使いながら、外相は海峡封鎖について、「イスラエルは…片肺で呼吸している状態になった」と語り、国連緊急軍の撤退については、「傘であるべき国連緊急軍は、雨が降り始めた途端に、とりあげられた」と指摘した。そして「この円形テーブルを見て、考えて欲しい」と各国代表の顔を一瞥しつつ言った。「外国勢力がニューヨークやモントリオールを無理矢理封鎖する。ボストンあるいはマルセイユ、ツーロンあるいはコペンハーゲン、リオあるいは東京あるいはボンベイ港を力ずくで封鎖する状況を考えていただきたい。貴国政府はどのように対応するであろうか。あなた御自身は何をするだろうか。どのくらい待っているだろうか」。それからエバン外相は、ヘルツォーグ官房長官の注意を無視し、イスラエルの〝平和を追い求める衝動〟を明らかにして、中東の包括的和平を呼びかけ、「古きものの残骸から新しきものへ。新しい関係のシステムを築きあげようではないか。暗闇に目をこらし、明るい穏やかな夜

◉――炎上するエジプト軍の補給車。車の左手に2名の兵隊が倒れ、右手には車から流出したガソリンに火がついている。6月6日、北シナイ。IGPO

明けの光を探そうではないか」と結んだ。★30

エバンは、再度指示の範囲を越えたことを言ってしまった。しかし、その雄弁の才が、支持者の恐れるリスクを充分に埋め合わせした。外相の安保理演説は、世界各地の放送で伝えられ、ニューヨーク・タイムズによって「警句作りの名人」と讃えられ、シカゴ・トリビューンには「時代を越えた偉大な名外交演説のひとつ」と絶賛された。エバンは世論に大きいインパクトを与えたのである。世論は、圧倒的なイスラエル支持の流れになりつつあった。開戦から四八時間の間にホワイトハウスに届いた手紙一万七四四五通のうち、九六％が、イスラエル支持、三％中立、親アラブはわずかに一％であった。ハリス社の世論調査によると、アメリカ国民の半数以上が、中東戦争にソ連の策謀を読みとっていた。ベトナムにおける共産勢力の立場を強める一手段として、中東で戦争を起こしたというのである。

新聞は、中東問題に関して通常公平な扱いをするが、今回だけは雰囲気が異なり、イスラエルの快進撃に興奮するさまが、行間から読みとれた。

この一連の動きを、リンドン・ジョンソンが見逃すはずがなかった。なにしろ世論の動向に極めて神経質な人物である。状況室に陣取った大統領は、バード夫人の給仕で朝食をとりながら、同席したラスク国務長官、マクナマラ国防長官及びロストウ兄弟と、戦況を詳しく分析した。大統領は、今回の危機におけるソ連の役割とアラブの大ウソに、すっかり愛想をつかしていた。アメリカ全土に澎湃として湧きあがった親イスラエル感情もジョンソンを引きつけた。間近にせまる選挙年のことを考えれば、なおさらである。ジョンソンは、少なくともシナイ正面では、イスラエルの占領に任せた方がよいという気持であった。この後の交渉段階でイスラエルが取引材料として使うのである。ラスク長官はうなずきながら、「我々はイスラエルにつまらぬ解決を押しつける訳にはいかない」と言った。ウォルト・ロストウは論点を絞り、「収拾法は二つある。第一は休戦協定をベースとして戦争を収拾するかどうか。このやり方であれば、アラブはイスラエルへの敵対的立場を保持したまま休戦ラインまで戻り、いつまでもイスラエル問題を残すことになる。そしてそれはばらばらなアラブの政治活動を一本化する際の方便として使われ、ソ連に対してはアラブ世界に介入する口実となる。第二は、イスラエルが、スエズ運河の航行権を持つ中東の一国として受け入れられる収拾法である」と述べた。

イスラエル側は、もちろん機会を逃さなかった。イスラエルのシモン・アグラナット最高裁長官経由で、ゴールドバーグ大使へ秘かにメッセージが送られ、そのメッセージは大使からジョンソン大統領に届けられた。エシュコルから大統領宛の書簡であった。イスラエルの首相は、チラン海峡封鎖の解除とイスラエルの安全に及ぼす脅威の排除の面で、アメリカが直面した困難に理解を示すと共に、アメリカには安保理協議だけでの支援をお願いしたい、と述べていた。第一は、安保理の停戦決議の採択を遅らせること、第二は、イスラエルの要求である、平和と交換の占領地撤収を支持して欲しいこと、第三が最大の懸念であるソ連の介入を阻止して欲しいこと、である。それ以外は「我々自身で処理する覚悟である」とエシュコルは主張していた。イスラエルの政府高官達は、アメリカ政府がこのイスラエルの要請を尊重するだろう、と判断していた。ベングリオンは、自分が政府部内から得た情報をもとに、「結局エバンは、ジョンソンのメッセージを正確に読んでいなかった」と考え、「アメリカは我々に、ナセルを速く始末して欲しいのである」と判断した。★31

しかしジョンソンは、イスラエルが戦争に勝利することを認めても、アメリカの大統領としての思惑もあった。アメリカの中東権益に対するダメージを最小限にくいとめ、ソ連との対決を回避することである。午前一〇時三分、コスイギン宛に大統領の親展電が送られた。そのなかでジョンソンは、「我々は、中東における戦闘の可及的速やかな停止が必要との信念を、引き続き堅持する」とし、米イ共同謀議を主張するナセルの非難に論駁するようソ連に求めると共に、海峡の自由航行に対するアメリカの立場は一貫して変わらない、としていた。さらにジョンソンは、安保理での協力を求めた。特にジョンソンがコスイギンの支持を求めたのは、「性格のいかんを問わず武力行為に終止符を打ち」、「関係諸国の権利、主張及び立場を毀損することがない」状態での「休戦ラインの線内までの部隊撤収」であった。

コスイギンからの回答はこなかった。一方国連では、停戦に向けた動きがなかなか進まなかった。ゴールドバーグはフェデレンコに対し、はっきりした言葉で、アメリカの決議案は、封鎖終結と、兵力分離並びに一定の〝領土上の変更〟に関する直接交渉の始動、を意図したもので、戦果をアラブのイスラエル承認及び平和と交換したいイスラエル人からみれば、この決議は不満であろう、と言った。しかしワシントンは、モスクワが支持すれば同じく支持する。「これは包括案」であり、「一括して受け入れるか、受け入れないかのどちらしかしない」とゴールドバーグはしめくくった。

フェデレンコは、大げさな反米感情にも拘わらず、ゴールドバーグが好きであった。本人を評して「悪魔も手玉にできる弁舌さわやかなユダヤ人」と呼び、その実本人の独創力を尊敬していた。しかしアメリカの提案は、停戦を即時無条件の撤退と結びつけたロシア案とは、ずいぶんかけ離れていた。しかし、その日の午後になって、ソ連の国連大使は、モスクワのセミヨノフ外務次官から尋常ならざる電話を受けた。次官はグロムイコ外相の名において連絡するとし、単なる停戦を受け入れよと指示した。撤退などの付帯条件が全くついていない、純然たる停戦である。「君はそうしなければならない。たとえアラブ諸国が反対してもだ。繰り返す。彼等が同意しなくても受け入れよ」と次官は言った。

アメリカの政府関係者達は、ソ連の突然の政策変更に仰天した。フェデレンコが指示の範囲から逸脱したのか。それとも彼とモスクワの間の意志疎通がうまくいかなくなり、ついに崩壊したのではないか、と思ったのである。コスイギンからホットラインを使った。通信がきて、ワシントンの混迷は益々深まった。最後の通信から丸々八時間もたってとびこんできたコスイギンのメッセージは、停戦と撤退を支持する内容であった。どちらの立場に対応すべきか。フェデレンコかそれともコスイギンか。ホワイトハウスでは議論があった。結局ジョンソン大統領が送ったのは、「双方の大使が安保理において終日連絡を密かにして協議を重ねてきた」と前置きし「我々は、第一段階として停戦を求める、極めて短い内容の決議採択で合意した、と理解している」とする内容を返信した。

‡

アメリカ側はこのような展開に喜んだ。しかし、ゴールドバーグ大使が予想したように、イスラエル側はそうではなかった。ゴールドバーグが、占領地からの撤退は〝少なくとも四か月〟を要するので、外交活動には充分余裕があると主張しても、イスラエル側は懐疑的で、休戦協定を口にしただけで、怒りをあらわにした。しかしそれでもイスラエル側は、自衛のための戦いであると主張しつつも、取り引きのための領土をもっと必要という理由で、停戦を拒否できるものでもなかった。安保理でエバン外相は、このジレンマを喜びにあふれたような表情の内に押し隠して、停戦を「我々は歓迎する」と表明し、「我々は賛成する。我々は支持する。我々は受け入れる」と言った。

七分後の四時三〇分、決議は採択された。停戦発効は一〇・〇〇GMT（グリニッジ標準時間）である。ジョンソン大統領は時をおかず直ちにテレビの全国放送に登場し、「停戦は我々が等しく願う、平和の定着、中東全住民の進歩をもたらす新しい時代に向けた…必要な第一歩である」と発表した。★32

しかし、ジョンソン大統領のテレビ出演は、時期尚早であった。アラブの代表達が次々と反応を示し始めたからである。真っ先に反応したのが、ヨルダン大使のムハンマド・ファッラ博士である。ハーンユニス生まれのファッラは、アメリカで教育を受けた外交官で、国連事務局の職務を提示された時、拒否した経緯がある。その職務ではイスラエル人と握手しなければならぬことを恐れたのである。ファッラ大使は、アハマド・トゥカン外相から電話を受けたばかりであった。外相は、敗北の実相を伝えた。それは、ウ・タント事務総長が確認した。ウ・タントは、国連緊急軍の撤収決定という面目丸潰れのことをやらかし、まだその失態の傷いえず、開戦以来低姿勢を続けていた。「君、大変な状況だね」と事務総長は言った。ファッラ大使は声をあげて泣き出した。停戦を受諾する大使の胸中は複雑であった。受諾したところで、エジプトの支持がなければ、決議は無意味になる。

戦闘をやめ、エジプト軍の崩壊をくいとめ、エルサレム旧市とウェストバンクを維持するカギは、今やムハンマド・エル・コニー大使の手にある。討議の初段階で、ゴールドバーグ大使はエジプトの国連大使に接触し、ナセルの空軍が潰滅し、エジプト陸軍が敗走中であることを伝え、イスラエルの撤退に向け努力すると約束した。ただし、エジプトが停戦決議を支持するという条件つきである。困惑したエル・コニーは本省に打電し、訓令を待った。彼が受け取った訓令は、明確であった。イスラエル軍の無条件撤退を命じない決議は、拒否せよである。リヤド外相は、この条項を欠く決議は実行不可能とし、皮肉でも何でもなく「シナイにおいてはイスラエル軍部隊がエジプト軍部隊と入り混ざってしまった。双方の軍を見分けあるいはその所在位置を確認できる、国連緊急軍も存在しない」と説明した。

かくして、エル・コニー大使はマイクをとると、ゴールドバーグ・フェデレンコ妥協案を拒否し、侵略者との共同謀議ありとして英米を再度非難した。アラブ側は相次いで反対の声をあげた。過激なバース党員のジョルジュ・トーメ。ずんぐりした体躯にチョビ髭姿のシリア大使は、エジプトとの連帯を表明し、イラクのアドナン・パチャチ大使は、〝イスラエルに対する降伏〟として決議を非難した。

ゴールドバーグ大使の努力は水泡に帰した。アメリカの大使は、大嘘を一蹴し、第六艦隊の視察を国連のオブザーバー達に提案し、停戦確認のメカニズムをつくろうと必死になった。しかしこれもうまくいかず、挫折し、安保理は閉会した。あと二四時間ほどしなければ、再開されないのである。[★33]

戦闘第二日の結末

ニューヨークで採択された最初の停戦決議は、不成功に終った。テルアヴィヴ（参謀本部）では誰も悲しむ者はいなかった。ラビンは、「ナセルは、自分はそのつもりではないだろうが、だんだん敵よりも我方の味方のように振舞い始めた」と書いた。国連安保理が行き詰まってきた頃、イスラエルの参謀本部はナハションＮ2作戦の準備を完了した。戦争の第二段階である。

第二作戦段階も、引き続きエジプト正面を最優先し、エジプト軍の潰滅、ミトラ及びギジ両峠の制圧を目的とした。シャルム・エルシェイクについては、再び特別な配慮が払われた。当地域の兵力は不明であるが、ダヤンとラビンはウリム（光）作戦の実施を許可した。海軍によるさぐり攻撃、紅海方向またはスエズ湾沿岸方向からする空挺隊の襲撃を含む。ガザについては、完全軍政の実施が許可され、軍政部には略奪防止、限定された正常な生活の回復の任務が与えられた。しかしシリア正面については、再び作戦延期となった。限定された小さい地域の占領準備を除けば、軍に与えられた当面の任務は、敵の侵攻防止であった。この日の午後、レバノン空軍のホーカー・ハンターが二機領空を侵犯し、ガリラヤ地方の拠点を機銃掃射、うち一機が撃墜された。レバノンが参戦した場合には、軍に反撃が許可され、レバノン国境を越え、リタニ川までの進出が認められるはずであった。エルサレムについては、イスラエルは旧市の降伏強要はなしとした。ウェストバンクの主要都市には、軍政官をおくことになった。アラブ人住民は保護される。ヨルダンへの避難を望む住民については、ダヤンは、妨害してはならないとした。

その日の夜遅く、閣議が首相官邸で開かれた。ウェストバンク、ガザ及びエルサレムの将来も大きい検討課題であった。バーレブ参謀次長が、開戦から四〇時間の状況展開を説明した後、閣僚達は戦闘終結後に取り組むべき問題を話し合った。それには、水源、非武装地帯、パレスチナ難民問題が含まれる。ワシントンからは、アブラハム・ハルマン大使が、ウェストバンク・パレスチナ国家の建設を提案してきた。その国家はイスラエルとの連邦制をとり、友好的なパレスチナ人で構成される〝象徴的な部隊〟を編成し、エジプト及びシリア正面へ派遣する。このような主旨の提案であったが、エシュコル首相は、アラブ住民と戦争捕虜の扱いの方に、もっと関心を抱いていた。しかし、その先のことを考えていなかったわけではない。紛争の基本的解決という言葉が、想像力をかきたてていたのである。首相は閣僚達に「我々は、外交と戦略概念に新しい着想を導入する必要がある」と語り、「恒久平和と安全な境界の枠組で、中東においてイスラエルにふさわしい地位を保証する方策を考えなければならない」と検討を促した。[★34]

その頃、三八マイル離れたアンマンでは、軍司令部に一通の電報が届いた。時まさに午後一一時一五分。フセイン国王がナセルに指示を求めて一〇時間たっていたが、今になって返事がきたのである。「親愛なる兄弟、フセイン国王」に始まる電報は、次のような内容であった。

「国家は時には耐えしのばなければならぬ場合がある。我々はまさにその重大時期に直面し…我方の正面が崩壊しつつあるこの瞬間、我々は貴国のおかれた困難な状況を充分に認識している。昨日、敵空軍は我方に潰滅的打撃を与え、以来我方の地上部隊は、友軍機の対地支援をすべて奪われた状況下で、優勢な敵戦力を相手に苦戦を強いられている…私は、残された選択肢はただひとつ、ヨルダン川西岸域から今夜撤退する以外に方法はないと考える。安保理が停戦を命じるのを期待するのみである」。

エジプト空軍はもはや存在せず、軍は全面敗走の様相を呈している。ナセルは、フセインがすでに知っているこの事実を、簡潔な文面でついに認めたのである。ヨルダンは、ヨルダン川西岸から東岸への撤退を許可され、誰にはばかることもなく撤退できることになった。ナセルや過激派政権から文句を言われることもない。フセインは、ウェストバンクとエルサレムを代償にして、行動の自由を得たのである。ナセルは「陛下の毅然たる態度、高潔にして強靭なる意志に敬意を払い、ヨルダン人民と軍が示した勇気ある行動に対し、私の感謝の気持をお伝えしたい。神の御加護と平安がありますように」という文面で、電報を結んでいた。

フセイン国王ができることはほとんどなかった。イスラエルは暗黙の停戦を求めたヨルダンの要請をすでに蹴っていた。イスラエル軍が、ナブルス、カルキリヤ、ベツレヘムそしてヘブロンを含むウェストバンク全域を席捲し、エルサレム旧市を占領した後、ヨルダン河谷を一気にくだってエリコへせまるのは、火を見るより明らかである。ヨルダン軍部隊の多くは、まだ戦闘に加入していなかったが、軍そのものに士気の低下がみられた。疲労困憊し、意気消沈したフセイン国王は、この不可抗力的状況に落ちこんで、リヤドの撤退勧告を認めた。午後一一時三〇分、部隊指揮官は、ヨルダン川東岸への撤退命令を受けた。基本的には、部隊単位ではなく、兵員は、皆個々に自分の安全をのみ図るという原則であった。国王は、美文調でイラクのアレフ大統領宛親書を草し、そのなかで自分と自分の部隊が敢行した栄光の戦いに讃辞を呈した。曰く、この二日の苛烈なる戦いは、アラブの純なる魂の発露の時であった。うるわしき天の楽園へ行かん…この熱き願いを胸に、アラブの友愛と知性が発揮された…（我等の）赤き血潮は…緑の平原、丘そして壁のうえに飛散し、清らかな大地にしたたり落ちた。★35

ところが、事態が奇跡のように変わり始めた。ヨルダンとの時差七時間のニューヨークでは、米ソが停戦の取り決めで同意した。ヨルダンとイスラエルは共に受諾したが、思惑は別である。イスラエルは、どうせエジプトは拒否するだろうと計算していた。拒否すれば、イスラエルは進撃を続けられる。一方ヨルダンは、停戦によって敗北をまぬがれる、と考えた。第一線部隊の指揮官からの報告も、プラス材料であった。ナブルスのトルキ准将、ガージ准将が、部隊将兵の士気いよいよ高く、戦闘継続の力ありと報告したのである。

国王は、撤退命令を出して二時間もたたないのに、その命令を撤回する気になった。停戦発効は夜明けである。それまでの時間を利用して部隊の再編成が行われた。東岸へ逃げた部隊は、西岸へ戻り死守を命じられたのである。ハサン・ビン・タラル旅団は、イラク軍コマンド隊の増強を受け、エリコへの接近経路とヨルダン川の橋梁の防衛を命じられた。一方、ぼろぼろになった第四〇機甲旅団は、ナブルスの東方面で再編された。以上の地域を二四時間守りきることができるならば、ウェストバンクの大半とエルサレム旧市は救われる。フセイン国王はそのように判断した。★36

第7章 戦闘……第三日、六月七日

運命のエルサレム攻防戦
引き裂かれたエジプトの遮断幕
ソ連の介入と威嚇とアメリカの会議運用技術

フセイン国王は、自分の決心をナセルに伝えた。「私は、ヨルダン川西岸を含むすべての正面の部隊に対し、現在地死守を命じた。神の御加護により貴軍と我々に勝利のあらんことを」とし、東岸への撤退はないとの意志を示した。将兵に対する急報はもっと戦闘的な内容で、「見敵必殺、敵を殺せ、銃がなければ腕と手と、歯と爪で殺せ、死力を尽くして戦え」と叱咤激励し、それとは裏腹に、イスラエルが停戦すれば、それを尊重せよとも命じた。

新しい命令は、六月七日午前二時二〇分過ぎ、アタ・アリの許に届いた。ちょうど旧市の外からイスラエルが、拡声器で降伏を呼びかけている頃である。このヨルダン軍指揮官は部隊に対し、二つの選択肢を与えていた。現在位置に踏みとどまるか、あらゆる経路をさぐって脱出を試みるか。選択は自由というわけである。バディ・アタン少佐は、弾薬が尽き、わずかな燃料を使ってジープを走らせ、一旦オリーブ山へのぼり、そこから砂漠へくだってエリコにたどりついた。運の悪かった者ももちろんいる。例えばガージ・イスマエル・ラバイッヤ中尉は、部下一二〇名の小隊を率い、飢えに苦しみながら逃げまどった。射撃にさらされ、弾を避けようとしても、どの家からも断わられるのである。「負け犬は、誰も尊敬しない」とは本人の述懐である。三日後、やせ衰え、ぼろぼろの状態で、中尉は死海にたどり着いた。★1

フセイン国王は、エジプト軍が敗走中に、自軍に死守を命じた。このような処置をとった国王にとって、状況は微妙かつ危なかった。ナセルが怒るのはわかりきっている。国王は、新しい命令を出して間もない頃、カイロから別の電報を受けとった。「我が国軍最高司令部は、合衆国並びに大英帝国がイスラエルを支援中との結論に達せり」。電報は、この結論に絶対間違いはないとしていた。国王は停戦決議を受け入れざるを得なかった旨、遠回しの表現で回答し、この決心を自分の〝東洋的諦観〟のせいにした。しかし、エジプトが及ぼす危険を軽視することはできなかった。アンマン市中では早くもナセル支持デモが発生していた。そのデモ隊は、西側世界から離れ、ソ連側につけと叫んでいた。それよりも格段に大きい不安定要因が、パレスチナ人の東岸流入であった。多数の住民が西岸から逃げ出し、一九四八年時の難民と合流しつつあった。一九四八年の難民は、すでにヨルダン人口の大多数を占める存在になっていたが、不満を抱いている。そこへ新たにパレスチナ人が流入し、ハーシム王家の支配に脅威を及ぼす。

フセイン国王に及ぼすエジプトとパレスチナ人の脅威は、確かに重大ではあるが、目の前のイスラエルによる脅威に比べれば、小さかった。夜明け前、ウーリ・ラムとモシェ・バルコフバの両戦車旅団がジェニンを出て、ナブルス方向へ進んだ。アラベからトゥバスへ向かい、東方向からナブルスを攻める型破りな方法であった。ラムの戦車隊は、ガージ旅団の戦車三五両を撃破し、増援を阻止した。一方、歩兵と偵察隊が組になって、脱落した部隊をダミヤ橋まで追撃した。パットン戦車で東岸へ逃げのびたのは、わずか五両である。その間機甲の本隊はセバスチアを占領した。古代サマリアの首都である。ナブルスでは、二五両の戦車が待ち伏せていた。第四〇機甲旅団の残存戦車を全部かき集めたのが、この二五両で、ナブルス死守を命じられていた。「我々は、神経をはりつめ、今や遅しと待ち構えていた」。中隊長のムハンマド・ダルビ大尉の回想である。「午前六時三〇分、敵戦車隊の接近を確認した。あと一隊、アラベの方向から幹道上を向かってきた。まさに標的である。撃って撃って撃ちまくった。しかしその砲撃で、我々の位置が暴露された。それで我々は、敵空軍が姿を見せるのは時間の問題と考えた」。

エルサレム旧市内では、ほんの申し訳程度の兵力で、ヨルダン軍が守りについていた。旧市防衛隊は、わずか一〇〇名を残して撤退した。城壁の外に位置するオーガスタ・ビクトリア稜線には、それよりずっと少ない兵力しか残っていなかった。アラブが負けるはずがないと考えていたのは、パレスチナの要人達であった。エルサレムのルーヒ・ハッティブ市長、アンワル・ハッティブ知事が然りである。無敵ナセルの勝利とイスラエルの速やかな敗北が信じられていたので、東エルサレムには戦争に対する準備が全くなかった。救急医療の薬品や資材の貯蔵はなく、防空壕もつくられなかった。戦闘が始まってから、パレスチナの要人達は、上空を旋回する航空機やスコーパスの丘に出現した戦車はヨルダン軍のもの、いやイラク軍のものであろうと、自分に言い聞かせていた。しかるに開戦三日目の六月七日の朝になると、ロックフェラー博物館の屋上にイスラエルの国旗（ダビデの星）がひるがえり、アタ・アリの部隊が撤退する様子を見ると、要人達は現実を否定しきれなくなった。彼等はフセイン国王に泣きつき、エルサレムに解放都市宣言を出し、イスラムの聖所を破壊から守るよう懇願するのである。[★2]

フセインが心配していなかったわけではない。むしろ非常に心を痛めていた。ハーシム王家は、イスラムの二大聖地、メッカとメディナをサウド家に奪われ、とうの昔に失っている。その王家の子孫として、イスラム第三の聖地は死守する決意であった。国王はパレスチナ人達に神を信じ希望を失うな、と言った。国王自身は、暗黙の了解による事実上の停戦というまわりくどいことをやめ、正式の停戦を求めるようになった。問題はイスラエルをどう説得するかである。

ジュムア首相は懸命になって説得工作を展開し、国連とバーンズ大使に対して、イスラエルと話をつけて欲しいと懇願した。エルサレム旧市の占領とナブルス進攻を控えて欲しいというのである。これに失敗すると、ハーシム家の支配体制が崩壊する、と首相は警告した。ヨルダンの願いが真摯である証明として首相は、ナセルの撤退提案を無視し、イラク空軍の対地支援を拒否した事実を指摘した、アメル・ハマッシュ参謀総長も、バーンズ大使に接触し、〝無意味な虐殺行為〟に終止符を打ち、王家を崩壊から救うよう嘆願した。アメリカ大使は、戦闘激化が在ヨルダン米国市民一二〇〇名の安全と命に脅威となり、イスラエルがこれ以上押してくるとソ連の介入を招く恐れがあるという自分の所見をつけて、ヨルダンの要請をすぐに本省へ伝えた。バーンズ大使は、時間的余裕がほとんどないので、大統領が直接エシュコル首相と話をすべきであると強調した。

しかしながらホワイトハウスは、その連絡をとる段になると、躊躇した。アメリカの行政府は、例の大嘘が流されてから、共同謀議とみられたくないので、イスラエルに関わる軍事的動きについて、提案することに、極めて神経質になっていた。せいぜいのところ、ラスク国務長官が、フセインの停戦提案をテルアヴィヴへ伝え、イスラエル政府に「アラブ世界におけるイスラエルの国益を考えよ」と勧告するのが関の山であった。国務長官は、フセイン国王が穏健派としてこの地域に影響力を行使し、その反面王政打倒の危険にいつもさらされている、と指摘するのを忘れなかった。★3

ラスク長官の電報は、午前七時にエルサレムに届いた。二時間に及ぶ激しい政治的軍事的動きの後である。政治的動きは、ダヤンがヨルダン情報をエシュコルに伝えた時、にわかに活発になった。ダヤンによると、ヨルダン軍が撤退を中止し前線に戻りつつある。停戦発効まで持ちこたえる意図である。イスラエル国防軍のエルサレム旧市包囲は必要だが、今はそのようなことを言ってはいられない。速やかに突入すべきである、とダヤンは言った。エシュコルは同意した。そこでダヤンは、ラビン参謀総長から攻撃プランを受けとり、ハイム・バーレブ参謀次長に作戦遂行の統括を命じた。ダヤンの命令は簡潔で、可及的速やかにユダヤ教聖所に到達、重火器の使用を禁じる、であった。

バーレブはすぐさまナルキス中部軍司令官に接触し、「安保理が停戦を決議する恐れがある。直ちに旧市に突入しなければならない。しかし、気をつけて進め。頭を使え」と言った。これを受けてナルキスは、ロックフェラー博物館にいるグル空挺旅団長に無線で連絡し、オーガスタ・ビクトリア稜線を直ちに占領、ヘロデ門周辺に待機中の隊はライオン門（コード名でベトナム）より突入せよ、と命じた。ライオン門は城壁の東側に位置し、ユダヤ教聖所の西壁（嘆きの壁）に一番近い。軍司令官はあせっていた。戦後幕僚に語っている。「私は一九四八年にエルサレムで戦った。その時の経験から、非常な不安があった。エルサレムでは、今日やり遂げられないことは、明日に片付けることはできない。つまり、未完に終るということだ」。

メナヘム・ベギンも同じ恐れを抱いていた。午前四時のBBCニュースで、停戦間近かであることを聞いて、ベギンはダヤンに電話した。「安保理の決議が状況を一変させる。一刻の猶予もならない」とベギンはせかした。ダヤンは、いらいらしながら「余計な御世話だ。忠告など不要だ…すでに突入命令を出している」と答え、エシュコルと相談するようにアドバイスした。ベギンは次に首相官邸に電話を入れ、仕事の邪魔をすると詫びた後、遅くとも午前七時までに緊急閣議を開くように要請し、納得させた。一方ダヤンは、突入支援として、戦車と航空機の限定的投入を許可した。ただし、岩のドーム、エルアクサ回教寺院、聖墳墓教会を傷つけてはならないという厳重な条件がついていた。このような聖所に被害を与えると、国際非難を浴び、イスラエルは危機的状況に直面する恐れがある。

午前六時〇〇分、イスラエルの火砲が射撃を開始した。二時間後砲兵は、オーガスタ・ビクトリアの周辺域を猛砲撃し、ついでジェット機がナパーム弾を投下した。オーガスタ・ビクトリアは、ドイツ皇帝ヴィルヘルム二世が一九〇九年に建て、皇后の名を冠した病院である。この病院のまわりにつくられた陣地は、死の陥穽《かんせい》になった。「私の部下のひとりは手のひらサイズに縮んでしまった」。マハムード・アブ・ファリス中隊長の述懐である。数少ない生き残りは、陣地を離れて逃げた。その後すぐ空挺隊が進出した。スコーパスの丘の方から第七一大隊、ワジ・ジョズから第六六大隊である。攻防戦を演じた稜線の陣地は、もぬけのか者である。

らであった。イスラエル側の損害は、ほとんどが友軍火砲の誤射による。戦死九名、負傷一一名はその犠牲

空挺隊は南へ進み、オリーブ山の上に立つインターコンチネンタルホテルを占領した。オリーブ山の西斜面は、世界最古のユダヤ人墓地である。空挺隊はさらに進んでアブディスをとり、東エルサレムを完全に包囲した。彼等はそこからゲッセマネの園にくだった。イエス・キリストが逮捕されたキリスト教ゆかりの地であるが、前夜ア・トール稜線へ向かう左折地点を見失い、ゲッセマネの方へ直行したため、激しい攻撃にさらされ、苦戦を強いられた地域である。ゲッセマネの前方には旧市の域壁があり、ライオン門があった。この門は、マムルーク時代（一二五〇―一五一七）のスルタン・バイバルスが建てたもので、今でも獅子の紋章がついている。グル旅団長は、これからのことを考え、身の引き締まる思いで大隊長達にメッセージを送った。「我々は、旧市を眼下にする丘にいる。間もなく旧市に突入する。我等の先祖が何十世代も帰還を夢みたところ、いつの日か戻ろうと思いをつのらせてきた、いにしえの都市エルサレム。我々がその先駆けとなって、これから突入する。ユダヤ民族が我等の勝利を待っている。イスラエルがこの歴史的瞬間を待っている。誇りを持て。幸運を祈る」。それは決心を促すメッセージであった[★4]。

期待感は軍だけが抱いていたわけではない。気が気でないのでは、民間も同じである。市民が手にするトランジスター・ラジオからは、「黄金のエルサレム」が鳴り響いていた。今年の独立記念日に初めて歌われ、またたく間にひろまって、国民歌として愛唱されるようになった歌である。テディ・コレック市長は、過去六〇時間一睡もしていなかったが、一切苦にすることなく、旧ヨルダン経営のアンバッサダーホテルへ急行し、間もなく実現するはずの〝統一エルサレム〟の臨時市役所を開設した。そこに来たのが、ヤコブ・ヘルツォーグ官房長の弟ハイム・ヘルツォーグである。ウィーン生まれのコレックに対し、ヘルツォーグはイギリス生まれのケンブリッジ大卒業生である。本業は弁護士であるが、軍の情報部長を二期つとめた軍事専門

家でもあり、今回の戦争では危機発生の時点から、ラジオのレギュラー番組で解説を担当し、沈着冷静な状況分析で、国民の気持を落ち着かせた人である。ところが、いても立ってもいられなくなって、スタジオを飛び出すと、東エルサレムへ急いでやって来たのである。

ヘルツォーグは途中で国防軍首席ラビのシュロモ・ゴレン師に会った。空挺出身の宗教学者であり、顎鬚をのばしなかなかの精力家でトーラー（聖書）の巻物とショファル（雄羊の角笛）を抱えていた。シナイから戻ったばかりで、そのシナイでは乗っていたハーフトラックが直撃弾を受け、操縦兵は死亡したという。ロックフェラー博物館でグル旅団長に会ったゴレン師は、トーラーとショファルを前にして、「あなたがここに坐ったなりで、突入しなかったら、歴史が許しませんぞ」と警告した。しかしヘルツォーグに対しては、もっと度量の大きいところを見せ、彼の説得に応じて政府がエルサレムを解放するならば、これから先の地位を見つけてあげると約束した。★5

しかし政府は、説得された状態にはなかった。ちょうどラスク国務長官からの停戦受諾勧告電報を受けとったばかりである。

「ヌー？ フセインには何と言ったらよいものか」。エシュコル首相は、居合わせた主要閣僚と補佐官達を前にして言った。その場で即席に閣議を開いたのであるが、首相の机には、あとひとつ同じような内容の電報が置いてあった。ウィルソン英首相からで、ヨルダンとの停戦を守るように要請していた。ニューヨークからは、エバン外相がゴールドバーグ大使の要請を伝えた。それは、大統領の名で出されたもので、ヨルダンとの戦闘継続は、イスラエルを〝深刻な国際紛糾事態〟にまきこむ恐れあり、という内容であった。エバンは、決議に従う以外ほとんど選択の余地はないとし、アラブが停戦を破れば話は別である、と付記していた（注＝ヌーはイーディシュ語で、「何それ」、「どうだい」など相手の反応を促す表現）。

「我々の発言や主張は、ことごとく状況を複雑にするだけというわけか。つまりは、極めて慎重でなけれ

◉──上：軍事協議のためカイロを訪れたシリアの代表団、左からマホウス外相、
ズァイン首相、スウェイダニ参謀総長、ジュンディ情報局長。
右端サングラスの人物は出迎えたエジプトのスリマン首相。
イタマル・ラビノビッチ教授提供
◉──下：最高の友人にして最大の敵。アメル元帥（左）とナセル（右）の関係は複雑であった。
アルアハラム紙

ばならぬということだ」。ダヤンはそう言うと、国王を秘密会談に招いたらどうか、ただし事前に何も約束はしないと提案した。ヘルツォーグ官房長官は、まず東部正面で決着をつけるのが先決で、国王との交渉はその後にすべきであると言った。一方アリエ・レババビ外務事務次官は、国王がリヤドをはじめとするエジプト軍将校を追放すること、そしてこれを交渉の前提にすべきであると主張した。「そうなれば、国王は死ぬ」とイガル・アロン。エシュコルは、停戦合意をフセインとの和平交渉に結びつけられないか、と思案した。「ヨルダンでは誰がボスか、彼にたずねてみるかな」。首相はしばらく考えこんだ。

結局、エシュコルの疑問が、ラスク国務長官への回答になった。フセイン国王は本当に国軍を掌握しているのか。もしそうであれば現場でその事実を確認することができるか。西エルサレムはまだ砲撃されているが、いつ砲撃がやむか正確な時間を知りたい。停戦と〝恒久平和〟の交渉を行うため、ヨルダンとイスラエルの両代表団はどこで会うことができるか等々。

この一連の質問にフセインが前向きの回答をする可能性はほとんどない。イスラエル側にはわかっていた。イスラエル軍は、文字通り城壁から数ヤードのところに位置し、突入態勢をとっている。そのような状況の時に最後通牒を突きつけるのは、ギャンブルに近い。国王がこの条件をのむならば、たといそれがほんの建前であっても、西壁をはじめとする聖所回復、すなわちユダヤ民族二〇〇〇年来の夢は消えるだろう。

ヨルダンの返答は、あいまいであった。間接的で言い逃れに終始していた。ハマッシュ参謀総長はバーンズ大使に、軍はエルサレムと連絡がつかないとし、友軍火砲がまだ敵拠点を砲撃しているのか知りようがない、と言った。一方ジュムア首相は、西側大使を招いて、イスラエルの度重なる停戦違反を非難し、「ヨルダンは我慢の限界にきた」と声を荒らげ、大々的な反撃を示唆した。★6 ヨルダンの反応はこれだけで、あとは沈黙である。開戦からこれまで、フセイン国王は、エシュコル首相自身の要請を二回無視したことになる。最後通牒は無視され、（望ましい）結果をもたらした。

午前九時四五分、複数のシャーマン戦車が、高さ一二メートルのライオン門に向かって、至近距離で砲撃した。戦車砲は障害物としておかれていたバスを破壊し、門扉を吹き飛ばした。間髪をいれずヨラム・ザムッシュ大尉の指揮するハーフトラックを先頭に、イスラエル兵達が突入した。ザムッシュは敬虔なユダヤ教徒で、西壁一番乗りを熱望し、グル旅団長が約束していた。門を入ったところはちょっとした広場になっていて、ヨルダン兵はそのまわりの建物の屋上や城壁の上から射撃した。しかし、突入隊はものともせず進む。後続する戦車は、狭い通りにはまりこんでしまった。ハーフトラックの一両にはグル旅団長と幕僚達が乗っていたが、ザムッシュの搭乗車に押しやられて、ビアドロロサの方へ向かった。キリスト教にとって聖なる、十字架の道行きのところである。ライオン門を通った空挺旅団は二つの別働隊となり、ひとつはアラブ地区を通ってダマスコ門へ向かい、あとひとつはキリスト教徒地区を経由してヤッフォ門をめざした。

時を同じくして、シオン門をめざしてシオンの丘を登る一隊があった。エルサレム旅団所属の一個中隊で、エリ・ケダール大尉が指揮している。旧市南端部に位置するこの地は、一九四八年の戦争時には、ついにその門を抜けることができず、旧市のユダヤ人地区は占領されてしまった。ケダール大尉は当時一五歳。その時の戦闘で捕虜になった男である。大尉は門の潜り戸を抜け、アルメニア人地区に出た。そして五〇名の隊員を後に従え、旧ユダヤ人地区めざし無我夢中で坂道をくだっていった。その地区は略奪の果てにムスリムが住みついていたが、大尉が来てみると、どの家にも白い布がぶらさがっていた。降伏である。ケダール大尉は、小火器の散発的射撃を受けながら、隊員を率いて糞門へ向かった。ヘロデ王時代、ゴミや汚物を、ここから出していた。中隊は域内の東のキドロンの谷から突入した第七一空挺大隊と、ここで合流した。

グル旅団長と幕僚達は、並木のある静かな広場に出た。ムスリムはハラム・アッシャリフ（気高い聖域）、ユダヤ人は昔からハル・ハバイト（神殿の丘）と呼んできたところである。ここが第一及び第二神殿の地と考えられる。アブラハムが我が子イサクを神に捧げようとした地（創世記二二）として知られ、イスラムには、ムハンマド昇天の伝説がある。ここは、何百万という人々の渇仰の地である。情報将校アリク・アフモン大佐は、神殿の丘に来た瞬間を次のように述懐している。

「戦うこと二日間、我々は激闘の末ここへ来た。ハーフトラックに乗っていた。あたりにはまだ射撃音がする。弾がとんでくる。突然目の前が開け、広場に出た。写真でなら誰でも前に見た風景である。私は信心深い方ではない。しかし、感情をゆさぶられることのない人間はいない、と思う。何か特別なことが心を動かしたのだ」。ヨルダンの小銃兵達としばらく撃ち合った後、グル旅団長はナルキスに無線をいれ、「神殿の丘は我が手中にあり」（ハル・ハバイト・ベヤデヌー）と言った。ヘブライ語でわずか三語の短い言葉に無限の思いがこめられ、その後末永く人々の心に余韻を残す。

グル旅団長の許にアラブ人名士の一団がやって来た。彼等は東エルサレムの降伏を申し出ると共に、複数のモスクに隠匿されている武器弾薬を差出した。名士達が驚いたことに、旅団長は本人達を釈放し、家に帰してしまった。ところが、彼も幕僚達も西壁への道を知らなかった。そこでアラブの老人ひとりに無理やり頼みこんで、案内させることになった。老人は、ムグラビ門を抜けた。西壁のすぐ南へ出るところである。巨大な切石を積みあげた壁があった。ヘロデ王の建立したもので、第二神殿そのものは紀元七〇年にローマ軍に破壊され、西壁だけが残った。ユダヤ人にとって最も聖なる場所であるが、過去一九年間近づくことができなかったのである。

グルがおりていくと、エルサレム旅団と第七一空挺大隊の隊員達が壁の前に集まって来た。あたりにはヨルダンの狙撃兵がいて、銃撃音がしていた。しかし、兵隊達は全然気にもせず、まるで法悦状態で集合した。グル旅団長は、無茶なことをしないように三名の兵隊をゴレン師につけていた。ところがゴレン師はこの三名を振りきると、西壁をめがけてまっしぐらに走った。カディシュを誦し、ショファルを吹き鳴らした後、一呼吸おいて、「私、イスラエル国防軍首席ラビ、シュロモ・ゴレン准将、この地へ来たり。これよりこの地を去ることなし」と声高らかに、宣言した。ここは、ムグラビ地区の掘立小屋と西壁にはさまれた狭苦しい所で、そこへ多数の兵隊が押し寄せ、すし詰め状態のなかでそれぞれが歌を歌いあるいは祈りを捧げた。そしてその頭上高く、国旗ダビデの星が掲揚された。★7

エシュコル首相は、旧市制圧の報に接すると、直ちに聖所管理の指示を出した。ユダヤ教、イスラム及びキリスト教の各聖所を、それぞれラビ、ムスリム聖職者、そしてカトリック教会の管理下におくのである。首相は旧市を訪れるつもりでいたが、狙撃がまだ続いているので、軍の勧告で行かなかった。そして悔しい思いをするのである。午後二時三〇分、首相は国防相が自分の勧告を無視したことを知った。ダヤンは、ラビン参謀総長とナルキス中部軍司令官を伴い、写真にとられることを意識しつつ、意気揚々と神殿の丘へ向かった。神殿の丘に立つと、ダヤンはナルキスに、旧市の壁の一部破壊を提案した。占領を象徴する古代の慣行である。一方ゴレン師は、メシア出現の時代に備え、国防軍の保有爆薬を使って神殿の丘のモスクを爆破せよ、と言った。ナルキスは両名の提案を無視した。ナルキスの関心事は、市の統治確立に必要な秩序維持と治安回復であった。「その任務の橋渡しが自分の運命であることを考えると、身の引き締まる思いであった」。ナルキスの述懐である。

ダヤンは、西壁に到着すると、伝統に従って、祈りの言葉を紙に書き、それを石と石の隙間に入れた。噂では平和の祈りを書いたというが、戦闘的であると同時に雅量のあるところを見せる、いつもの多義的なニュアンスで「我々は、みやこ、イスラエルの首都で再統一した。分離することは二度とない。アラブの隣人達に、今この時点で…平和の手を差しのべる」と宣言した。

ラビンは、ダヤンの言葉に耳を傾け、数百名の兵隊達が超正統派のユダヤ人と踊っているさまを、畏怖の目で眺めていた。「これが、私の人生の頂点だった。何年も秘かに夢見ていたことがある、ユダヤ民族のため西壁を回復する…そして私がそれに役割を果たす。そんな夢である。そしてその夢が実現した今、たくさんの人のなかでなぜ自分がその特権を与えられたのだろう、と突然思った」。西壁で発したラビンの言葉は、兵士というより預言者の声に近い。

戦友達の犠牲は無駄ではなかった…ユダヤ人は、エルサレムのために何十代にもわたり殺され、排除され足蹴にされ、虐殺されてきた。その犠牲者は汝に言う。我が民よ平安あれ、救いをもたらした母と父を慰めよ、と。★8

内閣も喜びにつつまれた。ベギン無任所相は、ユダヤ人地区の即時再建とイスラエル人数千人の再定着を要求した。ニューヨークで勝利のニュースを聞いたエバン外相は、「歴史的な感情のほとばしりが、抑制のダムを打ち砕き、人々の心と魂をゆさぶり、感動の波となり我々の地をはるかに越えて滔々と流れている」と書いた。非戦派の急先鋒であったゾラフ・バルハフティク宗教相は、〝西壁解放の喜びにつつまれ〟そこへ急行すると石壁に接吻し、ダヤンとラビンを抱擁した。首相の特別軍事補佐官であるイガル・ヤディン教授は、すでに次の攻撃目標を考えていた。ヘブロンである。閣僚のなかでただひとりうんと言わぬ首相に対して、ヤディンは「我々はヘブロンとは長い歴史的つながりがある。それはアブラハムの時代にさかのぼる」と説得を試みたが、首相は首を縦にふろうとしなかった。空挺隊員が九七名も死亡し、四三〇名が負傷したことに打撃を受けていたのである。首相は、敵意を持つ大きいパレスチナ人口を抱えこむことにも用心していた。「アラブ人口は大きい。君はこの多数のアラブ人と共存できると考えているのか」。そう問われてヤディンは、「実際のところ、我方の部隊が到着すれば、彼等（パレスチナ人）は砂漠へ逃げるでしょう」と軽率なことを言った。★9

イスラエル軍の進撃の勢いはやまぬように見えた。グルの空挺隊が西壁を制圧した頃、ベンアリの戦車隊がエリコの郊外まで到着した。ナブルスの西方では数地域で激戦となり、エルサレムの南で歩兵がマル・エリアス修道院周辺の防衛陣地を蹂躙した。その先はベツレヘムそしてヘブロンである。ヨルダン軍は文字通り算を乱して敗走中であった。車両を遺棄し、徒歩になって我れ勝ちに東岸へ逃げていた。ヘブロン郊外にはかつてユダヤ人開拓村が四か所あり、エチオンブロックと呼ばれた。一九四八年の戦争でヨルダン軍に占領されたが、一九年後ここに進出したイスラエル兵達は、開拓時代の家屋の残骸にまじって、パットン戦車二〇両を発見した。手付かずの状態であった。エリコでは、似たような数の戦車が、泥地の中に放置されていた。ヨルダン陸軍の戦力は八〇％減となり、ジュムア首相はバーンズ大使に不満を述べ、イスラエルは全部破壊するつもりだ、と主張した。道路が難民の群れで詰まってしまい、部隊の撤退速度が遅くなっていた。

その日の午後一番で、フセイン国王が参謀本部会議に出席し、残存戦力をもってヨルダン東岸域の防衛を強化する必要を説き、援軍の来る可能性に触れた。国王はまだ一縷の望みを持っていた。アラブの支配者のなかで、ほとんど戦闘にまきこまれそうになったのは、国王だけである。過去二日半食べものを一切口にせず、一睡もしていなかった。ある目撃者によると、国王は茫然自失、意気消沈し、自尊心をなくしていた」。王国の半分を失ったばかりである。観光資源を失い、農業という収入源もなくなり、国軍は崩壊していた。折りも折り、カイロから電報が届いた。フセイン国王には何の慰めにもならぬ内容である。ナセルは、国王の撤退命令を承認し、エルサレム救出のためには国際圧力をかける必要上、ヨルダンが西側と断交するのはなしとした。[★10]

落ちた遮断幕

フセインは、まだエジプト兵を排除するつもりはないとしても、停戦を進んで受け入れる気になっていた。

つまり、戦争は終りに近い事実を、イスラエルの指導者達につきつけていた。ラビンは、「政治的砂時計は砂が尽きかけている」と認識し、ウリム（光）作戦の即時発動を命じた。シャルム・エルシェイクの占領である。もともと、その日の夕方に発動の予定であった。

作戦は、計画通り海軍のさぐり攻撃で始まった。当初の算定では、歩兵二個大隊、砲兵及び対空砲隊が駐留し、海上部隊には魚雷艇六隻、駆逐艦及び潜水艦各一隻の戦力であった。ところが、当日午前四時〇〇分に実施されや空中偵察で、事実上この地域は放棄されているのがわかった。しかしラビンは慎重を期して、三〇分後にミサイル艇三隻による沿岸砲台攻撃を命じた。一方、空挺隊とコマンド隊は、ノルドアトラス型輸送機とヘリコプターに分乗した。スエズ湾沿岸のアルトールに降着し、そこから陸地経由でチランを攻撃する計画であった。

イスラエル側は知らなかったが、当初一六〇〇名いたエジプト兵は、ほとんど撤退していたのである。アメル陸軍元帥の強引な指示で、シャルム・エルシェイク防衛隊は、シナイの司令部と全く接触、連絡がなく、カイロから直接暗号文で命令を受けていた。「我々は戦争がどうなっているのか、全然わからなかった。唯一の情報源はラジオ放送だった」。アブダル・ムーニム・ハリル地区司令官の述懐である。「ところが、六月六日になって、私はアメル元帥から撤収命令を受けた。命令は遂行された」。ハリルの将校達は愕然となった。そのひとりマハムード・アブダル・ハフィズは、「我々はショック状態で、呆然となった。ラジオは勇ましい軍歌や勝利の歌を流しているし、放送内容もイスラエル空軍を潰滅した、友軍がテルアヴィヴにせまっているといった内容だったからだ」と述懐する。アブダル・ハフィズと部下達は、ガソリンが充分にないので、スエズ湾の会合点まで一八〇マイルを、ほとんど徒歩で後退した。「シャルム・エルシェイクからの後退時の気持は筆舌に尽くし難い。本当に泣きたい位だった。起きていることが信じられなかったのだ。我々はひとりのイスラエル兵も見ていなかったのだ」。

◉――6月7日、ロマニの西で撃墜されたエジプト空軍のイリューシン28爆撃機の残骸。エジプト空軍は、保有するジェット爆撃機約70機(イリューシン28-40機、ツポレフ16-30機)の大半をこの戦争で失った。IGPO

シャルム・エルシェイク撤収の報が地上軍(シナイ方面軍)司令官ムルタギ中将の許に届いたのは、夜半過ぎである。同地は事実上放棄されたという。当惑した司令官は、第四機甲師団の一部をもって直ちに増強する処置をとった。しかしその第四師団は、シナイから運河経由で本土へ戻った最初の部隊のひとつであった。師団の一部はすでにカイロ近郊まで来ていたのである。師団長シドキ・グール少将は、後退命令をアメル陸軍元帥から直接受けており、ムルタギは知らされなかった、と後になって言った。

ラビン参謀総長は、空軍と海軍双方からの報告で、エジプト兵の大半が逃げたことを、やっと納得した。空挺隊は、アルトールに着陸する代わりに、直接シャルム・エルシェイクへ輸送された。上陸した空挺隊は激戦の末同地を占領した。エジプト側は戦死二〇名、八〇名が捕虜になった。一二時一五分、ダヤンが、チラン海峡はすべての船舶に解放されたと発表、ここは国際水路であると宣言した。マサワ（エチオピア）に碇泊したままであったイスラエルの貨物船ドルフィン号は、直ちにエイラートへ向け同地を出港し、二隻のイスラエル船がエイラートを出て、アフリカへ向かった。

紅海は再びイスラエル船に解放されたが、スエズ運河はそうではなかった。ダヤンがそちらの方は考えないことにしたのである。軍の偵察隊が運河の方へ向かっているのを知ると、ダヤンは直ちに引き返せと命じた。国防相の胸には一九五六年のトラウマがまだ生々しく、運河閉鎖をもたらしかねない行動に、反対していた。一九五六年の時のように海運諸国の怒りをかうことは避けたかったのである。★11 ダヤンは、ミトラ峠、ギジ峠を越えてはならぬと指示した。この二つの峠は、シナイ中央域へ至る幹道の起点であり、理想的な防衛ラインを形成している。二つの峠を越えて西へくだってはならぬと指示しても、南部正面の戦いにはずみがつき、その勢いはダヤンの予想を遥かに越えて急速に動いていた。

前夜ジャバル・リブニで、ガビッシュ南部軍司令官の統裁で、追撃計画が策定された。三個のウグダ（師団）は進撃を続けるのである。タル師団は二方向へ進む。グラニットの機械化旅団は地中海沿岸道を使って西進し、ゴネンの第七機甲旅団を主力とする部隊は、ビル・ラーファンの南で行動することになった。ゴネンはジャバル・リブニの砦から打って出ると、ビル・ハンマに拠るエジプト第三師団の後方にまわりこみ、強力な後方築城地帯を攻撃した。そこを突き抜けた後、今度は四〇マイル西のビル・ガフガファに向かう。目的は第四師団の退路を断つことであった。幹道沿いに脱出し、フィルダン橋を使って逃げるのを防止するのである。ヨッフェ師団も第三師団を攻撃した。ヨッフェはビル・ハサナとビル・タマダを通って南へ大きくまわりこんだ。目的はフィルダン橋ではなく、二つの峠の入口を制圧することであり、エジプト第二師団の退路を断つことであった。さらにその南では、シャロン師団が砂漠を通過し、ナクールをめざした。シャズリの部隊が二つの峠へ到達する前に、ここで撃破するのである。

イスラエルの部隊は、遮二無二西へ急いだ。しかし、後退するエジプト軍部隊が邪魔になって、なかなか前進できなかった。敗走する車が道路を埋め尽くし、黒煙をあげて炎上する車両が、あちこちで行く手をさえぎった。前進どころか、全く動けない時もあった。イスラエル兵達は、将校と下士官以外はエジプト兵を捕虜にとることをやめ、一般兵には運河へ向かって走るように促し、あるいは靴を脱がせて砂漠に放置した。ビル・ガフガファそしてビル・タマダへ通じる道路上で、イスラエルの戦車隊は、エジプト軍の車列の間を縫って進み、途中で分断すると、すべて破壊した。この総崩れを目撃したエジプト兵のひとりが、マハムード・スウァルカ。第六師団の操縦兵である。

我々は、エイラート攻撃の命令が発令されるのを待っていた。ところが六月七日に大変なことになった。大隊長と中隊長が突然いなくなったのである。後になって判明したのであるが、彼等は運河を渡り、本土へ逃げ帰っていたのである。私はジープを棄て、ナクールへ向かう後退部隊と一緒になった。ナクールでは空中攻撃にさらされた。それからミトラ峠で大変な事態になった。イスラエルの部隊と正面からぶつかったのである。彼等はスエズの方から来たように見えるが、我々に向かって火砲を撃ち、機関銃で掃射してきた。私は気を失った。気がついたら、イスラエル軍の車の中だった。自分の流した血だまりにつかっていた。

ちりぢりになったエジプト軍部隊は、それでも、態勢を立て直し、果敢に応戦する隊があった。ビル・ガフガファには、さまざまな軍施設が不規則にひろがっていた。そのまわりに掘られた戦車壕にT55戦車が布陣し、タルの戦車隊と激戦を展開した。この戦闘でエジプト側はT55一二両、装甲兵員輸送車五〇両を喪失した。しかし、この戦闘は遅滞行動として効を奏し、第四師団の大半は、スエズ運河を越え本土へ逃げることができた。シャロン師団は、河床の泥濘に足をとられ、身動きできなくなった。そこにミサイルを撃ちまくれ、やむなくヨッフェ師団の方へ方向を転換せざるを得なくなり、〝同士討ち〟を演じた。この遅滞によって、シャズリ部隊はシャロンが仕掛けようとした罠をすり抜けることができた。クセイマの築城地帯にいた部隊も、脱出に成功した。一方エジプト空軍は、大きい被害を被ったが、基地と第一線が近いという地の利を利用し、残存機で戦闘を継続した。「我が空軍に万歳三唱だ」と思ったのは、イスラエル軍の軍医である。記録ではアシェルという名前しかわかっていないが、ミグ機をミラージュ機と誤認したのであった。

機影が見えた。段々近づいてくる。我々の方に向かって降下し始めたようである。これまでの経緯がある。我々は思いあがっていた。その日は戦闘三日目で、我々はエジプトには一機も残っていないと考えていた。友軍機と思ったその戦闘機は、こちらへ真っ直ぐ飛んで来て銃撃を開始した。ひとりの将校が「ミグだ…散れ、散開せよ」と叫んだ。我々は気が狂ったように砂丘の中を走りまわった。その機は上空を旋回していたが、再び低空で襲ってきた。パ、パ、パと聞こえる。映画の一シーンのようだった。空を見上げると、あと三機いた。攻撃編隊を組み始めている。我々は、さっと伏せた、道路から六〇メートルほど離れていたであろうか。先ほど我々を攻撃した機もその編隊に加わり、ミグは四機一列編隊になり、機銃掃討を開始した。

ロマニの西方では、複数のイリューシン28型爆撃機がグラニット部隊を攻撃し、空挺隊指揮官のラファエル・エイタン大佐が重傷を負った。しかしながら、この種の航空攻撃は、戦闘にほとんどインパクトを与えず、エジプト機は、圧倒的戦力を誇る相手に対しては、蟷螂の斧にも似て、結局は自殺攻撃を加える形となって。その日だけで一四機が撃墜された。[★12]

後方警戒行動は、もはや退却の波をくいとめることができなくなった。「後退するエジプト軍は、散を乱した敗走の様相を呈していた」と述懐するのは、治安将校のアッザム・シラヒである。イスラエル軍が間近にせまる頃、シラヒはビル・ガフガファの残存施設爆破を指示された。すべての破壊である。「私は爆破し、自分の基地を自分の手で解体してしまった。だが、モスクだけはどうしても破壊できなかった」。第二機甲旅団の予備役将校アブダル・ファッター・タルキ博士は、人文科学専攻の学徒であるが、「全員頭に血が上っていた。ビル・タマダへの後退を指示された。しかし、そちらに近付くと煙があがっている。全部燃えていた、路上の部隊は総崩れの様相を呈し、敗残の兵がうごめいていた。惨澹たる状態だった。この混乱と混沌がなかったならば、イスラエルの勝利は実際の四分の一にとどまったであろう」と語っている。[★13]

エジプト軍の防衛第二線は、〝遮断幕〟と喧伝されていた。しかしひとたまりもなく崩壊した。第一四機甲旅団のサラフ・ムーシン旅団長のように、後退行動を組織化しようとした将官が何名かいたが、大半の上級将校は、兵隊達よりずっと前に逃げてしまった。旅団のシルビニ・サィード・ハマダ作戦主任は、「イスラエル兵は、我々を包囲してはいたが、まだ突破しているわけではなかった。数段構えの線を破らなければならないのである。しかるに、後退命令がきたのである。なぜだ。我々にはわからなかった。そして、状況は一気に混乱した」と述懐する。

第一線を最後にさがった指揮官のひとりが、ムルタギ自身であった。敵の空中攻撃を避けるため、司令部を西へ西へと移してはいたが、方面軍司令官は第一線にずっと位置していた。ところが午後二時三〇分、憲兵隊司令官サアド・アブダル・クリム少将が軍司令官を探し当て、司令部へやって来た。捕虜になる恐れがあるとして、即時撤退を勧告したのである。「一番奇異なのは、今や方面軍（司令官）が最高司令部の命令を下級の幕僚から受けていることであった」。アラブの一歴史学者の論評である。[★14] 奇異かどうかは別にして、ムルタギは、彼の指示を実行した。綿密に積みあげられたエジプト軍の組織構造は崩れ、今や骨組みがなくなっていた。

ところが、その日午後遅く、動きがひとつ出てきた。状況を根本から引っくり返して、エジプトを総崩れから救い、イスラエルに敗北を強要する。そのような意図をひめた動きである。アラブ最大の同盟者が、開戦前あれほど声高に叫んでいたのに、開戦以来今日まで不気味なほど沈黙していたのが、突然アラブの大義を語り始めたのである。

六月五日朝、ソ連のチュバーキン大使はイスラエルの外務省に「戦争はどこだ」と問い合わせた。ソ連は戦闘勃発を全く知らず、寝耳に水であった。以来二四時間必死になって通信を傍受し、情報の蒐集に努めてきたのである。そして、戦況をつかみ、戦争がイスラエルに有利に展開していることを確認した。フェデレンコが停戦のグリーンライトを受けたのは、それからである。しかしそれまでに、ソ連・アラブ関係に大きいズレが生じていた。モスクワは可及的速やかな戦闘終結を願ったが、エジプトとシリアは、ソ連の大規模援助を計算に入れ、戦闘継続を強く主張した。

アラブに対する大々的援助は、ソ連の公的機関紙が示唆した。例えばプラウダは、「ソビエト政府は、侵略の犠牲者に対する支援の公約を堅持し…状況が必要とするあらゆる手段をとる権利を保有する」と書いた。フェデレンコは、六月六日の安保理で投票する際同じ言葉を使った。しかし、アラブは喜ぶどころか、不満であった。あらゆる手段のなかに、アラブが望まない停戦をソ連が加えていたからである。停戦になれば、イスラエルの占領地居座りを許す。その停戦をソ連が支持するのである。ＣＩＡの情報は、「この行動によってソ連はアラブ世界で代価を払った」とし、「国連でソ連が部分的にアラブを突き放したことは、多くの者には少なくとも一部売渡しのように見える」とした。

アラブ敗北の全貌が次第に明らかになってくるにつれ、ソ連がその外観を隠したりあるいは少なくとも和らげることが、次第に難しくなった。ナセルは、イスラエルに対するソ連の軍事介入とまではいかなくても、

◉——6月7日、エジプト軍は残余機を投入して、イスラエル軍の進撃をくいとめようとしたが、この日だけで14機を失った

武器弾薬の緊急空輸を期待していた。しかしクレムリンは、どちらも厭である。モスクワではひとりのソ連政府関係者がアメリカの外交官に、「この戦争で、自分達の重大権益が危機に瀕している時でも、アラブは団結できないことがわかった」と不満を洩らした。ロシア人は、ソ連製兵器が戦場で残骸をさらす事態に当惑し、第六艦隊に太刀打ちできるはずもなく、ソ連の威信がとり返しのつかぬほど傷ついてしまう前に、そしてまたシリアが同じ憂目にあう前に、戦争を終らせたかった。

ソ連のプロパガンダは、アラブ諸国に〝狙いをつけている〟として、第六艦隊を非難したが、その搭載兵器が使用されたとまでは主張できなかった。コスイギン首相はエジプトのガーレブ大使を呼んで、英米共同謀議を立証する証拠は一切ない、とつき放した。ジョンソン大統領がそのような介入に反対すると、自ら保証していたし、東地中海で米空母を追尾中のソ連の巡洋艦からは、通常とは違う動きは認められないとする報告がきていた。ソ連は航空機の供給に同意したが、発送先はアルジェリアにした。ソ連側の説明によると、イラクでは遠すぎるし、リビアはホイーラス（米空軍基地）に近すぎる。アルジェリアであれば、そこで組立てエジプトへ送れる。ガーレブ大使は、そのような手順を踏めば数週間かかると抗議した。しかし、同情は得られなかった。

共同謀議の大嘘はやぶ蛇であった。ソ連は、この話にのってアラブ救援に馳せ参じることはなく、アラブに停戦受諾を促す結果になった。戦闘第三日になると、ナセルはイスラエルと西側の共同謀議だけでなく、中東で波風をたてないとする米ソ間の暗黙の了解、を口にするようになった。ソ連からみれば、このようなことでは埒があかない。堂々めぐりである。悪循環から抜けるには、アラブの次元を当面は無視して、イスラエルと向きあう必要があった。★15

ソ連の首相は、先代のブルガーニン首相がテルアヴィヴにミサイルの雨を降らせると威嚇した事実なら、間違いなく記憶しているはずである。この威嚇が、イスラエルに対するアメリカの経済制裁と組み合って、一九五六年の戦争を終らせ、イスラエルのシナイ撤退をもたらした。しかし、そのアメリカは、ユダヤ人国家と不仲であるというよりは、むしろ気があるようで、コスイギンは武力行使の威嚇処方は控えた。戦闘初日の後コスイギンはエシュコルに注意を喚起し、「イスラエル政府が、理性の声に従わず、流血の大虐殺をやめなければ、開戦の責任だけではない。戦闘のもたらす結果責任を、イスラエルが負うことになる」と警告した。しかし、メッセージに突き刺すような鋭さが欠けていたので、効果がなかった。イスラエル側は無視した。警告が深刻に受けとめられるには、もっと明確で強い表現が必要であった。

六月七日の午後、疲労の色濃いチュバーキン大使は顔面蒼白の状態で、イスラエル外務省のアリエ・レバビ外務次官の許を訪れた。大使はエシュコル首相宛のメッセージを持参していた。曰く、「先にソ連邦はイスラエル政府に警告を発した。しかしイスラエルの指導者達は理性に耳を傾けようとしなかった。イスラエルが安保理決議に直ちに従わなければ、ソ連邦はイスラエルとの関係を見直し、イスラエルの侵略政策に対応する必要な手段を選択し、行使する」。同じような警告メッセージが、西側諸国の指導者へも送られた。彼等が、イスラエルに対する圧力に加わってくれるとの読みである。★16

モスクワの戦闘的姿勢への転換は、すぐ戦争にインパクトを及ぼした。その日の午後最高司令部で、ファウジ参謀総長がアメル陸軍元帥と顔を合わせると、元帥は「軍には気をつけろ」と言った。だいぶ上機嫌のようで、気持がたかぶっているのか、訳のわからぬことを喋った。ソ連の介入が近いと思って、有頂天になっていたのである。「私の言うことをよく聞け。ファウジ、軍には気をつけろ」と、アメルは繰り返した。嬉々としている。しかし、気分が変わったとみえ、突然静かになった。そして参謀総長に第四師団をシナイへ戻せと命じた。運河を再渡河して、二つの峠で敵をくいとめるというのである。「これは政治的決定だ。大統領がすでに命令を出している。実行しなければならん」とアメルは言った。

ファウジ参謀総長は、元帥がソ連の公約で大喜びしているのか、それとも精神のバランスを崩したのか判断がつき兼ねたが、命令は命令であるので、直ちに運河西岸のイスマイリヤに飛んだ。そこで、ムルタギ軍司令長官、ムーシン第一四機甲旅団長その他上級将校達を集め、命令変更を伝えた。「それは自殺行為です。空中掩護なしで部隊を戻すことはできません。それに道路は全部兵隊と車両の残骸で埋め尽くされています」。ムルタギは抗議した。ほかの将校達も同じ意見であった。しかし、午前四時〇〇分に命令は第四師団宛に発令された。両峠に残り、後退の別命があるまで勝手に動いてはならないという内容である。遮断幕は永久に落ちてしまったであろうが、最後の防衛第三線はまだ持ちこたえることができるかもしれない。★17

きらびやかな新世界

エジプトが実効性のある介入を求めてソ連に圧力をかけた結果、ソ連は停戦推進に向かった。一方ソ連がイスラエルの動きを封殺しようとした結果、イスラエルは攻撃加速に向かうのである。

フェデレンコ国連大使は、政府の方針に従い、安保理にかけこむと、前日採択された停戦決議の即時履行を要求した。エバン外相は再び動議を受け入れ、エル・コニーは拒否した。エルサレムでこの動きを観察していたダヤンは、内閣防衛委員会で「ソ連の警告を一蹴することはないし、おじけづくこともない。イスラエルは当初設定した目標まで、あと一歩のところにいる。目標に到達しつつ、停戦を受け入れることができる」と言った。しかしそれでも国防相は、戦闘終結に向けた国際圧力のたかまりに鑑みて、日暮れまでに峠へ何としてでも到達せよと、国防軍に指示した。首相補佐官のリオール大佐は、「これではモスクワまで行くつもりか」と調子のよいことを書いた。

コスイギンの警告は、イスラエルに二つの面で影響を及ぼした。ひとつは、軍事作戦のタイムテーブルの繰り上げである。あとひとつは、ソ連やアラブが考えもしなかったもの、すなわち平和の問題にスポットライトをあてたことである。閣僚と政治アドバイザーの集まりで、イガル・アロン教育相は「これは、歴史的機会である。包括的和平はもとより、個別の和平も可能である。」と指摘し、「第一、我々はヨルダン、レバノンそしてモロッコと平和について交渉する。フセインは平和条約に調印できないなら、家族と一緒にイギリスへ逃げることはできる」と言った。モサッドのアミット長官は、「ウェストバンクに関して、我々はどうしたいのか。併合したのか、それとも別の計画があるのか、はっきりさせておかなければならない」と主張した。エシュコル首相は、東西両岸域を分離し、西岸域（ウェストバンク）に自治制を導入する案を提示した。「そうしなければ、我々は敵意を抱き武器を持つアラブ人一〇〇万を抱えこむことになる。エジプトの将官がひとりでも残っていれば、最後のひとりまで戦えと徹底抗戦を強要することができる」。ウェストバンクについてこのような方針を示した首相であるが、ガザについては「のどに刺さった骨」と表現し、解決策を持っていなかった。エジプトについては、これからどう進めていくのか、まだ決めていなかった。すると、外務省のヨセフ・テコア国連局長が「我々は、エジプトの現政権を叩き潰し、新政権と平和条約を結べる段階に到達している」との認識を示し、「我々は、一時しのぎではない平和の確立を考えるように、アメリカを説得しなければならない」と主張した。★18

そのアメリカは、すでに平和について考えていた。イスラエル側よりももっと体系的で、詳細な展開を行っていたのである。国連安保理は麻痺状態にあり、ソ連の動きは当面のところ封じこめられている。ジョンソン大統領と補佐官達は、六月七日をほぼ丸一日自由に使って、中東問題の解決について議論した。大統領の考える問題の落としどころは、国家安全保障会議で述べたように、調停工作では公平な態度でのぞみ、「英雄と悪人を極力つくらない」ことであった。チラン海峡の自由航行、軍備制限、難民問題について解決方法が見つかるとしながらも、大統領は問題の複雑性を認識し、前途にさまざまな落とし穴があることもわかっていた。「我々が、手の焼ける問題を片付け終らぬうちに、次の戦争が勃発しないことを願うばかりだ」と述べながら、補佐官達に問題解決のアイディアを出すように求めた。

ウォルト・ロストウは、一九四九年の休戦協定との関連で問題を提起し、「問題は、休戦協定をこの戦争の解決のベースにするかどうかである。ベースにするならば、アラブはイスラエルに対する敵意の姿勢を保持したままとなる。つまり、いつまでもイスラエル問題を火種として残し、アラブの政治生活で、ばらばらな状態をひとつにまとめる力として、イスラエルを使う。ソ連もアラブ世界に対する手掛りを持ち続ける」と分析し、「あとひとつは、中東の一国としてイスラエルが受け入れられる解決をめざすかどうかである」と述べ、国連のゆるやかな枠組でアメリカの主導する包括的平和プランの策定を急ぐべきであると提案した。

中東統制班では、マクジョージ・バンディが似たような論を展開した。国家安全保障局の前局長でフォード財団の会長であるバンディは、教訓好きのポローニアス（シェークスピア作『ハムレット』の登場人物）の口調よろしく大統領に、次の勧告を行った。「一、我々が、景観を必然的に変える歴史的事件に立ち会っているとの明確な認識を持つ。二、繁栄、安定した中東で、強力かつ安全なイスラエルが存在することを期待し、その期待に沿った建設的案を打出す。三、半端な休戦協定の寄せ集めではなく、平和がなければならぬとのアメリカの見解を、明確にする。難民問題に対する本腰の取り組みを支持すると発表する…これは良きLBJ（ジョンソン）ドクトリンであり、イスラエルの良きドクトリンである」。

ホワイトハウスは、平和計画の立案に向けて、スタッフ以外の専門家にも意見を求めた。国際問題と中東問題の分野で、ハーバード大学のナダブ・サフラン、スタンレー・ホフマンの両教授が意見を述べた。二人の専門家は、今度の戦争を平和確立の本物の機会と規定した。今回は、ソ連が面目を失いエジプトも力を失っているので、休戦協定の成立以来初めて機会らしい機会が訪れているとの認識である。二人の専門家は、二国間の直接交渉を提唱し、「数をたのむアラブが、揃いぶみで登場してテーブルにつき、その対面にイスラエルがひとりポツンと坐る。このような構図は避けなければならない」と主張した。[★19]

この処方に底流するのは、アメリカとイスラエルの立場が平和問題でうまくかみ合っているという考えである。〝形式的に〟境界の一部手直しはあろうが、平和条約の締結を前提とする直接交渉の見返りとして、イスラエルは占領地をすべて放棄することが期待される。当初だした声明でエシュコル首相とエバン外相は、戦争における領土的野心はないと述べていたし、テルアヴィヴのアメリカ大使館からは、楽観的な報告が送られていた。曰く、

この一九年間、イスラエルの存在は正式に認められず、あくまでも非公式かつ暫定的な認知であった。今回イスラエルの軍事行動の成功が、イスラエルの各層に決定的影響を及ぼしたことは明らかである。彼等は、この成功が限定的地位から抜け出て、ほかの独立国が持っている国家としての属性を、すべて備えた完全な国家になる機会を手にした、と確信している…彼等は、停戦から隣人達と平和条約を締結

◉——ホワイトハウスの状況室で協議する米政府首脳。左からマクナマラ国防長官、カッチェンバッハ国務次官、トンプソン大使（煙草の人物）、W・ロストウ安全保障担当特別補佐官、ハンフリー副大統領、ラスク国務長官（着席）、ジョンソン大統領、バンディ中東統制班長。撮影＝Y・オカモト、LBJ図書館

する方向に向かうことを、要求するであろう。

バーバー大使は、イスラエル国防軍の〝赫々たる勝利〟とその軍事的成功がアメリカとイスラエルに対して開いてくれた〝きらびやかな新世界〟について、熱っぽい報告を行った。

‡

アメリカとイスラエルの間には一定のコンセンサスがあると考えられていたが、六月七日の夕方になると、そのほころびが見えてきた。イスラエルの政府関係者は、新しく手にしたものをすべて放棄するなどとは言わなくなった。ガザ及びシャルム・エルシェイクにおける国防軍部隊の常駐、東地中海中部沿岸域のくびれ部分の解消を示唆しているのである。ダヤンは、ウェストバンクにパレスチナ自治国家を建設し、イスラエルと連邦化する構想を、すでに流していた。一番争点になるのが、エルサレムである。イスラエルの指導者達は、エルサレムが〝解放〟されたとする点で、認識が一致していた。イスラエルの駐ローマ大使エフード・アブリエルは、教

皇庁のデラカバ枢機卿に、「ひとりのユダヤ人、そしてイスラエルの一国民として考えれば、エルサレムが全域イスラエルに属するのは自明の理である」と指摘し、「その歴史的事実は、キリスト教が生まれる一〇〇〇年前、イスラムの二〇〇〇年前に確立された。バチカンはこの認識の受け入れを、お考えになったらいかがであろう」と言った。イスラエル銀行は、五〇〇〇万ドルのウェストバンク開発基金設置に向けて動き始め、シナイ方面については半島買収構想をたてた。合衆国がアラスカとルイジアナを買収した前例に類似する。★20

この一連の変化の兆候あるいは示唆は、逐一ホワイトハウスに伝わった。それはラスク国務長官の注目するところであった。長官は国家安全保障会議（NSC）で、「我々がイスラエルの弁護士役を買ってでなければ、我々はアラブ世界で被った損失を取り戻すことはできない」と述べた。特に長官が弁護士役になりたいと考えたのは、イスラエルが求めるアラブ諸国との全面的平和と平和条約の締結であり、アメリカの軍備管理構想の推進、難民問題の解決に対する積極的関与、であった。しかし、長官は自国大使達に、「我々にとってアラブ諸国の領土保全と政治的独立は、イスラエルの安全保障と同じく重要である。我々はこの信念を伝えたい」と通達した。

アメリカとイスラエルの間に内在する摩擦は、まだ大統領の注目するところではなかった。大統領が急務とするのは、共同謀議の大嘘に対する論駁であり（検討された論駁法のひとつがイエメンにおけるエジプト軍の毒ガス使用に関する報告の宣伝であった）、アラブの石油ボイコットに対する警戒であった。ジョンソン大統領は、イスラエルの戦闘目的を支持する見返りとして、アメリカのユダヤ人（ある補佐官は〝戦争に対するハト派〟と呼んだ）に、ベトナム政策に対する支持を熱心に求めていた。しかし、当時大統領が一番神経をとがらせていたのは、ソ連の反応である。なだめられて受身的な立場にひきずられてはならないと汲々としていたのである。「ソ連がこのまま引っ込んでしまうとは信じ難い」と最高指揮官たるジョンソンはNSCで言った。「我々がトラブルから抜け出たとは思えない」[21]。

‡

アメリカの政策立案者達が、中東平和の新世界を構想している頃、旧の現実世界では戦争第三日が終っていた。薄暮時イスラエル軍部隊は、ほとんど一発も撃つことなくベツレヘムに入った。飼い葉桶広場（聖誕教会前広場）で、将兵は歓呼の声に迎えられ、商人達が押し寄せて来た。土産物売り屋である。「我々は警察署に押し入り、そこで仮眠をとる準備をしていた」。エルサレム旅団の将校ラフィ・ベンベニステの回想である。「突然、ひとりの老人が、案内されて部屋へ来た。その老人は、まちの長老と名士達が、ベツレヘム征服者の御来駕をお待ちしています、と言った」ベンベニステは、聖誕教会へ連れて行かれた。被害を受けた数棟のひとつである。砲弾四発が屋根に命中していた。教会の中に入り、ローソクの灯る部屋へ案内されると、教会関係者と族長達が待っていた。「私は、大丈夫だ、心配するな、ここへは平和のために来たと言った。皆、ショック状態だった。私もそうだったが。それから全員あっさり家へ帰った」。

ウーリ・ラムの部隊が入った人口八万のナブルスでは、もっと手荒い応接が待っていた。ここは聖書時代サマリア人の首都であった。ラムの回想によると、「数千人の人が待っていた。白いハンカチを振り、拍手している。我々も無邪気に手を振り、笑顔を返した…まちは完全に秩序が保たれ、パニックの徴候などどこにもなかった」のである。ところが状況が一変する。イスラエル兵のひとりが、民兵隊のひとりから武器をとりあげようとしたので、見物人達が気付いた。彼等はそれまでイラクの部隊が来た、と思っていたのである。見物人達は蜘蛛の子を散らすように姿を消し、「通りはあっという間に人がいなくなって、狙撃が始まった」。ペレド師団の部隊は、ナブルス域から東へ向かいさらに南へ転針した。北上中のハレル旅団の一部と合流するのである。ヨルダン川にかかる四つの橋は、夜半までに占領された。ダヤンは四橋の破壊を命じた。西岸が東岸から物理的に分離されたことを象徴する[22]。

ウェストバンクの戦闘は終りを迎えつつあったが、シナイの戦闘はクライマックスに近づいていた。イスラエル・グラニット大佐指揮のタスクフォース（グラニット隊）は、エルアリシュから事実上全く抵抗を受けずに西進し、運河に一番近いエジプトの村ロマニに到着した。一方タル師団の一部が、二つの峠に向かって急行した。ここでは、海岸道の放棄と違って、第四師団も戻ってくるわけであり、エジプト軍は死守を決意していた。夜半過ぎ、第四師団の先頭部隊（T55戦車六〇両）が、ビル・ガフガファの西でタル師団の一部（AMX戦車三〇両）と衝突した。軽戦車のAMX三両がたちまち炎上した。ほかにハーフトラック八両が撃破された。その内一両には弾薬を満載していた。あとは推して知るべしである。中隊が後退するまでに中隊長シャマイ・カプラン少佐を含め、二〇名が死亡した。

しかし、エジプト軍がタルに対して大胆な攻撃を加えたとはいえ、タルの戦車はミトラ峠の入口に接近していた。センチュリオン戦車九両の先遣隊は、エジプト軍の擱座車両を並べて誘導経路をつくり、後退してくる部隊が、戦車の待ち構える正面に来るように工夫した。[★23] この小部隊は、数のうえからいえば圧倒的に劣勢であったが、唯一の避難経路をコントロールしていた。そしてここへ、エジプト軍の三個師団──戦車三〇〇両、兵員三万以上──が、流れこむのである。

第8章 戦闘……第四日、六月八日

イスラエルのとどめの一撃
致命的な出来事
ナセルの降伏と機を窺うシリア

第三次アラブ・イスラエル戦争の戦闘四日目は、ヨルダン河谷一帯に轟く爆発音で始まった。イスラエル軍が、ヨルダン川にかかる四つの橋梁を爆破したのである。爆薬の供給不足で、爆破にはヨルダン軍から捕獲した迫撃砲弾が使用された。工兵隊の作業を掩護するため、ハレル旅団の一部が東岸へ渡った。これが再びアンマンにパニックを引き起こすのである。フセイン国王はフィンドレー・バーンズ大使に「お願いだから、何とかしてくれ」と訴えた。国王の主張によると。イスラエルの戦車三〇両がヨルダン北部を荒しまわり、すでにラムタを砲撃中であるという。

イギリスにも同じような訴えが行われた。しかし、フセイン国王が、共同謀議の大嘘を今尚支持しているので、すっかり嫌気がさしたイギリスは、まじめに対応せず、アメリカと同じようにフセイン救援に馳せ参じることはしなかった。自力といってもわずかな残存戦力である。緒戦時に保有していた一一個旅団のうち、まだ動けるのはわずか四個旅団である。ヨルダン国軍の華とうたわれた部隊（ヤルムク旅、アルフセイニ旅、王室護衛隊、そして第六〇旅の残存戦車五両）の残存戦力が、イラク軍の派遣隊と力を合わせ、西方向からするアンマンへの接近経路、そしてゴラン高原南端の斜面を前方にみる地域に配置された。イスラエル軍が本気で攻めて来たら、成功はおぼつかない。それどころか全部隊の全滅の可能性もあった。★1

しかし、イスラエルはアンマンへ攻めて来なかった。機甲の突進もなく、陽攻作戦すらなかった。ヨルダン川沿いに展開したイスラエル軍は、実際にはヨルダン軍の反撃に備えて、防衛配置についていた。戦後行ったブリーフィングで、ナルキス中部軍司令官は、「かくして戦闘第四日の終りには、中部軍は管区の有する自然な願いを達成し、ヨルダン川に沿ってイスラエルの境界を確立した」と述べた。しかし高揚した気分はみられなかった。達成の代償が戦死二〇〇名であり、そのうち一四四名が空挺隊員であった。この犠牲を前にすると、達成感がそがれるのであった。ヨルダン軍の指揮官は、時々刻々変化する環境に対する柔軟な適応能力に欠けていた。イスラエルの将兵は、その指揮能力をあまり評価しなかったとしても、ヨルダン軍将兵に対する尊敬の念を失わなかった。イスラエル国防軍の内部資料によると。敵は「断固たる決意をもって勇戦した。特にエルサレムがそうであり、孤立した陣地で最後の一兵になるまで戦った」のである。弾薬の丘で戦死したヨルダン兵の墓地には、彼等のまれにみる勇戦敢闘を讃える墓碑が立っている。イスラエルが建てたのである。

イスラエルが東岸に進出することなく、西岸で防備を固めた事実は、ヨルダンの目にもすぐに明らかになった。アンマンは無傷であり攻撃を受けなかった。一方イスラエル軍は、聖書に名高い族長達の墓（マクペラの洞窟）があるヘブロンを包囲した。アラブ人住民は、一九二九年のユダヤ人虐殺（六七名死亡、六〇名負傷）にイスラエルが報復すると考え、窓に白いシーツをさげて恭順の意を表明し、自ら進んで武器を引き渡した。かくしてウェストバンクの戦いは終った。歴史家サミル・ムスタウィは、ヨルダン側の立場でこの瞬間をとらえ、「六月八日の正午頃に至って、ヨルダンは、アブダッラー（王）時代のトランスヨルダンへ戻り、イスラエルは歴史的パレスチナの完全占領を果たした」と観察した。★2

‡

南部正面では、戦闘がいつ終るのかという問題もさることながら、どこで停止するのかが、大きい問題になっていた。その戦闘は、夜明け頃凄まじい一大殲滅戦の様相を呈していた。数千数万のエジプト兵が、一刻も早くスエズ運河に到達することを願って、我先にギジ、ミトラの両峠に押し寄せた。そこを航空機に狙われた。第四師団長シドキ・グール少将は、アメル元帥宛報告で「敵機三六機が波状攻撃中、我方の戦車、火砲及び対空砲は大破炎上。後方司令部との通信断絶、機甲旅団との連絡もたたれる。目下攻撃を受けている最中」であると述べた。ムルタギも電話で「我方の部隊が運河を渡った後、二つの峠は直ちに破壊すべきであると考える」と述べた。アメル陸軍元帥は、ファウジ参謀総長と地上軍司令官に、徹底抗戦の防衛線を、どこに引くべきかとたずねた。端的に言えば、どこまで後退すべきかである。運河の東岸か西岸かである。両名はムルタギの案に賛成した。アメルは次の命令を出した。

「全軍に告ぐ、軍は運河西岸に拠り防衛に任ずべし。運河に通じる複数の峠は破壊。ただし、運河自体の処置については別命す。空軍は、六月八―九日の夜間後退部隊を掩護せよ」。

これが、今次戦争でアメルがだした最後の命令のひとつである。峠の破壊と運河渡渉のいずれも、生やさしい仕事ではなかった。少数のイスラエル軍戦車が、空軍機の絶え間ない支援を受けて、谷の入口をブロックし、死の袋小路へ追い返した。マハムード・リヤド外相は、「峠の東に存在する戦車、火砲、機材はすべて破壊され、その日一日だけで、兵員一万人が死んだ。ほかに、餓死者、渇死者が多数いる」と書いた。敵味方双方の部隊が混在しつつ峠へ向かってくるので、イスラエルの前方監視兵は瞬時も目を離すことができず、大車輪で識別作業を行った。

‡

この殲滅戦は午前の半ば頃まで続いた。その戦いは、空軍パイロットが、無傷捕獲のため、敵車両の破壊を中止せよと命じられた時点で終った。

二つの峠で少なくとも一〇〇両のエジプト軍戦車が破壊され、ほかにナクールの東で六〇両が撃破された。

火砲は四〇〇門、車両はそれこそ無数である。SAM2ミサイル中隊が、そっくりイスラエルの手におちた。イスラエル軍は、収容能力をはるかに越えるエジプト兵が投降するので、投降兵には運河へ行くように指示した。ところが、「武器を持ったエジプト兵が群をなして徘徊し、暴れまわる」状態がみられた。戦車隊指揮官ジャッキー・エベン大佐の証言である。「私は自分に言いきかせた。ここは我慢のしどころだ。下手をすると双方が撃ち合って、殺戮が生じる。それで私は兵隊を殺すなと命じた。捕まえるようにせよ。彼等がイスラエル兵は殺さないという話を広めてくれる。家に戻してやるのだ」。イスラエル軍は将校だけを捕虜にした。敵地で撃墜されたパイロットとの交換用である。数百名の上級指揮官が捕虜になったが、そのひとりがサラフ・ヤクト少将。エジプト軍砲兵司令官で、行動不能状態の一擱座戦車で投降した。

峠のもっと東の方では、似たような光景がみられた。ナクールとタマダの間の荒野で、メンドラー大佐指揮の戦車隊が、シャズリ部隊及び第六師団の所属部隊を、シャロン大佐の戦車隊が待ち伏せる地域へ追いこんだ。

「我々は彼等のすぐ後に位置して進んだ」と語るのは、アハロン・ヤリーブ軍情報部長。ホワイトハウスのハリー・マクファーソン法律顧問に知らせた内容である。その時ヤリーブは、エジプト軍は機甲戦力の七〇%を喪失した、とつけ加えている。エジプト軍の潰滅は疑問の余地がなかった。しかし問題は、どこまで追撃するかになった。ラビン参謀総長は内閣に、軍は「問題なく運河まで行ける」と述べ、後は国防相の許可を必要とするだけであると言った。その国防相ダヤンは、ナセル打倒に執念を燃やし、退陣加速の一端としてカイロ空港の爆撃を提案したが、スエズ運河については手をつけないことを強く主張し、「運河の堤防に手をつける指揮官は、私自ら軍法会議にかける」と威嚇した。しかし戦闘のペースは、モシェ・ダヤンを含め表向きしっかり統制している人々すらもすぐに引き離して進んでいく。★3

ヨッフェ師団の戦車は、二つの峠をしっかりブロックし、そこをすり抜けた部隊を追撃中であった。その北では、ゴネン大佐の第七旅団が、グール・シドキ少将の前衛部隊を圧倒し、T55戦車四〇両を撃破した。エジプト軍第四師団は保有機材の五〇％以上を喪失し、再びフィルダン橋の方へ後退を始めた。その後を膚接してゴネンの隊が進んだ。橋をめざすのはゴネンだけではなかった。グラニット大佐の隊も、カンタラへ向かう道路を離れて内陸道に入り、一路南下した。

イスラエル軍は、スエズ運河から少なくとも一二マイル距離をおけという命令を受けていた。その行動規定にもかかわらず、運河にせまっているのである。とり逃がして後で再編成されたら、たまらない。表向きは、エジプト軍を完膚なきまでに叩き潰すための追撃である。しかし、別の動機があった。感情的ともいえる理由である。シナイの戦闘は確かに壮大である。一大戦場絵巻といってよい。しかし、ユダヤ民族が二〇〇〇年間祈り続けてきたエルサレムの解放に比べると、影が薄い。ガビッシュ南部軍司令官は、部下の将校達に対し、「神殿の丘が我方の手に落ちた」といかにも残念そうに言った。悲嘆にくれた表情であった。「我々は栄光を失った」。その栄光は、スエズ運河の堤防到達で、いくらか取り戻せるのである。

‡

イスラエルの攻勢作戦は、ウェストバンクにせよシナイにせよ、予めまとめておいた構想、設計よりは、時の都合に左右され勝ちであった。「戦場では臨機応変」という軍隊の古い格言があるが、イスラエルの場合はそれを地でいくのである。軍は状況即応の妙を発揮し、作戦参謀や政府関係者の予想をはるかに越える結果を出してしまう。「イスラエル政府は、戦争に特定のゴールを設定したことはない」。これは、当時作戦部次長の任にあったレハバム・ゼービの回想である。「それは、ボトムアップの形で出てくる。軍から政治のトップへあがっていくのである。戦後になって初めて、政府が戦果を丸で囲み、これが政府のもともとの目的であった、と宣言するのである」[★4]。南部正面と東部（中部）正面の戦闘については、ゼービ作戦次長の見解があてはまるかもしれない。しかしほかの正面では、政府が断固として統制した。シリアを攻撃すべきかどうかの是非、攻撃する場合の時期を決めたのは政府であり、軍ではなかった。

たちふさがるゴラン

六月八日朝、バーバー大使は本国の国家安全保障会議宛に電報を送った。イスラエルのキブツ及び開拓村に対するシリアの砲撃はやまず、間断なき砲撃により、「いくつかのキブツは完全に破壊された」とある。大使は、戦闘に備えたシリア軍の準備砲撃と位置づけ、「シリアは、停戦の呼びかけに全く反応せず、一切応じていない」とし、イスラエル軍がここでも先制攻撃を加え、深さ一二マイルの線まで進攻すると予見、「報道にあるイスラエルの攻撃が現実に生起し、あるいはすでに進行中であっても、驚くにあたらず」との判断を示した。

大使の判断は部分的に正しかった。シリア軍は、ガリラヤ地方の農村地帯に対する砲撃を続け、四八か村が被害を受けていた。さらにダマスカス放送は、アッコとナザレの解放を含むガリラヤ戦域の大々的勝利を宣言していた。シリアは、ウェストバンクの放棄を〝ヨルダンの反動主義者〟のせいにして非難、その一方でレバノンのシャルル・ヘルー大統領とラシード・カラミ首相に圧力をかけ、積極的参戦を要求した。レバノンの軍将官達は言を左右にして、この圧力に抵抗した。ところが当のシリア軍は、基地に坐りこんで動かなかった。その公式記録によると、「地上軍司令部は、第一線の複雑な状況と予備役旅団の戦意欠如のため、総攻撃あるいは局地的攻勢に関して、決心できなかった。その故に、地上においては積極的行動にでず、火砲による射撃に重点をおき、さらに対空砲を最大限使用しつつ、敵の動静をさぐった」のである。参謀総長のスウェイダニ中将をはじめとする上級将校達は、空爆とイスラエル進攻の噂におびえて、ダマスカスへ移動した。PLOのアラファトがゲリラ隊を率いてゴランへ向かったところ、道路は全く閑散としていた。後年アラファトは、シリアがイスラエルと秘密協定を結んでいた、と唱えるようになる。★5

シリアは境界を越えた侵攻意図を持っていなかった。その点ではイスラエルも同じで、正式に持っていなかった。世論がゴラン攻勢を強く支持した。例えば主流紙のひとつハアレツは「事を構え、先に手を出した者と決着をつける時が来た」と書いている。しかし政府は動かなかった。内閣防衛委員会が再び開かれて、イスラエル北部の問題を検討したが、エジプト及びヨルダンの両正面における決定的勝利が、ゴラン正面における攻勢反対を強めてしまったようである。ザルマン・アラン教育相は、「それ（シリア攻撃）は、全世界を敵にまわすことになる」と主張し、「私は、後になって侵害するような停戦なら、受け入れたくない」と言った。国家宗教党の二人すなわちハイム・モシェ・シャピラ内務相、ゾラフ・バルハフティク宗教相がアランを支持し、イガル・アロン労相はいつものように反対した。アロンは、ゴラン高原の占領がシリアの脅威を排除する唯一の方法であるとし、イスラエルがこの地域を占領、維持する必要はないと主張、独立国家として現地ドルーズ族に与えてもよいのではないか、と述べた。軍は、アロンの線で論じている。バーレブ参謀次長が後に証言したように、「シリア軍が無傷のまま残るならば、シリアはその政策を継続する。彼等が、南及び東の両正面における我々の勝利で、その政策を変えるとも思えない。これが参謀本部の判断」であった。

首相は、シリア攻撃の賛否の間を揺れ動き、中間路線をとった。水源のバニアスを確保し、シリアの砲撃もやめさせたい、しかし危険もあると考える首相は、「シリアにお返しをしていないのは残念である。しかしこの問題はロシアをまきこむ恐れがある」と述べた。決をとることになったが、再度ダヤンの提案に落ち着いた。

国防相はぶれがなく、エシュコル首相のようなためらいを一切見せず、シリアとの戦争反対をつらぬいた。通常反対の理由として、ソ連が介入する危険性、停戦発効までにゴランを物理的に占領する難しさ、があげられるが、ダヤンはこれを指摘したうえで、これ以上占領の必要はないと言った。

防衛委員会は、ダヤンの考えを参考にして、「シリア側ゴランの作戦に関する決定は一ないし二日延期し、参謀総長に作戦計画の提示を命じる。当作戦計画は防衛委員会の承認を必要とする」と決め、「この二日間にシリアをあからさまに挑発するような行動をとってはならない」と付記した。★6

このニュースは、北部軍司令官のダビッド・エラザールにショックを与えた。何とも苦々しい。昨日は悪天候のため、計画した攻撃を延期したばかりであったが、今や作戦自体がキャンセルされたのである。「あの時が自分の人生で最悪の時間だった。歴史的機会が失われた。それも自分の行き過ぎた慎重さのためであると考えると、いても立ってもいられなかった」。エラザールの述懐である。北部軍に与えられた権限は、せいぜいテルアザジアットの攻略だけであった。境界のすぐ東に位置しイスラエルを眼下にする要地である。憤慨したエラザールは、ラビン参謀総長に電話した。「国防軍は、南及び東の正面で敵を撃滅し、悪夢からイスラエルを救った。ところが北部の我々は、シリアのゴランから撃ちこまれる砲弾の犠牲になっておれというのか」。

「君は攻撃したいのか、したくないのか、どっちだ」。

「したくない」とエラザールは怒鳴った。「テルアザジアット攻撃は、犠牲多くして得るものは何もない。ゴラン総攻撃と同じくらい人的損害を被る。その見返りは何だ！」エラザールは受話器を叩きつけると、戦闘準備をすべて中止した。「全員中間準備地域へ戻れ。ヘリを一機用意せよ。これからテルアヴィヴへ乗りこむぞ！」。

ラビン参謀総長はピットで北部軍司令官を迎えた。たかだかひとつの陣地をとるために、急峻なゴランの断崖を登り、数百名の命をかける理由がどこにある、とエラザールは問うた。ラビンはこの判断を受け入れた。そして、本人を伴って会議に出た。そこには、アロン労相とエシュコル首相が待っていた。

「君には何ができる」と首相がたずねた。するとエラザールは地図をひろげ、ザウラを指差して、ここか

◉――対地攻撃中のミステールⅣA。ナパーム弾のようである。IGPO

らダマスカスまで道路でつながっていると説明し、「手持ち兵力だけでやれます。追加してもらう必要はありません。今日でもそこまで行けます。拠点を占領し、さらに先へ進めます。もちろん損害は出るでしょうが、破滅にはなりません。我々にはやれます」と言った。

アロンが「ゴラン攻略は政府の承認が必要だ」と言って、首相の顔を見た。ちょうどその時である。電話が鳴った。電話の主は、北ガリラヤ地方開拓村代表ハイム・ベルであった。「どうしてくれる。皆殺しにするつもりですか。こちらは日夜を問わず、息をつく間もないほど砲撃を受けているのだ」。大声で怒鳴ったベルは言った。「我々は、この悪夢から我々と解放するよう、政府に要求する」。

困りはてた首相は、エラザールに「それではなぜ、国防大臣は反対しているのか」とたずねた。北部軍司令官は肩をすくめ、「大臣のいう理由が何であるのか、自分にはわかりませんが、作戦上あるいは戦術上の話でないことは確かです」と答えた。

首相執務室から外に出たエラザールは、首相の妻ミリアムにでくわした。

「もうすぐ私の誕生日なのよ。贈物にはバニアスがいいわね」。

「わかりました。全力をあげて手に入れます」。北部軍司令官は約束した。「しかし、あなたにも一働きしてもらわないと困ります」[★7]。

エラザールがテルアヴィヴで論争している頃、北部では軍がマケベット（ハンマー）作戦の準備を進めていた。ヨルダン川の橋梁爆破作業が終ると、すぐペレド師団がウェストバンクから移動を開始し、北へ向かった。メンドラーの第八機甲旅団、マット大佐の第八〇空挺大隊もシナイから転用された。イスラエル国内では主要都市の通りは、戦車、トラック、兵員であふれ返り、幹線道路は大渋滞になっていた。ゴラン自体では、空軍がマケベット作戦の中止に気付かず、シリア軍の掩体壕、戦車用掩体を攻撃していた。アメリカいうところの「キブツを眼下にする高地占領に向けた大規模攻撃のプレリュード」である。

外交面でも、イスラエルは攻勢の下準備をすすめているように見えた。ヤリーブ軍情報部隊はマクファーソン法律顧問に「まだシリアの問題が残っている。シリアも一大痛棒をくらわす必要があるかもしれない」と打ち明けた。「不幸なことに」と情報部長は続けた。「ゴランに対して何の対応もされていない。我々は、もう少し余裕のある空間を確保するため、行動するかもしれない」。一方、エバン外相と話をした中東統制班のバンディは、遠まわしに「そもそも戦争を始めたのはシリアであり、おかげでアラブ諸国は大きい被害をこうむった。しかるに当のシリアは懲らしめを受けるどころか、同じことを再度繰り返そうとしている」という主旨のことを言った。バーバー大使に対しラスク国務長官は、新たなイスラエルの独自行動に反対するとし、「停戦決議を受託したすぐ後に、このような展開になれば、イスラエルの意図が奈辺にあるかと思われ、アラブ諸国駐在のアメリカ代表にとっては、非常に深刻な問題を提起することになる」とは言った。しかしエバンの感触は別で、ホワイトハウスはシリアの敗北を歓迎する、と読んだ。[★8]

事件の解剖――リバティ号事件

ワシントンは、六月八日の午前中は、前日とほとんど同じで、遠くの安全地帯からの戦争観察が続いた。中東のアメリカ大使館と領事館は群集に包囲され、身の危険を感じるアメリカ国籍者が避難していたが、ワシントンはその状況を注意深く見守っていた。ホワイトハウスの中東統制班は、イスラエルのＡ４(スカイホーク)四八機の供給要請を検討した。ロシアが、アルジェリア経由でエジプトに戦闘資材を補給している点を考慮したうえでの、検討であった。問題は、イスラエルの要請に応じた場合、サウジアラビアやヨルダンからの要請を無視できるかどうかである。バンディは、〝思考、言語、行動において中立〟とする国務省のいかさまを指摘し、「我々がすべての国に対する支援を中止しなければ、マックロスキーの二の舞いになる」と勧告した。しかし、一番の関心事は、共同謀議の大嘘に関することで、それにどう反論するかであった。アメリカ軍が戦争に関与していないことを証明するため、いろいろなことが行われた。リビアの政府関係者をホイーラス航空基地に招いたのも、そのひとつである。ラスク国務長官は、サウジのファイサル国王に自分自身の〝厳粛な保証〟書を送った。ナセルの主張は嘘であり、「武力で境界を変え、あるいは問題を解決しようとするやり方」に反対し、「公平なコースをとる」ことを公約する内容であった。[★9]

ジョンソン大統領が気にしていた問題のひとつに、直接戦闘にまきこまれる恐れがあった。しかしその恐れは実質的になくなった。クレムリンとの通信連絡は率直で、建設的であった。一方国連では、フェデレンコはゴールドバーグとの協力を拒否した。戦争は予期しない方向にスピンオフしたが、少なくとも二四〇マイル離れた第六艦隊に戦火が及ぶ可能性はなく、そうなる理由もほとんどなかった。

しかし、一隻の艦艇がかなり近いところにいた。六月八日夜明け前、米艦艇リバティ号が、シナイ沿岸の一三海里沖合に近づいていた。エジプトの領海すぐ外である。この船は、エルアリシュとポートサイドの間を行ったり来たりした。民間の船舶が使わない航路帯で、エジプトが民間船舶の立入りを禁じた水域であった。ここから陸上戦の跡がはっきり見えた。艦長のマクゴナグル海軍中佐は、以上の諸点を考慮して、第六艦隊に掩護駆逐艦一隻の手配を求めた。しかし要請は拒否され、ウィリアム・マーチン海軍少将（第六艦隊司令官）によると、リバティ号は「アメリカの標識をはっきりつけて、国際水域を航行しており、攻撃対象になる理由がなかった」。

しかし、マーチン少将と艦長は、前夜統合参謀本部が発信した五通の電報を受けとっていなかった。第一線から一〇〇マイル後退を命じる電文である。海軍の厖大な通信量と複雑な送受信システムのため、命令は東まわりでフィリピンまで送られ、それからリバティ号へ転電された。★10 通信文はそのため翌日に届くのである。その時点で時すでに遅しになっていた。

その同じ朝の午前五時五五分、イスラエルの海軍偵察員ウーリ・メレツ少佐が、ガザの海岸線から七〇マイル西方の沖を、飛んでいた。偵察飛行である。眼下に船が一隻いた。少佐はアメリカの補給船と考えた。船籍番号GRT―5である。ハイファのイスラエル海軍司令部では、参謀がこの船の位置を管制盤に赤のマーカーで書き入れた。〝国籍不明船〟である。しかしながら、ジェーンの艦艇年鑑で調べると。〝合衆国電磁気音響計測艦、リバティ号〟とある。マーカーは、赤から緑に変えられた。〝中立船〟を意味する。午前九時〇〇分、イスラエルの戦闘機パイロットが、エルアリシュの北二〇マイルの水域で、一隻の船を発見した。「灰色塗装でずんぐりした船体、中央部にブリッジあり」とパイロットは報じた。乗組員達の証言によると、五×八フィートのアメリカ国旗が、右舷帆桁に掲揚されていたというが、二つの報告にはその指摘がない。乗組員達は、イスラエル機が船の上空を飛行しているから、充分に確認できる機会があったはず、とも証言している。しかしイスラエルのパイロット達は、リバティ号を探していたのではない。沿岸水域にエジプトの潜水艦が探知されていたので、そちらを探していたのである。[★11]

イスラエルの沿岸地域には、人口の九〇％が居住し、商工業もこの地域に集中しているが、海上の脅威に対しては無防備に近かった。エジプト一国の艦艇数だけでも四対一で、イスラエルは極めて劣勢である。そのエジプト海軍は、オサ級及びコマール級の新型ミサイル艇を保有し、いざとなれば近くの水域にいる七〇隻ほどのソ連の艦艇に、救援を求めることが可能である。イスラエル海軍は、空軍及び陸軍とは対照的におそろしく貧弱で、行動能力もひどく劣っていた。エジプト及びシリアの港湾に対する海軍コマンド隊の襲撃戦では、大した打撃を与えることができず、しかもアレキサンドリアでフロッグマン六名が捕虜になった。さらにテルアヴィヴの沖合では、複数の魚雷艇が、友軍であるはずのイスラエル空軍機に撃沈されかかったこともある。アメリカの第六艦隊は、ソ連海軍と釣合をとるため、東地中海水域を遊弋していたが、イスラエル側はこの艦隊と直接連絡する手段を持っていなかった。イスラエルは海軍の連絡将校派遣を何度か要請したが、アメリカが無視している。

このような事情を背景として、ラビンはアメリカ海軍の駐在武官アーネスト・カール・キャッスル准将を招致して、イスラエルは手持ち手段を総動員して沿岸水域を守る、と言った。そして、当該水域の米国船にその旨通知することを求め、安全のため退去を勧告した。船速二〇ノット以上で航行する国籍不明船は――小型戦闘艦艇にしか出せない速度――すべて撃沈されるのである。[★12]

‡

午前一一時〇〇分、イスラエルの艦艇は潜水艦の捜索をまだ続けていたが、海軍司令部では当直将校のアブラハム・ルンツ海軍大尉が勤務を終えた。大尉は所定の手続きに従って、管制盤から緑（中立）のマーカーを消した。すでに五時間経過し、もはや正確な情報ではないとの理由からである。イスラエル海軍からみれば、リバティ号は当時の現場水域から去っているはずであった。

二四分後、エルアリシュ付近で大爆発がおきた。弾薬集積所の爆発事故であったが、イスラエルの複数の監視兵は、沖合に二隻の艦艇を見たので、エジプト海軍が艦砲射撃をしていると判断した。イスラエルとエジプト双方の報告によると、前日にこのような艦砲射撃が起きている。★13

エルアリシュで爆発事件が起きて間もない頃、リバティ号は、哨戒水域の東端に達し、一三八度変針して、ポートサイドの方向へ戻り始めた。一方ピットでは、艦砲射撃と称する情報に、神経をとがらせていた。ガザ付近への上陸作戦の可能性について、警告を受けていたので、参謀総長は戦場域の国籍不明のいわゆる不審船は撃沈する、ただし、付近で行動中のソ連船には注意せよという指示を周知徹底させることにした。戦闘機の投入に余裕がないので、空中掩護は後で行うという前提で、海軍が対応を求められた。ハイファの海軍司令部から何の反応もないまま、半時間過ぎた。参謀本部は業を煮やし、「沿岸地帯が砲撃を受けているのに、貴部隊（海軍）は何もしない」という譴責書を出した。

ルンツ海軍大尉と交替して作戦室の当直勤務についたイッジー・ラハブ海軍大尉は、それ以上催促されるまでもなく、第九一四艇隊の魚雷艇三隻を派遣した。コードネームでパゴダと称する。艦砲射撃艦を発見し、これを撃沈せよというのが、指示内容である。魚雷艇隊は一二時〇五分に出撃した。

午後一時四一分、指揮艇Ｔ２０４に乗る戦闘情報将校アハロン・イフラフ海軍少尉は、艇隊長のモシェ・オレン海軍大尉に、エルアリシュの北東に一隻の不審船を発見、と報告した。距離二二マイル、推定速度三〇ノットである。オレン大尉は、以上の情報に加えて船がエジプトの方へ向かいつつある事実を併せ考えて、イスラエルの拠点を射撃した後母港へ向け遁走中の敵船である、と判断した。

魚雷艇隊は追跡を開始した。しかし最高速度の三六ノットで航走しても、追いつく前にエジプトに逃げこまれてしまうと思われた。そこでラハブは、不審船発見の信号を空軍に送った。そして、ミラージュ二機がシナイ上空の哨戒飛行任務をとかれ、現場へ向かった。編隊長のイフタフ・スペクトル空軍大尉は、付近水域にイスラエルの魚雷艇がいるので注意せよ、不審船かイスラエル船かどうかを確認し、イスラエル船でないことを確認すれば攻撃を許可される、という指示を受けた。

その時、すなわち午後一時五四分、イスラエル空軍の管制官のひとりラザル・カルニが、交信に割って入り、「それは何だ、アメリカか？」と口走った。カルニの任務は、地上と空中の交信を聞き、時々忠告することであった。後日カルニはイスラエルの調査委員達に、あの疑問は自分の直感に近い咄嗟の判断で発したもの、と言った。エジプト海軍がエルアリシュ砲撃のため単艦を派遣するのは考えられない。それが咄嗟の判断だった。しかし、ほかの管制官が、「アメリカ？　どこだ」とたずねると、カルニは返事をしなかった。カルニは「敵船に対する攻撃はすでに開始されており、単なる当て推量を押しつけるのは、自分の仕事ではない、と考えた」と証言している。

一方、スペクトル大尉はその船を発見し、確認のため高度三〇〇〇フィートで航過し、識別作業を行った。大尉が見たのは、「軍用艦艇、軍艦灰色の塗装、砲塔四。船首をポートサイドの方向に向け…マスト一、煙突一」の船であった。軍艦灰色（バトルシップグレイ）とは、くすんだ青みがかった灰色の意である。船体に〝黒色の文字〟が描かれているだけで、ほかに標識をつけていなかった。イスラエルの船なら、甲板に白と青で塗られた標識があるが、それもない。このパイロットは、本船をZ級ないしはハント級駆逐艦と判断し、搭乗機には機関砲の武装しかないので、爆弾搭載機の応援を要請した。

後日リバティ号の乗組員達は、イスラエル機が偵察飛行を行わず、いきなり降下してきたと証言した。アメリカ側は、キャッスル武官に関するイスラエルの主張も、否定した。つまり、リバティ号の位置に関する問い合わせの件である。武官はこの船については全く何も知らなかったという。しかしながら、一点だけは双方の説が一致している。すなわち、ミラージュは午後一時五七分に攻撃を開始している。★14

リバティ号の乗組員達は、ヘルメットと救命具をはずし、警戒体制解除の状態にいた。そこを攻撃されたのである。マクゴナグル艦長をはじめ数名の士官が、甲板で日光浴をしていた。そこへ突然戦闘機が三〇ミリ機関砲を撃ちながら、艦首から艦尾方向へ飛び抜けて行った。船体はぼこぼこ穴があき、アンテナが折れ、オイル缶に火がついて黒煙をあげ始めた。一瞬のうちに九名が死亡した。負傷者はその数倍である。艦長自身両足に重傷を負ったが、救護所への後送を拒否し、右へ回頭全速離脱を命じ、「我、国籍不明機の攻撃を受けつつあり、至急救援を乞う」旨の緊急電を第六艦隊宛に打電した（後に艦長は、議会名誉賞を授与された）。

二機のミラージュは、リバティ号の船首方向から船尾の方へ三回機関砲による攻撃を繰り返した。後日の調査によると、船体に八〇〇か所を超える穴があいていた。スペクトル大尉は「命中弾多数」と伝え、「船は意図的に煙を出していると思われる。煙は煙突から出ている」と報じた。イスラエル空軍の主任管制官シュムエル・キスレヴは、船が対空火器で応戦しているかどうか、と二回たずねた。しかし、二人のパイロットは攻撃に夢中のようで、返事をしなかった。攻撃開始から三分半後、弾薬も尽きたので、ミラージュは反転し飛び去った。そこへ飛来したのが、ミステール機一個飛行中隊である。エジプト軍の歩兵部隊を攻撃したばかりで、ナパーム弾を装備していた。海上戦というか艦船攻撃には不向きな兵器であるが、ミステール機は、低空で航過しつつ、ナパーム弾を次々と投下した。船に火煙があがった。ブリッジと甲板の大半が燃えだし、船全体が煙につつまれた。

ミステール機の編隊は、再度攻撃をかけようとしたが、海軍司令部から「待った」がかかった。海軍は、船からの応射がないことを不審に思い、キスレヴ主任管制官に船はイスラエル船ではないか、と警告を発した。キスレヴは直ちにパイロット達に「疑問（識別上）があれば、攻撃するな」と指示した。一方海軍は、空付近を航行中のイスラエル船に連絡をとったが、攻撃を受けている船は一隻もなかった。そこで海軍は、空軍の行動継続は可とする信号を送った。キスレヴは「攻撃してよろしい。撃沈できる」と連絡した。

◉——上：ファッラ大使(左、ヨルダン)とトーメ大使(右、シリア)
◉——左：エル・コニー大使(エジプト)

しかし、キスレヴには不安が残っていた。なぜ船は応射しないのか。キスレヴはふっ切れなかった。「これでは（撃墜）よりもやさしい」と別の管制官が言った。しかしキスレヴは、海軍に戦果を横取りされてはならないとも思った。ミステール機の中隊長ヨッシ・ズック大尉は言った。「爆弾搭載機を二機一個編隊送ってもらえば…上出来だ。そうしないと海軍にとられる。あと一〇分もすれば現場に到着するだろう」。キスレヴは、海軍との対抗意識が圧力となって躊躇するところがあったが、あと一回だけ念を押そうと考え、「旗がないか確認してくれ。旗で識別できるから」と確認を求めた。

ズック大尉は、低空で機銃掃射を続けながら、旗を探した。「船には旗はない。しかしPらしき文字が見える」。そう言った大尉は、すぐに訂正した。「よく聞いてくれ。船の標識番号がある。チャーリー・タンゴ・ロメオーファイブ（CTR5）だ」。

「すぐ離れろ」。キスレヴは叫んだ。エジプトの艦艇はほぼ例外なく、アラビア語の標識文字をつけている。アルファベットではない。キスレヴは、攻撃対象になったのはアメリカ船、と考えた。

このニュースにピットの将校達は、愕然となった。ぞっとしたという表現があてはまる。ラビンは恐れた。船はアメリカではなくソ連船ではないか。そうならイスラエルは、ソ連に介入の口実を与えたことになる。ダヤンはヘブロンを訪問中で、モッティ・ホッド空軍司令官はブリーフィングから戻る途中だったので、参謀総長自ら状況を統制することになった。そして、空軍にヘリ二機の発進並びに海上漂流者の捜索を命じた。ジェット機のパイロット達が、船から海へ飛び込む乗組員達を、見ていたのである。ラビンは、まだ追跡中の魚雷艇隊に対して、安全な距離で待機を命じた。

リバティ号の船上は、地獄の様相を呈していた。ナパームで焼けただれ、破片でずたずたになった乗組員達が甲板上にのたうち、緊急病棟になった下士官居住区へ運ばれた。通信室では、通信手が遭難信号を送り、平文で救助要請を打電した。負傷をまぬがれた乗組員は、必死に機密書類を燃やし、ぼろぼろになった小さい軍艦旗に代えて、祝祭日用の大きい星条旗を掲揚した。どこの誰が攻撃したのか。乗組員には手掛りがなかった。ほとんどの者が、エジプトのミグ戦闘機ではないかと考えた。

リバティ号からあがる黒煙は、イスラエルの空軍パイロットに目潰しをくらわせた。その同じ煙がリバティ号を包み、現場水域に到着したオレン大尉の目をさえぎった。パゴダ隊は、一二時四四分に着いている。ラビンの「攻撃待て」の命令から二四分後である。その命令はＴ２０４号の艇の航海日誌に記載されているが、オレン大尉はその命令を受けていない、と後に主張することになる。いずれにせよ、オレン大尉は六〇〇メートルの距離をおいて停止し、船を観察した。煙で見え難かったが、それでも、駆逐艦ではないことがわかった。つまり、エルアリシュを艦砲射撃したといわれる艦艇ではない。オレン大尉は、エジプトの輸送船で、当の駆逐艦に補給したか、あるいは海岸から撤退兵を収容したかのどちらかであろう、と考えた。大尉は艦船識別図表を引っ張り出して照合し、船の輪郭がエジプトの補給船エル・クセイル号に似ている、と判断した。別の二艇の艇長も個々に図表と照合し、同じ結論に達していた。オレン大尉は船に信号を送り、所属の確認を求めた。しかし明確な回答を得られなかった。大尉は、戦闘配置につけ、撃ち方用意を下令した。

パゴダ隊がリバティ号に接近している頃、リバティ号の遭難信号が米空母「アメリカ」に届いた。「救援、そちらへ向かいつつあり」と返電が来た。空母は戦略演習の最中で、飛行甲板上には、原爆搭載機が駐機していた。これから通常爆弾に換装すると、間に合わなくなる。とりあえずＦ４ファントム八機が発艦し、シナイ沿岸の方へ向かったが、数分後には、第六艦隊司令官マーチン海軍少将の命令で呼び戻される。ラビンがロシア船ではないかとの恐れを抱いたとすれば、マーチン少将は、攻撃機隊が最高レベルからの許可なくして核戦争を始める危険を考えたのである。

空母「アメリカ」からの救援は来なかった。しかしイスラエル側は、射程圏まで来た。サーチライトは全部破壊されていたので、マクゴナグル艦長は、オルディスランプ（モールス信号を発する携帯用ランプ）を使って、イスラエル側の信号に応答を試みた。さらに艦長は、乗組員には魚雷艇に対する発砲を禁じた。しかし、乗組員のひとりが、その命令が聞こえず、四つある機関銃のひとつを使って、撃ち始めたのである。弾薬の爆発につられて、もうひとつの機銃も射撃を開始した。オレン大尉は、エジプト船籍と思っていた船から撃たれたので、海軍司令部の当直主任たるラハブ大尉に、応戦許可を無線で求めた。ラハブ大尉は、しばらく躊躇していたが、ついに気持を変えた。

魚雷五発が発射され、一発が右舷中央部に命中した。死亡二五名。そのほとんどが情報部員であった。「キスレヴ、あれはエジプトの補給船だ」。連絡を入れてきたのは空軍の連絡将校であった。海軍との折衝役である。「空軍が確認に困難をきたしているなどとは、誰にもいわさんぞ」。キスレヴは、一瞬ほっとした気持になり、ヘリ二機に対して救助続行、ただし慎重に行動せよと指示した。その時出された指令は、「ヘリコプターには、相手がアメリカ兵でないことを伝えよ。エルアリシュの（イスラエル軍）部隊には、（海軍が撃沈した）沈没船よりエジプト軍水兵が漂着することを伝えよ」と指示している。

しかしながら、海軍はまだ撃沈していなかった。乗組員によると、三隻の魚雷艇は、機関砲と機銃を撃ちながら接近し、船体と救命用ゴムボートを破壊した。そのうちのひとつを、T203号艇がひろいあげた。それには米海軍のマークがついていた。オレン大尉は疑問を抱き始めた。大きく傾いた船体のまわりを一周していると、大尉はGRT・5という標識を確認した。大尉はメガホンで呼びかけたが、応答がない。船の所属確認がとれたのは、それから三〇分後であった。三万五〇〇〇フィート上空で、アメリカの電子偵察機EC121Mが、魚雷艇の通信を傍受した。「機長、何か変です」。ヘブライ語の専門家マイク・プロスチナクが、機長のマービン・E・ノルヴィツキ海軍少尉に言った。「UHF（極超短波）で、異様な会話が行われています。アメリカの国旗がどうのこうのと言っています」。

参謀本部がソ連による報復の可能性を考えている頃、確認情報が届いた。船はアメリカのものという。「正直なところ、非常に複雑な気持だった。友人を攻撃したことは極めて遺憾で、激しい後悔の念に襲われたが、その一方で（ソ連船でなかったので）大きい安堵感を味わった」。ラビン参謀総長の述懐である。キャッスル武官にはすぐに謝罪メッセージが送られ、武官は第六艦隊にそれを伝えた。通常爆弾を搭載した一個編隊が米空母「サラトガ」から発進していたが、パイロットには海岸に近づくな、攻撃中の航空機を追撃するなと指示されたが、「米艦船リバティ号を守るために必要な武力の行使」は認められていた。

マーチン少将は、この編隊も呼び戻した。リバティ号に接近した航空機は、イスラエル空軍のスーパー・フレロンヘリ二機だけである。マクゴナグル艦長は、攻撃者の正体を知るに至り、その所属機が来たので、荒っぽい手つきで、立去れというジェスチュアをした。ヘリがあと一機接近した。キャッスル武官を乗せており、武官はオレンジの中に名刺を入れて、船に投下した。しかし、暗かったので、船上には降着できなかった。イスラエル側は、午後五時〇五分までに接触をたち、リバティ号は、死者三四名負傷者一七一名を乗せ、計器類がない状態でよろめきながら現場を離れた。[★15]

二時間ほどたった頃、ジョンソン大統領は、リバティ号の遭難電文を受けとった。エジプトの北六〇〜一〇〇マイルの水域で、国籍不明艦一隻に雷撃されたという情報だった。大統領はソ連が介入しているとすぐ思った。そしてエスカレートを防ぐため、ホットラインを使ってコスイギン首相にこのニュースを伝えると共に、米空母からジェット機が発進している事実を知らせた。コスイギンからは、情報受領を確認するとともに、ナセルへ伝達するとの回答があった。[★16] しかし問題は残る。誰がリバティ号を撃沈しようとしたのかである。

それから二時間たって、今度はワシントンのイスラエル大使館が、〝錯誤行動〟のあったことを確認した。それに続いて直ちに正式の謝罪状がハルマン大使から送られた。ジョンソンの当初の反応は、ラビンと同じように、ソ連が関与していないという安堵感であった。ハルマン大使には〝強い驚愕〟の気持が伝えられたが、イスラエルが率直に通告してくれたことに感謝するとの態度も示されていた。エシュコル首相は早速大統領宛に弔電を送り、「謹んで御悔み申し上げます。すべての御遺族に心より御同情申上げる旨、御伝えいただければ、幸いであります」と伝え、エバン外相も「アメリカ国民の生命と安全に関わる悲劇的事件に、心を痛め深く悲しむ」旨の電報を送っている。「あなたと共に、失われた命に深い哀悼の意を捧げ、むごい運命のねじれのなかで死亡した人々を思い、両親と妻子の深い悲しみを共にする」という内容であった。イスラエル政府は、事件発生から四八時間以内に補償を提示した。結局一二〇〇万ドルが支払われた。

遺憾の意志表明と補償提示が、当初アメリカ政府を満足させたように見えた。政府は事を荒立てたくないようであった。テルアヴィヴのバーバー大使は本省に「(リバティ号が)戦場に近いところにいた事実が、米イの共同謀議というアラブの疑惑に火をつける可能性あり」と警告した。一方カイロのノルテ大使は「米艦船リバティ号の雷撃の話は早く済ませ、それきりにした方がよい」と促した。この事件は、下手をするとほかの問題に波及する恐れがあった。コード名でフロントレット(飾りバンドの意)615と称する複数の米潜水艦が、エジプトの領海内で行動していたのである。国防省は声明を出し、「中東からのアメリカ国民の避難に関し、情報を提供する任務についていた米海軍の〝技術調査船〟が、シナイ半島の北一五マイルの国際水域で、攻撃された」と発表した。その声明は、イスラエルが攻撃した事実を認め、謝罪したことを付記した。ほかの点では、マスコミに対して箝口令がしかれた。★17

目下のところ、アメリカの政府関係者は、事件がどのように見られるかよりは、なぜ起きたかの事実関係の究明に重点をおいた。無数の疑問が発せられた。挑発的行動を一切とっていないのに、なぜイスラエルは国際水域で中立国船を攻撃したのか。リバティ号の掲揚旗や新しく塗り直した標識を、どうして確認できなかったのか。エジプト船エル・クセイル号は、ずっと速度が遅く、小型である。特徴のあるアンテナもない。リバティ号と見誤るのは一体どういうことか。リバティ号の最大船速は一八ノットであり、当時五ノットで

◉――地上整備中のオーラガン。エジプトが装備するミグ15に対抗する目的で、1950年代に合計40機調達され、この戦争では対地攻撃機として使用された。IGPO

航行中であった。それを三〇ノットとどうして測定したのか等々。

ラスク国務長官は、ぷりぷりしながら「理解の域を越える」と怒り、「全く訳がわからない。こんなことは受け入れられない」と言った。対外情報諮問会議のクラーク・クリフォード議長は、トルーマン及びケネディ政権時代、自他共に許す親イスラエルの大統領顧問であったが、今回の攻撃を「弁解の余地がない…破廉恥行為、イスラエル政府が全責任を負うべき重大過失」と断じた。その一方でクリフォードは、「アラブないしはソ連の仕業のように」扱った方がよい、と勧告した。アメリカの艦船をイスラエルが攻撃する動機について、どの政府関係者にも説明がつかない。事実関係でも理由が判然としないようで、完全無欠の赫々たる勝利を収めている最中に、イスラエル人が度し難い無能の無様な一面をさらけだしただけの話なのか。それともリバティ号を意図的に攻撃したのか。アメリカ政府内では、多くの者が後者であると判断し、イスラエルの説明は率直に見えてそうでもない、と考えていた。★18 過失致死の非難は計画的殺人の告発に変わっていた。

イスラエル側は、三つの内部報告をもってこの非難排除に動いた。三つ目が、軍法会議判事エシャヤフ・エルシャルミ大佐のもとで実施された徹底的調査である。三つの報告は、共にイスラエル国防軍の過失を認めている。第一は、エルアリシュに対する艦砲射撃という間違った報告をしたこと、第二はリバティ号の速度を誤判断したこと、第三はエル・クセイル号と混同したことである。三つの報告は、軍のさまざまな部署間の連絡の不備、四日間の連続戦闘に起因するパイロットの疲労、前の戦争の失敗をつぐない名誉挽回をはかった海軍の勇み足を指摘した。しかし、三報告はいずれも、アメリカに対する敵意や意図性を認めず、〝悪意なき過誤〟とした。エシャヤフ大佐は、「我軍が、友好国の船舶に関わる事件に関与したのは、まことに残念である」としながらも、「筋の通らない行動から逸脱すれば、軍法会議は当然であるが、その行動基準からの逸脱はみつからなかった」と書いた。★19

この一連の所見を読んだユージン・ロストウは「何が何だかわからない」と不満であった。ラスク国務長官はこの攻撃を理性のうえからみれば「文字通り理解不可能」とし、「無茶苦茶な人命無視を反映した、軍事的な無謀行為」と評した。イスラエルに言分がなかったわけではない。リバティ号は関わりのない所へなぜいたのか。アメリカはその存在をイスラエルへ知らせることをしなかったではないか。リバティ号も、あらゆる手段（手旗、発光等の信号、旗旒、照明弾等）で連絡することがなかった。このようなことをイスラエルからちくちく言われると、腹がたってくる。エブロン公使は、イスラエルの軍関係者達が過失の廉で〝厳しく処罰される〟と約束したが、その断言は根拠がなくなった。今やホワイトハウスは、補償のみならず、イスラエルがその悪行を認め、攻撃にかかわった者を〝国際法に従って〟裁判にかけよ、と要求するようになった。

しかしながら。その要求は事件の徹底的究明につなげる意志のあらわれ、というのではなかった。事件発生の直後マルタで海軍の予審軍法会議に相当する調査会議が、イサク・Ｃ・キッドＪｒ海軍少将の統裁で開かれた。その会議は、充分な風力がなくて旗がたれ下がり、イスラエルのパイロットに見えなかったのではないかとし、攻撃は〝錯誤事件〟のようであろうとした。審査は、ＣＩＡ、統合参謀本部、下院歳出委員会及びＮＳＡ（国家安全保障局）でも行われた。[★20]だが、問題究明の仕方は別であった。つまり、他人の交戦地帯のど真ん中に、軽武装でしかも正体を隠してリバティ号を送りこんだのは誰で、何のためであったかについては、答を求める動きはなかったのである。リバティ号の任務がとんでもない間違いで、愚行であったという声はなかったし、ましてや、その行為を非難する動きはほとんどなかった。

このような点が不問にされ、事実関係が不明のままであったことから、さまざまな臆測を呼ぶことになった。ごたまぜのもっともらしい陰謀論が生まれたのも、そのためである。イスラエルは、シナイ作戦の進捗状況を知られたくないので、情報収集艦のリバティ号を攻撃したとか、根拠も何もないのであるが、イスラエルがエジプト兵捕虜を殺害し、それを探知されたくないため攻撃したという話、あるいはカイロとフセイン国王の交信傍受説というのもある。最も広く流布されたのが、次期攻撃計画の探知阻止説。ダヤン国防相をはじめとするイスラエルが、シリアに対する攻撃準備を察知されないように、リバティ号の撃沈をはかったという話である。

しかしながら、どれひとつとして精緻な歴史的吟味にたえる説はない。大体意味がない。シナイ作戦の進捗状況やゴランに対する意図など、イスラエルはアメリカに隠していたことはほとんどない。ヨルダンは六月八日までにすでに戦闘不能の状況にあった。イスラエルが、捕虜を大量に殺害した話など、どこを探しても証拠はない。ましてや、アメリカ人を殺してまでその事実を隠そうとした話など、荒唐無稽である。イスラエル側は、アメリカの世論に過剰なまでに神経質であり、ソ連に対する恐怖心も根強かった。超大国で唯一の味方に敵対するのは避けたいのであり、ましてやアメリカを相手に戦争するなど、考えられないのである。イスラエル国防軍はリバティ号を撃沈しようと思えば容易にできた。しかし撃沈しなかった。間違いに気付くと直ちに攻撃を中止し、救助を申し出たのである。先のさまざまな説は、アラブとソ連の時事解説者達が盛んに唱えたのであるが、戦時中リバティ号はイスラエルのためにスパイを働き、そのために攻撃されたという皮肉な話に仕上がってしまうのである。★21

四日戦争？

リバティ号事件は、米ソ両勢力がしのぎを削るなかでの誤認問題であり、二つの超大国が中東でうっかり殴り合いを始めるあやうさ、を浮き彫りにした。エバン外相と会ったゴールドバーグ国連大使は、アラブが十把一からげに敗北しつつあるので、ソ連の介入の危険性が高まっているとして、「イスラエルは有利な立場をとことん押し広げないよう、注意しなければならない」と勧告した。ＣＩＡは、ソ連の情報筋の話を引用する形で、戦争にソ連が直接介入する可能性が強まっている、と警告していた。その情報筋は「我々にはほかの選択肢が残されていない」と言った。コスイギン首相も、次第に攻撃的態度を強めているようであり、ホットラインを利用した今度のメッセージは、「アラブ諸国が侵略者に対して正当な防衛戦を敢行せざる状況においつめられたのは、イスラエルの行動のせいである」とし、「イスラエル軍の完全撤退が完了するまで…中東における平和の再構築は保証されない」と主張した。

超大国間の衝突回避上一番期待のもてるのが、国連安保理である。安保理会議はこの日午後二時〇〇分に開催された。二四時間近い休会の後であるが、この間に米ソ間の深い溝に加えて、米イ間にも食い違いが生じていた。エバン外相は、六月四日の線までの復帰と停戦をリンクさせることに反対した。外相は、安保理が休戦協定（一九四九年）に言及しないことを望んだ。撤退という用語も厭であった。一方アメリカのゴールドバーグ大使が、世論の重要性を指摘し、「今回のこの状況から脱却するにしても、イスラエルが他国の領

◉——左：アメリカのゴールドバーグ国連大使。ファッラ大使提供
◉——下：ウェストバンクを進撃するイスラエルの機械化部隊。
撮影＝シャハム、IDF資料部

土主権を侵害する意図を持つ軍事国家となってはならない」とエバンに言った。大使は恩着せがましく、中東統制班のバンディにエバンを引合わせ、「アラブの抱く屈辱と深い恨みを解決しつつ平和をもたらす」方法について協議することをすすめた。

アメリカとイスラエルの食い違いは、先鋭化しつつあったが、それでもイスラエルとソ連の立場の違いに比べれば、大したことではなかった。フェデレンコ大使は、「イスラエルの軍の群れは、血に汚れたヒトラー処刑部隊の足跡をたどっている」と声を荒らげ、ギデオン・ラファエル大使も負けじとばかり、「ナチドイツは世界を相手に侵略戦争を起こした。それを支えたのが、あの（独ソ不可侵）条約である。言っておくが、ヒトラーのドイツと条約を結んだのはイスラエルではないし、ユダヤ民族でもない」とやり返した。ソ連代表は、イスラエル非難とアラブの土地からの完全撤退の要求を盛りこんだ決議案を出した。それに対抗してアメリカは邪気のない決議案を提出した。兵力引離し、武力行使の放棄、国際的権利の維持、そして「安定した永続的中東和平の確立をめざす…当事者間での話し合い」の提案である。双方とも、安保理の承認を得る可能性はなく、真剣に討議もされなかった。

しかしながら、イスラエルが撤収するかどうかの問題は、エジプトが停戦受託を拒否している限り、非現実的な仮定の話にとどまる。エル・コニー大使には、相反する二種類の圧力がかかっていた。ソ連側はエジプトに柔軟な姿勢を示すように勧告し、アジア・アフリカブロック（ナイジェリア、パキスタン、キプロス、インドネシア）は、譲歩せず強硬姿勢をつらぬくよう圧力をかけた。安保理会場には、ソ連の爆撃機が戦場に向かいつつあるとか、エジプト軍の再編成がすぐに完了し、近く一大反攻が始まるといった噂が流れていた。たといエル・コニー大使が停戦を強く主張しても、カイロは必ず否定するという噂もあった。ところが、AFP通信の配信記事で混乱が生じたのである。記事によると、ナセルが戦争終結に賛成すると公言したという。エジプトの国連大使は確認に追われることになった。その結果事実でないことが判明した。以来大使は、

安保理会場の代表席に着席せず、オブザーバーの席に陣取って、ナセルの指示を待った。[★22]

しかし、ナセルからの連絡はほぼ三日間も途絶えてしまった。大統領は自宅にこもり、軍の最高幹部を含め、誰とも会おうとしなかった。軍の敗北に意気消沈したため、と伝えられる。サダトは面会を求め、アメル陸軍元帥を追放して、直接軍の指揮をとるよう勧告しようとした。しかし、うまくいかなかった。ナセルは門を固く閉ざしたままであった。

‡

ところが六月八日正午、事態が急変する。大統領は突然姿を現し、笑顔で最高司令部に入ると、ソ連とアルジェリアの指導者達と話し合ったばかりであるが、新品のミグ戦闘機二〇〇機が間もなく到着する、と発表した。そして、再編成なったエジプト軍は、まず峠を死守し、ついで一大反攻に転じるとの構想を語るのである。自由将校団の旧戦友アブダル・ラティフ・バグダディが、なぜモスクワと政策のすり合わせを行なって、停戦を受諾しないのかとたずねると、ナセルは「我々が受諾するかどうかは問題ではない。ユダヤ人達は、自分達の目的を果たすまで、戦い続ける。問題はそこだ」と怒鳴り返した。

ナセルは次にマハムード・リヤド外相を呼び、モスクワからの電報を見せた。停戦受諾を勧告する電文である。そもそもソ連の情報機関が、エジプト軍のシナイ進出を無理強いしたのであるから、ソ連がワシントンと同調して、エジプトの自衛中止を要求するのは、筋が通らない、と外相は答える。エジプトは、イスラエルが領土から駆逐されるまで断固として戦い抜く決意である。ロシア人には、その戦いを支援することが期待される。外相はこのように述べるのである。

リヤド外相は、一連の戦捷報告に励まされ、楽観的でもあった。エジプトの対空砲部隊がイスラエル機を撃退、ミトラ峠では敵空挺隊を殲滅、ロマニでは機甲部隊の突進をくいとめたといった報告に、心が躍るのである。外相はモスクワの要請を拒否したうえ、安保理の常任理事国代表に自ら電話をかけ、即時完全撤退のない停戦に応じる意志を持たず、と再三にわたり強調した。

停戦決議が採択される可能性は薄れていった。エジプトは、ひょっとしたら勝つかもしれないという幻想にしがみつき、敗北の屈辱にまみれることを嫌悪した。現実を直視できないことが停戦の道を閉ざしたのである。情報機関のサラフ・ナスル局長は、アメリカのノルテ大使と話し合った際、イスラエルが勝っているという話を割り引いて考え、戦争前の休戦ラインの線まで必ず戻ると自信たっぷりで、海峡封鎖の継続も示唆した。しかし、停戦は考慮外で、応じられるはずがない。「国民にどう説明する」と機関長は言った。★23

しかしながら、このような幻想は、戦場ではひとたまりもなく吹き飛んでしまう。スエズ運河沿いの地域は惨澹たる状況にあった。延々と壊滅の跡が続く。推定で一万一〇〇〇人の兵が水路を渡った。しかしシナイ側にはまだ二万の兵が立往生していた。彼等は必死で水を求めていた。イスマイリアで敗走状況を観察していたファウジ参謀総長は、複数の戦車中隊がまるごと戦車や個人携帯火器を捨てて、運河を泳ぎ渡るのを見た。アメル陸軍元帥は、兵隊の窮状や心を一顧だにせず、運河にかかる橋の爆破をアブダル・ムーニム・ハリル将軍に命じた。「これが彼の不名誉な最後の命令であった」、「これがこの男から聞いた最後の言葉である」とハリルは言った。

「恐ろしい光景だった」。そう述懐するのは、第六師団の通信将校ムハンマド・アハマド・ハーミスである。アルジェリア空軍の掩護の噂を耳にしながら、シナイへ戻っていた人物である。「見渡す限り軍隊の残骸が砂上にころがっていた。焼けこげた戦車…大破した車…灰化した死体の群れ…像のように見えた…突然、軍用ジープが走って来た。数名の上級将校が乗っている。彼等は私にもう一度戻ってくれと言った…エジプト軍部隊は（シナイに）もはや存在しない、万事休すだと本音を吐いた」。偵察将校のヤーヤー・サード・バシャも、峠から逃げ運河にたどり着き、そこで行き所を失った。「私は運河の堤防にたどり着いた。橋は爆破されていた。私は地面にねころがり、疲労からそのまま眠ってしまった。深い悲しみしかなかった…それと惨めな気持と、私は経験したこともない敗北感にひしひしと襲われた」。本人の回想である。ギジ峠では、第四師団長のグール少将が、師団幕僚と共に取り残されていた。火砲などもちろんない。戦車が一両残っているだけである。少将は後日「我々の無線は、アメリカのリバティ号によって通信妨害を受けていた」と主張した。捕虜になるのを恐れて、少将は二回目にして最後の撤退命令を出した。

その敗走を目撃したのが、イギリスの従軍記者デイビッド・プライス・ジョーンズである。記者は、アブ・アゲイラの陥落を報道した後、エジプト軍部隊と共にカンタラへ逃げた。カンタラでは、複数のフェリーボートが一度に五〇名の兵を詰めこんで運んでいた。以下その様子である。

ひとりの軍医が現場を仕切っていた。兵隊達に登録を求めていた。一名ずつ紫のスタンプ台に指をつけ、ペラペラの帳面にその指を押しつけている。彼等は徴兵でとられた者で、読み書きができなかった。対岸では、炎熱の太陽にあぶられながら、女達が列をつくり立ちつくしていた。息子の安否を気遣い全土から集まって来た母親達である。詰めかけた母親達の背後に、鉄条網で囲まれた一画があった。将校クラブである。四―五名の将校が縞模様入りのデッキチェアーに坐り、双眼鏡でこの大群集を観察していた。

これまでエジプトでは、軍の検閲があり、報道規制がしかれていた。しかし、外国人特派員と前線から流れてくる噂が、軍の検閲をバイパスするようになった。カイロは、ついこの間までイスラエル敗北のニュースで沸きたっていたのに、今では不気味な沈黙が支配していた。ノルテ大使は、この都市で「デモと暴動の増加の明確な徴候」があり、これが「深刻な社会秩序の崩壊につながる恐れ」を警告した。★24

午後遅く、ナセルは高級将校達と会った。将校達は、シナイにおける逆転不能の状況を報告した。最後に会ったのがアメル陸軍元帥である。大統領が部屋に入って来た時、元帥は、バグダディ及びカマル・ハサンの両名と協議中であった。自由将校団の二人の旧戦友は立ち上がり、泣きながら出て行った。部屋は二人の最高指導者だけになった。部屋の外で待機するナセル側近のひとりマハムード・ジッヤルは、ドア越しに怒鳴り声を聞いた。内容はわからないが激しい言い争いである。しばらくすると、ナセルが出て来た。背を曲げ、伏目である。「ジッヤル、万事休すだとさ、我々は停戦に応じる」。ナセルは意気消沈した声でそう言った。すぐその後に出て来たアメルは、「もうたくさんだ、ジッヤル。負けだ」と呟いた。

ナセルはリヤド外相を呼び出し、涙ながらに、「これ以上戦闘は継続できない。エル・コニーにその旨伝えてくれ」と言った。外相は電話をするのが恐ろしかった。回想録でその胸中を語る。「この数日間私は、自分が受け取った勇壮な戦闘報告を、本人（エル・コニー）に与えていた。本人はこれを事実として受けとめ、同僚の諸国大使が伝えるエジプト軍の崩壊を、悪意のでっちあげと一蹴していたのである。しばらくの間我々は沈黙した。わびしかった。我々は大いなる幻想の中に生きていた。それが一瞬のうちに崩れたのである」。外相がニューヨークのエジプト大使館に電話で連絡できたのは、午後九時〇〇分であった。

エル・コニー国連大使は心底驚いた。「そんな話があるか！」。大使は叫んだ。停戦拒否の演説草稿を準備していたのだ。書き直さなければならない。大使はイスラエルの謀略工作ではないかと考え、直ちに大統領官邸に電話をいれて、大統領本人と直接話をしたい、と頑張った。電話に出た大統領は、「ムハンマド、電話をくれてよかった。しかし、話は本当だ。停戦を受け入れてくれ」と言った。

午後九時三五分、うちのめされたエル・コニー大使は、涙をぽろぽろこぼしながら、安保理会場に入り自分の席についた。そして「我国政府の指示により私は、相手側が撃ち方やめに応じることを条件とする、停戦受諾の決定を伝える」と述べた。大使のこの発言を聞いた複数の非常任理事国代表は、この演説は単なる駆けひきの戦術で、イスラエルの撤退をなんらかの形で保証しない限り、ナセルが手をあげるはずがない、と考えた。しかしながら、このような考察は当て推量にすぎないことが判明した。カイロの最高司令部が公式声明を出したのである。それは、「イスラエル及び米英二空軍の統合戦力を相手に、史上類のない激甚かつ熾烈なる戦闘を展開した後停戦を順守するに至ったという内容であったが、ほかの正面では戦闘が続くとし、「一億のアラブ人民が…シカゴとテキサスのギャング共に対する憎しみに燃え、復讐を誓っている」と付記した。[★25]

‡

国連安保理におけるエジプト大使の発言は、エルサレムで大きな反響を呼んだ。どこで戦争にケリをつけるのか。イスラエルでは戦闘の終末点をめぐって議論が続いていたが、停戦間近のニュースと共に、アメリカが圧力をかけてくるという噂も流れてきた。それは、イスラエル、エジプト双方の軍を、対峙線から…それぞれ六マイル後退させるという話であった。ダヤン国防相は、二つの峠の先に進出しないという従来の方針をあらため、峠を防衛線とする考えに変えた。つまり運河まで進出するのである。ヨッフェ師団長は部隊を三つに分け、そのうちの二つを、グレートビター湖の南まで進出させ、残るひとつは、スエズ湾東岸のラススダル（スエズ市南々東約四〇キロ）を攻撃させることにした。空挺隊がシャルム・エルシェイクから北へ攻めあがり、ここでこの部隊と連結する計画である。タル師団は、ビル・ガフガファ、カンタラの二方向から引き続きフィルダン橋をめざす。停戦決議が発効した時、イスラエル国防軍は運河線にしっかり足場を固めているはずであった。

‡

戦争は終りに近づきつつあるように見えた。この四日戦争で、イスラエルはシナイとウェストバンクの全域を占領した。シリアはすぐにでも停戦受諾を発表すると思われたので、ゴラン高原を攻撃すべきかどうかの検討は非現実的問題となりつつあった。加うるにソ連が態度を硬化している。シリアは、今までのところはまだ手傷を負っていない中東唯一の同盟国になった。そのためソ連は前にもまして、その同盟国を守る意志を固めたように見えた。

六月八日午後の早い時間帯に、引きつった顔でソ連のチュバーキン大使がイスラエル外務省に姿をみせ、クレムリンからのメッセージを渡した。それは、イスラエルが停戦決議を順守せず、国際行動基準を露骨に侵害しているという内容で、「イスラエル政府が安保理決議に従わなければ、ソ連邦は、イスラエルとの外交関係を見直し…イスラエルの侵略政策に対応する追加措置を考慮する」と警告していた。会談を終えて出て来たソ連大使は、「イスラエルが勝利の美酒に酔い痴れ、その侵略行為をさらに続けていくならば、このちっぽけな国の未来は、極めて悲惨なものになる」と威嚇した。

ソ連が本気であるのは間違いなかった。それでも、イスラエルの指導部には、シリアに対する土壇場の攻勢を支持する強い声があった。エシュコル首相もそのひとりである。その日の夜七時一〇分、エシュコルはテルアヴィヴの首相執務室に、内閣防衛委員会を再度招集した。首相は、ダヤンの反対を押しきり、開拓民代表にイーデッシュ語で言った言葉を借りれば、「ブルドッグが鎖をぶち切る」勢いでゴランに攻めこみ、少なくとも一部を占領する。会議でその支持を得る。それが首相の計画であった。

会議は、ラビンの北部報告で始まった。参謀総長は、北ガリラヤ地方に対する砲撃が続いていると指摘し、国防軍は充分な兵力の集中を終え、停戦前に時間があるのであれば、シリア軍の火砲を排除できると言った。次に、前例のないことが起きた。開拓民代表が防衛委員会に招かれ、閣僚達に意見を述べることになったのである。「イスラエル国が我々を守れないのであれば、我々はその理由を知る権利がある」。キブツ・クハルギラディのヤコブ・エシュコルが声を張りあげた。「我々はこの国家の国民として扱われていない。国防軍の保護を受ける資格なしというのなら、今ここですぐ言ってもらいたい。君達は我々に故郷を棄て、この悪夢から逃れるため国を出よ、というのか！」。

アロン労相が直ちにエシュコルを支持し、「我々がシリア側稜線を占領した結果、ソ連が我々と断交するという構図についてだが、私は、そうはならないと思う。もしそうなっても私は、ソ連と国交があってシリアが稜線に居座るよりも、ソ連なき稜線確保の方がよいと考える」と掩護射撃を行った。

これまで対シリア作戦構想に反対してきた閣僚は何名もいるが、少なくともそのうちの一名は、アロンの論法に動かされた。アラン教育相である。アランは「我々は、生け贄として捧げられたイサクについて（創世記二二）、四〇〇〇年間語り継ぎ、論じてきた。北部の村落では、女子供を含む住民が、犠牲として捧げられようとしているのである。状況は耐え難いものがある」と言った。

しかし、ほかの閣僚達は、この論法にのることはなく、シリアを刺激することに反対した。「私は臆病ものではない」と言ったのは、バルハフティク宗教相である。「しかし、ソ連との断交は、あと一〇か国との断交を意味する。下手をすると、アジア、アフリカ諸国が追随する恐れもある。国連から我々が追放されることも考えられるのである…我々は酔っ払っている。それもワインのせいでないことは確かだ…はっきりしたシリアの停戦違反がない限り、別の戦争に引きずりこまれてはならない」。宗教相はこのように主張した。シャピラ内務相も国家宗教党（ＮＲＰ）の路線を維持し、「我々は待つべきである…我々は彼等（シリア）を戦争に引きずりこんではならない」と主張した。

やがて、ダヤン国防相が話す番になった。ダヤンは、この数日でイスラエルが手にした大勝利について語り、これですべてが終ったわけではない。熾烈な外交戦が続くと前置きして、「自分は、最小限の目標達成で妥協するミニマリストである。これまでの戦果で充分と考える。戦いは苦しい。激痛である。激しい苦しみのなかで、別の国境線を持つ国をとりたいとは一体どういうことか。少しやりすぎではないか…シリア人がその地位に甘んじることは絶対ない。今日だけでなく、これから先ずっとだ」と述べた。

ダヤンは話を続け、危険はソ連の介入だけではなく、フランスの完全な離反の恐れもあると言った。戦闘機の供給国である。「空軍は相当にがたがきている。我々は一九六二年以来新しい戦闘機を調達していない。しかも緒戦時（六月五日）、大半の機が被弾している」。ダヤンは語をつぎ、北部軍は充分な戦力がない、アメリカはおそらく作戦に反対する（ので孤立無援となる）と主張した。そして、シリアがイスラエルの脅威になることはないと言ったかと思うと、あたりを見廻し語気を強め、「私は、シリア・イラク両空軍の協同攻撃を恐れている。たぶんヨルダンは戦列から離れるだろうが、これを除く全アラブが総がかりで戦争を続ける恐れもある」と言った。

この席でも国防相は、自分の管轄問題に介入しているとして政府を非難した揚句（軍事問題については「多数決による意志決定に反対する」というのがダヤンの持論であった）、「私は、シリアの火砲から一〇ないし二〇マイル村落を離した方がよいと思う。三つ目の正面で戦争にまきこまれ、ソ連と衝突する破目になるより、こちらの方がよい。この戦争でアラブ人数千人が移転した。数十人のイスラエル人を移転させるのはできない話ではない」と言った。爆弾宣言である。

シリアの火砲を排除するのではなく、イスラエルの村落を廃村にして安全をはかるという。閣僚達が怒り出した。「村の移転など絶対考えてはならない」とアロンは怒声をはりあげ、「これはまさにイスラエルの一部を割譲するに等しい」と言った。エシュコル首相も、「シリアにとってこれだけ大きい勝利はないだろう」とアロンに同調した。しかしそれでもエシュコルは、方針決定の段になると、決断できなかった。ゴラン作戦の発動有無については、ダヤン、ラビンそして自分の三人で判断するとし、「シリアが何事もなく逃げ去るのは残念である」と言った。そして、ゴランは将来、境界確定交渉をする時、有力な取引材料として使えると示唆しながら、「もちろん我々は、シリア領を一センチたりとも欲しいとは思っていない」とつけ加えた。[★26]

深夜近く、ダヤンはエラザール北部軍司令官に電話を入れ、閣議決定など最新の情報を伝えた、エジプトはまだ停戦の履行に至っていない。イスラエルは、相当に損害を被り、別の正面で戦う余裕はない。さらにソ連の出方が不安材料である、とダヤンは説明した。エラザールは、ゴラン攻略の損害は及び腰になるほど大きくなるとは思えないと主張した。ソ連は犬の遠吠えで噛みつくことはないのであり、「この境界域を今処置しておかないと、将来に大きい禍根を残します」。北部軍司令官は涙声で言った。ダヤンは気持はわかるとしながら情に流されることはなく、「君の言分はわかる。何をしたいかも知っている。しかし私は、君が軍紀に厳しくて己れを律し、我々の決定・方針に逆らうことは一切しない軍人であることを知っている」と突き放した。

ダヤンは電話をラビンに渡した。「この国は、一体どうなっているのですか。連中（シリア）はずいぶん我々を苦しめてきた。砲撃はする越境攻撃はする。これに対して何もしない。この傲慢な悪党共は何の罰も受けず、のさばり返り、高原に陣取って我々を苦しめている。住民に、開拓村に合わす顔がありますか。言い訳できますか。我々自身に言い訳できますか」。一気にまくしたてたエラザールは、天候不順による作戦中止を残念がり、「昨日の延期が本日の中止になるとわかっていれば、航空の対地支援がなくても決行していたはずです。大きい損害が出たかもしれないが、今頃はゴランを確保しているのは間違いありません」。参謀総長は、北部軍司令官の言うことを、黙って聞いていた。

北部開拓民は、境界域からの非戦闘員疎開を要請し、エラザールはこれに抵抗していたが、今やラビンにその疎開と軍の警戒態勢解除を求めた。しかしラビンは、子供の疎開のみに同意し、北部軍は戦闘隊形のまま待機、希望を棄てるな、「何が起きるかもない」と言った。それはダヤンの考え方と矛盾するように思われたが、国防相は意外にも同意し、「当面は、攻撃なしの決定であるが、決定がこれから変わる可能性はある」とエラザールに希望を持たせた。★27

第9章 戦闘……第五日、六月九日

ゴランの決戦
辞任を口走るナセル
安保理の蘇生とソ連の怒り
イスラエル政局の危機

午前零時過ぎ、ダヤンは閣議から直行して、ピットに入った。国防相はそれから三時間のうちに、エジプトが停戦を既に受諾し、シリアの受諾も近いことを知った。そして、ラビンがまごつくようなことを、突然口にした。ゴランがからっぽ状態にあるのに、テルアザジアットだけの攻撃では意味がない。アラブ側は、限定的攻撃をイスラエルの意志の欠如と受けとめる、と言ったのである。「シリア軍が何もせず静かにしているのであれば、私は攻撃を認めない。しかしこちらが自制しているにも拘わらず砲撃を続けている。私は高原全域の占領を内閣に勧告する」。ダヤンはきっぱりとそう言った。

ラビンは前々からシリア懲罰に賛成しているので、異議を唱えなかった。しかしまた、北部軍司令部に新しい命令を出すこともしなかった。ラビンはピットを出た。四日ぶりの帰宅である（枕に頭をつける前に眠りにおちた、と述懐している）。帰途ラビンはいろいろ考えた。ダヤンは、エルサレム旧市占領、スエズ運河到達の問題で、決心をひるがえした前科がある。今度も心変わりがあるのかもしれない。[★1]

ダヤンはピットに残り、状況観察を続けた。そのうちにバーレブ参謀次長が到着し、いくつかの問題点を指摘した。第一、エシュコルを含め、内閣は攻撃に賛成していると思われるが、攻撃する名目、即ち納得のいく大義名分がない。第二、最新の情報分析によると、居丈高なソ連がトーンを落とし、介入の威嚇をしなくなった。午前三時一〇分、ダマスカス放送が、イスラエルの順守を条件にシリアは停戦を守る用意がある、と発表した。即ち第三は時間の問題である。「戦いは簡単にケリがつくものではない。長期の辛抱強い準備が必要である」と参謀次長は言った。午前四時四五分、ガビッシュ南部軍司令官がシナイから電話をかけてきた。イスラエル軍は運河に到達し、守りを固めつつあるという。

戦争は事実上終ったように思われた。これが、少なくとも軍情報部シリア班の結論であった。班長のエリ・ハラフミ少佐は、ダマスカス懲罰の機会は失われたと、既にあきらめており、西壁訪問を目的とする休暇の申請を出していた。そして、駄目押しのようなことが起きた。夜半過ぎ、北から一連の航空写真が届いたのである。それを見て少佐は衝撃をうけた。軍都のクネイトラの周辺基地は、機甲部隊、砲兵隊、コマンド隊などで埋め尽くされていたのに、それがそっくり消えていた。ハラフミ班長は「ゴラン高原のシリア軍配備は消滅した模様」と報告し、「再び現れるかどうかは、今のところ不明」と付記した。

「これではどうしようもないではないか」。報告を読んだヤリーブ軍情報部長は、肩をすくめた。「停戦になるということだな」。

シリア班長は、「しかし、連中（シリア）を無傷で逃していいのですか。軍が温存されれば、連中は我々につばを吐き、勝った勝ったとはやしたて、あいつらは何もできない、そんなことができるのは俺達だけだと言い続けますよ」と悔しさをにじませた。

ヤリーブは、疑問を抱きながら、報告書を提出した。報告書は夜明け頃、ダヤン国防相の手許に届いた。カイロ発最新電報の傍受内容も一緒であった。その傍受電報はナセルからシリアのアタシ大統領に宛てたもので、「イスラエルが、シリア軍撃滅を目的に、総力をあげてシリアに向かってくるのは確実と思われる。貴国のためを思い忠告することをお許しいただきたい」と前置きし、「直ちに停戦に応じ、その旨ウ・タント事務総長に連絡されることを願う。これが光輝あるシリア国軍を救う唯一の道である。我々は、今回のいくさは失った。将来を期し神の御加護のあらんことを」と結んであった。

ダヤンが今回も一八〇度の方向転換をはかるとすれば、この電報とシリア班長の報告があずかって力あったのである。国防相は、首相宛にメモを走り書きした。

一、この電報により、我々は最大級の対策を以て応じざるを得なくなったと思われる。二、昨晩まで、エジプト及びシリアの両指導部が、かくも脆く崩れ去り、手をあげるとは考えなかった。いずれにせよ、我々はこの機会を逃してはならず、最大限に利用すべきである。決戦の時来たる。★2

一方、ダビッド・エラザールは、彼言うところの「人生最悪の夜」を過ごしていた。どうしてもあきらめきれず、これが最後という思いで、北部軍司令官は予備役将校のウージ・ファイナーマンをテルアヴィヴへ派遣した。ファイナーマンはダヤンと同じラフィ党党員で、しかもダヤンの親友である。ゴラン攻撃の許可をとりつけが派遣目的であるが、午前二時になっても、ファイナーマンから連絡がない。エラザールはすっかりあきらめて、ベッドに横になった。四時間後、電話が鳴った。

「攻撃できるか?」ダヤンの声である。エラザールは、寝惚けて一瞬呆然となったが、躊躇なく「できます。今すぐにできます」と答えた。

「では、攻撃し給え」。

ダヤンは、自分の方向転換理由を説明し始めた。エジプトの停戦順守に始まって、シリア軍の崩壊に話が及ぶと、エラザールは話をさえぎって、「崩壊か何か知らんが、自分には関係がない。我々は攻撃するのみです。ありがとう。本当にありがとう。シャローム、シャローム」と礼を言った。

次にダヤンは、副官のイツハク・ニシャフ大佐に、首相官邸のリオール大佐への連絡を命じた。「私は自分の耳を疑った」。リオール大佐の述懐である。「前日まで、ダヤンはゴラン高原攻略反対できたのに…まさに青天の霹靂だった」。

エシュコルのショックも大きかった。完全にノックアウト状態である。リオール大佐から報告を受けた時、首相は「訳がわからん。訳がわからん」と呟き続けた。首相は、バニアス占領程度の作戦なら支持していたのであるが、民主主義の手続きを無視するダヤンの傍若無人な振舞いに激怒した。「今この命令を取り消せないか。全く筋が通らん！」。首相は苦悶の様相であったが、「あいつが、自分の好きなことは何でもできると考えているのなら…よかろう。やらせておけ」と言った。

リオール大佐は次に参謀本部に電話した。ラビンの反応がどうであったか、記録にない。ラビンはすぐヘリの準備を命じ、急拠北部軍司令部に飛んだ。午前八時〇〇分、司令部に到着したラビンは、エラザールに「シリア軍に崩壊のきざしはない。彼等は総力をあげ必死に戦い抜く」と注意した。★3

ゴランの突撃

午前九時四〇分、イスラエル空軍が行動を開始した。今やターゲットより機数の方が多い。使用するロケット弾は、エジプト軍のストックを頂戴したものである。空軍機は、ヘルモン山からガリラヤ湖南東のタウフィクまで、ゴラン高原一帯を縦横無尽にあばれまわり、数百トンの爆弾をシリア軍陣地に投下した。砲兵陣地と倉庫は完全に破壊され、輸送隊も蹴散らされ、道路から一掃された。しかし、イスラエルを眼下にする要地やゴランへの接近経路付近にある掩蓋壕や掩蔽陣地は、ほとんど無傷であった。エラザールは幅一マイルの地雷原に突撃路をつけ、併せてシリア兵の士気低下を狙って、砲爆撃を倍加させた。

シリア軍の士気は、崩壊してはいなくても、相当に低下しているのは確かであった。シリアは、開拓村を砲撃されてイスラエルが消耗し怖気づいていると確信していたので、イスラエル空軍の攻撃の激しさを、全く予期していなかった。中央戦区の指揮官アハマド・ミル大佐は、三時間強で一六三波に及ぶ攻撃をうけ、五二名死亡及び八〇名負傷の被害があった、と報告している。上級将校が相当数脱走したように、心理的影響もある。指揮官に続いて部隊逃亡もみられた。作戦部長のアワド・バハ少将は、第一線陣地への増援を指示されたが、航空支援がないので、〝自殺行為〟として命令を一蹴した。クネイトラ郊外に布陣する第七〇機甲旅団でも、同じような反応がみられた。旅団長イザット・ジャディド大佐は、夜間逆襲すら拒否し、戦車を率いてダマスカスへ後退した。ダマスカス放送は、空襲を〝イスラエルを破壊から救うための〟英米の共同作戦と発表していたが、損害を隠し通すことはできなかった。

それでも、シリア軍の大半は健在で、いつでも戦える状態で、壕内で待機していた。兵力は中央戦区に一番集中し、三個旅団と火砲一四四門が、いわゆる税関道路に照準を合わせていた（ブノット・ヤーコブ橋の東に位置する旧税関所を通る幹道、クネイトラまで一番の近道である）。軍はこの幹道の死守並びに弾薬の節約を命じられていた。スウェイダニ参謀総長は上級指揮官たちに、「こちらから最初に発砲するな、我々は国連に介入を求めている。その回答がすぐにでも来るかもしれない」と言った。[★4]

イスラエル軍は、シリア軍の予想に反し、税関道路をとる計画を持っていなかった。少なくとも初段階の戦闘ではそうである。マケベット（ハンマー）作戦計画によると、敵が最も予期しない地域へ攻撃を集中することになっていた。北部ではクハルショルド、南部はガリラヤ湖南端域である。しかるに、ウェストバンクとシナイからゴラン正面へ転用される部隊で、道路が大渋滞となり、南部域の攻撃が遅れてしまった。代わりに実施されたのが、中央域のやや北（ダルバシャとジャラビナの両築城地帯の中間域）に対する陽動作戦である。エラザール北部軍司令官は、初段階の強硬突破は、目をそむけたくなるような、相当ひどい戦闘になると覚悟した。標高差二〇〇〇フィートの急斜面をのぼらなければならない。しかもあたりは一面の岩である。当初の予定では夜戦であったが、それが白昼の戦闘になり、シリア軍の射撃にさらされることになった。計画

◉——イスラエルが、プロペラ機(P51、スピットファイヤー、モスキート)に代わって初めて導入したジェット機メテオール。1955年9月中東でジェット戦闘機同士の空中戦を初めて演じ、エジプト空軍のバンパイヤを2機撃墜した。IGPO

では、迅速に行動して、まずパトロール道にとりつくことになっていた。それは築城地帯を結ぶ道路で、その道路を制圧して戦略要地に位置する築城地帯を攻撃する。地雷原、鉄条網、コンクリート製掩蓋陣地、機関銃座がはりめぐらされ、築城地帯同士は、相互に掩護する形になっていた。

第八機甲旅団長アブラハム・メンドラー大佐は、自分の任務を知らされた時、エラザールに向かって、「これが計画というのなら、自殺せよというに等しい」と言った。この正面では第八機甲旅団が唯一の戦車隊であったが、シナイでの激戦で損耗が激しく、戦車兵も疲労していた。走行極めて困難な地形のところを白昼に進んで、強固な防備を誇るシリア軍陣地にまともに攻撃をかけ、これを突破せよという。それがいかに難しいか、すぐにわかった。午前一一時四〇分、部隊が行動を開始し、急斜面に道をつけ始めると、掩体壕に入っているシリア軍戦車が猛然と撃ちだした。「最初は全然こわくなかった」。第八機甲旅第一二九大隊所属の戦車兵ヤコブ・ホレシュの述懐である。「ブルドーザーが我々の前を進み、鉄条網と地雷を除去し始めた。ところが、一瞬にして修羅場と化した。ブルドーザーが次々に被弾して動けなくなる…ハーフトラックが空中に吹きあがる。強い震動がした。被弾したのである。私は砲塔のハッチを開けた。自分の戦車が燃えていた。私の体にも火がついていた。射撃音がする。誰か航空支援を無線で求めていた。私は焼死するより撃たれた方がましと考え、砲塔から飛び降りた…彼等（イスラエル兵）が私をひろいあげ、別の戦車の上に乗せた。私はまだ燃えていた」。

ブルドーザー八両のうち五両がたちまち被弾炎上し、後続する車両がわきへ押し出して前進した。シャーマン戦車は、地形のため行動が制約され、のろのろと陣地化されたシラルディブ村へ向かった。目標はその先のカラである。損害はうなぎのぼりに増えていった。三九歳のアリエ・ビロ大隊長が戦死、大隊長代理となった偵察隊将校ラファエル・モカディ予備役少佐は、民間では大学講師であったが、一〇分後に同じく戦死した。極めて危機的状況になっている時、追いうちをかけるように、攻撃隊の一部が道に迷い、ザウラの正面に出てしまった。ここも、要塞化されたところで、シリアの第二四四大隊の予備役兵達が守っていた。メンドラー旅団長の頭にひらめくものがあった。戦後証言したところによると、「ザウラを確保できれば、戦いの流れを変えられる」と考え、咄嗟に作戦を変え、ザウラとカラの同時攻撃を命じた。

戦闘は激しく、イスラエルとシリア双方の戦車が入りみだれ、至近距離で撃ち合った。混戦である。「シリア兵は勇戦敢闘した。よく戦った。おかげで我々は散々やられた。一〇〇から五〇〇メートルで撃ち合い、我々の戦車砲で相手の戦車を吹きとばし、履帯で踏みつぶして、やっと勝った」。メンドラーの述懐である。カラに突入した最初のシャーマン戦車三両は、シリア軍のバズーカ班に仕留められた。急をきいて、後方からT54戦車七両がかけつけて来た。モカディに代わって大隊長になったナタニエル・ホロビッツ大尉は、二

◉――ゴラン高原で行動中の軽戦車AMX-13。イスラエルは戦車1000両(センチュリオン・250両、M48・200両、シャーマン改・200両、AMX-13・150両など)で戦い、80両を失った。IGPO

進も三進も行かなくなった。「いくもの家から猛烈に撃たれた。しかし、後続戦車がどんどん進んでくる。まわれ右ができない。狭い通路でまわりは地雷で一杯だった」。ホロビッツ大尉は、頭に負傷し、その出血で鉄帽のインターコムがショートしていた。さらに地図も破損し使用できない。大尉は残存戦車に前進の合図をした。さらに大尉は、敵戦車に対する航空攻撃を要請した。しかしメンドラーは、一機もない、駄目だと言った。「では旅団長、すぐ航空支援を受けなければ、おさらばです。これで永久にお別れですね」。大尉の必死の要請で、ジェット機二機が飛来し、T54を二両撃破した。残る戦車は後退し、カラ防衛隊の生き残りも、指揮官のムハンマド・サイード少佐が戦死した後、同様に後退した。

カラとザウラは、午後六時〇〇分までに陥落し、三つ目の陣地エインフットも落ちた。クネイトラへ一番近い道が開いたのである。しかし、多大の犠牲を払って得た勝利であった。数十名のイスラエル兵が死傷し、二六両の戦車のうち可動戦車はわずか二両になっていた。★5

中央戦区でも同じような修羅場が出現した。ダルダラとテルヒラルの両拠点をめぐる戦闘で、イスラエルの第一八一大隊は、戦死二一名負傷三六名の損害を被った。マケベット作戦の一番北側にあたる地域では、ゴラニ歩兵旅団の第一二バラク(雷電)大隊が苦戦を強いられた。任務は一三か所ほどの拠点掃討であったが、それには威容を誇るテルファクールの陣地があった。境界から東三マイルの地域で、馬蹄型をしていた。いずれの拠点に対しても、歩兵の突撃に先立って、かなり時間をかけて空爆が実施された。

しかしここでも、イスラエル側は、掩蔽壕の強靭性をよく知っていなかった。激しい空爆に耐えたのである。さらに突撃方向を誤まり、火砲陣地の真正面へ進んでしまった。大隊の戦車九両は次々に撃破され、歩兵の乗るハーフトラック一九両も吹きとんだ。戦車操縦兵のひとりルーベン・ダンゴルは、搭乗戦車が複数の火砲に狙われた時の模様を、次のように語っている。「テル（丘）の南側を通過したと思った瞬間、猛烈な震動を感じた…操縦室はたちまち煙に包まれ、ハッと思った時、また衝撃をうけた。前よりもっと大きい。砲塔に被弾したのだ。私は緊急用ハッチから脱出し、砲塔の乗員はと見ると、ぽっかり穴があき、誰もいなかった」。

イスラエル側は前進できなかった。しかしその進撃をくいとめた側も、大きい被害を被っていた。シリア陸軍の戦闘詳報には、その時の模様が赤裸々に綴られている。

敵は猛烈な砲撃下で七〇〇メートルに追って来た。前方の壕に陣取る小隊は、狙いをつけて待ち構えた。小隊長は、退避許可を得ようとして、伝令のジャリル・イッサ一等兵を中隊長壕へ走らせた。しかし伝令は中隊長を見付けることができなかった。そこで小隊長はファッジャル・ハムドゥ・カルナジ一等兵を呼び、同じく伝令として中隊長の許へ行かせた。戻って来た一等兵は、「中隊長がいなくなった」、と報告した。敵が六〇〇メートルに来た時、ムハンマド・ユスフ・イブラヒム三等軍曹は、一〇インチ（ママ）対戦車砲を撃ち、先頭の戦車を撃破した。しかし、軍曹と分隊長は敵に撃ち返されて死んだ。敵はひしひしと追って来る。二番目の一〇インチ（ママ）対戦車砲を指揮するアンワル・バルバル一等軍曹は、砲側にいなかった。小隊長が探させたが、見付けることができなかった…ハッジ・ディン一等兵が独りで操作して、戦車二両を撃破した。一等兵は数分後戦死したが、おかげで敵は後退した。小隊長は大隊本部に無電で状況を報告しようとしたが、応答がなかった。

一方、攻者のイスラエル側では、モシェ・〝ムーサ〟・クライン大隊長が、生き残った二五名の隊員に降車を命じ、二組に分けると、テルファクールの北と南の両側面を攻撃した。南側面は、機関銃座と掩蔽壕がはりめぐらされ、二重コイルの鉄条網が囲んでいた。腕を撫して待つのは、第一八七歩兵大隊所属の一個中隊、アフマド・イブラヒム・ハリリ大尉が指揮していた。対戦車砲、機関銃そして八二ミリ迫撃砲を持ち、大尉は「ここでは防備が一番かたい陣地で、接近経路上の真正面に位置していた。照準用十字線のまさにど真ん中である」と述懐する。

戦闘は、エルサレムで生起した弾薬の丘の戦闘に類似する。狭い地域内の近接戦闘で白兵戦になることも往々にしてあった。イスラエルの攻撃隊は、陣地前縁にとりつくと、先頭の兵達が鉄条網に身を投げ、その上を後続兵が渡って突撃した。

テルファクールの北側守備隊長ディコ・タクム大尉は部下に、あわてて発砲するな、鉄条網にとりついた時に撃ち始めよと言い、「確実なキルゾーンまで引き寄せよ」と命じた。ところがそれから数分後に部下ハティム・ハリク中尉が、「ユダヤ人はすでに中に入っています。こちらに被害、戦死者続出！」と報告してきた。

タクム大尉は増援を求めた。しかし返事がない。肚をくくった大尉は、ここを自分の死に場所と決め、「誰も部署から離れるな。敵の侵入を絶対に許すな。我々はここを死守する」と命じた。

イスラエル兵は突撃した。ゴラニ旅団のシュロモ・ベンバサットの証言である。

私は、下士官のカルマンと一緒に左へ曲がった。我々は交通壕を走り、陣地内を掃討した。突然壕の奥に小部屋が見えた。ベッドや箱が並んでいる。「私が中に入る。君は外で待ってろ」。カルマンが入った途端連射音がした。中にいたシリアの負傷兵が撃ったのだ。カルマンは肚を押さえ、ころげるようにして出てくると、倒れた。後からそのシリア兵が姿を現した。そして私を見ると、すぐ命乞いを始めた。カルマンを殺した銃をぶらさげている。銃口からまだ硝煙が出ている。私はカルマンの血に復讐した。

北側を攻撃した一三名のうち一〇名が倒れた。一方南側の攻撃隊一二名のうち、まだ健在なのはわずかに一名、イツハク・ハマウィ伍長だけである。「ムーサ（クライン）と私は、交通壕の中を走った。ヘルメットが地表に出ると、敵味方のどちらかはわからない。突然我々の前にひとりの兵隊が姿を見せた。我々は識別できなかった。大隊長は合言葉を叫んだ。その兵隊は返事をしない。大隊長は一連射した。しかし命中しなかった。我々は壕から飛びだした。五メートル走った時、大隊長がうつぶせに倒れた…撃ちそこなったシリア兵が発砲したのだ。我方の通信兵が銃を構え、再び姿を見せたところを撃った」。伍長の述懐である。

クライン大隊長を射殺したのは、シリア側の記録でアリ・イッサ・ハフェズという兵隊である。この兵隊に続いて、すぐジャマル・ムーサ軍曹が戦死した。テルファクールで最後まで持ちこたえた壕の指揮官であった。防衛隊のうち生き残ったのは、ムスタファ・スリマン伍長以下八名だけであった。ゴラニ旅団の斥候隊が、地図にない小道をたどって後方から近づくと、この八名は後退した。捕虜になったシリア兵もいる。ア

◉――破壊されたアレンビー橋を伝ってヨルダンへ渡るウェストバンクのパレスチナ人。AP

ハマド・アリ少尉と兵隊二名である。激戦七時間。イスラエル側は戦死三一名負傷八二名の損害をだした。シリア側は六二名が戦死、二〇名が捕虜になった。

テルファクールは陥落した。テルアザジアットは、ゴラニ旅団の第五一大隊の手に落ちた。ダルバシャも然りである。イスラエルは、攻撃目標のほとんどを予定よりも随分早く達成したが、シリア領への進出距離は奥行きで八マイル程度にすぎなかった。ザウラ・カラ間で幅五マイルの橋頭堡が築かれた。さらにこのシリア正面においては、ほかに五か所で探りの攻撃がかけられた。以上がマケベット（ハンマー）作戦の攻撃目標であった。しかしエラザールと参謀本部はゴラン全域の攻略を目的とするメルカハイム（ペンチ）作戦の発動を望んだ。ラビンの計算では、この作戦の完遂には少なくともあと二日の時間を必要とする。[★6]

シリア軍の第一線は崩壊した。しかしその後方に控える主力は、まだ健在であった。北のヘルモン山とバニアス、そして南では税関道からガリラヤ湖南東のタウフィクに至る地域は、第一線すら崩れていない。この日夕暮れ時に集まったシリア軍首脳は、可及的速やかな増援とイスラエルの農村地帯砲撃続行を決めた。第一七機械化大隊は、リヤド統合軍司令官の強い要請で、ヨルダン北部に進出していたが、ダマスカス防衛のため、急拠呼び戻された。アサド国防相兼空軍司令官は、全国放送で、「シオニスト帝国主義者の侵略」に対して「如何なる犠牲を払っても」断固戦い抜くと決意のほどを表明し、「敵の目的は、国民の士気を撃ち砕き、アラブ民族の敵に対する英雄的戦いから離脱させることにある」と述べた。ダマスカスに駐在するアラブ諸国大使は、外務省に召致され、シリアに対する軍事援助の要請をうけた、条約上シリアの同盟国であるエジプトには、特別の支援アピールが行れた。★7

ナセルに対するカーテンコール

もちろんエジプトは支援できなかった。それどころか緊急支援を必要とする状況に追いつめられていた。カイロはダマスカスに冷たかった。緒戦時エジプト救援に来なかったことに怨みをいだいているのか、それとも足を引っ張り合うアラブ内部の政治力学の罠から距離をおくためか。いずれにせよカイロは、北で展開中の戦争を無視した。カイロにとって火急の問題はシナイであり、イスラエルによるとどめの一撃がどうなるかであった。

この日、イスラエル軍は正午までに半島全域を占領した。ヨッフェ師団から部隊が二つ出て、ひとつはスエズ(の対岸)から南下し、あとひとつはミトラから西へ向かった。そして、二つの部隊は、ラススダルにヘリで降着した空挺隊と合流した。かくして、スエズ湾の東岸は、イスラエルの手に落ちた。それより北の地域ではゴネン大佐の第七機甲旅団はグレートビター湖の湖岸に到達し、グラニット隊は、カンタラを迂回してイスマイリアとフィルダンを目の前にする地点に布陣した。散発的に所々で小競り合いが続き、エジプ

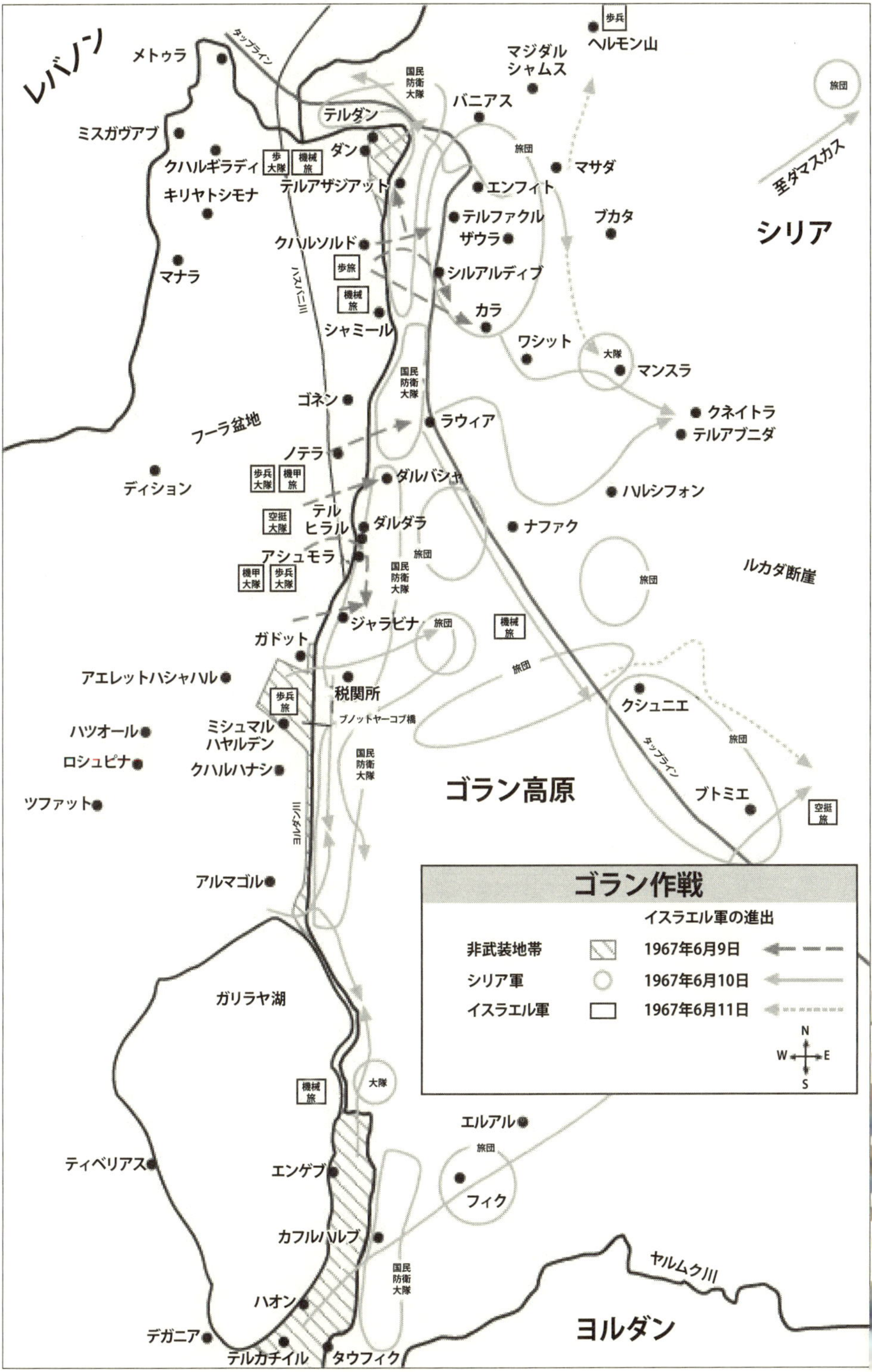

ゴラン作戦
イスラエル軍の進出
非武装地帯
シリア軍
イスラエル軍
1967年6月9日
1967年6月10日
1967年6月11日
レバノン
シリア
ヨルダン
ゴラン高原
ガリラヤ湖
至ダマスカス
フーラ盆地
ルカダ断崖
ヤルムク川
ヨルダン川
ハスバニ川
タップライン
メトゥラ
ミスガヴアブ
クハルギラディ
キリヤトシモナ
マナラ
ヘルモン山
マジダル
シャムス
バニアス
テルダン
ダン
テルアザジアット
マサダ
エンフィト
テルファクル
ザウラ
ブカタ
クハルソルド
シルアルディブ
カラ
シャミール
ワシット
マンスラ
クネイトラ
テルアブニダ
ゴネン
ラウィア
ノテラ
ダルバシャ
ディション
ハルシフォン
テル
ヒラル
ダルダラ
ナファク
アシュモラ
ジャラビナ
ガドット
アエレットハシャハル
税関所
ブノットヤーコブ橋
クシュニエ
ハツオール
ミシュマル
ハヤルデン
ロシュピナ
クハルハナシ
ツファット
ブトミエ
アルマゴル
エルアル
ティベリアス
エンゲブ
フィク
カフルハルブ
ハオン
デガニア
テルカチイル
タウフィク
国民防衛大隊
旅団
大隊
歩兵
歩兵大隊
歩大隊
機械旅
機甲旅
機甲大隊
歩旅
歩兵旅
空挺大隊
空挺旅

ト軍はさらに五〇両の戦車を喪失した、やがて戦闘は事実上やんだ。エジプトは、海水弁を開いて複数の船を沈め、スエズ運河を封鎖した。しかるにイスラエルは、自信過剰のためか疲労困憊のためかわからぬが、運河の北の玄関口にあたるポートファド（ポートサイドの対岸）を占領しなかった。戦後ここを経由して厖大な軍需品がソ連から流れこみ、エジプト軍の再建に一役かうのである。

その第一陣は、既にカイロ近郊に届いていた。六月末までに五万トン近い軍事資材が空輸された。しかしこの大々的後押しを以てしても、敗北の様相を隠くすことはできなかった。数千人の敗残兵が、尾羽打ち枯らした姿でぞろぞろとカイロへ戻ってくる。屈辱にまみれた兵隊達は、敗残の身とさとられぬように、軍服を脱ぎ棄てていた。後日ナセルはスーダンの指導者モハメド・マフジョウブに「イスマイルと私の家の間には、四〇〇名の兵隊しかいなかった」と語っている。「イスラエルの部隊は、望むならばカイロまで行けた筈である」。イギリスの情報部は、「首都カイロへ至る道路沿いには、土嚢を積みあげ、塹壕を掘ったところが所々にあるだけである。反乱部隊には多少有効かもしれないが、驀進してくる進撃部隊には何の役にも立たない」と報じた。カイロ市中には反乱の噂が流れた。軍の不満分子が起こす話やアリ・サブリに率いられた親ソ派による反乱の噂などが、乱れとんだ。サラフ・ナスル情報局長は、ノルテ大使と秘密裡に接触し、アメリカが〝親アラブ〟政策をとらなければ、共産クーデターが起きると警告した。

イスラエル滅亡の報告に沸き、アラブの勝利を讃える大衆デモの日々は過ぎた。あとには空しさだけが残る。戦いに破れ、経済は惨澹たる状態にあった。イギリスの或る外交官は、観光収入、運河使用料、シナイの石油が皆無になったことを計算に入れ、「停戦成立の時点で、アラブ連合共和国は開戦前に比べ、一年当たり約四億四八五〇万ドル貧しくなった」と算定した。アンワル・サダト副大統領は、すっかり落ちこんで、ピラミッドに近い田舎の邸宅に引きこもり、外に出ようとしなかった。「私は…敗北で、完全に打ちのめされていた。振り払おうとしても、頭にこびりついて離れない。私は耐えに耐え、敵味方が発動した我が国軍に対する中傷キャンペーンを乗りきろうとした」。サダトはこのように述懐する。ル・モンド紙のエリック・ルウロ記者は、「カイロには喪に服したような重苦しい空気が流れていた。住民達は声をひそめ、ナセルを〃畜生〃と呼んでいた」と回想する。この幻滅感はエジプトに限定されていたわけではない。アルジェでは、暴徒化した民衆が、〃裏切者のナセル〃と呼びながら、エジプト大使館を襲撃した。チュニジアでは暴徒達がエジプトの文化センターを焼き打ちにした。アラブ世界は恥をかかされ怒っていた。そして必死になってスケープゴートを探していた。[★8]

ナセルは、自ら進んでそのスケープゴート役を演じるようにみえた。かつては自信にみちた指導者が、ひどい鬱状態になり、足の痛みを訴え、枕の下に拳銃をおいて寝るようになった。繰り返し何度もファウジ参謀総長に電話をして、軍の状態についてたずねている。アスワン知事のマドワル・アブ・イッズには「軍隊が来て連れだしてくれるのを待っている」と言っている。ナセルは、この後すぐ本人を空軍再建の責任者に指名する。大統領は、暗い部屋の中で坐っていた。ローソクが一本ともり、ナセルの顔を照らしている。まだ燈火管制が続いていたのである。「私の警護官は、前線だ。運河正面にいる。しかし私は構わん。ピストルがあるから大丈夫。それならここにある。私のポケットだ。いつでも撃てる」と言った。ナセルが示唆したのは、軍事クーデターの犠牲になって殺されるよりは、自分で命を絶つ方がましということである。ところが、アメル陸軍元帥が自殺をはかったという報告が届くと、ナセルは最高司令部に大急ぎで駆けつけた。

アメルは非常な酩酊状態にあった。呂律のまわらぬ声で怒鳴っている。陰謀の話をしているかと思うと、大量の睡眠薬を要求した。ナセルは、アメルを落ち着かせ、そうしているうちに、自分の心も落着き、論理的に考えられるようになった。大統領は、一番の友人にして最も手ごわいライバルのアメルに対し、「国家の国境を守れない政権は、正当性を失う」と言った。そして、「悲しいことだが、我々は現実を認めなければならない。我々の支配は悲劇で終ったということだ」と諭した。アメルは反論しなかった。その代り政権交代の話をして、シャムス・バドランに権限を移譲すべきであると言った。国防相で、自分の子飼いである。これに対してナセルは、自分の副大統領ザカリヤ・ムヒッディーンがよい、と答えた。

その日の朝七時〇〇分、ナセルは側近のひとり、モハメド・ヘイカルの訪問をうけた。半官紙アルアハラムの編集主幹である。ヘイカルはショックをうけた。大統領が数日会わぬうちに一〇年は歳をとってしまったからである。その大統領は、今回の総崩れの責任はすべて自分にある、人民が望むのであれば銃殺刑になっても構わない、と言った。しかし、大統領の地位にとどまることはできないという。これからは戦後処理が中心課題となり、アメリカと力を合わせて、その処理にあたらなければならず、本人にとって耐えられぬ苦々しい仕事なのであった。むしろ辞任した方がよい、今夜辞任を発表する。軍高官も地位を失う。そう言いながらナセルは立ち上がった。部屋を出ようとすると電話が鳴った。アメルからである。元帥はヒステリックに泣きわめきながら、イスラエル軍が運河を渡河した、現在カイロへ向かって驀進中、と言った。ナセルは、「完全にいかれている。これだから軍を失ったのだ」と溜息をつきながら、受話器をおいた。★9

その日の夕方六時三〇分、ナセルは全国放送で自分の胸中を語った。生放送である。まずアナウンサーが、「戦場に静寂が戻りました、停戦決議に従って、すべての作戦が中止されております」と述べ、ついでナセルがマイクの前に立った。低く抑えた声である。普段の獅子吼と違ってかぼそい。ナセルは、まずイスラエルによるシリア侵略の意図に触れて、シナイ再武装化、国連緊急軍の追放及びチラン海峡封鎖を正当化し、最初の発砲を禁じる米ソの圧力があった、と強調した。ついでナセルはイスラエルの奇襲攻撃に触れ、「敵は東及び北から来ると予期していたが、実際には西から来た」と述べ、しかし事がうまく運んだのは、英米空軍機によるあからさまなイスラエル支援による、と言った。ナセルは状況をアルナクサ（後退）と定義し、これを押し返すため、アラブは必勝の信念に徹し、究極の勝利を信じつつ反イスラエル闘争に集結しなければならない、と団結を訴えた。それから、予期されていたように、ナセルは行動の結果責任を認め、辞任の意を表明し、後任にムヒッディーンを指名した。ナセルの結びの言葉は、以前のナセル即ち「革命の哲学」の著者の姿を、髣髴させた。

帝国主義勢力は、アブデル・ナセルを自分達の敵と想像している。彼等にはっきり言っておきたいが、それは、アラブ民族全体のことであり、ガマル・アブデル・ナセル個人ではない…アラブ統一の願いはガマル・アブデル・ナセルの前に生まれ、ガマル・アブデル・ナセルの後も連綿として続くからである。生き残るのはこの民族である。郷土の大義に対するナセルの貢献が何であれ、ナセルは人民の意志の代弁者にすぎない。ナセルは、この意志の創造者ではない。

ナセルが放送を終えた途端、カイロ上空に飛行機の爆音が轟き、対空砲部隊が撃ち始めた。そして、まるで合図を待っていたかのように、突如としてカイロ市中が人であふれ返ったのである。雲霞が湧くように女子供、大学生等々が押し寄せ、マンシェト・バクリ通りに殺到した。この大群集は、自分達の頭をかきむしり、衣服を引き裂き、両こぶしで頭を叩きながら、「ナセル、ナセル。我々を置き去りにするな」と叫んでいた。ル・モンド紙のルウロ記者は、「海鳴りのように」聞こえたと述懐する。それは、黒々とした長大な物体となって、市の中央部へ動いていた。「あっという間もなかった。私はたちまちその渦にまきこまれた…怒れる大群集がいきり立ち、ナセルはとどまれ…名誉と尊厳の仇は、うってやる、と叫んでいた」。リヤド外相の述懐である。

ナセル敬慕のほとばしりは、アレキサンドリアや中東全域でみられた。ラバトからバグダッドに至る諸都市で、同じような現象がみられたのである。フセイン国王は、「国民の願いにこたえ、職務にとどまれることを期待する。戦いは始まったばかりである」という内容の電報をナセルへ送り、それがアンマン放送で紹介された。エジプトの著名知識人、人民議会の議員そして労働組合の幹部が一斉に声をあげ、ナセルに対し忠誠を誓った。ムヒッディーンは正式に辞退を表明した。或るテレビのアンカーマンは、演説を取材中、感きわまって泣きだし、「矢でも鉄砲でも持ってこい。第六艦隊が攻めて来るなら来るがよい。我々にはナセルがいる。我々はあなたにとどまってもらいたい」と言った。画面は、その絶叫の顔から、ナセルの写真にすぐさし換えられた。

西側関係者の多くは、自然発生的な状況の急展開を信じられぬ気持で見ていた。「傾いていく自分の地位を補強しようとするナセルの意図的演出」と一蹴する向きが強い。カナダのR・M・テッシュ大使は、この演説を「非常な屈辱的敗北を一瞬にして勝利に変える…見事な一撃」と分析し、ナセルはこの点で名人と評した。ライフ誌の特派員トーマス・トンプソンは、「ナセルはショウをやっているのか」と自問し、「そのように見える。辞任、対空砲、燈火管制、一瞬のパニック、ヒステリー状態の群集、暴徒…これすべて、この国をまとめていけるのはナセルだけという結論に誘導するための仕掛け」と自答した。このような懐疑的見方に反対したのは、ルロウ記者ただひとりで、「数千万の人間を数時間で変えられない」とし、「人民は、破滅へつき落としたとして、ナセルを見下した。しかし彼等はナセルを父親として愛している。人民は、彼が彼等を見捨てるのではないかと考えた。信頼できる人はほかにいない。それに、ムヒッディーンとは一体何者かというわけである」と言った。

準備なしの即席だったのかどうかは別として、湧きおこる支持の波は、圧倒的で抗し難いものがあった。ナセルは、アメル元帥、バドラン国防相、そして参謀本部首脳のほぼ全員の辞任を受け入れたが、自分の辞任表明はすぐに撤回した（ファウジ参謀総長は留任）。声明によると、大統領は自分の地位を人民議会と協議することになっていた。しかし、議会に向かう途中車列が祝賀行列にブロックされた、といわれる。次に出された声明は、ナセルが「人民の声を無視できなかった」とし「イスラエルの侵略の痕跡が一掃されるまで」

◉——砂上の作戦会議。6月9日、ゴラン正面。指を差している左の人物がエラザール北部軍司令官、鉄帽眼帯姿のダヤン国防相の背後に立つ軍帽と眼鏡の人物がリオール大佐。右のベレー帽眼鏡の人物がエシュコル首相、その右で指差す人物がバーレブ参謀次長。AP

職務にとどまるとあった。[10]

〝帝国主義者の圧力〟

ナセルがアラブの非占領地奪回を公約しても、イスラエルの手中にする占領地は拡大しつつあった。シリアは、期待したアラブの援助を確保できず、イスラエルがダマスカスそのものへ進撃してくるのではないかとの恐れから、国連にアピールする以外選択の余地を持たなかった。

ニューヨーク時間の午前五時三〇分、現地ではイスラエル軍がゴランの断崖上にあるシリア軍の陣地線を越えて進撃中であったが、シリアのトーメ国連大使が、ハンス・タボール安保理議長を呼び、緊急会議の開催を要求した。シリア政府は公式の抗議声明を出し、「我方の停戦決議順守にもかかわらず、我々は休戦ラインの全域で今尚イスラエルの敵対行動を受け、町村、部落がその攻撃にさらされている」と抗議した。トーメ大使はこの抗議声明を提出したうえで、イスラエル機がダマスカスを空爆し、空挺隊がクネイトラに降下中である、と口頭で非難した。

イスラエルの対応は控え目で、答を回避する姿勢が窺えた。政府や軍は、攻勢作戦が展開中との情報を未だ発表しておらず、イスラエル放送は、シリア軍が北ガリラヤ地方を砲撃中とのニュースを流すだけで、イスラエルの作戦には触れていなかった。バーバー大使は、エバン外相との会話内容を国務省に提出し、作戦は間もなく完了し、「これによりシリアとの停戦は条文上のみならず、実質的かつ具体的となる」と報告した。

国連では、ギデオン・ラファエル大使が、北部で一六か村が砲撃を受けつつあると主張し、シリアの停戦受諾は「前もって計算に入れた…対イスラエル攻撃続行を隠蔽する計画的欺瞞工作」と一蹴した。

かくして緊急安保理会議が開催された。イスラエルの大使が、憎悪にみちた激しさにおいて類のないと指摘する論争が展開する。エジプトのエル・コニー大使は、シリア大使の非難に連動して、イスラエルはカイロも爆撃中であると言った。ラファエル大使は、そのような言明に激怒し、「悪意のでっちあげ」と一蹴したうえで、「この種の無責任きわまる噓をひろめることは、百害あって一利なし。中東情勢を益々険悪にさせるだけである」と非難した。ソ連のフェデレンコ大使は、イスラエルの行為は厳罰に値するとして、イスラエルの処罰を要求し、「不服従（停戦決議）は、イスラエル国に重大な結果をもたらす」と警告した。

ソ連が論争に重点をおいたのに対し、シリアは、イスラエルの進撃を中止する停戦決議がともかく欲しかった。ところが、その決議を採択する前に、フェデレンコが突如として、停戦に加えて、イスラエル非難と休戦ラインまでの撤退を盛り込むように、要求し始めたのである。アメリカのゴールドバーグ大使が、人の命をもてあそびながら政治論争にふけっているとロシアを非難すれば、フェデレンコ大使は、「何かできる手段を充分に持つワシントンは、イスラエルという侵略勢力を阻止しようとしない。何故小指一本もあげようとしない」と言い返した。

フェデレンコが大上段に振りかぶって論戦を挑んできたため、時間はどんどん過ぎる。シリアには高いも

◉――西壁の解放を将兵と共に喜ぶゴレン国防軍首席ラビ（雄羊の角笛を持つ人物）。
IGPO

のについた。一二時三〇分、タボール安保理議長は、議論の中止を求め、〝最低限の共通項〟だけの声明を読みあげた。それは、安保理が停戦に関心を抱き、国連事務総長に戦争当事諸国と協議することを求める、とした内容であった。この議長声明の後、アレクセイ・ネステレンコ国連次長が、トーメとラファエルの両大使を文字通り、自分の執務室へ引っ張って行った。次長は肥満体のロシア人で、イスラエル代表の記録によれば、「ボクシングの試合よろしく、二人をそれぞれ部屋の片隅に立たせ、自分はレフェリーという恰好で真ん中に立った」。しかし、試合はなしで終った。ラファエル大使は、自分はまだエルサレムからの訓令を待っているところであり、「政府は方針を直接国連事務局に伝えることはなく、大使に指示する。これが慣例である。我々は引続きこの原則に従った方がよい」と言い、シリアの大使に目礼すると部屋を出た。★11

ソ連が強情で、はては議事妨害までやったので、おかげでイスラエルは攻撃作戦遂行上、貴重な時間稼ぎができた。安保理は、この夜の六時三〇分まで閉会である。しかし、戦闘中止の要求が国際舞台でゆるんだのに対し、ワシントンでは急激にたかまった。

アラブ・イスラエル戦争における第三正面の形成は、この戦争に対するアメリカの政策に根本的矛盾があることを露呈した。アメリカ政府は、将来を考えた場合、平和との交換材料になるとして、イスラエルの占領を歓迎した。更にシリアの挑発行為には懲らしめが必要とも考えた。同時に、停戦順守と対ソ紛争の回避も重要としていた。ソ連との対決は、あり得ぬ話ではなかった。イスラエル攻勢のニュースがモスクワに届いて間もなくして、クレムリンが「侵略者を撃退し、国家の独立を守るため、彼等（エジプト、シリア）に援助の手を差しのべる」と公約した時が、そうである。

ソ連の声明は、イスラエルの武力行使に抵抗感を抱くラスク長官をはじめ国務省高官達の立場を強め、武力行使に積極的意義を認めているウォルト・ロストウ、バンディ及びサンダーズの立場を弱めた。ホワイトハウスのなかでは、イスラエルが傲慢になっていると思う者が多くいて、政府部内でのバランスがさらに崩れてきた。その日UPIのインタビューをうけたエシュコル首相は、戦前アメリカがその責任を果たさなかったので、イスラエルはやむなく単独で戦わざるを得なかった、と言った。それは直接的な表現ではなかったし、発言そのものが本旨からずれて引用されたのであったが――ジョンソンが悪者扱いにされた――。「私は、エシュコルから、（停戦順守の）固い約束をうけたが、彼がそれを台無しにした」。国家安全保障会議の会合中大統領は自分のメモ帳にそう書いた。「あの年寄りの頓馬は、帝国主義者の圧力を、全然気にしない」。圧力とは米ソの圧力のことである。★12

ラスク長官は早速イスラエルを非難し、イスラエルが攻撃中との国連報告に〝ひどく困惑〟したと強調し、シリアの火砲がガリラヤ地方に重大な脅威を及ぼしているとは思えないとしたうえで、バーバー大使にアバ・エバンと速やかに会うように指示した。安保理の状況は、〝急速に悪化しつつあり〟合衆国はイスラエルが〝万難を排して〝停戦を順守し、自衛であることが明らかなケースのみの発砲に限定することを期待するとし、「イスラエルが、言葉で表明したことを現実場面で守ることが、極めて大事であると思考する」、とイスラエルの外相に伝えさせるのである。

安保理での状況悪化、威嚇の度を強めるソ連、そしてアメリカの不快感の表明は、戦場における損害率の増加とあいまって、内閣防衛委員会に、重くのしかかってきた。会議はその日の夜八時〇〇分に開催されたのであるが、極めて重苦しい空気が支配していた。国家宗教党のハイム・モシェ・シャピラ内相、マパム党のイスラエル・バルジライ保健相をはじめ数名の閣僚が、ゴラン攻勢作戦に反対し、それを許可したダヤン国防相に怒った。特に前記二名は声を荒らげて批判した。

◉——ライオン門(聖ステパノ門)から西壁へ向かう3人の軍人。左からナルキス中部軍司令官、ダヤン国防相、ラビン参謀総長。撮影イラン・ブルナー、IGPO

国防相は、南域を対象とするマケベット作戦の開始を許可したばかりであった。作戦目的は、タウフィクすなわち、ガリラヤ湖南端域を眼下にする陣地帯の占領で、敵の抵抗が弱いという条件付きの攻撃許可であった。しかるに、ダヤンは北部視察から戻ると、途端に非難の矢を浴び、防勢に立たされ弁明せざるを得なくなった。シリア攻撃に反対していたのに、何故急に考えを変えたのか。この点についてダヤンは、エジプト、シリアによる停戦受諾で状況が急変したためとし、さらにダマスカスに送ったナセルの電報の件もあるとした。ウェストバンク攻撃、エルサレム旧市突入が、状況の変化に対応してとっさに決まったのと同じで、ゴラン攻勢作戦も新しい状況に対応するものであり、「この状況観察が、シリア・イスラエル間の国際境界を変え得る力を持つのではないか、と考える機会を我々に与えた」と述べたダヤンは、知らぬとは言わせないぞという気持をにじませながら、エシュコルが本攻撃を全面的に承認している、と言った。

首相は、この主張にあやうく反論しそうになった。「私が（ダヤンから）求められた、とは言えない」と言ったのであるが、国防相に対する疑念がいかに強くても、それでシリアに対する積年の恨み、敵意が軽くなるわけではなかった。首相は、とらえ所のない態度をとりながら、「我々は、昨日一日中（灼熱の）石炭の上を歩いていた…私は本当に（本作戦に）賛成であった。そして延期になって残念だった…もっとも、（北部が）静かであれば、我々も静かにしておくと決定されていたわけである。今、作戦の最中であり、これを一体どうやれば止められるのか、私には言えない」と言った。

しかし、シャピラ内相はあいまいさを排して、「今現在我々は、全世界が注目するなかで、停戦に違反している。何故違反するのか」と声を荒らげ、「何故我々（防衛委員会）の決定を破るのか。誰がこんなことをしたのか」と違反責任を追及した。バルジライ保健相は、シャピラを支持し、「国防相が自分の考え方を変える権利はある。しかし、委曲を尽くした本質的な討議ですでに決まっているのである。新しい状況に適応すべきというのなら、今日深夜本防衛委員会を再開し、きちんとした決定をすべきである」と言った。

シャピラは攻勢作戦の即時中止を強硬に要求し、ここでもアロン労相に反対された。アロンは、「たとえシリアとエジプトがこの会議の前に停戦を受諾していても、私は作戦を認めていた」と主張する。ガリリ無任所相も同じ意見であり、「たとい停戦が双務的であっても、私は（攻撃停止に）反対する」と援護射撃をした。メナヘム・ベギン無任所相は、内閣防衛委員会の決定に対する〝感覚的な〟違反があったかもしれないとしながらも、ダヤンとエシュコルは国防相として首相としての特権を合法的に行使したのであるとし、「マリア・テレサの時代、ひとつの法があった。兵隊が軍紀を犯すも勇敢な行動をした場合、罰点と勲章の双方を貰ったのである」と言った。

最後に意見を述べたのが、首相の外交政策顧問ヤコブ・ヘルツォーグ博士である。博士は、シリアがゴランに居座るよりは、モスクワとの関係断絶の危険を冒す方がよいとの意見であった。エシュコルは、「シリ

◉——米電子情報収集艦リバティ号。
船体に800ほどの弾痕があった。
USSリバティ号ホームページ

アに戦勝パレードを許すわけにはいかない」としたうえで、「イスラエルが全アラブ国家を打倒するのはあり得ない話であり、シリアについても然りである」と結んだ。[★13]

会議は、翌日朝（土曜日）まで作戦続行を承認して終った。その夜再び会議が開かれ、国防相は閣僚と上級顧問達に対しこれ以上の戦闘続行は困難との判断を示した。ダヤンは、軍事上外交上力の限界があるため、て状況報告を行い、「シリア軍はライオンのようによく戦っている」と相手を評価した。そして、「我々は白昼の戦闘続行ができない。シリアは反撃戦に転じようとしている」と述べ、捕獲兵器と共に追加部隊をゴランへ急送し、ガリラヤ砲撃が続くようであればダマスカス爆撃を視野に入れると言った。エシュコル首相は、この時だけはダヤンより楽観的で、「前線にいる者が、今夜から明日にかけて任務を完遂できると判断しているのなら、やらせたらよい。国連では連中が、いずれにせよ非難するのだから」と決戦を示唆した。ゴラン全域の占領は、イスラエルの力が及ばないように思えた。

しかし、現場の感触は別であり、事態は政府の検討を再度越えていた。ダヤンが、進撃限界の理由を説明している頃、エラザール北部軍司令官は、ダヤンの考えと一八〇度違うことを計画していた。エラザールは、タウフィク占領のほか、いくつかの地域の攻略を許可していた。その第一は、ブトミエからクネイトラを結ぶ線の西側全域の攻撃が含まれる。ここには、アラビア半島からレバノンへ至る油送管（タップライン）とその側道が走っている。エラザールは、ヘルモン山への入口にあたるバニアスの占領も承認した。

エラザールは、ダヤンの見積りとは違う計算をしていた。任務完遂に必要な戦力はある、と考えたのである。南の方で生じていた大渋滞はようやく解消し、数千の増援兵力が、ゴラン正面に到着しつつあった。戦闘に生き残った戦車とハーフトラックには、燃料弾薬が補給され、負傷兵の後送で部隊将兵の士気も上がっていた。政府の躊躇をよそに準備は着々と進み、明日の払暁までに丸々八個旅団がシリア軍の防衛第二線に投入できることになった。深夜近くになって、ラビンが電話をかけ、南ゴランへの空挺隊投入命令を撤回した。するとエラザールは、済みませんと一言詫びただけで、「あなたがたが出した前の命令に従って、空挺隊は既に行動を開始しており、今となっては止めることができません」、と自分も気が重いような言い方をした。

一方シリア軍は、気を引き締めて、イスラエルの猛攻撃に耐えていた。スウェイダニ参謀総長は、イスラエルがレバノンからダマスカスを攻撃すると確信し（イスラエル国防軍は、部隊の一部をレバノン国境に進出させ陽動作戦を実施した）、三個旅団（第四二及び第四四機甲旅、第七国民防衛歩兵旅）を第二線に配置した。その夜アサド国防相は、ラジオ放送で前線部隊を激励した。「第一線の将兵よ、諸士の戦いには三〇万の人民軍戦士が諸士と倶にいる。そしてその後詰めに一億のアラブ人民が控えている。我方の精鋭部隊が腕を撫し前線の守りについている。敵の入植地を撃て、木っ端微塵に打ち砕け。ユダヤ人の頭蓋骨をアラブの道路に敷き詰めよ。情けは無用である。撃て[★14]」。戦闘は終っていない。ダマスカスはその前提で考えていた。

第10章 戦闘……第六日、六月一〇日

ゴラン陥落
国連の秘密工作
超大国の武力威嚇
平和到来の見通し

ダビッド・エラザールの考えによれば、任務は簡単明瞭であった。部下の将校達に「諸君、我々は内陸部へ進まねばならん。可能な限り奥へ押していく。少なくとも北ではクネイトラの合流点、南はブトミエの合流点まで確保する。電話が鳴り始めるまでにこれを全部やりとげなければならない」と言っている。その電話が、イスラエルの停戦順守、すなわち北部正面の攻撃中止、戦争の終りを告げる内容であることは、わかりきっていた。

作戦は時間との戦いであった。シリアの反撃も予想される。イスラエル軍は終夜攻撃につぐ攻撃を続けた。シリア軍も断固として譲らず戦った。ジャラビナという陣地化された村には、シリア軍第一三二旅団の予備役兵が布陣し、イスラエルの第六五空挺大隊を迎え撃ち、対空砲を水平にして戦い一歩もひかなかった。空挺大隊のウージ・フィンケルシュタイン中隊長は、「私は二度立ち上がり、二度突撃した。しかし二回とも誰もついて来なかった」と回想する。隊員達は立ち上がれないほどの状態にあった。戦闘疲労症である。全員岩場に倒れこんでいた。フィンケルシュタインが小人数の攻撃隊で突入して重火器類を破壊したのは、それから四時間もたってからである。

一方メンドラーの戦車隊は、カラを出て南下し、激しい砲撃と戦車の射撃にさらされながら、六マイル先

のワジットへ向かった。北部のバニアスでは、シリア軍の迫撃砲隊が満を持していた。ゴラニ旅団工兵隊が、地雷原に通路をつけ終るのを待って射撃を開始、イスラエル兵一六名が死亡、四名が負傷した。

予想された反攻はなかったが、シリアの抵抗は激しく、そのため攻者側はなかなか進めなくなった。やがて夜が明け、エラザール北部軍司令官は、クネイトラ占領をあきらめた。イスラエルは歴史的機会を失ったと考え、すっかり気落ちして仮眠をとった。

半時間後エラザールは電話で起こされた。ラビンからである。参謀総長は、攻勢作戦の進捗状況をたずねた。「イツハク、第一線の陣地はほぼ掃討を終えた」とエラザールはラビンに言った。「もっとも、自分としては、きちんと掃討をしていないと考える」。

するとラビンは、驚くようなことを言った。政府は国防軍に対し、〝戦線の整理〟時間を与える用意がある、というのである。クネイトラ到達については、何も触れられていないが、要すれば有利な線を確保すべく、作戦は続行できるのである。「少し時間に余裕ができたな」と参謀総長は言った。「我々はまだ停戦の約束をしていない」。

「それなら、すぐ攻撃を再開する」。エラザールは弾んだ声で答えた。★1

イスラエルは攻撃を続けた。しかし、シリアの抵抗は続かなかった。メンドラー旅団長は、ワジットから五マイル東の村マンスーラに到達した時、抵抗らしい抵抗を受けなかったので、ずいぶん面くらった。後日メンドラーは「我々は後退中の敵と接触することもできなかった」と証言している。「かなり戦車がいたので、我々は発砲した。しかし全部遺棄戦車だった。我々のまわりには、戦車や通信機のほか戦闘資材が山のように棄ててあった。いずれもすぐにでも使用できる状態にあった」。ゴラニ旅団の歩兵が、バニアス村の陣地を攻撃した時もそうで、配置位置に鎖でつながれたシリア兵が数名いただけである。あとはもぬけのからだった。バニアス占領は一五分もかからなかった。

午前八時三〇分、地軸を揺るがす大爆発が、ゴラン各地で起きた。シリア軍が自軍の陣地を一斉に爆破したのである。彼等は重要文書を焼き、集団で後退した。シリア軍の指揮官達は、前方との通信手段を失い、さらに戦闘正面の任務を引き受けたくもなかったので、統制は完全に失われた。しかし、それでも意気は高しである。ダマスカス放送が、ゴランの中心地クネイトラの陥落を発表した時、そこは首都の南西わずか四五マイルの所なのであるが、「我々は誓う。シオニスト毒蛇の頭部はクネイトラで打ち砕き、その尾をテルアヴィヴで切り刻む」と言った。[★2]

危機と国家の威信

シリアは、アラブ世界、国連そして最も肝心なソ連からの支援をあきらめつつあったが、ついに切れてしまった。まだ落ちていないのに早々にクネイトラ陥落を発表したのは、首都防衛強化を目的とする。第一線からの部隊引抜きの口実を、政権側に与えた。国際社会も行動に出ることが期待された。[★3]

国際社会は、実際に行動しつつあった。シリアの要請で安保理協議が午前四時三〇分に再開されたのである。シリアのトーメ大使は、「イスラエル軍がすでにクネイトラを占領し、ダマスカスへ向かってひた押している」と言った。フェデレンコ大使も負けてはいない。「公然と安保理を欺き、時間稼ぎをしている」としてイスラエルを非難し、ラファエル大使に嘘つきのレッテルをはった。ソ連とシリアの両大使は、イスラエル軍の正確な位置に関する報告を提出するようイスラエルに要求せよ、とタボール安保理議長に圧力をかけた。ラファエル大使は拒否し、主権国家の代表に発言を強要する権利は安保理にない、と反論した。しかし、イスラエルの大使に対する圧力は強まる一方で、段々と耐えられなくなった。大使は度々会場を抜け出して、エルサレムのエバン外相に電話をかけに行き、明確な政策を示す声明を出して欲しいと懇願した。「イスラエルの国家威信が問われているのみならず、安保理、アメリカからも非難される恐れがある」と指摘した大使は、すぐに始まる戦後の熾烈な外交戦が脳裡にあり、ゴラン高原に関するイスラエルの意図を公式に表明することを拒めば、イスラエルの道義は失われる、と警告した。

この日早朝、国連の監視員が、イスラエル機のダマスカス爆撃を報告し、イスラエルが何枚もまとった誠実のマントは、これでまた一枚ひきはがされた。ラファエル大使は、そのような話は根拠なしとして激しく否定し、監視員達は、イスラエルの開拓村からあがる煙も見ている、と指摘した。しかし、その後の監視員報告は、いずれも首都上空でイスラエル機が目撃されたと報じた。こうなっては仕方がない。イスラエルの外務省はやむなく声明を出し、飛行の事実を認めた。しかし、それは爆撃ではなく、地上部隊の掩護であるとした。しかし、この声明は、緊張を緩和する役には立たなかった。ゴールドバーグ米大使とキャラドン英大使が、双方の停戦順守を命じる決議の採択を呼びかけたが、ソ連のフェデレンコ大使は、イスラエルの非難に限定した決議の採択を強硬に要求し、「犯罪行為は証明されている」と怒声を張りあげた。★4

フェデレンコの激しい敵意は、クレムリン内部を覆う無気力感の裏返しにすぎなかった。「ソ連はここ数週間…惨澹たる状態であった」。英外務省の観察である。「おおいなる機会が目の前で崩れ去り、自信は無惨にも打ち砕かれる。立ち腐れ状態の修復は莫大な負債となってのしかかる。一口でいえば、これがソ連のおかれた状況である」。エジプトの何とも不名誉な敗北、そしてそれを目の当たりにしながら動かないソ連の立往生が、ソ連の権力機構に存在する分裂、対立を露呈した。中東における対米関係をめぐって、対決を支援する政治局員と反対する派の対立である。端的にいえばコスイギンとそのテクノクラート達対ブレジネフに近い治安機関派の反目である。

この争いが、ソ連の意志決定過程ののろさとあいまって（政府は、週に一度すなわち木曜にしか閣議をもたなかった）、危機発生の初期段階でソ連の外交を麻痺させたのである。フルシチョフ前首相（前党第一書記）は、今回の危機を横で眺めながら、ナセルの手綱を引くことができず、イスラエルの実力を正確に判断できない指導部の体たらくに、呆れ果てていた。「最初から我国はミスを犯した。第一、この戦争の勃発を許したミス、第二、ナセルの対イスラエル挑発と一か八かのギャンブルを許したミス。数えればきりがない」。結局ナセルの仕掛けたギャンブルで得をしたのは、イスラエルでありアメリカであり、そして中国であった。中国の宣伝機関はすぐにモスクワの信頼性を傷つける中傷キャンペーンを開始した、とフルシチョフは指摘した。アラブはすっかり失望した。「ソ連邦は、いくつかのアラブ国家に対して、武器の供給、兵員及び部隊の訓練、経済援助を行う用意があったが、この地域でアメリカと軍事対決をする覚悟はなかった」。ソ連の国連代表部次席アルカディン・シェブチェンコの回想である。彼によると、この戦争は「対決へ向かう気持をかきたてておきながら、土壇場になると、これら諸国から手を引くソ連の態度を明らかにした」のである。★5

ソ連に幻滅したのはアラブだけではなく、東ヨーロッパの同盟諸国も幻滅した。彼等は、ソ連の危機管理上の不手際に憤激し、六月一〇日開催のワルシャワ条約機構首脳会議で、これを指摘した。これに先立ちソ連は、潰れた面目を回復するため、いくつかの対策をとった。軍事手段によるテコ入れである。空軍、空挺部隊及び地中海域の海軍艦艇は、戦争勃発以来警戒態勢にあったが、陸軍の配置に大きい変化はなかった。アラブに対する援助は、戦闘資材の再補給、特にエジプト及びイラクに対するミグ戦闘機の供給、に限定されていた。

ところが、事態を変えることがゴランで起きた。イスラエル国防軍の攻勢作戦開始である。クネイトラの陥落が発表され、その後すぐイスラエル機のダマスカス爆撃報が流れた。ソ連の宣伝機関は直ちに行動を開始し、ユダヤ人の手による〝ジェノサイド〟や世界征服陰謀、といったイスラエル非難を繰り返すようになる。地中海のソ連艦隊内では、ハイファ上陸作戦などの軍事介入が近いという噂が流された。グロムイコ外相は軍事衝突を避けようとして、強烈だが非暴力的な対応を提案した。すなわちイスラエルとの断交である。ソ連の元政府高官によると、その決定は、「アラブに味方するジェスチャーというよりは、国内政治の駆け

◉——6月10日、ゴラン高原を行くゴラニ旅団偵察隊。
停戦発効がせまるなか、大車輪で旅団は行動した。IGPO

引き上の動きで…我方のタカ派をなだめる餌」であった。しかし、中東の大事な同盟国の首都が今にも陥落しそうに思われる時であり、このタカ派をなだめるのは容易ではなかった。★6

午前七時三〇分、ホワイトハウスのホットライン用テレタイプが、かちかちと音をたて始めた。「コスイギン氏は、大統領が可及的速やかに本機器までこられることを望む」という前触れに始まり、イスラエル軍がダマスカスに迫っているが、これは重大な結果を招く恐れがあると、ソ連の指導者は次のように警告した。

状況は極めて重大な危機的段階に突入し、軍事行動が数時間内に中止されなければ、我々は独自の立場をとらざるを得なくなる。我々はその意志がある。しかしながら、この種の行動は、我々の衝突を招く可能性があり、それは重大な破局へ至ると考えられる…そこで当方から提案がある。無条件停戦をイスラエルに要求していただきたい…我々は、無条件停戦が履行されなければ、軍事手段を含む必要な行動がとられることを、イスラエルに警告する。

ソ連が本気であることを窺わせる証拠は、ほかにもある。ワシントンのソ連大使館にいる二等書記官でKGBの上級職員ボリス・N・セドヴは、国務省のレイモンド・ガートホフに連絡し、モスクワは部隊空輸のため、トルコ、イラン及びギリシアの領空を侵犯する意図である、と知らせた。「シリアに駐留中のソ連軍顧問団四〇〇名は、すでに戦闘許可を得ている」とも述べている。イギリス外務省は、ワルシャワ条約機構の加盟一〇か国からメッセージを受けとった。それは、「アラブ諸国人民を支援し、侵略者に対する断固たる拒否姿勢を支え…彼等の合法的権利を守る」との決意を示し、「アラブ人民の正義の戦いは必ず勝利する」と結んであった。

CIAのリチャード・ヘルムズ長官によると、ホワイトハウスの状況室は緊張し、「はりつめた空気」のなかで、ジョンソンと補佐官達が「今まで聞いたこともないような小声で」、ひそひそと話し合っていた。コスイギンの文書を翻訳したルエリン・トンプソン大使が、原文を読み直し、「軍事手段を含む」という訳に間違いのないことを確認した。大使は、「非常な懸念と危機意識が支配した時」であったと回想する。

午前一〇時〇〇分、クレムリンから電報が届いた。同じような内容で、ダマスカスに対するイスラエルの意図を非難し、現地のアメリカ大使にその事実の確認を求めたらどうか、とジョンソンにアドバイスしていた。大使が追放されたことなど、知らぬような素振りである。モスクワのムードは衝突性をすでに帯びていた。

ジョンソンが選択肢をあれこれ考えているうちに、一時間が過ぎた。トンプソン大使は、エジプトと比べシリアに対するコスイギンの肩入れが強いことに驚き、コスイギンは、西側がバース党打倒を願っていると

◉——シナイで捕虜になったエジプト兵。逃亡防止のため靴をぬがされている。
撮影＝タル・シャブタイ、IGPO

本気で信じているのだろうか、と言った。ヘルムズCIA長官は、イスラエルが本気でダマスカスを狙っていると考え、現場の人間に確認を求めた。しかし問題は、何といってもソ連の出方である。ソ連が本気で介入を意図しているのか、それともアメリカの決意を試しているだけのことなのか。トンプソン大使は、「我々の回答が丁重な内容であれば、威嚇に屈して譲歩したとの印象を与えかねない」と言った。

結局大統領は、威嚇に対して威嚇をもって応じることを避け、誠意はあるが素っ気ないまでに簡潔な回答をした。コスイギンに対し、アメリカはイスラエルの行動抑制に最大限の努力を払ってきたが、貴国がシリアに対して同じ努力をされることを期待する、という内容であるが、大統領は、クレムリンがナセルの大嘘（英米共同謀議の）に対し公にはっきりと距離をおいていれば、「平和の役に立っていたであろう」と付記した。

行動の話が出たのは、その後である。マクナマラ国防長官は、大統領が部屋を出るのを見届けてから、トンプソン大使に向かって「我々の意志が奈辺にあるのか、見せつけておけば後々のためになるのではないか。つまり第六艦隊を転針させ、空母二隻と随伴艦艇を東地中海へ向かわせる。それだけのことだが、良い考えとは思わないか」と言った。

トンプソン大使は、いい考えだ、ためになると答えた。ヘルムズ長官も賛成し、ソ連の艦艇が第六艦隊を追尾しているから、「メッセージはモスクワにすぐ伝わる」と言った。

大統領は補佐達の助言を受け入れ、「艦隊の正確な現在位置を確認し、転針するよう命じよ」とマクナマラに指示した。

国防長官は電話器をとり、すぐに命令を出した。艦隊は、キプロス島の西、クレタ島とロードス島の中間水域を航行中であったが、東へ転針しイスラエルの海岸線から一〇〇マイル圏内まで接近するよう命じられた。[★7]

‡

アメリカ政府は、ソ連の動きをチェックしつつ、イスラエルに対して圧力をかける用意を整えた。エバン外相は時間稼ぎに徹し、バーバー大使に「イスラエルにダマスカス攻略の意図なし」とし、シリアが北部農村地帯に対する砲撃をやめれば、イスラエルは然るべく停戦を受け入れる」と言った。アメリカの大使は、以前ならこの論法に文句を言わなかったが、今では拒否するように指示を受けていた。大使は、クネイトラ陥落の報があるのに、シリアの砲撃を沈黙せしめる必要があるとは、解せない話であると述べ、「今日午後安保理が開催される前に、イスラエルは停戦受け入れを現場で証明しなければならない。そうしなければ、ほかの正面で手にした成果も危うくなる」と警告した。国連だけでなくたぶんアメリカ議会でも非難される。イスラエルは単独でソ連と対峙しなければならなくなる。それでよいのかとバーバー大使は言った。

国連では、ゴールドバーグ大使が、イスラエルのラファエル大使を代表団のラウンジに招き、イスラエルの戦闘中止意図について声明を出すように促した。そして、声明を出さなければ、すぐにフェデレンコが「ソビエト政府は、持てるあらゆる手段を行使して、イスラエルに停戦決議を尊重せしめる」との声明を出す、とソ連の意図を説明した。ゴールドバーグは、大統領のはっきりした指示で話をしているのであると言って、「合衆国政府は、ソ連の最後通牒の結果、戦争が終るような形を望まない。これはイスラエルだけでなく我々全員にとって、大変不幸なことになる。今行動するのが貴国政府の責任というものだろう」と言った。

ゴールドバーグの話が通じない場合に備えて、ユージン・ロストウとニコラス・カッチェンバッハ国務次官が、イスラエルのハルマン大使、エブロン公使の両名に面談を求め、緊急会議を行った。そしてイスラエルの外交官は、〝最も厳しい口調で〟アメリカ側から説教を受けるのである。シリアとの戦闘継続の結果責任はイスラエルのみが負う。国際世論は反イスラエルに転じつつある。一方議会は、戦闘をとめられなくてうんざりしている。さらにソ連が武力をちらつかせて脅しているので、ワシントンとしては、イスラエルが停戦を順守するということで、ソ連を安心させるのが大事と考える。国務次官は、「米ソ間の信頼関係がかかっている」と強硬であった。★8

この一連のメッセージは、エシュコルがモスクワから電報を受けとった頃、エルサレムに届いた。モスクワからの電報は、国連の停戦決議違反をイスラエルの〝犯罪〟行為とし、イスラエルのシリア攻撃を〝背信の〟シリア領侵略とダマスカス攻略と規定し、「イスラエルが直ちに行動をやめなければ、ソ連はほかの平和愛好諸国と共に、あらゆる含みを持つ制裁を加える」と警告していた。

威嚇の効果をたかめるため、ソ連のチュバーキン大使は、イスラエルの外務省にのりこみ、エバン外相に向かって震え声で「アラブ諸国に対するイスラエルの継続的侵略と国連安保理決議のあからさまな侵害に照らして、ソ連政府はイスラエルとの外交関係の断絶を決定した」と述べた。エバンは、当意即妙の答をした。確かに、イスラエルとソ連の間には厳しい相違がある。ミゾがあれば、これを埋める努力をする。関係の断絶ではなく、むしろ一段と緊密になって一緒に打開の道をさぐる。これが筋ではないか。「完全な調和があれば、カクテルパーティだけで済むことになる」と言った。

チュバーキンは低い声になり、「閣下が言っているのは、なるほど筋が通っている。しかし私は筋の話で派遣されたのではない。私は関係断絶を知らせにここへ来たのだ」と述べた。そして、このソ連大使は声をあげ、わっと泣き出した。外相は大変驚いた。

チュバーキンは、中東におけるソ連の失敗のスケープゴートにされ、間もなく外務省から追放され、シベリア送りとなる。共産圏では、ソ連のみならず九か国が外交断絶に踏みきった。例外はルーマニアだけである。イスラエルがまずとったのは、ソ連の直接的軍事介入に備えて、ワシントンに軍事援助を求めることであった。ホワイトハウスは回答を控えた。[★9] イスラエルの指導者達は、突如として孤立感を味わった。安保理では非難に直面し、ソ連軍と衝突する恐れもある。シリア攻撃について、まだリスクを冒す価値があるのかどうか、決定を見直さざるを得なくなった。

瀬戸際

六月一〇日午前一〇時、エシュコル首相、ダヤン国防相、ワイツマン作戦部長、バーレブ参謀本部次長が、北部軍司令部に集まった。その場で開かれた臨時会議でエラザールは、「我々は、クネイトラとブトミエに到達しなければならない。もちろん到達できる。これが私の確信であり勧告である」と述べ、「シリア軍の反撃はないと考える。シリア軍は崩壊寸前である」と指摘した。一時間前、コール・イスラエル（イスラエル放送）のアラビア語放送が、シリアの主張するクネイトラ陥落のニュースを再放送した。イスラエル側は、これが嘘の主張であることくらいはわかっているが、陥落が敵の崩壊を促すであろうと考えていた。問題は時間である。シリア軍が後退しつつある現在、これを利用して戦果を拡大する時間的余裕があるのか。

◉——上：イスラエルの部隊に挺身攻撃をかけるエジプトのミグ17。撮影＝ハン・ミハ、IGPO
◉——下：延々と続くエジプト軍車両の残骸。6月8日、ミトラ峠。撮影＝ハン・ミハ、IGPO

エシュコル首相は、「手早く片付けなければならない。我々は国連の重圧にさらされている」と言った。首相は、戦争反対派閣僚の要求にも抵抗しなければならなくなった。反対派は、対米関係が緊張しソ連の外交断絶を前にして、攻勢作戦反対の立場を益々強めていた。

「いつまでに仕事を終えることができるか」。ダヤンがたずねた。一番北のマジダル・シャムスからクネイトラそしてブトミエを結ぶ線までの進出は、本日午後四時までに可能である、とエラザールは答えた。「君が四時というのは、実際には五時か六時になるということだろう」。首相がさえぎった。北部軍司令官は微笑みながら、「いえ、私が四時といえば、実際は二時か三時ということです」と切り返した。閣僚はほかにアロン労相とモシェ・カルメル運輸相が同席していた。エシュコルの横に坐ったゼービ作戦部次長は、「自分の仕事は、エシュコルから一時間、あと一時間と時間をしぼり取ることだった。これがなかなか難しい。容易なことではなかった。なにしろ首相はワシントンとニューヨークから、相当きつい圧力を受けていたからだ。ダヤンも時間の延長をよしとしなかった」と回想する。

結局、国防相は、軍に四時間与えることに同意した。四時間きっかりである。一分も超過してはならない、と国防相は念を押した。ちょうどその時間にダヤンはオッド・ブル国連休戦監視団長に会い、イスラエルの停戦受諾を確言する。「二時以降は、航空支援も求めてはならん」とダヤンは締めくくった。[★10]

‡

イスラエルの戦闘延長決定は、シリア政府の抵抗強化の決意と時を同じくしていた。国連安保理は突然のように反イスラエル姿勢を強め、ロシアはロシアで介入の威嚇をしている。ダマスカスはこのような状況変化に意を強くして、クネイトラ陥落の宣言を撤回しようとした。午前一一時四五分、アサド国防相は全国放送で「我が勇敢なる部隊は今尚クネイトラで戦闘中である。勇敢なる将兵は、敵の同市占領を許さない。すでに極めて多数の敵戦車が撃破された」と発表し、解説者が「今日のクネイトラの勝利はテルアヴィヴにおける明日の勝利を意味する」とつけ加えた。

しかし、その決意表明は時すでに遅しであった。シリア軍は全軍敗走の様相を呈していた。重火器類は遺棄され、道路は敗走部隊で大渋滞になった。ソ連の軍事顧問は部隊が配置部署から離れないように懇請し、脱走兵の射殺命令も出された。しかし、このような努力は、すべて無駄であった。ソ連の軍人達は無視され、脱走兵を見つけ次第射殺するはずの部隊指揮官そのものが、持場を放棄していた。指揮統制のとれなくなった部隊では、ゴラン全域が陥落した、イスラエルが核兵器を投入するといった流言飛語がとびかい、シリア兵四〇〇〇名がヨルダンへ、三〇〇〇名がレバノンへ逃げた。

「我々は全くのかやの外におかれた。無線連絡もない。完全に孤立状態だった。そのうえ激しい爆撃にさらされた」。武器係将校マルワン・ハムダン・フーリの回想である。フーリの小隊は、ブノット・ヤーコブ橋の近くに塹壕を掘り、そこで待機していた。イスラエルの砲爆撃を受けず、ガリラヤ進攻命令が届くのを待っていたのであるが、「命令がやっと届いた。しかしそれは後退命令で、理由などわからない。唯一の頼りはラジオだが、その放送から我々は戦争に負けたのではないか、と考え始めた」。テルファクール周辺の戦闘で辛くも生き残ったムハンマド・アッマル大尉は、混乱状態について、「敵の進撃を阻止するはずの部隊が突然いなくなった。許可なく、まわりとの連絡調整もなく後退したのである。我々は何も知らなかった。後退する以外手の打ちようがなかった。私の小隊だけで戦死一〇名負傷四名の損害を出した。弾薬は尽き補給もなかった」と述懐する。第八旅団のイブラヒム・イスマイリ・ハーヤ旅団長は、自分の味わった屈辱を、次のように率直に語っている。


我々は、クネイトラへの接近経路遮断の命令を受けていた。しかるに、クネイトラ陥落が発表され、そのニュースで私の兵隊達が浮足立ち、我れ先に陣地を離れ、まだ道路が開いている内にシリアへ逃げ去った。車は鈴なり状態だった。そのような光景がさらに我々の士気を打ち砕いたのだ。私は、敵をひとりも見ることなく後退した。

混乱に拍車をかけたのが、住民九万五〇〇〇人のゴラン脱出である。以下、ウユン村の農民で国民防衛隊の志願兵アリ・ダルウィシュの回想である。「六月五日、我々は疎開命令を受けた。村の近くには（シリア軍）砲兵大隊の陣地があり、イスラエルの弾がそれて村に命中する恐れがあるというので、疎開になったわけだ。家財道具を運べるわけがない。子供用の毛布を数枚持ち出しただけだった。我々は洞穴に五日間隠れていた。ところが全面撤退の命令が来た。我々は徒歩でヨルダンへ逃げた」。シリアの行政機関で働くパレスチナ人職員のアブダッラー・マーリ・ハサンは、クネイトラ残留を望み、六月一〇日朝までそこに踏みとどまった。「ところが、その朝になって、誰もいないのに気付いた。それで私も町を離れる決心がついた。何も持って行けない。衣類を背負っただけであった」。ゴランでふみとどまったのは、ドルーズ教徒社会とチェルケスの社会であった。双方の社会はイスラエルにも存在し、国家に忠誠を誓い、子弟は国防軍の兵役についている。

ゴランから逃げた住民は、大半がダマスカスに流れこんだ。しかし、その首都も、イスラエル軍の猛攻撃の前に安全でないと考えられた。スウェイダニ参謀総長は政界指導者達に対し、「ユダヤ人達が…ダマスカスに迫りつつある」と警告を発し、「誰もとめることができない。イスラエルは、アメリカ及びイギリスの支援を受け、国連など鼻であしらえる。我々は首都防衛の決意を新たにし、最後の血の一滴まで戦う覚悟を持たなければならない」と言った。ところが真っ先に首都から逃げだしたのは、当の参謀本部である。アメリカの外交筋はこれを評して「少なくとも卑怯、はっきり言えば背信の大逆罪に相当する」と指摘した。軍人達に続いて政府の閣僚達が逃げ出した。それぞれ隠匿金を手にアレッポへ向かったのである。ムスタファ・タラス大佐は、「我々は敵シオニストと一戦まじえる名誉をついに持てなかった」と述懐する。大佐の部隊は後退中イスラエル機に追いまくられ、退避を繰り返した。拡声器つきジープが、首都防衛に立ち上がれと叫びながら市中をはしりまわったが、ダマスカス防衛に任ずるのはわずかに一個旅団、体制忠誠派として知られる第七〇旅団だけであった。★11

‡

シリア軍の後を追って全速力で進んだイスラエル軍は、クネイトラを三方向から攻めた。北はマサダとブカタから、西はカラから東へ、南西はアブ・ニダである。ほかに南部域のフシニヤ、さらに北部域ではレバノン国境と接するシリアの丘陵地帯にも、攻撃隊が向かった。ガリラヤ湖南端では、午後一時〇〇分からタウフィクに対し、空挺隊の突撃に先立って、準備砲撃が開始された。以後、シリア軍が戦場に多数残っていないとの前提に立って、イスラエルの空挺隊八〇〇名が、ヘリであちこちを飛びまわった。まずカフル・ハルブ、ついでエルアル。そしてブトミエである。あまりに急激な交互躍進のため、指揮官達が自分達の現在位置を知らなかった。停戦が効力を発するまで時間との競争で、空挺部隊はとにかく前へ前へと進んだ。シリア軍の退却はそれよりも迅速で、陣地の大半はもぬけのからであった。

しかし、進撃は比較的のろかった。停戦は午後二時に発効する。デッドラインは間近で、先頭部隊すらも、まだ目標地に到達していなかった。多くの将兵が、停戦入りはすぐなので、そんなに急いでどうすると考えていた。アロン労相は、ジープでナファクを通過中、ひとりの将校がぶらぶらしているのに気付き、停車した。官姓名をたずねると、偵察中隊のロン・サリク中隊長と名乗った。しかし、君達はここで何をしているのかとアロンが質問した。

「命令を待っているところです」。

「そこに突っ立っていないで動け。走れ。早くクネイトラをとれ！」とアロンは怒鳴った。★12

一二時三〇分、クネイトラが陥落した。メンドラーは、バーレブの要請に従い、一九年に及ぶイスラエル北部防衛に敬意を表して、ゴラニ歩兵旅団に一番乗りの名誉を譲った。旅団将兵が見たのは、無人のクネイトラであった。バザールや店舗には商品がそのまま置かれており、家の食卓に残された昼の料理はまだ生暖かった。「行こうと思えば、このままダマスカスまで行けた」。そう述懐するのは、ゴラニ旅団第五一大隊長のベニー・インバル大佐。「道路はがらんとして、何の障害もない。彼等（シリア兵）は逃げ去り、一人もいなかった」。

シリア軍の将校クラブで対策会議が開かれ、席上エラザール北部軍司令官はラビン参謀総長に、内陸部進攻作戦の発動許可を求めた。一九六四年に立案された緊急時対策のひとつとして、ガルゼン（まさかり）計画がある。二個師団をもって八〇時間内に首都を攻略する作戦計画である。しかしラビンは、要請を拒否し、これ以上シリア領は占領しない、ただしヘルモン山だけは例外として考えられる、と言った。この会議に同席したモッティ・ホッド空軍司令官は、この山を〝国家の目〟と表現している。山頂のひとつを可及的速やかに占領し、イスラエル一の高度を誇る観測所（ＯＰ）をつくるのである。そうなれば、ダマスカスの下町まで一望できる[★13]。

ダヤン国防相は、この重大協議の場にいなかった。オッド・ブル国連休戦監視団長と会うため、その準備をしていた。ダヤンは、時間稼ぎのため、いささか乱暴な方法を講じた。まず会談場所をティベリアスに設定した。ところが監視団長がそこに到着すると、予定地はテルアヴィヴに変わっていた。二人が会ったのは午後三時〇〇分、予定より一時間遅れである。口火を切ったブルは、悪循環をたち切る必要性を強調した。イスラエル軍が進撃する。当然シリア軍は自衛する。その自衛行動が、イスラエルがさらに進撃する口実となる。ダヤンはこの論法を一切受けつけなかった。シリア軍が、イスラエル北部の農村を今も砲撃している。砲撃をやめれば、イスラエル国防軍は直ちに攻撃をやめる。「我々は走行距離をきそっているわけではない。マイレージを溜めているのではない」と言った。ダヤンは、停戦は絶対的であると規定し、「我々が交渉す

◉――イスラエルの砲撃をうけるゴランのタウフィク陣地、6月10日。撮影＝キドロン、IDF資料部

ることはない。条件に同意することもない」と主張した。しかしその後で自分の主な条件に触れた。第一は停戦違反に関する件で、イスラエルは、例えばシリア軍のなかには、これから停戦命令を受けなければならぬ部隊があるなどといった、停戦違反の口実を受け入れることはない。第二は国連監視団との関係で、停戦合意の言い回しは、一九四九年の休戦協定の採用であってはならない。例えば、国連休戦監視団員は、停戦ラインの近くへ立入ることが許されない。オッド・ブルは、戦闘が中止されたというイスラエルの言葉を受け入れなければならない、それ以上の詮索は無用である、とダヤンは言った。[★14]

停戦は午後六時〇〇分に効力を発することになった。ダヤンはエラザールに「無線が通じないなどと誰にも言わせてはならん」と指示した。そして、ワイツマン作戦部長とゼービ作戦部次長を「自制しろよ」と叱りつけながら、シリアとの新しい境界線の線引きを二人に命じた。それでも北部軍司令部はエルサレムの指示を無視し、防衛上有利となる地形を確保するため、デッドラインを数時間のばした。どの隊も一兵卒に至るまで、戦略上価値のある丘や道路の十字路等の確保をいそいだ。情報将校アフビア・タベンキンは、炊事兵や補給事務係まで総動員し、ヘルメットをつけさせると、フシニヤの北に位置するルカダ断崖へ送りだし、その絶壁の頂上を確保させた。ブトミエの北東にあたる戦略要地には、ヘリがひっきりなしに部隊を輸送した。

この種の作戦に妨害がなかったわけではない。散発的な抵抗がみられたし、エラザールの搭乗ヘリは、シリアのミグ戦闘機一機に追撃された。ヘリは降下して峡谷の間に逃げこみ、ガリラヤ湖東南端のキブツ・エンゲブに無事着陸した。喜んだのはキブツメンバー達である。着陸の知らせを受け、数十人の住民が走って来た。同乗していた軍司令部作戦主任イツハク・ホフィ（ヨムキプール戦争時北部軍司令官）は、その時の光景を次のように語っている。「ダドとエンゲブのメンバー達との再会は忘れられない。男、女そして子供達が歓声をあげ、笑顔で走り寄るとダドに抱きつき、キスの雨をふらせた。再会の喜びもさることながら、悪夢の時が終ったという安堵感、戦勝の高揚感があったに違いない」[★15]。

‡

ダヤンがオッド・ブルと会談したニュースに続いて停戦が発効したので、爆発寸前の国連はガス抜きをされた。バーバー大使は、「安保理におけるイスラエルの瀬戸際政策となった」と観察した。そして、その瀬戸際政策は実にうまくいったのである。ソ連のフェデレンコ大使は相変わらず声を大にして英米帝国主義とイスラエル帝国主義を責めたてていたが、イスラエル非難決議は採択されなかった。翌日、第一三ゴラニ大隊のピンハス・ノイ大佐は通信手一名を伴ってヘリでヘルモン山へ向かい、山頂にイスラエルの国旗をたてた。それについても、アラブ・ソ連双方の反応はなかった。

国連の関心は、中東の戦場から戦後処理の問題に移った。アメリカのゴールドバーグ大使は各国代表部をまわり、アラブ・イスラエル交渉に関する各国の態度、意見を聴取した。それを総括すれば、第一が解決の基本となる交渉法で、国連の調停というオプション付きの直接交渉、第二が最初に合意すべき課題で、兵力分離と海峡の自由航行に関する協定成立である。大使は「停戦が安定してくると、撤退の問題が浮上する。この場合、単なる撤退は、包括的解決の一環としての撤退とは対照的であり、これが最も微妙かつ主要な問題点となる」と、預言者めいたことを書いた。

世界の要人達も、すでに戦場の先の外交段階について考えていた。この段階の争いの特徴は、この日のコスイギンから送られてきたホットラインメッセージに明らかである。ソ連の首相は、「今日すべての軍事行動が終結するならば、次の段階すなわち、イスラエルが占領した地域からの撤退、休戦ライン後方への部隊の帰還が課題となる」と主張した。それでもソ連の指導者は、前向きの姿勢を示し、「この問題に関して我々はあなた方と接触を維持すべきである、と考える」と今後超大国間の協力の可能性を、示唆した。一方ジョンソンは、部隊の配置と撤退だけでなく、アラブ、イスラエル紛争の解決という基本問題——紛争の性格の変更——についても考え、コスイギン宛返電で「現在、中東における軍事行動は終りつつあると思われる。私は、我々の今後の努力が、全世界の恒久平和確立のために、傾注できることを望む」と回答した。[★16]

第11章 余波

損得勘定
検死
新時代の中東

一三二時間。これが戦闘時間であった。時間からみれば、有史以来最短の戦争のひとつである。この短時間に、エジプト軍は一万から一万五〇〇〇の将兵を失った。内一五〇〇名は将校、四〇名がパイロットである。そのほか負傷者も多数出た。さらに五〇〇〇名のエジプト兵が行方不明になった。ヨルダンは戦死七〇〇名、ほかに六〇〇〇名を超える兵隊が負傷ないしは行方不明になった。シリア軍の損害は戦死四五〇名、負傷者はその約四倍と考えられる。イスラエルは自軍の損害を戦死六七九名、負傷二五六三名と発表した。しかし戦死数については後に国防軍が八〇〇に訂正した。人口比でいえば、八万のアメリカ人が死亡したことになる。[★1]

　兵員の損害比は二五対一で、イスラエルが断然少ない。この著しい差は捕虜の数になると、さらに大きくなる。イスラエルが捕虜にしたアラブ兵は、エジプト兵が少なくとも五〇〇〇名（将官二一名を含む）、シリア兵三六五名（将校は三〇名にとどまった）、ヨルダン兵五五〇名である。イスラエル国防軍によると、ソ連の軍事顧問二名が捕虜になった。一方、捕虜になったイスラエル兵は全部で一五名である。双方は捕虜殴打の問題で互いに非難しあい、捕虜処刑の問題すら浮上したが、全体的にいえば、捕虜の待遇はよかった。しかし捕虜交換は遅々として進まなかった。イスラエルは、一九五四年以来スパイ容疑で捕まっているエジプトのユダヤ人の釈放を求めた。さらに、シリアで処刑されたエリ・コーヘンを含む情報部員数名の遺骨の送還も要求した。エジプトとシリアは、失意のどん底にあり捕虜の交換になかなか応じようとせず、イスラエルとの直接交渉を拒否した。[★2]

人的損害もさることながら、物的損害の差はさらに大きい。エジプトは戦闘用機材の一五％を破壊された。額にして二〇億ドルである。さらに厖大な機材がイスラエルの手に落ちた。戦車三二〇両、火砲四八〇門、地対空ミサイル（SAM）二個中隊分、車両一万両である。ヨルダン軍の損害も大きかった。戦車一七九両、装甲兵員輸送車（APC）五三両、火砲一〇六二門、車両三一六六両を喪失し、ほかに二万ほどの各種兵器を失った。アラブ諸軍のなかで、一番損害の少なかったのがシリア軍で、火砲四七〇門、戦車一一八両、車両一二〇〇両を失った。ほかに戦車四〇両が遺棄され、イスラエルの手に落ちた。航空関係では、イスラエル空軍の出撃回数は三二七九回で、敵機四六九機を撃破した。そのうち五〇機は空中戦による撃墜である。この航空撃滅戦で、エジプトは戦闘機の八五％、爆撃機は全機を失った。テルアヴィヴの英大使館付空軍武官R・ゴーリング・モリス大佐は「空軍が速度、打撃力において現代戦でこれほど決定的役割を果たした例は、航空戦史上類がない」と評価した。しかし代償がなかったわけではない。イスラエルは、航空機三六機、パイロット一八名を失った。航空戦力のほぼ二〇％に相当する。ソ連は、エジプト、シリアに対してすぐに損失機の補充を行った。しかし、イスラエルはフランスにミラージュ戦闘機、アメリカにはスカイホーク攻撃機を注文していたが、供給は棚上げされたままであった。

軍の損害率は、現代戦の標準からみても高かった。しかし一般住民の被害は驚くほど少なかった。エルサレム、イスラエル北部境界域の開拓村のほか、ガザとウェストバンクのパレスチナ人居住地における砲撃を別にすれば、戦闘の大半は人口集中域からずいぶん離れたところで生起した。それでも、多数の非戦闘員が苦しんだ。それは非常な苦しみであった。一七万五〇〇〇（イスラエル側推定）から二五万（ヨルダン側推定）

のパレスチナ人が、ウェストバンクから流出し、ヨルダンへ逃げた。その多くは、惨めなキャンプに収容され、二度目の難民生活を送ることになる。イスラエルは、流出を促すようなことはしなかったし、引留めることもせず、帰還を奨励することもしなかった。むしろ当初は、武装潜入兵が西岸へ渡ってくるのを防止したので、それがキャンプ住民の帰還を阻止する結果になった。その防止策はダヤンの命令で中止された。戦争が終って一週間後、現地を視察して、非人道的としてやめさせたのである。

ゴランでも同じような現象が起きた。イスラエル軍が、住民の流出を促すことはなく禁止することもなかった。国防軍の作戦計画に、住民対策に関する条項はないが、参謀本部は特別命令（第一二一三三〇号）を出し、「シリアの高原あるいはシリアの占領地からの村民追放はないものとする」と指示した。後日ダマスカスは、村民が集団で追放された、と主張した。しかし実際には、イスラエル兵で一般住民に接触した例はほとんどない。住民の大半は、シリア軍の指示で、イスラエル軍の到着よりずっと前に、居住地を離れている。

停戦後イスラエルは、一九六七年の難民問題は一九四八年に発生した難民問題と同じように、包括的平和条約の枠組で解決すべきである、と主張した。アラブ側は一致して、この提案を拒否し、難民の無条件帰還と補償を要求した。イスラエルには、圧力がかかった。少なくともある程度のパレスチナ人のウェストバンク帰還を認めるべきであるという。イスラエルはそれに応じ、その夏の後半（家族再結合の目的で）帰還を認めたが、実際にそれを利用した人はわずかであった。[★3]

難民の窮状は確かに悲劇的であるが、アラブ諸国におけるユダヤ人迫害ですぐに影が薄くなってしまった。イスラエル勝利のニュースと共に、暴徒達がユダヤ人社会を襲ったのである。エジプト、イエメン、レバノン、チュニジア、モロッコで、ユダヤ人が殺され、シナゴーグが焼打ちされた。例えばリビアのトリポリでは、ユダヤ人一八名が殺害され、二五名が負傷し、生き残りは拘留センターに追いこまれた。エジプトのユダヤ人社会は当時人口四〇〇〇名であったが、カイロとアレキサンドリアの首席ラビを含め、八〇〇名が逮捕され、資産を政府に差し押さえられた。古代から続く由緒あるダマスカスとバクダッドのユダヤ人社会は、自宅監禁の状態におかれ、社会の指導者達は投獄のうえ罰金をはらわされた。全部で七〇〇名のユダヤ人が、アラブ諸国から追放された。多くの人がリュックだけで追い出されたのである。[★4]チュニジアのブルギバ大統領とモロッコのハサン国王を除けば、アラブの政府要人でこの蛮行を非難した人はいない。国連と赤十字の介入は、はねつけられた。

一方、イスラエルの支配下に入ったパレスチナ人一二〇万は、組織的迫害の対象にはならなかった。略奪が広がり、公共の施設の破壊がひどかったが、――カルキリヤの町の家屋の半分近くが破壊されたといわれる――ウェストバンクとガザにはすぐ軍政が敷かれ、ヨルダンの法律と戒厳令の組み合わせた方式が導入された。パレスチナ社会と宗教指導者は、おおむね戦前の地位と肩書を保持した。神殿丘の上のムスリムのワクフも然りである。ちなみに、この決定のため、ダヤンはイスラエルのタカ派から批判された。とはいえ、エルサレム旧市では、イスラエルはこの寛容政策を適用しなかった。ムグラビ地区のバラック群がとりこわされ、整地のうえ西壁の礼拝場に変えられたのである。一番物議をかもしたのが、

◉――停戦を協議するオッド・ブル国連休戦監視団長(右)とダヤン。AP

三か村のアラブ人村落（ヤルー、ベイトヌバ、イムワス）の取壊しである。いずれも、ラトルン回廊の戦略的要地である十字路域に位置し、イスラエル側は戦時の役割について、この三か村を非難していた。すなわち一九四八年の戦争では、エルサレム封鎖の一環をにない、今度の戦争では、エジプト軍コマンド隊に宿営地を提供した。しかし、そのような経緯があっても、部隊が、破壊命令の遂行を拒否した。結局、三か村は取り壊され、村民は補償を受けたが、村に戻ることは許されなかった。

つい数日前までイスラエルの消滅を祈ったアラブ人達であるが、イスラエルはこのアラブ人達にこれ以上の応報行為はしなかった。オリーブ山の斜面には、古代から続くユダヤ人墓地がある（二五〇〇年の歴史をもつ）。ヨルダンは、その墓石を道路の舗装や公衆便所の床に使用し、ランバン・シナゴーグなど旧市内の由緒あるシナゴーグ五八か所を破壊していた。ダヤンはこのような事実を知っても、四〇〇〇のムスリムが集まるエルアクサ・モスクの金曜礼拝に、出席した。★5

戦争は被害をもたらし、捕虜、難民をつくり出したが、地殻変動的結果に比べれば、いずれも小さく見える。イスラエルは四万二〇〇〇平方マイルの地域を占領しており、今や元のサイズの三・五倍になった。戦前イスラエルは戦略的縦深に欠け、主要都市はいずれもアラブの火砲の射程圏にあり、極めて脆弱であったが、その立場は逆転し、ダマスカス、カイロ、アンマンから指呼の間にまで進出した。さらに首都エルサレムは統一された。ソ連とは外交断絶となり、フランスとは緊張関係が残り、しっくりいかなくなった。一方対米関係については、イスラエルはリバティ号事件の発生にもかかわらず、多少のことでは動じない、しっかりした尊敬心をアメリカ国民からかちとった。ハリー・マクファーソンは大統領宛報告で、「軍の気風は、これは国民全体にいえることであるが、つき合ってみなければ、にわかに信じられない」と書いた。二人の女性兵士がジープでネゲブ砂漠を疾走している様子を例にとり、「ひとりは、紫のスパンコール付き水泳帽をかぶり、もうひとりは、オレンジ色のターバン風婦人帽を頭にのせていた」と、その自由な躍動感を綴り、「べトナムの疑問、混迷、不透明を経験してきた後、闊達で、国を信頼し、躊躇せず国民のために尽くす人々を見るのは、感動的である」と述べた。

戦前停滞していたイスラエル経済は、突如として繁栄に転じた。海外から観光客が押し寄せ、献金があふれたのである。石油はシナイの油井から産出した。国外へ移住する人（エリダー）はいなくなり、栄光を共有しようとする新移民が急増した。

戦後イスラエルの報道は、大胆不敵とか固定観念にとらわれない独創性あるいは精強ぶりなど、連日のように軍を称賛した。これに象徴されるように、イスラエルは栄光に包まれ至福感を味わった。同年六月一一日付ハ・アレツは、勝利コインの鋳造ニュースや、帰還兵に捧げる〝ビクトリー・ケーキ〟のレシピを掲載した。帰国したエバン外相はロッド空港で記者会見し、「国連の演壇から私はイスラエル国防軍の光輝ある勝利と、エルサレムの贖いを高らかに宣言した」と語り、「イスラエルが、諸国民からこれほど尊敬され、礼をもって遇されたことはない」と胸を張り、出迎え陣を釘づけにした。バーレブ参謀次長は、上品な口調をすてて、「我々はアラブ国家を全部しめあげた」と内閣で語った。ダヤンとラビンは、前から人気があったが、今やイコンの地位にまつりあげられた。それはイスラエル国民の間だけではなく、世界中のユダヤ人社会でも然りであった。この戦争はユダヤ人達が、〝胸を張って歩く〟ことを可能にした。参謀総長に対しては、異例ともいうべき名誉が与えられた。戦争の名付け親にするというのである。候補として、「勇者の戦い」、「救済の戦い」、「光の息子達の戦争」などがあげられた。ラビンは華美な名称を避け、当たりさわりのない「六日戦争」を選んだ。戦闘日数を示す名称である。

ユダヤ人の描く自画像には黙示録的側面がある。この側面は、あの不屈の男、無敵の勇者によって、影が薄れたように思われた。しかし、それは短時間で終る。イギリスのマイケル・ハドウ大使は、国民大衆の大々的祝賀行事がみられないことに注目し、イスラエル国民が冷静な姿で戦争に赴き、戦闘に勝ち、復員して何事もなかったかのように仕事を続けている、何か極めて強靭なものを感じるが、しかしどこか凄いところがある、と考えた。多くのイスラエル人が勝利に感じた居心地の悪さ、そして自分達の損害に対する痛みと罪悪感を表明した。戦後キブツメンバー達とのインタビュー集「ザ・セブンスディ」が出版されたが、そこにはその気持が吐露されている。キブツ・アフィキム出身のシャイ（二七歳）は、空挺隊を率いてウンム・カテフで戦ったが、「我々は、アラブ人を殺すことに興奮したり喜びを感じたりしたことはない。勝つとわかっても別にうれしくはなかった」、「我々はやらねばならぬことをやったという気持と、幸福な気分との間には大きい違いがある」と述懐している。キブツ・ギバドハイム出身の戦車砲手ガルは、「目の前のアラブ人に何か怨みがあるかだって？　銃を持っているのが見えたらどうだって？　彼を撃つ。彼がひとりの人間であり、家族もあることを知ってのうえだ…誰かの死を目撃するまではよい。我々が戦争を呪い始めるのは、その瞬間からだ」と語った。キブツ・ウシャ出身のリフカ・ニートは日記をつけていた。エルアリシュに到達した時の彼女の気持が、次のように綴られている。「外は、黒く、重いどろどろした空気だった。そして恐ろしい音がしていた…射撃音、腹にこたえるドンドンという音、そして悲鳴…ノドはからから、目は曇りよく見えない。そして外へ走り出る…しかし風が…鼻をつく死臭を、そして黒々とした蝿の大群を運んでくる」。

「黄金のエルサレム」に続いて、戦後最もポピュラーな歌となったのが、「平和の歌」、挽歌である。

暗黒の地の底
そこは我が墓地
闇に叫ぶ者を
引き上げぬいわれは何ぞ
ここでは

勝利の快感は意味をなさず
礼賛の詩は
うつろにひびく
平和の詩を歌え
祈りの言葉を呟くだけでは
意味がない
高らかに歌え
平和の歌を。★6

しかしアラブ人には、戦争に対するこのような葛藤はみられなかった。この〝六日〟は、電撃的征服のイメージを持ち、彼等にとっては、むかつく表現であり、彼等は「後退」、「破滅」といった重苦しい表現を選び、感情を刺激しない表現として「六月戦争」の用語を使った。砲声がやむと、アラブ世界は直ちに、ある中東史家が「大いなる緊迫時の監査」と呼んだ仕事に着手した。それは、いかにして「小さな国が歴史の不条理にのっとり、アラブ諸国の広大な土地を分捕った揚句の果てに、この十年間装備兵器とマッチョ的な力を誇示してきた諸国軍に壊滅的打撃を与えたのか」、を検討することであった。知識人達は、アラブ民族主義に心底幻滅し――大衆運動としてのアラブ民族主義は復活しなくなる――、近代化と民主主義の必要性を強調した。その対極にある人々は、ベトナムやキューバ方式をモデルとした戦闘的過激主義を提唱し、あるいはイスラム原理主義への回帰を願った。痛みを伴う検討は、アラブ社会とその生来的性向、弱点、アラブ側指導者の人格と精神にも及んだ。

一方アラブの政治家は、敗戦の責任回避に終始した。反省などほとんどない。ナセルは、軍将校の抗命、エジプト打倒の英米陰謀（本人はこれを奇妙にも、〝ラルフ・バンチの戦争〟と呼んだ）を引き続き非難した。フセイン国王は宿命論思考に磨きをかけ、国民に向かって「私は、果てしなく、この国のために苦しみ犠牲にならねばならぬ…一家に生まれたようだ…栄光をもって報いられることがなくても。それは勇気がないためではない。すべてはアッラーの思し召しである」と言った。シリアは、戦争を一番煽りたてておきながら、いざ戦争になると、ほとんど戦わなかった、とアラブ世界で批判されたが、敗戦を最も強硬に否定したのは、そのシリアの指導者達である。スウェイダニ参謀総長は、「イスラエルの戦争目的は、数マイルの領土をシリアから分捕ることではなく、進歩的政権を打倒することにあった」とし、「これを彼等はできなかった。したがって我々は、この戦争の勝者は我々であると考える」と主張した。この立場を敷衍したマホウス外相は、「ダマスカスやアレッポがたとえ陥落しても、奪回し再建できる。しかし、バースの喪失はとり返しがつかない。なぜなら、それはアラブ民族の希望であるからだ」と述べた。アサドは「シリアだけが、一瞬の息を抜く間もなく全力で六日間戦った」と胸を張った。アサドは、ひとりの若手将校が、総崩れの真相究明を求めると、射殺したといわれる。★7

エジプト人が、一九六七年の原因について語り始めたのは、一九七三年の戦争の後、すなわち軍の名誉が回復された後からである。軍人の敗戦責任を問うた軍法会議で、首席裁判官をつとめたサラフ・ハディディは、「私は、エジプトの政治指導部がイスラエルに戦争を仕掛けたと断言できる。イスラエルを挑発し、対決に追いこんだのである」と書いた。ファウジ参謀総長は「利己的官僚主義的指導部」と「アメルの精神的崩壊」の責任を指摘した。一方サディク軍情報部長は、「能力ではなく縁故と忠誠心をベースとした昇進、ナセルに真実を知らせることを恐れた軍」の責任を問い、シナイ方面軍司令官ムルタギ中将は「イスラエルの兵器、指揮、組織力、戦う意志の強さ」が勝因であると主張した。一方、シドキ・マハムード空軍司令官は、国連緊急軍の追放とシャルム・エルシェイク進出の拙速主義的、軽率な決定がイスラエルの第一撃にさらしたことを指摘し、「ロシア製兵器に対する全面依存」と「軍事問題をいい加減に扱ったアメル元帥」を敗因の例としてあげた。ザカリヤ・ムヒッディーン副大統領によると、情報不足が問題であったという。「イスラエルは救済手当を受けているエジプト人とその妻の名を全部知っていたが、我々は、モシェ・ダヤンの家がどこにあるかさえ知らなかった」と証言した。ナセル側近のアリ・サブリ（副大統領、アラブ社会主義連合書記長）は、軍がスエズ戦争とイエメン戦争の失敗因調査と、責任者である将校の追放を共に拒否した点に注目し、このような軍の態度をとがめた。ナセルを非難したのがシャムス・バドラン国防相で、「軍を罠に落とす決定をしたのは彼である。誰とも協議することなく、イスラエルがアメリカの助けで仕掛けた待ち伏せの罠へ、我々をおしやった」と述べた。★8

そもそも、どうしてこのようなことになったのか。この問いに答えてくれる権威者ならいくらでもいる。彼等は断然群をぬくイスラエル兵の練度と高い士気を指摘する。アラブは、作戦となれば、統一指揮どころ

◉――シリアのアサド国防相兼空軍司令官。アラブの土地からシオニストの存在を一掃する時、と言ったのであるが…。イタマル・ラビノビッチ教授提供

か、ばらばらになってしまう。己の敵を知る能力にも欠ける。ハドウ英大使は、人的要素を指摘し、イスラエル兵とアラブ兵の間には歴然たる差がある、と次のように述べている。

これは、最新兵器で固めたエリートの職業軍人部隊ではない。隊員のほとんどは、社会人の予備役兵であり、訓練をそれほど積んでいるわけではない。彼等は民間の交通機関で戦場へ行き、基本的には一般社会のサービス機関によって補給を受け、支援されている。これと対照的に、アラブの軍隊は職業軍人の部隊であるが、現代戦の何たるかを全然理解していない。ロシアの供給した最新兵器や装備を使いこなせない。指揮官は、どの正面でも大同小異で、いかにもまずかった。イスラエル撃滅を目的として一〇年兵を養い、訓練し、準備してきたとは到底思えない。

‡

モシェ・ダヤンの点数は辛い。参謀本部宛の最終報告で、ダヤンはいくつかの点を批判している。第一は、ナセルの意図を読み違えたこと。第二は過剰な対米依存。第三が、エジプトが海峡封鎖に踏みきった時にみせた、対応躊躇である。しかし、いろいろ欠点はあるが、六日戦争は、すべての正面でぎりぎり一杯までの進出線確保をもって終った、と評価した。この戦果が出た背景には、エジプトが先制第一撃の利点を理解しなかった点、相手側戦力を測定できず、その戦力使用意志を甘く見た点、が指摘される。イスラエルは、アラブが犯した一連の間違いにいい気になり、ついには傲慢になった。六年後の次の戦争で、今度はイスラエルがその間違いを犯すことになる。[★9]

このような分析は、イスラエルが戦争に勝った理由をおそらく説明しているのであろう。しかし、この分析では、どのような結果になるかは説明できない。エジプトの脅威を排除し、ナセルの軍隊を撃破するのが当面の目的であり、当初はそれ以上の戦闘は考えられていなかった。シナイ半島全域の占領、ウェストバンク攻略、ゴラン高原の攻撃、占領も構想の中にはなかった。イスラエルのいうエルサレムの〝解放〟は、この戦争の一番のハイライトとみなされ、まるでメシア出現に関わる、預言の成就の一環のような位置づけをされたが、その解放戦すら当初から計画されていたのではなく、機会が生じたことに由来する。戦争には、予測のつかない変化があり、はずみというものもある。合理的な意志決定とは違う動きをみせる。これが戦闘の方向と流れを決める。戦闘初日の後エジプトが停戦を受諾していれば、ヨルダンがガバメントハウスを占領しなければ、ダヤンがゴラン攻略反対を貫き通していれば、どうなったか。このように、ほんのいくつかの〝もし〟が起きていても、この地域は全く違った様相を呈していたであろう。その後の歴史は、地殻変動に見舞われ、厳しい平和の模索が続くが、前述のような〝もし〟があったならば、おそらく違った歴史の展開になっていたはずである。

戦争勃発へ至る過程には、同じような気まぐれの作用がある。よく知られた珍妙な連動図式がある。蝶の羽根のはばたきが、めぐりめぐって激しい雷雨になるという話である。本書は冒頭で、この作用の連動を紹介した。中東は、一九六六年一一月から、〝羽のはばたき〟作用を目撃することになる。例えば、バーバー米大使が、フセイン国王のエシュコル首相宛弔意親書の伝達を遅らせ、その後エシュコルはサムアの襲撃を許可し、ヨルダンとイスラエル双方の兵隊がはからずも衝突する破目になった。ヨルダンは敗北のメンツを取り繕おうとして、エジプトを「国連緊急軍のスカートの下に隠れている」と非難する。そのエジプトは、結果として国連軍の追放に関心を抱くようになる。ナセルとアメルのややこしい関係、エシュコルの力を弱め、ダヤンを国防省の最高責任者として登場せしめた政治力学、名誉心、愛国心、恐怖心。それぞれが、予期しない形で事象に影響する作用を持っていた。逆にイスラエルから打撃を受けることになるわけであるが、エジプトはこの乾坤一擲の暁作戦をキャンセルしてしまう。これなど、歴史過程の変則性を痛烈な形で示している。

しかし、そのカオスすらも、それなりの意味を持っていた。アラブ・イスラエル紛争には、さまざまな要素がからんでいる。シリアの過激主義、イスラエル国内のさまざまな政治運動のせめぎ合い、アラブ内部のライバル関係、そしてアメリカはベトナムに足をとられ、ソ連はソ連で恐れを抱き、エジプトは(第三世界などに)野心を持つ。このような要素は、アラブ・イスラエル紛争という特異な政治的、文化的、社会的環境の中だけで連鎖反応を起こすことができて、戦争へ発展していくのである。そし戦争が始まれば、同じ流れで、アラブ諸国軍の後退からイスラエルのリバティ号攻撃まで、そしてまた国連安保理の麻痺からソ連の介入未遂まで、予期しない事象を次々と生み出していく。

要素のからみ合いと連鎖反応が戦争へ至らしめたとすると、その戦争はこの反応過程で何かを変容させたのであろうか。この地域はほぼ元通りで、変わらなかったのか。それとも全く新しい支配体制をつくりだし、支配者を登場させたのであろうか。この激動の六日間は本当に一種の創造行為で、元とは根本的に違うモダンな中東をつくりだしたのであろうか。

対等者同士の名誉ある平和

スコーパス山頂のヘブライ大学には、野外劇場が再建された。そこでいくつかの儀式、祭典が挙行された。レオナルド・バーンスタインの指揮で、マーラーの交響曲第二番「復活」が演奏され、アイザック・スターンのバイオリンで、メンデルスゾーンのバイオリン協奏曲が披露された。「黄金のエルサレム」は今や国民歌となり、繰り返し演奏されている。そして六月二九日。ユダの砂漠と最近イスラエルが占領した死海北岸を一望にするところで、イツハク・ラビンはヘブライ大学から名誉哲学博士号を授与された。

ラビンは、国防軍全体を代表して称号を受け、挨拶の中で銃後の高揚感と戦場の醒めた眼を指摘した。ラビンは「第一線の将兵は、勝利の栄光を味わったが、その代償も払った。戦友達がすぐ傍らで血にまみれ死ぬのを見たのである。将兵は、我々の大義の正しさをはっきりと認識し、祖国に対する深い愛を持っている。自分達に課せられた任務の重さも痛感している。そして、最も苛酷な条件下で道義的精神的心理的強靱性を発揮し、その任務を遂行したのである」と語り、多くの将兵が「イスラエル国民が、自由と独立の保障された自分の国で平和と静穏のなかで生きる権利」を守るために、尊い命を捧げたと結んだ。

戦後ラビンは、つかみどころのない平和と静穏の確立を生涯の目標とするようになる。政敵達は、戦前戦中のラビンの行動（虚脱やダヤンに立ち向かえなかったことを指す）を引き続き批判したが、国民は勝利の栄光を本人に与えた。ラビンは、その栄光を背に、間もなく軍を去り、駐米大使となって活躍し、ついでやや沈着さを失くしたが、ヨムキプール戦争の暗い戦後期に首相（一九七四—七七）になった。一番の業績がシナイの兵力分離協定の成立である。つまりラビンは、エジプトとの平和条約調印の基盤を築いたのであった。

一九九二年、ラビンは再び首相に就任し、リスクの点では六日戦争に劣らない戦略を打ちだし、ヤセル・アラファト率いるパレスチナ人との歴史的和解に着手した。アラファトは、戦争へつき落とすきっかけとなった、ゲリラ攻撃の首謀者である。ラビンとアラファトが着手した和平プロセスによって、二人は（イスラエルのシモン・ペレス外相と共に）ノーベル平和賞を受賞することになるが、そのプロセスに反対するイスラエル人とアラブ人の敵意もかかった。パレスチナ人テロリストがイスラエル人数十名を殺害し、イスラエルの右派過激派はラビンに裏切者のレッテルを貼った。一九九五年一一月四日、この過激派のひとりが、ラビン首相を銃撃し、殺した。ラビンは、テルアヴィヴの広場で開催された平和集会で演説したばかりであった。ラビンのポケットには、べっとりと血糊のついた紙が入っていた。「平和の歌」の詩であった。

ラビンによると、一九六七年の戦争は、アラブ・イスラエル紛争の性格を変えた。それは、イスラエルに対するアラブの憎悪が小さくなったからではなく、アラブの指導者達が、武力によるイスラエル抹殺は不可能と確信するに至ったからである。イスラエルの指導者の多くが、この見解に同意した。なかにはさらに進んで、アラブの領土と交換に平和が買えると信じる者もいた。
スコーパスの丘の式典一〇日前にあたる六月一九日、イスラエル政府は秘密の閣議決定を行った。土地と平和の交換である。シナイとゴラン高原（一部を非武装地帯とし、チラン海峡の自由航行が保障される）を返還し、エジプト及びシリアと平和条約を結ぶ。エジプトから占領した領土のうちガザ回廊だけは、イスラエルに併合し、難民は地域開発計画の一環として吸収する。激しい論争の後、動議が採択にかけられ、一回の挙手で決定した。しかし、ウェストバンクに関しては、決定できなかった。閣僚の多くは、まだ一種の自治区設立を望んでいた。コンセンサスがあったのは、エルサレムに関してだけである。エルサレムは、イスラエルの首都として東西が再統一されたという認識である。

‡

目立つのがアバ・エバン外相である。六月一九日の閣議決定の支持者のひとりであり、ラビンに対する評価にいささか留保するところがあったが、それでもあの日のスコーパス山頂の式典に参列した。エバンは今後の外交方針について、前週自国大使に「新しい現実が生まれた。平和と安全保障がこれからの話のポイントになる。この二つには、領土上の側面があることを強調しなければならない。世界とアラブ世界は、時計の針を一九五七年や一九四八年に戻すことができないことを、認識しなければならない」、しかし同時に「すべて流動的で柔軟かつオープンである」と伝えた。エバンは、外相時代すなわち一九七四年まで、この原理原則を守った。ウェストバンクとガザにパレスチナ国家をつくる案について、エバンは当初反対していた。しかし後になって、国家建設を支持するようになり、二〇〇万近いパレスチナ人を抱えこめば、ユダヤ人国家としてのイスラエルの性格が失われる、と警告した。エバンは結局ラビンと仲直りした。さらに、自分を小馬鹿にして嘲笑したイスラエルの社会とも折合いをつけた。アバ・エバンは二〇〇一年、国家に対する功労でイスラエル賞を受賞し、翌年死去した。八七歳であった。★10

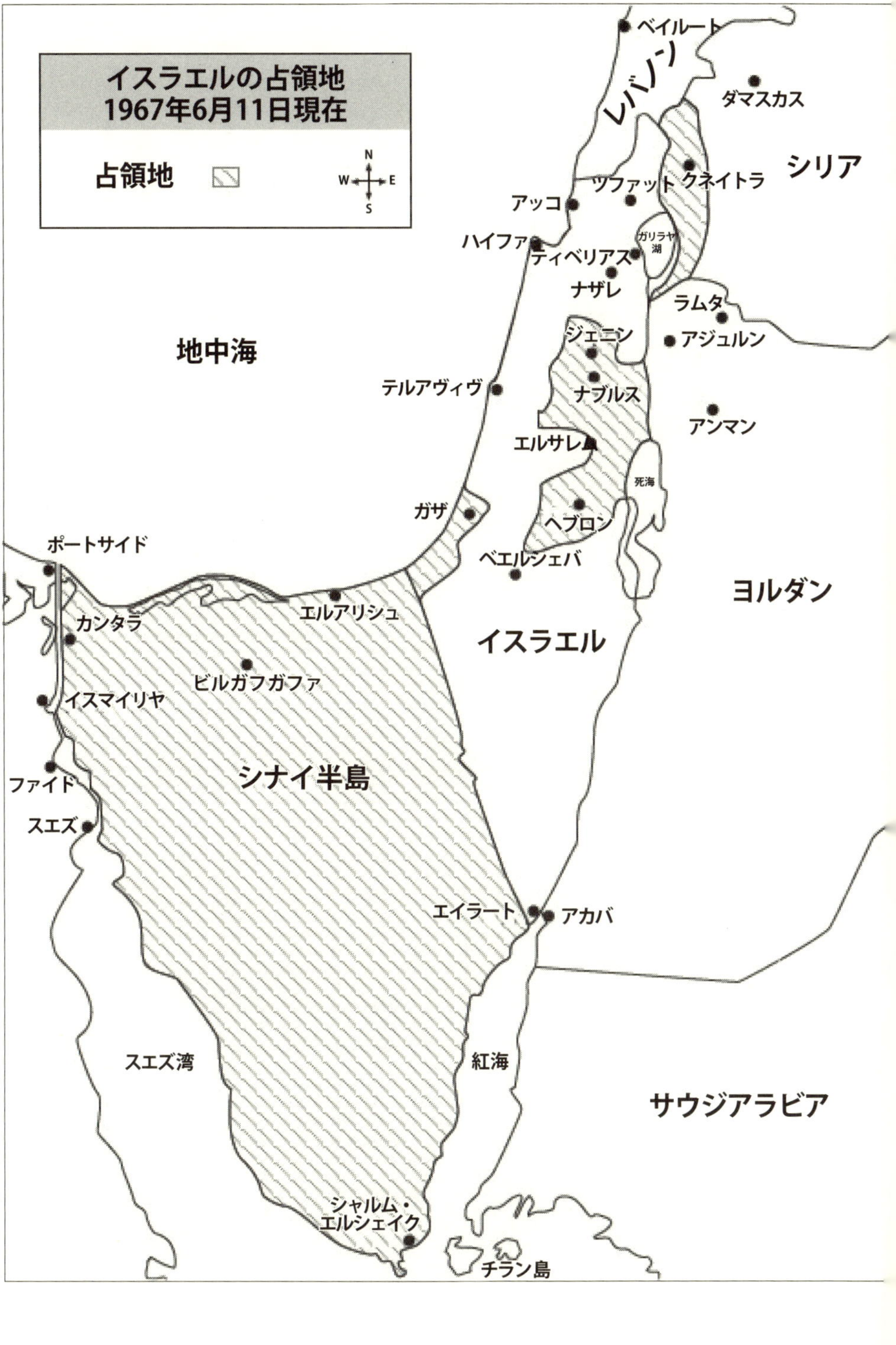
イスラエルの占領地
1967年6月11日現在
占領地
N
W
E
S
ベイルート
レバノン
ダマスカス
シリア
クネイトラ
ツファット
アッコ
ハイファ
ガリラヤ湖
ティベリアス
ナザレ
ラムタ
アジュルン
ジェニン
地中海
テルアヴィヴ
ナブルス
アンマン
エルサレム
死海
ガザ
ヘブロン
ベエルシェバ
ポートサイド
ヨルダン
エルアリシュ
カンタラ
イスラエル
ビルガフガファ
イスマイリヤ
シナイ半島
ファイド
スエズ
エイラート
アカバ
スエズ湾
紅海
サウジアラビア
シャルム・エルシェイク
チラン島

一九六七年の戦争の後、エバンは「状況の変化に乗じ、アラブが平和と土地の交換に応じる可能性にかける、イスラエル指導部の〝政治家〟のひとり」と自己規定した。ザルマン・アラン教育相やハイム・モシェ・シャピラ内相のような同意見の閣僚は、東エルサレムを除く全占領地の返還があってもよいという立場であった。そしてこの立場は意外な人から支持された。ダビッド・ベングリオンである。建国の父でかつてはあたりを慴伏せしめたやかまし屋のベングリオンは、イスラエルの政界でもはや重要な役割を果たす力を失い、ネゲブ砂漠のスデボケルでバンガロー生活を送っていた（一党一議席の身で、まだ議員ではあった）。ヨムキプール戦争の余波が残る一九七三年一二月に死去するが、併合は人口構成上危険であると警告していた。

政策決定者のなかには、思いきった譲歩をよしとする者がいたが、エバンいうところの〝安全保障第一主義者〟は、アラブが本気で交渉するのかと疑問を呈し、戦略上イデオロギー上の理由から、占領地の大半を保持しておくべきであると主張した。内閣では、前と同じように、イガル・アロンがその急先鋒であった。アロン労相（第一次ラビン政権時代外相）は、六月一九日の閣議決定に反対し、ウェストバンク入植を目的に、ロビー活動を展開した。端的にいえば防御可能な新しい防衛線の形成である。ヨルダン川沿いのいわゆるヨルダン河谷に、エリコ以北の地域に入植地群を設け、エルサレム以南では、ヘブロン丘陵と死海北西岸域の間にも尾根沿いに設け、さらにウェストバンクの南西端の一部も確保する。エルサレムのまわりを住宅地で囲む。要すれば、〝合意にもとづくアラブ独立国家〟とは、イスラエル領に囲まれた地域となる。アロンは一九八〇年に六二歳で死去するが、このいわゆる〝アロンプラン〟は、ラビンがアラファトと交渉を開始するまで、イスラエルの非公式政策としての役割を持った。

メナヘム・ベギンも六月一九日の閣議決定に反対した閣僚である。所属党のガハル（後にリクード）は、領土上の譲歩そのものを拒否した。ベギンは閣議で「私の考えでは、（ウェストバンクの）自治という概念は、まわりまわってパレスチナ国家の出現となる」と言った。イスラエルの国家的アイデンティティにはユダヤ的要素が基本にあり、それは聖書時代の郷土——ベツレヘム、エリコ、ヘブロン——の占領によって活性化した。そう主張するベギンは、常にこの方向で考え、大イスラエル建設を構想した。しかるに一〇年後に、ベギンは大転換をとげる。一九七七年一一月、首相としてナセルの後継者アンワル・サダト大統領のイスラエル訪問を歓迎し、交渉後シナイ半島全域の返還に応じ、さらに、ウェストバンクとガザにおけるパレスチナ自治区の導入に、同意した。ベギンは、もうひとつのアラブ・イスラエル戦争（一九八二年の第一次レバノン戦争）で心労甚しく、翌年辞職して隠遁生活に入り、一九九二年に死去した。

ヘブライ大学の野外劇場で、アロンとベギンの横に坐ったのが、参謀本部の高官達であった。そのなかには、この〝政治家達〟に好意的な者もいた。ウージ・ナルキス（中部軍司令官）とエシャヤフ・ガビッシュ（南部軍司令官）は、共に公的機関で活躍し、イスラエル・タル（師団長）は、後にイスラエルの国産戦車メルカバの開発で知られるようになる。しかしながら誰ひとりとして、〝安全保障第一主義派〟につながる軍指導者のまとめた政策には、影響を及ぼさなかった。

例えば、ダビッド・エラザール（北部軍司令官）は、ゴラン高原について、占領許可をもらうために奔走したわけであるが、高原保持を頑として主張し続けた。一九六七年戦争後間もなくして、レバノンと北部ヨルダンからパレスチナ人のゲリラ攻撃が再開されると、この二か国の〝生活を耐え難いものにしてやる〟と意気込んだ。「じっと我慢して何もしないより、ＩＤＦの行動の方が平穏維持に役立つ」というのが本人の持論であった。一九七三年の戦争の時は参謀総長であり、大軍を集結中のエジプト、シリア両軍に対する先制攻撃を勧告したが、ゴルダ・メイヤー政府に禁じられた。戦後緒戦時の後退を非難され、辞任を命じられる。エラザールは文字通り悲嘆に打ちひしがれ、二年後失意のうちに死去した。

エゼル・ワイツマン（作戦部長）も、率直に領土上の譲歩反対を叫ぶひとりであった。政界進出のため軍を去り、当然ながらベギンと志を同じくし、ベギン政権で国防相となった。しかし、ベギンと同じように、ワイツマンはシナイからの全面撤退に同意した。その後労働党と組むようになり、平和の戦士として再登場した。一九九三年、大統領に選ばれ、七年間その地位にあったが、金がらみのスキャンダルにまきこまれて辞任した。

強硬派のイメージが強いのはアリエル・シャロン（師団長）も然りである。一九七三年の戦争で勇戦敢闘して名をあげ、一九八二年のレバノン侵攻作戦（第一次レバノン戦争）では、国防相として作戦を推進し悪名をはせた。この年、イスラエルと連携するキリスト教民兵ファランジストが、パレスチナ難民キャンプで虐殺事件を起こし、シャロンは管理責任を問われて辞任した。しかし本人は、たとい平和と交換であっても領土放棄に、絶対反対であった。シャロンは、ウェストバンクとガザに数十の入植地建設を推進した人物であるが、シナイをエジプトへ返還する前に、シナイの入植地をすべて撤去した。二〇〇一年、シャロンは首相に選出され、シモン・ペレスをはじめとする労働党と組んで、挙国一致内閣をつくり、占領地からのほぼ全面的撤退を公約した。★11

状況の判断について、国民の間で意見が分れた。紛争の性格が変わったとすれば、どの程度なのか。平和の達成は可能なのか。次の戦争が控えているのかどうか。戦後数十年の間に、国民は二つの間で揺れ動くことになる。一九六七年のあの日スコーパス山頂の式典に参列した要人のなかで。モシェ・ダヤンだけが両方を同時に唱えた。

ダヤンは、「私は電話が鳴るのを待っている」と言った。広く知られた発言で、アラブが交渉を求めてくるのであれば、イスラエルは領土返還に応じる用意があるという意味である、しかし、六月一九日の閣議でダヤンは、アラブがイスラエルを受け入れることは絶対にないから、平和について平和条件について討論しても無駄、と主張したのである。そして閣議決定に抗議し、「一回だけの投票をベースに、シナイとゴランから撤退することはできない！」と主張した。

ダヤンはウェストバンク入植を提唱したが、パレスチナ国家の建設や、イスラム聖所の守護者としてのヨルダンの地位保全について、いずれも否定しなかった。シナイ半島については、入植地建設に反対しながら、半島最大のユダヤ人町ヤミットの建設は推進した。ダヤンは、管理地区（占領地）は〝腰を落ち着けて〟、しっかり統治する必要性を説いた。しかし、エジプトとの消耗戦（一九六八年九月―七〇年八月）の後ダヤンは、軍事衝突を避ける第一歩（非戦状態の醸成）として、スエズ運河東岸から東へ後退することを提案した。イギリス大使館の計算によると、ダヤンは六日戦争の終った後六週間で平和について少なくとも六種類の意見を述べている。

謎めいたダヤンは、何を言い出すのか予測がつかず、一九七三年の戦争でも論争をまき起こした。この戦争で国防相ダヤンは、一九六七年時のラビンのように精神的に参ってしまい、弱気になった。一九七七年、ダヤンはベギン政権の外相となり、意志決定過程に復帰した。そして今度は外相として、最初は極秘にその後はキャンプデービッドでおおっぴらにサダトと交渉する。二年後、パレスチナ問題に関する立場の違いが表面化して（ダヤンは、ベギンがためらっているとして怒った）、政権から離脱、ウェストバンクからの一方的撤退を主張する政党テレムをつくった。しかしダヤンは、一九八一年に志なかばで死去する。死因はガンであった。★12

〝政党政治家〟と〝安全保障第一主義者〟の板挟みとなりつつ、変幻自在のダヤンと取り組み合ったのが、イスラエルの首相エシュコルである。戦争に至る数週間、エシュコルは軍人達の前に影が薄く、いわゆる優柔不断のイメージを払拭できなかった。この男は、参謀本部全体を向うにまわして一歩もひかず、ジョンソン大統領と取り引きし、コスイギンに対してははったりと見て挑戦した。三週間待つという決意のおかげで、国際世論の支持をかちとり、軍も準備時間を得たのであった。その男は、功績を讃えられることなく、スコーパス山頂の式典で来賓のひとりとして坐っていた。

エシュコルも、イスラエルの〝安全保障〟と〝政治〟解決を区別していた。彼によると、前者は占領地に非武装地帯を設け、要注意地域にＩＤＦの前方警戒哨所をおくだけで充分であり、後者は戦前の境界線をベースとした平和条約をエジプト、シリアと結ぶ。ヨルダンについては、一九四七年の国連分割決議にある境界線にもとづき、同国と和平が結べる。パレスチナ人難民は、補償金と再定着で問題を解決する。

エシュコル構想のかなめになるのが、パレスチナ人の立場であった。ウェストバンクに、潜在的には独立性を持つ、保護された自治区を設定する気が、彼等にあるかどうかである。結局エシュコルの構想は日の目をみることがなかった。その夏イスラエル側によって実情調査が行われ、ウェストバンクの要人、名士、長老八〇名がインタビューを受けた。この種の自己統治方式を支持できる者はほとんどいなかった。さらに、管理地区外にいるパレスチナ人達は、この構想に猛烈に反対した。フセイン国王は、提案された国が自分の王国に対する脅威になると考え、エシュコル構想に反対した。ナセルは、エルサレムを含む全占領地の回復を公約しない提案は、すべて拒否した[★13]。

いずれにせよ、エシュコルはあきらめなかった。直接交渉の用意があるウェストバンクのパレスチナ人、アラブ世界の指導者を求め続けるのである。ジョンソン大統領に、「六日戦争は、中東で初めて平和へ至るプロセスを始動させたのかもしれない」と言った通り、エシュコルはずっとこの信念を持ち続ける。

一九六八年一月、大統領と首相はジョンソンのテキサス・ランチ（牧場）で会った。初対面から四年になる。エシュコルは、戦争がこの地域にもたらした変化と機会を強調し、「我々の政策は、直接交渉による平和条約の締結」と述べ、「我々はこの線で行く。何か変わった特異な原則に固執しているからではなく、顔を付き合わせた接触と道理を尽くした話し合いを続ければ、新しい心理的現実をつくり出す、と確信しているからである」と言った。エシュコルは、イスラエルの自画像が力と無力感に分裂していることを明らかにした。ＩＤＦの健闘を讃える一方で、「一回の敗北が亡国につながる…イスラエルは一日で抹殺される恐れがある」

と言った。しかし根っこのところでは物事に動じることなく、度量のある人であった。会談時次のように述べている。

大統領閣下、私には勝利を自慢する気は毛頭もありません。勝者の役廻りで平和の戦いに入ったのでもありません。私は、六月の災厄から救われた、という安堵の気持で一杯です。神に感謝するのみです。今私が考えているのは、隣人達との平和です。同等の者同士の名誉ある平和を築きたいのです。

ちょうど一年後エシュコルは死去した。心筋梗塞である。補佐官のリオール大佐は、六日戦争のストレスが原因であると信じている。不思議な話であるが、その緊張の根源のひとつであるモシェ・ダヤンは、首相の死の床にかけつけ、エシュコル！　と叫ぶと絶句し、わっと声をあげて泣きだし、部屋を出て行った。国全体が茫然自失したといえる。主流紙ハ・アレツは、かつてエシュコルの国防相辞任を求めたが、「怒りの杖を振りまわすのではなく、洗練された指揮棒で、困難を乗りきる能力」を発揮したと書き、「ユダヤ人としてのルーツ、イスラエル人としての誇り、政治の域を越えた人間としての生きざま」を称えた。同じく主流紙マーリブは、一九六七年の戦争における指導力を認め、「図太さ、執拗な粘りと弱さを併せ持つ人格者、エシュコルだけが、最も深刻な国家危機を切り抜けることができたのではないか」と論評した。

アラブ世界の反応は、もちろん讃美にはほど遠い。カイロ放送は、「アラブ人犠牲者の死体の上にイスラエルを築いたギャングの親分」の消滅を歓迎し、イラクの政府スポークスマンは、「占領した我等の土地で戦争犯罪を実行した史上類をみない狡猾な人間」と評価した。ファタハは、ダマスカスで声明を出し、エシュコルを地対地ミサイルで殺害した、と主張した。その声明でアラファト議長は、「我々の基本目的は、武力によるパレスチナ解放である。闘争が何十年かかろうとも必ず解放する」と誓いを新たにしている。[★14]

三つのノー、三つのイエス

イスラエルに対するアラブの態度は、戦争によって全面的に硬化した。放送を通したエジプト政府の公式声明によれば、今尚、「イスラエルと平和を結ばず、帝国主義の影響存続を許さず、我等が地におけるシオニスト国家の存在を認めない」立場なのであった。「アラブの大衆は、責任あるアラブ人でイスラエルと交渉する者を生かしてはおかない」と放送している。敵意、怒りそして屈辱の深さは、例えばハゼム・ヌセイベの言葉に、示されている。プリンストン大卒業のパレスチナ人で、ヨルダンの外相をつとめた知識人であるが、フィンドレー・バーンズ大使に「我々の被った破滅は途轍もなく大きいのであり、癒えることはない。我々がパレスチナを忘れ、中東に平和がくると考えるのは、とんでもない間違いである。中東に平和はこない」と言った。

戦争が終ってみれば、アラブの政治が、執念深いことに変わりはなく、戦前と全く同じであった。イスラエルが平和と交換にゴラン高原の返還を閣議決定した日に、シリアの政権は反政府煽動の廉で、将校二〇名を処刑し、バグダッドにフセイン国王打倒の話をもちかけた。クーデター未遂事件の首謀者サリム・ハトゥム少佐は、まだアンマンに住んでいたが、恩赦の通知を受けてダマスカスへおびき寄せられ、そこで捕まり、ジュンディ情報局長に拷問され、殺された。イギリス大使に「ナセルは策を弄する悪賢い陰謀家、とんでもないいんちきリーダー」と言ったのは、サウジのファイサル国王。「私がユダヤ人の立場にあるならば、まさに同じことをしてやる」と胸を張ったが、その本人は一九七五年三月に、甥のムサエド王子に射殺された。

アラブ世界は元のままだった。八月二九日にナセルが、燃えたつような炎熱のハルツーム空港に降り立った時も、そのようであった。ナセルは、一九六五年以来久しぶりに開催されるアラブ首脳会議に出席し、三か月前の破局後初めてアラブ側指導者と会うために、スーダンを訪れたのである。沿道には多数の人が並び、

◉——グラスボロに於ける6月22日の米ソ首脳会議。平和五原則と平和に対する
共通認識の必要性を説く米大統領に対し、コスイギン首相(左)は
アラブ人は激しやすく土地奪回に執念を燃やす、と予告した。撮影＝Y・オカモト、LBJ図書館

ナセルを歓迎した。しかし本人は、夏に受けた打撃からまだ回復しておらず、顔は青ざめ緊張していた。出発前閣僚達に「六月初旬のあの最初の数日は脳裡から離れず、忘れることができない。言語に絶する痛みを感じている。あの数日間が我々全員に、心理的に精神的にそして物理的に影響を与えたのは間違いない」、と言った。[★15]

　ナセルの目的は、アラブ領の奪回にあった。しかし、外交手段による目的達成には、どうしてもアメリカの協力が必要である。さらにまた、ナセルは、平和どころか婉曲なイスラエル承認すらあたえたくないのであった。つまりナセルは、軍事上の選択肢をまだ必要としていた。そのためには軍を再建しなければならず、ソ連の援助を求めざるを得なかった。

　しかしながら、そのソ連は躊躇していた。莫大な数量のソ連製兵器が失われ、あるいは西側の手に渡った。アラブはまだまだ弱い。戦闘再開となれば核戦争になりかねない。六月二二日、カイロを訪れたポドゴルヌイ最高会議幹部会議長は、ナセルの要求する数百の戦闘機と戦車の供給に同意し、軍事顧問団の派遣も認めたが、その見返りに、ソ連艦隊用の港湾提供を求め、さらに、エジプトにとってもっと厭な、アラブ・イスラエル紛争の政治解決を要求した。ポドゴルヌイが「イスラエル抹殺の意図で、航空機の追加供給を求めているのか」とたずねると、ナセルは「政治的譲歩を目的とする話し合いは、侵略行為に褒美を与えるようなものであり、政治的かつ精神的に筋が通らない」とはねつけた。

武器供給要請は、翌月モスクワを訪問したイラクのアレフ大統領とアルジェリアのブーメディン大統領が繰り返し行った。二人はナセルの代理で訪問したのである。ブレジネフ書記長も、見返りとして土地と非戦協定の交換を要求した。党書記長は「イスラエルを撤退させる。それから、君達の好きなように決議を解釈する。その後君達が強くなった時に、好きなようにやればよい」と忠言した。非戦協定では、平和や承認をからませないと言ったのであるが、ナセルは頑として応ぜず、「武力で奪われたものは武力で奪回する。（非戦協定という）代償は、我々の敗北を二重の敗北に追いこむ」と主張してやまなかった。結局ナセルの主張が通り、ソ連は前提条件をつけずにエジプト軍の完全再武装に同意した。★16

ナセルは、補充された武器を手にして、シナイで三年に及ぶ対イスラエル消耗戦を、実行できることになった。かくして、ナセルは六月戦争は長期戦の第一段階にすぎないという主張を、裏書きすることになった。しかし、スエズ運河をはさんでエジプトとイスラエルが砲撃戦を演じている頃、超大国同士は国連の内外で、中東問題で暫定協定をつくろうと奔走していた。ナセルはこの努力を無視することができず、「私から見れば、平和解決はソ連の仲介アメリカの仲介いずれも、降伏の道である」と前置きし、「我々に残されているのは戦争へ至る道しかない」と言った。ナセルは、七月のアラブ外相会議で、その道を行くには、一定の欺瞞工作が必要とし、次のように方針を語った。

侵略の痕跡を消し去る遠大な作戦が発動可能になる前、我々には二―三年の時間が必要である。しかしその間秘匿が必要である。我々は、政治活動を前面にだし、国連の場、国際交渉の場で我々が精一杯努力しているところを見せて、我々の準備を隠していなければならない。

‡

この計画に加えられないのが、ヨルダンであった。ヨルダンは、アメリカ製兵器に依存しているため、一九七〇年までの戦闘開始を期待できない。ナセルはヘイカルに「彼（フセイン国王）には、ウェストバンク奪回のための行動の自由を与える。それ以外に選択肢がない」と言っている。フセインは、イスラエルとの単独平和に走らない限り、アメリカの調停を通したウェストバンク奪回の方途をさぐるのは自由、というわけである。★17

エジプトの〝安全保障〟と〝政治行動〟は、ナセルが区別しているように、戦争準備と策略的平和戦術のことで、肝腎なのは、開戦直前の段階で、アラブの団結が維持されていることである。そのためには、イエメン紛争を解決し、革命政権と保守政権の間にある溝を埋めなければならない。ハルツーム会議に先立つ数週間の内に、ナセルは西側に対するアラブ石油の輸出再開を支持し、王族打倒工作の中止を提案し、その見返りにエジプト経済へのテコ入れを求めた。フセイン国王には「この戦争で我々は一緒に参戦し、一緒に敗北した。我々は一緒に勝利しなければならない…エジプトは、勇敢なるヨルダン国民と運命を共有する覚悟である」と書き送った。エジプトの半官紙アルアハラム編集主幹ヘイカルは、アラブ諸派共存を主張し、「別種の実験を許し、さまざまな政治的社会的意見を認めることは、共同体のためになる」と書いた。★18

ナセルの驚異的努力によって、アラブの団結は、一応外見上は維持された。しかし、ナセルは、自国の分解を防ぎ国内統一を維持していくためには、もっと大きい努力を必要とした。

アブダル・ハキム・アメルは、辞任した後、隔離状態のなかで支持者に囲まれて暮らした。彼等は「陸軍元帥以外に指揮官は存在せず」と唱えながら、現役復帰の陳情を続けた。ナセルは、騒乱状態になるのを恐れ、前の地位である副大統領のポストを提示した。しかしアメルの方は、軍の最高司令官に返り咲くことしか考えておらず、妥協しなかった。アメルは武器の準備を開始し、作戦失敗の責任を問われて、軍から放逐される将校達を手許に集めた。クーデターの計画が練られ、決行日は九月一日と決められた。ナセルが、ハルツームに行っている隙を狙うのである。しかしその一週間前、ナセルは長年苦楽をともにしてきた一番の親友が「平和、軍そして故国に対する脅威」になっているとして、その処置を決断する。

ファウジ参謀総長は、選り抜きの精鋭一個大隊を、ギザにあるアメルの別邸へ派遣した。ナセルは目に涙を浮かべながら、部隊の出発を見送り、事態の進展を見守った。「彼は、政治家の現実の生活にはない、ギリシア悲劇の世界だけに存在する出来事が起きている、と感じていた」。ヘイカルはそう書いた。ファウジ参謀総長は、多量の兵器を押収し、将校三〇〇名を逮捕した。しかし、粛清はまだ序の口であった。一〇〇〇人以上が逮捕、監禁されている。シナイ方面軍司令官ムルタギ、空軍司令官シドキ・マハムード、国防相シャムス・バドラン、情報局長サラフ・ナスルのほか、アメル一家の親族数百名も逮捕された。逮捕された者の多くは長期刑の判決を受けたが、それは重労働刑になる場合が多かった。無罪放免になった者も、恥はついてまわった。「住民達がよく煉瓦で窓を割り部屋へ投げこんだ。外に出ると、彼等は激しい口調で私に呪いの言葉を浴びせた」。空軍幹部のドゲィディ将軍（シナイ方面航空隊司令）の述懐である。本人は、不名誉な評判をのがれて、カイロからアレキサンドリアへ居を移した。しかし、「私の甥すら、たかだか五歳の子供なのに、〝おじちゃんは卑怯だね。皆をおいて逃げたんだってね〟と非難する」始末であった。

アメルの末路は悲惨であった。本人には最も残酷な運命が待っていたのである。長時間に及ぶ尋問の後、かつて国家の主導権を競った前陸軍元帥は急に体調を崩し、重体となり、死んだ。検死の結果、死因はトリカブトであることが判明した。アメルの腹部に、この猛毒を含有するテープが張りつけてあったという。しかし、脱走しようとして射殺されたとか、総崩れをきたした政府の責任を問うて真相を発表すると脅したので、処刑されたといった噂が流れた。それでも、ナセルはすっかり意気消沈し「この敗北を目の当たりにするより、いっそ私が死んだ方がよかった。私の終生の友アブダル・ハキムに対する私の失望ほど大きい敗北はない」と胸中を語った。しかしながら、ほかの者はあまり悲嘆にくれた様子はなく、例えば、サダトは「アメルがとってきた決断のなかでは、ベストの決断だった。もし私が彼なら六月五日に決断していたはず」と突きはなした。★19

この一連の事件は、ナセルにとって今次戦争における二番目の打撃であった。ハルツームに到着したナセルは、体はずいぶん弱っていたが、政治的には前よりも安泰な指導者となり、「アラブの名誉と団結を回復する」決意に燃えて、タラップを降りた。対照的なのはヨルダンのフセイン国王であった。自分の王位に不安を抱き、悩んでいたのである。

国王は回想録に、「はっきり認めざるを得ないが、六月が過ぎた後、その六月に起きたことを理解し、消化し、事実関係を認めるにはずいぶん時間がかかった」、「それは夢のような出来事であった。いや正確にいえば、悪夢であった」と書く。国王もまた、軍のたて直しをはかるが、粛清よりは人事異動を中心とし、王族に対しては前よりも強い権限を与え、マジャリ准将が残した空白を埋めるにとどめた。准将は、エルサレム死守を主張し、虚脱状態に陥り、東エルサレム降伏直後に死去した人物である。フセインは、ヨルダンに駐留するPLO戦士数百名を軍に編入しようとした。また、流入した数十万のパレスチナ人難民の保護に努めた。しかしその一方で、国王は力をふりしぼってアラブと西側諸国をまわり、強硬路線の演説をする裏で〝公正にして名誉ある平和〟を秘かに打診した。ロンドンではヤコブ・ヘルツォーグ官房長と秘密に会談した。イスラエルの官房長が、「陛下は、イスラエルとの平和条約に調印される用意はおありですか」とたずねると、

フセインは、「もちろんあります…しかし、私はアラブ世界全体と共同歩調をとらなければならないのです」と答えた。[★20]

フセインの信じるところによると、平和は首脳会議を通してしか達成できない。その首脳会議が、彼にウェストバンクに返還交渉権を与え、それと同時にアラブ過激派から守ってくれる必要がある。そしてその場合肝腎なのは、イスラエルの承認を意味しない政治的表現の見返りに、ウェストバンクを奪回することである。当初ナセルは、そのような方式が可能かどうか半信半疑だったが、フセインが説得するのである。さて、ハルツームに来た二人の仇敵は、面倒な要求に直面することになった。アルジェリアとイラクは、石油禁輸の継続と欧米企業の国有化を要求し、シュケイリは、管理地区（ウェストバンクとガザ）でのゲリラ攻撃と人民蜂起を唱えた。一方シリアの代表団は、この首脳会議を新しい軍事攻勢の跳躍台と規定し、あまり支持をえられないことがわかると、倉皇としてダマスカスへ戻った。

しかしナセルは、動じなかった。全盛期と同じように会議を牛耳り、「（六七年の戦争を清算する）政治行動と（パレスチナ）問題の清算との間には違いがある」と強調しつつ、戦争状態の終結を意図するソ連とアメリカの計画は、「我々に降伏と屈辱をもたらす」と主張した。ナセルは、イスラエルがじわじわとウェストバンクを併合していく危険を指摘し、警告を発すると共に、アメリカを介して間接的方法で、その地域の回復をはかるフセインの努力に支持を求めた。ナセルの思考、主張は、首脳会議が出した最終コミュニケにはっきりと刻みこまれている。それは、アラブ領の奪回とパレスチナ人の権利の顕現を目的とする〝政治行動〟にアラブ諸国が連帯することを求める一方、「イスラエルを承認せず」、「イスラエルと平和を結ばず」、「イスラエルと交渉せず」の三つのノーを是認し、「軍備強増上必要なあらゆる手段」をとるとしていた。[★21]

ハルツーム会議は、アラブ穏健派と過激主義のどちらの勝利であったのか。この点について西側観測者の間に論争が生じた。確かにイスラエルとの交渉を否定している。しかし、第三者の仲介にドアを開き、占領

◉──筆者の質問に答えるヨルダンのアタ・アリ旅団長、1999年、アンマン郊外

地の非武装化を是認しているようにも見える。フセイン国王の解釈によると、この首脳会議はアラブ過激派を〝氷づけにした〟が、イスラエルについては、「この地を疥癬のように覆っている存在」と規定し、さらに「この世界で受け入れられるには、本当に平和裡に生きることを自ら証明すること」をせまったという。だがナセルは、ユーゴスラビア案に背を向けた。それは、自由航行を保障する見返りに、イスラエルがシナイ半島を明け渡すという内容であった。ナセルは閣僚達に、「政治解決の道をとるのは、時間稼ぎのためである。要は軍事上の準備を完整することであり、そのために、我々が必要とする武器を全部供給してくれるよう、ソ連を説得しなければならない」と述べている。イスラエル側からみると、ハルツームの三つのノーは、六月一九日の閣議決定を排除するものであった。エシュコル首相は、「敵はこの条件のもとで、我々の安全を脅かし、我々の主権と存在に対する破壊工作を行ってきた。我々はこの条件へ戻ってはならぬと決めている。アラブの国家首脳がとった今回の立場で、我々は決意を新たにした」と言った。[★22]

ハルツーム会議をめぐっては、解釈がいまひとつ曖昧であったが、やがて結論がみえてきた。つまりアラブは、パレスチナ解放から今回の戦争で占領された地域の解放に、方向を転換したのである。PLOのシュケイリ議長は、これを〝イスラエル抹殺〟から〝占領痕跡の抹消〟へのシフト、と指摘した。そしてナセルにとっては、本人はイエメン戦争にうまく決着をつけ二億ドルの援助も手にしており、この首脳会議は明らかに勝利の場であったが、しかしそれが最後となった。[★23]

次の三年間は、ナセルにとって失望でひび割れした時であった。軍事、経済、政治のいずれをとっても失望の連続で、一九七〇年までに経済は破綻状態になった。標準的エジプト人からみても、あきれるほどである。国は文字通り数万のソ連軍人に占領された。

スエズ運河をはさんだ消耗戦は、次第にエスカレートし、エジプトにとって破滅の様相を呈してきた。イスラエルは占領地をしっかり維持し、逆にカイロ郊外が爆撃された。一九七〇年八月、ナセルは停戦に同意した。しかしナセルは再び（ミサイル陣地の東進で）緊張をたかめ、一か月後紛争にまた頭を突っ込むのである。ヨルダン内戦への介入であるが、パレスチナゲリラ勢力が国王を向うにまわして、武装蜂起した。シリアはゲリラ支援で、戦車隊がヨルダン国境へ向かい、イスラエルは風前の灯となったフセインを支援すべく、牽制行動に出た。地域全体に火の手があがりそうな気配になったが、ナセルが割って入り、調停工作を行った。その結果アラファトをはじめとするパレスチナゲリラは、ヨルダンから退去しレバノンに受け入れられる。このヨルダン内戦（パレスチナ人達は、ブラックセプテンバー、暗黒の九月、と呼ぶ）が、すでに枯渇状態にあったナセルの生命力を奪ってしまう。九月二八日にカイロへ戻ったナセルは、床に就いた後、再び目をさますことはなかった。

エジプトは、現代史上類のない苦悩に襲われた。コスイギン首相は、普段はものに動じない冷静な人物であるが、カイロ市中を埋め尽くした数万数十万の悲しみにみちた顔を見て感動し、涙を流した。中東全域で半旗が掲げられた。そのムードは、ナセルの後継者サダトの言葉に端的に表明されている。サダトは「私の深い悲しみは、私が生きている限り私の中で生き続け、情念に火をつける」と言った。反応が静かであったのは、イスラエル国民の間だけである。祝う雰囲気ではないが、不安と警戒の入りまじった目で、戦争を起こすことも平和をもたらすこともできる指導者のいないアラブ世界を、見ていたのである。フセイン国王は「世界の大半の指導者の偉大性は、彼等の着想と行動にあるが、ガマルの偉大性は彼の行動と着想に権限を与えたことにある」と評した。イスラエル国民の多くは、この言葉に同感したはずである。★24

フセインは、この後三〇年近く生きた。社会危機、経済危機、あるいはアラブ・イスラエル戦争の勃発など、多事多難な環境を切り抜けて、生きのびたのである。パレスチナ問題では、パレスチナ人の代表としての役割をPLOに渡し、ウェストバンク領有権も放棄して、イスラエルとパレスチナ人との間に立って調停しようとした。一九九一年の湾岸戦争では、受身的にイラクの側についた。そして一九九四年、フセインはイスラエルのラビン首相と共に、ヨルダン・イスラエル平和条約に調印する。その翌年には、ラビンの葬儀で万感胸にせまる追悼演説を行った。そのフセインも一九九九年二月にガンで死去し、多くのパレスチナ人を除き、全世界が悲しみにくれた。

シリアのハフェズ・アサド大統領は、ハルツーム首脳会議をボイコットして、異彩を放ったが、フセインの一年後に死去した。アサドは、ジャディド参謀総長と〝博士達〟（マホウス外相、アタシ大統領）を追放して、シリアの最高権力者になった。アサドは、一九七三年一〇月には、エジプトと組んでアラブいうところの十月戦争あるいはラマダン戦争を開始する。そして、イスラエル国防軍にダマスカス近郊までせまられる結果に終るのである。三年後アサドは、PLOと闘争中のキリスト教民兵を支援する目的で、レバノンに派兵した。しかるに、派遣部隊はすぐにこの民兵にも鉾先を向け、国土の大半を占領してしまう。アサドは冷酷な人物として知られ、一九八二年の反乱未遂事件の時は、自国民を推定で二万人虐殺した。エジプト・イスラエル平和条約の調印に強く反対し、パレスチナ・ゲリラの支援を続けた。そのアサドも、間接的ながらラビンをはじめとするイスラエル側要人と交渉した。イスラエル側は、ゴランの全部ではないとしてもほぼ全域を返還してもよい、と提案した。しかし、その見返りである平和は、アサドにとって法外な要求であった。

ヤセル・アラファトは、一九六七年時のアラブ側指導者のなかでは一番長生きしたが、ハルツーム首脳会議には招かれなかった。しかしその首脳会議は、近い将来通常戦を発動する可能性を否定し、当面は不正規戦闘でいくとし、アラファトとそのゲリラ隊を武力闘争の前衛にすえた。さらにパレスチナ人は、一九四八年以来初めて（イスラエルの占領、管理によって）地理的にもまとまりのある社会集団となり、これが民族としての共通意識を高める結果をもたらした。アラファトは、二年足らずでPLO議長の地位を得て（初代のシュケイリはまたたく間に忘れ去られた）、次々と人目を惹く襲撃事件を起こすようになる。その代表的事件が一九七二年のミュンヘン・オリンピック選手村襲撃で、イスラエルの選手団を虐殺した。それから二年。アラブ諸国はPLOを「パレスチナ人民を代表する唯一の合法機関」として承認し、アラファトは国連総会に招かれて、パレスチナの大義を訴えるのである。しかしそのPLOは、レバノン内戦の一当事者となって、まずキリスト教徒と戦い、ついでシリア軍を相手とし、最後にはイスラエル軍と戦った。アラファトはすでにヨルダンから追放された身であったが、今度はレバノンからチュニスへ追放された。湾岸戦争では、チュニスからサッダム・フセイン支持を表明し、ウェストバンクとガザにおけるパレスチナ人の人民蜂起インティファーダ（一九八七年）では、傍観的立場におかれた。このような事情から、アラファトは舞台の隅に押しやられたように思われた。そのアラファトを生き返らせたのがラビンである。アラファトは、新しくつくられたPA（パレスチナ自治政府）の議長として、管理地区へ戻って来る。[★25] 一九八一年のサダト暗殺では襲撃犯達を讃えた戦闘的な人物であるが、サダトの足跡をたどり始めたように見えた。エジプトそしてヨルダンもアメリカの仲介でイスラエルと平和を結んだ。リンドン・ジョンソンをもって始まるアメリカの平和構築は三〇年の経験がある。アラファトも、また、これに頼ることになるのである。

アメリカのアーサー・ゴールドバーグ国連大使は、砲声未だ鳴りやまぬうちに、各国の国連代表団に打診を開始し、当事者同士の直接交渉、調停及び平和の取り決めの可能性について、意見を聴取した。しかし、今回のアラブ・イスラエル戦争をアラブ・イスラエル間の恒久平和に転換するのがいかに難しいか、すぐに判明する。

アラブ側は、被占領地の無条件全面返還を要求し、一方のイスラエルは、シナイ半島とゴラン高原のほぼ全面返還に応じる用意はあるが、ウェストバンクと東エルサレムは頑として譲らぬ、という姿勢であった。アメリカはアラブに対する有力な圧力手段をほとんど持っておらず、イスラエルに対する影響力も限られていた。停戦後間もなく、ジョンソン大統領は補佐官達に、「別にダヤンがコスイギンを締め出したわけではないが」と述べ、「ソ連は間もなくイスラエルのブラッガドチオ（横柄な人、大言壮語屋）にうんざりしてくる」と言った。アラブは、ユダヤ人国家をいかなる形であれ受け入れない。ソ連は、アラブの立場を守るため、ジョー・シスコの言葉を借りれば「全く遠慮せずふるまう」ようになる。これを受けて、ラスク国務長官が、「イスラエルがウェストバンクを保持し続ければ、失地回復の報復戦を生みだし、二〇世紀の終りまでこの問題がつきまとう」と指摘し、「しかし、イスラエルの存在権は認められなければならない」と主張した。

ジョンソンは、ベトナムで手一杯の状態にあり、一筋縄ではいかない問題を持つ中東を無視することも考えられた。しかしジョンソンは、大胆な主導姿勢を示すのである。六月一九日（イスラエル閣議決定のあの日である）、教育者会議に招かれた大統領は、開戦日以来自分とスタッフ達が発展させてきた構想を明らかにした。それは五つの原則で構成されていた。すなわち、この地域のすべての国の存在権の承認、すべての国の領土主権と政治的独立、自由航行の保障、中東の軍備管理、難民問題の解決である。エシュコル首相は、この演説に〝深い感銘〟を覚えたと述べ、エバン外相は〝見事〟と評価した。ロストウは「今夜の段階でアラブはパイプランを切断しておらず、我々のノドをかき切る挙にも出てない」と報告した。[★26] 残るはソ連の協力だけである。

ソ連に対するアピールは意外な場所で行われた。ニュージャージー州グラスボロにあるビクトリア朝風の家である。六月二三日、ジョンソンはコスイギン首相にベトナム、核拡散等一連の問題を提起した後、この五原則に賛同を求め、〝平和に対する共通認識〟の必要性を説いた。しかしコスイギンはなかなか御し難く、イスラエルの拡張主義を助長し、ナセルの扱いに裏があるとして、アメリカを非難した。「アラブは激しやすい」と警告し、アラブは自分達の土地を無条件で取り返すことに執念を燃やし、そのためなら「猟銃でも、いや素手でも戦う」と予告した。ソ連は、イスラエルの全占領地からの撤退の見返りとして、海峡封鎖問題を国際司法裁判所の裁定に任せてもよい、としただけであった。

コスイギンがブレジネフによって追放されるまで一〇年が過ぎる——ポドゴルヌイもその後に続く——、しかし、一九六七年の夏段階ではコスイギンの力は強かった。国連安保理で目的が達成できないとわかると、コスイギンは「侵略の結果を清算し、休戦ラインの内側までイスラエルを速やかに撤退させるため」に、緊急国連総会の招集を求めた。ウ・タント事務総長は、西側観測者によれば、危機時において判断能力の欠如を露呈し、ソ連の打撃をやわらげて、傷ついた名誉を回復しようとした。といっても、安保理協議が行き詰まった時に使われる平和のための結集メカニズムを単に口にしただけで、静かに総会を開催した。

緊急総会は五週間続き、戦争はイスラエルの侵略行為とするアラブの主張を支持できず、ラテンアメリカの決議案と非同盟グループの決議案を生み出した。前者は、国連の調停で「この地域のすべての国が平和と安全裡に生存する権利」と交換に、全占領地を返還する案。後者は速やかな無条件撤退を骨子とする。しかしながら、アラブは二つとも拒否した。ソ連は、いわゆる〝アラブ過激サークル〟に憤慨し、ラテンアメリカ案に近い決議案を出した。しかしこれも採択されなかった。イギリス大使のロード・キャラドンは「ロシア人達は可能な限りのあらゆる間違いを犯しているようにみえる」と指摘、「アラブを戦争へ誘導し、完敗

から永久追放の身となった。[★27]

ソ連のフェデレンコ大使は、「アメリカを侮辱し、打ち負かす」と誓ったこともある煽動演説家であるが、今や失敗の責任を負わされ、大使のポストから永久追放の身となった。

「我々は、国連総会におけるコスイギン氏の猛攻撃（を撃退）後、目下掃討戦を展開中」。ジョンソンはイギリスのウィルソン首相にこう書き送った。「おそらく中東は、然るべき元の場所、すなわち安保理へ戻ると思われ、舞台裏で協議結果を出す必要があると考えられる」。実際に舞台裏交渉は、ラスク国務長官とドブルイニン駐米大使の間で、すでに始まっていた。前者は、撤退という〝野ウサギ〟とアラブが支払う代価の〝馬〟を合体させようとし、後者は、非戦状態という用語を避けた妥協案を求めた。七月初旬、グロムイコ外相とゴールドバーグ大使は合意に達した。それは、「戦争による領土征服が認められないという原則に従った」迅速な撤退を明記し、「独立主権国家として平和と安全裡に生存する」各当事国の権利を擁護する内容で、難民と航行の自由の問題点は、国連の介入で解決するとされた。[★28]

この米ソ合意は、誰も歓迎しないように見えた。ナセルは、六月四日の線までの撤退が明記されていないので反撥し、間接的接触を意味するとはいえ、イスラエルとの交渉を示唆する文面を拒否した。ナセルはソ連側に「これを受け入れるわけにはいかない。受け入れたら家へ帰れない。私の娘達にすら合わせる顔がない」と言った。一方イスラエル側は、ラテンアメリカ案さえも、特に領土と平和の交換について不充分な内容であるとし、この米ソ合意を「物理的後退であるのみならず、過去一九年間存在した深刻な状態に戻す外交的後退」と評した。エバン外相は、「ジョンソンの原則は空き殻だけになる」と抗議した。夏が終る頃、この合意をまとめた米ソすら、合意から距離をおき始めているように見えた。[★29]

一方、中東の現場では状況が一段と険悪化しつつあった。シナイの消耗戦はエスカレートし、一〇月二〇日にはイスラエルの駆逐艦エイラート号がエジプトのミサイル艇に撃沈され、乗組員の四分の一が死亡した。

イスラエルが、スエズ市の製油所に報復砲撃を加え、施設は炎上した。ヨルダン川沿いでも散発的に銃撃戦が発生した。交渉による問題解決どころではない。本格的な戦争になる形勢であった。しかし、地域紛争の熾烈化そのものが刺激になって、安保理が再び中東問題に取り組むのである。

ゴールドバーグ大使は、交渉がまとまるかどうかの成否のカギは言語表現にある、と気付いた。イスラエルからみると、完全な平和とほぼ全域の交換が主張の骨子であり、アラブは占領地の全域返還、平和はせいぜい非戦状態にとどめたい。そこで、双方にあてはまるような言葉に含蓄を持たせる。ゴールドバーグは、ベトナム問題の処理をめぐってジョンソン大統領と意見が合わず、結局辞任するが、その前に打出したこの新政策は、数週間に及ぶ集中的討議を必要とした。ウォルト・ロストウは、イスラエルにゆさぶりをかけ、「我々は、彼らが自領地保持を早々と固めてしまうような考えに反対する」と言った。これに対してマクファーソンは、「我々は、一九五六年のやり方を押し通すためには、軍事力を使って彼等を押し戻さなければならない。援助削減ではうまくいかない」と主張した。しかしジョンソンは、スエズ動乱時にアイゼンハワーが使った圧力戦術には反対で、イスラエルの腕をひねりあげることを拒否した。ジョンソンが考えたのは、イスラエルに対する武器出荷を遅らせることで、エシュコルには「柔軟、忍耐、慎重、寛大」を求めた。ヨルダンに対してバンディが大統領に「彼（フセイン）には、〝あなたが自分のために火中の栗を拾わなければならぬ〟という態度がある。できるだけやさしく、その態度から離れさせなければならない」とアドバイスし、「コスイギンにとって充分な公式はフセインにもあてはまる」とつけ加えた。アメリカがほかのアラブ代表団に影響を及ぼすことは、ほとんどできなかった。アラブはエジプトにリード役を期待していた。戦争も戦後処理も、カギを握っているのは、ナセルであった。★30

ニューヨークに到着したエジプトのリヤド外相は、ゴールドバーグ大使に会うと、「これは、アメリカ案という偽装をしているだけで、実際はイスラエル製の決議案にすぎない」と文句を言い、「六月の侵略の痕跡を消そうという最低限のことすら、我々に認めていない」と憤慨した。ゴールドバーグはエジプトの感情に配慮して、いくつかの譲歩を示した。それには、「戦争による領土取得は認められない」という点、交渉の仲介者には、「接触、連絡を確立し、合意促進」役の国連代表を任命する点が含まれる。イスラエルの承認とかイスラエルとの平和という明言を避けつつ、中東に対する平和、この地域のすべての国の領土保全と安全を約束する。この決議案はアメリカではないイギリスも、提唱者になってくれた。残る最大の問題は、イスラエルの撤退の範囲である。端的にいえば、「最近の紛争で占領された地域」について、地域を複数形にして、それに定冠詞の〝ザ〟をつけるかどうかであった。

ゴールドバーグとキャラドンの両大使は、寝食を忘れて根まわし工作を行い、その努力によってついにエジプトも説得され、定冠詞のない占領地という表現は、事実上〝すべての占領地〟という意味であるとする主張、を受け入れた。決議テキストの仏語及びアラビア語版には、定冠詞がついており、イスラエル側は、公式の英語版テキストに定冠詞がついていないので、これでよしとした。かくして道が開け、国連安保理は一一月二二日、「中東における公正かつ恒久平和のための諸原則」に関する決議二四二を、全会一致で採択した。★31

イスラエルは、しぶしぶではあったが、この決議を受け入れた。ヨルダンも然りである。ナセルの反応はあいまいであった。国連決議を是認する一方で、人民議会では三つのノーを繰り返し表明し、「武力で取られたものは武力で取り返す」と述べ、軍首脳には「私が公けの場で平和的解決について何を語っても、貴官らは気にしなくてよい。耳を傾ける必要はない」と言った。しかしそれでも、ナセルはアメリカへ秘かにシグナルを送り、イスラエルとの非戦状態の合意成立に、前向きの姿勢を示した。イラクとシリアは決議を全面的に拒否し、「人民に対する欺瞞、失敗の処方箋」と非難した。パレスチナ人達も然りである。決議から排除されたので怒った。PLOは決議二四二を二〇年後に受け入れることになるが、一九六七年時点では、「未

解決のパレスチナ問題は、中東のみならず世界全体の平和と安全を危険にさらす」と宣言していた。★32

ジョンソン大統領は、決議二四二が平和形成の機会をつくりだしたと確信し、その機会を利用し、スウェーデンの外交官である国連代表のG・ヤリング大使と協力し、中東和平を推進しようとした。しかし、さまざまな事件で、身動きがとれなくなる。安保理決議採択の二か月後、北ベトナムがテト攻勢を開始し、それからさらに二か月後、外交政策が崩壊し、アメリカの若い世代から罵詈雑言を浴びせられるなかで、リンドン・ジョンソンは次期大統領不出馬を決める。ジョンソン政権は、悲劇に終った夢と善意の入りまじった遺産を残した。それでも、功績はある。その後、アラブ・イスラエル間の合意が調印されるが、その礎石づくりの貢献を否定することはできないのである。この後アメリカは、七代に及ぶ大統領が決議二四二と、それが意味する（明確な約束ではないとしても）領土と平和の交換原則を支持し、その擁護者であり続けるのである。

六日間の戦争は中東を本当に変えたのであろうか。この問いに対する答は、三五年という時間の遠景で見ても、はっきりしない。この地域の事象は、以前なら紛争へ向かって収斂したが、ポスト一九六七では和平の方向へも流れ得るようになった。かつて外交による打開は、考えられなかった。しかし、一九六七年以降は、勇気とヴィジョンを兼ね備えた指導者と特使によって、ほぼ当たり前となった。しかしその一方で、暴力は中東全域で今でも何千万という人民を苦しめ、地域のみならず世界全体を戦争の脅威にさらしている。

六日戦争とか六月戦争といった呼称の違いはあるが、この戦争は平和の機会と共に、以前にまして破壊力のある大火発生のドアも、開けてしまった。基本のところは変わらなかった。イスラエルは軍事力による征服をもってしても、ノドから手が出るほど欲しい平和を押しつけることはできなかった。一方アラブは、完敗したにも拘わらず、恐るべき戦意と戦力をもって一大会戦を敢行できることを、この後証明する。管理地の地位は、交渉による決定が可能であるが、イスラエルの存在権承認、パレスチナ人の帰還権及び国家建設権要求という基本課題は、残ったままであった。この戦争が、地域の景観を一変させる嵐であったとすれば、それはまた、アラブ・イスラエル紛争の本質――根底――をあらわにした戦争でもあった。一九六七年に形成された現代の中東は、一種の混成物である。発端となった約束と迫りくる危機の地、新旧の紛争構造の混合の地である。

本書執筆の段階で、中東は再び混乱につき落とされている。パレスチナ人が武器をとり（第二次インティファーダ）、イスラエルが報復し、和平プロセスは暗礁に乗りあげた。テロと反撃、襲撃と報復の馴染みのパターンが、再浮上した。流血はアラブ・イスラエル紛争分野に限定されない。アメリカに対する大規模テロ攻撃があり、アメリカはイスラム過激派に対する大々的な報復を実施している。今日、アラブのデモ隊は、参加者の多くがナセルのポスターを掲げ、欧米とイスラエルを向うにまわした最終対決を呼びかけている、一方イスラエルは、待ちの姿勢で、先制の軽重を測っている。政治家、兵士そして歴史学者にとって、この戦争はまだ終っていない。再び勃発する可能性は否定できない。

巻末付録 インタビュー……マイケル・オレン×ファド・アジャミ

インタビュアーのファド・アジャミ教授は、ジョンズ・ホプキンス大学高等国際研究所に籍をおく中東研究者で、『アラブの夢宮殿』（The Dream Palace of Arabs）の著書がある。

――**アジャミ**　一九六七年六月時点でおいくつでしたか。この戦争の時は幼くて、御自身の人格形成上の経験にはならなかったと思うのですが。当時私二一歳でした。自分にとってまさに大きい分岐点でした。何か記憶していることがおありですか。

――**オレン**　一九六七年当時私は一二歳でした。多感な年頃ですね。ニューヨーク市の郊外に住んでいました。あの頃は、アメリカ全体が騒然としていましたね。公民権運動、反戦運動、フェミニスト運動そしてユースクウェーク（若者の反乱）が、渾然一体となって動いていた時代です。しかし、私のアイデンティティ形成上、六日戦争ほど影響を及ぼした事件はありません。

私の誕生日が、ちょうど危機の始まりの日でした。五月二〇日ですね。誕生祝いどころではありません。両親が、イスラエル滅亡の日は近いと嘆いていました。その両親の姿を見ていたのです。第二のホロコーストが起きようとしているのに、世界は再び沈黙し傍観しているだけ、と悲しみました。その日の記憶は鮮明です。シナゴーグには、コミュニティ全体が集まり、イスラエルが生き残れるように全力で支援しよう、と誓いあいました。

それから、六月五日がきました。戦争です。中東だけではなくアメリカのユダヤ人社会を激変させた、あの戦争が始まったのです。イスラエルの勝利で、アメリカのユダヤ人は〝背をまっすぐのばし、上を向いて歩き〟、以前と違って政治的力を誇示できるようになった、と言われました。それまでイスラエルと距離をおいていたアメリカのユダヤ人諸団体は、俄かにシオニズム支持に変わりました。

私はといいますと、何かこう心をぎゅっと締めつけられるような気持でした。朝の食卓の光景は、生涯忘れないでしょう。父親がライフ誌をふりまわしながら、かけ込んで来たのです。表紙には、スエズ運河に到達したイスラエル兵の写真がのっていました。胸元まで水につかり、捕獲したカラシニコフ自動小銃を高々とふりかざしている写真です。

何年も後になって、私はその兵士に会いました。エルサレムに住む近所の人でした。一九六七年のあの時イスラエル居住を決意し、自分もユダヤ民族の独立のドラマに参加しようと考えたのは、あなたのおかげだ。現実の戦争で自分が戦い、テロに直面しつつこれを克服しようとしているのは、あなたのあの姿を見たからだ。私はそう言いました。その人は、話に耳を傾け、立ち上がると私の頬に接吻しました。六日戦争は私の人生を変えただけではない。中東とアメリカの人々多数に、とてつもない変化を与えたのです。その人は、この点をよく理解していました。

――**アジャミ**　あなたは、戦史は歴史の戦いにもなると見ておられる。まさにその通りだと思うが、イスラエルの歴史学者の間にみられる史観論争では、御自身の位置づけはどうなんでしょう。

――**オレン**　アラブ・イスラエル紛争史の起源、展開そしてその戦争をめぐって、二〇年も激しい論争が続いています。紛争を起こし、悪化させ、再三再四に及ぶ紛争解決努力を妨害した責任は、アラブ、イスラエルのどちらが重いのか。一口で言えば、これが論争の核心部分です。

論争の一派を成すのが、自称〝新歴史学派〟です。ほとんどイスラエルのユダヤ人で、左派あるいはマルクス主義の傾向が鮮明な人々であり、責任の大半はイスラエルにありと主張します。彼等の見解によると、パレスチナ人からその郷土を奪いとろうとし、アラブ諸国を挑発して領土拡大戦争を仕掛けたのは、イスラエル人です。その主張を通そうとして、この〝新歴史学派〟は、英米及びイスラエルの公文書館資料を整理し発見したものを、現在のイスラエル・パレスチナ紛争にあてはめていきます。彼等は、歴史上の人物に判決をくだし、彼等いうところの〝歴史の首切り役人〟の範疇に入れます。首切り云々の表現は、彼等のスポークスマンのひとりが使った表現です。

この派と対極にあるのが、伝統的な歴史学者です。紛争を起し永続させるうえで果たした、アラブ側の突出した役割を指摘します。彼等は、英語とヘブライ語の資料だけでなく、アラビア語とロシア語の文献を、すこぶる広範囲に使います。かつての意志決定者に判決をくだす傾向は少なく、感情をまじえず、それ自体の功罪に基づき、今日の影響、雑音から離れて、歴史事象を検討する傾向にあります。アラブ・イスラエル紛争の歴史をめぐる論争は、さまざまな学問分野のなかで最も悪意の入りこむもののひとつです。

私は、自分を第二の伝統派に含めていますが、それでも本書執筆に当たっては、この口喧嘩の域を出ようと心掛けました。私の目標とするところは、真に包括的な記録の提示にあります。関係諸国の言語で入手可能な資料はすべて収集、利用し、二〇〇二年ではなく一九六七年の歴史的文脈で、この戦争を精査するのです。

もちろん、いかなる歴史学者といえども、完全に客観的にはなり得ません。私は、ひとりのイスラエル人、アメリカ人として、中東の戦争と平和に関わる問題に強くこだわっています。しかしながら、私には気をつけなければならぬことがあります。それは、自分の偏見に身を任せてはならぬという戒めです。克服する努力が必要ということです。換言すれば、一九六七年の中核的事象に判断をくだすよりも、理解するという姿勢です。アラブ・イスラエル紛争の研究に、分極化の低い新しいパラダイムをつくることで、歴史学の方法論上の論争だけでなく、究極的には紛争自体に対する解決に寄与できるのではないか、つまり、歴史の和解が歴史における平和につながれば、と期待しました。

――**アジャミ**　歴史は、指導者達がリアルタイムでつくっていく。過去をふり返りつつ歴史学者がつくるのではない。私は、冷静で偏った判断をしないあなたのこの観察に、敬意を払います。それに照らして考えれば、エジプトのナセル大統領は、戦争自体ではなく戦争が生み出すものに期待したと言ってよいのかどうか。あなた御自身が述べておられるように、ナセルは戦争を望んだのではなく、栄光が欲しかった。歴史と人民の圧力につき動かされた悲劇の人、とは見ませんか。

――**オレン**　ナセルは、ユダヤ人国家を潰滅して住民を海に叩きこむ、と言っていました。これを繰返し耳にして育ってきたひとりのユダヤ人、イスラエル人として、当然私は留保の気持を抱いて、ガマル・アブデル・ナセルの問題にアプローチしたわけです。しかしながら、ナセル研究を始めて二〇年たち、スエズ危機の起源に関する博士論文に着手した頃ですが、もっと陰影のあるナセルを知るようになりました。時に冷酷、狡猾であるが、廉直でカリスマ性もあり、自国民の利益を考えている人でした。

私は、このエジプトの指導者をつましい出身の頃から、フォローしてきました。本人の将来に大きい影響を及ぼしたパレスチナ戦争の体験を経て、一九五二年の自由将校団による革命後、驚くべき速さで権力の座につく。そして、外交問題と国内改革で素早く成果を出していきます。その半生をフォローするなかで、私は人間としてのナセル、そしてそのヴィジョンを理解するようになりました。アラブによってこの二つが熱烈に崇敬される理由もわかりました。しかし同時に私は、過去の成功の数々を次第に傷つけていく、個人としての欠点にも気付きました。エゴイズム、レトリックと現実を混同する傾向、大衆迎合といった欠点が、一九六〇年代のナセルの意志決定を支配していました。

これは、一九六七年の戦争時、ナセルが全く不合理な行動に終始したという意味ではありません。国連緊急軍（UNEF）の排除というさしせまった政治的要求を感じ、その要求をみたすべく行動にでました。

国連緊急軍を追い出し、シナイへ大部隊を注入したうえ、チラン海峡を封鎖した。アメリカとイスラエルがなんら有力な手を打たず呆然として眺め、世界は介入したくない様子のなかで、一挙にやったのです。ソ連は無条件に彼を支持しました。ナセルが無血勝利を手にしたと考えても、おかしくありませんでした。アラブ世界における元の権勢を回復する政治的勝利です。

ナセルに大局観がなかったわけではありません。自分の発するプロパガンダはプロパガンダとしてわきまえ、下の者が提供する誤報は、容易に信じませんでした。アメル元帥に恐れることなく立ち向かうナセルは、イスラエルが無期限に何もしないでいることはないと認識し、行動すればアメリカが支持すると考えるわけです。そのナセルは、自国軍と同盟国軍の抱える甚だしい欠陥を考え、戦場でその欠陥が露呈した時、ほかの者よりはその失望に耐える力があった、と思います。

ナセルは悲劇の人であったのでしょうか。私は悲劇の人であったと思います。文学と同じように歴史上悲劇の人といわれるのは、当初非常に有能なようで、崇高な目的を高く掲げ、大いなる期待感がある。しかし、盲目的な野心と性格上の重大な欠陥によって、結局は敗北します。ナセルはまさにそのような人でした。そしてナセルの悲劇は彼だけのものではなく、アラブそしてイスラエルの悲劇でもあります。

——**アジャミ**　あなたの解釈では、モシェ・ダヤンは寝業師ですね。そして多くの点で謎めいたところがある。彼は、砲声がやんだ後アラブの指導者から電話のかかってくるのを待っている、と言います。しかし彼は、領土上の譲歩をしたくはありませんでした。彼は何者だったのか。日和見主義者ですか。冒険主義者ですか。彼には方法論があったのか。固い芯の部分があったのでしょうか。

——**オレン**　歴史に名を残す偉大な指導者達を調べていくと、身近な人のように感じられてきます。私は彼等の私信も読みます。例外はモシェ・ダヤンです。本人を調査研究すればするほど、わからなくなる。ダヤンは矛盾にみちた人でした。情熱的かと思えば極めて冷淡なところがある。独創的だが片意地な面があり、大胆不敵と臆病が対になっている。二つどころか多数の相反する意見を同時に併せ持ち、それができる人でもありました。

このような資質が、ダヤンのまわりにいる人々を激怒させ、あるいは喜ばせたのです。そこから彼に対する称賛と軽蔑が生まれてきます。エルサレム旧市やゴラン高原を攻略すべきかどうかといった歴史的決断を要する場合、ダヤンは絶望的といえるほどの反対から、無条件の賛成に豹変します。それも数時間のうちです。後日、平和問題を検討した時、ダヤンは領土上の譲歩に抵抗しました。しかし、エルサレムの神殿丘（ハラム・アッシャリーフ）をムスリム当局へ返しましたし、エジプトの非戦公約を交換条件としたスエズ運河地帯からの撤退を、提案しました。

ダヤンを理解するカギは、結局のところ本人の並はずれたエゴにあります。旧市突入あるいはゴラン攻略の最終決断をくだしたのは、ダヤンでした。政府ではないし、ほかの誰でもないのです。三大一神教にとって聖なる場所の支配権について然りです。支配権をどうするかを決めたのはダヤン。ひとりで決めたのです。

モシェ・ダヤンは、矛盾を併せ持つ人物として歴史に残るでしょう。私は、ひとりの歴史学者として、彼に対して二つの相反する気持を抱いています。それは今後も変らないでしょう。今日の中東には存在しない器の大きい指導者でした。イスラエルにとって史上最大の軍事勝利をもたらした戦略家であり、エジプトとの平和的関係の構築家でした。しかし彼は、政治策謀家であり、露骨な権力顕示欲者でもありました。トレードマークの眼帯の裏に底知れぬと申しますか、不可解な謎めいた心が隠れているのです。

――**アジャミ**　六日戦争は、アラブ社会におけるエジプトの名声と地位に終止符をうった、といわれます。エジプトがこの惨澹たる敗北から立ち直ったと思いますか。

――**オレン**　一九六七年の戦争が力ずくでもたらした大きい政治的変化のなかで、ナセル主義の崩壊ほどの強烈な精神的衝撃度と重大性を持つものは、ほかにほとんどない、と思います。一九五四年七月、ナセルがエジプトをアラブの一国家と正式に規定します。そしてエジプトは、自国を盟主とした汎アラブ主義の顕現に向けて、言いかえれば、アラブ世界の統一をめざして、野心的なキャンペーンを開始します。ナセルは、中東・北アフリカにおけるエジプトの歴史的役割を広く浸透させようと努力し、それが、大西洋からペルシア湾に至るアラブの心に火をつけたのです。一九五八年から一九六一年までエジプトとシリアは合邦し、これがアラブ世界に対し新しい求心的未来を、約束したようにみえました。しかしこの合邦制は解体し、今度はイラクと同じような試みがなされ、これも崩壊します。つまり、この夢は一九六七年までに、すっかり薄れていました。とどめの一撃が、六月五日に加えられたのです。アラブ統一のヴィジョンは数百数千のエジプト軍戦車や航空機の残骸の中に夢と消えたのです。

エジプトの敗北は、中東に説得力のある新しいイデオロギーの登場を促しました。パレスチナ人の民族主義が前面に出てきたのはその例で、ヤセル・アラファトを指導者にいただくPLOは、アラブの政治で一大勢力となっています。それよりも大きい影響力を持つのが、イスラム過激主義の勃興です。こちらも、ムスリムとしての共通のアイデンティティをベースに、アラブ世界の統一をめざしています。もっともこちらは、グローバルなイスラム共同体の一部としてのアラブ世界という位置づけではありますが、ここでもエジプトが、最強の純潔運動であるムスリム同胞団の本拠地として、中心的役割を果たします。

一九六七年時代以降、一九七三年の戦争後はもちろんですが、エジプトはアラブ及び中東政治で、別の役割を担うようになりました。戦争主導国ではなく平和模索の先駆者です。この転換の立役者が、ナセルの後継者であるアンワル・サダトです。確かにエジプトの軍事力は大きい、しかし、エジプトの地位は軍事力を背景としたものではありません。地域の安定ひいては平和に対する貢献能力から生まれています。

——**アジャミ**　六日戦争で敗北した場合、イスラエルはどうなっていたか。歴史学者としてひとりのユダヤ人として、想像をめぐらしたことはおありですか。

――**オレン**　十代の頃、ロバート・リッテルの『イスラエル敗北の時』(If Israel Lost the War) と題する本を読みました。不気味な光景がやきついて夜眠れません。行けども行けども焼けただれた戦車、トラックの列が続く。やせおとろえた数千のイスラエル兵捕虜が群れをなし、あちこちで民間人が虐殺され、市中は死屍累累。鮮烈な筆致で暗澹たる光景が描かれています。物語は、ナセルを乗せたヘリコプターが廃墟と化したテルアヴィヴ上空を飛び、モシェ・ダヤンが銃殺隊の前に引き出されるところで終ります。とりわけこの最終章が、私にとって戦慄的でした。

もちろんイスラエルが敗北しても、これほどひどい結果にはならず、イスラエル人にとって世界の終りになることはなかったでしょう。しかし、チラン海峡封鎖に対して全く手をうたず、行動しなかったならば、深刻な政治的敗北となり、一九七三年の場合のような一種の虚をつかれたような状態での軍事対決になっていたでしょう。軍事的にはあのような結果に終りましたが、一九六七年当時のアラブ諸国軍は、ユダヤ人国家に対し存続に関わるような打撃を与えるつもりであり、この事実はいつまでも残ります。

イスラエルを囲む全正面にアラブの大軍が数段構えで集結し、アラブ世界では熱狂的な反シオニズムの喚声が湧きあがり、これが一体となってイスラエル撃滅へ向かうはずみをつくりだしました。それは、アラブの指導者が誰であれ、押し返すことができない強さでした。フセインにせよナセルにせよ、それぞれに戦争目的があったとしても、自国軍がイスラエル国防軍を叩き潰してイスラエル領を占領すれば、あとは手がつけられぬ状態になり、自国軍隊を抑える力がなかったでしょう。例えば一九四八年の戦争の場合、多数のアラブ住民が、イスラエル領内に残りましたが、アラブが占領した地域では、ひとりのユダヤ人も残留を許されませんでした。

したがって、一九六七年の時敗北がイスラエルの選択肢にあるわけがない。閣議室でも戦場でもそうですが、この認識が危機時一貫して意志決定の根底にあったのです。

――アジャミ　あなたは、この戦争の遺産に多義性があると仰る。そこで思い出すのですが、中国の故周恩来首相が、一七八九年のフランス革命の意義について問われた時、「時期尚早」と答えました。戦争から四〇年ほどたちますが、六日戦争の遺産を物語るのは、まだ時期尚早なのでしょうか。

――オレン　広大なアラブ領を占領したという問題があります。これはこれで論争のもとになるのですが、これに加えて、一九六七年の戦争は、中東を根底から変える政治的結果を生みだしました。

前に指摘したように、世俗としての汎アラブ主義が崩壊し、これに代わってイスラム過激思想が全面に出てきました。パレスチナ人の民族主義の勃興があり、中東の軍備競争に拍車がかかりました。イスラエル側をみますと、イスラエルはアメリカと戦略上のパートナーシップを組むようになり、国防軍はアメリカ製兵器で装備する分野が増えてきます。このパートナーシップは、エルサレムの政策に大きい影響力を行使する機会をアメリカに与えました。イスラエルは、ウェストバンク（ジュディア・サマリア地方）にある聖書ゆかりの郷土と再統一され、もっと〝ユダヤ的性格〟を強め、グシュ・エムニムのような、メシアの出現を期待するユダヤ民族主義集団を生みだし、そのような集団に反対する世俗的左派運動も登場しました。

このように一連の重大な変化がありますが、しかしそれでも戦争の結果を判断するのは、まだ早いと思います。ウェストバンクとガザが、パレスチナ国家の独立のベースになるのかどうか、イスラエルが全面的な平和を意味する平和条約の締結と交換に、ゴラン高原をシリアに返還するのかどうか、イスラム過激主義がアラブ世界を席捲し、一段と凄惨なアラブ・イスラエル戦争の引き金を引くことになるのかどうか。いずれも現段階では判断がつきません。歴史的大事件の究極のインパクトが何であるのか。決めるのは常に時期尚早と仮定することもできるわけであり、例えば我々は第二次世界大戦の帰結をまだ見つつありますが、一九六七年戦争の帰結は今日に至るも警戒を要するほど流動的であり、爆発性を帯びています。

――**アジャミ**　ヨルダンのフセイン国王は、御著書では非常に興味ある登場人物のひとりですが、一九九九年に死去しました。一九六七年の時この人に選択の余地はなかったと言ってよいのかどうか。つまり、イスラエルと戦争するか、さもなければ内戦に直面するか。どっちに転んでも戦争になるが、後者であればおそらく王朝を失う。前者であったから、ウェストバンクは失ったが、王朝支配権は残った。どうお考えですか。

――**オレン**　フセインは、一九六七年のあの時、恐るべきジレンマに直面しました。ナセルが対イスラエル戦に踏みきり、フセインが参戦しない状態でナセルが敗北した場合、人口上多数派を構成するヨルダンのパレスチナ人達は国王を裏切者と非難し、殺していたでしょう。ナセルが対イスラエル戦に踏みきり、フセインが参戦しない状態でナセルが勝利した場合、勝利したエジプト軍はイスラエルを通ってアンマンへ進撃し、そこでナセルが国王を殺したでしょう。

参戦しなければ、どっち道殺される。そこでフセインは、生き残り法を考えるわけです。つまり有事の際の責任を一切回避するのです。そのためヨルダン軍をエジプト軍の直接指揮下にいれました。かくして、六月一日にエジプト軍のリヤド将軍がヨルダンに到着し、フセインの軍隊を掌握した。この生き残り法はうまくいったように見えました。六月五日、リヤドは、戦闘の推移に関してカイロから伝えられる出たらめ情報にもとづいて、ヨルダン軍に攻撃を命じました。イスラエルは、参戦しないように繰り返しフセインに嘆願しました。結局イスラエルは反撃をもって応じることになります。そして、四八時間以内に東エルサレム全域そしてウェストバンクのほぼ全域が、イスラエルの手に落ちたのです。

フセインは、短時間ではありますが、自身で戦争熱にうかされましたね。しかしすぐ冷静になり、ヨルダン軍が惨澹たる状態にあることを認識しました。ヨルダンのウェストバンク及び東エルサレム喪失を不可避にしたのは、それは、アラブ・イスラエル紛争に関わるというよりは、アラブの冷戦に関わる問題が投影しているのです。

――アジャミ　歴史学者が、自身に極く近い歴史を調査していく過程で、自身と自身の視野が変わる場合があります。作業完了までに、御自身の視野が変わったのであれば、事例を一、二紹介していただけませんか。

――オレン　一九六七年戦争の調査に着手する前、私は中東の政治は、ほかの世界と同じように、理性的な意志決定の産物、と考えていました。つまり、アラブ、イスラエル双方の指導者達が、合理的な説得力のある分析をして、それが政治に反映されていると思ったのです。今では、私はそうではないことを知っています。さらに調査を進めて、いろいろ判断材料を集めました。エジプトの戦争準備の程度、イスラエル国民の恐怖心の深さ等々があります。それからも言えるのですが、中東政治はしばしば行き当たりばったりで、予測できない。気まぐれなコースをたどり、たどった先は爆発性を帯びた結末。この認識を変える判断材料は、ついに出てきませんでした。

段々調べていくと、一九六七年の中東を益々紛争の文脈で見るようになりました。このような不安定で激しやすい状況のなかでは、ちょっとスパークしただけで火災となり、やがて火の手が広がっていきます。そのスパーク役を果たしたのが、ウェストバンクの村落サムアに対するイスラエルの急襲です。一九六六年一一月ですから、開戦の六か月前ですね。この事件が連鎖反応を起こし、六月に決行されたイスラエルの先制攻撃につながるのです。しかし、たといサムア急襲が回避されていたとしても、別の事件が発火役を果たしていたでしょう。当時中東の状況は、気化性の空気が充満していました。

あれから三五年以上も過ぎた今日、この地域は依然として気化性の空気につつまれています。一九六七年当時の高い引火力がないとしても、可燃性は充分にあります。今日の中東危機対処を考えた場合、アメリカの大統領はホットラインで誰と話ができるでしょうか。まさか、オサマ・ビンラーディン（訳注＊

二〇一一年死亡）ではないでしょう。冷戦の二極構造では、奇妙な安定性がありましたが、消えてしまいました。代わりに登場したのは、責任をとることのない群小の不正規勢力です。

さらに、中東で戦争が勃発すれば、従来の古典的戦闘はおそらく生起しないでしょう。つまり、人口密集地から遠く離れた砂漠地帯で、正規軍同士が激突する形にならず、各種の通常型非通常型弾頭を搭載したミサイルやロケットの撃ち合いになるでしょう。ターゲットは中東の都市です。

紛争の根は依然として存在し、それは潰滅的破壊力を秘めています。この認識が私の政治考察に強烈なインパクトを及ぼしています。中東戦争は、いかに費用をかけても防止しなければなりません。特にテロに対して、宥和することなく、敢然として立ち向う必要があります。紛争の根は、除去しなければなりません。序々であっても倦まずたゆまず根の引き抜き作業が必要で、地域の全住民に対する基本的人権の保障――特に女性の権利――がなければなりません。抑止力が回復し自由が根付いて初めて、アラブとイスラエルは、ほかの中東の立役者達と共に、対立の核心問題を協議できるようになります。平和の普遍的前提ともいうべき相互の尊敬と共感が根付き始めるのは、それからですね。

――**アジャミ**　イツハク・ラビンは、一九六七年にウェストバンクとガザの二地域をかちとり、一九九二―九三年に、分割の道を模索します（訳注＊PLOとのオスロ合意及び基本原則調印）。今後、彼のたどった道筋の正しさが証明されていくのか、それともイスラエルとアラブが、より正確にいえば、イスラエル人とパレスチナ人が、戦う運命にあるのか。どうお考えですか。

――**オレン**　パレスチナ人が、そして彼等と共にアラブ世界が、中東にユダヤ人国家が存在する事実を受け入れた時、ラビンのたどった道の正しさが証明されることになるでしょう。

今日、イスラエルの大多数は、大イスラエル主義をすでに放棄しており、ウェストバンクとガザの入植地撤去とパレスチナ国家の建設を支持しています。ぶれのない層です。彼等は、パレスチナ人の立場に理解を示しています。かつて不当な扱いに苦しんだパレスチナ人の現実を認めています。イスラエル人が自己の歴史的郷土、心のふるさとと考える領土の一部に、正当な権利があるとするパレスチナ人の主張を否定しません。しかしながら、パレスチナ人にもやるべきことがあります。イスラエル人の対パレスチナ認識にこたえなければなりません。今でも多くの人が、ユダヤ民族の存在を否定し、ホロコーストは起きなかったと主張し、ユダヤ人がこの地に何世紀も居住していた事実を認めません。

パレスチナ側指導部が、存在否定をやめ、アラブ人子弟に対する教育をあらためるならば、ほとんどのイスラエル人が、占領・管理地のほぼ全域からの撤退と、エルサレム問題に対する寛大な譲歩に、賛成票を投じるでしょう。教育面でいえば、拒否姿勢を叩きこんで、武力闘争をすすめる教育をやめ、他者の存在を認める民主主義と、相互の尊敬心を涵養していくことが大切です。それが起きるまでは、草の根レベルの支持を欠くイスラエル、パレスチナ両代表に合意、あるいは、国際社会が押しつける解決策は、残念ながら実施上うまくいきません。平和は、ボトムアップで根底からきずいていかなければなりません。この基礎工事が完成するまで、中東の暴力はほぼ確実に続くでしょう。

――**アジャミ**　一九六七年当時と現在を比較した場合、アラブのイスラエル拒否は強く深くなっているのか、それとも解決に向け柔軟になっているのでしょうか。

――**オレン**　現在のアラブ世界は、対イスラエル姿勢において、支配者と一般人民との間に分裂があります。リビアとイラクを除けば、大抵のアラブ諸政府は、イスラエルとの交渉、平和の取り決めを念頭においた話し合いに、前向きです。エジプトとヨルダンの国家指導者は、すでにそのような条約に調印し、日頃条約順守を表明しています。

アラブの一般大衆は違います。対照的です。一般世論は、いかなる形のイスラエル承認も頑として拒否し、このユダヤ人国家に対する武力闘争に諸手をあげて賛成しています。反シオニズム宣伝がアラブの報道を支配し、学校の教科書を毒しています。エジプトでは、最近国営テレビがユダヤの陰謀を説く偽書『シオン長老の議定書』をベースとした番組を、シリーズで放送しました。反ユダヤ主義の本です。「私はイスラエルを憎む」という歌が、ヒットチャートの第一位になったこともあります。政治的批判は独裁政権に禁じられています。しかしイスラエル批判は別です。何とでも批判できます。基本的自由を持たず、イスラム的解決に救いを求める。これがアラブ社会の現状であり、反イスラエル的空気は、一九六七年当時と変わっていません。

この状況を変え、和解と真の平和を求める力を生み出していくには、長い時間を必要とします。また、足並みを揃えた中東の民主化が必要です。民主々義国家同士が戦争をすることは、滅多にありません。さらにまた、アラブ社会が開かれ、言論の自由、選挙を通した国家運営そして女性の権利が保障された社会、にならなければなりません。安定をしっかりと指向する力強い中産階級が出現し、平和に対する賛否を自由に討論できる社会が生まれるならば、アラブ・イスラエル紛争に本当に終止符を打つことが、考えられるようになります。

――**アジャミ**　調査研究においては、イスラエルとアラブのちょうど縫い目のところに身をおかれています。中間ですね。資料や論議から得られる情報をベースとして判断する時、双方は互いに相手をよく知っていた、とお考えですか。

――**オレン**　一九六七年戦争の勃発原因のなかで、無知がおそらく突出した要因だったと思います。イスラエル側は計算が甘かった。アラブ諸国のライバル意識の強さ、アラブ諸国を戦争へ駆りたてることができるソ連側策謀の程度。いずれもイスラエルはその度合いを計算できませんでした。一方アラブ側指導者達は、このプロセスでイスラエルが、軍事的に主導権を握る覚悟があることを、予想できませんでした。ナセルとイスラエルの意志決定者達は、ナセルがディモナの原子炉を破壊する意図があると信じこみました。ナセルにその意図がなかったのは、資料が証明しています。一方そのナセルは、イスラエルがエイラートの自由航行権の喪失に甘んじる、と考えました。

イスラエルの情報活動は凄いと思う人がいるかも知れません。恐るべき情報機関があり、訓練されたアラビストも揃っているから、隣人のことはイスラエルの方がよほど知っている、と期待する向きもあるでしょう。しかし、イスラエル側のファイルを見ると、まさにショックです。アラブ側の政治潮流や力関係について、驚くほどつかんでいません。例えば、エジプトの政策立案と実施上の立役者であるナセルとアメルについて、イスラエルはその二人の関係がどうなのか、ほとんどつかんでいませんでした。アラブ側の無知も、これに輪をかけて相当なものです。イスラエルの政治や社会の性格について、アラブ側の資料にはそれこそ神話がいっぱいです。一九六〇年代のアラブ人で、イスラエルの民主主義がもつダイナミズムを認識し、あるいはその民主主義が投入できる軍事力を正しく算定した者は、ひとりもいません。

あの戦争から四〇年近くがたち、その間にいくつも戦争が勃発しましたが、アラブ人とイスラエル人が、互いに相手を前よりも知るようになったのでしょうか。答は、まだ出ていません。情報伝達手段の目覚ましい発展は、相互理解の深化を約束しています。しかし中東では、メディアが嘘の伝播と無知の深化に一役かう場合が往々にしてあります。結局のところ、アラブ人とイスラエル人との直接交流に代わる有力な方法は、ほかにありません。平和が芽生えてくる前に、敵意の垣根をとりこわさなければならないと思います。

あとがき

最近の中東騒乱（第二次インティファーダ）の勃発から二年以上経過したが、停戦のきざしは未だ見えない。パレスチナ人達はエルアクサ・インティファーダと称し、イスラエルは〝騒動〟あるいは単に〝事件〟と呼ぶが、二〇〇〇年九月に勃発したパレスチナ・テロという暴力は、終息することなく続いている。これはどの意味からとらえても、一種の戦争である。アラブとイスラエルは、一九四八年や一九六七年の場合と同じように、闘争を展開中である。それはアラビア語でフィラスチン、ヘブライ語でエレツイスラエル（イスラエルの地）と呼ぶ土地の最終配分をめぐる戦いである。これまでアラブとイスラエルの間では闘争の過程で軍事対決に至ることが、何度もあった。同じように、パレスチナ人とイスラエル人の間で展開中の騒乱は、地域全体を火の海にする可能性がある。

現在進行中の戦いは、多くの点で一九四七年一一月に勃発したパレスチナの内戦に類似する。あの時は、この地をユダヤとアラブの二か国に分ける国連のパレスチナ分割決議に伴って、本格的騒乱になった。シオニスト指導部は、領土上の妥協という認識を受け入れたが、パレスチナのアラブ人達は、民族固有の権利を手放す理由はないとして、決議の履行阻止に躍起となり、ユダヤ人の開拓村、道路網、都市部に対する攻撃を開始した。武闘派ムスリム同胞団をはじめ、複数のアラブ武装勢力も越境して、パレスチナ・アラブ人を支援した。一方ユダヤ人社会は、当初自制していたが、物理的に抹殺されることを恐れ、一九四八年四月から反攻に転じた。この戦争により、アラブの町村数十が破壊され、住民が流出する事態になった。アラブ側指導者は戦死するかあるいは指揮能力を喪失した。しかし、パレスチナ人の敗北は、アラブ世界全体に同情心をかきたて、アラブ側指導者に対し介入を促す圧力として作用した。めざすはユダヤ打倒である。一か月後それが具体化する。第一次アラブ・イスラエル戦争の勃発である。

それから五〇年以上も経過した二〇〇〇年後半、極めて類似したプロセスが現出した。クリントン政府がこの地の分割を再提案し、ウェストバンクのほぼ全域とガザ回廊全域を領土とし（イスラエルの入植地は解体ないしは一地域に集める）、東エルサレムを首都とするパレスチナ国家の建設を呼びかけた。パレスチナ難民は、一部の人は帰還を認められるが、残りは補償金を受け取る。パレスチナ国家はイスラエルと平和的に共存する。以上が提案の骨子であった。イスラエルのエフド・バラク首相は、この解決策を承認したが、ヤセル・アラファトを議長にいただくＰＡ（パレスチナ自治政府）は、拒否した。アラファトは難民全員の帰還を要求した。これが実行されれば、イスラエルはパレスチナ人が多数派を占める国になる。一九四七—四八年の場合と同じように、問題は国の境界だけの話ではない。彼等はユダヤ人国家の存在そのものを問題にしているのである。

パレスチナ人達は、再び闘争を開始し、道路際の伏撃、狙撃、自動車爆弾など一九四七—四八年当時と同じような戦法のほか、新規の戦術である自爆テロを使って、イスラエルに攻勢をかけた。この戦争では、イスラム武装勢力がやはり大きい役割を果たしている。イスラエルの反応は、今回も当初は自制に徹することにあったが、被害が急速に増えてきたため、イスラエル国防軍は本格的対応に踏みきった。二〇〇二年四月、イスラエルの部隊は、相当広範囲にウェストバンクを占領した。この掃討作戦によって、パレスチナ人の町や村落が被害を受け、パレスチナ側指導者の多くが殺害ないしは隔離された。今回も一九四八年の場合と同じように、近隣アラブ諸国でパレスチナ人の窮状に同情が集まり、指導者達に対する介入圧力が強まった。レバノンのヒズボラが間もなく介入してくれる。イスラエル北部にロケット弾を撃ち込んできたのである。シリア軍は厳戒態勢に入った。ヨルダン、エジプト及びイラクの部隊も然りである。イスラエルは予備役に動員をかけた。この地域は、次のアラブ・イスラエル戦争に向かって突き進む気配になった。

二〇〇〇—〇二年の戦闘は、一九四七—四八年の状況を想起せしめるだけではない。無気味にも一九六七年の場合にもあてはまるのである。その戦争は、本書で明らかにしたように、パレスチナ人ゲリラの襲撃とそれに対するイスラエルの報復が積み重なり、それが発端となった。三〇年以上を経過した今日、中東は今尚紛争の枠組から抜けきれないでいる。それも、ちょっとした火花がスパークして、地域全体を火の海にする性格がある。その例が二〇〇〇年九月の事件である。当時野党党首であったアリエル・シャロンの神殿丘（ハラム・アッシャリーフ、エルサレム）訪問が、スパーク役を果たした。

神殿丘訪問は、パレスチナ人の多くは挑発行為とみなし、暴力をもって訪問を阻止しようとした。イスラエルの軍警が暴徒に発砲したため、これが暴動を起こす口実をパレスチナ人に与えた。これが二〇〇〇年秋に勃発したインティファーダ（第二次）である。人民蜂起とか、神殿丘のモスクの名を冠して、エルアクサ・インティファーダとも称せられる。パレスチナ人青少年の集団デモは、すぐにイスラエル人を狙った武装攻撃に発展した。ターゲットになるのは大半が一般市民である。テロ増加に伴ってイスラエルの対応も厳しくなった。イスラエルの報復は、順送りとなって近隣アラブ諸国内で不穏情勢をつくり出すのである。再び〝路上〟が騒ぎ始めた。一九六七年の既視感、当時みたような光景で、アラブ側支配者は行動する以外に選択の余地がなかった。

しかしながら、一九四八年と一九六七年の場合と違って、二〇〇二年にはアラブ・イスラエル間の軍事対決に発展しなかった。この地域は多くの点で昔と変わっていないが、いくつかの基本的変容が生じ、それが組み合って、戦争の危機を軽減したのである。

まず指摘されるのは、イスラエルがエジプト及びヨルダンと結んだ平和条約の存在である。どの条約も、調印国間に真の和解をもたらさなかったが、それでも条約は公式の連絡チャンネルと、緊張緩和の手掛りを与えてくれた。もうひとつの変化はアメリカとイスラエルの同盟関係である。これによって軍事上イスラエルは、その敵に対し優位性を有するようになったが、その反面ワシントンはイスラエルに対する圧力手段を手にすることになった。さらに、文字通りすべての中東国家が、非通常型兵器を手にするようになった。これがアラブ・イスラエル間の軍事対決の敷居を高くした。

戦争の可能性を抑える変化があると同時に、可能性を高める変化もある。例えば冷戦時代には、奇妙な安定があった。危機時アメリカの大統領は、理性的な相手とホットラインで協議できた。さらに超大国は、イラク、イラン、シリアといった地域の主要国を抑制できた。アラブ過激派国家と保守国家は、かつて明確な区別があったが、今は各国とも一枚岩ではない。国内に反体制派を抱えている。それもイスラム過激派の場合が多い、アラブ・イスラエル紛争においても、明確な線引きは今やぼやけてしまった。異論を唱える人がいるかもしれないが、一番の不安定要因が、テロ組織の成長である。思想において非妥協、反対する者や抑制しようとする者を侮蔑し、国境を越えグローバルに行動する。

中東には非民主的政権が軒をつらね、それをとりまく摩擦が絶えない。アラブは、ユダヤ人国家という考え方そのものに抵抗する。これまで指摘したネガティブな変化が、このような状況と組み合さって、一九四八年及び一九六七年の戦争より大規模かつ破壊的な、アラブ・イスラエル戦争の舞台を、セットしていると考えられる。二〇〇二年の戦争は、タイムリーなアメリカの介入で回避された。この地域における緊張が、爆発に向かってスパイラル状にたかまっていた時、ジョージ・W・ブッシュ大統領がシリアに強硬な申入れを行い、ヒズボラのコントロールを求めた。一方パレスチナ自治政府に対しては、アメリカ国民の総意として、自治政府のテロ支持は絶対受け入れられない、と言った。それと同時にワシントンは、イスラエルの自衛権を公に認め、イスラエルは独りで孤立しているのではないとの意志表明を行った。ブッシュの行動は、アラブに警告を発し、イスラエルを安心させたが、まさに一九六七年時のリンドン・ジョンソンがとれなかった機転であり、二〇〇二年の時は、根本からの除去ではないとしても、危機の封じこめに成功したのである。

ブッシュは、ジョンソンと同じように、執念深い敵を相手に、国際社会で闘争中である。もちろん、その敵はもはや共産主義ではなく、イスラム過激主義であり、ジョンソン時代のようにベトナムに足をとられているわけではないが、ジョージ・ブッシュはこの新しい紛争への対応をせまられることになった。アメリカには、長期に及ぶほぼ一貫した対中東政策があったが、二〇〇一年九月一一日の事件で、抜本的見直しをせまられた。大規模なアラブテロの犠牲になって、アメリカ政府は、イスラエルに対する共感を表明し、自爆テロなどのテロリズムと戦うイスラエルに、声援を送った。さらに、イスラエルの敵――ハマスとイスラム聖戦――を自国の敵と同定した。さらにまた、ワシントンは、国際テロリズムに宣戦を布告し、長駆数千マイルも離れたアフガニスタンやイラクに派兵して、戦っている。それに比べると、ウェストバンクとガザは、イスラエルの目と鼻の先である。いわば裏庭から発進するテロに反撃するわけであり、ワシントンはイスラエルの反撃態勢を否定できない。このテロ問題に関連して、アメリカで指導的立場にある人々はアラブ諸国に対して厳しい見方をしている。伝統的な友邦のエジプトやサウジアラビアに対しても然りである。その国が、九・一一事件に深く関与していたのであった。アメリカがイラク進攻作戦を開始し、独裁者のサッダム・フセイン打倒をめざした時、アラブ世界は支援に気乗り薄であった。これもアラブ世界と合衆国の関係を緊張させる一因となった。

ブッシュの反サッダム連合の行動がうまくいくかどうか、本書執筆の段階では不明である。大統領の前には、内外のさまざまな問題がたちふさがっている。サッダム打倒で、イラクに民主主義が根付くのか、単に次の独裁者が登場するだけなのか不明であり、湾岸の戦争が当該地域の安定化につながるのかあるいは混乱に拍車をかけるのか、こちらも不明である。ただし、ひとつだけはっきりしていることがある。それは、中東が今後もさまざまな立場の衝突する発火点、御し難い争いの発生源、ちょっとした衝撃で爆発する火薬庫ということである。紛争の文脈が引き続きこの地域をとらえる。指導者達に、不断の勇気と慎重な行動が求められる所以である。

二〇〇二年一一月

訳者あとがき

本書は、マイケル（ミハエル）・B・オレン著 Six Days of War: June 1967 and Making of Modern Middle East の全訳である。二〇〇三年度のロサンゼルスタイムズ賞（歴史部門）を受賞し、アメリカの中東研究者で中東の現場を熟知するリチャード・パーカー前駐レバノン大使が、「中東現代史上一大転機となった事件の総合調査…今後研究の基準になる研究書」と評価しているように、アラブ世界とアラブ・イスラエル紛争の性格を知るための必読書と言える。本書は単なる戦闘史ではない。国家の存続に関わる諸問題が凝縮され、超大国や国連をまきこんだ外交戦と不離一体となって展開する戦争を、外交と軍事の両側面からとらえた書である。

‡

著者が筆をおいてから、中東はめまぐるしく変わった。しかし、著者の指摘した問題がいよいよ顕在化した面もある。

本書に名のあがった人物は、次々と舞台から去っていく。イラクのサッダム・フセインは二〇〇六年に死刑となり、オサマ・ビンラーディンも二〇一一年に米軍特殊部隊に殺害された。ＰＬＯのアラファト議長は、和平プロセスを中断して武力闘争に戻り、二〇〇四年一一月仏陸軍病院で死亡した。強硬派と称されたイスラエルのシャロンは、首相就任後国内の反対を押し切って、二〇〇五年にガザから完全に撤収し、カルテット（米露ＥＵ及び国連）の提案するイスラエルとパレスチナの二国併存（ロードマップ）を受け入れたが、二〇〇六年に脳溢血で倒れ、以来意識不明となった。

アラブ世界も変わった。所謂アラブの春である。二〇一〇年一二月のチュニジアの暴動（ジャスミン革命）

は、北アフリカを席捲し、イエメンまで波及した。エジプトではムバラク政権が打倒され、リビアのカダフィ大佐は、欧米の軍事支援をうけた反カダフィ派に殺された。シリアでも暴動が頻発し、アサド政権の命運は尽きているように思われる。さらに深刻なのがヨルダン王国である。ここの反体制運動はパレスチナ紛争と一体化する恐れがある。体制側のハーシム家はイギリスが擁立した支配者であり、一九四八年の戦争でウエストバンクを占領し、一九五〇年に合併宣言をした経緯がある。ヨルダン人口の七〇%はパレスチナ人であり、「ヨルダンはパレスチナ、パレスチナはヨルダン」と言われてきたこともある。一九七〇年のブラックセプテンバーでPLOはヨルダン占拠に失敗したが、今後はわからない。

‡

変わるどころか傾向が一段と強まっている面もある。著者は、今後を占う要素を四つ指摘した。第一はアラブ民族主義に代るイスラム原理主義の勃興、第二はユダヤ人国家イスラエルの存在権拒否、第三はアラブ世界における支配者と大衆の乖離。第四がミサイルによる都市攻撃を中心とする未来戦である。

レバノンはすでにヒズボラが支配勢力になっており、その軍事力はレバノン国軍にまさる。ロケットによる越境テロとイスラエル兵の拉致が引き金となって、二〇〇六年夏にイスラエル軍とヒズボラの間で大規模戦闘（第二次レバノン戦争）が発生した。

一方ガザ回廊は、二〇〇五年にイスラエルが撤収した後、ハマスがPA（パレスチナ自治政府）の主流派ファタハを駆逐して、天下をとった。ここでも同じパターンである。即ちロケットによる越境テロとイスラエル兵（ギラッド・シャリート伍長）の拉致で、イスラエルは二〇〇六年六月にガザへ進攻してハマスと戦い（第一次ガザ戦争）、二〇〇八年末にも同じことが原因で大規模戦闘（第二次）が生起した。シャリート伍長は二〇一一年一〇月、服役囚一〇二七名と交換されたが、ロケット攻撃と拉致を組み合せた戦術が常套化する恐れがある。

一九九〇年代以降イスラエルは、歴代政権が国家の安全保障を前提に、パレスチナの独立を認めている。それは互いに相手の存在権を認めたうえで、一九六七年六月一一日の停戦ラインをベースとして交渉し、平和条約としてまとめることを意味する。エジプト、ヨルダンとの平和条約がそうである。

パレスチナ側は、ハマス等の諸派がイスラエル抹殺とパレスチナ全土の解放を求めるのに対し、主流派のファタハは、休戦ライン（一九六七年六月四日の線）を境界とするパレスチナ国家とイスラエルへの帰還権の二つを要求する一方で、ユダヤ人国家イスラエルの存在を認めない。一九四九年の境界内に戻した〝イスラエル〟を、帰還のパレスチナ人で埋め尽くすという意味にとられる。本書の中でイスラエルの指導者達は、国家の安全を保証できない一九四九年の境界に戻らないと度々発言している。一方パレスチナ側は、イスラエルと交渉することなく一九四九年の境界を持つパレスチナ国家の承認を国連総会に求めているので、今後紛糾した状態が続くと思われる。

‡

エジプトのムバラク政権が打倒された時、知識人や聖職者を含む住民が叫んだスローガンのひとつが、「対イスラエル平和条約の破棄」であった。彼等からみると、条約締結は支配者が勝手にやったことである。彼等には国同士が結ぶ条約という意識はない。

アラブの春イコール民主化という構図にもなっていない。異質の存在を同じ権利がある対等者として認めるのが、民主主義の基本であるが、その基本が欠けている。例えば比較的民度の高いエジプトでも、コプト派に対する激しい迫害が続いている。ユダヤ人に対する否定的態度も、一九四〇年代以来ほとんど変わっていない。

ミサイルによる都市攻撃は、すでに顕在化している。湾岸戦争時には、イラクからスカッドを三九発撃ちこまれた前例があり、イスラエルはミサイル防衛システムのアローを開発し、実戦配備した。

第二次レバノン戦争では、三三日間の戦闘で北からロケット三九七〇発を撃ちこまれ、うち九〇一発が人口密集地に着弾、総人口の一六%にあたる一〇〇万人が疎開ないしシェルター暮しを余儀なくされた。第二次ガザ戦争の一因となったロケット攻撃では、二〇〇八年の一年間で八〇〇〇発を南のガザから撃ちこまれた。最近その性能が向上し、射程四〇キロに伸びつつあり、人口の一〇%が脅威にさらされる日も近い。この種の脅威に対してイスラエルはアイアンドームという防衛システムを開発、配備している。

独裁体制の場合、国内の締めつけで、それなりに対外的には秩序が保たれる。しかし、独裁者が打倒されると、その統制力は失われる。そして最悪のシナリオが、レバノンやガザのパターン化である。周辺諸国でイスラム原理主義者が権力を握り、前述のように、拉致と無差別ロケット攻撃を組み合せた闘争を展開する可能性が、前より強くなっている。アラブ・イスラエル関係は九〇年代末まで和平プロセスで盛りあがったものの、二〇〇〇年代になって降下の傾向にあり、流動化している。要注意である。

第《だい》三《さん》次《じ》中《ちゅう》東《とう》戦《せん》争《そう》全《ぜん》史《し》

二〇一二年二月五日　初版第一刷発行

著者……マイケル・B・オレン
訳者……滝川義人《たきがわよしと》
発行者……成瀬雅人
発行所……株式会社原書房
〒一六〇-〇〇二二東京都新宿区新宿一-二五-一三
電話・代表〇三(三三五四)〇六八五
http://www.harashobo.co.jp
振替・〇〇一五〇-六-一五一五九四
装幀……伊藤滋章
本文組版・印刷……シナノ印刷株式会社
製本……小高製本工業株式会社

ISBN978-4-562-04761-1　Printed in Japan

◉著者

マイケル（ミハエル）・B・オレン

Michael B. Oren

中東研究者。アメリカに生まれイスラエルへ移住。コロンビア大学（修士課程）の後プリンストン大学（博士課程）を修了。第一次レバノン戦争（ガリラヤ平和作戦、一九八二）で空挺隊員として従軍、湾岸戦争時（一九九〇—九一）ＩＤＦ（イスラエル国防軍）連絡将校として米第六艦隊に出向。第二次レバノン戦争（二〇〇六）及び第二次ガザ戦争（二〇〇八—〇九）では、ＩＤＦスポークスマンとして活動。ハーバード大学及びイエール大学（二〇〇六—〇七）を経てジョージタウン大学（二〇〇八—〇九）の各客員教授を歴任、安全保障の研究で知られるシャーレム研究所の主任研究員時代に抜擢され、二〇〇九年五月より駐米大使。イスラエルを代表する防衛、外交の専門家のひとり。

◉訳者

滝川義人

Yoshito Takigawa

アラブ・イスラエル軍事紛争の研究者。長崎県諫早市出身、早稲田大学第一文学部卒業、前イスラエル大使館チーフインフォメーションオフィサー、現中東報道研究機関（MEMRI）日本代表。主要訳書にヘルツォーグ著『図解中東戦争』（原書房）、米陸軍公刊戦史『湾岸戦争——砂漠の嵐作戦』（東洋書林）、ラビノビッチ著『ヨムキプール戦争全史』（並木書房）など多数。

人名索引

●イスラエル

アミット，M　モサッド長官　68，120，152，179，250，260-264，265，279，370，444
アラン　教育相　163，457，485，552
アロン，Y　労相　25，47，221，238，241，247，272，282，301，366，400，407，444，457-459，485，486，513，528，531，552-553
エイタン，W　駐仏大使　244，279
エシュコル，L　首相　47，56，60，67，69-71，94，115-118，122，143，147，153，161-169，179-181，215-216，222-224，236-250，264，267，271，281，300-302，338，407，412-413，417，423，426，431，442，444，446，457，484，486，491，512，514，526，547，555-557，569
エバン，A　外相　36，74-75，99，144-145，148，165，194-202，218-225，268，273，280，301，356，408-411，426，432，444，446，460，472，476，508，541，550，569
エブロン，E　駐米公使　93，162，187，204-205，207-210，249，268，474，525
エラザール，D　北部軍司令官　104，276-277，405-406，458-460，487，490-491，514-517，533-534，553
エリ，コーヘン　情報部員　60，260，537
オレン，M　リバティ号攻撃魚雷艇隊長　464-470
カッツ，K　駐ソ大使　65-66，102，298
ガビッシュ，Y　南部軍司令官　238，246，270，323，371，379-380，436，455，489，553
グル，M　空挺旅団長　341，363-364，386，391-393，425，429-430
ゴレン，S　軍首席ラビ　426，430-431
シャピラ，H・M　内相　164，168，270，282，367，407，457，511-513，552
シャロン，A　機甲師団長　31，238，240，264，270，272，321-323，356-358，372，436，554
ズック，Y　リバティ号攻撃機隊長　467
スペクトル，Y　哨戒機編隊長　465-466
ゼービ，R　作戦次長　240，247，277，455，533
ダヤン，M　国防相　26，34-35，62，150-152，166，241-242，246-248，259-282，299-300，308，312，338，358，336-337，375，379，401，406-408，423-424，428，431，435-436，444，447，449，454，457，468，483，488-491，485-487，484-487，511-514，526-528，532-534，541，546-547，554-556
タル，I　機甲師団長　245，316，436，483，553
ナルキス，U　中部軍司令官　238-229，277-278，324，333，337，341，386，391，406，423-424，430-431，452，553
バーレブ，H　参謀次長　179，242，363，367，379，386，417，423，457，488，526，541
ハラフミ，E　情報部シリア班長　489-490
バルハフティク，Z　宗教相　181，222，282，432，457，485
ハルマン・A　駐米大使　99，143，145，187，249，263，279，417，471，525
ベギン，M　無任所相　162，164，242，264，366，424，432，552-553
ペレス，S　ラフィ党書記長　34，62，100，162，164，554
ベングリオン，D　前首相　24，28-29，32，34，36，44，46，58，61，101，118，147，149-150，241-242，300，552
ホッド，M　空軍司令官　179，270，272，303，305，308-309，312，468

メイヤー，G　労働党書記長　37，47，242，246，553
ヤディン，Y　特別軍事補佐官　247，279，452
ヤリーブ，A　情報部長　104，141-142，161，179，181，240，248，269，281，338，347，379，454，460，489
ヨッフェ，A　機甲師団長　239，271，371，380，436，483
ラビン，Y　参謀総長　25，57，66-67，77，93-95，101，104，115，118，121-122，147-152，160-169，179-181，220-223，238，241-242，244，269，298-300，308，338，347，363，367，375，406，416，423，431，434-435，454，458，463，468，487-488，491，517，532，541，548-550
ラファエル，G　国連大使　103，135，187，227，265-266，273，352，353，356，409，478，508-509，518-519，524
リオール，I　首相補佐官　75，93，118，122，161，164，167，179，271，272，279，300，339，366，400，432，491
レバビ，A　外務次官　179，279，428，442
ワイツマン，E　作戦部長　70，100，104，161，163，168-169，179，182，243，308-309，367，406，526，533，552

●エジプト

アフィフィ，G　空軍作戦部長　306
アメル，A・A　アラブ統合軍司令官　50，69，79，84，95，231
アメル，A・H　陸軍元帥　35，40，49，63-64，83，85-86，109，111-112，114，124，126，146，286-288，297，305，311，314，368-369，374-380，435，443，453，480，482，503，545，547，562-563
アリ，A・I　東部正面司令官　125
エルコニー，M・A　国連大使　132，135，137，284，353，415-416，444，478，482-483，508
ガーレブ，M　駐ソ大使　177，214，369，441-442
カディ，A　作戦部長　114，377
カメル，M　駐米大使　110，173-174，201
グール，S　第4機甲師団長　121，453，455，481
クリム，S・A　憲兵隊司令官　439
サダト，A　副大統領　106-109，315，375-376，479，553，555，563
サディク，M・A　軍情報部長　112，123，283，544
シャズリ，S・D　シャズリ部隊指揮官　178，218，246，286，436，438
シャフィー，H　内務情報機関長　305，313
スリマン，A・A　第七師団長　319
スリマン，S　首相　96-97，155
ドゲィディ，A　シナイ方面航空隊司令　297，562
ナスル，S　情報局長　480，502，562
ナセル，G・A　大統領　27，29，30-35，37-38，40-41，44，48-49，53，57，59，63，68-69，78-79，109，112-113，119，152-160，170-177，216-218，233-234，283-292，258-259，296，315-316，368-369，376，380-384，418，421，433，440，479，482，489，502-507，543，547，558-566，573
バドラン，S・H　国防相　155，177，211，213-214，225-226，306，369，504，545，562
ハリル，A・M　空挺隊司令官　110
ファウジ，M　参謀総長　83，112-113，115，119，123，170-171，345，376-377，443，453，480，507，544
ファウジ，M　大統領顧問　127，158，

175
フェキ，A・H　外務次官　177，214
ヘイカル，M・H　ナセル側近、アルアハラム編集主幹　87，127-128，155，170，175，375，504，561
マハムード，S　空軍司令官　78，96，112，125，172，217-218，283-284，297，305，314-315，544，562
ムヒッディーン，Z　副大統領　114，259，504，506，545
ムルタギ，A・M・K　地上軍司令官　124，171-172，178，286，297，357，377，435，439，443，453，544，562
ヤクト，S　砲兵隊司令官　454
リヤド，A・M　エジプト・ヨルダン統合軍司令官　50，233，288，306，315，327-328，345，393，396，398，500
リヤド，M　外相　97，115，136，157-159，173，233，257，382，416，453，479，482

●シリア
アサド，H　国防相兼空軍司令官　41，62，66，90，146，500，515，544，567
アタシ，N　大統領　65，71，105，226，346，489
ジャディード，S　バース党指導者　41，52，62，90，567
ジュンディ，A　情報部長　90，558
ズアイン，Y　首相　67，69
スウェイダニ，A　参謀総長　123，291，402，456，492，515，530，544
タラス，M　中央戦区司令官　88，289，291，346，530
トーメ，G　国連大使　132，134，353，416，507，509，518
バハ，A　作戦部長　492
マホース，I　外相　69，105，146，544

●ヨルダン
アイユーブ，I　情報部長　369
クルディ，S　空軍司令官　232
ジュムア，S　首相　232，235，292，335，422，428，433
タル，W　国王側近、前首相　48，79，231，235，334
トウカーン，A　外相　229，231，415
ハザ，A・A　東エルサレム防衛隊長　364，389，399，420
ハマッシュ，A　参謀総長　229，231，245，423，428
ファッラ，M　国連大使　353，415
フセイン国王　29，58，67，70，146，153，157，228-236，245，288-289，327，334，384，393-399，418-423，428，433-444，451，507，544，547，561，563-564，566-567
マジャリ，A　作戦部長　288，328，330，563

●アルジェリア
フルメディン，H　292，318，560

●イラク
アレフ，A・R・M　国家元首　87，233，560

●チュニジア
ブルギバ，H　大統領　52，539

●国連
ウ・タント　国連事務総長　91，103-104，113，120，128-129，140，153，157-160，208，224，226，249，298，352，415，490，570
タボール，H　安保理議長　352，507，509，518
ネステレンコ，A　国連事務次長　509
ハマショールド，D　前国連事務総務長　37，128，134-136
バンチ，R　国連調停官　27，130，137，140，227，352，544

ブル，O　休戦監視団長　120，124，326，335，337，340，528，532-534
ヤリング，G　国連特使　574
リキーエ，I・J　国連緊急軍司令官　77，113，127，129，133，136，138，160，297，352

●アメリカ

アイゼンハワー，D　元大統領　34，39，41，165，187，204
アングルトン，J・J　CIA 対イスラエル窓口　262
カッツェンバッハ，N　国務次官　74，525
キャッスル，E・C　在イ米海軍駐武官　463，471
ケネディ，J・F　前任大統領　41-42，44
ゴールドバーグ，A　国連大使　130，203，211，256，268，273，348，353-356，410-413，426，461，476，508，519，524-525，534，569，571-573
シスコ，J　国務次官　205，207
ジョンソン，L・B　大統領　53，60，67，75，161-162，172-173，190-191，193，202-210，248-263，293-296，301，348-355，412-415，441，445，448，461，471，522-523，556-557，568-571，574
スマイス，H，H　駐シ大使　93，105，123，255，384
ダレス，J・F　元国務長官　37，192，197
トンプソン，L　駐ソ大使　211-212，522-524
ノルテ，R，H　駐エ大使　174-175，255，315，382，472，481，502
バーバー，W　駐イ大使　70，144-145，189，219，250，259，370，447，456，460，472，508，510，524，534，547
バーンズ，F　駐ヨ大使　76，229，230，231，255，422，428，433，451
ハッデン，J　CIA テルアヴィヴ分室長　261
バトル，L　駐エ大使（前任）　53，82，87，99，174
バンディ，M　中東統制班長　190，445，460-461，478，510，572
ハンフリー，H・H　副大統領　173，189，205，251，259
ヘルムズ，R　CIA 長官　196，202-203，262，348，522-524
ホイ―ラー，E・G　統合参謀本部議長　200，205，207，251，348
マーチン，W　第6艦隊司令官　462，469，471
マクゴナグル，W，L　リバティ号艦長　254，462-476
マクナマラ，R　国防長官　200，207，251，262-263，348，349，523-524
ラスク，D　国務長官　145，191，194，251，255-256，259，263，273，295，297，348，349，412，423，426，428，448，460-461，473，510-571
ロストウ，E　国務次官　93，143，190，192，197，202，249，294-295，474
ロストウ，W　大統領補佐官　74，162，189-191，201-202，204，206，250，261，268，294-295，347，350，355，370，412，445，510

●ソ連

グレチコ，A・A　国防相　65，214，225
グロムイコ，A　外相　89，107，176，256，298，414，520，571
コスイギン，A　首相　64，107，213-215，300，349，413，441-442，471-472，521，535，566，570
シボリン，A　中東局長　213
セミヨノフ，V　外務次官　102，107-108，213，414
タラセンコ，S　在エ駐在武官　314
チューバキン，S　駐イ大使　65，115，145，212，215-216，440，442，484，525-526

事項索引

資料と表記について

本書執筆にあたり、多岐にわたる資料を多数使った。大量の外交文書を使っての調査である。30年たってから機密区分を解かれ、北米、イギリスそしてイスラエルの外交文書が読めるようになった。しかしながら、イスラエル政府の閣議議事録の大半は機密を解除されていない。イスラエル国防軍の解禁もごくわずかである。アラブ世界の公文書館は、研究者に非公開である。もっともいくつかのプライベートなコレクションなら、いくらか公開されている。例えばカイロのDar al-Khayyalがそうである。戦争中アラブ側の文書が相当イスラエルの手に落ちており、イスラエル情報部図書館で閲覧できる。ロシア語の資料は、建前からいえば、モスクワの公文書館で閲覧可能である。しかし、保存状態が悪く、所蔵巻数も極めて限られている。フランスでは1967年の文書はまだ解禁されていない。

脚注では、公文書館の名称は、次の略語で示されている。

BGA……………ベングリオン公文書館
FRUS…………合衆国外交公文書館
IDF……………イスラエル国防軍公文書館
ISA……………イスラエル国立公文書館
LBJ……………リンドン・ベインズ・ジョンソン大統領図書館
MPA……………マパイ党公文書館
NAC……………カナダ国立公文書館
PRO……………公文書館（FO：英外務省、CAB：内閣公文書、PREM：首相府）
SFM……………ソビエト外務省公文書館
UN……………国連公文書館
USNA…………合衆国国立公文書館
YAD……………ヤッド・タベンキン資料書館

口述の歴史証言（オラルヒストリー）のインタビューも、著作上重要な資料となった。インタビューの大半は筆者が行った。但し、なかには極めて微妙なケースが数件あり、ある調査スタッフを介して書式で質問状を送った。このスタッフは、身の安全上匿名を希望した。戦争の立役者については、できるだけたくさんの人とインタビューすることを心掛けた。しかし、ギデオン・ラファエル、フセイン国王、ハッサン国王など数名の人物は、調査段階で死亡し、アリエル・シャロンやヤセル・アラファトなどは、インタビューを辞退した。

固有名詞の音訳については、特にアラビア語の場合至難の業である。名前が口語体と筆記体の二種ある場合が多いからである。私は平明を基準として考え、前者の表記をとることにした。それにもとづくとシナイ半島南端の要地は、シャルム・エルシェイク（Sharm al-Shaykh）

ではなくシャルム・エルシェイク（Sharm al-Sheikh）と表記し、シナイ内陸部の要地はアブ・ウジャイラ（Abu 'Ujayla）ではなくアブ・アゲイラ（Abu 'Ageila）と表記する。人名も前者と同じ表記をした。例えばエジプトの大統領はジャマル・アブダル・ナシル（Jamal 'Abd al-Nasir）ではなくガマル・アブデル・ナセル（Gamal Abdel Nasser）、PLO 議長はヤシル・アラファト（Yasir 'Arafat）ではなくヤセル・アラファト（Yasser Arafat）、エジプトの駐国連大使はムハンマド・アル・クーニ（Muhannad al-kuni）ではなく、ムハンマド・エル・コニー（Mohammad El Kony）と表記する。ただし、個々人が自分で自分の名前を表記している場合は、それに準じる。尚、カイロ、エルサレムなど多くの地名は、オリジナルのアラビア語やヘブライ語表記による音訳ではなく、英語での音訳とした。

参考文献とその出所

◉史料館

アバ・エバン文書	ヘブライ大学（イスラエル）
弾薬の丘資料館	エルサレム（イスラエル）
ベングリオン公文書館	スデボケル（イスラエル）
ガリリ戦争・国防研究所	ラマトエファル（イスラエル）
フィンドレー・ナーンズ Jr　口述記録集、特別コレクション	ジョージタウン大学（ワシントン D.C）
アーサー・J・ゴールドバーグ文書	合衆国議会（ワシントン D.C）
イスラエル国防軍公文書館	エルサレム（イスラエル）
イスラエル情報部図書館（情報機関記念センター）	ヘルツリヤ（イスラエル）
イスラエル国立公文書館（ISA）	エルサレム（イスラエル）
エルサレムポスト資料部	エルサレム（イスラエル）
レビ・エシュコル文書	エルサレム（イスラエル）
リンドン・ベインズ・ジョンソン大統領図書館（LBJ）	テキサス州オースチン（アメリカ）
マパイ党公文書館（MPA）	エルサレム（イスラエル）
モシェ・ダヤンセンター図書館	テルアヴィヴ大学（イスラエル）
カナダ国立公文書館（NAC）	オタワ（カナダ）
ロンドン公文書館（PRO）	ロンドン（イギリス）
シロア研究センター資料部	テルアヴィヴ大学（イスラエル）
ソ連外務省公文書館（SFM）	モスクワ
国連公文書館（UN）	ニューヨーク
合衆国国立公文書館	ワシントン D.C
ヤッド・タベンキン資料館	ラストエファル（イスラエル）

◉公文書及び（音源）転写コレクション

英国放送（BBC）サービス　世界モニタリングサービス
イスラエル外交政策文献集
合衆国外交関係文献集（FRUS）
ミドルイースト・コード 3（1967）、イスラエルユニバーシティプレス、エルサレム
国務省ジョンソン大統領政権時代文献集 1963 年 11 月–1969 年 1 月　第 1 集施政史

◉口述記録（インタビュー）

国名

名前	1967 年当時の職務	インタビュー日
■エジプト		
アミン・タンタウィ	第 4 師団中隊長	2001 年 7 月 4 日
アル・シルビニサイード・ハマダ	第 14 機甲旅団作戦将校	2001 年 7 月 5 日
アブダル・ムーニム・ハムザ	軍情報部	2001 年 7 月 4 日
イザット・アラファ	第 7 師団大隊長	2001 年 7 月 6 日
ダド・ヒジャジ	第 37 コマンド大隊将校	2001 年 7 月 5 日
マハムード・スウァルカ	第 6 師団　操縦手	2001 年 7 月 7 日
イサム・ダラッズ	歴史学者	2001 年 7 月 7 日
ムニール・ザキ・ムスタファ	対空砲中隊　中隊長	2001 年 7 月 5 日
サイード・アハマド・ラビ	対空砲中隊　中隊長	2001 年 7 月 4 日
■ヨルダン		
アドナン・アブオウデン	軍情報部	1999 年 11 月 16 日
シャフィク・ウジェイラト	機甲軍団情報部	1999 年 11 月 17 日
アタ・アリ・ハザ	旅団長　エルサレム	1999 年 11 月 18 日
バディ・アワド	大隊長　エルサレム	1999 年 11 月 21 日
マハムード・アブファリス	中隊長　エルサレム	1999 年 11 月 17 日
ムハンマド・ファッラ	国連大使	1999 年 11 月 17 日
ムハンマド・ファラッラー・ファイズ	空挺大隊　大隊長	1999 年 11 月 21 日
ファイズ・ファヘド・ジャベル	軍情報部　次長	1999 年 11 月 21 日
アワド・ハリディ	大隊長　エルサレム回廊	1999 年 11 月 18 日
アワド・バシル・ハリディ	歩兵旅団　大佐　エルサレム回廊	1999 年 11 月 17 日
ユスフ・ハワッシュ	アラブ統合司令部ヨルダン代表大将	1999 年 11 月 16 日
スリマン・マルズク	国王付運転手	1999 年 11 月 17 日
ガージ・イスマイル・ルバイヤ	小隊長　エルサレム	1999 年 11 月 21 日

■シリア

ムハンマド・アッマル	歩兵大尉	2001年1月10日
イブラヒム・イスマエル・ハイヤー	第8歩兵旅団団長	2001年1月10日
マルワン・ハムダン・フーリ	補給部隊　大尉	2001年1月11日
ジョルジュ・トーメ	国連大使	2001年11月17日

■パレスチナ

サディク・ジュダ	イラク軍付属パレスチナ隊民兵	2001年7月5日

■イスラエル

メイル・アミット	モサッド長官	1999年2月9日
ラフィ・ベンベニステ	エルサレム旅団将校	1999年1月1日
アバ・エバン*	外相	2000年11月26日
ラファエル・エイタン	第35空挺旅団旅団長	1999年3月2日
ミリアム・エシュコル	首相夫人　首相付私設秘書	1999年8月30日
ヤコブ・エシュコリ	北部開拓村代表	1999年12月11日
エシャヤフ・ガビッシュ	南部軍司令官	1999年12月7日
モルデハイ・ガジット	外務省幹部	1999年2月4日
シュロモ・ガジット	軍情報部調査部長	1999年3月9日
モッティ・ホッド	空軍司令官	
イツハク・ホフィ	参謀本部作戦部次長	1999年7月14日
シモン・カハネル	第55空挺旅団副大隊長	2000年10月18日
ダビッド・キムヒ	モサッド／軍情報部部員	1999年8月26日
アリエ・レバビ	外務省事務次官	1999年11月4日
アブラハム・リフ	軍情報部戦略計画担当	1999年9月13日
シュロモ・メロム	軍情報部　北部軍司令部付	1999年12月7日
メイル・パイル	タル師団副師団長	2000年12月6日
エラッド・ペレド	師団長	2001年1月28日
イスラエル・タル	師団長	1999年8月23日
ゾラフ・バルハフティク	宗教相（国家宗教党）	
エゼル・ワイツマン	参謀本部作戦部長	1999年1月13日
レハバム・ゼービ	参謀本部作戦部次長	2001年9月9日

■旧ソ連

カレン・ブルテンツ	ソ連邦最高会議メンバー	2001年1月21日
マクムート・A・ガレブ大将	ソ連軍アドバイザー　エジプト	1999年5月24日
ヴァディム・キルピチェンコ中将	KGB連絡局長（エジプト、シリアの情報機関との連絡担当）	2000年12月25日

ニコライ・エゴロシェフ	ソ連邦最高会議メンバー	2000年12月23日
■フランス		
エリック・ルウロ	ルモンド紙中東特派員	2000年12月7日
■アメリカ		
ロバート・マクナマラ	国防長官	1999年2月11日
ハリー・マクファーソン*	ホワイトハウス法律顧問	1999年5月14日
アンソニー・ペルナ	駐イ米大使館付空軍武官　大佐	2000年12月10日
インダル・ジット・リキーエ	国連緊急軍司令官	1999年2月22日
ユージン・V・ロストウ	国務省次官	1999年8月5日
ウォルト・ホイットマン・ロストウ	国家安全保障担当特別補佐官	1999年7月27日
ジョセフ・シスコ	国務省次官近東問題担当	1999年8月6日

＊印は文書による回答者

脚注

第1章　背景

1. ファタハの初回ゲリラ作戦は多くの資料に指摘がある。しかし、経緯の説明はさまざまである。例えば次を参照；Yezid Sayigh, *Armed Struggle and the Search for State: The Palestinian National Movement, 1949-1993* (Oxford: Clarendon Press, 1997), pp. 107-8, 121. Ehud Yaari, *Strike Terror: The Story of Fatah* (New York: Sabra Books, 1970), pp. 49-79. Salah Khalaf, *My Home My Land, A Narrative of the Palestinian Struggle* (New York: Times Books, 1981), pp. 44-49. Helena Cobban, *The Palestinian Liberation Organization* (Cambridge: Cambridge University Press, 1983), pp. 22-39. Alan Hart, *Arafat: A Political Biography* (London: Sidgwick & Jackson, 1994), pp. 155-56. Ahmad al-Shuqayri, *Mudhakkirat Ahmad al-Shuqayri, 'Ala Tariq al-Hazima, Ma'a al-Muluk wal-Ru'asa'* (Beirut: Dar al-'Awda, 1971), 3, pp. 152-88, 229-56. アラファトの発言は次からの引用；Riad El-Rayyes and Dunia Nahas, *Guerrillas for Palestine* (London: Croom Helm, 1976), p. 27.
2. シオニズムの起源研究は多数ある。例えば次を参照；David Vital, *The Origins of Zionism: The Formative Years* (Oxford: Oxford University Press, 1982).
3. ユダヤ人及びパレスチナ・アラブ人に対する英国の約束については次を参照；Walter Laqueur, *The Israel-Arab Reader* (New York, Citadel Press, 1968), pp. 15-18, Leonard Stein, *The Balfour Declaration* (London: Mitchell Vallentine, 1961), pp. 309-514, 534-58. 次も参照；J. M. Ahmed, *The Intellectual Origins of Egyptian Nationalism* (London: Oxford University Press, 1960).
4. Francis R. Nicosia, *The Third Reich and the Palestine Question* (London: I. B. Tauris, 1985), pp. 177-78. Lukasz Hirszowicz, *The Third Reich and the Arab East* (London: Routledge & K. Paul, 1966), pp. 71, 95, 248. ベングリオンの伝記については次を参照；Shabtai Teveth, *Ben-Gurion: The Burning Ground, 1906-1948* (Boston: Houghton Mifflin, 1987), Michael Bar Zohar, *Ben-Gurion: A Biography* (New York: Adama Books, 1977).
5. Israel Gershoni and James P. Jankowski, *Egypt, Islam and the Arabs: The Search for Egyptian Nationhood, 1900-1930* (Oxford: Oxford University Press, 1986), pp. 40-55, 231-69. Michael Doran, *Pan-Arabism Before Nasser: Egyptian Power Politics and the Palestine Question* (New York: Oxford University Press, 1999), pp. 94-127. Albert Hourani, *A History of the Arab Peoples* (London: Faber and Faber, 1991), pp. 340-64.
6. Yehoshua Porath, *In Search of Arab Unity* (London: Frank Cass, 1986), pp. 290-311. Ahmed M. Gomaa, *The Foundation of the League of Arab States: Wartime Diplomacy and Inter-Arab Politics, 1941 to 1945* (London and New York: Longman, 1977), pp. 98-133.
7. Mary C. Wilson, *King Abdullah, Britain and the Making of Jordan* (Cambridge: Cambridge University Press, 1987), pp. 151-86. パレスチナ難民の脱出については次も参照；Ilan Pappe, *Britain and the Arab-Israel Conflict, 1948-1951* (London: Macmillan, 1988). Dan Scheuftan, *Ha-Optzia ha-Yardenit: Ha-Yishuv ve-Medinat Yisrael mul ha-Mimshal ha-Hashemi ve ha-Tnua ha-Leumit ha-Falastinit* (Tel Aviv: Yad Tabenkin, Machon Yisrael Galili, 1986). パレスチナ問題に関する国際社会の対応は次を参照。Wm. Roger Louis, *The British Empire in the Middle East, 1945-1951: Arab Nationalism, the United States, and Postwar Imperialism* (Oxford: Oxford University Press, 1984), pp. 381-574.

8. ヘブライ大学の歴史学者タルモン教授（J. L. Talmon）が1967年の戦争直後同じような観測をしており、「ユダヤ人の固定観念は恐怖と不信感と力の誇示がないまぜになって出来上がった…この自信過剰と恐怖感の交錯が、今日のイスラエルに顕著である。同じ人物が“我々は数時間でカイロへ到達できる”と胸を張り、舌の根が乾かぬ内に“我々は半時間で国諸共全滅するかもしれない”と言うのである」と述べている。次を参照；J. L. Talmon, *The Six Days' War in Historical Perspective*（Rehovot, Israel: Yad Chaim Weizmann, 1969）, p. 78.
9. 最近歴史修正学派が書いた記事によると、1948年の戦争でユダヤ側の兵力はアラブ側より多かったとある。例えば次を参照；Benny Morris, *The Birth of the Palestinian Refugee Problem*, pp. 20-23. 戦争の後半ではそうであったかも知れないが、危機的状況にあった前半即ち5–6月には、アラブ側が圧倒的な兵力を以て侵攻していたのである。
10. フスニ・ザイームとの秘密接触については次を参照；David Peled, “Ben-Gurion Wasn't Rushing Anywhere,” *Ha'aretz*（English edition）, Jan. 20, 2000, p. 4, and Itamar Rabinovich, *The Road Not Taken: Early Arab-Israeli Negotiations*（New York: Oxford University Press, 1991）, pp. 65-167.
11. ヌーリのイスラエル側との秘密接触については次を参照；Michael Oren, “Nuri al-Sa'id and Arab-Israel Peace,” *Asian and African Studies* 24, no. 3（1990）.
12. Yaacov Ro'i, *From Encroachment to Involvement: A Documentary Study of Soviet Foreign Policy in the Middle East, 1945-1973*（New York: Wiley, 1974）, p. 115. Galia Golan, *Soviet Politics in the Middle East: From World War II to Gorbachev*（Cambridge: Cambridge University Press, 1990）, pp. 29-37. Naftali Ben-Tsion Goldberg, “SSSR Protiv Izrailia,” *Sem Dney*, Aug. 17, 2000, p. 4. M. Prokhorov, ed., *Sovetskii Entsiklopedicheskii Slovar*, 4th ed.（Moscow: Soviet Encyclopedia, 1989）, p. 486. フルシチョフ発言は次からの引用；Yosef Govrin, *Israeli-Soviet Relations, 1953-1967: From Confrontation to Disruption*（London: Frank Cass, 1990）, p. 66.
13. アルファ計画については次を参照；Evelyn Shuckburgh, *Descent to Suez, 1951-1956*（London: Weidenfeld and Nicolson, 1986）, pp. 242-67, Michael B. Oren, “Secret Efforts to Achieve an Egypt-Israel Settlement Prior to the Suez Campaign,” *Middle Eastern Studies* 26, no. 3（1990）.
14. Gamal Abdel Nasser, *The Philosophy of the Revolution*（Washington, D.C.: Public Affairs Press, 1955）. ナセルの発言は次からの引用；Robert Stephens, *Nasser, A Political Biography*（London: Penguin, 1971）, pp. 135-36.
15. Zaki Shalom, *David Ben-Gurion, Medinat Yisrael ve ha-Olam ha-Aravi, 1949-1956*（Sede Boqer: Ha-Merkaz le-Moreshet Ben-Gurion, 1995）, p. 39. Michael B. Oren, *Origins of the Second Arab-Israeli War*（London: Frank Cass, 1993）, pp. 29-34. Michael B. Oren, “The Egypt-Israel Border War,” *Journal of Contemporary History* 24（1990）. V. A. Kirpichenko, *Iz Arkhiva Razvedchika*（Moscow: Mezhdunorodnyie Otnosheniya, 1993）, pp. 37-39. ヨルダン川及びフーラ湿地帯をめぐる紛争については次を参照；Arnon Soffer, *Rivers of Fire: The Conflicts Over Water in the Middle East*（Lanham, Md.: Rowman and Littlefield, 1999）, Kathryn B. Doherty, *Jordan Waters Conflict*（New York: Carnegie Endowment for International Peace, 1965）.
16. Oren, “Secret Efforts to Achieve an Egypt-Israel Settlement Prior to the Suez Campaign.”
17. Michael B. Oren, “The Tripartite System in the Middle East, 1950-1956,” in Dori Gold, ed., *Arms Control and Monitoring in the Middle East*（Boulder, Colo.: Westview Press, 1990）.
18. NAC, MG 26, N1, 29: Pearson Papers: Middle East Crisis, Nov. 20, 1956. ISA, 2459/1: Tekoah to

Embassies, Nov. 15, 1956. John Moore, ed., *The Arab-Israel Conflict: Readings and Documents* (Princeton, N.J.: Princeton University Press, 1977), pp. 1045-55. PRO, FO371/121738/189: Dixon to Foreign Office, May 3, 1956. FRUS, XVI, p. 1208. BGA, "Diary: The Diplomatic Battle Over Suez," July 1957. Michael B. Oren, "Faith and Fair-Mindedness: Lester B. Pearson and the Suez Crisis," *Diplomacy and Statecraft* 3, no. 1 (1992); Michael B. Oren, "Ambivalent Adversaries: David Ben-Gurion and Dag Hammarskjold," *Journal of Contemporary History* 27 (1992). Brian Urquhart, *A Life in Peace and War* (New York: Harper & Row, 1987), pp. 193-94.

19. P. J. Vatikiotis, *Nasser and His Generation* (New York: St. Martin's Press, 1978), p. 161.
20. この時期のアラブの対イスラエル認識については次を参照；Mahmud Husayn, *Al Sira' al-Tabaqi fi Misr min 1945 ila 1970* (Beirut: Dar al-Tali'a, 1971), pp. 250-53. Amin Al-Nafuri, *Tawazun al-Quwwa bayna al-'Arab wa-Isra'il: Dirasa Tahliliyya Istratejiyya li 'Udwan Haziran 1967* (Damascus: Dar al-I'tidal lil-Tiba'a wal-Nashr, 1968), pp. 162-67.
21. Malcolm H. Kerr, *The Arab Cold War: Gamal Abd al-Nasir and His Rivals, 1958-70* (Oxford: Oxford University Press, 1971). Stephens, *Nasser*, pp. 356-57. John Waterbury, *The Egypt of Nasser and Sadat: The Political Economy of Two Regimes* (Princeton, N.J.: Princeton University Press, 1983), pp. 57-82.
22. Alvin Z. Rubinstein, *Red Star on the Nile: The Soviet-Egyptian Influence Relationship Since the June War* (Princeton, N.J.: Princeton University Press, 1977), p. 136.
23. Baruch Gilad, ed., *Teudot le-Mediniyut ha-Hutz shel Medinat Yisrael* 14, 1960 (Jerusalem: Israel Government Printing House, 1997), pp. 16-32. Yitzhak Rabin, *The Rabin Memoirs* (Berkeley: University of California Press, 1996), pp. 55-56. Ze'ev Lachish and Meir Amitai, *Asor Lo Shaket: Prakim be-Toldot Hail ha-Avir ba-Shanim 1956-1967* (Tel Aviv: Misrad ha-Bitahon, 1995), pp. 232-47. メロム大佐の口述証言については Col. Shlomo Merom, Dec. 7, 1999. カディ将軍のインタビューは *al-Ra'i al-'Am*, June 2, 1987. にそれぞれ収録。
24. Patrick Seale, *Asad of Syria: The Struggle for the Middle East* (London: I. B. Taurus, 1988), pp. 65-68.
25. *Foreign Relations of the United States 18, 1961-1963: Near East* (Washington: U.S. Government Printing Office, 1995), p. 62. アメリカの対エジプト小麦供給の統計及びボールズの発言は、次からの引用；William J. Burns, *Economic Aid and American Policy Toward Egypt, 1955-1981* (Albany: State University of New York Press, 1985), pp. 212-16.
26. Ali Abdel Rahman Rahmi, *Egyptian Policy in the Arab World: Intervention in Yemen 1962-1967, A Case Study* (Washington, D.C.: University Press of America, 1983), pp. 189-96. ナセルとアメルの関係については次を参照；'Abdallah Imam, *Nasir wa-'Amer* (Cairo: Mu'assasat al-Kitab, 1985), pp. 5-32, 67-83. Gen. Muhammad Fawzi, *Harb al-Thalath Sanawat* (Cairo: Dar al-Mustaqbal al-'Arabi, 1980), pp. 33-45. Mohamed Hassanein Heikal, *1967: Al-Infijar* (Cairo: Markaz al-Ahram, 1990), pp. 181, 394-98.
27. ナセル自身イエメンとベトナムを比較した可能性がある。次を参照；LBJ, Lucius Battle Oral History, p. 38.
28. Vatikiotis, *Nasser and His Generation*, pp. 161-62. Anwar El-Sadat, *In Search of Identity: An Autobiography* (New York: Harper & Row, 1977), pp. 162-63. Burns, *Economic Aid and American Policy*, pp. 139-40. Rahmi, *Egyptian Policy in the Arab World*, pp. 189-96. ケネディ発言は次からの引用；*Foreign Relations of the United States 18, 1961-1963*, pp. 752-53.

29. ケネディ発言は次からの引用；*Foreign Relations of the United States 18, 1961-1963*, pp. 280-81. 次も参照；Judith A. Klinghoffer, *Vietnam, Jews and the Middle East: Unintended Consequences* (New York: St. Martin's Press, 1999), p. 9. Mordechai Gazit, *President Kennedy's Policy Toward the Arab States and Israel: Analysis and Documents* (Syracuse, N.Y.: Syracuse University Press, 1983). Moshe Ma'oz, *Syria and Israel: From War to Peacemaking* (Oxford: Clarendon Press, 1995), pp. 86-87.
30. ケネディの外交政策に指摘される当時のイスラエルの核政策及び施設場所は、次の研究書に詳しく論じられている；Avner Cohen, *Israel and the Bomb* (New York: Columbia University Press, 1998) and Seymour Hersh, *The Samson Option* (New York: Random House, 1991). ナセルが西独及び前ナチ科学者を使った事実は次の資料で明らかにされている；PRO, FCO 39/233 UAR Internal Political Situation: Who's Who of Nasser's Ex-Nazis, June 26, 1967. 次も参照。Martin Van Creveld, *The Sword and the Olive: A Critical History of the Israeli Defense Force* (New York: Public Affairs, 1998), p. 164. Terence Prittie, *Eshkol: The Man and the Nation* (New York: Pitman, 1969), p. 225.
31. ベングリオン発言は次からの引用；ISA, Foreign Ministry files, 3329/1: Prime Minister to Director-General of the Foreign Ministry, Nov. 19, 1961, and 723/5/A: Foreign Ministry to Embassy in Washington, May 14, 1963. エジプトのミサイル開発能力に関するアメリカの分析、評価は次を参照；LBJ, National Intelligence Estimates, boxes 6-7: The Eastern Arab World, Feb. 17, 1966. イスラエルのダッソー社との接触は次を参照；Cohen, *Israel and the Bomb*, p. 116.
32. Ze'ev Schiff, *A History of the Israeli Army, 1874 to the Present* (New York: Macmillan, 1985), pp. 115-17. George W. Gawrych, *The Albatross of Decisive Victory: War and Policy Between Egypt and Israel in the 1967 and 1973 Arab-Israeli Wars* (Westport, Conn.: Greenwood Press, 2000), pp. 23-27. Ze'ev Lachish and Meir Amitai, *Asor Lo Shaket*, pp. 28-31. Aharon Yariv, *Ha'arakha Zehira: Kovetz Ma'amarim* (Tel Aviv: Ma'arakhot, 1998), pp. 123-24. Yair Evron, "Two Periods in the Arab-Israeli Strategic Relations 1957-1967; 1967-1973," in Itamar Rabinovich and Haim Shaked, eds., *From June to October: The Middle East Between 1967 and 1973* (New Brunswick, N.J.: Transaction, 1978), pp. 100, 112-13. S.N. Eisenstadt, *Ha-Hevra ha-Yisraelit* (Jerusalem: Magnes Press of Hebrew University, 1970), pp. 26-33. Klinghoffer, *Vietnam, Jews and the Middle East,* p. 20. Van Creveld, *The Sword and the Olive*, pp. 156-57.
33. Prittie, *Eshkol*, p. 211. エシュコルの発言は次からの引用；Moshe A. Gilboa, *Shesh Shanim, Shisha Yamim-Mekoroteha ve-Koroteha shel Milhemet Sheshet ha-Yamim* (Tel Aviv: Am Oved, 1969), pp. 34, 36.
34. エジプトの立場は次を参照；Moshe Shemesh, *The Palestinian Entity 1959-1974: Arab Politics and the PLO* (London: Frank Cass, 1989), p. 4. ヨルダン・サウジ協定については次を参照；Asher Susser, *On Both Banks of the Jordan: A Political Biography of Wasfi al-Tall* (London: Frank Cass, 1994), pp. 55-57.
35. シリアの見方は次からの引用；Burns, *Economic Aid and American Policy*, p. 140. ナセルについては次からの引用；Avraham Sela, *The Decline of the Arab-Israeli Conflict: Middle East Politics and the Quest for Regional Order* (Albany: State University of New York Press, 1998), p. 59. Itamar Rabinovich, *Syria Under the Ba'th 1963-66: The Army-Party Symbiosis* (Jerusalem: Israel Universities Press, 1972), pp. 95-96. タルの発言は次からの引用；Susser, *On Both Banks of the Jordan*, p. 55. 次も参照；Leila S. Kadi, *Arab Summit Conferences, and the Palestine Problem, 1945-1966* (Beirut:

Palestine Liberation Organization, 1966), pp. 96-109. Fawzi, *Harb al-Thalath Sanawat*, p. 49. Mohamed H. Heikal, *Sanawat al-Ghalayan* (Cairo: Markaz al-Ahram, 1988), pp. 729-30.

36. シリアの対応は次からの引用；Moshe Shemesh, "Hama'avak ha-'Aravi al ha-Mayim Neged Yisrael, 1959-1967," *Iyunim 7* (1997): 124. ナセルの提唱は次からの引用；Heikal, *Sanawat al-Ghalayan*, p. 740.
37. David Kimche and Dan Bawly, *The Sandstorm: The Arab-Israeli War of June 1967: Prelude and Aftermath* (London: Secker & Warburg, 1968), p. 25.
38. Mahmoud Riad, *The Struggle for Peace in the Middle East* (New York: Quartet Books, 1981), p. 12. Samir A. Mutawi, *Jordan in the 1967 War* (Cambridge: Cambridge University Press, 1987), pp. 57-58.
39. 次からの引用；Shemesh, *The Palestinian Entity,* p. 38. 次も参照；Sela, *The Decline of the Arab-Israeli Conflict,* pp. 62-68. Fawzi, *Harb al-Thalath Sanawat,* pp. 47-48.
40. Ma'oz, *Syria and Israel*, p. 81.
41. PLO は「パレスチナ解放を目指すアラブの共同闘争の前衛」と讃えられ、1964 年 5 月 28 日エルサレムで開催されたパレスチナ集会で設立された。次を参照；Sayigh, *Armed Struggle and the Search for State*, pp. 95-100. Al-Shuqayri, *Mudhakkirat* 3, p. 144. Avraham Sela, ed., *Political Encyclopedia of the Middle East* (New York: Continuum, 1999), pp. 602-3.
42. LBJ, National Intelligence Estimates, boxes 6-7: The Eastern Arab World, Feb. 17, 1966. Kadi, *Arab Summit Conferences,* pp. 176-77. Al-Shuqayri, *Mudhakkirat 3*, pp. 78-84, 98-106. Heikal, *al-Infijar*, pp. 199-218. Mohamed Ahmed Mahjoub, *Democracy on Trial: Reflections on Arab and African Politics* (London: Andre Deutsch, 1974) pp. 105-14.
43. 口述証言；Adnan Abu Oudeh, Amman, Nov. 6, 1999. ジャディド発言は次からの引用。Avraham Ben Tzur, *Gormim Sovietiim u-Milhemet Sheshet ha-Yamim: Ma'avakim ba-Kremlin ve-Hashpa'ot be-Azoreinu* (Tel Aviv: Sifriat Poalim, 1975), p. 17. Ma'oz, *Syria and Israel,* p. 84.
44. ブルギバの意図は、イスラエルを窮地に追い込むことにあった。イスラエルも国連分割決議を受け入れれば、休戦ライン内の 30%を手放した上に、パレスチナ国家の建設を認めねばならなくなる。その後そこを出発点として新しい要求を突きつける。イスラエルが計画を拒否すれば、アラブの戦争は大義名分が立つ。即ち正当化される。第二、第三アラブ首脳会議の時代については、次を参照；Kerr, *The Arab Cold War*, pp. 98-116. Sela, *The Decline of the Arab-Israeli Conflict,* pp. 75-94. Gilboa, *Shesh Shanim, Shisha Yamim,* p. 40. Heikal, *Al-Infijar*, pp. 137-42. Rahmi, *Egyptian Policy in the Arab World,* pp. 224-27.
45. ナセルの判断は次からの引用；Burns, *Economic Aid and American Policy,* p. 159. 別に翻訳版が次の研究書に掲載されている；Richard B. Parker, *The Politics of Miscalculation in the Middle East* (Bloomington: Indiana University Press, 1993), p. 105. Klinghoffer, *Vietnam, Jews and the Middle East,* p. 72. Heikal, *Al-Infijar*, p. 372. 次も参照；LBJ, Lucius Battle Oral History, p. 38; David Nes Oral History, pp. 3-5.
46. PRO, FCO/39/285, UAR-Economic Affairs: Effects of the Arab-Israeli War on the UAR Economy, Dec. 1, 1967. Kimche and Bawly, *The Sandstorm*, pp. 35-36. Vatikiotis, *Nasser and His Generation*, pp. 202-12. Heikal, *Sanawat,* pp. 733-57, 774-75. Heikal, *Al-infijar*, pp. 175-84. Riad, *The Struggle for Peace in the Middle East,* pp. 15-17. El-Sadat, *In Search of Identity,* pp. 164-65.

47. Ze'ev Ma'oz, "The Evolution of Syrian Power, 1948-1984," in Moshe Ma'oz and Avner Yaniv, eds., *Syria Under Assad: Domestic Constraints and Regional Risks* (London: Croom Helm, 1986), pp. 71-76.
48. Aharon Yariv, *Ha'arakha Zehira,* pp. 159-61, Aharon Yariv, "Ha-Reka la-Milhama," *Dapei Elazar, no. 10, Esrim Shana le-Milhemet Sheshet ha-Yamim* (Tel Aviv: Yad David Elazar, 1988), pp. 15-23. Avi Cohen, *Ha-Hagannah al Mekorot ha-Mayim-Mediniyut Hafalat Hail Ha-Avir le-Tkifa bi-Gvul Yisrael-Suria, 1956-1967* (Tel Aviv: Hail ha-Avir, Misrad ha-Bitahon, 1992), p. 55.
49. 1964-65年のシリア・イスラエル国境戦闘については次を参照；PRO, FCO17/565, Israel-Territorial: Hadow to Morris, Feb. 15, 1967. Mustafa Khalil, *Min Milaffat al-Julan: Al-Qism al-Awwal* (Amman: Dar al-Yaqin lil-Tiba'a wal-Nashr, 1970), p. 47. Hanoch Bartov, *Dado: 48 Years and 20 Days* (Tel Aviv: Ma'ariv Books, 1981), pp. 83-92. Shabtai Teveth, *The Tanks of Tammuz* (London: Sphere Books, 1969), pp. 76-95. Cohen, *Ha-Hagannah al Mekorot ha-Mayim*, pp. 86-87, 107-8; エシュコルの考えは次の頁に；p. 113.
50. Heikal, *Al-Infijar*, pp. 220-23, 239-46, 333, and Heikal, *The Sphinx and the Commissar: The Rise and Fall of Soviet Influence in the Middle East* (London: Collins, 1978), pp. 166-68. I. Adeed Dawisha, *Egypt in the Arab World: The Elements of Foreign Policy* (New York: Wiley, 1976), pp. 46-47. Lachish and Amitai, *Asor Lo Shaket,* pp. 19-20. Sayigh, *Armed Struggle and the Search for State*, pp. 100-107. ISA, 3975/14, Foreign Ministry files, Diplomatic Relations with the United States, Washington to Foreign Ministry, July 12, 1966. ナセルの立場は次を参照；Theodore Draper, *Israel & World Politics: Roots of the Third Arab-Israeli War* (New York: Viking, 1967), p. 44, and Stephens, *Nasser,* p. 461.
51. Gen. Odd Bull, *War and Peace in the Middle East: The Experiences and Views of a U.N. Observer* (London: Lee Cooper, 1973), p. 95. Mutawi, *Jordan in the 1967 War,* pp. 38-39, 114. Susser, *On Both Banks of the Jordan*, p. 78.
52. Moshe Zak, *Hussein Ose Shalom* (Ramat Gan: Merkaz Begin-Sadat, 1966), pp. 6-75. Meir Amit, *Rosh be-Rosh: Mabat Ishi al Eruim Gdolim u-Farshiyot Alumot* (Or Yehuda: Hed Arzi, 1999), pp. 94-98. ベングリオンの祝意は次に指摘；*Documents of the Foreign Policy of Israel*, pp. 36-37.
53. フセイン発言は次からの引用；Susser, *On Both Banks of the Jordan*, pp. 105-6, and Mutawi, *Jordan in the 1967 War*, pp. 66-67. 次も参照；William B. Quandt, Fuad Jabber and Ann Mosley Lesche, *The Politics of Palestinian Nationalism* (Berkeley: University of California Press, 1973), pp. 165, 173. Kerr, *The Arab Cold War*, pp. 112-22. Heikal, *Al-Infijar*, pp. 351-53.
54. Eitan Haber, *Ha-Yom Tifrotz Milhama: Zikhronotav shel Tat-Aluf Yisrael Lior, ha-Mazkir Hatzvai shel Rashei ha-Memshala Levi Eshkol ve-Golda Meir* (Tel Aviv: Yediot Ahronot, 1987), pp. 54, 122, 133-34. Matitiahu Mayzel, *Ha-Ma'arakha al ha-Golan-Yuni 1967* (Tel Aviv: Ma'arakhot, 2001), pp. 99-101. エリ・コーヘン事件の全貌は次のサイトを参照；www.elicohen.com.
55. Sylvia K. Crosbie, *A Tacit Alliance: France and Israel from Suez to the Six Day War* (Princeton, N.J.: Princeton University Press, 1974), pp. 123-24, 140-48, 170, 224-25. Jean Lacouture, *De Gaulle: The Ruler, 1945-1970* (New York: Norton, 1992), p. 435. ISA, 3975/16, Foreign Ministry files, Diplomatic Relations with the United States: Bitan to Harman, Jan. 19, 1967.
56. ジョンソン発言は次に収録；I. L. Kenen, *Israel's Defense Line: Her Friends and Foes in Washington* (Buffalo, N.Y.: Prometheus Books, 1981), p. 173, USNA, Middle East Crisis files, 1967, Lot file

68D135, box 1: United States Statements on Israel: Johnson Statements, June 1, 1964. エシュコルの発言は次を参照；Cohen, *Israel and the Bomb*, p. 204.

57. ISA, 3976/9, Foreign Ministry files, Relations with the United States: Eban Conversation with Johnson, Sept. 2, 1966. Lachish and Amitai, *Asor Lo Shaket,* pp. 22-23. Klinghoffer, *Vietnam, Jews and the Middle East,* p. 61. 共同覚書は次に引用。 Ma'oz, *Syria and Israel,* pp. 86-87.
58. ベトナムと中東との結びつきに関する資料はイスラエルの公文書館に沢山ある。イスラエルは内閣の左派閣僚がベトナム戦争に強く反対したので、公然と支持表明ができなかったが、イスラエルの代表はアメリカの東南アジア政策に対する強い支持を伝えた。例えば次を参照；ISA, 3975/12, Foreign Ministry files, Diplomatic Relations with the United States: Harman to Eban, June 24, 1966; 3975/14, Diplomatic Relations with the United States: Harman to Foreign Ministry, July 4, 1966; 3977/22, Diplomatic Relations with the United States: Report on Eshkol Talk with Feinberg and Ginzburg, April 28, 1966.
59. イスラエルの経済危機調査は、次に収録；PRO, FCO17/577: Israel-Defense: Report of Defense Attaché, Nov. 16, 1966. 次も参照；Gawrych, *The Albatross of Decisive Victory,* p. 3.
60. Ma'oz, *Syria and Israel,* p. 89.
61. CIA の内部資料は、シリアの新政権を不安定とし「今後過激派政権が相次いで登場すると思われる…シリアの将来は、政権が穏健か過激かではなく、過激主義の種類と過激の程度の問題となる」と分析している。次を参照；LBJ, National Security file, Middle East, boxes 145-57: Special Memorandum-Syria's Radical Future. 次も参照；Quandt, Jabber, and Lesche, *The Politics of Palestinian Nationalism*, pp. 166-67. Itamar Rabinovich, "Suria, ha-Yahasim ha-bein-Araviyim u-Frotz Milhemet Sheshet ha-Yamim," in Asher Susser, ed., *Shisha Yamim-Shloshim Shana* (Tel Aviv: Am Oved, 1999), pp. 50-52.
62. アラブ世界に対するソ連の援助は、次を参照；PRO, FCO17/112: Soviet Aid to Arab Countries, June 26, 1967 and USNA, Lot files, USUN, box 6: Circular: Foreign Military Assistance to Near East Countries, June 19, 1967. I. L. Blishchenko and V. D. Kudriavtsev, *Agressia Izrailia 1 Mezhdunarodnoie Pravo* (Moscow: Mezhdunorodnyie Otnosheniya, 1970), pp. 8-11. 次も参照；Christoper Andrew and Oleg Gordievsky, *KGB: The Inside Story* (New York: HarperCollins, 1990), pp. 495-98. Oded Eran, "Soviet Policy Between 1967 and 1973," in Rabinovich and Shaked, *From June to October,* pp. 27-30. Kimche and Bawly, *The Sandstorm*, pp. 44-45. Burns, *Economic Aid and American Policy,* p. 154. フルシチョフの失脚については次を参照；LBJ, Lucius Battle Oral History, pp. 14-15. アメルの件は次からの引用；Heikal, *Al-Infijar,* p. 81.
63. NAC, RG 25 box 2827, Syria: New Urge for Industrialization, Feb. 8, 1967. ISA, 4048/1627, Foreign Ministry files, Soviet Foreign Relations: Eban Conversation with Hare, April 27, 1966. Yariv, *Ha'arakha Zehira*, p. 149. Ben Tzur, *Gormim Sovietiim u-Milhemet Sheshet ha-Yamim*, pp. 35-49, 71-72. V. M. Vinogradov, *Diplomatia: liudi i sobytia* (Moscow: Rosspen, 1998), pp. 151-54, 215. O. E. Tuganova, *Mezhdunarodnyie otnoshenia na Blizhnem i Srednem Vostoke* (Moscow: Mezhdunarodnyie Otnoshenia, 1967), pp. 134-35.
64. A. M. Grechko, *Sovetskaia Voiennaia Entsiklopedia 3* (Moscow: Institut Voiennoi Istorii, 1976), p. 508. V. Rumiantsev, "Arabskii Vostok na Novom Puti," *Kommunist* (Moscow) 16 (November 1969), p. 91. I. Ivanov, *Ostorozhno: Sionizm!*, 2nd ed. (Moscow: Politicheskaia Literatura, 1971), p. 3. I. P.

Beliaev and E. M. Primakov, *Egipet: Vremia Prezidenta Nasera* (Moscow: Mysl, 1974), p. 324. V. V. Zhurkin and E. M. Primakov, eds., *Mezhdunarodnyie Konflikty* (Moscow: Mezhdunarodnyie Otnoshenia, 1972), p. 129. Govrin, *Israeli-Soviet Relations,* pp. 276-79, 300. Avigdor Dagan, *Moscow and Jerusalem: Twenty Years of Relations Between Israel and the Soviet Union* (London: Abelard-Schuman, 1970), pp. 155-57.

65. Ben Tzur, *Gormim Sovietiim u-Milhemet Sheshet ha-Yamim*, pp. 190-91, 210-11. Atassi quote from Draper, *Israel & World Politics*, p. 35.
66. シリアとの関連におけるアメリカの対イスラエル支援は次を参照；LBJ, National Security file, Middle East, Israel box 140, 141: Conversation with Foreign Minister Eban, Nov. 3, 1966. ISA, 3977/20, Foreign Ministry files, Relations with the United States: Evron to Bitan, Oct. 25, 1966; President Johnson to Eshkol, Nov. 9, 1966.
67. ISA, 3975/12, Diplomatic Relations with the United States: Rafael to Bitan, June 20, 1966. Haber, *Ha-Yom Tifrotz Milhama*, pp. 127, 139. Parker, *The Politics of Miscalculation*, p. 11. Govrin, *Israeli-Soviet Relations*, pp. 287-89. タス通信の内容は次に収録；Dagan, *Moscow and Jerusalem,* p. 176.
68. ガリラヤ地方におけるこの時期の戦闘に関するイスラエル、シリア双方の言い分は、次に収録；DAG 13/3.4.0, box 82, Israel/Syria High Level Talks, Cultivation Arrangements: Barromi to the President of Security Council, Jan. 9, 1967, and Tomeh to President of Security Council, Jan. 10, 1967. 次も参照；Cohen, *Ha-Hagannah al Mekorot ha-Mayim,* pp. 140-56.
69. Sayigh, *Armed Struggle and the Search for State,* pp. 137-38. ラビンの発言は次からの引用；Gilboa, *Shesh Shanim, Shisha Yamim,* pp. 287-89. シリアについては次に収録；BBC, Daily Report, Middle East, Africa, and Western Europe, No. 199, G3.
70. Cohen, *Israel and the Bomb*, p. 261.
71. Amit, *Rosh be-Rosh,* pp. 210-26. Haber, *Ha-Yom Tifrotz Milhama,* pp. 64-65. Klinghoffer, *Vietnam, Jews and the Middle East,* p. 73. 1966年にみられたエジプトとイスラエルの利害の接近については次を参照；ISA, 3975/15, Foreign Ministry files, Diplomatic Relations with the United States: Argov to Harman, March 19, 1966, and 3978/2, United States-Relations with the Middle East. Evron to Gazit, Aug. 25, 1967.
72. アリ・アメルの発言は次からの引用；Gilboa, *Shesh Shanim, Shisha Yamim,* p. 65. ナセル発言は次からの引用；Heikal, *Al-Infijar,* pp. 365-66. 次も参照；Sela, *The Decline of the Arab-Israeli Conflict,* p. 90. Kerr, *The Arab Cold War,* pp. 122-28. Seale, *Asad of Syria,* p. 126.
73. Suliman Mazhar, *I'tirafat Qadat Harb Yunyu: Nusus Shahadatihim Amama Lajnat Tasjil Ta'rikh al-Thawra* (Cairo: Kitab al-Hurriyya, 1990), p. 88. マホウスは次からの引用；BBC, Daily Report No. 183, G3.「アラブの声」及びダマスカス放送の放送内容は次からの引用；BBC, Daily Report No. 183, B1 and Daily Report No. 199, G1.
74. ISA, 3977/20, Foreign Ministry files, Relations with the United States: Handwritten Notes (by Y. Herzog) on LE meeting with Barbour, Nov. 10, 1966. MPA, Party Secretariat Procotols, 2/24/66/88: Eshkol Remarks to the Executive, Dec. 15, 1966. "帳面云々" は次からの引用；Rafi Man, *Lo Ya'ale al ha-Da'at* (Or Yehuda: Hed Arzi, 1998), p. 242.
75. ISA, 4030/6, Foreign Ministry files, Diplomatic Contacts and Security Council Debate on the Samu' Operation: Harman Conversation with Symes, Nov. 14, 1966; 3977/20, Foreign Ministry files,

Relations with the United States, Mr. Bitan's Visit, Nov. 29, 1966.

76. Ezer Weizman, *On Eagles' Wings: The Personal Story of the Leading Commander of the Israeli Air Force* (New York: Macmillan, 1976), p. 206. Haber, *Ha-Yom Tifrotz Milhama*, pp. 106-7. エシュコルの閣議発言は次に収録；Zak, *Hussein Ose Shalom*, p. 89.

第 2 章　触媒

1. サムア襲撃戦の模様は次に収録；ISA, 3998/5, Foreign Ministry files, Diplomatic Relations with Iran: Y. Rabin to Military Attachés, Nov. 15, 1966. Zak, *Hussein Ose Shalom,* p. 89, Kimche and Bawly, *The Sandstorm,* p. 83. Susser, *On Both Banks of the Jordan,* p. 110. 次の二人の口述証言もある；Ezer Weizman, March 1, 1999 及び Meir Amit, Feb. 9, 1999.
2. NAC, RG 25, box 10050: Political Affairs-Canada's Foreign Policy Trends and Relations-Israel. Middle East Situation-Call By Israeli Ambassador, Dec. 14, 1966. Charles W. Yost, "How It Began," *Foreign Affairs* (January 1968), p. 305. U Thant, *View from the UN* (New York: Doubleday, 1978), pp. 215-17.
3. サムア襲撃戦に対するアメリカの全般的反応は次を参照；LBJ, National Security file, Middle East, Israel box 140, 141: W. Rostow to the President, Nov. 14, 1966 and ISA, 4030/6, Foreign Ministry files, The Security Council Debate on the Samu' Operation, Nov. 16, 1966; Komer quote from 3977/20, Foreign Ministry files, Relations with the United States: Eban Conversation with Kromer, Dec. 12, 1966. Katzenbach quote from ISA, 3977/20, Foreign Ministry files, Relations with the United States: Eban Conversation with the Acting Secretary of State, Dec. 12, 1966. Rostow quote from ISA, 3977/20, Foreign Ministry files, Relations with the United States, Dec. 12, 1966.
4. エバンの発言は次を参照；3977/20, Foreign Ministry files, Relations with the United States: Meeting of Foreign Minister Abba Eban with Walt Rostow, Dec. 12, 1966, and Eban Conversation with Kromer, Dec. 12, 1966. ジョンソン宛エシュコル書簡については次を参照；LBJ, National Security file, Middle East, Israel box 140, 141: Nov. 23, 1966. フセイン宛ジョンソン書簡については次を参照；LBJ, National Security file, History of the Middle East Crisis, box 17, Nov. 23, 1966. アメリカの弔意書簡伝達拒否は次を参照；LBJ, National Security file, Middle East, Israel box 140, 141: Walt Rostow to the President, Nov. 14, 1967, Mordechai Gazit (口述証言), Feb. 4, 1999. National Security file, Middle East, Israel box 140, 141: W. Rostow to the President, Nov. 14, 1966. 次も参照；Uriel Dann, *King Hussein and the Challenge of Arab Radicalism: Jordan, 1955-1967* (New York: Oxford University Press, 1989), p.155, and Zak, *Hussein Ose Shalom,* p. 89.
5. Gilboa, *Shesh Shanim, Shisha Yamim,* p. 75. エシュコル発言は次に収録；MPA, Party Secretariat Protocols, 2/24/66/88: Dec. 15, 1966. リオールの観察は次からの引用；Haber, *Ha-Yom Tifrotz Milhama,* p. 89.
6. Hussein of Jordan, *My "War" with Israel*, as told to Vick Vance and Pierre Lauer (New York: Morrow, 1969), p. 29. Susser, *On Both Banks of the Jordan*, p. 111. エジプト、シリアのフセイン非難は次からの引用；BBC, Daily Report No. 224, B1; Daily Report No. 192, B4-5. フセインの意見は次に収録；Georgetown University, Special Collections, Findley Burns, Jr., Oral History Recollections, p. 9.
7. Al-Shuqayri, *Mudhakkirat 1,* pp. 271-72. Mutawi, *Jordan in the 1967 War,* pp. 73-74. Adnan Abu-Oudeh (口述証言), Amman, Nov. 16, 1999.

8. Indar Jit Rikhye（口述証言）, Feb. 22, 2000. ナセル宛フセイン書簡は次からの引用；BBC, Daily Report No. 224, D6-1; 新聞インタビューは次に収録；*Christian Science Monitor* in Daily Report No. 192, D2. Edgar O'Balance, *The Third Arab-Israeli War*（London: Faber & Faber, 1972）, p. 173. Mutawi, *Jordan in the 1967 War*, p. 81.
9. ISA, 3998/5, Foreign Ministry files, Diplomatic Relations with Iran, Conversation with Dr. Sidriya—Report on Arab Defense Committee Meeting, Dec. 16, 1966. Mutawi, *Jordan in the 1967 War*, p. 82.
10. シドキ発言は次からの引用；Shmuel Segev, *Sadin Adom*（Tel Aviv: Taversky Press, 1967）, pp. 15-16. ナセルの失脚予想は次に収録；PRO, FCO 39/233 UAR Internal Political Situation: UAR: General Situation. P. W. Unwin, Jan. 20, 1967, and LBJ, National Security file, Country file, Middle East-UAR box 161: CIA Report on Egypt, Oct. 3, 1966, and ISA, 3975/15, Foreign Ministry files, Diplomatic Relations with the United States: Gazit Conversation with Bergus, Feb. 6, 1967. エジプトの国防費削減は次を参照；Salah al-Din al-Hadidi, *Shahid 'ala Harb 67*（Beirut: Dar al-'Awda, 1974）, pp. 31-35, and Mazhar, *I'tirafat Qadat Harb Yunyu,* p. 208-9. 自動車工場の現状とテッシュ発言は次に収録；PRO, FCO 39/233, UAR Internal Political Situation, Canadian Embassy, Cairo, to Foreign Ministry, Jan. 19 and March 2, 1967, respectively.
11. タルの発言は次に収録；Susser, *Both Banks of the Jordan*, pp. 117-18 and in PRO, FCO 17/231 Jordan-UAR Relations: Amman to Foreign Office, Jan. 9, 1967. Gen. アメルの主張は次からの引用；al-Shuqayri, *Mudhakkirat 3,* p. 233. エジプトのヨルダン批判は次に収録；PRO, FCO 17/231, Jordan-UAR: Amman to Foreign Ministry, Feb. 13, 1967. ナセルの語呂合わせは次に収録；PRO, FCO 17/231, Jordan-UAR Relations: Cairo to Foreign Office, March 15, 1967. ハマルシャの記者会見は次に収録；USNA, POL 30 Jordan, Cairo to State Department, Feb. 2, 1967. ハッジャジの記者会見は次に収録；PRO, FCO 17/23, Jordan-UAR Relations: Amman to Foreign Office, March 17, 1967.
12. PRO, FCO 17/231, Jordan-UAR Relations: Morris to Beaumont, March 10, 1967. アラブ連盟防衛委員会の記述は次に収録；USNA Central Foreign Policy files, 1967-1969, POL Arab-Jordan, box 1844: Amman to Washington, March 16, 1967. Heikal, *Al-Infijar*, pp. 429-31. Al-Shuqayri, *Mudhakkirat 3,* p. 285. BBC, Daily Report No. 11, B3.
13. フセインのジェリコ演説は次に収録；BBC, Daily Report No. 41, D1. エジプト・シリア協定に関するヨルダンの解釈は次を参照；Mutawi, *Jordan in the 1967 War*, pp. 73-79.
14. 聖アタナシウスは紀元4世紀のギリシアの神学者で、アレキサンドリアの司祭。アリウス派の教義に独り反対した。世界に抗して（Contra mundum）は次からの引用；PRO, FCO 17/494, Israel-Political Affairs: W.H. Fletcher（Cairo）to Foreign Office, June 1, 1967. アクラムの発言は次からの引用；IDF 192/74, file 1348: The Battle for the Southern Front, p. 55. サブリとアワッドの批判は次からの引用；Vatikiotis, *Nasser and His Generation,* pp. 166-69. 当時のナセルについては次も参照；Andrei Gromyko, *Memoirs*（New York: Doubleday, 1989）, p. 272. El-Sadat, *In Search of Identity,* p. 148. Richard B. Parker, *The Six Day War*（Jacksonville: University of Florida Press, 1997）, p. 263. Parker, *The Politics of Miscalculation in the Middle East,* pp. 242-45.
15. LBJ, Lucius Battle Oral History, p. 38.
16. ラビンの感想；YAD, YRabin, Feb. 3, 1987. ナセルの態度については次を参照；Kimche and

Bawly, *The Sandstorm,* pp. 32-33. 'Abd al-Latif Al-Baghdadi, *Mudhakkirat* (Cairo: al-Maktab al-Misri al-Hadith, 1977), pp. 167-219. ファウジの発言は次に引用；Harb al-Tha, *lath Sanawat,* p. 69. Heikal, *Al-Infijar,* p. 457. Wajih Abu Dhikri, *Madhbahat al-Abriya'* (Cairo: Al-Maktab al-Misri al-Hadith, 1988), p. 142. Ramadan, 'Abd al-'Azim. *Tahtim al-Aliha: Qissat Harb Yunyu 1967* (Cairo: Madbuli, 1988), pp. 48-49. Parker, *The Politics of Miscalculation in the Middle East,* p. 91. CIA 報告は次からの引用；USNA, Middle East Crisis, Memos, box 17: Memorandum for the White House, May 24, 1967.

17. USNA, Central Foreign Policy files, 1967-1969, POL 7 ARAB-SUMMIT, box 1844: Damascus to State Department, March 16, 1966. Kerr, *The Arab Cold War,* pp. 125-26. アリ・アリ・アメルの報告は次からの引用；Heikal, *Al-Infijar,* p. 423. アイスボックス云々は次に収録；LBJ, National Security file, Country file, Middle East-UAR box 161: Lunch with Ambassador Kamel, Jan. 17, 1967. Gen. Yusuf Khawwash (口述証言), Nov. 16, 1999. イエメン暴動の噂は次を参照；PRO, FCO 39/233, UAR Internal Political Situation: Tennet Minute, March 30, 1967.
18. ハキム・アメルのプロフィールは次を参照；Berlinti 'Abd al-Hamid, *Al-Mushir wa-Ana* (Cairo: Maktabat Madbuli al-Saghir, 1992), pp. 201-5. Fawzi, *Harb al-Thalath Sanawat,* pp. 33-45, 52-54. Imam, *Nasir wa-'Amer,* pp. 5-13, 39-41, 67-86. Heikal, *Al-Infijar,* pp. 818-22. Birs Zia' al-Din, " 'Abd al-Nasir... Hakama," in *Ruz al-Yusuf 2464*, Sept. 1, 1975, pp. 42-47. Vatikiotis, *Nasser and His Generation*, pp. 159, 161. Gawrych, *The Albatross of Decisive Victory,* pp. 12-13. Mahjoub, *Democracy on Trial,* p. 134. Wajih Abu Dhikri, *Madhbahat al-Abriya',* pp. 195-97. Anouar Abdel-Malek, *Egypt: Military Society-The Army Regime, the Left, and Social Change Under Nasser* (New York: Vantage Press, 1968), p. 144. ソ連の声明の例は次を参照；BBC, Daily Report No. 183, B1. ムシール (Mushir) は次からの引用；USNA, Central Policy files, 1967-1969, POL 7 UAR, box 2554, Cairo to State Department, April 22, 1967. アメルに対するナセルの態度は次を参照；El-Sadat, *In Search of Identity,* pp. 168-69 and Richard B. Parker, "The June 1967 War: Some Mysteries Explored," in *Middle East Journal* 46, no. 2 (Spring 1992), p. 194.
19. PRO, FCO/39/263 UAR -Relations with the USSR: Mr. Gromyko's Visit to Cairo, March 29, 1967. ISA, Foreign Ministry files, 4083/3, Contacts with the Soviet Union, Raviv to Shimoni, April 1, 1967. Gilboa, *Shesh Shanim, Shisha Yamim,* p. 86. Heikal, *Al-Infijar,* pp. 409-20. Ben Tzur, *Gormim Sovietiim u-Milhemet Sheshet ha-Yamim,* p. 177.
20. USNA, Central Policy files, 1967-1969, POL 7 UAR, box 2554: Battle to Rusk, Feb. 22, 1967. ヘイカルの記事は次からの引用；*Middle East Record 3, 1967* (Jerusalem: Israel Universities Press, 1971), pp. 49-50. LBJ, Lucius Battle Oral History, p. 36; David G. Nes Papers: Nes To Roger P. Davies, Deputy Assistant Secretary NEA, May 11, 1967. Parker, *The Politics of Miscalculation in the Middle East,* pp. 242-45. ナセルは海外へ注意をそらす必要があるというイギリスの見方は、アメリカの予想と類似する。次を参照；ISA, 4080/5, Foreign Ministry files, Contacts with Great Britain, London to FM, May 16, 1967.
21. Heikal, *al-Infijar,* pp. 407-8. アレフに対するナセルの発言は次に収録；BBC, Daily Report, Middle East, Africa, and Western Europe, No. 25, B3-4. 他のナセル発言は次からの引用；Vatikiotis, *Nasser and His Generation*, pp. 249-51.
22. ISA, Foreign Ministry files, 3977/20, Relations with the United States: 1967 年 1 月の北部国境事件

は次を参照；UN, DAG 13/3.4.0, box 82, Israel/Syria High Level Talks, Cultivation Arrangements: Barromi to President of Security Council, Jan. 15, 1967 and Tomeh to President of Security Council Jan. 13, 1967; Comay to the Security Council (Radio Damascus quote), Jan. 17, 1967. シリア側発言の翻訳は次でも読める；Draper, *Israel & World Politics,* p. 43. USNA, POL 12 SYR-SYR-US, box 2511: ʻAsifa Communiqué #56 *-al-Ba'th* and *al-Thawra*, Jan. 15, 1967. PRO, FCO 17/665 Syria -Political Affairs: Damascus to Foreign Office, Jan. 3, 1967.

23. Ma'oz, *Syria and Israel,* p. 82. *Al-Ba'th,* April 10, 1967. タラス大佐の発言は次からの引用；PRO, FO17/671: Syria-Political Affairs: Damascus to Foreign Ministry, March 2, 1967.
24. NAC, RG 25 box 2827, Syria: Present Conflict between the Syrian Government and the I.P.C. (Embassy of Syrian Arab Republic-London), Jan. 3, 1967. ダマスカス放送の内容は次に収録；BBC, Daily Report, Middle East, Africa, and Western Europe, No. 8, G2. *Al-Ba'th,* March 7, 1967.
25. PRO FCO/39/263 UAR-Relations with the USSR, Speares Minute-Soviet Foreign Minister's Visit to Cairo, April 11, 1967. ISA, 4049/7, Foreign Ministry files, Soviet Relations with Arab Countries, Moscow to Foreign Ministry, Jan. 8, 1967; 3975/15, Foreign Ministry files, Diplomatic Relations with the United States: Argov to Bitan, Feb. 9, 1967 ("small rather than big trouble"); Eban Conversation with Hare, June 27, 1966 ("tensions without explosions"). Anatoly Dobrynin, *In Confidence: Moscow's Ambassador to America's Six Cold War Presidents (1962-1986)* (New York: Random House, 1995), pp. 156-59. Oded Eran, "Soviet Policy Between 1967 and 1973," in Rabinovich and Shaked, eds., *From June to October,* p. 50.
26. USNA Central Foreign Policy files, 1967-1969, POL 12 SY, box 2511: Tel Aviv to Department of State, Jan. 24, 1967; Moscow to Department of State, Feb. 15, 1967. PRO, FO17/672 Syria-Political Affairs: Damascus to Foreign Office, Jan. 27, 1967. ISA, 3977/20, Foreign Ministry files, Relations with the United States: Bitan Conversation with Alfred Atherton, Dec. 12, 1966. Dagan, *Moscow and Jerusalem,* pp. 186-87. Govrin, *Israeli-Soviet Relations 1953-1967,* pp. 276-79. Ben Tzur, *Gormim Sovietiim u-Milhemet Sheshet ha-Yamim,* pp. 131-33, 151.
27. PRO, FCO 17/665 Syria-Political Affairs: Damascus to Foreign Ministry, Jan. 18, 1967; Damascus to Foreign Ministry, Feb. 21, 1967; FO17/671: Syria-Political Affairs: Damascus to Foreign Ministry, Feb. 4, 1967. ISA, 3975/15, Foreign Ministry files, Diplomatic Relations with the United States: North American Desk Memorandum, Feb. 4, 1967. アサド暗殺未遂事件は次を参照；BBC, Daily Report, Middle East, Africa, and Western Europe No. 8, G1; 閣僚の逮捕は次を参照；G2. 次も参照；Itamar Rabinovich, "The Ba'th in Syria," Rabinovich and Shaked, *From June to October,* p. 222.
28. LBJ, National Security file, Middle East Crisis, box 145-57: CIA: Syria -A Center of Instability, March 24, 1967. アサドとアウダの秘密会談は次に収録；PRO, FO17/ 671: Syria-Political Affairs: Craig to Moberley, January 24, 1967.
29. イスラエル・シリア混合休戦委員会に提出された抗議数は次に収録；Frederic C. Hof, *Line of Battle, Order of Peace?* (Washington: Middle East Insight, 1999), p. 14. UN, DAG 340 13/3.4.0, box 84, Verbatim Records, ISMAC 80th Meeting, Jan. 25, 1967. シリアの意見は次に収録；BBC, Daily Report, Middle East, Africa, and Western Europe, No. 19, G1. See also Indar Jit Rikhye, *The Sinai Blunder* (London: Frank Cass, 1980) p. 9.
30. PRO, FCO 17/576: Israel-Defense Attaché, Annexure 1, June 12, 1967. Walid Abu Murshid, Antoine

Butrus and Fuad Jabber, "Al-Kitab Al-Sanawi lil-Qadiyya al-Filastiniyya li-'Am 1967," in *Silsilat al-Kitab al-Sanawi lil-Qadiyya al-Filastiniyya 4* (Beirut: Manshurat Mu'assasat al-Dirasa al-Filastiniyya, 1969), pp. 124, 151-54. UN, DAG 13 3.4.0, box 84, IJMAC, Israeli Complaints of March 12 and 26, 1967. ファタハの声明は次でも読める；USNA, POL 12 SYR-SYR-US, box 2511.

31. UN, DAG 13/3.4.0, box 82: Israeli Complaint S/7853, April 14, 1967.
32. PRO, FO17/671: Syria-Political Affairs: Damascus to Foreign Office, Feb. 27, 1967. USNA Central Foreign Policy files, 1967-1969, POL 12 SY, box 2511: Damascus to Department of State, May 23, 1967. ISA, 3975/15, Foreign Ministry files, Diplomatic Relations with the United States: Argov to Harman, March 19, 1967 (Hoopes quote); 3977/21: Evron to North America Desk, March 16, 1967; Argov to Bitan, March 27, 1967; 7919/1, Levi Eshkol files, Diplomatic Telegrams: U.S.A.: Evron to Levavi, May 17, 1967 (Rostow quote).
33. エブロンの口上書は次に収録；LBJ, National Security file, Middle East, Israel box 140, 141: W. Rostow to the President, Jan. 16, 1967. エシュコルの見解は次からの引用；Haber, *Ha-Yom Tifrotz Milhama*, p. 141; "Syrian syndrome" on p. 99. 次も参照；Eyal Sisser, "Bein Yisrael le-Suria: Milhemet Sheshet ha-Yamim ule-Ahareiha," *Iyunim be-Tkumat Yisrael* 8 (1998), pp. 220-21.
34. Al-Shuqayri, *Mudhakkirat 5,* p. 35 (アリ・アリ・アメルの発言). Heikal, *Al-Infijar,* p. 434. 次も参照；Hisham Sharabi, "Prelude to War: The Crisis of May-June 1967," *The Arab World* 14 (1968). "Takrit ha-7 be-April: 20 Shniyot Aharei-Sheshet ha-Migim she-Kirvu et Sheshet ha-Yamim," *Bamahane* 39 (April 8, 1987).
35. シドキ発言は次からの引用；Mazhar, *I'tirafat Qadat Harb Yunyu,* pp. 107-8. Heikal, *Al-Infijar,* p. 434. Gilboa, *Shesh Shanim, Shisha Yamim,* p. 94. Al-Shuqayri, *Mudhakkirat 5,* p. 50. Al-Sabbagh, *Mudhakkirat Qadat al-'Askaraiyya al-Misriyya 5,* pp. 14-15. Kimche and Bawly, *The Sandstorm,* p. 86. Cohen, *Ha-Hagannah al Mekorot ha-Mayim,* pp. 178-79. エジプトのシリア訪問団スピーチは次からの引用；BBC, Daily Report, Middle East, Africa, and Western Europe, No. 72, B1 and 72, G1.
36. ヨルダンの主張は次からの引用；BBC, Daily Report, Middle East, Africa, and Western Europe, No. 73, D1. Gilboa, *Shesh Shanim, Shisha Yamim,* p. 83. ナセルの発言は次からの引用；BBC, Daily Report, Middle East, Africa, and Western Europe, No. 86, B1-17. Suliman quote from BBC, No. 82, G1.
37. USNA, Central Foreign Policy files, 1967-1969, POL 7 ARAB-SUMMIT, box 1844, Cairo to the Secretary of State, March 27, 1967; 1967-1969, POL Arab-Jordan, box 1844: Amman to Department of State, April 19, 1967. Mutawi, *Jordan in the 1967 War*, p. 101.
38. Ephraim Kamm, *Hussein Poteah be-Milhama: Milhemet Sheshet ha-Yamim be-Eynei ha-Yardenim* (Tel Aviv: Ma'arakhot, Misrad ha-Bitahon, 1974). Mutawi, *Jordan in the 1967 War*, p. 86. Hussein of Jordan, *My "War" with Israel*, pp. 38-39. Heikal, *Al-Infijar*, pp. 435-36. アンマン放送の内容は次からの引用；BBC, Daily Report, Middle East, Africa, and Western Europe, No. 86, B1-17.
39. PRO, FCO 17/576: Israel -Defense Attaché, Annexure 1, June 12, 1967. LBJ, National Security file, History of the Middle East Conflict, box 20: United States Policy and Diplomacy in the Middle East Crisis, May 15-June 10, 1967, pp. 5-6. UN, DAG 13 3.4.0, box 84: Syrian Complaint 7863, April 28, 1967; Israeli Complaint 7880, May 11, 1967.
40. ハルマンの発言は次からの引用；LBJ, National Security file, History of the Middle East Conflict,

box 20: United States Policy and Diplomacy in the Middle East Crisis, May 15-June 10, 1967, pp. 8-9. エバンの抗議は次からの引用；Gilboa, *Shesh Shanim, Shisha Yamim,* p. 97. イスラエルのラファエル国連大使が同種の抗議を安保理に行った。次を参照；Parker, *The Politics of Miscalculation,* p. 41.

41. Prittie, *Eshkol,* pp. 105, 183. Haber, *Ha-Yom Tifrotz Milhama*, pp. 140-42. Weizman, *On Eagles' Wings,* pp. 190-91. NAC, RG 25 10082: 20-ISR-9: Visit of Prime Minister Eshkol to Canada, Jan. 15-26, 1968. Miriam Eshkol（口述証言）, Aug. 30, 1999. ゲルバーのエッセイも次のサイト（レビ・エシュコルホームページ）で参照；Yoav Gelber in http://research.haifa.ac.il/%7Eeshkol/index.html（Levi Eshkol homepage）.
42. Robert Slater, *Rabin of Israel: A Biography*（London: Robson Books, 1993）, pp. 108-16. Dan Kurzman, *Soldier of Peace: The Life of Yitzhak Rabin*（New York: HarperCollins, 1998）, pp. 1-32. Rabin, *The Rabin Memoirs*, p. 61.
43. Michael Brecher, *Decisions in Crisis*（Berkeley: University of California Press, 1980）, p. 36. セミョーノフの非難は次からの引用；Gilboa, *Shesh Shanim, Shisha Yamim*, p. 87. Parker, *The Politics of Miscalculation,* p. 11.
44. ISA, 3975/15, Foreign Ministry files, Diplomatic Relations with the United States: Harman to Bitan, March 1, 1967; Bitan to Harman, March 6, 1967; Argov to Harman, March 19, 1967. LBJ, National Security file, Middle East, Israel box 140, 141: US Attitudes Toward Military Aid to IS, April 20, 1967; Tel Aviv to Department of State, January 17, 1967（Barbour quote）.
45. *U.S. News & World Report* 62, no. 16（April 17, 1967）, pp. 75-77. Prittie, *Eshkol*, p. 249. アタシ発言は次からの引用；BBC, Daily Report No. 214, G3.
46. LBJ, National Security file, History of the Middle East Conflict, box 20: United States Policy and Diplomacy in the Middle East Crisis, May 15-June 10, 1967, pp. 6-7. Arthur Lall, *The UN and the Middle East Crisis, 1967*（New York: Columbia University Press, 1968）, pp. 3-4. Gideon Rafael, *Destination Peace: Three Decades of Israeli Foreign Policy*（New York: Stein and Day, 1981）, p. 136. Brian Urquhart, *A Life in Peace and War*（New York: Harper & Row, 1987）, p. 20. トーメの主張は次からの引用；Menachem Mansoor, *Arab World: Political and Diplomatic History, 1900-1967: A Chronological Study*（NCR, Microcard Editors, n.d.）, entry for May 13, 1967. See also Yost, "How It Began," pp. 306-7. Rikhye, *Sinai Blunder*, p. 11.
47. LBJ, National Security files, NSC Histories, Middle East Crisis, box 17: Tel Aviv to the Secretary of State, May 12, 1967. Gilboa, *Shesh Shanim, Shisha Yamim,* pp. 98-101. Haber, *Ha-Yom Tifrotz Milhama,* pp. 146-47. *Middle East Record* 3, p. 187. Parker, *The Politics of Miscalculation in the Middle East*, pp. 15-18. Parker, *The Six Day War*, pp. 31-32, 69. Weizman, *On Eagles' Wings*, p. 208.
48. PRO, FO17/666, Syria -Political Affairs: Damascus to Foreign Office, May 14, 1967. ISA, Foreign Ministry files, 3975/17, Bilateral Relations with the U.S.: Harman to Foreign Ministry, May 12, 1967; 7920/4, Levi Eshkol Papers, Prime Minister's Reports and Surveys: Eshkol's Reports to the Ministerial Defense Committee, May 18, 1967. Riad, *The Struggle for Peace in the Middle East,* p. 17. Haber, *Ha-Yom Tifrotz Milhama,* p. 147. Seale, *Asad of Syria,* p. 115. Rikhye, *Sinai Blunder*, p. 10. アタシの警告は次からの引用；Mansoor, *Arab World,* entry for May 13, 1967. マホウスの発言は次に収録；LBJ, National Security files, NSC Histories, Middle East Crisis, box 17: The President in the

Middle East Crisis, Dec. 19, 1968, and Damascus to the Secretary of State, May 20, 1967.

49. UN, DAG 13/3.4.0, box 84: HJKIMAC, El-Farra to the Secretary General, Feb. 6, 1967; Comay to Secretary General, Feb. 10, 1967; Bull to Sasson, May 15, 1967. LBJ, National Security file, Middle East, Israel box 140, 141. Katzenbach to the President, May 2, 1967. NAC, RG 25, box 10050: Political Affairs-Canada's Foreign Policy Trends and Relations-Israel: Israel's Independence Day Parade, May 15, 1967. ISA, 3977/22, Diplomatic Relations with the United States: Bitan to Evron, April 16, 1967. Teddy Kollek, *For Jerusalem* (London: Weidenfeld and Nicolson, 1978), pp. 187-88. Haber, *Ha-Yom Tifrotz Milhama,* pp. 118-19, 145-46. Rikhye, *Sinai Blunder,* p. 13. Bull, *War and Peace in the Middle East,* p. 70. U Thant, *View from the UN* (New York: Doubleday, 1978), pp. 218-19.

50. Heikal, *Al-Infijar,* pp. 442-44. El-Sadat, *In Search of Identity,* pp. 171-72. アメリカ大使館の予測は次に収録；USNA, Central Policy files, 1967-1969, POL 2 UAR, box 2553: Cairo to the Department of State, April 29, 1967; POL ARAB-ISR, box 9: Paris to the Secretary of State, May 23, 1967. LBJ, National Security files, NSC Histories, Middle East Crisis, box 20: Davis to Rostow, June 2, 1967. エルサレムにおける独立記念日パレードで戦車と火砲の展示がなかったことに対するソ連の解釈については、次を参照；ISA, 4078, Foreign Ministry files, Contacts with the United States with the Entry of Egyptian Forces into Tiran, Evron to Foreign Ministry, May 15, 1967, and USNA, POL ARAB-ISR, box 9: Paris to Teheran, May 15, 1967. ポドゴルヌイ発言は次からの引用；Dayan, *My Life,* pp. 309-10 and Heikal, *Al-Infijar,* pp. 445-46.

51. サダトに対するソ連の警告理由をめぐってさまざまな説が唱えられた。次を参照；Michael Bar-Zohar, *Embassies in Crisis: Diplomats and Demagogues Behind the Six Day War* (Englewood Cliffs, N.J.: Prentice-Hall, 1970), p. 2. Ali Abdel Rahman Rahmi, *Egyptian Policy in the Arab World: Intervention in Yemen 1962-1967: A Case Study* (Washington D.C.: University Press of America, 1983), pp. 232-35. Nadav Safran, *From War to War: The Arab-Israel Confrontation, 1948-1967* (New York, 1969), pp. 267-77. Anthony Nutting, *Nasser* (New York: Dutton, 1972), pp. 397-98. Parker, *The Politics of Miscalculation in the Middle East,* pp. 18-19, 156-57. Parker, *The Six Day War,* pp. 35-41, 48-49, 70-73. Parker, "The June 1967 War: Some Mysteries Explored," p. 181. Ritchie Ovendale, *The Origins of the Arab-Israeli Wars* (London: Longman, 1984), p. 178. W. W. Rostow, *The Diffusion of Power: An Essay in Recent History* (New York: Macmillan, 1972), p. 257. Seale, *Asad of Syria,* p. 129. Govrin, *Israeli-Soviet Relations,* pp. 308-9. Ben Tzur, *Gormim Sovietiim u-Milhemet Sheshet ha-Yamim,* p. 167. Ilan Asia, *Tismonet Dayan: Arba Milhamot ve-Shalom Ehad—ha-Roved ha-Nistar* (Tel Aviv: Yediot Ahronot, 1995), p. 129. Vadim Kirpitchenko (口述証言), Dec. 25, 2000, Carin Brutenz (同), Jan. 21, 2001.

52. ソ連の意志決定過程については、戦争直後米国務省中東専門家ハロルド・ソーンダズによって同じような解釈が行われている。ソーンダズは「イスラエルが攻撃準備中というシリア（ママ）に対するソ連の警告は、話を誇張していたように思われたが、ぼんやりした形で伝えられたわけではない。イスラエルは限定的攻撃を計画していたかも知れないが、侵攻ではなかった」と分析している。次を参照；LBJ, National Security file, History of the Middle East Crisis, box 17, Saunders to Bundy, June 16, 1967. 次も参照；Meir Amit, "Ha-Derekh le-Sheshet ha-YamimóSheshet ha-Yamim be-Re'i le-Ahor," *Ma'arakhot* 325 (June-July 1992). ISA, 4083/3, Foreign Ministry files, Contacts

with the USSR-Closure of Tiran: Bonn to Foreign Ministry, June 14, 1967; Levanon to Foreign Ministry, June 23, 1967. "Ideological myopia" from PRO, FCO/39/263, UAR-Relations with the USSR: Mr. Gromyko's Visit to Cairo, April 1, 1967; FCO17/498: Israel-Political Affairs: The Middle East Crisis (Morris), October 23, 1967 ("ideological myopia"). LBJ, National Security files, NSC Histories, Middle East Crisis, box 18: Paris to the Secretary of State, May 23, 1967. Solomon M. Shvarts, *Sovetskii Soiuz I Arabo-Izrailskaia Voina 1967* (New York: Amerikanskii Evreiskii Rabochii Komitet, 1969), pp. 24-26.

53. Shukri Dhabbah, *Wa-Madha Ba'du?* (Cairo: Dar al-Quds, n.d.), pp. 18-24. Eric Rouleau, Jean-Francis Held, Jean and Simone Lacouture, *Israel et les Arabes le 3e Combat* (Paris: Editions du Seuil, 1967), p. 54. Ivan Prokhorovitch Dediulia, "Na Zemle Obetovannoy," *Nezavisimoe Veonnoe Obozrenie*, no. 20 (1998). シリアの主張は次を参照；Mazhar, *I'tirafat Qadat Harb Yunyu*, pp. 109-10. Parker, *The Six Day War*, pp. 2, 42. Parker, *The Politics of Miscalculation in the Middle East*, p. 5. Heikal, *Al-Infijar*, pp. 448-51.

54. Heikal, *Al-Infijar*, pp. 444-47 ISA, 4078, Foreign Ministry files, Contacts with the United States with the Entry of Egyptian Forces into Tiran, Evron to Foreign Ministry, May 15, 1967.

55. 'Abd al-Muhsin Kamil Murtagi, *Al-Fariq Murtagi Yarwi al-Haqa'iq* (Cairo: Dar al-Watan al-'Arabi, 1976), pp. 27-29, 45-46. Sabr Abu Nidal, *Ma'rakat al-Khamis min Haziran: Awwal Dirasa 'Arabiyya 'Askariyya Shamila lil-Hazima* (Cairo: Al-Mu'assasa al-'Arabiyya lil-Dirasa wal-Nashr, 1971), pp. 26-38. Fawzi, *Harb al-Thalath Sanawat*, pp. 53-66, 117-18. Abu Dhikri, *Madhbahat al-Abriya'*, pp. 111-23. Ramadan, *Tahtim al-Aliha*, pp. 79-80. Mazhar, *I'tirafat Qadat Harb Yunyu*, pp. 208-9. Rikhye, *Sinai Blunder*, p. 147. PRO, FCO 39/233 UAR Internal Political Situation: Cairo to Foreign Office, May 23, 1967. 'Abd al-Mun'im Khalil quote in Al-Sabbagh, *Mudhakkirat Qadat al-'Askaraiyya al-Misriyya 2*.

56. LBJ, National Security file, Country file, Middle East-UAR, box 161: Lunch with Ambassador Kamel, Jan. 17, 1967; Memos to the President (W. Rostow), box 16; Rostow to the President, Feb. 14, 1967. ナセル演説は次に収録；BBC, Daily Report, Middle East, Africa, and Western Europe, No. 93, B2.

57. Mazhar, *I'tirafat Qadat Harb Yunyu*, pp. 90, 231. アメルの発言は次からの引用；Mutawi, *Jordan in the 1967 War*, p. 96. Gilboa, *Shesh Shanim, Shisha Yamim*, p. 64. Parker, *The Six Day War*, pp. 41-42. Rikhye（口述証言）Feb. 22, 2000. PRO, FCO 39/233 UAR Internal Political Situation: Cairo to Foreign Office, Jan. 9, 1967.

58. Heikal, *Al-Infijar*, pp. 448-51. Seale, *Asad of Syria*, pp. 129-30. Robert Stephens, *Nasser: A Political Biography* (London: Penguin, 1971), pp. 470-71. ISA, 6444/4 North America, Telegrams from Foreign Ministry to Embassies, May 19, 1967.

59. 'Abdallah Imam, *'Abd al-NasiróKayfa Hakama Misr* (Cairo: Madbuli al-Saghir, 1966), pp. 358-60. 'Abdallah Imam, *'Ali Sabri Yatadhakkar: Bi-Saraha 'an al-Sadat* (Cairo: Dar al-Khayyal, 1997), pp. 122-23, 140. Fawzi, *Harb al-Thalath Sanawat*, pp. 36-39, 40, 52-54. Heikal, *Al-Infijar*, pp. 818-22. Vatikiotis, *Nasser and His Generation*, pp. 159-61. Fawzi, *Harb al-Thalath Sanawat*, pp. 33-45, 52-54. Imam, *Nasir wa-'Amer*, pp. 5-13, 39-41, 67-86. Heikal, *Al-Infijar*, pp. 818-22. Parker, *The Six Day War*, p. 45. Parker, "The June 1967 War: Some Mysteries Explored," p. 194.

60. Fawzi, *Harb al-Thalath Sanawat,* pp. 69-70. Heikal, *Al-Infijar*, pp. 458-59. Murtagi, *Al-Fariq Murtagi Yarwi al-Haqa'iq*, pp. 49-53. Mazhar, *I'tirafat Qadat Harb Yunyu,* pp. 51-52. Parker, *The Politics of Miscalculation in the Middle East*, pp. 61-63.
61. Heikal, *Al-Infijar*, pp. 458-59. Parker, *The Politics of Miscalculation in the Middle East*, pp. 63-64. ファウジ博士については次に収録；PRO, FO 39/250: Middle East Crisis: UAR Attitude Eastern Department Minute, June 23, 1967. ウ・タントはアメリカのゴールドバーグ国連大使宛 5 月 31 日付書簡で、国連緊急軍解体の権利を認める旨エジプト側に以前示唆した事実を明らかにして、「国連事務総長として勤務してきた数年の間に、緊急軍の継続的駐留問題について、アラブ連合共和国の歴代外相および国連大使と時々検討する機会があった…話し合いを重ねるうちに私は、アラブ連合共和国が、正式に緊急軍の撤収を要請すれば、その要請が事務総長によって守られることを当然視していることに気付いた。私はこれを配慮していたのである。従って、緊急軍撤収の要請が来た時、その決定を受け入れ、後は事務手続きの問題であることが、私には至極明瞭であった」と述べた。次を参照；UN, S-0316 box 8, file 8: UNEF-Withdrawals, Correspondence with the United States: U Thant to Goldberg, May 31, 1967. エジプトのインド及びユーゴスラビアとの接触は次を参照；LBJ, National Security files, NSC Histories, Middle East Crisis, box 20: Intelligence Information Cable, June 1, 1967.
62. Murtagi, *Al-Fariq Murtagi Yarwi al-Haqa'iq*, pp. 65-66. Al-Baghdadi, *Mudhakkirat*, p. 174. LBJ, National Security files, NSC Histories, Middle East Crisis, box 17: The President in the Middle East Crisis, Dec. 19, 1968. カディの証言は次からの引用；Al-Sabbagh, *Mudhakkirat Qadat al-'Askariyya al-Misriyya 1*, p. 7. BBC, Daily Report, Middle East, Africa, and Western Europe, No. 95, B1, B4. アメルの命令は次を参照；Heikal, *Al-Infijar*, pp. 452-54. ハーミス通信将校の証言は次に収録；Darraz, *Dubbat Yunyu Yatakallamun,* pp. 69-75.
63. Al-Hadidi, *Shahid 'ala Harb 67,* p. 112. Ramadan, *Tahtim al-Aliha,* pp. 41-42. PRO, FCO 39/233 UAR Internal Political Situation: Cairo to Foreign Office, May 13, 1967. Fawzi, *Harb al-Thalath Sanawat,* pp. 69-71. Rikhye, *Sinai Blunder,* p. 159. Parker, *The Six Day War,* pp. 43-44. Parker, *The Politics of Miscalculation in the Middle East,* p. 92. Mohamed H. Heikal, *The Sphinx and the Commissar: The Rise and Fall of Soviet Influence in the Middle East* (London: Collins, 1978), p. 175. Asia, *Tismonet Dayan,* p. 127. サブリ証言は次からの引用；Imam, *'Ali Sabri Yatadhakkar,* p. 97. ファウジ証言は次からの引用；Mazhar, *I'tirafat Qadat Harb Yunyu,* pp. 51-52.
64. ISA, 3977/22, Foreign Ministry files, Relations with the United States: Conversation with Ambassador Chuvakhin, May 13, 1967. Gilboa, *Shesh Shanim, Shisha Yamim,* p. 98. Parker, *The Politics of Miscalculation in the Middle East*, pp. 8-9; 248, ft 13. Arye Levavi (口述証言), March 4, 1999.
65. ISA, 3977/20, Foreign Ministry files, Diplomatic Relations with the United States, Evron to Gazit, Dec. 12, 1966; 3975/15, Foreign Ministry files, Diplomatic Relations with the United States: Conversation with Bergus, Feb. 16, 1967. NAC, RG 25, box 10050: Political Affairs-Canada's Foreign Policy Trends and Relations-Israel: New York to Ottawa, Sept. 22, 1967. Parker, *The Six Day War*, p. 128. Haber, *Ha-Yom Tifrotz Milhama*, p. 147. Eban, *Personal Witness,* p. 380. Baron, *Hotam Ishi,* p.17.
66. Prittie, Eshkol, pp. 70-71. MPA, Party Secretariat Protocols, 2/24/66/88: Dec. 15, 1966.

第3章　危機

1. ISA, 4078/4 Foreign Ministry files, Contacts with the United States on the Entry of Egyptian Forces to the Sinai: Harman Conversation with Rostow, May 15, 1967. Col. Shlomo Merom（口述証言）, Dec. 7, 1999. ナセルの性格については次からの引用；Slater, *Rabin of Israel*, p. 79. ラビンの動静は次に収録；Rabin, *Memoirs*, p. 68. エシュコルの発言は次からの引用；Miriam Eshkol（口述証言）, Aug. 30, 1999. 次も参照；Parker, *The Six Day War*, p. 137. Haber, *Ha-Yom Tifrotz Milhama*, pp. 147-50. Mayzel, *Ha-Ma'arakha al ha-Golan*, pp. 99-103. Slater, *Rabin of Israel*, pp. 88-120. Abraham Rabinovich, *The Battle for Jerusalem, June 5-7, 1967*（Philadephia: Jewish Publication Society of America, 1972）, p. 5. Shlomo Nakdimon, *Likrat Sh'at ha-Efes*（Tel Aviv: Ramdor Press, 1968）, pp. 17-18. Weizman, *On Eagles' Wings*, p. 208.
2. LBJ, National Security files, NSC Histories, Middle East Crisis, box 17: Department of State to Cairo, May 15, 1967. ウ・タントに対するアピールは次を参照；Yost, "How It Began," p. 309 and in Rafael, *Destination Peace*, pp. 136-37. ナセルに対するハルマンのメッセージは次に収録；LBJ, National Security file, History of the Middle East Conflict, box 20: United States Policy and Diplomacy in the Middle East Crisis, May 15-June 10, 1967, pp. 11-12. Amit, *Rosh be-Rosh*, pp. 226-27. ISA, 3977/20, Foreign Ministry files, Relations with the United States: Eban to Washington, London, Paris, May 15, 1967; 6444/4 North America, Telegrams: Foreign Ministry to Embassies, May 19, 1967; 7920/1, Levi Eshkol Papers, Diplomatic Telegrams: Eban to Rafael, May 17, 1967.
3. ISA, 4078/8 U.S. Reactions to the Closing of the Straits, Eban to Harman, May 16, 1967. Rabin, *Memoirs*, pp. 68-70. Slater, *Rabin of Israel*, p. 123. カイロ放送の内容は次からの引用；Mansoor, *Arab World*, entry for May 16. ナセル発言は次からの引用；BBC, Daily Report, The Middle East and Africa, ME/2467/A/2.
4. IDF, 710/70 General Staff Discussion: May 17, 1967. Trevor N. Dupuy, *Elusive Victory: The Arab-Israeli Wars, 1947-1974*（New York: Harper & Row, 1978）, p. 239. Van Creveld, *The Sword and the Olive*, p. 179. Haber, *Ha-Yom Tifrotz Milhama*, pp. 150-51. Rabin, *Memoirs*, p. 70. ガザ所在のパレスチナ解放軍（PLA）の動静は次を参照；Abu Murshid, Butrus, and Jabber *Silsilat al-Kitab al-Sanawi lil-Qadiyya al-Filastiniyya*, pp. 115-16. 次も参照；Gen. Sidqi al-Ghul, commander of the 4th Division（インタビュー）, *al-Ra'i al-'Am*, June 2, 1987.
5. IDF, 710/70 General Staff Discussion: May 17, 1967; 1977/1786: The Regular Paratrooper Brigade in the Six-Day War, Commander 35th Brigade, p. 619. Haber, *Ha-Yom Tifrotz Milhama*, p. 151. カイロ発声明は次からの引用；U Thant, *View from the UN*, p. 219. シリアの声明は次からの引用；Menachem Mansoor, *Arab World: Political and Diplomatic History*, entry for May 16.
6. USNA, Central Foreign Policy files, 1967-1969, POL 12 SY, box 2511: Damascus to Department of State, May 18, 1967. PRO, FO17/666, Syria-Political Affairs: Damascus to Foreign Office, April 29, 1967; FCO 17/665 Syria-Political Affairs: Damascus to Foreign Office, May 15, 1967. George W. Gawrych, *The Albatross of Decisive Victory*, p. 13. Fred H. Lawson, *Why Syria Goes to War: Thirty Years of Confrontation*（Ithaca, N.Y.: Cornell University Press, 1996）, p. 48-50. Patrick Seale, *Asad of Syria: The Struggle for the Middle East*, p. 115.
7. Fawzi, *Harb al-Thalath Sanawat*, pp. 71-72. Murtagi, *Al-Fariq Murtagi Yarwi al-Haqa'iq*, p. 64. Parker, *The Politics of Miscalculation in the Middle East*, pp. 14, 44. Muhammad 'Abd al-Ghani al-

Gamasi, *Mudhakkirat al-Gamasi* (Paris: Al-Manshura al-Sharqiyya, 1990), p. 19. Ramadan, *Tahtim al-Aliha,* p. 41. サディクの結論は次に収録；al-Sabbagh, *Mudhakkirat Qadat al-'Askaraiyya al-Misriyya 4,* pp. 20-21. IDF, 710/70 General Staff Discussion: May 19, 1967. Al-Sabbagh, *Mudhakkirat Qadat al-'Askaraiyya al-Misriyya 1,* p. 7. Mayzel, *Ha-Ma'arakha al ha-Golan,* p. 21. ファウジの結論は次の証言からの引用；Mahmud Sidqi Mahmud in Mazhar, *I'tirafat Qadat Harb Yunyu,* p. 110. ブルの見解は次に収録；Bull, *War and Peace in the Middle East*, p. 104.

8. USNA, Subject-Numeric files, POL ARAB-ISR, box 1789: London to Washington, May 27, 1967. Heikal, *Al-Infijar*, p. 518. Stephens, *Nasser*, pp. 467-68.
9. ファウジの件は次に収録；*Harb al-Thalath Sanawat,* p. 72. Murtagi, *Al-Fariq Murtagi Yarwi al-Haqa'iq*, p. 64. アメルの件は次に収録；Mazhar, *I'tirafat Qadat Harb Yunyu,* p. 165. Gawrych, *The Albatross of Decisive Victory*, pp. 13-19. Heikal, *Al-Infijar*, pp. 458-59. Abu Dhikri, *Madhbahat al-Abriya'*, pp. 173-78. Fawzi, *Harb al-Thalath Sanawat*, pp. 92-93. USNA, POL ARAB-IS, box 9: Cairo to the Secretary of State, May 17, 1967.
10. Heikal, *Al-Infijar*, p. 829. Fawzi, *Harb al-Thalath Sanawat,* pp. 48-50. Al-Hadidi, *Shahid 'ala Harb 67*, pp. 85-86. Imam, *'Abd al-Nasir—Kayfa Hakama Misr*, p. 363. Al-Sabbagh, *Mudhakkirat Qadat al-'Askaraiyya al-Misriyya 1,* pp. 15-17. Fawzi quote on p. 18. S. A. El Edroos, *The Hashemite Arab Army, 1908-1979: An Appreciation and Analysis of Military Operations* (Amman: Publishing Committee, 1980), p. 359. O'Balance, *The Third Arab-Israeli War*, pp. 94-95. IDF, 192/74, file 1348: The Battle for the Southern Front, p. 3.
11. PRO FCO17/576: Israel-Defense: Report of Defense Attaché, July 13, 1967. Murtagi, *Al-Fariq Murtagi Yarwi al-Haqa'iq*, pp. 65-68, 121. Fawzi, *Harb al-Thalath Sanawat*, pp. 103-4. Al-Sabbagh, *Mudhakkirat Qadat al-'Askaraiyya al-Misriyya 1,* pp. 15-16. Dupuy, *Elusive Victory,* p. 241. Gilboa, *Shesh Shanim, Shisha Yamim,* p. 116. Parker, "The June 1967 War: Some Mysteries Explored," p. 187.
12. アル・カビル作戦命令書類はのちにイスラエルが入手し、次の刊行物に採録した；"Hail ha-Avir ba-Milhama," *Bit'on Hail ha-Avir* 3, no. 74/75 (Dec. 1967). フサインの証言は次に収録；Darraz, *Dubbat Yunyu Yatakallamun*, pp. 23-33. Al-Sabbagh, *Mudhakkirat Qadat al-'Askaraiyya al-Misriyya 1,* p. 23. Muhammad 'Awda and 'Abdallah Imam, *Al-Naksa—Man al-Mas'ul?* (Cairo: Ruz al-Yusuf, 1985), p. 79.
13. Mazhar, *I'tirafat Qadat Harb Yunyu,* pp. 167-68. Murtagi, *Al-Fariq Murtagi Yarwi al-Haqa'iq*, pp. 65-68 (アメルに関する引用を含む). Al-Sabbagh, *Mudhakkirat Qadat al-'Askaraiyya al-Misriyya 10* (ハリル少将の証言；'Abd al-Mun'im Khalil), p. 8. ヘイカルの記事は次に引用；Asia, *Tismonet Dayan*, p. 139. Ramadan, *Tahtim al-Aliha,* pp. 51-54. 次のインタビューも参照；'Abd al-Muhsin Murtagi in *Akher Sa'a*, July 5, 1974.
14. Heikal, *Al-Infijar,* pp. 457-77. リキーエ宛ファウジ書簡は次に収録；UN, S 0316-box 9, file 2: UNEF Withdrawals, Exchange with UAR, Aide-Mémoire, U Thant to UAR, May 17, 1967, and in Rikhye, *Sinai Blunder*, p. 16. Parker, *The Politics of Miscalculation in the Middle East*, p. 68. 次も参照；Fawzi, *Harb al-Thalath Sanawat*, pp. 69-71. Riad, *The Struggle for Peace in the Middle East,* p. 18.
15. Urquhart, *A Life in Peace and War,* pp. 136-37, 193-94.
16. UN, S-0316 box 8, file 8: UNEF-Withdrawals, Correspondence with the United States: U Thant to Goldberg, May 31, 1967. Samir N. Anabtawi, "The United Nations and the Middle East Conflict of

1967," *The Arab World* 14 (1968). Indar Jit Rikhye (口述証言), Feb. 22, 2000. 次からの引用；Lall, *The UN and the Middle East Crisis,* pp. 12-13. Bull, *War and Peace in the Middle East*, p. 96.

17. Rikhye, *Sinai Blunder*, pp. 13-21. UN, S 0316-box 9, file 2: UNEF Withdrawals, Exchange with UAR, Aide-Mémoire, U Thant to UAR, May 17, 1967. ISA, Foreign Ministry files, 4085/2: Emergency Force, Amir to Rafael, May 17, 1967. Indar Jit Rikhye (口述証言), Feb. 22, 2000.
18. UN, S 0316-box 9, file 2: UNEF Withdrawals, Exchange with UAR, Aide-Mémoire, U Thant to UAR, May 17, 1967. Bull, *War and Peace in the Middle East,* p. 96. LBJ, National Security files, NSC Histories, Middle East Crisis, box 21: USUN to the Secretary of State, May 18, 1967 (Bunche quote). Yost, "How It Began," pp. 311-12. Rikhye, *Sinai Blunder*, pp. 21-22. Urquhart, *A Life in Peace and War*, p. 209. U Thant, *View from the UN*, pp. 221-22. Heikal, *Al-Infijar*, pp. 468-77. Parker, *Six Day War*, p. 86; Parker, *The Politics of Miscalculation in the Middle East*, p. 45. George Tomeh oral history, Nov. 17, 1999.
19. LBJ, National Security file, History of the Middle East Conflict, box 20: United States Policy and Diplomacy in the Middle East Crisis, May 15-June 10, 1967, pp. 12-13. UN, S 0316-box 9, file 2: UNEF Withdrawals, Exchange with UAR, Aide-Mémoire, U Thant to UAR, May 17, 1967. ISA, 4085/2, Foreign Ministry files, Emergency Force: Rafael to Foreign Ministry, May 17, 1967. Yost, "How It Began," p. 312. Rikhye, *Sinai Blunder*, p. 25. Parker, *Six Day War*, pp. 86-89. Rostow, *The Diffusion of Power*, pp. 256-57.
20. UN, S-0316 box 8, file 8: UNEF-Withdrawals, Correspondence with the United States: U Thant to Goldberg, May 31, 1967 (U Thant quote); box 8, file 12: UNEF Withdrawals, Legal Matters: C. A. Stavropoulos, Under-Secretary for Legal Counsel, to U Thant, May 17, 1967. PRO, PREM 13 1617, The Middle East Crisis: Caradon to Foreign Ministry (Conversation with U Thant), May 22, 1967; FCO17/498: Israel-Political Affairs: Record of Meeting, Harold Wilson and U Thant, June 3, 1967.
21. UN, S 0316 box 8, file 11: Verbatim Record of the Meeting of the UNEF Advisory Committee, May 17, 1967. PRO FCO17/498: Israel-Political Affairs: Record of Meeting, Harold Wilson and U Thant, June 3, 1967. Rikhye, *Sinai Blunder*, pp. 26, 54-55, 169. U Thant, *View from the UN,* pp. 222-23. Yost, "How It Began," p. 312.
22. George Tomeh oral history, Nov. 17, 1999. Urquhart, *A Life in Peace and War,* pp. 190-91. LBJ, oral histories, Eugenie Moore Anderson, p. 30.
23. UN, S-0316 box 8, file 8: UNEF-Withdrawals, Correspondence with the United States: U Thant to Goldberg, May 31, 1967. Indar Jit Rikhye (口述証言), Feb. 22, 2000. NAC, RG 25, box 10050: Political Affairs-Canada's Foreign Policy Trends and Relations-Israel: New York to Ottawa, Sept. 22, 1967.
24. ISA, Foreign Ministry files, 4085/2: Emergency Force: Rafael to Foreign Ministry, May 18, 1967; 7920/1, Levi Eshkol Papers, Diplomatic Telegrams: Rafael to Eban, May 22, 1967. PRO FCO17/498: Israel-Political Affairs: Washington to Foreign Office, June 3, 1967. Rafael, *Destination Peace*, pp. 139-40. U Thant, *View from the UN*, p. 222. Eban, *Personal Witness*, p. 359.
25. Rikhye, *Sinai Blunder,* pp. 32-38. U Thant, *View from the UN*, pp. 222-23.
26. バンチは、1967年6月11日付ニューヨークタイムズ紙に寄稿し、「国連緊急軍をガザとシャルム・エルシェイクにとどめておきたかったというナセルの主張は事実に反し、一片の真実もない」

と怒りをあらわにした。同種の見解はヨスト大使も表明している；Charles Yost to Dr. Ya'akov Herzog of the Israel Foreign Ministry. 次を参照；ISA, Prime Minister's Office, 7854/6a: Conversation Between Ambassador Charles Yost and Dr. Herzog, July 7, 1969. 次も参照；Heikal, *Al-Infijar*, pp. 474-77. Rikhye, *Sinai Blunder*, p. 165. Parker, *Six Day War*, pp. 88-99. UN, S-0316, UNEF-Withdrawals/UN Missions-EIMAC, box 9: Riad to U Thant, May 18, 1967.

27. UN, S 0316-box 9, file 2: UNEF Withdrawals, Exchange with UAR: Riad to U Thant, May 18, 1967; U Thant to Riad, May 18, 1967. Urquhart, *A Life in Peace and War*, p. 210. U Thant, *View from the UN*, pp. 222-23. Heikal, *Al-Infijar,* pp. 474-77.
28. UN, S-0316, UNEF-Withdrawals/UN Missions-EIMAC, box 9: Bull to Bunche, May 19, 1967; Bunche to Rikhye, May 20, 1967. Rikhye, *Sinai Blunder,* pp. 40-45. Indar Jit Rikhye（口述証言）, Feb. 22, 2000. Parker, *Six Day War*, p. 75. Parker, "The June 1967 War: Some Mysteries Explored," pp. 189-90. 348 *Notes to Pages 75-78.*
29. LBJ, National Security file, History of the Middle East Conflict, box 20: United States Policy and Diplomacy in the Middle East Crisis, May 15-June 10, 1967, p. 14; NSC Histories, Middle East Crisis, box 21: USUN to the Secretary of State, May 18, 1967. ウ・タント報告とそれに関するコメントは次に収録；U Thant, *View from the UN*, pp. 227-30. ISA, Foreign Ministry files, 4085/2: Emergency Force, Rafael to Foreign Ministry, May 19, 1967. Rafael, *Destination Peace*, p. 140. Parker, *The Politics of Miscalculation in the Middle East*, p. 71. Urquhart, *A Life in Peace and War,* p. 210. Eban, *Personal Witness*, p. 360. リキーエはウ・タントが星占いに頼っていたと証言している；Indar Jit Rikhye（口述証言）, Feb. 22, 2000.
30. FRUS, XVIII, 29-30（ディモナに対するナセルの考え）, pp. 73-74, 158, 690. Yariv, *Ha'arakha Zehira,* pp. 159-61. Cohen, *Israel and the Bomb*, pp. 259-76. 尊敬すべき研究者の中には「ナセルは、非通常型兵器の使用に発展する前の段階にとどめ、イスラエルと通常型兵器による対決を追求した」と断言する人がいる。私自身アラビア語の資料を数十点調査したが、この説を裏書きする証拠は全く得られなかった。次を参照；Shlomo Aronson with Oded Brosh, *The Politics and Strategy of Nuclear Weapons in the Middle East: Opacity, Theory, and Reality, 1960-1991: An Israeli Perspective*（Albany: State University of New York Press, 1992）, pp. 109-18. Hersh, *The Samson Option*, p. 138.
31. ISA, 4085/2, Foreign Ministry files, Emergency Force: Elitzur to Rangoon, May 26, 1967. IDF, 710/70, Gen. Yariv's Briefing to the General Staff, May 19, 1967. Mayzel, *Ha-Ma'arakha al ha-Golan,* pp. 34-36. LBJ, National Security files, NSC Histories, Middle East Crisis, box 17: Tel Aviv to the Secretary of State, May 19, 1967. Yariv, *Ha'arakha Zehira*, pp. 37-40, 162-63. Rabin, *Memoirs*, p. 71. Col. Shlomo Merom（口述証言）, Dec. 7, 1999. PRO FCO17/498: Israel -Political Affairs: Tel Aviv to Foreign Office, ヤリーブ少将との対話；Gen. Yariv, June 1, 1967.
32. ISA, 7920/4, Levi Eshkol Papers, Prime Minister's Reports and Surveys: Eshkol's Reports to the Ministerial Defense Committee, May 18, 1967; 4087/6, Foreign Ministry files, Emergency Appeal: Eshkol to Harman, May 17, 1967. Haber, *Ha-Yom Tifrotz Milhama*, p. 153（エシュコル発言）. Rabin, *Memoirs*, pp. 70-71. Kimche and Bawly, *The Sandstorm,* p. 136.
33. ISA, 4078/4 Foreign Ministry files, Contacts with the United States on the Entry of Egyptian Forces to the Sinai: Harman Conversation with Rostow, May 17, 1967. エシュコル宛ジョンソン書簡は次に収録；LBJ, National Security file, History of the Middle East Conflict, box 20: United States Policy

and Diplomacy in the Middle East Crisis, May 15-June 10, 1967, p. 13. 緊急軍に対する国連の圧力とその圧力を恐れるイスラエルについては、次を参照；ISA, Foreign Ministry files, 4085/2: Emergency Force: Rafael to Tekoah, May 21, 1967; 4086/5, Foreign Ministry files, Security Council Meetings: Rafael to Eban, May 19, 1967. 次も参照；Eban, *Personal Witness,* pp. 36-42. Lyndon Baines Johnson, *The Vantage Point: Perspectives of the Presidency, 1963-1969* (New York: Holt, Rinehart and Winston, 1971), p. 290. William B. Quandt, *Peace Process: American Diplomacy and the Arab-Israeli Conflict since 1967* (Washington, D.C.: The Brookings Institute, 1993), p. 28.

34. ISA, 4078/4 Foreign Ministry files, Contacts with the United States on the Entry of Egyptian Forces to Sinai: Eshkol to Johnson, May 18, 1967; 6444/6 North America, Telegrams, Ministry to Embassies, May 21, 1967; 7919/1, Levi Eshkol files, Diplomatic Telegrams: U.S.A.: Harman to Eban, May 20, 1967 (ハルマン発言). LBJ, National Security file, History of the Middle East Crisis, box 17: W. Rostow, For the Record, May 16, 1967; Memorandum for the Record (ソーンダズ), May 19, 1967; box 20: United States Policy and Diplomacy in the Middle East Crisis, May 15-June 10, 1967, pp. 20-21 (ラスク発言); NSC Histories, Middle East Crisis, box 17: Summary of Arab-Israel Developments, Night of May 19-20, 1967; Tel Aviv to the Secretary of State, May 21, 1967 (エバン発言). ヨルダン軍の部隊配置に関するイスラエルの情報提供要請に、アメリカが応じたかどうかは不明である。ただし、バーンズ大使は情報提供に強く反対していた。次を参照；USNA, POL ARAB-ISR, box 9: Amman to the Secretary of State, May 25, 1967.

35. ISA, 4084/2, Foreign Ministry files, Relations with France: Eshkol to De Gaulle, May 19, 1967; 4091/23, Exchange of Messages Before the War: Eban to Couve de Murville, May 19, 1967: Eban to Brown, May 19, 1967; 4080/5, Contacts with Great Britain: London to Foreign Ministry, May 18, 1967; 7920/2, Levi Eshkol Papers, Diplomatic Telegrams, USSR: Conversation with the Soviet Ambassador, May 19, 1967. PREM 13 1617, The Middle East Crisis: Record of Conversation between the Foreign Secretary and the Israeli Ambassador, May 19, 1967. チュバーキン大使の話は次からの引用；LBJ, National Security file, History of the Middle East Conflict, box 20: United States Policy and Diplomacy in the Middle East Crisis, May 15-June 10, 1967, pp. 20-21, and from ISA, 4078/4 Foreign Ministry files, Contacts with the United States on the Entry of Egyptian Forces to the Sinai: Eban to Harman, May 19, 1967. Haber, *Ha-Yom Tifrotz Milhama,* p. 154. Dagan, *Moscow and Jerusalem,* pp. 211-12.

36. Mansoor, *Arab World,* entries for May 18, 19, 20, 21, 1967. 他にアサド関連は次に収録；*al-Thawra,* May 20, 1967, and George Khouri, ed., *Al-Watha'iq al-Filastiniyya al-'Arabiyya li-'Am 1967* (Beirut: Mu'assasat al-Dirasa al-Filastiniyya, 1969), pp. 177-79. マホウスの発言は次に収録；*al-Ba'th,* May 18, 1967, and Draper, *Israel & World Politics,* p. 60. サウジ外交官の追放問題は次に収録；USNA Central Foreign Policy files, 1967-1969, POL 12 SY, box 2511: Jidda to the Department of State, May 10, 1967. Hussein quote from *My "War" with Israel,* p. 34. ヨルダンの対応は次からの引用；Mutawi, *Jordan in the 1967 War,* pp. 88-89, and BBC, Daily Report, Middle East, Africa, and Western Europe, No. A1. アルザマンの論説は次に収録；LBJ, National Security files, NSC Histories, Middle East Crisis, box 17: Beirut to the Secretary of State, May 19, 1967. 次も参照；Husayn Mustafa, *Harb Haziran 1967: Awwal Dirasa 'Askariyya min Wujhat al-Nazar al-'Arabiyya 2: al-Jabha al-Sharqiyya* (Beirut: Al-Mu'assasa al-'Arabiyya lil-Dirasa wal-Nashr, 1973), pp. 276-79.

37. ラビンの言動は次に収録；IDF, 710/70 General Staff Discussion: May 19, 1967; Haber, *Ha-Yom Tifrotz Milhama*, p. 155. Slater, *Rabin of Israel*, p. 127. Mayzel, *Ha-Ma'arakha al ha-Golan*, pp. 39-40. Mordechai Gazit（口述証言）, Feb. 4, 1999. 次も参照；Rabin, *The Rabin Memoirs*, p. 72.
38. BGA, Diary, Entry for May 22, 1967. LBJ, National Security files, NSC Histories, Middle East Crisis, box 17: Tel Aviv to the Secretary of State, May 21, 1967（エバン発言）. Rabin, *The Rabin Memoirs*, pp. 73-75. Kurzman, *Soldier of Peace*, pp. 208-9. Slater, *Rabin of Israel*, pp. 126-27. Miriam Eshkol（口述証言）, Aug. 30, 1999. Eban, *Personal Witness*, pp. 364-65.
39. Dayan, *My Life*, pp. 317-18. Mayzel, *Ha-Ma'arakha al ha-Golan*, pp. 42-43. Dayan quotes from Gilboa, *Shesh Shanim, Shisha Yamim*, p. 66. Shimon Peres, *Battling for Peace: Memoirs* (London: Weidenfeld and Nicolson, 1995) p. 89. Haber, *Ha-Yom Tifrotz Milhama*, p. 152. Kurzman, *Soldier of Peace*, pp. 208-9.
40. ISA, 4088/11 the Entry into Sinai of Egyptian Troops and the Closure of the Tiran Straits, Report of Research Branch, May 22, 1967; 7920/4, Levi Eshkol Papers, Prime Minister's Reports and Surveys: Censorship of Information Regarding Ships Passing Through the Straits of Tiran, May 21, 1967. LBJ, National Security file, History of the Middle East Conflict, box 20: United States Policy and Diplomacy in the Middle East Crisis, May 15-June 10, 1967, pp. 27-28. ISA, 6444/5 North America, telegrams: Foreign Ministry to Embassies May 31, 1967. Rabin, *Memoirs*, p. 72. Haber, *Ha-Yom Tifrotz Milhama*, pp. 155, 161-62（エシュコルの閣議発言）. アミット発言は次からの引用；Asia, *Tismonet Dayan*, p. 127. エシュコルの国会演説は次からの引用；Henry M. Christman, ed., *The State Papers of Levi Eshkol* (New York: Funk & Wagnalls, 1969), p. 88. ナセルに対するイスラエルの警告メッセージは、次に収録；Parker, *The Six Day War*, p. 281. 次も参照；Prittie, *Eshkol*, p. 88.
41. PRO FCO17/498: Israel-Political Affairs, the Middle East Crisis, October 23, 1967.
42. PRO, FO 17/489, Israel-Political Affairs: Foreign Office to Amman, June 2, 1967. ISA, Foreign Ministry files, 3998/5: Gen. Rabin Conversation with the Shah, April 16, 1967. Heikal, *Al-Infijar*, p. 333. P. J. Vatikiotis, *The History of Egypt: From Muhammad Ali to Sadat* (Baltimore: Johns Hopkins University Press, 1980), p. 313. Randolph S. Churchill and Winston S. Churchill, *The Six Day War* (London: Heinemann Books, 1967), pp. 42-43. Rosemary Higgins, *United Nations Peace-Keeping, 1946-67* (Oxford: Oxford University Press, 1969), pp. 241-415.
43. Fawzi, *Harb al-Thalath Sanawat*, pp. 80-82. Murtagi, *Al-Fariq Murtagi Yarwi al-Haqa'iq*, p. 67. El-Sadat, *In Search of Identity*, p. 172. Heikal, *Al-Infijar*, pp. 514-19. Dhabbah, *Wa-Madha Ba'du?*, pp. 18-24. Abdel Magid Farid, *Nasser: The Final Years* (Reading, U.K.: Ithaca Press, 1994), p. 73. Al-Baghdadi, *Mudhakkirat*, pp. 266-67. Ramadan, *Tahtim al-Aliha*, pp. 55-56. 次も参照；L. Carl Brown, "Nasser and the June 1967 War: Plan or Improvisation?" in S. Seikaly, R. Baalbaki and P. Dodd, eds., *Quest for Understanding: Arabic and Islamic Studies in Memory of Malcolm Kerr* (Beirut: American University of Beirut, 1991), p. 127. Parker, *The Politics of Miscalculation in the Middle East*, p. 72.
44. ビル・ガフガファ演説は多くの資料に出ている。例えば次を参照；Stephens, *Nasser*, p. 473; U Thant, *View from the UN*, p. 232; and Heikal, *Al-Infijar*, p. 518. カイロ放送の内容は次からの引用；Tim Hewat, ed., *War File: The Voices of the Israelis, Arabs, British and Americans, in the Arab-Israeli War of 1967* (London: Panter Books, 1967), p. 31. Al-Sabbagh, *Mudhakkirat Qadat al-'Askariyya al-*

Misriyya 1, p. 24; *5*, p. 16. ハフェズ空挺隊長の証言は次に収録；Darraz, *Dubbat Yunyu Yatakallamun*, pp. 135-46. 'Amer's order in Heikal, *Al-Infijar*, p. 518.

45. LBJ, National Security file, History of the Middle East Conflict, box 20: United States Policy and Diplomacy in the Middle East Crisis, May 15-June 10, 1967, pp. 43-44. フセインの動静は次からの引用；PRO, PREM 13 1617, The Middle East Crisis: Amman to Foreign Office, May 23, 1967, and Kamm, *Hussein Poteah be-Milhama*, p. 203. Mutawi, *Jordan in the 1967 War*, pp. 104-5.
46. ウ・タント事務総長のカイロ会談記録は次に収録；UN, DAG1/5.2.2.1.2.-1: Memoranda by Maj. Gen. Rikhye, May 24, 1967, and in PRO, FCO17/498: Israel-Political Affairs: Record of Meeting, Harold Wilson and U Thant, Washington to Foreign Office, June 3, 1967. 会談に関する二次資料は次を参照；Imam, *'Abd al-NasiróKayfa Hakama Misr*, p. 365. Rikhye, *Sinai Blunder*, pp. 66-77. Parker, *The Politics of Miscalculation in the Middle East*, pp. 231-33. U Thant, *View from the UN*, pp. 235-38. See also Riad, *The Struggle for Peace in the Middle East*, p. 20. Dhabbah, *Wa-Madha Ba'du?*, pp. 39-44. Eban, *Personal Witness*, p. 365. カイロ空港における民衆の歓呼は次に指摘；Mansoor, *Arab World*, entries for May 23 and May 24, 1967. リキーエの観察は次からの引用；Indar Jit Rikhye（口述証言）, Feb. 22, 2000.
47. Rabin, *Memoirs*, p. 83. Haber, *Ha-Yom Tifrotz Milhama*, pp. 164-65.
48. Haber, *Ha-Yom Tifrotz Milhama*, pp. 164-65. Rabin, *Memoirs*, pp. 77-78.
49. LBJ, National Security file, History of the Middle East Conflict, box 20: United States Policy and Diplomacy in the Middle East Crisis, May 15-June 10, 1967, pp. 26-34; box 17: May 23, 1967; Memorandum for the President, May 24, 1967 (Rostow quote): Department of State to Tel Aviv, May 23, 1967. ISA, 5937/30: Secret Memoranda Prior to the Six-Day War: Johnson Message to Eshkol, May 22, 1967; 4086/5, Foreign Ministry files, Security Council Meetings, Rafael to Tekoah, May 23, 1967; 7919/1, Levi Eshkol files, Diplomatic Telegrams: U.S.A.: Evron to Bitan, May 21, 1967. Haber, *Ha-Yom Tifrotz Milhama*, p. 165. Eugene V. Rostow, *Peace in the Balance: The Future of American Foreign Policy* (New York: Simon & Schuster, 1972), pp. 259-60.
50. Haber, *Ha-Yom Tifrotz Milhama*, pp. 159, 166-69. Eban, *Personal Witness*, pp. 363-70. 国会におけるエシュコル発言は次に収録；Prittie, *Eshkol*, p. 93. Dayan, *My Life*, pp. 319-20（ダヤン発言）. Rabin, *Memoirs*, pp. 78-79. Moshe Raviv, *Israel at Fifty: Five Decades of the Struggle for Peace* (London: Weidenfeld & Nicolson, 1998), pp. 92-93. ISA, 7919/1, Levi Eshkol files, Diplomatic Telegrams: U.S.A.: Harman to Eban, May 22, 1967（アメリカの 48 時間猶予要請）. Zorach Warfhaftig（口述証言）, Feb. 23, 1999. 次も参照；Brecher, *Decisions in Crisis*, p. 120. Baron, *Hotam Ishi*, pp. 20-21.
51. ラビンの昏迷は次からの引用；Haber, *Ha-Yom Tifrotz Milhama*, p. 172, and Rabin, *Memoirs*, p. 84. 聖職者の言葉は次に収録；Mansoor, *Arab World*, entry for May 26, 1967. Lyrics in Rut Leviav "Milhemet Sheshet ha-Yamim: Ha-Festival," *Bamahane* 37 (June 1977).
52. Haber, *Ha-Yom Tifrotz Milhama*, pp. 171-72. Rabin, *Memoirs*, pp. 78-79. ラビンにかかる重圧は次からの引用；Ronel Fisher, "Hayta Li Takala, Ze ha-Sipur," *Ma'ariv*, June 6, 1967.
53. Weizman, *On Eagles' Wings*, pp. 211-12. Slater, *Rabin of Israel*, pp. 132-33. Rabin, *Memoirs*, pp. 80-83. Haber, *Ha-Yom Tifrotz Milhama*, pp. 174-75. Kurzman, *Soldier of Peace*, pp. 208-9. Baron, *Hotam Ishi*, pp. 22-23. Shlomo Gazit, *Pta'im be-Malkodet: 30 Shnot Mediniyut Yisrael ba-Shtahim* (Tel Aviv: Zemora-Bitan, 1999), p. 28. USNA, POL ARAB-IS, box 1788: Tel Aviv to Department of State,

May 25, 1967.

54. USNA, Lot files, USUN, box 6: CINSTRIKE to AIG, May 25, 1967. Rabin, *Memoirs*, pp. 84-85. Mayzel, *Ha-Ma'arakha al ha-Golan,* pp. 41-44, 170-73. Parker, *The Six Day War*, p. 147. Weizman, *On Eagles' Wings*, pp. 215-16. この時期におけるイスラエルの意志決定に関し、卓越した総括例がある。次を参照；Ami Gluska, *Imut bein ha-Mateh ha-Klali u-bein Memshelet Eshkol bi-Tkufat ha-Hamtana"—Mai-Yuni, 1967* (Jerusalem: The Leonard Davis Institute for International Relations, 2001).

55. Mazhar, *I'tirafat Qadat Harb Yunyu,* p. 228. Fawzi, *Harb al-Thalath Sanawat*, pp. 106-109. 'Amer quote from Murtagi, *Al-Fariq Murtagi Yarwi al-Haqa'iq*, p. 69. Mahmud Al-Jiyyar, "Rajulun Qatala al-Mushir 'Amer," *Ruz al-Yusuf 2482* (January 5, 1976), p. 8. Al-Sabbagh, *Mudhakkirat Qadat al-'Askaraiyya al-Misriyya 13*, p. 38. Michael Bar-Zohar, *Embassies in Crisis*, pp. 14-15. カイロ市中のポスターは次からの引用；Parker, *The Politics of Miscalculation in the Middle East*, pp. 76-78; see also *Israel Must Be Annihilated* (Tel Aviv: Zahal Information Office, July 1967). カイロ放送の内容は次からの引用；BBC, Daily Report, The Middle East and Africa, ME/2474/A/1.

56. 暁作戦に関する二派の解釈例は次を参照；Heikal, *Al-Infjar*, pp. 573-74, and 'Abd al-Hamid, *Al-Mushir wa-Ana*, pp. 211-22. 次も参照；Fawzi, *Harb al-Thalath Sanawat*, pp. 71, 76-80, 105-9. Murtagi, *Al-Fariq Murtagi Yarwi al-Haqa'iq*, p. 67. ファウジの意見は次からの引用；Mazhar, *I'tirafat Qadat Harb Yunyu,* pp. 49-50, 129-30.

57. Fawzi, *Harb al-Thalath Sanawat*, pp. 85-86. Murtagi, *Al-Fariq Murtagi Yarwi al-Haqa'iq*, pp. 71-73. Ramadan, *Tahtim al-Aliha,* pp. 79-80. O'Balance, *The Third Arab-Israeli War,* p. 100. アブファデルの証言は次からの引用；Parker, *The Politics of Miscalculation in the Middle East*, pp. 94-95. ファウジとアメルのやり取りは次からの引用；Mazhar, *I'tirafat Qadat Harb Yunyu,* pp. 61-62.

58. Mazhar, *I'tirafat Qadat Harb Yunyu,* p. 227. ムルタギの疑問は次からの引用；*Al-Fariq Murtagi Yarwi al-Haqa'iq*, pp. 69-70. シドキの直訴は次からの引用；Mazhar, *I'tirafat Qadat Harb Yunyu,* p. 111.

59. Mustafa, *Harb Haziran 1967,* pp. 181-82. Al-Shuqayri, *Mudhakkirat 2,* p. 103. El-Sadat, *In Search of Identity,* p. 174. 以下次からの引用；Mansoor, *Arab World,* entry for May 24-26, 1967, Stephens, *Nasser*, p. 479. 次も参照；Draper, *Israel & World Politics,* pp. 64-65, 112.

60. LBJ, Office files of George Christian, box 4: Nolte to Rusk, May 24, 1967. Riad, *The Struggle for Peace in the Middle East*, pp. 19-20. Heikal, *Al-Infijar*, pp. 572-73. Johnson statement and *notes verbales* in LBJ, National Security file, History of the Middle East Conflict, box 20: United States Policy and Diplomacy in the Middle East Crisis, May 15-June 10, 1967, pp. 30-33, Parker, *The Politics of Miscalculation in the Middle East,* pp. 48, 225-27. 米海軍スポークスマンの説明及びハンフリーの件は次からの引用；Mansoor, *Arab World,* entry for May 26, 1967.

61. カメル大使関連記述は次に収録；Heikal, *Al-Infijar,* pp. 564-65; LBJ, National Security file, Country file, Middle East-UAR box 161: Lunch with Ambassador Kamel, Jan. 17, 1967; History of the Middle East Crisis, box 17: Rostow to Rusk, May 25, 1967. Walt W. Rostow (口述証言), July 27, 1999. ノルテについては次を参照；PRO FCO/39/261 UAR-Relations with the United States: Record of Conversation with Mr. Richard Nolte, May 18, 1967. Parker, *The Politics of Miscalculation in the Middle East,* pp. 55-56.

62. LBJ, National Security file, History of the Middle East Conflict, box 20: United States Policy and Diplomacy in the Middle East Crisis, May 15-June 10, 1967, pp. 30-33.
63. Fawzi, *Harb al-Thalath Sanawat*, pp. 75-76. ヘイカルの記事は次に収録；Stephens, *Nasser*, p. 481. ファウジ博士の発言は次に収録；Heikal, *Al-Infijar*, pp. 567-68. Ramadan, *Tahtim al-Aliha*, pp. 72-76. Eban, *Personal Witness*, p. 383.
64. LBJ, National Security file, History of the Middle East Crisis, box 17: W. Rostow to the President, May 26, 1967.
65. LBJ, National Security file, History of the Middle East Crisis, box 17: State Department Circular, May 18, 1967. ISA, Foreign Ministry files, 4083/3, Contacts with the Soviet Union, Raviv to Shimoni, May 23, 1967; 4048/27, Foreign Ministry files, Diplomatic Relations with the Soviet Union: Moscow to Foreign Ministry, May 24, 1967. Soviet communiqué in LBJ, National Security file, History of the Middle East Crisis, box 19, State Department Activities Report, May 21, 1967. アメルの命令は次に収録；Heikal, *Al-Infijar*, p. 454. 次も参照；Gilboa, *Shesh Shanim, Shisha Yamim*, pp. 114-15. Riad, *The Struggle for Peace in the Middle East*, pp. 34-35. Dagan, *Moscow and Jerusalem*, pp. 209, 214. Rikhye, *Sinai Blunder*, p. 169.
66. LBJ, National Security file, History of the Middle East Crisis, box 17: Moscow to the Department of State, May 24, 1967. USNA, Middle East Crisis files, 1967, NN3.059.96089, box 1: Chronology of U.S.-Jordanian Consultations on the Middle East, May 22, 1967. ナセルとポジダエフの協議は次に指摘；Parker, *The Politics of Miscalculation in the Middle East*, p. 27, and Heikal, *Al-Infijar*, pp. 519-24.
67. USNA, Central Policy files, 1967-1969, POL 2 UAR, box 2553: Moscow to the Department of State, May 25, 1967. Parker, *The Politics of Miscalculation in the Middle East*, pp. 27, 50; *The Six Day War*, pp. 38-39, 65.
68. Murtagi, *Al-Fariq Murtagi Yarwi al-Haqa'iq*, pp. 78-83. Fawzi, *Harb al-Thalath Sanawat*, pp. 105-9. Mazhar, *I'tirafat Qadat Harb Yunyu*, p. 124. Darraz, *Dubbat Yunyu Yatakallamun*, pp. 36-37. O'Balance, *The Third Arab-Israeli War*, p. 98. UN, S-0316-box 9, file 7, UNEF-Withdrawals: Rikhye to Bunche, May 25, 1967. Shlomo Merom（口述証言）, Dec. 7, 1999. 占領行政を担当する軍政部がガザに進出していた事実は、エルサレムから来た米総領事がエジプト兵捕虜と話している時確認した。次を参照；USNA, Central Foreign Policy files, 1967-1969, POL 27-7 ARAB-ISR, box 1830: Tel Aviv to the Secretary of State, Sept. 13, 1967. Amin Tantawi（口述証言）, July 4, 2001.
69. Rabin, *Memoirs*, p. 86. Gilboa, *Shesh Shanim, Shisha Yamim*, p. 129. Haber, *Ha-Yom Tifrotz Milhama*, p. 177. Dayan, *My Life*, p. 332. Meir Amit（口述証言）, Feb. 9, 1999. Yossi Peled, *Ish Tzava*（Tel Aviv: Ma'ariv, 1993）, p. 103. Jonathan Netanyahu, *Self-Portrait of a Hero: The Letters of Jonathan Netanyahu*（New York: Random House, 1980）, p. 133.
70. Rabin, *Memoirs*, p. 83. Carmit Guy, *Bar-Lev*（Tel Aviv: Am Oved, 1998）, p. 125.
71. Haber, *Ha-Yom Tifrotz Milhama*, pp. 185-87. Elinar Ben Akiva and Aner Guvrin, "Sh'at ha-Mirage—Esrim Shana le-Milhemet Sheshet ha-Yamim," *Bit'on Hail ha-Avir* 57（May 1987）. Rabin, *The Rabin Memoirs*, pp. 85-88. Slater, *Rabin of Israel*, p. 134. Parker, *The Six Day War*, pp. 135-36. Ezer Weizman（口述証言）, March 1, 1999. ディモナに対するイスラエルの恐怖は次を参照；Cohen, *Israel and the Bomb*, pp. 259-76.

72. Haber, *Ha-Yom Tifrotz Milhama*, p. 108. Miriam Eshkol（口述証言）, Aug. 30, 1999.
73. ISA, 4091/23, Foreign Ministry files, Exchange of Messages Before the War: Eban to Couve de Murville, May 19, 1967. PRO, PREM 13 1617, The Middle East Crisis: Eban to Brown, May 23, 1967（同じような覚書が仏外相にエバンから送られた）. フランス製兵器の継続的供給については次を参照；BGA, Diary, Entry for June 19, 1967. LBJ, National Security file, History of the Middle East Conflict, box 20: United States Policy and Diplomacy in the Middle East Crisis, May 15-June 10, 1967, pp. 50-51. USNA, Subject-Numeric files, POL ARAB-ISR, box 1789: Department of State to London, May 27, 1967. 次も参照；Crosbie, *A Tacit Alliance*, 1977.
74. ISA, 5937/30: Secret Memoranda Prior to the Six Day War: Paris to Foreign Ministry, Protocol of Eban Meeting with President de Gaulle, May 25, 1967. Eban, *Personal Witness*, pp. 372-77. Lacouture, *De Gaulle*, p. 439. LBJ, National Security file, History of the Middle East Conflict, box 20: United States Policy and Diplomacy in the Middle East Crisis, May 15-June 10, 1967, pp. 39-40. "うわべだけの同情" は次からの引用；PRO, PREM 13 1622: Record of Conversation, President de Gaulle and Prime Minister Wilson, June 19, 1967.
75. Maurice Couve de Murville, *Une politique étrangère 1958-1969*（Paris: Plon, 1971）, p. 469. Gilboa, *Shesh Shanim, Shisha Yamim*, p. 141. Raviv, *Israel at Fifty*, pp. 96-97. ISA, 7920/2, Levi Eshkol Papers: Diplomatic Cables -France: Eytan to Levavi: Conversation with Couve, May 24, 1967.
76. PRO, FO17/497: Israel-Political Affairs: Draft Paper for Cabinet-Middle East Crisis, May 24, 1967; CAB 128/42 31st Conclusions: May 24, 1967; PREM 13 1617: The Middle East Crisis, May 23, 1967. ISA, 4080/5, Foreign Ministry files, Contacts with Great Britain: Raviv to Foreign Ministry, May 24, 1967; 7920/1, Levi Eshkol Papers, Diplomatic Telegrams: The Wilson-Eban Conversation, May 24, 1967. LBJ, National Security file, History of the Middle East Conflict, box 20: United States Policy and Diplomacy in the Middle East Crisis, May 15-June 10, 1967, pp. 27-28. Eban, *Personal Witness*, pp. 377-79. Harold Wilson, *The Chariot of Israel: Britain, America, and the State of Israel*（New York: Norton, 1981）, pp. 333-34. ウィルソンの見解は次に収録；www.bemorecreative.com/one/480.htm.
77. ハルマン宛エバンの打電は次からの引用；*Personal Witness*, p. 381. ISA, 4078/7, Foreign Ministry files, Six-Day War: Eban to Washington, Instructions for Conversations with Administration, May 23, 1967（エバンの感触）; New York to Ministry, Rafael Meeting with Goldberg, May 23, 1967; Harman to Rafael, May 23, 1967; Harman to Eban, May 23, 1967.
78. ISA, 5937/30, Secret Memorandum Prior to the Six Day War: Harman to Foreign Ministry, May 24, 1967（アイゼンハワー覚書）; Prime Minister's Office to the Foreign Ministry, May 24, 1967（バーバー大使の行動）. LBJ, National Security file, History of the Middle East Conflict, box 20: United States Policy and Diplomacy in the Middle East Crisis, May 15-June 10, 1967, pp. 52-53. Meir Amit（口述証言）, Feb. 9, 1999. Eban, *Personal Witness*, pp. 385-86.
79. ISA, 7919/1, Levi Eshkol files, Diplomatic Telegrams: U.S.A.: Eshkol to Eban, May 25, 1967. Eban, *Personal Witness*, pp. 382-83. USNA, POL ARAB-IS, box 1788: Secretary of State to Tel Aviv, Cairo and Damascus, May 25, 1967. メッセージは次からの引用；Haber, *Ha-Yom Tifrotz Milhama*, p. 187. Amit, *Rosh be-Rosh*, p. 236.
80. LBJ, National Security file, History of the Middle East Conflict, box 20: United States Policy and

Diplomacy in the Middle East Crisis, May 15-June 10, 1967, pp. 52-53; Middle East Crisis, box 22-23: Barbour to Rostow, May 23, 1967. PRO, PREM 13 1618, Wilson to Johnson, May 24, 1967. ISA, 3977/22, Foreign Ministry files, Relations with the United States: Bitan Conversation with Barbour, May 23, 1967.

81. LBJ, National Security file, History of the Middle East Crisis, box 17: Saunders to Rostow, May 15, 1967; Memos to the President (W. Rostow), box 16: Saunders to Rostow, May 15, 1967; Middle East, Israel boxes 140, 141: W. Rostow to the President, May 15, 1967. USNA, Lot files, USUN, box 6: CINSTRIKE to AIG ISA, 4078/4 Foreign Ministry files, Contacts with the United States on the Entry of Egyptian Forces to the Sinai: Harman Conversation with Rostow, May 15, 1967.

82. LBJ, National Security file, Middle East Crisis, box 22-23: Saunders to W. Rostow, May 18, 1967; History of the Middle East Conflict, box 17: W. Rostow to the President, May 17, 1967; box 20: United States Policy and Diplomacy in the Middle East Crisis, May 15-June 10, 1967, pp. 10-11, 27-28; Middle East Crisis, boxes 144 and 145: W. Rostow to the President, May 19, 1967. USNA, Middle East Crisis files, 1967, Lot file 68D135, box 2: Rostow to Rusk, May 23, 1967. PRO, PREM 13 1617, The Middle East Crisis: Washington to Foreign Office, May 22, 1967. 7920/2, Levi Eshkol Papers, Diplomatic Telegrams, USSR: Research Branch to Eban, May 24, 1967. 次も参照；Johnson, *The Vantage Point*, p. 291.

83. LBJ, National Security file, Memos to the President (W. Rostow), box 16: Overall Arab and Israeli Military Capabilities, May 23, 1967; NSC Histories, Middle East Crisis, box 17: The President in the Middle East Crisis, Dec. 19, 1968. Robert McNamara (口述証言), Feb. 11, 2000.

84. LBJ, National Security file, History of the Middle East Crisis, box 17: Rusk to Cairo, May 22, 1967; box 20: United States Policy and Diplomacy in the Middle East Crisis, May 15-June 10, 1967, pp. 44, 51-52. Walt W. Rostow (口述証言), July 27, 1999.

85. LBJ, National Security file, History of the Middle East Conflict, United States Policy and Diplomacy in the Middle East Crisis, May 15-June 10, 1967, pp. 32, 37-38, 45-49; box 17: Rusk to Cairo, May 23, 1967. USNA, POL ARAB-ISR: box 7: Rusk -Mideast Sitrep, May 25, 1967; The Department of State to London, May 29, 1967 ("発進命令"); Minutes of the Control Group, box 17: Third Meeting of the Middle East Control Group, May 24, 1967. Rostow, *The Diffusion of Power*, pp. 258-59. スエズ危機時イスラエルが提案した船団構想は次に指摘；USNA, 976.7301/9-1056: Dulles Conversation with Eban and in PRO, FO371/11191501/2008: Shepherd Minute, Oct. 28, 1956.

86. USNA, Middle East Crisis files, 1967, NN3.059.96089, box 1: Chronology of U.S.-Jordanian Consultations on the Middle East: Rostow Conversation with Harman, May 24, 1967. LBJ, National Security file, History of the Middle East Conflict, box 20: United States Policy and Diplomacy in the Middle East Crisis, May 15-June 10, 1967, pp. 37-38, 52-55; NSC Histories, The Middle East Crisis, box 17: Luncheon Conversation with Saudi Prince Mohammad, May 31, 1967; President's Conversation with the Prime Minister of Canada, May 25, 1967. PRO, PREM 13 1618: Wilson to President Johnson, May 26, 1967; The Middle East Crisis: Washington to Foreign Office, May 24, 1967; CAB 128/42 32nd Conclusions, May 25, 1967. ISA, 7919/1, Levi Eshkol files, Diplomatic Telegrams: U.S.A.: Evron to Eban, May 27, 1967. Dean Rusk, *As I Saw It* (New York: Penguin Books, 1990), p. 384. Quandt, *Peace Process*, pp. 34-35.

87. Rusk, *As I Saw It*, pp. 153, 378, 383. ISA, 3975/14, Foreign Ministry files, Diplomatic Relations with the United States: Evron to Bitan. Meeting Between Eban and Rusk at the Waldorf Astoria, Oct. 7, 1966.
88. LBJ, National Security file, History of the Middle East Conflict, box 20: United States Policy and Diplomacy in the Middle East Crisis, May 15-June 10, 1967, pp. 55-56; box 18: Memorandum of Conversation, the Secretary and Foreign Minister Eban, May 25, 1967. USNA, POL ARAB-ISR, box 17: Rusk to Tel Aviv, Cairo, and Damascus, May 25, 1967; Memoranda of Conversations, UK, USSR, US, Israel, 1967, box 14: Your Conversation with the Israeli Foreign Minister, May 25, 1967; USUN, box 6: CINSTRIKE to AIG, May 26, 1967; Middle East Crisis files, 1967, Chronology, box 7: Tel Aviv to the Secretary of State, May 25, 1967 (Barbour report); POL ARAB-ISR, Cairo, box 1789: Cairo to the Secretary of State, May 26, 1967. ISA, 5937/30 Secret Memoranda Prior to the Six-Day War: Washington to Ministry, Eban Memoranda on a Conversation with Rusk, May 25, 1967; 7919/1, Levi Eshkol files, Diplomatic Telegrams: U.S.A.: Harman to Eshkol, May 26, 1967. Eban, *Personal Witness*, p. 383. Rafael, *Destination Peace*, pp. 143-45 ("恐ろしい誤まり" の引用). Rusk, *As I Saw It*, p. 385. Quandt, *Peace Process*, pp. 38-39. Parker, *Six Day War*, pp. 216-17.
89. ISA, 5937/30 Secret Memoranda Prior to the Six-Day War: Summation of Conversation between Foreign Minister Eban and Undersecretary Rostow during the Evening of May 25, 1967. USNA, POL ARAB-IS: Department of State to Tel Aviv, May 25, 1967; MemCon between Ambassador Dean and Under Secretary Rostow, May 27, 1967; Israeli-U.S. Working Dinner, May 25, 1967. LBJ, National Security files, NSC Histories, Middle East Crisis, box 18: Memorandum of Conversation between Undersecretary Rostow and Foreign Minister Eban, May 25, 1967. Eban, *Personal Witness*, pp. 383-84. Raviv, *Israel at Fifty*, p. 98.
90. USNA, Memoranda of Conversations, UK, USSR, US, Israel, 1967, box 14: Your Conversation with the Israeli Foreign Minister, May 25, 1967; POL ARAB-ISR, box 17: MemCon between Ambassador Dean and Undersecretary Rostow, May 27, 1967.
91. ISA, 5937/30 Secret Memoranda Prior to the Six-Day War: Note on Thursday dinner at State Department, May 26, 1967. ハルマンの電報及びエバン宛メッセージは次に指摘；Rabin, *The Rabin Memoirs*, pp. 85-89. 次も参照；Dayan, *My Life*, p. 328. Slater, *Rabin of Israel*, p. 134. Rafael, *Destination Peace*, p. 145. Parker, *The Six Day War*, pp. 135-36.
92. ISA, 5937/30, Foreign Ministry files, Secret Memoranda Prior to the Six-Day War: Eban to Eskhol, Conversation with Secretary of State Rusk, May 26, 1967; Eban to Eshkol, Meeting with McNamara and Chairman JCS Wheeler, May 26, 1967; 7919/1, Levi Eshkol files, Diplomatic Telegrams: U.S.A.: Evron to Eshkol, May 26, 1967. LBJ, May 27, 1967. Johnson, *Vantage Point*, p. 294. Eban, *Personal Witness*, p. 384. Robert McNamara (口述証言), Feb. 11, 2000. Raviv, *Israel at Fifty*, p. 99. マクナマラとホイーラーの解説(米情報機関の判断) は次に指摘；LBJ, National Security file, Memos to the President (W. Rostow), box 16: Overall Arab and Israeli Military Capabilities: May 23, 1967.
93. LBJ, National Security file, Memos to the President (W. Rostow), box 16: Rusk to Cairo and Tel Aviv, May 25, 1967; History of the Middle East Conflict, box 20: United States Policy and Diplomacy in the Middle East Crisis, May 15-June 10, 1967, pp. 30-33; NSC Histories, Middle East Crisis, box 17: Department of State to USUN and Cairo, May 25, 1967; box 18: New Delhi to the

Secretary of State, May 22, 1967. Heikal, *Al-Infijar*, pp. 564-65.

94. LBJ, Richard Helms Oral History, pp. 11, 37. Walt W. Rostow (口述証言), July 27, 1967 及び Eugene Rostow (同), Aug. 5, 1999. Robert A. Caro, *The Years of Lyndon B. Johnson: The Path to Power* (New York: Vintage, 1990), p. xix.
95. ISA, 3975/12, Diplomatic Relations with the United States, Harman to Bitan, June 13, 1966. William B. Quandt, "The Conflict in American Foreign Policy" in Rabinovich and Shaked, *From June to October*, pp. 5-6. Klinghoffer, *Vietnam, Jews and the Middle East,* p. 94. Douglas Little, "The Making of a Special Relationship: The United States and Israel, 1957-68," *International Journal of Middle East Studies* 25, no. 4 (Nov. 1993), pp. 274-75 (ロッチのナセル評). R. Evans and R. Novak, *Lyndon B. Johnson: The Exercise of Power* (New York: The New American Library, 1966), p. 175.
96. ISA, 3976/9, Foreign Ministry files, Relations with the United States: Eban Conversation with President Johnson, Sept. 2, 1966; Harman to Eban, June 24, 1966; 3977/15, Foreign Ministry files, United States-Reports and Analyses: Evron to Foreign Ministry, Aug. 25, 1966; 3975/15, Foreign Ministry files, Diplomatic Relations with the United States: Foreign Ministry Memorandum, Feb. 14, 1967 (ジョンソンの対イスラエル姿勢); Written Communication with Harry McPherson, May 16, 2000. 次も参照; LBJ, National Security file, Middle East, Israel box 140, 141: Conflicting U. S. Attitudes Toward Military Aid to Israel, April 20, 1967; U.S.-Israel Relations, Nov. 3, 1967.
97. LBJ, National Security file, Memoranda to the President (W. Rostow), box 16: W. Rostow to the President, May 26, 1967; Congress-Middle East, May 26, 1967; History of the Middle East Crisis, box 17: Memorandum for the President, May 26, 1967. USNA, ARAB-ISR POL, box 1788: Rusk to Tel Aviv, May 26, 1967; Johnson to Wilson, May 25, 1967 (Also in PRO, PREM 13 1618). ISA, 5937/30 Secret Memorandum Prior to the Six Day War: Evron to Foreign Ministry, May 26, 1967 (Rostow quote). Walt W. Rostow (口述証言), July 27, 1967, Eugene Rostow (同), Aug. 5, 1999. Parker, *The Six Day War*, pp. 200-202.
98. LBJ, National Security file, Memoranda to the President (W. Rostow), box 16: Minutes of Meeting (Saunders), May 26, 1967; NSC Histories, Middle East Crisis, box 17: Memorandum for the Record, the Arab-Israeli Crisis, May 27, 1967. Quandt, *Peace Process*, pp. 37-40.
99. LBJ, National Security files, NSC Histories, Middle East Crisis, box 17: the President in the Middle East Crisis, Dec. 19, 1968. ISA, 3975/12, Diplomatic Relations with the United States. Eran to Bitan, June 22, 1966; Harman to Bitan, June 13, 1966. LBJ, National Security file, Memos to the President (W. Rostow), box 17: Evron to the President, May 26, 1967. Mordechai Gazit (口述証言), Feb. 4, 1999.
100. ISA, 5937/30, Secret Memoranda Prior to the Six-Day War: Evron to Foreign Ministry, May 26, 1967. LBJ, National Security files, NSC Histories, Middle East Crisis, box 17: Walt Rostow to the President, May 26, 1967. Raviv, *Israel at Fifty*, pp.99-100. Quandt, *Peace Process*, pp. 40, 513-14, ft. 50. Michael Brecher, *Decisions in Israel's Foreign Policy* (New Haven, Conn.: Yale University Press, 1975), pp. 390-91.
101. LBJ, National Security file, History of the Middle East Conflict, box 20: United States Policy and Diplomacy in the Middle East Crisis, May 15-June 10, 1967, pp. 56-59. ISA, 5937/30 Secret Memoranda Prior to the Six-Day War: Evron to Ministry, Report on 1.5 Hour Meeting Between

Foreign Minister Eban and President Johnson at the White House, May 26, 1967; 7919/1, Levi Eshkol files, Diplomatic Telegrams: U.S.A.: Eban to Eshkol, May 26, 1967. "A Step-by-Step Account of Moves in Israel Before War with Arabs," *New York Times,* July 10, 1967. Robert McNamara（口述証言）, Feb. 16, 2000. Eban, *Personal Witness*, pp. 386-91. Raviv, *Israel at Fifty,* pp. 100-101.

102. LBJ, National Security file, History of the Middle East Conflict, box 20: United States Policy and Diplomacy in the Middle East Crisis, May 15-June 10, 1967, pp. 56-57; NSC Histories, Middle East Crisis, box 17: Rusk to Johnson (handwritten note), May 26, 1967. The President in the Middle East Crisis, Dec. 19, 1968（大統領の日誌）; John P. Roche Oral History, pp. 67-68. ISA, 5937/30 Secret Memoranda Prior to the Six-Day War: Evron to Ministry, Report on the 1.5 Hour Meeting Between Foreign Minister Eban and President Johnson at the White House, May 26, 1967. Rafael, *Destination Peace,* p. 145. Raviv, *Israel at Fifty,* pp. 100-101. Quandt, *Peace Process,* p. 514, ft. 53. Eban, *Personal Wtiness,* pp. 389-94. Johnson, *The Vantage Point,* pp. 293-94. Rostow, *The Diffusion of Power,* p. 417. Little, "The United States and Israel, 1957-1968: The Making of a Special Relationship," p. 578.

103. ISA, 5937/30, Secret Memoranda Prior to the Six-Day War: Harman to Ministry, May 27, 1967. USNA, Middle East Crisis files, 1967, Chronology, box 7: Memorandum of Telephone Conversation, Mr. Rostow and Minister Ebron, May 26, 1967. LBJ, National Security files, NSC Histories, Middle East Crisis, box 17: USUN to the Secretary of State, May 27, 1967; Arthur J. Goldberg Oral History, p. 22. Eban, *Personal Witness*, pp. 393-94. Raviv, *Israel at Fifty*, p. 101. Rafael, *Destination Peace*, p. 145.

104. ISA, 4083/3, Foreign Ministry files, Contacts with the USSR-Closure of Tiran: Katz to Foreign Office, May 17, 1967; Katz to Foreign Ministry, May 24, 1967. LBJ, National Security file, History of the Middle East Crisis, box 17: State Department Circular, May 18, 1967, The Middle East, May, 1967; Moscow to the State Department, May 19, 1967; box 22-23: Arab-Israel Situation Report, May 22, 1967; box 20: United States Policy and Diplomacy in the Middle East Crisis, May 15-June 10, 1967, p. 58; NSC Histories, Middle East Crisis, box 17: London to the Secretary of State, May 25, 1967; box 19: George C. Denney to the Secretary, May 19, 1967（"瀬戸際政策" の表現）. Dagan, *Moscow and Jerusalem*, pp. 209-10.

105. USNA, Middle East Crisis files, 1967, Situation Reports, box 14: Moscow to the Secretary of State, May 24, 1967; Arab-Israeli Crisis, box 9: Moscow to the Secretary of State, May 23, 1967; box 13: Chronology of U.S.-USSR Consultations on the Middle East, May 18 -June 10, 1967; box 4: London to the Secretary of State, May 30, 1967. LBJ, National Security files, NSC Histories, Middle East Crisis, box 18: Paris to the Secretary of State, May 23, 1967; LBJ, National Security files, NSC Histories, Middle East Crisis, box 18: Paris to the Secretary of State, May 24, 1967.

106. LBJ, National Security file, History of the Middle East Crisis, box 19, State Department Activities Report, May 23, 1967. USNA, Middle East Crisis files, 1967, NN3.059.96089, box 1: Chronology of U.S.-Jordanian Consultations on the Middle East: May 23, 1967; Arab-Israeli Crisis, box 9: Moscow to the Secretary of State, May 23, 1967. ISA, Foreign Ministry files, 4083/3, Contacts with the Soviet Union, Katz to Foreign Ministry, May 23, 1967; 7920/2, Levi Eshkol Papers, Diplomatic Telegrams, USSR: Soviet Desk Memorandum, June 4, 1967. Vassiliev, *Russian Policy in the Middle East,* pp. 67-72（ソ連の学者のコメント）. Dagan, *Moscow and Jerusalem*, p. 214. Riad, *The Struggle for Peace in the*

Middle East, pp. 34-35. ソ連側の立場は次に収録；Gilboa, *Shesh Shanim, Shisha Yamim*, pp. 114-15.

107. Heikal, *Al-Infijar,* pp. 623-24（コスイギンの発言）; Heikal, *The Cairo Documents*（Garden City, New York: Doubleday, 1973）p. 242; Heikal, *The Sphinx and the Commissar,* pp. 178-79; Brown, "Nasser and the June 1967 War," p. 123. Govrin, *Israeli-Soviet Relations,* pp. 311-12. Arkady N. Shevchenko, *Breaking with Moscow*（New York: Alfred A. Knopf, 1985）, p. 136. Parker, *The Six Day War,* pp. 38-39. Gen. Makhmut A. Gareev（口述証言）, May 24, 1999.

108. Heikal, *Al-Infijar,* pp. 614-15, 624-25. Al-Jiyyar, "Rajulan Qatala al-Mushir 'Amer," pp. 9-11. Vatikiotis, *Nasser and His Generation*, p. 163. Fawzi, *Harb al-Thalath Sanawat*, p. 96. Parker, *The Politics of Miscalculation in the Middle East*, pp. 32, 50; Parker, *The Six Day War,* pp. 38-39. Stephens, *Nasser*, p. 484. Klinghoffer, *Vietnam, Jews and the Middle East,* p. 103. Gawrych, *The Albatross of Decisive Victory*, p. 13. 7920/2, Levi Eshkol Papers, Diplomatic Telegrams, USSR: Research Memorandum, May 28, 1967. バドランの動静は次からの引用；*Al-Hawadith*, Sept. 2, 1977. Nikolai Yegoroshev（口述証言）, Dec. 23, 2000.

109. LBJ, National Security file, History of the Middle East Crisis, box 17: Kosygin to Johnson, May 27, 1967. PREM 13 1618: Kosygin to Wilson, May 27, 1967. ISA, 4091/23, Foreign Ministry files, Exchange of Messages Before the War: Kosygin to Eshkol, May 27, 1967. Dagan, *Moscow and Jerusalem*, p. 217.

110. ISA, 4048/27, Foreign Ministry files, Diplomatic Relations with the Soviet Union: Foreign Ministry to Moscow, May 27, 1967; 7920/4, Levi Eshkol Papers, Prime Minister's Reports and Surveys, Meeting of the Cabinet, May 27, 1967. Gilboa, *Shesh Shanim, Shisha Yamim,* p. 152. Nakdimon, *Likrat Sh'at ha-Efes,* pp. 110-13. Miriam Eshkol（口述証言）, Aug. 30, 1999.

111. Al-Baghdadi, *Mudhakkirat*, p. 274. Fawzi, *Harb al-Thalath Sanawat*, pp. 93-94. Heikal, *Al-Infijar,* pp. 573-74. Riad, *The Struggle for Peace in the Middle East*, p. 23. Mazhar, *I'tirafat Qadat Harb Yunyu*, pp. 144, 149-50. Sela, *The Decline of the Arab-Israeli Conflict*, pp. 90-91. Al-Sabbagh, *Mudhakkirat Qadat al-'Askaraiyya al-Misriyya* 5, pp. 1-3.

112. Mahmud Riad. *Mudhakkirat Mahmoud Riad 2*（Beirut: Al-Mu'assasa al-'Arabiyya lil-Dirasa wal-Nashr, 1987）, p. 63. Al-Sabbagh, *Mudhakkirat Qadat al-'Askaraiyya al-Misriyya 5*, pp. 18-19, 24-25. Fawzi, *Harb al-Thalath Sanawat*, pp. 115-126. Heikal, *Al-Infijar*, pp. 573-74. 'Abd al-Hamid, *Al-Mushir wa-Ana*, pp. 211-22（ナセルに対するアメルの発言）. 'Amer-Sidqi Mahmud conversation in Mazhar, *I'tirafat Qadat Harb Yunyu*, pp. 141-42. Murtagi, *Al-Fariq Murtagi Yarwi al-Haqa'iq*, pp. 91-93. Parker, *The Six Day War*, p. 45（バドラン宛アメルの電報）. 次も参照；USNA, Central Policy files, 1967-1969, POL 2 UAR: Jidda to the Department of State, May 27, 1967. 'Abd al-Mun'im Hamza（口述証言）, July 4, 2001.

113. LBJ, National Security file, History of the Middle East Conflict, box 20: United States Policy and Diplomacy in the Middle East Crisis, May 15-June 10, 1967, pp. 43-44; box 18: Tel Aviv to the Secretary of State, May 27, 1967（バーバー発言）; box 17: Arab-Israel Situation Report, May 28, 1967（ダバール紙の見出し）. USNA, Subject-Numeric files, POL ARAB-ISR, box 1789: Baghdad to Department of State, May 27, 1967. Mustafa, *Harb Haziran,* pp. 277-79. カイロ放送の内容は次に引用 Mutawi, *Jordan in the 1967 War*, pp. 88-89.

114. ISA, 7920/4, Levi Eshkol Papers, Prime Minister's Reports and Surveys, Meeting of the Cabinet, May 27, 1967; 7920/2, Diplomatic Telegrams, USSR: Allon to Eban, May 21, 1967; 3977/22, Foreign Ministry files, Relations with the United States: Foreign Ministry to Embassies, May 27, 1967; 5937/30, Secret Memoranda Prior to the Six-Day War: Evron to Foreign Ministry, May 27, 1967. Haber, *Ha-Yom Tifrotz Milhama,* p. 192. Rabin, *Memoirs,* pp. 89-90. Eban, *Personal Witness*, pp. 396-99. Raviv, *Israel at Fifty*, pp. 102-3. ジョンソンの電報は次に収録；LBJ, National Security file, National Security Council History, Middle East Crisis 2, box 17: Johnson to Eskhol, May 27, 1967; Johnson to Barbour, May 27, 1967. USNA, POL ARAB-IS, Tel Aviv files, Tel Aviv to the Secretary of State, May 28, 1967（アロンの判断）. アランの発言は次に収録；MPA, Party Secretariat Protocols, 2/24/66/88: June 1, 1967. 次も参照；Brecher, *Decisions in Israel's Foreign Policy*, p. 400 and *Decisions in Crisis*, p. 146. Gluska, *Imut bein ha-Mateh ha-Klali u-bein Memshelet Eshkol bi-Tkufat ha-Hamtana*, pp. 17-22.
115. USNA, Pol ARAB-ISR, box 1789: New York to Department of State, May 28, 1967. ISA, 5937/30, Secret Memoranda Prior to the Six-Day War: Evron to Foreign Ministry, May 27, 1967; 4086/2, Foreign Ministry files, Security Council Meetings; M. Aruch: Summary of Security Council Meetings: New York to Foreign Ministry, May 29, 1967. Lall, *The UN and the Middle East Crisis*, pp. 32-39. U Thant, *View from the UN*, pp. 246-47. Haber, *Ha-Yom Tifrotz Milhama*, p. 193. Heikal, *The Sphinx and the Commissar*, p. 177. Rikhye, *Sinai Blunder*, pp. 81-83.
116. LBJ, National Security files, NSC Histories, Middle East Crisis, box 17: Walt Rostow to the President, May 28, 1967; Tel Aviv to the Secretary of State, May 28, 1967; Memos to the President（W. Rostow）, box 16: Rostow to the President, May 28, 1967; History of the Middle East Conflict, box 20: United States Policy and Diplomacy in the Middle East Crisis, May 15-June 10, 1967, pp. 66-70. ISA, 7919/1, Levi Eshkol files, Diplomatic Telegrams: U.S.A.: Evron to Eshkol, May 31, 1967. Haber, *Ha-Yom Tifrotz Milhama*, p. 193. Prittie, *Eshkol*, pp. 99-101.
117. 7920/2, Levi Eshkol Papers, Diplomatic Telegrams, USSR: Paris to Foreign Ministry, June 1, 1967. グレチコ発言は次からの引用；Heikal, *Al-Infijar*, pp. 625, 1024. Heikal, *The Sphinx and the Commissar*, pp. 179-80, and Heikal, *The Cairo Documents*, p. 242. バドランの態度は次からの引用；Imam, *Nasir wa-'Amer*, p. 147; *Kayfa Hakama Misr*, p. 261, and Fawzi, *Harb al-Thalath Sanawat*, p. 95. ナセルの判断は次からの引用；al-Baghdadi, *Mudhakkirat 2*, p. 274. アタシの言明は次からの引用；Mustafa, *Harb Haziran*, p. 183. 次も参照；Parker, *The Six Day War*, pp. 38-39, 44, and *The Politics of Miscalculation in the Middle East*, p. 50. Govrin, *Israeli-Soviet Relations*, pp. 311-12. Stephens, *Nasser*, pp. 483-84.
118. USNA, POL ARAB-IS, box 1788: Rusk to Tel Aviv, May 29, 1967. ISA, 4086/2, Foreign Ministry files, Security Council Meetings; M. Aruch: Summary of Security Council Meetings, May 29, 1967; 7920/1, Levi Eshkol Papers, Diplomatic Telegrams: Rafael to Eban, May 27, 1967. LBJ, National Security files, NSC Histories, Middle East Crisis, box 21: Chronology of the Soviet Delay on the Security Council Meetings（J. Baker）, June 26, 1967; box 17: Department of State to Paris, May 25, 1967. Shevchenko, *Breaking with Moscow,* p. 133. Rikhye, *Sinai Blunder*, p. 85. Lall, *The UN and the Middle East Crisis,* pp. 329-32. U Thant, *View from the UN*, p. 246. フェデレンコの動静は次を参照；Dagan, *Moscow and Jerusalem*, p. 216.

119. UN, S-316-box 9, file 12, UNEF Withdrawals: U Thant to Eshkol, May 29, 1967. USNA, POL ARAB-ISR, box 1789: Rusk to Certain Embassies, May 26, 1967. LBJ, National Security file, History of the Middle East Crisis, box 17: Walt Rostow to the President, May 26, 1967. Rafael, *Destination Peace*, pp. 147-48. Parker, *The Six Day War*, p. 95. Heikal, *The Sphinx and the Commissar*, p. 177.

第4章　秒読

1. USNA, Central Foreign Policy files, 1967-1969, POL Arab-Jordan, box 1844: Amman to the Department of State, May 12, 1967, box 2554: Amman to Department of State, May 23, 1967, Rusk to Jidda and Amman, May 20, 1967. LBJ, National Security files, NSC Histories, Middle East Crisis, box 22: Amman to the Secretary of State, May 3, 1967, box 18: Amman to the Secretary of State, May 23, 1967. Parker, *The Politics of Miscalculation in the Middle East,* p. 8; Parker, *The Six Day War*, p. 157. Zak, *Hussein Ose Shalom,* p. 103.
2. USNA, Subject-Numeric files, Pol ARAB-ISR, box 1789: Amman to Department of State, May 27, 1967（トゥカーンの発言）; Central Foreign Policy files, 1967-1969, POL 12 SY, box 2511: Amman to the Department of State, May 23, 1967. El Edroos, *The Hashemite Arab Army,* pp. 390-92. Al-Rifa'i quote in Mutawi, *Jordan in the 1967 War*, p. 101. Adnan Abu-Oudeh（口述証言）, Nov. 16, 1999.
3. LBJ, National Security file, History of the Middle East Conflict, box 20: United States Policy and Diplomacy in the Middle East Crisis, May 15-June 10, 1967, pp. 14-15. USNA, Middle East Crisis files, 1967, box 1: Chronology of U.S.-Jordanian Consultations on the Middle East: May 20, 1967; May 23, 1967（"波風をたてる" の件）; ARAB-ISR, box 1789: Amman to Department of State, May 25, 1967（バーンズの考察）. ISA, 4080/5, Foreign Ministry files, Contacts with Great Britain, Foreign Ministry to London, May 23, 1967. Mustafa, *Harb Haziran,* pp. 277-79. Hussein, *My "War" with Israel*, pp. 38-39. Mutawi, *Jordan in the 1967 War*, pp. 104-5. Heikal, *Al-Infijar*, p. 650.
4. USNA, POL ARAB-ISR, box 9: Amman to the Secretary of State, May 23, 1967, Amman to the Secretary of State, May 27, 1967, Amman to the Secretary of State, May 30, 1967. フセインの見解は次からの引用；Mutawi, *Jordan in the 1967 War*, pp. 98-99 及び LBJ, National Security file, History of the Middle East Conflict, box 18: Amman to the Secretary of State, May 26, 1967, box 20: United States Policy and Diplomacy in the Middle East Crisis, May 15-June 10, 1967, p. 43. PRO, PREM 13 1617, The Middle East Crisis: Amman to Foreign Office, May 23, 1967.
5. USNA, Middle East Crisis files, 1967, box 1: Chronology of U.S.-Jordanian Consultations on the Middle East: Amman to the Department of State, May 25, 1967, Amman to the Department of State, May 27, 1967（トゥカーンの打ち明け話）; Rusk to Tel Aviv, May 26, 1967（フセインの口頭メッセージ）, POL ARAB-ISR, box 1789: Subject-Numeric files, box 1788: Amman to the Department of State, May 27, 1967, Central Policy files, 1967-1969, POL 7 UAR, box 2554: Amman to Department of State, May 27, 1967. LBJ, National Security files, NSC Histories, Middle East Crisis, box 17: Amman to the Secretary of State, May 27, 1967. ISA, Foreign Ministry files, 6444/5, North America, telegrams: Foreign Ministry to Embassies, June 1, 1967. Mustafa, *Harb Haziran,* pp. 277-79. Hussein, *My "War" with Israel*, p. 39. Mutawi, *Jordan in the 1967 War*, pp. 105-6. Kamm, *Hussein Poteah be-Milhama,* pp. 203, 277, 283. El Edroos, *The Hashemite Arab Army,* p. 390.

6. Mutawi, *Jordan in the 1967 War,* p. 162. Susser, *On Both Banks of the Jordan*, pp. 122-23. Zak, *Hussein Ose Shalom,* pp. 107-8.
7. フセインのカイロ訪問の模様は、いくつかの資料をもとに再構築された。次を参照；USNA, POL ARAB-ISR, box 9: Amman to the Secretary of State, May 31, 1967. Heikal, *Al-Infijar*, pp. 656-57. Mutawi, *Jordan in the 1967 War*, pp. 108-10. Hussein, *My "War" with Israel*, pp. 43-48. Dhabbah, *Wa-Madha Ba'du?,* pp. 39-41. El Edroos, *The Hashemite Arab Army,* p. 395. Al-Shuqayri, *Mudhakkirat* 3, pp. 191-200. Kimche and Bawly, *The Sandstorm,* p. 106. Kamm, *Hussein Poteah be-Milhama,* p. 283. Mohamad Ibrahim Faddah, *The Middle East in Transition: A Study of Jordan's Foreign Policy* (New York: Asia Publication House, 1974), p. 75. 次も参照；Sayigh, *Armed Struggle and the Search for State*, p. 138.
8. Mutawi, *Jordan in the 1967 War*, p. 111; Hussein, *My "War" with Israel*, p. 50; Jum' 次からの引用；Kamm, *Hussein Poteah be-Milhama,* pp. 283-84; LBJ, National Security files, Country file, box 104/107: "Reactions to ME Crisis in UN Circles," June 8, 1967, USNA, Middle East Crisis files, 1967, box 1: Chronology of U.S.-Jordanian Consultations on the Middle East, May 31, 1967; POL ARAB-ISR, box 9: Amman to the Secretary of State ("政治上軍事上の保険" の件), June 1, 1967, Amman to the Secretary of State ("肩の荷を移す" 話), June 3, 1967. カイロ放送の内容は次からの引用；l Edroos, *The Hashemite Arab Army,* p. 395.
9. Mutawi, *Jordan in the 1967 War*, pp. 161, 184. Adnan Abu-Oudeh (口述証言), Nov. 16, 1999. LBJ, National Security file, NSC Histories, Middle East Crisis, box 21: White House Situation Room to the President, May 30, 1967. USNA, Middle East Crisis files, 1967, box 1: Chronology of U.S.-Jordanian Consultations on the Middle East, Amman to the Department of State, May 31, 1967 ("パンドラの箱" の件); Amman to the Department of State, June 2, 1967 ("1914 年 8 月との比較"), Central Foreign Policy file, 1967-1969, box 1789: Egyptian-Jordanian Mutual Defense Treaty − Information Memorandum (Meeker), June 2, 1967. エジプト・ヨルダン相互防衛協定の全文が 1967 年 5 月 31 日付ニューヨークタイムズ紙に掲載された。
10. エジプト軍コマンド隊については次を参照；Mutawi, *Jordan in the 1967 War*, p. 129. シュケイリの約束は次からの引用；Kamm, *Hussein Poteah be-Milhama*, pp. 284-85, and BBC, Daily Report, Middle East, Africa, and Western Europe, No. D-1. 'Awad Bashir Khalidi (口述証言), Nov. 16, 1999. 次も参照；Uzi Benziman, *Yerushalayim: Ir lelo Homa* (Jerusalem: Schocken, 1973), pp. 23-24.
11. Haber, *Ha-Yom Tifrotz Milhama*, p. 194; Miriam Eshkol (口述証言), Aug. 30, 1999; Schiff column in *Ha'aretz*, May 28, 1967.
12. ISA, 7919/1, Levi Eshkol files, Diplomatic Telegrams: U.S.A.: Geva to Rabin, May 26, 1967. LBJ, National Security files, NSC Histories, Middle East Crisis, box 17: Tel Aviv to the Secretary of State, May 28, 1967 (ハアレツ紙報道). Ariel Sharon, *Warrior* (New York: Simon & Schuster, 1989), pp. 181-84. Haber, *Ha-Yom Tifrotz Milhama,* pp. 194-98. Baron, *Hotam Ishi,* pp. 25-26. Gluska, *Imut bein ha-Mateh ha-Klali u-bein Memshelet Eshkol bi-Tkufat ha-Hamtana*, pp. 23-27. Rabin, *Memoirs,* pp. 92-93, Weizman, *On Eagles' Wings,* pp. 214-16. IDF, 1977/1786: The Regular Paratrooper Brigade in the Six-Day War, Commander 35th Brigade, p. 626. Miriam Eshkol (口述証言), Aug. 30, 1999, Yeshayahu Gavish (同), Dec. 7, 1999, Rehavam Ze'evi (同), Sept. 9, 2001.
13. Teddy Kollek, *For Jerusalem* (London: Weidenfeld and Nicolson, 1978), p. 190. Dayan, *My Life*, pp.

333-35.

14. BGA, Diary, Entries for May 24, 28, 31, and June 1, 1967, Shabtai Teveth, *Moshe Dayan, Biografia* (Jerusalem: Schocken Press, 1971), pp. 561-62. Peres, *Battling for Peace,* pp. 90-93. Haber, *Ha-Yom Tifrotz Milhama,* p. 182. Moshe Dayan, *Diary of the Sinai Campaign, 1956* (London: Weidenfeld and Nicolson, 1967), p. 180. Zaki Shalom and S. Ilan Troen, "Ben-Gurion's Diary for the 1967 Six-Day War: An Introduction, " *Israel Studies* 4, no. 2 (Fall 1999), p. 197.
15. ISA, 4086/8, Foreign Ministry files, Red Cross: Foreign Ministry to Le Hague, May 30, 1967, Stockholm to Foreign Ministry, June 4, 1967; 4087/1: Egyptian Army Entry into Sinai and Closure of the Tiran Straits. Copenhagen to Foreign Ministry, June 3, 1967. PRO, PREM 13 1619, The Middle East Crisis: Tel Aviv to Foreign Office, June 4, 1967. Abraham Rabinovich, *The Battle for Jerusalem, June 5-7, 1967* (Philadelphia: Jewish Publication Society of America, 1972), pp. 23-27, 51, 59. On Weizman's resignation, see Haber, *Ha-Yom Tifrotz Milhama*, pp. 183, 203. Weizman, *On Eagles' Wings,* pp. 217-18. Baron, *Hotam Ishi,* pp. 26-27. Avraham Rabinovich, "The War That Nobody Wanted," *Jerusalem Post,* June 13, 1967.
16. ISA, Foreign Ministry files, 4087/6, Emergency Appeal: Rothschild to Sapir, May 28, 1967, Eytan to Foreign Ministry, May 29, 1967; 4089/8, Foreign Ministry files, Volunteers, Foreign Ministry to South American Embassies, May 28, 1967; 7920/ 3, Levi Eshkol Papers, Diplomatic Telegrams, General: Bonn to the Foreign Ministry, June 1, 1967. LBJ, National Security files, NSC Histories, Middle East Crisis, box 17: Item for the President's Evening Reading, May 19, 1967. Mansoor, *Arab World,* entry for May 28.
17. Robert J. Donovan, *Six Days in June: Israel's Fight for Survival* (New York: The New American Library, 1967), p. 15. Rabin, *Memoirs,* pp. 93 (ラビンの述懐), 100. USNA, Summary of MEDAC, box 7: Tel Aviv to the Secretary of State, June 1, 1967. LBJ, National Security file, NSC Histories, Middle East Crisis, box 21: White House Situation Room to the President, May 30, 1967. 次も参照；Uzi Narkiss, *Soldier of Jerusalem,* trans. Martin Kett (London: Mitchell Vallentine, 1998), p. 203. ゼメルの発言は次からの引用；Rabinovich, "The War That Nobody Wanted."
18. UN, S-0316, UNEF-Withdrawals/UN Missions-EIMAC, box 9: Bull to Bunche, May 30, 1967. Eric Hammel, *Six Days in June: How Israel Won the 1967 Arab-Israeli War* (New York: Scribner's, 1992), p. 157. Abu Murshid, Butrus, and Jabber, *Silsilat al-Kitab al-Sanawi lil-Qadiyya al-Filastiniyya,* p. 117. エシュコルの議会演説は次からの引用；Prittie, *Eshkol,* pp. 101-2. Haber, *Ha-Yom Tifrotz Milhama,* p. 209.
19. フセインの発言は次に収録；BBC, Daily Report, Middle East, Africa, and Western Europe, No. B6. アラブ諸国軍の情報は次を参照；USNA, Summary of MEDAC, box 13: Middle East Sitrep as of June 1; POL ARAB-ISR, box 1789: Amman to Department of State, May 31, 1967. Mustafa, *Harb Haziran*, pp. 169-73, 278-79. LBJ, National Security file, History of the Middle East Conflict, box 20: United States Policy and Diplomacy in the Middle East Crisis, May 15-June 10, 1967, pp. 107-9. Mutawi, *Jordan in the 1967 War*, pp. 112-17. Van Creveld, *The Sword and the Olive*, p. 179. Hammel, *Six Days in June*, pp. 286-87, 388-90. Seale, *Asad of Syria*, p. 117. Schiff, *A History of the Israeli Army*, p. 138. Shmuel Segev, *Sadin Adom*, p. 223. ナセルの発言は次からの引用；Gilboa, *Shesh Shanim, Shisha Yamim*, p. 191.

20. BGA, Diary, June 1, 1967. Haber, *Ha-Yom Tifrotz Milhama*, pp. 200-201. MPA, Meeting of the Executive Committee, June 1, 1967. Teveth, *Moshe Dayan*, pp. 564-65 (Dayan quote). Gluska, *Imut bein ha-Mateh ha-Klali u-bein Memshelet Eshkol bi-Tkufat ha-Hamtana,* pp. 29-33. Rabin, *Memoirs*, p. 94. Golda Meir, *My Life* (New York: G.P. Putnam's Sons, 1975), pp. 362-63. Amos Perlmutter, *The Life and Times of Menachem Begin* (New York: Doubleday, 1987), p. 283. Gawrych, *The Albatross of Decisive Victory,* p. 19. Nakdimon, *Likrat Sh'at ha-Efes*, pp. 61-81, 102. Baron, *Hotam Ishi*, pp. 29-30. MPA, Party Secretariat Protocols, 2/24/66/88: June 1, 1967.
21. Teveth, *Moshe Dayan,* pp. 570-71. Rabin, *Memoirs*, p. 94. Haber, *Ha-Yom Tifrotz Milhama,* p. 184. Mayzel, *Ha-Ma'arakha al ha-Golan,* pp. 241-43. Dayan, *My Life*, pp. 340-41. ゼービの述懐は次からの引用；Michael Shashar, *Sihot im Rehavam -Gandhi -Ze'evi* (Tel Aviv: Yediot Ahronot, 1992), p. 165.
22. PRO PREM 13 1622: The Second Arab-Israel War, 1967: The Preliminaries (Hadow), July 6, 1967 ("ネズミの穴を窺うテリア" の話); FCO17/498: Israel -Political Affairs: Tel Aviv to Foreign Ministry, June 3, 1967.
23. LBJ, National Security file, History of the Middle East Conflict, box 20: United States Policy and Diplomacy in the Middle East Crisis, May 15-June 10, 1967, pp. 69-70, 81-88. USNA, POL ARAB-ISR, box 1789: Rusk to Certain Embassies, May 28, 1967; Rusk to Tel Aviv, May 31, 1967; Chronology of U.S. Consultations with Other Governments on the Middle East Crisis, May 15-June 10, 1967. Johnson, *The Vantage Point*, p. 294.
24. LBJ, National Security file, National Security Council History, Middle East Crisis 2, box 17: Walt Rostow to the President, May 30, 1967; Walt Rostow to the President-Report from Barbour, May 28, 1967; Memos to the President (W. Rostow), box 16: Rostow to the President-Conversation with Evron, May 31, 1967. ラビンの感想は次からの引用；Rabin, *Memoirs*, pp. 95-96.
25. LBJ, National Security file, Memos to the President (W. ロストウの証言), box 16: Rusk to the President, May 30, 1967; History of the Middle East Crisis, box 19: State Department Activities Report, June 1, 1967; Joint Chiefs of Staff -Memorandum for the Secretary of Defense, June 2, 1967, box 18: Department of State Circular, May 30, 1967; NSC Histories, Middle East Crisis, box 17: The President in the Middle East Crisis, Dec. 19, 1968 (ロストウの証言). USNA, META Agenda, Actions, Minutes, box 15: Memorandum for the Middle East Control Group, May 31, 1967 ("虚栄心と強欲をくすぐる方法" の話). Walt Whitman Rostow (口述証言), July 27, 1999. Robert McNamara (口述証言), Feb. 11, 2000. Johnson, *The Vantage Point*, p. 295 (ラスクとマクマナラの覚書). Rusk, *As I Saw It*, pp. 384-85. Klinghoffer, *Vietnam, Jews and the Middle East*, pp. 109-11. ホイーラーの判断は次に収録；Parker, *The Six Day War*, p. 218.
26. LBJ, National Security file, History of the Middle East Crisis, box 17: Saunders to Rostow, May 30, 1967; box 20: United States Policy and Diplomacy in the Middle East Crisis, May 15-June 10, 1967, pp. 61-62, 93-95; NSC Histories, Middle East Crisis, box 18: Memorandum for the Secretary of Defense, June 2, 1967; Pearson to Johnson, June 2, 1967; box 17: The President in the Middle East Crisis, Dec. 19, 1968 (大統領の日誌). USNA, Middle East Crisis files, 1967, box 2: The Department of State to Canberra, June 2, 1967, box 13: Memorandum for Mr. Battle (Deane Hinton), June 4, 1967 ("ベルギー人は無駄口をたたく" の件); History of MADEC (Hinton), June

9, 1967. NAC, RG 25, box 10050: Political Affairs -Canada's Foreign Policy Trends and Relations-Israel: Tel Aviv to Ottawa, May 28, 1967. Parker, *The Politics of Miscalculation in the Middle East*, p. 54. Johnson, *The Vantage Point*, p. 296.

27. PRO, FO17/497: Israel-Political Affairs: Draft Paper for Cabinet-Middle East Crisis: May 28, 1967; PREM 13 1618: Middle East: Memorandum by the Foreign Secretary, May 28, 1967; Note on a Meeting between the Prime Minister and the Foreign Minister, May 28, 1967; CAB 128/42 33rd Conclusions; 128/42 35th Conclusions. USNA, Middle East Crisis files, 1967, box 1: Chronology of U.S.-Jordanian Consultations on the Middle East, June 1, 1967; box 2: London to the Department of State, June 1, 1967. LBJ, National Security file, History of the Middle East Conflict, box 20: United States Policy and Diplomacy in the Middle East Crisis, May 15-June 10, 1967, pp. 93-95; Middle East Crisis 2, box 17: Wilson to Johnson, May 27, 1967; NSC Histories, Middle East Crisis, box 21: White House Situation Room to the President, May 30, 1967 (“軟弱” の形容); London to the Secretary of State, June 3, 1967 (“自国の主張を頑として譲らぬ” の件).

28. LBJ, National Security file, History of the Middle East Crisis, box 17: Joint Chiefs of Staff: Military Actions -Straits of Tiran, June 2, 1967. USNA, POL ARABISR, box 1789: First report of Working Group of Economic Vulnerabilities, May 31, 1967. PRO, FO 39/380: Gulf of Aqaba − Political Organization and Guidelines, June 2, 1967; PREM 13 1618: The Middle East Crisis: Annex A − International Action to open the Straits of Tiran, May 28, 1967; FO17/497: Israel -Political Affairs: Draft Paper for Cabinet -Middle East Crisis, June 2, 1967.

29. LBJ, National Security file, History of the Middle East Crisis, box 17: Memorandum for WWR, June 1, 1967; box 18, Joint Chiefs of Staff: Military ActionsóStraits of Tiran, May 24, 1967; NSC Histories, Middle East Crisis, box 17: London to the Secretary of State, May 28, 1967. Rusk, *As I Saw It*, p. 365.

30. LBJ, box 1-10, the USS *Liberty*: Department of Defense Press Release, June 8, 1967; box 19: CINCUSNAVEUR Order, May 30, 1967; box 18: Joint Chiefs of Staff: Military Actions − Straits of Tiran, May 25, 1967; box 104/107: The National Military Command Center: Attack on the USS *Liberty*, June 9, 1967.

31. USNA, Pol ARAB-ISR, box 1789: Cairo to the Department of State, May 27, 1967, and LBJ, National Security file, History of the Middle East Crisis, box 17: Cairo to the Department of State, May 26, 1967; Damascus to the Department of State, May 26, 1967; Amman to the Department of State, June 3, 1967; Amman to the Secretary of State, June 4, 1967; box 20: United States Policy and Diplomacy in the Middle East Crisis, May 15-June 10, 1967, pp. 71-73 (ポーター大使の警告). 次も参照；LBJ, National Security file, NSC Histories, Middle East Crisis, box 17: Cairo to the Secretary of State, May 28, 1967; Amman to the Secretary of State, June 2, 1967; Beirut to the Secretary of State, May 29, 1967. Parker, *The Politics of Miscalculation in the Middle East*, pp. 53, 233.

32. USNA, POL ARAB-ISR, box 1789; Rusk to Harmel, May 28, 1967; Arab-Israeli Crisis, Minutes of the Control Group, box 17: 5th Meeting of Control Group, May 28, 1967 (“全速前進” の決意の件); box 13: Summary of MEDAC: Middle East Sitrep as of June 1, 1967. LBJ, National Security file, History of the Middle East Conflict, box 18: Memo for the President: Today's Security Council Meeting, May 31, 1967; NSC Histories, Middle East Crisis, box 17: Secretary of State to Ambassador

Goldberg, May 30, 1967; box 23: Circular to Arab Capitals (Rusk), June 3, 1967; box 21: Arab-Israeli Situation Report, June 2, 1967; Arab-Israeli Situation Report, June 3, 1967; Chronology of the Soviet Delay on the Security Council Meetings (J. Baker), June 6, 1967; White House Situation Room to the President, May 30, 1967; Memorandum to the President: Security Council Meeting, June 3, 1967 ("ベトナムを血の海にして" の表現). Rikhye, *Sinai Blunder*, pp. 82-84. Lall, *The UN and the Middle East Crisis*, pp. 40-43. 中東諸大使に対するラスク長官の外交交渉は次に収録；Parker, *The Politics of Miscalculation in the Middle East*, pp. 121-22.

33. LBJ, National Security file, History of the Middle East Crisis, box 17: Johnson to Kosygin, May 28, 1967; Rusk to Gromyko, May 28, 1967; box 20: Nathaniel Davis, Memorandum for Mr. Rostow, May 29, 1967.
34. LBJ, National Security file, History of the Middle East Conflict, box 18: Text of Cable from Mr. Yost, June 1, 1967; box 20: United States Policy and Diplomacy in the Middle East Crisis, May 15-June 10, 1967, pp. 88-92. Mahmoud Riad, *Mudhakkirat Mahmoud Riad 1, 1948-1976: al-Bahth 'an al-Salam fi al-Sharq al-Awsat* (Beirut: al-Mu'assasa al-'Arabiyya lil-Dirasa wal-Nashr, 1987), p. 312. Imam, *'Abd al-NasiróKayfa Hakama Misr*, p. 366. Parker, *The Politics of Miscalculation in the Middle East*, pp. 56, 233-39. Rouleau et Lacouture, *Israel et les Arabes le 3e Combat*, p. 83.
35. LBJ, National Security file, History of the Middle East Conflict, box 17: W. Rostow to the President, May 23, 1967; Rusk to Cairo, May 29, 1967; Anderson to the President, June 1, 1967; box 20: United States Policy and Diplomacy in the Middle East Crisis, May 15-June 10, 1967, pp. 88-89; NSC Histories, Middle East Crisis, box 17: The President in the Middle East Crisis, Dec. 19, 1968; box 18: Scenario: June 4-11, June 3, 1967; box 23: Cairo to the Secretary of State, June 4, 1967. USNA, Middle East Crisis files, 1967, box 17: Eighth Control Group Meeting, June 3, 1967; Ninth Control Group Meeting, June 4, 1967. PRO, FCO/39/261 UAR-Relations with the US: Washington to Foreign Ministry, June 4, 1967. Imam, *'Abd al-Nasir—Kayfa Hakama Misr*, pp. 366-67. Heikal, *Al-Infijar*, pp. 680-84. Parker, *The Politics of Miscalculation in the Middle East*, pp. 235-41.
36. USNA, Middle East Crisis files, Maritime Declaration, box 13: Memorandum of Conversation, June 2, 1967; box 2: Grey to Rusk, June 2, 1967. LBJ, National Security file, History of the Middle East Crisis, box 17: Memorandum for WWR, June 1, 1967; Miscellaneous Reports, box 15: Battle to Rusk, June 2, 1967; NSC Histories, Middle East Crisis, box 23: Tel Aviv to the Secretary of State, June 4, 1967 (バーバー大使の判断); Circular to All American Diplomatic Posts, June 2, 1967 (ラスク長官の訓令).
37. Meir Amit (口述証言), Feb. 9, 1999; このインタビュー時、1967 年 6 月 4 日のアミット長官訪米報告へのアクセスが可能になった。ISA, 6444/5 North America, telegrams. Ministry to Embassies, Head of the Mossad to the Mossad, June 1, 1967; Head of the Mossad to the Mossad, June 2, 1967. LBJ, National Security file, NSC Histories, Middle East Crisis, box 18: Walt Rostow to the President, June 2, 1967. Robert McNamara (口述証言), Feb. 11, 2000. Quandt, *Peace Process*, pp. 43-45. Parker, *The Six Day War*, pp. 124-25; 136. Amit, "Ha-Derekh le-Sheshet ha-Yamim."
38. LBJ, National Security file, History of the Middle East Conflict, box 20: United States Policy and Diplomacy in the Middle East Crisis, May 15-June 10, 1967, pp. 96-97.
39. Shlomo Merom (口述証言), Dec. 7, 1999. エシュコルの反応は次からの引用；Dayan, *My Life*, p.

338.

40. PRO, FCO 17/506: Israel -Political Affairs (External): Tel Aviv to Foreign Ministry, June 2, 1967. Teveth, *Moshe Dayan*, pp. 67, 104 (“嘘つき、大言壮語屋” の表現), 134, 440-41, 556-57. Amit, *Rosh be-Rosh*, pp. 85-87. ダヤン伝記を参照; http://www.us-israel.org/jsource/biography/Dayan.html. ギデオンのダヤン評も参照; Rafael, Destination Peace, p.283; Moshe Dayan, *Avnei Derekh* (Tel Aviv: Yediot Ahronot, 1976) pp. 39-40.
41. ガル空挺副大隊長の述懐は次からの引用; Yisrael Harel, *Sha'ar ha-Arayot—Ha-Krav al Yerushalayim be-Havayat Lohamei Hativat ha-Tzanhanim* (Tel Aviv: Ma'arkhot, n.d.), p. 209. Baron, *Hotam Ishi*, pp. 28-29, 43-44. Haber, *Ha-Yom Tifrotz Milhama*, pp. 203, 249. Dayan, *My Life*, pp. 338-39.
42. LBJ, National Security file, Middle East Crisis, box 18: W. Rostow to the President, June 2, 1967; NSC Histories, Middle East Crisis, box 17: The President in the Middle East Crisis, Dec. 19, 1968 (ロストウの反応). USNA, Middle East Crisis files, 1967, box 17: Ninth Control Group Meeting, June 3, 1967. ISA, 4091/23, Foreign Ministry files, Exchange of Messages Before the War: Kosygin to Eshkol, June 2, 1967; 7919/1, Levi Eshkol files, Diplomatic Telegrams: U.S.A.: Geva to Rabin, May 26, 1967; Evron to Levavi, May 27, 1967; Evron to Bitan, May 29, 1967. PRO, FO 17/489, Israel-Political Affairs: Foreign Ministry to Washington, June 2, 1967. Avraham Liff (口述証言), Sept. 13, 1999. Shlomo Merom (同), Dec. 7, 1999. Quandt, *Peace Process*, pp. 46-47.
43. USNA, Summary of MEDAC, box 13: Middle East Sitrep as of June 1 (Eban quote). Baron, *Hotam Ishi,* pp. 28-29. Gluska, *Imut bein ha-Mateh ha-Klali u-bein Memshelet Eshkol bi-Tkufat ha-Hamtana*, pp. 38-44. Mayzel, *Ha-Ma'arakha al ha-Golan,* pp. 48-50. Haber, *Ha-Yom Tifrotz Milhama,* pp. 206-12. Dayan, *My Life*, pp. 338-39. Yariv, *Ha'arakha Zehira*, pp. 57-58. Bartov, *Dado,* p. 94. Rabin, *Memoirs,* pp. 96-97. Sharon, *Warrior*, pp.185-86.
44. ISA, 7919/1, Levi Eshkol files, Diplomatic Telegrams: U.S.A.: Harman to Bitan, May 24, 1967; Rafael to Eban, June 4, 1967. Haber, *Ha-Yom Tifrotz Milhama,* p. 203. Dayan, *My Life*, pp. 340-41. Rabin, *Memoirs*, p. 97. Baron, *Hotam Ishi*, p. 35. フォータス判事のメッセージは次からの引用; Eban, *Personal Witness*, p. 405. Quandt, *Peace Process,* p. 47, and Laura Kalman, *Abe Fortas: A Biography* (New Haven, Conn.: Yale University Press, 1990), pp. 300-301. パーカーの書には別バージョンの引用がある。次を参照; Parker, *The Politics of Miscalculation in the Middle East*, pp. 119-20. ゴールドバーグの青信号云々は次からの引用; Parker, *The Six Day War*, pp. 149-50 and in Rafael, *Destination Peace*, pp. 153-54.
45. Baron, *Hotam Ishi*, pp. 36-39. David Rozner, “H-5 be-Yuni 1967 be-Kahir,” *Bamahane* 35 (May 1968), p. 20. Dupuy, *Elusive Victory,* p. 244. Churchill and Churchill, *The Six Day War,* pp. 97-98. Dayan, *My Life,* p. 341. Israel Tal (口述証言), Aug. 23, 1999. 記者団に対するダヤンの発言は次に収録; PRO, FO 17/489, Israel-Political Affairs: Tel Aviv to Foreign Ministry, June 3, 1967, and Hadow's reactions in PREM 13 1619, The Middle East Crisis: Tel Aviv to Foreign Ministry, June 3, 1967, and PREM 13 1622, The Second Arab-Israel War, 1967: The Preliminaries, July 6, 1967.
46. 軍幹部に対するダヤンの指示は次を参照; Zak, *Hussein Ose Shalom,* p. 109. ダヤンとエラザールの会話は次に収録; Bartov, *Dado*, pp. 93-96; Dayan, *My Life,* p. 348; Baron, *Hotam Ishi,* pp. 47-48. 次も参照; YAD, Ephraim Reiner (インタビュー), June 20, 1996. Mayzel, *Ha-Ma'arakha al ha-Golan,*

pp. 46-47（ラビンの反対）, 102, 115-23, 154-63, 174-83. Yehezkel Hame'iri, *Mi-Shnei Evrei ha-Rama* (Tel Aviv: Levin-Epstein, 1970), p. 41. Rabin, *Memoirs*, p. 103. ダヤンとナルキスの会話は次に収録；Narkiss in Narkiss, *Soldier of Jerusalem*, p. 204. 次も参照；IDF, 901/67/1, Central Command: The Six-Day War, Concluding Report 1, p. 142. Rabinovich, *The Battle for Jerusalem*, p. 60. Mayzel, *Ha-Ma'arakha al ha-Golan*, pp. 51-52. Zak, *Hussein Ose Shalom*, p. 109. Rehavam Ze'evi（口述証言）, Sept. 9, 2001.

47. LBJ, National Security file, History of the Middle East Conflict, box 20: United States Policy and Diplomacy in the Middle East Crisis, May 15-June 10, 1967, pp. 97-98; box 18: Johnson to Eshkol, June 3, 1967; Intelligence Information Cable: France, June 3, 1967. ISA, 7920/2, Levi Eshkol Papers, Diplomatic Telegrams, France: Meroz to Eban, June 3, 1967. Mansoor, *Arab World*, entry for June 2. ド・ゴールとエイタンとの会話は次に収録；Gilboa, *Shesh Shanim, Shisha Yamim*, p. 143. Haber, *Ha-Yom Tifrotz Milhama*, p. 214.

48. Dayan, *My Life*, p. 342. Haber, *Ha-Yom Tifrotz Milhama*, pp. 216-18. Amit, Report on Visit to the United States, June 4, 1967. ドルフィン号の動静は次に収録；ISA, 7919/1, Levi Eshkol files, Diplomatic Telegrams: U.S.A.: Bitan to Evron, May 24, 1967, and in PRO, PREM 13 1619: The Middle East Crisis -Summary of telegrams, June 3, 1967.

49. Dayan, *My Life*, pp. 343-47. Haber, *Ha-Yom Tifrotz Milhama*, p. 221. Zorach Warhaftig, *Hamishim Shana ve-Shana: Pirkei Zikhronot* (Jerusalem: Yad Shapira, 1998), pp. 178-82.

50. Mazhar, *I'tirafat Qadat Harb Yunyu*, pp. 181-82. Fawzi, *Harb al-Thalath Sanawat*, pp. 122-30. Imam, *Nasir wa-'Amer*, pp. 143-49. 'Abd al-Hamid, *Al-Mushir wa-Ana*, p. 125. Murtagi, *Al-Fariq Murtagi Yarwi al-Haqa'iq*, p. 109. Heikal, *Al-Infijar*, p. 699. El-Sadat, *In Search of Identity*, p. 174. Parker, *The Politics of Miscalculation in the Middle East*, p. 57. ナセルとシドキの会話は次に収録；Al-Sabbagh, *Mudhakkirat Qadat al-'Askariyya al-Misriyya* 2, pp. 5-6; 次も参照；4, pp. 13-19 及び 5, pp. 22-23. BBC, Daily Report, Middle East, Africa and West Europe, No. 196, B4. General Hudud in *Al-Hawadith* (Lebanon, インタビュー), Sept. 8, 1972, インタビューは次に引用；Yariv, *Ha'arakha Zehira*, p. 155.

51. Al-Baghdadi, *Mudhakkirat*, p. 274. Al-Sabbagh, *Mudhakkirat Qadat al-'Askariyya al-Misriyya* 4, p. 19; 5, pp. 21-23. PRO, FCO/39/286 UAR-Economic Affairs: Foreign Office to Washington, June 3, 1967; PREM 13 1619, The Middle East Crisis: Foreign Office to Washington, June 3, 1967. Farid, *Nasser*, p. 20. Mahjoub, *Democracy on Trial*, p. 114. Ben D. Mor, "Nasser's Decision-Making in the 1967 Middle East Crisis: A Rational-choice Explanation," *Journal of Peace Research* 28, no. 4 (1991), pp. 359-75. ナセルの英国紙インタビューは次に引用；Mansoor, *Arab World*, entry for June 3.

52. PRO, FCO 17/494, Israel-Political Affairs: Cairo to Foreign Office, June 2, 1967（テシュ大使の観察）; FCO 39/233 UAR Internal Political Situation: Canadian Embassy, Cairo to Foreign Office, June 2, 1967. USNA, Central Policy files, 1967-1969, POL 2 UAR, box 2553: Alexandria to the Department of State, May 31, 1967. LBJ, National Security file, History of the Middle East Conflict, box 20: United States Policy and Diplomacy in the Middle East Crisis, May 15-June 10, 1967, pp. 82-83. UN, DAG 1/5.2.2.1.2-2, Middle East: El Kony to the Secretary-General, June 2, 1967. ナセルの人民議会演説は次に収録；BBC, Daily Report, Middle East, Africa, and Western Europe, No. B4. 次も参照；Stephens, *Nasser*, p. 480.

53. Fawzi, *Harb al-Thalath Sanawat*, pp. 109-11, 128-30. ナセルとアメルの応酬は次に収録；'Abd al-Hamid, *Al-Mushir wa-Ana*, pp. 125, 212-13. Mazhar, *I'tirafat Qadat Harb Yunyu*, pp. 181-82. Imam, *Nasir wa-'Amer*, pp. 143-49. Murtagi, *Al-Fariq Murtagi Yarwi al-Haqa'iq*, p. 109. Heikal, *Al-Infijar*, p. 699. Mahmud Murad "Harb Haziran," *Al-Majalla al-'Askariyya* 19, no. 1 (Aug. 1968), pp. 45-46. Al-Sabbagh, *Mudhakkirat Qadat al-'Askariyya al-Misriyya* 2, pp. 14-15. Abu Dhikri, *Madhbahat al-Abriya'*, pp. 156-62. USNA, Central Policy files, 1967-1969, POL Arab-ISR, box 7: Alexandria to the Department of State, May 16, 1967.
54. 'Abd al-Hamid, *Al-Mushir wa-Ana*, pp. 212-13. Fawzi, *Harb al-Thalath Sanawat*, pp. 115-16. Imam, *Nasir wa-'Amer*, pp. 146-48. Gawrych, *The Albatross of Decisive Victory*, pp. 20-21. アメルの発言は次からの引用；Murtagi, *Al-Fariq Murtagi Yarwi al-Haqa'iq*, pp. 94-95, 98. Amin al-Nafuri, *Tawazun al-Quwwa bayna al-'Arab wa-Isra'il*, pp. 212-13.
55. Murtagi, *Al-Fariq Murtagi Yarwi al-Haqa'iq*, pp. 51, 107. Fawzi, *Harb al-Thalath Sanawat*, pp. 92-93, 104, 123-26. Walter Laqueur, *The Road to Jerusalem: The Origins of the Arab-Israeli Conflict, 1967* (London: Weidenfeld and Nicolson, 1968), pp. 288-93. Al-Shuqayri, *Mudhakkirat 5*, pp. 76-77. General Yeshayahu (Shaike) Gavish (口述証言), Dec. 7, 1999. USNA, ARAB-IS, box 14: Memorandum for the files-Captured UAR Battle Order, June 2, 1967. 別バージョンの戦闘命令がある。次を参照；Gilboa, *Shesh Shanim, Shisha Yamim*, p. 193, Kimche and Bawly, *The Sandstorm*, pp. 109-10.
56. Mutawi, *Jordan in the 1967 War*, pp. 112-18. Mustafa, *Harb Haziran*, pp. 278-79. Kamm, *Hussein Poteah be-Milhama*, pp. 121, 127, 140-41. Hammel, *Six Days in June*, p. 293. Bull, *War and Peace in the Middle East*, p. 111. Rabinovich, *The Battle for Jerusalem*, pp. 62-64, 73. Yusuf Khawwash (口述証言), Nov. 16, 1999; Mahmud Abu Faris (同), Nov. 17, 1999. El Edroos, *The Hashemite Arab Army*, p. 359.
57. Mutawi, *Jordan in the 1967 War*, pp. 112-18, 122. Hussein, *My "War" with Israel*, pp. 54-59. USNA, Summary of MEDAC, box 13: Middle East Sitrep as of June 4. 戦時中タリク作戦命令書がイスラエル軍に押収され、現在次の所に保管されている；the IDF Intelligence Library: The Six Day War, file 1, Jordan, Document 59/1/67, Col. 'Abd al-Rahim Fakhr al-Din, May 22, 1967. 作戦命令は次の所でも、話題の対象になった；PRO, PREM 13 1622: Record of Conversation between the Foreign Secretary and the Israeli Ambassador, June 30, 1967. フセインの言動は次からの引用；PRO, PREM 13 1619: The Middle East Crisis, Amman to Foreign Office, June 4, 1967.
58. USNA, Summary of MEDAC, box 13: Middle East Sitrep as of June 1. タラス少将の発言は次からの引用；PRO, FO 17/671: Syria-Political Affairs, Damascus to Foreign Office, June 3, 1967. Murtagi, *Al-Fariq Murtagi Yarwi al-Haqa'iq*, pp. 52, 104. Mutawi, *Jordan in the 1967 War*, p. 112. Al-Shuqayri, *Mudhakkirat 5*, pp. 215-20. 次も参照；Hani al-Shum'a, *Ma'arik Khalida fi Ta'rikh al-Jaysh al-'Arabi al-Suri* (Damascus: Al-Tiba'a al-Suriyya, 1988).
59. USNA Central Foreign Policy files, 1967-1969, POL 12 SY, box 2511: Beirut to the Department of State, June 3, 1967. ISA, Foreign Ministry files, 4083/3, Contacts with the Soviet Union, Raviv to Shimoni, June 7, 1967. Mustafa, *Harb Haziran*, pp. 169-73. Segev, *Sadin Adom*, p. 223. Gilboa, *Shesh Shanim, Shisha Yamim*, pp. 230-32. Hame'iri, *Mi-Shnei Evrei ha-Rama*, pp. 55-57. Mayzel, *Ha-Ma'arakha al ha-Golan*, pp. 133-41. ナスル（捷号）作戦の資料は次で読める；IDF Intelligence

Library, The Six Day War, file 1: Syria, Defense Ministry Document No. 26/123 Southwest Area Command, Operations Branch to 8th Brigade Operations, by Col. K.M. Ahmad, Signed General Muhamad Ahmad Ayd, 123rd Brigade Commander, June 3, 1967. 次も参照；Hame'iri, *Mi-Shnei Evrei ha-Rama*, pp. 55-57, and O'Balance, *The Third Arab-Israeli War,* p. 229.

60. USNA, USUN, box 6: CINSTRIKE to AIG, May 24, 1967. Fayiz Fahed Jaber（口述証言）, Nov. 17, 1999. Mustafa Khalil（同）, *Suqut al-Julan*（Amman: Dar al-Yaqin lil-Tiba'a wal-Nashr, n.d）, pp. 25-26, 174, 248-49, 254. IDF Intelligence Library, Internal Syrian Army Papers: The Southwestern Front, June 9, 1967. Mayzel, *Ha-Ma'arakha al ha-Golan,* p. 130. Oral history interviews with Ibrahim Isma'il Khahya and Muhammad 'Ammar, Jan. 10, 2001; with Marwan Hamdan al-Khuli, Jan. 11, 2001. Sisser, "Bein Yisrael le-Suria," pp. 224-25. タラス少将の判断は次からの引用；Parker, *The Politics of Miscalculation in the Middle East*, p. 162; 次にも指摘あり；Gilboa, *Shesh Shanim, Shisha Yamim*, p. 191.

61. LBJ, National Security file, NSC Histories, Middle East Crisis, box 17: Beirutto the Secretary of State, June 2, 1967; box 18: Sanaa to the Secretary of State, May 23, 1967. Heikal, *Al-Infijar*, pp. 694-95. PRO, FO 17/489, Israel-Political Affairs: Cairoto Foreign Office, June 3, 1967（ナセルのスエズ運河封鎖警告）. USNA, POLARAB-ISR, box 1789: Amman to the Department of State, May 27, 1967（ジュムア発言）. Mansoor, *Arab World,* entries for June 2, 3, 4（ブーメディエン発言）. ラビンの見たアラブ軍人像は次に収録；Rabin, *Memoirs*, p. 100. アレフの明言は次からの引用；BBC, Daily Report, MiddleEast, Africa, and Western Europe, No. 1.

62. USNA, Middle East Crisis files, Maritime Declaration, box 13: Memorandum of U.S.-British Conversation, June 2, 1967; META Agenda, Actions, Minutes, box 15: Memorandum for the Middle East Control Group, May 31, 1967; Intelligence Notes, box 11: Hughes to the Secretary of State, June 5, 1967. PRO, FO17/497: Israel-Political Affairs: Draft Paper for Cabinet -Middle East Crisis − Conversation between the Prime Minister and the President at the White House, June 2, 1967; PREM 13 1619, The Middle East Crisis: Prime Minister to the Foreign Secretary, June 3, 1967. LBJ, National Security file, History of the Middle East Conflict, box 20: United States Policy and Diplomacy in the Middle East Crisis, May 15-June 10, 1967, pp. 95-96; NSC Histories, Middle East Crisis, box 21: Arab-Israeli Situation Report, May 31, 1967. ISA, Foreign Ministry files, 4083/3, Contacts with the Soviet Union: Ankara to Tekoah-Soviet Ships in the Mediterranean, June 1, 1967. ソ連艦船のダーダネルス海峡通過は中東で大々的に報道された。次を参照；Mansoor, *The Arab World*, entries for June 2, 3, 4, 1967.

63. LBJ, National Security file, History of the Middle East Conflict, box 20: United States Policy and Diplomacy in the Middle East Crisis, May 15-June 10, 1967, pp. 86-89, 103-5; NSC Histories, Middle East Crisis, box 21: Arab-Israeli Situation Report, May 31, 1967; box 18: Saunders to Walt Rostow, May 31, 1967（"おどろおどろの恐怖の行列" の表現）; Memorandum for the Secretary of Defense, June 2, 1967; box 17: USUN to the Secretary of State, May 29, 1967. USNA, Arab-Israel Crisis, Miscellaneous Reports, box 15: Memorandum for the Secretary of Defense, May 25, 1967. PRO FCO/39/261, UAR-Relations with the United States: Washington to the Foreign Office, June 4, 1967; PREM 13 1619, The Middle East Crisis: Washington to the Foreign Office, June 4, 1967. ISA, 7919/1, Levi Eshkol files, Diplomatic Telegrams: U.S.A.: Evron to Eshkol, May 31, 1967. Walt

Rostow（口述証言）, July 27, 1999; Eugene Rostow（同）, Aug. 5, 1999.

64. LBJ, National Security files, NSC Histories, Middle East Crisis, box 17: Reflections Pre-Eban（ソーンダズの分析）, May 25, 1967; box 18: Arab-Israel: Where We Are and Where We're Going（ソーンダズの分析）, May 31, 1967. USNA, Middle East Crisis files, 1967, box 17: Ninth Control Group Meeting, June 4, 1967; Arab-Israeli Crisis, Intelligence Notes, box 11: Denny to Rusk, June 2, 1967; Battle to the Secretary of State, June 2, 1967. LBJ, National Security file, History of the Middle East Conflict, box 18: Walt Rostow to the President, June 4, 1967; Saunders to Walt Rostow, May 31, 1967. ラスクの判断は次からの引用；Parker, *The Politics of Miscalculation in the Middle East*, pp. 121-22, Rusk, *As I Saw It*, p. 385. ファインベルグの耳打ちは次からの引用；Quandt, *Peace Process*, p. 48.

65. USNA, Middle East Crisis files, 1967, box 13: Circular to All American Diplomatic Posts（Rusk）, June 4, 1967. Murtagi, *Al-Fariq Murtagi Yarwi al-Haqa'iq*, pp. 110-15. Imam, *Nasir wa-'Amer*, pp. 156-57（航空隊参謀長の嘆き）. Fawzi, *Harb al-Thalath Sanawat*, pp. 132-34. Al-Sabbagh, *Mudhakkirat Qadat al-'Askariyya al-Misriyya 5*, pp. 24-25. 'Imad Al-'Ilmi, *Harb 'Am 1967*（Acre: Al-Aswar lil-Thaqafa, 1990）, p. 114. USNA, Central Policy files, 1967-1969, POL 2 UAR, box 2553: Jidda to the Department of State, Aug. 29, 1967. Bar-Zohar, *Embassies in Crisis,* p. 176. ムルタギのコミュニケは次に収録；Lall, *The UN and the Middle East Crisis*, p. 48, Rikhye, *Sinai Blunder*, pp. 95-97.

66. Rikhye, *Sinai Blunder,* pp. 96-100. Donovan, *Six Days in June*, p. 78.

67. Mutawi, Jordan in the 1967 War, p.122. El Edroos, The Hashemite Arab Army, p.373. Hussein, My "War" with Israel, p.59.

68. ISA, Foreign Ministry files, 4083/3, Contacts with the Soviet Union: Katz to Foreign Ministry, June 4, 1967; 7920/2, Levi Eshkol Papers, Diplomatic Telegrams, USSR: Katz to Foreign Ministry, May 24, 1967; Katz to Levavi, June 4, 1967. Dagan, *Moscow and Jerusalem,* p. 224.

69. Baron, *Hotam Ishi,* pp. 47-48. BGA, Diary, Entry for June 4, 1967. YAD, Remarks by Yitzhak Rabin, Feb. 3, 1987. Rabin, *Memoirs,* pp. 98-100. Slater, *Rabin of Israel,* p. 133. ナハション作戦は次に収録；IDF, 1977/1786: The Regular Paratrooper Brigade in the Six-Day War, Commander 35th Brigade, p. 619. Dayan, *My Life,* pp. 349-50. Haber, *Ha-Yom Tifrotz Milhama,* pp. 222-24. Mayzel, *Ha-Ma'arakha al ha-Golan,* pp. 51-52. ISA, Foreign Ministry files, 4089/4, Prime Minister's Memoranda; Eshkol to Kosygin, June 5, 1967; Eshkol to Johnson, June 5, 1967. 同種の書簡がピアソン首相とド・ゴール大統領に送られた。次を参照；NAC, RG 25, box 10050: Political Affairs-Canada's Foreign Policy Trends and Relations-Israel: Tel Aviv to Ottawa, June 5, 1967 and ISA, 7920/2, Levi Eshkol Papers, Diplomatic Telegrams, France: Eshkol to de Gaulle, June 5, 1967.

第１章　戦闘……第１日、６月５日

1. PRO FCO17/576: Israel -Defense: Report of Air Attaché, July 13, 1967. USNA, Middle East Crisis, 1967, Cir/Military files, box 6: CINSTRIKE to AIG 930, May 24, 1967. 'Isam Darraz, *Dubbat Yunyu Yatakallamun: kayfa Shahada Junud Misr Hazimat 67*（Cairo: al-Manar al-Jadid lil-Sahafa wal-Nashr, n.d.）, pp. 89-94. Ze'ev Schiff, *Tzahal be-Hailo: Encyclopedia le-Tzava u-le-Bitahon*（Tel Aviv: Revivim, 1981）, pp. 98-99（ホッドの言葉）. Ehud Yanay, *No Margin for Error: The Making of the*

Israeli Air Force (New York: Pantheon Books, 1993), pp. 234-36 (イ空軍作戦部長の指示を含む). "Hail ha-Avir ba-Milhama," *Bit'on Hail ha-Avir*. 'Imad Al-'Ilmi, *Harb 'Am 1967* (Acre: Al-Aswar lil-Thaqafa, 1990), pp. 90-91. Gawrych, *The Albatross of Decisive Victory*, pp. 14, 25. Al-Sabbagh, *Mudhakkirat Qadat al-'Askaraiyya al-Misriyya 5*, p. 20. Shmuel M. Katz, *Soldier Spies: Israeli Military Intelligence* (Novato, Calif.: Presidio Press, 1992), pp. 150-201. Motti Hod (口述証言), March 9, 1999. ヴォルフガング・ロッツを含む情報部員のプロファイル、エジプトにおける情報機関の活動は次を参照；http://www.us-israel.org/jsource/biography/Lotz.html.

2. Fawzi, *Harb al-Thalath Sanawat*, pp. 132-35. Heikal, *Al-Infijar*, pp. 822-27. *Al-Hawadith*, interview with Shams Badran, Sept. 2, 1977, p. 21. Ramadan, *Tahtim al-Aliha*, pp. 93-94. Riad, *The Struggle for Peace in the Middle East*, p. 24. 'Abd al-Hamid, *Al-Mushir wa-Ana*, pp. 217-20. Israel Intelligence Library, Internal Jordanian Army Papers: Series of Events on the Jordanian Front, June, 1967. "Hail ha-Avir ba-Milhama," *Bit'on Hail ha-Avir*. Rozner, "Ha-5 be-Yuni 1967 be-Kahir." Dupuy, *Elusive Victory*, p. 242. 'Awda and Imam, *Al-NaksaóMan al-Mas'ul?*, p. 87. エ空軍作戦部長の動静は次に収録；Al-Sabbagh, *Mudhakkirat Qadat al-'Askaraiyya al-Misriyya 3*, pp. 7-8; see also *4*, pp. 15-6, and *5*, pp. 33-39.
3. YAD, Yitzhak Rabin (述懐), Feb. 3, 1987, p. 24. Rabinovich, *The Battle for Jerusalem*, p. 67. ワイツマンの述懐は次に収録；Weizman, *On Eagles' Wings*, p. 221.
4. 空軍司令官の回想。次の六日戦争シンポを参照；YAD, Conference on the Six-Day War sponsored by the Center for the History of Defensive Force, Feb. 3, 1987. P3RO FCO17/576: Israel-Defense: Report of Air Attaché, July 13, 1967. "Hail ha-Avir ba-Milhama," *Bit'on Hail ha-Avir*. Fawzi, *Harb al-Thalath Sanawat*, pp. 88-89. Al-'Ilmi, *Harb 'Am 1967*, p. 239. Weizman, *On Eagles' Wings*, pp. 192, 223-24. Rabin, *Memoirs*, p. 104. Yanay, *No Margin for Error*, p. 217. Gawrych, *The Albatross of Decisive Victory*, p. 14. Dupuy, *Elusive Victory*, p. 245. O'Balance, *The Third Arab-Israeli War*, pp. 53, 59.
5. Van Creveld, *The Sword and the Olive*, p. 162. Dupuy, *Elusive Victory*, p. 246. PRO FCO17/576: Israel-Defense: Report of Air Attaché, July 13, 1967. *Bit'on Hail ha-Avir* 20, no. 74/75 (Dec. 1967). Hammel, *Six Days in June*, pp. 167-68. ザキ基地司令の述懐は次からの引用；Darraz, *Dubbat Yunyu Yatakallamun*, pp. 7-8. ビンヌン編隊長の談話は次からの引用；"First Strike," *Jerusalem Post*, June 5, 1997.
6. LBJ, National Security files, NSC Histories, The Middle East Crisis, box 23: Cairo to the Secretary of State, June 5, 1967. Ben Akiva and Guvrin, "Sh'at ha-Mirage —Esrim Shana le-Milhemet Sheshet ha-Yamim." Dayan, *My Life*, pp. 351-53. Schiff, *Tzahal be-Hailo*, pp. 103-4. Haber, *Ha-Yom Tifrotz Milhama*, pp. 226-67. Fawzi, *Harb al-Thalath Sanawat*, pp. 140-41. Al-Sabbagh, *Mudhakkirat Qadat al-'Askaraiyya al-Misriyya* 5, p. 31. Riad, *The Struggle for Peace in the Middle East*, pp. 25-26. Hammel, *Six Days in June*, pp. 168-70. Yanay, *No Margin for Error*, p. 243. Dupuy, *Elusive Victory*, pp. 245-46. O'Balance, *The Third Arab-Israeli War*, pp. 65-67. M. Naor, and Z. Aner, eds., *Yemei Yuni-Teurim min ha-Milhama 1967* (Tel Aviv: Ma'arakhot, 1967), p. 77. PRO FCO17/576: Israel-Defense: Report of Air Attaché, July 13, 1967. Rozner, "H-5 be-Yuni 1967 be-Kahir." Motti Hod (口述証言), March 9, 1999; Sa'id Ahmad Rabi' (同), July 4, 1999.
7. Darraz, *Dubbat Yunyu Yatakallamun*, pp. 7-12 (基地司令ザキの証言), 25-33 (ハシェム搭乗員の証

言). Khouri, *Al-Watha'iq al-Filastiniyya*, pp. 314-16. Israel Intelligence Library, Internal Jordanian Army Papers: Series of Events on the Jordanian Front, June, 1967. V. A. Zolotarev, main ed., *Rossia (SSSR) v' lokal'nykh voinakh i voennykh konfliktakh vtoroi poliviny XX veka* (Moscow: Kuchkovo Pole, 2000), pp. 183-84 (駐在武官タラセンコの観察). Imam, *'Abd al-NasiróKayfa Hakama Misr*, pp. 366-67. Fawzi, *Harb al-Thalath Sanawat*, pp. 143-45. Al-Sabbagh, *Mudhakkirat Qadat al-'Askaraiyya al-Misriyya 5*, pp. 26-27 (シドキ空軍司令官の行動). Murtagi, *Al-Fariq Murtagi Yarwi al-Haqa'iq*, p. 127. Mazhar, *I'tirafat Qadat Harb Yunyu*, pp. 122-23. Ramadan, *Tahtim al-Aliha*, pp. 97-98. Riad, *The Struggle for Peace in the Middle East*, p. 24. Hussein, *My "War" with Israel*, pp. 60-61. Dupuy, *Elusive Victory*, p. 267. Joseph Finklestone, *Anwar Sadat: Visionary Who Dared* (London: Frank Cass, 1996), p. 57. USNA, Central Policy files, 1967-1969, POL 2 UAR, box 2553: Cairo to the Department of State, June 5, 1967. Eric Rouleau (口述証言), Dec. 18, 2000.

8. Heikal, *Al-Infijar*, pp. 830-33. Al-Jiyyar, "Ayyam al-Naksa fi Bayt 'Abd al-Nasir," *Ruz al-Yusuf 2482* (January 5, 1976), p. 8. Riad, *The Struggle for Peace in the Middle East*, pp. 23-24. El-Sadat, *In Search of Identity*, p. 175. カイロ放送の内容は次に収録；BBC, Daily Report, Middle East, Africa, and Western Europe, B4, B5. Israel Tal (口述証言), Aug. 23, 1999; Yeshayahu Gavish (同), Dec. 7, 1999.
9. IDF, 192/74, file 1348: The Battle for the Southern Front, n.d., p. 3; 1977/17: Ugdah 84, Hativa 35, in the Six-Day War, pp. 637-42; 1977/1786: The Regular Paratrooper Brigade in the Six-Day War, Commander 35th Brigade, 605, 625 (空軍司令官の訓示); IDF, 717/77, file 86: Battle for the Southern Front, p. 353. Rabin, *Memoirs*, p. 102. Dayan, *My Life*, pp. 359-60. Segev, *Sadin Adom*, p. 83.
10. IDF 1977/17: Ugdah 84, 35th Brigade in the Six-Day War, pp. 646-48; Eytan quote on p. 650; 717/77, file 86: Battle for the Southern Front, p. 367 (ジラディの戦闘). Dupuy, *Elusive Victory*, pp. 249-52. Hammel, *Six Days in June*, pp. 144, 176-79. Churchill and Churchill, *The Six Day War*, p. 106. Fawzi, *Harb al-Thalath Sanawat*, p. 147. Gawrych, *Albatross of Decisive Victory*, p. 44. ゴネンの戦闘行動は次を参照；Shabtai Teveth, *The Tanks of Tammuz* (London: Sphere Books, 1969), pp. 108-9. 記者団に対するゴネンの発言は次を参照；O'Balance, *The Third Arab-Israeli War*, p. 109. Tal quote from Churchill and Churchill, *The Six Day War*, pp. 108-9. Peled, *Ish Tzava*, p. 105. 'Izzat 'Arafa (口述証言), July 6, 2001.
11. Sharon, *Warrior*, pp. 191-92. Dupuy, *Elusive Victory*, pp. 257-61. Hammel, *Six Days in June*, pp. 202-14, 228-31. O'Balance, *The Third Arab-Israeli War*, pp. 120-27.
12. LBJ, National Security files, NSC Histories, Middle East Crisis, box 21: Jerusalem to the Secretary of State, May 23, 1967. USNA, Summary of MEDAC, box 13: Middle East Sitrep as of June 4. この資料は、「イスラエルは（ヨルダンの）射撃に応射しなかった。（我々は）この正面におけるこのような事件にまだ大して重要性を認めていなかった」としている。 PRO, FO 17/489, Israel-Political Affairs: Jerusalem to the Foreign Office, June 5, 1967. IDF, 901/67/1 Central Command: The Six-Day War, Concluding Discussion 1; pp. 2 (ナルキス中部軍司令官の証言), 66, 142; 2, p. 3; 192/74/1076 Round Table Discussion on the Liberation of Jerusalem, n.d. Weizman, *On Eagles' Wings*, p. 210. O'Balance, *The Third Arab-Israeli War*, pp. 177-78. Ammunition Hill Archive, Museum of the Tourjeman Post: Yoram Galon (インタビュー), Sept. 27, 1983.

13. IDF, 901/67/1 Central Command: The Six-Day War, Concluding Discussion 2, p. 2（ナルキスの判断）; 192/74/1076 Round Table Discussion on the Liberation of Jerusalem, n.d. Uzi Narkiss, *Soldier of Jerusalem,* pp. 200-203. Rabinovich, *The Battle for Jerusalem,* pp. 12-13.
14. IDF, 901/67/1 Central Command, Six Day War, Concluding Report, Part A, p. 142（ナルキスの述懐）. Dupuy, *Elusive Victory*, p. 284. Hammel, *Six Days in June*, p. 290.
15. LBJ, National Security file, History of the Middle East Conflict, box 20: United States Policy and Diplomacy in the Middle East Crisis, May 15-June 10, 1967, p. 125. ISA, 6444/6, Foreign Ministry files, North America Telegrams: Foreign Ministry to Embassies, June 5, 1967. Haber, *Ha-Yom Tifrotz Milhama*, p. 222（ダヤンの反対）. Bull, *War and Peace in the Middle East,* pp. 42-43, 113. Rabinovich, *The Battle for Jerusalem*, pp. 80-83. Rabin, *Memoirs*, p. 105. ナルキスの回想は次からの引用；Schiff, *A History of the Israeli Army,* p. 132. Eban, *Personal Witness,* p. 409. フセインに対するイスラエルの連絡は次に収録；ISA, 6444/6 North America, telegrams: Foreign Ministry to Embassies, June 5, 1967.
16. Mustafa, *Harb Haziran,* pp. 16-18. Darraz, *Dubbat Yunyu Yatakallamun*, pp. 34-48. Hussein, *My "War" with Israel,* pp. 60-64. Mutawi, *Jordan in the 1967 War,* pp. 116-17, 125-26. Kamm, *Hussein Poteah be-Milhama*（アブナッワルの述懐）, p. 142. Col. Ephraim Kamm, "Haf'alat ha-Zira ha-Mizrahit be-Milhemet Sheshet ha-Yamim," *Ma'arakhot* 325 (June 1992), pp. 16-17. El Edroos, *The Hashemite Arab Army,* p. 379. Israel Intelligence Library, Internal Jordanian Army Papers: Series of Events on the Jordanian Front, June, 1967. 'Awad Bashir Khalidi（口述証言）, Nov. 17, 1999; Shafiq 'Ujeilat（同）, Nov. 17, 1999; Yusuf Khawwash（同）, Nov. 16, 1999.
17. LBJ, National Security files, NSC Histories, Middle East Crisis, box 23: Amman to the Secretary of State, June 5, 1967. ISA, 4078/7, Foreign Ministry files, Contacts with the United States with the Entry of Egyptian Forces into Tiran: Evron to Foreign Ministry, June 5, 1967（米大使に述べたフセインの所感）. O'Balance, *The Third Arab-Israeli War*, p. 181（フセインの対応に関する別の見方）. Israel Intelligence Library, Internal Jordanian Army Papers: Sequence of Events on the Jordanian Front, June, 1967. Hussein, *My "War" with Israel,* pp. 64-65, 71（ナセルとの電話会談）. Rabin, *Memoirs*, p. 188. Mutawi, *Jordan in the 1967 War*, pp. 123, 130. Dann, *King Hussein and the Challenge of Arab Radicalism*, p. 163.
18. IDF 901/67/1 Central Command: The Six-Day War, Concluding Discussion 1: Testimony of Col. Reuben Davidi, artillery corps, p. 64. PRO FCO17/576: Israel-Defense: Report of Air Attaché, July 13, 1967. LBJ, National Security Council files, History of the Middle East Crisis, box 18: McPherson to the President, June 11, 1967; NSC Histories, Middle East Crisis, box 17: Amman to the Secretary of State, June 5, 1967（ソ連大使の確信）. Mustafa, *Harb Haziran,* pp. 40-41, 264-65. Mayzel, *Ha-Ma'arakha al ha-Golan,* p. 194. Schiff, *Tzahal be-Hailo,* pp. 104-5. Yanay, *No Margin for Error*, pp. 249-50. Dayan, *My Life*, p. 353. ヨルダンの軍指揮官に対する命令は次に収録；Kamm, *Hussein Poteah be-Milhama,* pp. 188, 195.
19. USNA, Central Foreign Policy files, 1967-1969, POL 27-7 ARAB-ISR, box 1830: Jerusalem to Department of State, June 5, 1967. Rabinovich, *The Battle for Jerusalem*, pp. 151, 352. Teddy Kollek, *For Jerusalem*, pp. 190-91. Bull, *War and Peace in the Middle East,* p. 113. PRO, FO 17/489, Israel-Political Affairs: Jerualem to Foreign Office, June 5, 1967. Ammunition Hill Archive, Museum of the

Tourjeman Post: Eliezer Amitai（インタビュー、日時不明）. アミタイの述懐は次からの引用；IDF, IDF 901/67/1 Central Command: The Six-Day War, Concluding Discussion 1, p. 43.

20. Baron, *Hotam Ishi*, pp. 56-57. Dayan, *My Life*, pp. 358-59. Hammel, *Six Days in June*, p. 295. フランス製武器の継続的供給は次を参照；LBJ National Security file, Middle East Crisis, box 104, 107: Paris to the Department of State, June 8, 1967. PRO, PREM 13 1620, Middle East Crisis: Paris to Foreign Office, June 9, 1967.
21. PRO, FCO 17/275: Amman to Foreign Ministry, Air Attaché's Report on the Jordan-Israel Battles, June 5, 1967; FCO 17/490, Israel-Political Affairs: Report of the Air Attaché, July 13, 1967. Israel Intelligence Library, Internal Jordanian Army Papers: Sequence of Events on the Jordanian Front, June 1967. Hussein, *My "War" with Israel,* pp. 72-73, 111. Mustafa, *Harb Haziran,* pp. 9-12. Mutawi, *Jordan in the 1967 War,* pp. 125-26. Dayan, *My Life,* pp. 353-54. Yanay, *No Margin for Error*, pp. 253-54. Mayzel, *Ha-Ma'arakha al ha-Golan,* p. 50. Kamm, *Hussein Poteah be-Milhama,* p. 196. Bull, *War and Peace in the Middle East*, p. 112. O'Balance, *The Third Arab-Israeli War,* pp. 69-71. ヨルダン前首相の怒りは次からの引用；Al-Shuqayri, *Mudhakkirat 5,* pp. 279-80.
22. Rabinovich, *The Battle for Jerusalem*, p. 97. Quote from Ari Milstein, "Ha-Til she-Haras et Emdot ha-Ligion," *Bamahane* 34（May, 1977）. ベンオルの体験は次からの引用；Schiff, *Tzahal be-Hailo,* pp. 102-3.
23. Gilboa, *Shesh Shanim, Shisha Yamim*, p. 222. Zak, *Hussein Ose Shalom,* p. 110（ビーベルマン大佐とジュムア首相の動静）. 岩のドームからの呼びかけは次からの引用；Rabinovich, *The Battle for Jerusalem*, p. 117.
24. El Edroos, *The Hashemite Arab Army,* p. 374. Badi 'Awad（口述証言）, Nov. 21, 1999. ブルの抗議は次に収録；UN, DAG 13 3.4.0: 84: Chairman IJMAC to Chief of Staff UNTSO, May 11, 1967.
25. Israel Intelligence Library, Internal Jordanian Army Papers: Sequence of Events on the Jordanian Front, June, 1967. Bull, *War and Peace in the Middle East*, pp. 114-15. カルバロ記者の目撃は次に収録；*Life: Special Edition-Israel's Swift Victory*（1967）, p. 50. ナルキスの証言は次に収録；IDF, 901/67/1 Central Command: The Six-Day War, Concluding Discussion 1; 192/74/1076 Round Table Discussion on the Liberation of Jerusalem, n.d. Rabinovich, *The Battle for Jerusalem*, pp. 116-22. Hammel, *Six Days in June*, pp. 293-94. Dupuy, *Elusive Victory,* p. 294. Michael Shashar, *Milhemet ha-Yom ha-Shvi'i: Yoman ha-Mimshal ha-Tzvai be-Yehuda ve-Shomron*（Tel Aviv: Hoza'at Poalim, 1997）, p. 133.
26. IDF, Central Command: The Six-Day War, Concluding Discussion 2, p. 29. Baron, *Hotam Ishi*, pp. 56-58. Narkiss, *Soldier of Jerusalem*, pp. 203-6. Bartov, *Dado*, p. 97. Hammel, *Six Days in June*, pp. 307-8, 362-66. Mayzel, *Ha-Ma'arakha al ha-Golan,* p. 196. Mustafa, *Harb Haziran 1967,* pp. 279-81. Dupuy, *Elusive Victory*, p. 294. すべての引用は次に収録；Haber, *Ha-Yom Tifrotz Milhama,* pp. 227-28. Rehavam Ze'evi（口述証言）, Sept. 9, 2001.
27. IDF, 901/67/1 Central Command: The Six-Day War, Concluding Discussion 2, pp. 43-44; 192/74/1076 Round Table Discussion on the Liberation of Jerusalem, n.d., p. 49（ドライチンの回想）. ISA, Foreign Ministry files, 4086/1: Government House, Foreign Ministry to New York, June 6, 1967. Slater, *Rabin of Israel*, p. 135. Narkiss, *Soldier of Jerusalem*, pp. 206-7. U Thant, *View from the UN*, p. 255. Hammel, *Six Days in June*, pp. 300-304. Rabinovich, *The Battle for Jerusalem,* pp. 123-

31, 138-48. Dupuy, *Elusive Victory*, pp. 294-95. Rafi Benvenisti（口述証言）, Jan. 1, 1999; ʻAta ʻAli（同）, Nov. 18, 1999.

28. Hammel, *Six Days in June*, pp. 84-85, 117. Rabinovich, *The Battle for Jerusalem*, pp. 49-50. IDF, 901/67/1 Central Command: The Six-Day War, Concluding Discussion 2, pp. 5, 76; 192/74/1076 Round Table Discussion on the Liberation of Jerusalem, n.d., p. 50（ガルの証言）; 901/67/ Central Command: The Six-Day War, Concluding Discussion 2, p. 39（ベンアリの証言）. Israel Intelligence Library, Internal Jordanian Army Papers: Sequence of Events on the Jordanian Front, June, 1967. Motta Gur, *Har ha-Bayyit be-Yadeinu!: Kravot ha-Tzanhanim be-Yerushalayim be-Milhemet Sheshet ha-Yamim* (Tel Aviv: Maʻarakhot, 1974), pp. 53-54（グルの証言）, 75-80. Shimon Kahaner（口述証言）, Oct. 18, 2000.
29. IDF 901/67/1 Central Command: The Six-Day War, Concluding Discussion 2, p. 40（ベンアリの証言）; 192/74/1076 Round Table Discussion on the Liberation of Jerusalem, n.d., p. 57（ガルの証言）. Hammel, *Six Days in June*, pp. 315-18. Rabinovich, *The Battle for Jerusalem*, pp. 195-96. El Edroos, *The Hashemite Arab Army*, p. 377.
30. ペレドの作戦構想は次からの引用；El Edroos, *The Hashemite Arab Army*, p. 384. Ami Shamir, "Im ha-Koah she-Ala al Jenin," *Lamerhav*, no. 3014 (June 8, 1967), p. 4. Eitan Haber and Ze'ev Schiff, eds., *Lexicon le-Bithon Yisrael* (Tel Aviv: Mahadurat Davar, 1976), p. 423. Mutawi, *Jordan in the 1967 War*, pp. 116-17. Kamm, *Hussein Poteah be-Milhama*, pp. 205-6, 303. Hussein, *My "War" with Israel*, pp. 76-78. Mustafa, *Harb Haziran 1967*, pp. 279-81. Moshe Bar Kokhva, *Merkavot ha-Plada* (Tel Aviv: Maʻarakhot, 1989), pp. 151-52. ʻAwad Bashir Khalidi（インタビュー）, Nov. 17, 1999.
31. IDF, Central Command: The Six-Day War, Concluding Discussion 2, pp. 29-40. Israel Intelligence Library, Internal Jordanian Army Papers: Sequence of Events on the Jordanian Front, June, 1967. Kamm, "Hafʻalat Hazira ha-Mizrachit be-Milhemet Sheshet ha-Yamim," p. 21; *Hussein Poteah be-Milhama*, pp. 190-92. Sadiq al-Sharaʻ, *Hurubuna maʻa Isra'il* (Amman: Dar al-Shuruq lil-Nashr wal-Tawziʻ, 1997), p. 491. Mutawi, *Jordan in the 1967 War*, pp. 76-78, 135. Hussein, *My "War" with Israel*, pp. 76-78. Mustafa, *Harb Haziran 1967*, pp. 279-81. Hammel, *Six Days in June*, pp. 362-66. Dupuy, *Elusive Victory*, pp. 309-11. Bar Kokhva, *Merkavot ha-Plada*, pp. 152-67.
32. USNA Central Foreign Policy files, 1967-1969, POL 12 SY, box 2511: Beirut to State Department, June 19, 1967. LBJ, National Security file, NSC Histories, Middle East Crisis, box 23: Damascus to the Secretary of State, June 5, 1967. PRO, FO 17/490, Israel-Political Affairs: Damascus to Foreign Ministry, June 5, 1967. Schiff, *Tzahal be-Hailo*, p. 108. Yanay, *No Margin for Error*, pp. 253-54. Dayan, *My Life*, pp. 353-54. O'Balance, *The Third Arab-Israeli War*, pp. 61-62. Mayzel, *Ha-Maʻarakha al ha-Golan*, p. 197. Hame'iri, *Mi-Shnei Evrei ha-Rama*, pp. 66-67. Mustafa, *Harb Haziran 1967*, pp. 142-45, 270-71. Al-ʻIlmi, *Harb ʻAm 1967*, pp. 190-91.
33. Mustafa, *Harb Haziran 1967*, pp. 184-85. PRO, FO 17/490, Israel-Political Affairs: Damascus to Foreign Ministry, June 5, 1967. Israel Intelligence Library: Internal Syrian Army Papers: The Southwestern Front, June 29, 1967; The Six Day War, file 1, Syria, Defense Ministry Document No. 25/3 to Col. Ahmad al-Amir Mahmud, commander of the 12th Brigade Attack Group, June 5, 1967. Baron, *Hotam Ishi*, p. 58. Bartov, *Dado*, p. 96. Draper, *Israel & World Politics*, p. 114. David Dayan, *Me-Hermon ad Suez: Korot Milhemet Sheshet ha-Yamim* (Ramat Gan: Masada Press, 1967), pp. 202-

5. Khalil, *Suqut al-Julan*, pp. 139-41. Mustafa Tlas, *Mir'at Hayati,*（Damascus: Tlasdar, 1995）, pp. 854-55. アタシの発言は次からの引用；Khouri, *Al-Watha'iq al-Filastiniyya*, p. 292. アサドの戦果報告は次からの引用；Hame'iri, *Mi-Shnei Evrei ha-Rama,* pp. 69-70.

34. Baron, *Hotam Ishi*, p. 58. Dayan, *My Life,* p. 375. YAD, Ramat Efal, Israel: Remarks by Matti Mayzel, June 20, 1966. Mayzel, *Ha-Ma'arakha al ha-Golan,* pp. 196-200.

35. LBJ, National Security file, History of the Middle East Conflict, box 18: Walt Rostow's Recollections of June 5, 1967 Security Council Meeting, Nov 17, 1968; box 19: Daily Brief for the President, June 5, 1967; box 20: United States Policy and Diplomacy in the Middle East Crisis, May 15-June 10, 1967, pp. 106-108; NSC Histories, Middle East Crisis, box 23: Circular, All American Diplomatic Posts, June 5, 1967; box 18: Memorandum for the Record, "Who Fired the First Shot?" Dec. 19, 1968. USNA, Middle East Crisis files, 1967, Chronology, box 8: Tel Aviv to the Secretary of State, June 5, 1967; box 17: The President in the Middle East Crisis, Dec. 19, 1968（"All HELL broke lose"）; box 21: Memorandum for Mr. W.W. Rostow（Davis）, June 5, 1967; Arab-Israeli Situation Report, June 5, 1967（"喪失数はせいぜい 10 機程度" の判定）. Quandt, *Peace Process*, p. 520, ft. 5. Robert McNamara（口述証言）, Feb. 11, 2000. ジョンソンの憂鬱は次からの引用；Johnson, *Vantage Point*, p. 297. ラスクの怒りは次に収録；Rusk, *As I Saw It*, pp. 386-87.

36. LBJ: National Security file, History of the Middle East Crisis, box 19: Kosygin to Johnson, June 5, 1967; Rusk to Gromyko, June 5, 1967; Johnson to Kosygin, June 5, 1967. PRO, FO 17/490, Israel -Political Affairs: Washington to Foreign Ministry, June 5, 1967. USNA, Middle East Crisis files, 1967, Situation Reports, box 13: Chronology of U.S.-USSR Consultations on the Middle East, May 18 -June 10, 1967. PRO, FO 17/490, Israel-Political Affairs, Washington to Foreign Office, June 5, 1967. 大統領と国防長官のやりとりは次からの引用；Johnson, *The Vantage Point*, p. 287, and Robert S. McNamara, *In Retrospect: The Tragedy and Lessons of Vietnam*（New York: Times Books, 1995）, pp. 278-79. Quandt, *Peace Process*, pp. 50-51. Alvin Z. Rubinstein, *Red Star on the Nile*, pp. 9-10. エシュコル宛ジョンソンのことづては次からの引用；Eban, *Personal Witness,* p. 409.

37. USNA, Middle East Crisis, Chronology June 4th-7th, box 15: Tel Aviv to Department of State, June 5, 1967; Memorandum for the Middle East Task Force, May 29, 1967（ロストウの発言）. LBJ, National Security file, National Security Council Histories, Middle East Crisis, 1967, 1, box 17: Saunders to Rostow, May 15, 1967; The President in the Middle East Crisis, Dec. 19, 1968（W・ロストウの発言）; History of the Middle East Conflict, box 18: Walt Rostow's Recollections of June 5, 1967 Security Council Meeting, Nov 17, 1968; Tel Aviv to the Department of State, June 5, 1967; Memos to the President（W・ロストウの発言）, box 17: Rostow to the President, June 5, 1967. PRO, FO 17/490, Israel -Political Affairs: Rostow to Certain Embassies, June 5, 1967.

38. USNA, Summary of MEDAC, box 13: Rusk to Johnson, June 5, 1967; Middle East Crisis files, 1967, box 2: Nairobi to the Department of State, June 5, 1967（東京、アディスアベバ、リスボンからの電報も参照）; Central Foreign Policy files, 1967-1969, POL 12 SY, box 2511 Beirut to the Department of State, June 5, 1967. LBJ, National Security file, The Middle East Crisis, box 20: United States Policy and Diplomacy in the Middle East Crisis, May 15-June 10, 1967, pp. 112-18; History of the Middle East Crisis, box 18: Califano to Johnson, June 5, 1967; White House Communiqué, June 5, 1967; NSC Histories, Middle East Crisis, box 21: Arab-Israeli Situation

Report, June 6, 1967; box 23: Circular, All American Diplomatic Posts, June 5, 1967; Circular, London to Washington, June 5, 1967. Rikhye, *Sinai Blunder*, pp. 99-100. Draper, *Israel & World Politics*, p. 111.

39. PRO, FO, 7/490, Israel-Political Affairs, New York to Foreign Ministry, June 5, 1967（国連安保理に対するエジプトの不満表明）. ISA, 4086/4, Foreign Ministry files, Security Council Meetings, Eban to Levavi, June 5, 1967. LBJ, National Security file, NSC Histories, Middle East Crisis, box 23: USUN to the Secretary of State, June 5, 1967. UN, DAG 1/5.2.2.1.2-2 El Kony to the Secretary-General, June 5, 1967. U Thant, *View from the UN*, pp. 253-54（バンチ報告）. Lall, *The UN and the Middle East Crisis,* pp. 46-50. Rafael, *Destination Peace*, pp. 154-55. El Kony quote in Shevchenko, *Breaking with Moscow,* p. 133. George Tomeh（口述証言）, Nov. 17, 1999; Dr. Muhammad al-Farra（同）, Nov. 16, 1999.

40. LBJ, National Security file, History of the Middle East Crisis, box 17: W. Rostow to the President, May 26, 1967; Arthur J. Goldberg Oral History, pp. 20-21; Eugenie Moore Anderson Oral History, p. 34; box 20: United States Policy and Diplomacy in the Middle East Crisis, May 15-June 10, 1967, p. 109. ISA, Foreign Ministry files, 3979/10, Goldberg: Evron to Bitan. March 2, 1967. Donovan, *Six Days in June,* pp. 100-101. ゴールドバーグ大使の経歴は次を参照；David L. Stebenne, *Arthur J. Goldberg: New Deal Liberal*（New York: Oxford University Press, 1996）.

41. LBJ, National Security file, NSC Histories, Middle East Crisis, box 20: The Cease-Fire Negotiations in New York, Nov. 7, 1968; box 21: State of Play in New York（Davis）, May 26, 1967; Report by Bureau of International Organizations Affairs（Arthur Day）, n.d; Arthur J. Goldberg Oral History, p. 17. PRO, FCO 17/494, Israel -Political Affairs: Hayman Minute, June 5, 1967. Lall, *The UN and the Middle East Crisis,* pp. 50-59. Wilson, *The Chariot of Israel*, pp. 348-50. フェデレンコの動静は次からの引用；Dagan, *Moscow and Jerusalem*, pp. 228-29.

42. ISA, 4086/4, Foreign Ministry files, Security Council Meetings: Eban to Rafael, June 5, 1967.

43. IDF, 522/69/212: General Operations Survey, n.d. Hammel, *Six Days in June,* pp. 232-40. Dupuy, *Elusive Victory*, pp. 259-61. Sharon, *Warrior*, pp. 189, 191. O'Balance, *The Third Arab-Israeli War*, pp. 124-26. エジプト軍の作戦命令は次に収録；Khouri, *Al-Watha'iq al-Filastiniyya,* pp. 314-15. バフガットの述懐は次からの引用；Darraz, *Dubbat Yunyu Yatakallamun*, pp. 81-82. Murtagi, *Al-Fariq Murtagi Yarwi al-Haqa'iq*, p. 62.

44. 国連緊急軍（UNEF）の被害の大半は、インド隊がイスラエルの砲撃に巻き込まれた時に生じた。インドは抗議した。次を参照；Mansoor, *Arab World,* entry for June 5. バシャ偵察将校の証言は次に収録；Darraz, *Dubbat Yunyu Yatakallamun*, pp. 49-54. Baron, *Hotam Ishi*, pp. 50-52. Teveth, *The Tanks of Tammuz*, pp. 194-95. Rafael Eytan（口述証言）, Feb. 24, 1999. IDF, 1977/71786: The Regular Paratrooper Brigade in the Six Day War, Commander 35th Brigade（エイタンの評価）; 717/77, file 86: Battle for the Southern Front, 375（エルアリシュ戦の記述）.

45. LBJ National Security file, box 104, 107. Middle East Crises Joint Embassy Memorandum, June 5, 1967. Israel Intelligence Library, Internal Jordanian Army Papers: Sequence of Events on the Jordanian Front, June, 1967. Mustafa, *Harb Haziran*, pp. 80-84. Mutawi, *Jordan in the 1967 War*, pp. 125-26. *Al-Watha'iq al-Urduniyya, 1967*（Amman: Da'irat al-Matbu'at wal-Nashr, 1967）, pp. 491-92. Hammel, *Six Days in June*, pp. 362-66. Kamm, *Hussein Poteah be-Milhama*, pp. 189-97（アジル

ニ少佐の証言は192-93頁に記載). Dupuy, *Elusive Victory*, pp. 308-9. アラヤン少佐の証言は次に収録;El Edroos, *The Hashemite Arab Army*, p. 386. イスラエル軍公刊戦史の引用;Yosef Eshkol, ed., *Milhemet Sheshet ha-Yamim* (Tel Aviv, Misrad ha-Bitahon, 1967), p. 85. YAD, Ephraim Reiner (インタビュー), June 20, 1996.

46. IDF, Central Command: The Six-Day War, Concluding Report, Part B, pp. 3, 32. Kamm, *Hussein Poteah be-Milhama,* p. 150. Dupuy, *Elusive Victory*, pp. 295-97. PRO, FCO 17/493, Israel -Political Affairs: Foreign Office to Amman, June 7, 1967. Hammel, *Six Days in June*, p. 361. Rabinovich, *The Battle for Jerusalem*, pp. 188-93. 'Awda and Imam, *Al-NaksaóMan al-Mas'ul?,* pp. 117-31. コマンド隊将校マルシの証言;Darraz, *Dubbat Yunyu Yatakallamun,* pp. 34-48. バーレブ参謀次長の報告は次に収録;Haber, *Ha-Yom Tifrotz Milhama*, p. 228. グルの判断は次に収録;Gur, *Har ha-Bayyit be-Yadeinu!,* pp. 58-59, 86-89. Muhammad Fallah al-Fayiz (口述証言), Nov. 21, 1999.

47. Mustafa, *Harb Haziran,* pp. 57-58, 71-74. Israel Intelligence Library, Internal Jordanian Army Papers: Sequence of Events on the Jordanian Front, June, 1967. 'Ata 'Ali (口述証言), Nov. 18, 1999. Mutawi, *Jordan in the 1967 War*, p. 132. Dupuy, *Elusive Victory,* pp. 292-96. Hammel, *Six Days in June*, pp. 300, 309-10. El Edroos, *The Hashemite Arab Army*, pp. 379-80.

48. アロンとベギンの要求に関わるエシュコルの対応は次を参照;Ammunition Hill Archive, Begin to Motta Gur, June 15, 1992. Zak, *Hussein Ose Shalom*, p. 110. Hussein, *My "War" with Israel,* p. 73. Benziman, *Ir lelo Homa,* pp. 13-14. Nadav Shragai, *Har ha-Meriva: Ha-Ma'avak al Har ha-Bayyit, Yehudim ve-Muslemim, Dat ve-Politika Meaz 1967* (Jerusalem: Keter, 1995), pp. 18-20. リオール大佐の心境は次に収録;Haber, *Ha-Yom Tifrotz Milhama*, p. 228.

49. Baron, *Hotam Ishi,* pp. 58-59. Dayan, *My Life*, pp. 358-59. ダヤンの行動は次からの引用;Bartov, *Dado*, p. 97. 他の引用はすべて次に収録;Haber, *Ha-Yom Tifrotz Milhama,* pp. 228-31. Benziman, *Ir lelo Homa,* pp. 14-19. Eban, *Personal Witness,* p. 412.

50. *Al-Watha'iq al-Urduniyya,* pp. 46-47. Mansoor, *Arab World,* entry for June 5, 1967.

51. Fawzi, *Harb al-Thalath Sanawat*, pp. 143-46, 155-56. Imam, *'Abd al-Nasiró Kayfa Hakama Misr*, pp. 162-63. Murtagi, *Al-Fariq Murtagi Yarwi al-Haqa'iq*, p. 67. Al-Jiyyar, "Ayyam al-Naksa fi Bayt 'Abd al-Nasir." El-Sadat, *In Search of Identity*, p. 172. Heikal, *Al-Infijar*, pp. 830-33. Riad, *The Struggle for Peace in the Middle East*, p. 26. U Thant, *View from the UN*, p. 257. Dupuy, *Elusive Victory*, p. 267. Hammel, *Six Days in June*, p. 244. El-Sadat, *In Search of Identity*, p. 175. Rubinstein, *Red Star on the Nile,* pp. 9-10.「アラブの声」の放送内容は次からの引用;BBC, Daily Report, Middle East, Africa, and Western Europe, B3.

52. PRO, FO 17/490, Israel-Political Affairs: Washington to Foreign Ministry, June 5, 1967; PREM 13 1622: The Second Arab-Israel War, 1967: The Preliminaries (Hadow), July 6, 1967. Schiff, *A History of the Israeli Army,* p. 131. O'Balance, *The Third Arab-Israeli War*, p. 75. アイユーブ准将の発言は次からの引用;Fayiz Fahed Jaber (口述証言), Nov. 21, 1999. エシュコルの警告は次からの引用;Prittie, *Eshkol*, pp. 109-10.

53. USNA, Middle East Crisis, box 18: Tel Aviv to the Department of State, Chronology June 4th-7th, June 7, 1967. LBJ, National Security file, History of the Middle East Crisis, box 18: W. Rostow to the President, June 5, 1967; Tel Aviv to the Secretary of State, June 5, 1967 ("苦渋の選択" について).

第6章　戦闘……第2日、6月6日

1. IDF, 192/74, file 1348: The Battle for the Southern Front, n.d., p. 3; 717/77, file 32: Summary of the Battle for the Southern Front, p. 29. Dayan, *My Life*, p. 355. Fawzi, *Harb al-Thalath Sanawat*, pp. 146-47. Dupuy, *Elusive Victory*, pp. 254-55, 263-64. Teveth, *The Tanks of Tammuz*, pp. 195-200. Hammel, *Six Days in June*, pp. 214-17. O'Balance, *The Third Arab-Israeli War*, pp. 134-36, 141-42. Shlomo Gazit, *Pta'im be-Malkodet*, p. 28. Peled, *Ish Tzava*, p. 107. シャドミ大佐の述懐は次からの引用；Eran Sorer *Derekh ha-Mitla* (Ramat Gan: Masada, 1967), p. 35. Meir Pa'il (口述証言), Dec. 6, 2000.
2. Sorer, *Derekh ha-Mitla*, pp. 54-58. 将校斥候マフジブ、将校斥候バフガット、保安将校シラヒの3人の証言は次の各頁に収録；Darraz, *Dubbat Yunyu Yatakallamun*, pp. 79-86, pp.89-94, pp.97-103.
3. IDF, 717/77, file 32: Summary of the Battle for the Southern Front, p. 31. LBJ, National Security file, Middle East Crisis, box 104, 107: Intelligence Cable, June 6, 1967; NSC Histories, Middle East Crisis, box 23: Rabat to the Secretary of State, June 6, 1967; Paris to the Secretary of State, June 8, 1967. PRO, FCO 17/492, Israel -Political Affairs, Khartoum to Foreign Ministry, June 5, 1967; 17/492, Israel-Political Affairs, Tunis to Foreign Ministry, June 5, 1967; 17/495, Israel-Political Affairs: Hanoi to Foreign Ministry, June 5, 1967 (ホー・チミンの電報). ISA, Foreign Ministry files, 4083/3, Contacts with the Soviet Union: Moscow to Foreign Ministry, June 5, 1967 (ソ連の声明). Ramadan, *Tahtim al-Aliha*, pp. 99-100. Mansoor, *Arab World*, entries for June 5 and 6, 1967.
4. IDF, 171/77/48: Debriefing on Battles on the Southern Front, p. 135. USNA, Middle East Crisis files, 1967, Chronology, box 12: Tel Aviv to the Secretary of State, June 6, 1967. Baron, *Hotam Ishi*, pp. 61-63. Rabin, *Memoirs*, p. 107 (ダヤンの構想). O'Balance, *The Third Arab-Israeli War*, pp. 73-74. Rabinovich, *The Battle for Jerusalem*, p. 183. Dayan, *My Life*, pp. 364-65.
5. *Al-Hawadith*, Shams Badran (インタビュー), Sept. 2, 1977. Heikal, *Al-Infijar*, p. 822. El-Sadat, *In Search of Identity*, p. 176. Fawzi, *Harb al-Thalath Sanawat*, pp. 151-52. Mazhar, *I'tirafat Qadat Harb Yunyu*, pp. 90-91. Imam, *'Abd al-Nasir—Kayfa Hakama Misr*, p. 167. Al-'Ilmi, *Harb 'Am 1967*, pp. 146-48. カイロの勝利放送例は次を参照；Mansoor, *Arab World*, entry for June 6, 1967.
6. Mazhar, *I'tirafat Qadat Harb Yunyu*, pp. 152-53 (シドキに対するアメルの命令), 221-22 (ムルタギの回想). Fawzi, *Harb al-Thalath Sanawat*, pp. 152-53 (ファウジに対するアメルの指示). Moshe Seren, "Tvusat Mitzrayim be-Enei ha-Aravim," *Ma'arakhot* 200 (June 1969). Imam, *'Abd al-NasiróKayfa Hakama Misr*, p. 164. Al-Sabbagh, *Mudhakkirat Qadat al-'Askaraiyya al-Misriyya 1*, pp. 26-27. Parker, *The Politics of Miscalculation in the Middle East*, p. 88. IDF, 717/77, file 32: Summary of the Battle for the Southern Front, p. 33. アメルの言動は次に収録；Ramadan, *Tahtim al-Aliha*, p. 114. ナサル少将の言動は次を参照；PRO FCO/39/243 UAR-Political Affairs: *Egypt Gazette* clipping, Feb. 11, 1968. ハーミス通信将校の証言は次に収録；Darraz, *Dubbat Yunyu Yatakallamun*, pp. 69-75.
7. IDF, 171/77/48: Debriefing on Battles on the Southern Front, p. 121. Dayan, *My Life*, p. 366.
8. IDF, 171/77/48: Debriefing on Battles on the Southern Front, p. 41; Summary of the Battle for the Southern Front, p. 39. Yeshayahu Gavish (口述証言), Dec. 7, 1999; Israel Tal (同), Aug. 23, 1999. Hammel, *Six Days in June*, pp. 248-50. Dupuy, *Elusive Victory*, p. 271.
9. Heikal, *Al-Infijar*, pp. 728-29 (ポジダエフ大使の発言). Parker, "The June 1967 War: Some

Mysteries Explored," pp. 183-85. LBJ, National Security files, NSC Histories, Middle East Crisis, box 23: Washington to Amman and London, June 10, 1967. Riad, *Mudhakkirat 1,* pp. 310-12. ナセルのコミュニケは次に収録；USNA, USUN, box 6: Circular: Middle East Sitrep as of June 7; Middle East Crisis files, box 4: London to the Secretary of State, June 8, 1967. PRO, PREM 13 1621: Amman to Foreign Office, June 14, 1967. 次も参照；Arye Shalev, "Ha-Milhama ve-Totzoteha be-Eynei ha-Aravim," *Dapei Elazar, no. 10, Esrim Shana le-Milhemet Sheshet ha-Yamim* (Tel Aviv: Yad David Elazar, 1988), p. 65.

10. LBJ, National Security file, Middle East Crisis, box 23: Cairo to the Department of State, June 6, 1967 (Nolte cable); box 104, 107: Cairo to the Department of State, June 6, 1967 (ノルテ大使とリヤド外相のやりとり); Intelligence Information Cable, June 6, 1967; Jidda to the Department of State, June 6, 1967; LBJ, National Security file, NSC Histories, Middle East Crisis, box 23: Amman to the Secretary of State, June 6, 1967. トンプソン記者の経験は次に収録；*Life: Special Edition-Israel's Swift Victory* (1967), p. 70. BBC, Daily Report, Middle East, Africa, and Western Europe, B4 -5. ダマスカス放送の報道内容は次に収録；Hame'iri, *Mi-Shnei Evrei ha-Rama*, p. 20. アルジェリア放送の主張は次に収録；Mansoor, *Arab World*, entry for June 6, 1967. Murad, "Harb Haziran," pp. 47-48.
11. USNA, USUN, box 6: Circular: Middle East Sitrep as of June 7. 米大使館及び領事館襲撃報告は次に収録；LBJ, National Security file, History of the Middle East Crisis, box 19: Daily Brief, June 6, 1967; Miscellaneous files, box 16: Oil Exporters Actions During Crisis as of June 23, 1967; Country file, box 104, 107: Middle East Crisis (ベンガジ、アレッポ、チュニス、アルジェ、ダマスカスからの報告を参照。収納ボックスには国務省宛ノルテ大使の報告も含まれる). LBJ, National Security file, NSC Histories, Middle East Crisis, box 23: Damascus to the Secretary of State, June 6, 1967. PRO, FCO 17/493, Israel -Political Affairs: Damascus to Foreign Office, June 6, 1967. Mahjoub, *Democracy on Trial*, pp. 118-19. Riad, *Mudhakkirat 2*, pp. 96 (ヨルダン及びフセインに対するナセルの期待), 313; Riad, *The Struggle for Peace in the Middle East*, pp. 26-27.
12. Israel Intelligence Library, Internal Jordanian Army Papers: Sequence of Events on the Jordanian Front, June, 1967. El Edroos, *The Hashemite Arab Army*, p. 397. Mutawi, *Jordan in the 1967 War*, pp. 116-17. Kamm, *Hussein Poteah be-Milhama,* pp. 215-16, 220-24, 230, 242. Dupuy, *Elusive Victory*, p. 310. Hammel, *Six Days in June*, pp. 366-74. フセインの回想は次に収録；Hussein, *My "War" with Israel*, p. 79. Mustafa, *Harb Haziran,* pp. 99-103. バルコフバの述懐は次に収録；Bar Kokhva, *Merkavot ha-Plada,* pp. 163-64. Shmuel Katz and Aharon Megged, *Me-Har Grizim ad Har Hermon: Rishumei Pikud ha-Tzafon be-Milhemet Sheshet ha-Yamim* (Tel Aviv: Misrad ha-Bitahon, 1967), pp. 5-56. Interview with 'Awad Bashir Khalidi, Nov. 17, 1999.
13. IDF, 192/74/1076 Round Table Discussion on the Liberation of Jerusalem, n.d. Rabinovich, *The Battle for Jerusalem*, pp. 235-36. Israel Intelligence Library, Internal Jordanian Army Papers: Sequence of Events on the Jordanian Front, June, 1967.
14. IDF, 901/67/1 Central Command: The Six-Day War, Concluding Report, Part B, Testimony of Gen. Narkiss, p. 76; 192/74/1076 Round Table Discussion on the Liberation of Jerusalem, n.d. Israel Intelligence Library, Internal Jordanian Army Papers: Sequence of Events on the Jordanian Front, June, 1967. Rabinovich, *The Battle for Jerusalem*, pp. 163-64.

15. IDF, 192/74/1076 Round Table Discussion on the Liberation of Jerusalem, n.d; Central Command: The Six Day War, Summary Report, Part B. Rabinovich, *The Battle for Jerusalem*, pp. 228-59. El Edroos, *The Hashemite Arab Army*, p. 397. Mutawi, *Jordan in the 1967 War*, pp. 116-17. Kamm, *Hussein Poteah be-Milhama,* pp. 215-16, 220-24, 242. Gur, *Har ha-Bayyit be-Yadeinu!* pp. 93-159. Dupuy, *Elusive Victory*, pp. 298-301. Hammel, *Six Days in June*, pp. 332-35. Narkiss, *Soldier of Jerusalem,* p. 208. Mustafa, *Harb Haziran,* pp. 57-58, 71-74. ʻAwad Bashir Khalidi（口述証言）, Nov. 17, 1999; with Mahmud Abu Faris（同）, Nov. 17, 1999. ミラーの証言は次からの引用；Yisrael Harel, *Sha'ar ha-Arayot*, p. 101. クランシュル少佐の戦闘は次からの引用；Kamm, *Hussein Poteah be-Milhama,* pp. 154-68.
16. IDF, 192/74/1076 Round Table Discussion on the Liberation of Jerusalem, n.d; Central Command: The Six Day War, Summary Report, Part B. Gur, *Har ha-Bayyit be-Yadeinu!,* pp. 161-258; グルとナルキスの協議は同報告の 258 頁に収録 . ISA, 7920/1, Levi Eshkol Papers, Diplomatic Telegrams: Herzog to Eban, June 6, 1967. Mahmud Abu Faris（口述証言）, Nov. 17, 1999; Ghazi Isma'il Ruba'iyya（同）, Nov. 21, 1999; Shimon Kahaner（同）, Oct. 18, 2000. Hammel, *Six Days in June*, pp. 330-31. Rabinovich, *The Battle for Jerusalem*, pp. 267-91, 298-300. El Edroos, *The Hashemite Arab Army*, p. 397. Mutawi, *Jordan in the 1967 War*, pp. 116-17. Kamm, *Hussein Poteah be-Milhama,* pp. 173-75（クランシュルの戦闘）. Dupuy, *Elusive Victory*, pp. 298-301. フラドキンの行動は次からの引用；Harel, *Sha'ar ha-Arayot,* p. 214; エイラムの述懐も同書からの引用；pp. 219-20.
17. IDF, 192/74/1076 The Six Day War, Summary Report, Part B. El Edroos, *The Hashemite Arab Army*, p. 397. Israel Intelligence Library, Internal Jordanian Army Papers: Sequence of Events on the Jordanian Front, June, 1967. Hammel, *Six Days in June*, pp. 316-20, 335-37. Rabinovich, *The Battle for Jerusalem*, pp. 267-91, 298-300, 335-42. Mutawi, *Jordan in the 1967 War*, pp. 116-17, 134. Dupuy, *Elusive Victory*, p. 299. Yusuf Khawwash, *Al-Jabha al-Urduniyya, Harb Haziran*（Amman: Dar al-Yaqin lil-Tiba'a wal-Nashr, 1980）, n.p.
18. USNA, Middle East Crisis files, 1967, box 1: Chronology of U.S.-Jordanian Consultations on the Middle East, June 6, 1967; box 12: Tel Aviv to the Secretary of State, June 6, 1967（バーバー大使の説明）; Amman to the Secretary of State, June 6, 1967（フセインの状況判断）; box 9: Tel Aviv to the Secretary of State, June 7, 1967. PRO, FO 17/ 490, Israel -Political Affairs: Amman to Foreign Ministry, June 6, 1967. LBJ, National Security file, History of the Middle East Conflict, box 20: United States Policy and Diplomacy in the Middle East Crisis, May 15-June 10, 1967, pp. 126-29. ISA, 7920/4, Levi Eshkol Papers, Prime Minister's Speeches, Surveys, and Reports: Bitan to Harman, Evron, Eban: June 6, 1967; 6444/6, Foreign Ministry files, North America Telegrams: Lourie to Foreign Ministry, June 6, 1967. リヤドの選択肢提示は次に収録；Hussein, *My "War" With Israel,* p. 81.
19. LBJ, National Security file, History of the Middle East Crisis, box 21: CIA Intelligence Memorandum, Arab-Israeli Situation Report June 8, 1967. フセイン・ナセル電話協議の傍受記録例は次を参照；Donovan, *Six Days in June*, pp. 109-10. 次も参照；Hussein, *My "War" With Israel,* pp. 82-87. Mutawi, *Jordan in the 1967 War*, p. 159. アルアハラム紙の確認は次に収録；Khouri, *Al-Watha'iq al-Filastiniyya,* pp. 316-17.
20. Mutawi, *Jordan in the 1967 War*, pp. 128-29, 138-39, 155. Mustafa, *Harb Haziran,* pp. 267, 279-80.

Al-Shuqayri, *Mudhakkirat 5*, p. 296. Israel Intelligence Library, Internal Jordanian Army Papers: Sequence of Events on the Jordanian Front, June, 1967. フセインのナセル宛電報は次に収録；Hussein, *My "War" With Israel,* pp. 87-88, 及び Kamm, *Hussein Poteah be-Milhama,* p. 294. Munir Zaki Mustafa（口述証言）, July 5, 2001.

21. IDF, 192/74/1076 Round Table Discussion on the Liberation of Jerusalem, n.d; Central Command: The Six Day War, Summary Report, Part B. Suliman Marzuq（口述証言）, Nov. 17, 1999. Hammel, *Six Days in June*, pp. 334-40. Rabinovich, *The Battle for Jerusalem,* pp. 357-70. El Edroos, *The Hashemite Arab Army*, p. 397. Mutawi, *Jordan in the 1967 War*, p. 134. Kamm, *Hussein Poteah be-Milhama,* p. 304. Dupuy, *Elusive Victory*, pp. 298-301. Bartov, *Dado*, p. 97. フセインとリヤドの口論は次に収録；Hussein, *My "War" With Israel*, pp. 89-91 and 107, respectively.
22. IDF, 192/74/1076 Round Table Discussion on the Liberation of Jerusalem, n.d. Gur, *Har ha-Bayyit be-Yadeinu!*, pp. 387-407. 'Ata 'Ali（口述証言）, Nov. 18, 1999.
23. ISA, 7920/4, Levi Eshkol Papers, Prime Minister's Speeches, Surveys, and Reports: Eshkol's Remarks to the Knesset Defense and Foreign Affairs Committee, June 7, 1967. Bartov, *Dado*, p. 90. Ya'akov Eshkoli（口述証言）, Feb. 7, 2000. Baron, *Hotam Ishi*, pp. 76, 83. リオール大佐の述懐は次からの引用；Haber, *Ha-Yom Tifrotz Milhama*, p. 241. ダヤンの主張は次からの引用；YAD, Ephraim Reiner（インタビュー）, Haim Nadel（同）, Matti Mayzel（同）, June 20, 1996. BGA, Diary, Entry for June 6, 1967.
24. PRO, FCO 17/493, Israel-Political Affairs: Damascus to Foreign Office, June 6, 1967. Mustafa, *Harb Haziran*, pp. 188-93（アサドの明言を含む）. アクトム大尉の報告は次に収録；Yehezkel Hame'iri, *Mi-Shnei Evrei ha-Rama*（Tel Aviv: Levin-Epstein, 1970）, p. 16. Ha-Merkaz le-Moreshet ha-Modi'in: Report on Syrian artillery barrage, top secret, signed by Col. Muhammad Rafiq Qu'ad. Khouri, *Al-Watha'iq al-Filastiniyya,* p. 342. Heikal, *Al-Infijar*, pp. 755-56. YAD, Haim Nadel（インタビュー）, June 20, 1996. Dupuy, *Elusive Victory*, pp. 317-19. Mayzel, *Ha-Ma'arakha al ha-Golan*, p. 203. Ezra Sadeh, *Amud Ha-Esh: Yoman ha-Milhama shel Yirmi*（Tel Aviv: Yosef Shimoni, n.d.）, pp. 189-90. Yehuda Harel, *El Mul Golan*（Givatayim: Masada Press, 1967）, pp. 86-98. Meir Hareuveni and Meir Arye, eds., *Ha-Hativa Shelanu be-Milhemet Sheshet ha-Yamim*（Tel Aviv: Misrad ha-Bitahon, 1968）, pp. 56-57. Dayan, *Me-Hermon ad Suez,* pp. 209-11（ヨッシの証言）.
25. Israel Intelligence Library, Internal Syrian Army Papers: The Southwestern Front, June 29, 1967. Khalil, *Suqut al-Julan*, p. 148. Mayzel, *Ha-Ma'arakha al ha-Golan*, pp. 140-43. シリアのコミュニケは次に収録；Hame'iri, *Mi-Shnei Evrei ha-Rama*, pp. 77-78.
26. Baron, *Hotam Ishi*, pp. 60-61, 66. Bartov, *Dado*, p. 99. Mayzel, *Ha-Ma'arakha al ha-Golan*, pp. 188-91, 204-8. ラビンの判断は次に収録；*Memoirs*, p. 112.
27. IDF, 192/74/1076 Round Table Discussion on the Liberation of Jerusalem, n.d LBJ National Security file, box 104, 107. Middle East Crisis: Department of State to Tel Aviv and Amman, June 6, 1967; History of the Middle East Conflict, box 20: United States Policy and Diplomacy in the Middle East Crisis, May 15-June 10, 1967, pp. 126-29. BGA, Diary, Entry for June 6, 1967. Baron, *Hotam Ishi*, pp. 61-64（ダヤンの態度）. Narkiss, *Soldier of Jerusalem,* p. 209. Benziman, *Ir lelo Homa,* pp. 19-20. Shragai, *Har ha-Meriva,* pp. 16-17.
28. ISA, 7920/4, Levi Eshkol Papers, Prime Minister's Speeches, Surveys, and Reports: Bitan to Harman,

Evron, Eban, Rafael, June 7, 1967; 7920/3, Diplomatic Telegrams, General: Rome to the Foreign Ministry, June 6, 1967. Haber, *Ha-Yom Tifrotz Milhama*, pp. 231-33. Rabin, *Memoirs*, p. 107. ベギンの警告は次に収録；Ammunition Hill Archive, Begin to Motta Gur, June 15, 1992. BGA, Diary, June 6, 1967. 軍幹部の発言は次からの引用；USNA, Middle East Crisis files, 1967, Miscellaneous Documents, box 14: Houghton to Morehouse, June 6, 1967.

29. ISA, 4086/4, Foreign Ministry files, Security Council Meetings 2: Eban to Levavi, June 6, 1967; Security Council Meetings: Herzog to Eban, June 6, 1967; 7920/1, Levi Eshkol Papers, Diplomatic Telegrams: Herzog to Eban, June 6, 1967; Tekoah to Rafael, June 6, 1967.
30. ISA, 7920/1, Levi Eshkol Papers, Diplomatic Telegrams: Rafael to Tekoah, June 5, 1967. エバン演説テキストは次に収録；PRO, FCO 17/492, Israel-Political Affairs: New York to Foreign Ministry, June 6, 1967. Eban, *Personal Witness*, pp. 413-16. Raviv, *Israel at Fifty*, pp. 109-10. Rafael, *Destination Peace*, pp. 158-60（ゴールドバーグの言葉を含む）. Donovan, *Six Days in June*, p. 133.
31. ISA, 4086/4, Foreign Ministry files, Security Council Meetings 2: Eban to Eshkol, June 6, 1967; 7919/1, Levi Eshkol files, Diplomatic Telegrams: U.S.A.: Bitan to Harman, June 6, 1967; 7920/4, Prime Minister's Speeches, Surveys, and Reports: Eshkol's Remarks to the Knesset Defense and Foreign Affairs Committee, June 7, 1967. LBJ National Security files, box 104, 107. Middle East Crisis: Donnelly to Rusk, Aug. 6, 1967（ホワイトハウス書簡の分析）; History of the Middle East Conflict, box 20: United States Policy and Diplomacy in the Middle East Crisis, May 15-June 10, 1967, p. 129; Country file, box 104, 107: Rostow to the President, June 6, 1967（エシュコルのメッセージ）; NSC Histories, Middle East Crisis, box 17: The President in the Middle East Crisis, Dec. 19, 1968（ラスクの判断）; box 18: Rostow to the President, June 6, 1967. Eban, *Personal Witness*, pp. 417-18. Johnson, *Vantage Point*, p. 229. Quandt, *Peace Process*, p. 522, ft. 20. BGA, Diary, Entry for June 7, 1967.
32. LBJ, National Security file, History of the Middle East Crisis, box 18: New York to the Department of State, June 6, 1967; Country file, box 104, 107: New York to the Department of State, June 6, 1967; NSC Histories, Middle East Crisis, box 20: The Cease-Fire Negotiations in New York, Nov. 7, 1968; Memorandum of Conversation: The Hotline Exchanges, Nov. 4, 1968; box 23: Kuwait to the Secretary of State, June 6, 1967; Secretary of State to Tel Aviv, June 6, 1967. PRO, FCO 17/492, Israel-Political Affairs: New York to Foreign Office, June 6, 1967; FCO 17/493, Israel-Political Affairs: New York to Foreign Office, June 6, 1967. ISA, 7920/1, Levi Eshkol Papers, Diplomatic Telegrams: Rafael to Levavi, June 6, 1967; 4086/4, Foreign Ministry files, Security Council Meetings 2: Eban to Eshkol, June 6, 1967. Vassiliev, *Russian Policy in the Middle East*, p. 68. Arthur J. Goldberg Papers, "Behind Goldberg's UN Victory," in *New York Post*, June 7, 1967. ジョンソンの行動は次に収録；Donovan, *Six Days in June*, p. 130. セミヨノフの電話指示は次からの引用；Shevchenko, *Breaking with Moscow*, pp. 34-35.
33. USNA, Central Foreign Policy files, 1967-1969, POL 77-14 ARAB-ISR, box 1832: Goldberg to Rusk, June 6, 1967. PRO, FCO 17/494, Israel-Political Affairs: Hayman Minute, June 8, 1967. LBJ, National Security file, Country file, box 104, 107: Davis to Rostow, June 6, 1967. PRO, FCO 17/492, Israel -Political Affairs: New York to Foreign Office, June 6, 1967. LBJ, National Security file, NSC Histories, Middle East Crisis, box 23: Washington to Amman and London, June 10, 1967. Riad, *The*

Struggle for Peace in the Middle East, p. 27（リヤド外相の説明）. Murtagi, *Al-Fariq Murtagi Yarwi al-Haqa'iq*, p. 154. Lall, *The UN and the Middle East Crisis*, pp. 59-62. U Thant, *View from the UN*, pp. 258-59. Mutawi, *Jordan in the 1967 War*, p. 158. Muhammad El-Farra, *Years of Decision* (London: KPI, 1987) pp. 1-22, 50-57. Muhammad al-Farra（口述証言）, Nov. 17, 1999.

34. ISA, 7920/4, Levi Eshkol Papers, Prime Minister's Speeches, Surveys, and Reports: Bitan to Harman, Evron, Eban, and Rafael, June 6, 1967; 7920/3, Diplomatic Telegrams, Negotiations: Harman to the Prime Minister, June 6, 1967. IDF, 717/77, file 32: Summary of the Battle for the Southern Front, p. 29. ラビンの判断とナセル評は次に収録；*Memoirs*, p. 113. Baron, *Hotam Ishi*, pp. 65-66. Warhaftig, *Hamishim Shana ve-Shana*, p. 190. Haber, *Ha-Yom Tifrotz Milhama*, pp. 240-41（エシュコルの戦後構想）.
35. Nasser letter in Hussein, *My "War" with Israel*, pp. 92-93. フセインの動静は次に収録；Kamm, *Hussein Poteah be-Milhama*, p. 296. Mutawi, *Jordan in the 1967 War*, pp. 129-30. PRO, FCO/17/275 Defense Attaché's Report on the Jordan-Israel Battles (Colonel J.F. Weston-Simons), Amman to Foreign Office, June 7, 1967. Israel Intelligence Library, Internal Jordanian Army Papers: Series of Events on the Jordanian Front, June, 1967. Shafic'Ujeilat（口述証言）, Nov. 17, 1999.
36. LBJ, National Security file, History of the Middle East Conflict, box 20: United States Policy and Diplomacy in the Middle East Crisis, May 15-June 10, 1967, p. 129. Hussein, *My "War" with Israel*, p. 95. Kamm, *Hussein Poteah be-Milhama*, pp. 296, 304. Mutawi, *Jordan in the 1967 War*, pp. 129, 139-40, 156. Hammel, *Six Days in June*, p. 375. Israel Intelligence Library, Internal Jordanian Army Papers: Sequence of Events on the Jordanian Front, June, 1967. Yusuf Khawwash（口述証言）, Nov. 16, 1999.

第７章　戦闘……第３日、６月７日

1. フセインのナセル宛電報は次に収録；Hussein, *My "War" with Israel*, pp. 93-94. フセインの命令は次に収録；USNA, Middle East Crisis files, 1967, Misc. Documents, box 14: Morehouse to Houghton, June 7, 1967. El Edroos, *The Hashemite Arab Army*, pp. 398-99. Dupuy, *Elusive Victory*, p. 302. IDF, 901/67/1 Central Command: Six Day War, Concluding Report, Part A.'Ata 'Ali（口述証言）, Nov. 18, 1999; Badi 'Awad（同）, Nov. 21, 1999. Mutawi, *Jordan in the 1967 War*, p. 140.
2. USNA, Middle East Crisis files, 1967, box 1: Chronology of U.S.-Jordanian Consultations on the Middle East, June 7, 1967. カイロからの電報は次に収録；Hussein, *My "War" with Israel*, pp. 94-95. Kamm, *Hussein Poteah be-Milhama*, pp. 243-46（ダルビ大尉の回想）. Hammel, *Six Days in June*, pp. 366-74. Benziman, *Ir lelo Homa*, pp. 22-25, 29. Bartov, *Dado*, p. 98. Oral history interview with Adnan Abu Oudeh, Nov. 16, 1999.
3. LBJ, National Security file, History of the Middle East Conflict, box 20: United States Policy and Diplomacy in the Middle East Crisis, May 15-June 10, 1967, pp. 129（バーバー大使経由の勧告）, 132-33. USNA, Middle East Crisis files, 1967, box 1: Chronology of U.S.-Jordanian Consultations on the Middle East, June 7, 1967. ISA, 4086/4, Foreign Ministry files, Security Council Meetings 2. Director-General's Office to Levavi and the Defense Ministry. Haber, *Ha-Yom Tifrotz Milhama*, p. 238. Zak, *Hussein Ose Shalom*, pp. 110-15.
4. IDF, 192/74/1076 Rav Siah ba-Nose: Shihrur Yerushalayim: n.d Baron 67. 901/67/1 Central

Command: Six Day War, Concluding Report, Part A (Bar-lev and Narkiss quotes). Gur, *Har ha-Bayyit be-Yadeinu!,* pp. 284, 309; Gur quote on p. 287. Dupuy, *Elusive Victory,* pp. 303-4. Hammer, *Six Days in June,* p. 350. Haber, *Ha-Yom Tifrotz Milhama,* p. 233. Rabinovich, *The Battle for Jerusalem,* pp. 410-19; グル旅団長への連絡は次の頁からの引用；p. 419. Benziman, *Ir lelo Homa,* pp. 20-21. Shragai, *Har ha-Meriva,* p. 21. Baron, *Hotam Ishi,* p. 67 (ダヤンの指示). Mahmud Abu Faris (口述証言), Nov. 17, 1999.

5. Kollek, *For Jerusalem,* p. 194. コレック、ヘルツォーグ、ゴレンの経歴は次のユダヤ機関シオニスト教育サイトを参照；www.jajz-ed.org.il.
6. USNA, Middle East Crisis files, 1967, box 1: Chronology of U.S.-Jordanian Consultations on the Middle East, June 7, 1967. PRO, PREM 13 1620, Middle East Crisis: Foreign Office to Amman, June 7, 1967; Amman to Foreign Office, June 7, 1967; FCO 17/493, Israel-Political Affairs: Foreign Office to Amman, June 7, 1967; Tel Aviv to Foreign Office, June 7, 1967. ISA, 7920/1, Levi Eshkol Papers, Diplomatic Telegrams: Eban to Eshkol, June 7, 1967; 7920/4, Prime Minister's Speeches, Surveys, and Reports: Eshkol's Remarks to the Knesset Defense and Foreign Affairs Committee, June 7, 1967; Remez to Levavi, June 7, 1967.
7. IDF, 901/67/1: Central Command: Six Day War, Concluding Report, Part A; 192/74/1076: Roundtable Discussion on the Liberation of Jerusalem, n.d. (アフモン大佐の述懐). Gur, *Har ha-Bayyit be-Yadeinu!,* pp. 316-24. Benziman, *Ir lelo Homa,* p. 29. O'Balance, *The Third Arab-Israeli War,* pp. 208-11. Harel, *Sha'ar ha-Arayot,* pp. 160-62. Hammel, *Six Days in June,* pp. 335-36 (ゴレン師の言動). 384
8. Uzi Narkiss, "Kakh Uhda Yerushalayim," *Bamahane* 34 (May 1987); *Soldier of Jerusalem,* p. 209 (ナルキスの関心事). ダヤンの行動は次からの引用；Mansoor, *Arab World,* entry for June 7, 1967. ラビンの言動は次に収録；Rabin, *Memoirs,* pp. 111-12, Slater, *Rabin of Israel,* p. 142. Donovan, *Six Days in June,* p. 120. Nadav Shragai, *Har ha-Meriva,* pp. 23-24, 28-30.
9. Haber, *Ha-Yom Tifrotz Milhama,* pp. 242-45. Eban, *Personal Witness,* p. 419. Warhaftig, *Hamishim Shana ve-Shana,* pp. 204-6.
10. USNA, Middle East Crisis, Chronology June 4th -7th, box 1: Amman to the Department of State, June 6, 1967; Miscellaneous Documents, box 14: Morehouse to Houghton, June 7, 1967 (軍将校によるフセインの動静記述). Israel Intelligence Library, Internal Jordanian Army Papers: Sequence of Events on the Jordanian Front, June, 1967. Dayan, *My Life,* p. 370. Susser, *On Both Banks of the Jordan,* p. 17. Narkiss, *Soldier of Jerusalem,* p. 209. Al-Shara', *Hurubuna ma'a Isra'il,* p. 494. Kamm, *Hussein Poteah be-Milhama,* p. 296.
11. IDF, 717/77, file 32: Summary of the Battle for the Southern Front, pp. 57-62. USNA, Lot files, USUN, box 6: Circular: Middle East Sitrep as of June 7. LBJ, National Security file, History of the Middle East Crisis, box 21: CIA Intelligence Memorandum, Arab-Israeli Situation Report, June 8, 1967; box 104, 107: Cincstrike and Eucom for Polad, June 8, 1967. Fawzi, *Harb al-Thalath Sanawat,* pp. 151-56. Rabin, *Memoirs,* pp. 107-8. Hammel, *Six Days in June,* pp. 251-53. Baron, *Hotam Ishi,* pp. 67, 71. Slater, *Rabin of Israel,* p. 150. Schiff, *A History of the Israeli Army,* p. 133. Al-Sabbagh, *Mudhakkirat Qadat al-'Askaraiyya al-Misriyya 1,* pp. 28-29. Al-Sabbagh, *Mudhakkirat Qadat al-'Askaraiyya al-Misriyya 10,* pp. 9-10 (ハリル地区司令官の述懐). 軍将校ハフィズの述懐は次に収

録；Darraz, *Dubbat Yunyu Yatakallamun,* pp. 135-46. Sidqi al-Ghul in *al-Ra'i al-'Am*（インタビュー）, June 2, 1987. Meir Pa'il（口述証言）, Dec. 6, 2000.

12. ISA, Foreign Ministry files, 4085/1: Emergency Situation 1967 -Prisoners, June 14, 1967. USNA, Middle East Crisis files, 1967, Chronology, box 8: Tel Aviv to the Secretary of State, June 8, 1967. Dupuy, *Elusive Victory,* pp. 271-75. Fawzi, *Harb al-Thalath Sanawat*, pp. 151-56. Al-Sabbagh, *Mudhakkirat Qadat al-'Askaraiyya al-Misriyya 5,* p. 28. Rabin, *Memoirs*, pp. 107-8. Hammel, *Six Days in June*, pp. 251-53. Baron, *Hotam Ishi*, pp. 67, 71. Slater, *Rabin of Israel*, p. 150. Schiff, *A History of the Israeli Army,* p. 133. Sharon, *Warrior,* pp. 194-95. O'Balance, *The Third Arab-Israeli War*, pp. 144-45. ハフィズの証言は次に収録；Darraz, *Dubbat Yunyu Yatakallamun,* pp. 135-46. アシェル軍医の回想は次からの引用；Avraham Shapira, ed., *The Seventh Day: Soldiers Talk About the Six-Day War*（New York: Scribners, 1970）, p. 66. Mahmud al-Suwarqa（口述証言）, July 7, 2001.
13. シラヒ治安将校、タルキ予備役将校の証言は次の書の各頁を参照；Darraz, *Dubbat Yunyu Yatakallamun,* pp. 89-94, pp. 107-18. Amin Tantawi（口述証言）, July 4, 2001.
14. Mazhar, *I'tirafat Qadat Harb Yunyu,* p. 177. Fawzi, *Harb al-Thalath Sanawat*, pp. 151-53. Murtagi, *Al-Fariq Murtagi Yarwi al-Haqa'iq*, p. 163. 歴史学者の論評は次を参照；Ramadan, *Tahtim al-Aliha,* p. 105. Al-Shirbini Sa'id Hamada（口述証言）, July 5, 2001.
15. LBJ, National Security file, History of the Middle East Crisis, box 19: CIA, Office of National Estimate − Current Soviet Attitudes, June 9, 1967; State Department Activities Report, June 7, 1967; Country file, box 104, 107: Davis to Rostow, June 6, 1967; New York to the Department of State, June 8, 1967; Soviet Official's Comments on Soviet Policy on the Middle Eastern War, June 8, 1967. Heikal, *Al-Infijar,* pp. 728-31. Parker, *The Politics of Miscalculation in the Middle East*, pp. 33-34. Segev, *Sadin Adom,* p. 132. プラウダの記事は次に収録；ISA, Foreign Ministry files, 4083/3, Contacts with the Soviet Union, Moscow to Foreign Ministry, June 6, 1967. Dagan, *Moscow and Jerusalem,* pp. 226-27（チュバーキン大使の動静とコスイギンのエシュコル宛書簡）. Al-'Ilmi, *Harb 'Am 1967,* pp. 203-7. I. I. Mintz, *Sionizm: Teoria i Praktika*（Moscow: Izdetelstvo Politicheskoy Literatury, 1970）, pp. 111-12. 次も参照；Yosef Argaman, "Nasser Metzaltzel le-Hussein: Ha-Siha," *Bamahane* 18（January 1989）.
16. ISA, 7920/2, Levi Eshkol Papers, Diplomatic Telegrams, USSR: Tekoah to New York, June 7, 1967（コスイギンのエシュコル宛電報 I）. PRO, FCO 17/493, Israel-Political Affairs: Kosygin to Wilson, June 7, 1967. Eshkol in Dagan, *Moscow and Jerusalem,* pp. 229-30. Haber, *Ha-Yom Tifrotz Milhama,* pp. 243-44. Wilson, *Chariot of Israel,* pp. 351-52.
17. Mazhar, *I'tirafat Qadat Harb Yunyu,* pp. 188-90. Fawzi, *Harb al-Thalath Sanawat*, pp. 155-61. Murtagi, *Al-Fariq Murtagi Yarwi al-Haqa'iq*, pp. 164-65. Ramadan, *Tahtim al-Aliha*, pp. 136-37（第4師団宛命令を含む）.
18. UN, DAG 1/5.2.2.1.2-2, The Middle East, Eban to the Secretary-General, June 7, 1967. Baron, *Hotam Ishi*, pp. 73-74（ダヤンの指示）. Haber, *Ha-Yom Tifrotz Milhama,* pp. 237-40, 244（リオール大佐、アロン、エシュコル、テコアの各発言）. Zak, *Hussein Ose Shalom*, pp. 110-15. PRO, FCO 17/494, Israel-Political Affairs: Hayman Minute, June 8, 1967.
19. LBJ, National Security file, Country file, box 104, 107: Minutes of the NSC Meeting, June 7, 1967; Rostow to the President, June 7, 1967; History of the Middle East Crisis, box 19: Bundy to the

President, June 9, 1967; Guidelines for U.S. Position and Action in Connection with the Present ME Situation (中東情勢に関わるアメリカの立場と行動の基本方針), Nadav Safran and Stanley Hoffman, June 8, 1967. USNA, POL AR-ISR, Mintues of the Control Group, box 17: Twelfth Control Group Meeting, June 7, 1967.

20. LBJ National Security file, Country file, Middle East Crisis, box 104, 107: Tel Aviv to the Department of State, June 7, 1967 (バーバー大使の熱っぽい報告); USNA, Middle East Crisis, Chronology June 4th-7th, box 8: Tel Aviv to the Department of State, June 7, 1967 (report from Tel Aviv); USUN, box 6: Circular: Middle East Sitrep as of June 7. USNA, POL ARAB-ISR, United Nations files, box 1: Tel Aviv to the Secretary of State, June 8, 1967. ISA, Foreign Ministry files, 4089/15: Rome to Foreign Ministry, June 7, 1967. PRO, FO 17/11, American Middle East Policy, Urwick to Morris, June 7, 1967 (イスラエル銀行の計画). 次も参照; Reuven Pedatzur, "Coming Back Full Circle: The Palestinian Option of 1967," *Middle East Journal* 49, no. 2 (Spring 1995).
21. USNA, Arab-Israeli Crisis, box 17: Minutes of the Control Group, June 7, 1967. LBJ, National Security file, Country file, box 104, 107: Rusk to London, June 7, 1967 ("領土保全" の件); Minutes of the NSC Meeting, June 7, 1967 ("イスラエルの弁護士役" の表現); Memorandum for Mr. Bundy, June 7, 1967; CIA Intelligence Memorandum: Impact on Western Europe and Japan of a Denial of Arab oil, June 7, 1967; Mrs. Arthur Krim to Walt Rostow, June 7, 1967. Draper, *Israel & World Politics*, p. 117. William B. Quandt, "The Conflict in American Foreign Policy," in Rabinovich and Shaked, *From June to October*, p. 5.
22. Rafi Benvenisti (口述証言), Jan. 1, 1999. Susser, *On Both Banks of the Jordan*, pp. 19-20. Hammel, *Six Days in June*, pp. 377-80. Donovan, *Six Days in June*, p. 121. Kamm, *Hussein Poteah be-Milhama*, p. 217. Dupuy, *Elusive Victory*, pp. 301-2. Shashar, *Milhemet ha-Yom ha-Shvi'i*, p. 20. ラム隊長の手荒い経験は次に収録; Bartov, *Dado*, p. 98. Dayan, *My Life*, p. 370. Al-Shara', *Hurubuna ma'a Isra'il*, pp. 493-95.
23. Hammel, *Six Days in June*, pp. 254-59. Sorer, *Derekh ha-Mitla*, pp. 37-38. Dupuy, *Elusive Victory*, pp. 273-75. *The Six Days' War* (Tel Aviv: Ministry of Defense, 1967), p. 36. Al-'Ilmi, *Harb 'Am 1967*, pp. 176-85.

第8章　戦闘……第4日、6月8日

1. USNA, Middle East Crisis files, 1967, box 1: Chronology of U.S.-Jordanian Consultations on the Middle East, June 8, 1967. PRO, PREM 13 1620 Middle East Crisis: Amman to Foreign Office, June 10, 1967. UN, DAG 1/5.2.2.1.2-2, Middle East: Minister of Foreign Affairs of Jordan to the Secretary-General, June 8, 1967. Hussein, *My "War" with Israel*, p. 88. Khalid Fakhida, "Al-Fariq Haditha lil-Hadath: Sharakna fi Harb '67 Irda'an li-'Abd al-Nasir wa-Man'an min 'Takhwin' al-Urdun," *al-Hadath*, no. 265 (Jan. 29, 2001).
2. Hammel, *Six Days in June*, pp. 258-59. Mustafa, *Harb Haziran*, pp. 118-19. "Hail ha-Avir ba-Milhama," *Bit'on Hail ha-Avir* 3, no. 74/75 (December 1967), p. 265. IDF, 901/67/1 Central Command: The Six-Day War, Concluding Report, Part A, 3 (ナルキスの心境), p. 38 (ヨルダン兵の敢闘を讃える銘). Mutawi, *Jordan in the 1967 War*, p. 140.
3. IDF, 717/77, file 32: Summary of the Battle for the Southern Front, pp. 31 (ダヤンの主張), 63, 399

(エベン大佐の証言). LBJ, National Security file, History of the Middle East Crisis, box 21: CIA Intelligence Memoranda, Arab-Israeli Situation Report, June 8, 1967; box 104, 107. Middle East Crisis: Joint Embassy Memorandum, June 8, 1967 (ヤリーブの敵機喪失算定). ムルタギ、ムーシンの意見具申とアメルの決心に関する引用は次に収録; Al-Sabbagh, *Mudhakkirat Qadat al-'Askaraiyya al-Misriyya 1*, pp. 30-31. ラビンの閣議報告は次からの引用; Haber, *Ha-Yom Tifrotz Milhama*, p. 245. Dupuy, *Elusive Victory*, pp. 264, 276-77. Hammel, *Six Days in June*, pp. 268-69. Dayan, "Before and After the Battle," in *The Six Days' War* (Tel Aviv: Ministry of Defense, *1967*), p. 36. Riad, *The Struggle for Peace in the Middle East*, p. 32. Fawzi, *Harb al-Thalath Sanawat*, p. 148. Aviezer Golan, *Albert* (Tel Aviv: Yediot Ahronot, 1977), p. 118. Sorer, *Derekh ha-Mitla*, pp. 37-39, 93-101.

4. Dayan, *My Life*, p. 367. Slater, *Rabin of Israel*, p. 150. Schiff, *A History of the Israeli Army*, p. 133. Hammel, *Six Days in June*, pp. 264-78. Dupuy, *Elusive Victory*, pp. 274-75. Yeshayahu Gavish (口述証言), Dec. 7, 1999; Meir Pa'il (同), Dec. 6, 2000; Rehavam Ze'evi (同), Sept. 9, 2001.
5. LBJ National Security file, Middle East Crisis, box 104, 107: Tel Aviv to the Department of State, June 8, 1967; box 20: United States Policy and Diplomacy in the Middle East Crisis, May 15-June 10, 1967, pp. 140-41; box 23: Tel Aviv to the Secretary of State, June 8, 1967; Beirut to the Secretary of State, June 8, 1967; NSC Histories, Middle East Crisis, box 23: Tel Aviv to the Secretary of State, June 8, 1967. USNA, Middle East Crisis files, 1967, Situation Reports, box 14: Middle East Sitrep as of June 7. Al-Shuqayri, *Mudhakkirat 5*, p. 330. Hart, *Arafat*, pp. 199-200. Kimche and Bawly, *The Sandstorm*, pp. 200-201. Mustafa, *Harb Haziran*, pp. 193-94. Khouri, *Al-Watha'iq al-Filastiniyya*, p. 354. Khalil, *Suqut al-Julan*, pp. 100-101. Mayzel, *Ha-Ma'arakha al ha-Golan*, p. 438. Syrian army record in Israel Intelligence Library: Internal Syrian Army Papers: The Southwestern Front, June 29, 1967.
6. Baron, *Hotam Ishi*, p. 83. シリアをめぐる開拓村代表とエシュコルの態度は次に収録; *Eretz ha-Golan*, no. 100 (1985), pp. 32-33. Warhaftig, *Hamishim Shana ve-Shana*, pp. 186-89. Haber, *Ha-Yom Tifrotz Milhama*, pp. 244-46 (アランの攻撃反対理由). Gilboa, *Shesh Shanim, Shisha Yamim*, p. 232. ハ・アレツの主張は次に収録; USNA, POL ARAB-ISR, United Nations files, box 1: Tel Aviv to the Secretary of State, June 8, 1967. バーレブの証言は次に収録; Guy, *Bar-Lev*, p. 139. ダヤンの主張は次に収録; YAD, Matti Mayzel (インタビュー), June 20, 1996.
7. Rabin, *Memoirs*, p. 113. エラザールの算定は次からの引用; YAD, Haim Nadel (インタビュー), June 20, 1996, from Bartov, *Dado*, pp. 99-101, Mayzel, *Ha-Ma'arakha al ha-Golan*, pp. 225-27. Golan, *Albert*, pp. 124-25. アロンとベルの言動は次からの引用; Haber, *Ha-Yom Tifrotz Milhama*, p. 247. Rehavam Ze'evi (口述証言), Sept. 9, 2001.
8. LBJ, National Security file, Middle East Crisis, box 104, 107: Joint Embassy Memorandum, June 8, 1967; Report of the American Consulate in Jerusalem, June 8, 1967 ("意図が奈辺にあるか" の件); The Secretary of State to Tel Aviv, June 8, 1967. Eban, *Personal Witness*, p. 424. IDF, 901/67/1 Central Command: The Six-Day War, Concluding Report, Part A, pp. 9-10. Eban, *Personal Witness*, p. 423 (バンディのシリア懲罰発言).
9. LBJ, National Security file, Middle East Crisis, box 19: NSC Special Committee Meeting (handwritten notes). June 8, 1967; box 104, 107: Rusk to Embassies, June, 1967; Tripoli to the

Department of State, June 8, 1967; box 20: United States Policy and Diplomacy in the Middle East Crisis, May 15-June 10, 1967, pp. 132-33, 140-41. USNA, Middle East Crisis files, 1967, Situation Reports, box 13: The Secretary of State to King Faisal, June 8, 1967. UN, DAG 1/5.2.2.1.2-2, Middle East: Goldberg to U Thant, June 9, 1967.

10. LBJ, National Security file, History of the Middle East Crisis, box 19: JCS to USCINCEUR, June 8, 1967; box 104, 107, The National Military Command Center: Attack on the USS *Liberty*, June 9, 1967; Department of Defense: USS *Liberty* Incident, June 15, 1967. USNA, Chairman Wheeler files, box 27: The Court of Inquiry Findings, June 22, 1967.
11. IDF, 2104/92/47: *Attack on the Liberty*, IDF Historical Department, Research and Instruction Branch, June 1982 (hereafter IDF, *Attack on the Liberty*). 当初イスラエルの戦闘機パイロットはその船が搭乗機に発砲したと思った。そこで複数の駆逐艦に捜索命令がだされた。しかし、帰投したパイロットの詳しい報告と状況説明の後、その命令は取り消された。次も参照；ISA, 4079/26 Foreign Ministry files, the *Liberty* Incident; IDF Preliminary Inquiry file 1/67 Col. Y. Yerushalmi, July 24, 1967. Report by Carl F. Salans, Department of State Legal Advisor, September 21, 1967, to the Undersecretary of State.（リバティ号及び同事件関連の詳しい情報は次を参照；site—www.halcyon.com/jim/uss*Liberty*/*Liberty*.htm）
12. USNA, Middle East Crisis files, 1967, USUN, box 6: CINSTRIKE to AIG, June 2, 1967; Cir/Military files, box 6: CINSTRIKE to AIG 930, May 24, 1967; INR Reseach Reports: ALUSNA to COMSIXTHFLEET: June 8, 1967. LBJ, National Security file, History of the Middle East Crisis, box 20: United States Policy and Diplomacy in the Middle East Crisis, May 15-June 10, 1967, pp. 87-88. 海軍連絡将校派遣問題は次を参照；LBJ, National Security file, NSC Histories, Middle East Crisis, box 17: Tel Aviv to the Secretary of State, May 27, 1967. Ben-Gurion Archive, Diary, Entry for May 26, 1967. 次も参照；A. Jay Cristol, *The Liberty Incident*, unpublished doctoral dissertation, University of Miami, 1997, pp. 25-26. British Public Record Office, FCO17/498, Israel − Political Affairs: Tel Aviv to Foreign Office, June 5, 1967. Shlomo Erell, *Lefanekha ha-Yam: Sipuro shel Yamai, Mefaked u-Lohem*（Tel Aviv: Misrad ha-Bitahon, 1998）, pp. 268-75. Rabin, *Memoirs,* pp. 100, 110; Hirsh Goodman and Ze'ev Schiff, "The Attack on the *Liberty*," *The Atlantic Monthly*, September 1984, p. 81.
13. ISA, 4079/26 Foreign Ministry files, the *Liberty* Incident; IDF Preliminary Inquiry file 1/67 Col. Y. Yerushalmi, July 24, 1967. IDF, 717/77, file 32: Summary of the Battle for the Southern Front, p. 34. リバティ号は「ボアズ地点」付近を航行していた。イスラエル機がシナイへの突入、攻撃後の離脱地点である。その日の朝、同水域で航空機の往来が激しかったのは、そのためである。次を参照；IDF, *Attack on the Liberty*, p. 39, n. 14.
14. ISA, 4079/26 Foreign Ministry files, the *Liberty* Incident; IDF Preliminary Inquiry file 1/67 Col. Y. Yerushalmi, July 24, 1967. 次も参照；Rabin, *The Rabin Memoirs*, pp. 108-9. Mordechai Hod（口述証言）, March 9, 1999. Yanay, *No Margin for Error,* p. 257. イスラエルがキャッスル海軍武官と協議したかどうかの問題は、リバティ号サイトに掲載された米海軍公式調査会議調書（the protocol of the official U.S. Naval Board of Inquiry）を参照。
15. イスラエルのパイロットはリバティ号の船体標識 G を C と見誤まった。次を参照；IDF, Attack on the *Liberty*; Israeli Air Force Historical Branch, Transcript of the Ground-To-Air Communications,

the *Liberty* Incident. ISA, 4079/26 Foreign Ministry files, the *Liberty* Incident; IDF Preliminary Inquiry file 1/67 Col. Y. Yerushalmi, 24 July, 1967. USNA, Chairman Wheeler files, box 27: The Court of Inquiry Findings, June 22, 1967. Rabin quote from *Memoirs*, pp. 109, 127. LBJ, Country files, box 104, 107, The National Military Command Center: Attack on the USS *Liberty*, June 9, 1967; NSC Histories, box 18: CINCEURUR to RUDLKD/CINSUSNAVEUR, June 8, 1967; COMSIXTHFLT to RUFPBK/USCINCEUR, June 8, 1967; USDOA Tel Aviv to RUDLKD/CINCUSNAVEUR, June 15, 1967. See also Cristol, *Liberty Incident*, p. 55. James M. Ennes, Jr., *Assault on the Liberty: The True Story of the Israeli Attack on an American Intelligence Ship* (New York: Random House, 1979), pp. 72-117. 電子偵察機のノルヴィッキ機長は 2000 年 3 月 3 日付で知人のジェイ・クリストルに書簡を送り、当時の模様を説明した。同書簡は 2001 年 5 月 31 日付で筆者に届けられた。プロスチナクの会話はこれにもとづく。

16. LBJ, National Security file, History of the Middle East Crisis, box 19: Memorandum for the Record, Washington-Moscow "Hot-line" Exchange, Oct. 22, 1968; box 20: United States Policy and Diplomacy in the Middle East Crisis, May 15-June 10, 1967, pp. 143-44. Johnson, *Vantage Point*, p. 301.
17. LBJ, National Security files, History of the Middle East Crisis, box 20: United States Policy and Diplomacy in the Middle East Crisis, May 15-June 10, 1967, pp. 143-44; boxes 1, 3, 4, 5, 6, 7, 8, 9, 10: Memorandum for the Record (E. Rostow), June 9, 1967 (Operation Frontlet); Department of Defense Press Release, June 8, 1967; box 19: JCS to USCINCEUR, June 8, 1967. USNA, Middle East Crisis files, 1967, Chronology, box 7: Tel Aviv to the Secretary of State, June 8, 1967 (バーバー大使の警告). 一括補償の件は次に収録；U.S. Department of State Bulletin 58, no. 1512, June 17, 1968, and 60, no. 1562, June 2, 1969, and U.S. Department of State Daily News Briefing, DPC 2451, December 18, 1980. 次も参照；Phil G. Goulding, *Confirm or Deny—Informing the People on National Security* (New York: Harper and Row, 1970), pp. 123-30.
18. USNA, box 16: Diplomatic Activity in Connection with the USS *Liberty* Incident, June 14, 1967. LBJ, Country files, box 104, 107, Middle East Crisis: Eshkol to Johnson; Memos to the President (W. Rostow), June 8, 1967; box 17: Barbour to Department of State, June 8, 1967; box 19: NSC Special Committee Meeting (handwritten notes), June 9, 1967. ISA, 4079/26 Foreign Ministry files, the *Liberty* Incident: Harman to Foreign Ministry, June 10, 1967; Eban to Johnson, June 9, 1967; Evron to Johnson, June 8, 1967. バーバー、ノルテ両大使の電報は次に収録；LBJ, National Security file, box 20: United States Policy and Diplomacy in the Middle East Crisis, May 15-June 10, 1967, pp. 143-44; box 104, 107, Middle East Crisis: Cairo to the Department of State, June 9, 1967. Clark Clifford with Richard Holbrooke, *Counsel to the President* (New York: Random House, 1991), pp. 446-47.
19. ISA, 4079/26 the *Liberty* Incident: Bitan to Harman, June 18, 1967; IDF Preliminary Inquiry file 1/67 Col. Y. Yerushalmi, July 24, 1967. LBJ, National Security file, Country files, box 104, 107: Middle East Crisis: Diplomatic Activity in Connection with the USS *Liberty* Incident, June 14, 1967. Erell, *Lefanekha ha-Yam*, pp. 275-77.
20. USNA, Chairman Wheeler files, box 27: The Court of Inquiry Findings, June 22, 1967. LBJ, National Security file, Special Committee, box 1-10: Why the USS *Liberty* Was Where It Was, June

10, 1967; W. Rostow to the President, June 13, 1967（エブロン大使の約束）; NSA Declassified Report: Attack on the U.S.S. *Liberty*, July 11, 1983. Cristol, *Liberty Incident*, pp. 86-105. Rusk, *As I Saw It*, p. 388. 米海軍調査会議の調書は完全版がリバティ号サイトに掲載されている。

21. リバティ号事件の陰謀説は次を参照；Ennes, *Assault on the Liberty*, pp. 254-59. Anthony Pearson, *Conspiracy of Silence: The Attack on the U.S.S. Liberty* (London: Quartet Books, 1978). Donald Neff, *Warriors for Jerusalem: The Six Days That Changed the Middle East* (Brattleboro, Vt.: Amana Books, 1988), p. 253. John Loftus and Mark Aarons, *The Secret War Against the Jews: How Western Espionage Betrayed the Jewish People* (New York: St. Martin's Press, 1997), p. 267. Richard Deacon, *The Israeli Secret Service* (London: Sphere Books, 1979), pp. 192-97. リバティ号事件に関するアラブの解釈は次を参照；Riad, *Mudhakkirat 1,* p. 312. Heikal, *Al-Infijar*, pp. 731-32. Mazhar, *I'tirafat Qadat Harb Yunyu,* pp. 86-88. El-Farra, *Years of No Decision*, pp. 58-68. Fawzi, *Harb al-Thalath Sanawat*, pp. 135-36. Salah al-Din Al-Ashram, "Al-Tawatu' al-Anklo-Amriki ma'a Isra'il," *Al-Majalla al-'Askariyya* 6, no. 18 (1967). I. P. Beliaev and E.M. Primakov, *Egipet: vremia prezidenta Nasera* (Moscow: Mysl', 1974), p. 50. L. Sheidin, "Imperialisticheskii zagovor na Blizhnem Vostoke," *Kommunist*, no. 11 (July 1967), pp. 107-17.

22. LBJ, National Security file, Country file, box 104, 107: Davis to Rostow, June 8, 1967; NSC Histories, Middle East Crisis, box 21: Report by Bureau of International Organizations Affairs (Arthur Day), n.d.（ゴールドバーグ大使の指摘）; USUN to the Secretary of State, June 8, 1967; CIA to the White House Situation Room, June 8, 1967（"ほかの選択肢はない" の警告）; NSC Histories, Middle East Crisis, box 20: Memorandum of Conversation: The Hotline Exchanges, Nov. 4, 1968. USNA, Central Foreign Policy files, 1967-1969, POL 77-14 ARAB-ISR, box 1832: Goldberg to Rusk, June 8, 1967. PRO, FCO 17/494, Israel-Political Affairs: Hayman Minute, June 8, 1967. ISA, 7920/1, Levi Eshkol Papers, Diplomatic Telegrams: Eban to Eshkol, June 8, 1967; 7919/1, Diplomatic Telegrams: U.S.A.: Eban to Eshkol, June 8, 1967（エバンに対するゴールドバーグの忠告）. Lall, *The UN and the Middle East Crisis*, pp. 66-67. Rafael, *Destination Peace,* pp. 160-61. イスラエル、ソ連両大使の論戦は次からの引用；Dagan, *Moscow and Jerusalem,* p. 232.

23. Mahmud al-Jiyyar, "Rajulan Qatala al-Mushir 'Amer," in *Ruz al-Yusuf* 2482 (January 5, 1976), pp. 8-9. El-Sadat, *In Search of Identity*, pp. 176-77. Riad, *The Struggle for Peace in the Middle East,* pp. 28-30. カイロ放送の内容は次に収録；IDF, Historical Branch, 192/74/1349: Cease-Fire Orders in the Egyptian, Jordanian, and Syrian Sectors, p. 26. ナセルの反攻構想は次に指摘；Ramadan, *Tahtim al-Aliha*, p. 171. ナシル諜報機関長の自信は次に収録；LBJ, National Security file, Middle East Crisis, box 104, 107: Cairo to the Department of State, June 8, 1967.

24. USNA, Central Foreign Policy files, 1967-1969, POL 27-7 ARAB-ISR, box 1830: Department of the Army to the Department of State, June 16, 1967. ハーミス通信将校とバシャ偵察将校のインタビューは次の各頁に掲載；Darraz, *Dubbat Yunyu Yatakallamun,* pp. 69-75（ハーミス）, pp 49-54（バシャ）. Fu'ad Hijazi（口述証言）, July 5, 1967. Al-Sabbagh, *Mudhakkirat Qadat al-'Askaraiyya al-Misriyya 10,* p. 11（ハリル将軍の述懐）. Ramadan, *Tahtim al-Aliha,* pp. 110-11. Sidqi al-Ghul（インタビュー）in *al-Ra'i al-'Am*, June 2, 1987. David Pryce-Jones, *The Closed Circle: An Interpretation of the Arabs* (London: Paladin, 1990), p. 8. ノルテ大使の警告は次に収録；LBJ, National Security file, NSC Histories, Middle East Crisis, box 23: Cairo to the Secretary of State, June 8, 1967.

25. LBJ, National Security file, NSC Histories, Middle East Crisis, box 23: UNUS to the Secretary of State, June 8, 1967. Mahmud Al-Jiyyar, "Rajulan Qatala al-Mushir 'Amer," p. 9. Riad, *The Struggle for Peace in the Middle East,* p. 30. Lall, *The UN and the Middle East Crisis,* pp. 67-72. エル・コニー大使の発言は次からの引用；Muhammad al-Farra（口述証言）, Nov. 17, 1999; エル・コニー大使の安保理声明は次に収録；IDF, Historical Branch, 192/74/1349: Cease-Fire Orders in the Egyptian, Jordanian, and Syrian Sectors, p. 26. 最高司令部の公式声明は次からの引用；BBC, Daily Report, Middle East, Africa, and Western Europe, B1.
26. LBJ, National Security file, NSC Histories, Middle East Crisis, box 23: Tel Aviv to the Secretary of State, June 8, 1967（チュバーキン大使の警告）. Baron, *Hotam Ishi,* pp. 83-85. Hame'iri, *Mi-Shnei Evrei ha-Rama,* pp. 25-26. Gilboa, *Shesh Shanim, Shisha Yamim,* p. 235. Bartov, *Dado,* p. 101. Dayan, *My Life,* pp. 364-67. Rabin, *Memoirs,* p. 113. Hammel, *Six Days in June,* p. 278. Dupuy, *Elusive Victory,* p. 277. Mayzel, *Ha-Ma'arakha al ha-Golan,* pp. 258（エシュコルの"ブルドッグが鎖をぶち切る"発言）, 264-65. ダヤンの動静は次からの引用；Baron, *Hotam Ishi,* pp. 85-86, and Hame'iri, *Mi-Shnei Evrei ha-Rama,* pp. 30-31. Haber, *Ha-Yom Tifrotz Milhama,* pp. 244（チュバーキン大使の威嚇）, 248-50. 内閣防衛委報告は次に収録；Warhaftig, *Hamishim Shana ve-Shana,* pp. 189-91.
27. Baron, *Hotam Ishi,* pp. 86-87. Bartov, *Dado,* p. 101. Hame'iri, *Mi-Shnei Evrei ha-Rama,* pp. 27, 54, 98.

第９章　戦闘第５日　６月９日　Day Five, June 9

1. Dayan, *My Life,* p. 382. Rabin, *Memoirs,* p. 116. Warhaftig, *Hamishim Shana ve-Shana,* p. 200. Bartov, *Dado,* pp. 101-2. Mayzel, *Ha-Ma'arakha al ha-Golan-Yuni,* pp. 230-32. YAD, Ephraim Reiner（インタビュー）, June 20, 1996. Baron, *Hotam Ishi,* pp. 76-77, 80（ダヤンの勧告）.
2. Bartov, *Dado,* p. 103. ナセルの電報とその傍受内容を引用したダヤンのメモは次に収録；Baron, *Hotam Ishi,* pp. 87-88, Haber, *Ha-Yom Tifrotz Milhama,* pp. 252-53. ハラフミ班長とヤリーブの動静は次からの引用；Amos Gilboa, "Milhemet Sheshet Ha-Yamim 30 Shana," *Ma'ariv,* June 6, 1997. Miriam Eshkol（口述証言）, Aug. 30, 1999. ダマスカス放送の停戦受諾用意は次からの引用；Hame'iri, *Mi-Shnei Evrei ha-Rama,* p. 33. ラビンの動静は次に収録；Rabin, *Memoirs,* pp. 115-16.
3. ダヤンとエラザールの会話は次に収録；Bartov, *Dado,* p. 103, Baron, *Hotam Ishi,* pp. 90-91. Mayzel, *Ha-Ma'arakha al ha-Golan,* pp. 232-33, 255-57, 272-74. Miriam Eshkol（口述証言）, Aug. 30, 1999. リオール大佐とエシュコルの動静は次からの引用；Haber, *Ha-Yom Tifrotz Milhama,* pp. 250-51. ISA, 4086/6, Foreign Ministry files, Security Council Meetings: Rafael to Tekoah, June 9, 1967. ラビンのゴラン行きは次に収録；Rabin, *Memoirs,* pp. 115-16.
4. IDF Intelligence Library, Internal Syrian Army Papers: The Southwestern Front, June 29, 1967. Mustafa, *Harb Haziran,* pp. 248-50. Khalil, *Suqut al-Julan,* pp. 189-90. Mayzel, *Ha-Ma'arakha al ha-Golan,* pp. 145-46. O'Balance, *The Third Arab-Israeli War,* pp. 232-33. Or Kashti, "Mesima Bilti Efsharit," *Bamachane* 37（May 1992）. Hame'iri, *Mi-Shnei Evrei ha-Rama,* pp. 20-25; スウエイダニ参謀総長の指示は次の頁；p. 100.
5. IDF 522/69, file 212: Special Operations Survey, p. 9. PRO, FCO17/576: Israel-Defense: Report of Defense Attaché, July 13, 1967. Aharon Meged, "Sh'ot ha-Tofet shel Tel Fakhr," *Bamahane 31-32*（April 1967）. Mayzel, *Ha-Ma'arakha al ha-Golan,* pp. 295-306; ホロビッツ大尉の苦戦は次の頁に

収録；pp. 391-94. Hammel, *Six Days in June,* pp. 413-14. Dupuy, *Elusive Victory*, pp. 322-23. O'Balance, *The Third Arab-Israeli War,* pp. 438-41. Dayan, *Me-Hermon ad Suez,* pp. 21-29. Yosef Eshkol, ed., *Milhemet Sheshet ha-Yamim* (Tel Aviv: Misrad ha-Bitahon, 1967), p. 104. Hareuveni and Arye, eds., *Ha-Hativa Shelanu be-Milhemet Sheshet ha-Yamim,* pp. 60-65. Harel, *El Mul Golan,* pp. 117-20. Ya'akov Horesh, *47 Madregot* (Tel Aviv: Yaron Golan, 1993), p. 16. メンドラー旅団長の判断は次に収録；Hame'iri, *Mi-Shnei Evrei ha-Rama*, pp. 18, 21. Golan, *Albert,* pp. 121-29. Elad Peled (口述証言), Jan. 28, 2001.

6. IDF Intelligence Library, Internal Syrian Army Papers: The Southwestern Front, June 29, 1967 (ハリリ大尉の述懐を含む). Mayzel, *Ha-Ma'arakha al ha-Golan,* pp. 283-86, 307-19. Eshkol, *Milhemet Sheshet ha-Yamim,* p. 106. Harel, *El Mul Golan,* pp. 121-26. Mustafa, *Harb Haziran*, pp. 208-20. Hani al-Shum'a, *Ma'arik Khalida fi Ta'rikh al-Jaysh al-'Arabi al-Suri* (Damascus: Al-Tiba'a al-Suriyya, 1988), pp. 63-74. Hammel, *Six Days in June*, pp. 399, 406-13. O'Balance, *The Third Arab-Israeli War,* pp. 240-42. Shmuel Katz and Aharon Megged, *Me-Har Grizim ad Har Hermon: Rishumei Pikud ha-Tzafon be-Milhemet Sheshet ha-Yamim* (Tel Aviv: Misrad ha-Bitahon, 1967), pp. 56-58. Khalil, *Suqut al-Julan*, pp. 197-204. M. Naor and Z. Aner, eds., *Yemei Yuni-Teurim min ha-Milhama 1967* (Tel Aviv: Ma'arakhot, 1967), pp. 240-41. 戦車兵ダンゴルの体験は次からの引用；Hareuveni and Arye, *Ha-Hativa Shelanu be-Milhemet Sheshet ha-Yamim,* pp. 67-68. Dayan, *Me-Hermon ad Suez,* pp. 228-29 (ベンバサットの体験), 240 (ベンハルシの体験). Hame'iri, *Mi-Shnei Evrei ha-Rama*, pp. 116-19, 125-28, 133 (メンドラー旅団の攻撃), 138-40 (タクム、ハリク両将校の行動), 143 (ハマウィ伍長の述懐).

7. Mansoor, *Arab World,* entry for June 9, 1967. Mayzel, *Ha-Ma'arakha al ha-Golan,* p. 147. Rabin, *Memoirs*, p. 117. アサドの全国放送は次からの引用；Hame'iri, *Mi-Shnei Evrei ha-Rama,* p. 181.

8. USNA, Central Foreign Policy files, 1967-1969, POL 27-7 ARAB-ISR, box 1830: Cairo to the Department of State, Aug. 12, 1967. PRO, FCO 39/241, UAR-Political Affairs: Cairo to Foreign Office, July 25, 1967. LBJ, National Security file, Memos to the President (W. Rostow), box 17: W. Rostow to the President, June 17, 1967; Cairo to the Secretary of State, June 8, 1967. Dayan, *My Life,* p. 365. Schiff, *A History of the Israeli Army,* p. 113. Lufti Al-Khuli, *Harb Yunyu 1967 ba'da 30 Sana* (Cairo: Markaz Al-Ahram, 1997), pp. 109-11. Ramadan, *Tahtim al-Aliha,* pp. 144-45. Fawzi, *Harb al-Thalath Sanawat,* p. 193. Riad, *Mudhakkirat Mahmud Riad,* p. 83. Al-'Ilmi, *Harb 'Am 1967,* p. 161. El-Sadat, *In Search of Identity,* p. 184. Mahjoub, *Democracy on Trial,* pp. 115-16 (ナセルの話), pp. 120-21. Eric Rouleau (口述証言), Dec. 18, 2000. エジプトに対するソ連の再補給は次を参照；Valerii Yeryomenko, "Imenno Sovyetski Soyuz spas arabskuyu koalitziyu vo vremya Shestidnevnoi voiny," *Nezavisimoe Veonnoe Obozrenie*, no. 20 (1998).

9. LBJ, National Security file, History of the Middle East Crisis, box 21: CIA Intelligence Memorandm, Arab-Israeli Situation Report, June 9, 1967. PRO FCO/39/263 UAR-Relations with the USSR: Effects of the Arab-Israeli War on the UAR Economy, Dec. 1, 1967. Shamir, "Nasser and Sadat, 1967-1973," in Rabinovich and Shaked, eds., *From June to October,* p. 203. Riad, *The Struggle for Peace in the Middle East*, p. 40. Farid, *Nasser,* p. 76. Al-Sabbagh, ed., *Mudhakkirat Qadat al-'Askaraiyya al-Misriyya 12,* pp. 56-57 (ナセルとアスワン知事の会話). Vatikiotis, *Nasser and His Generation,* p. 315. Heikal, *Al-Infijar,* pp. 822, 840-46; ナセルのアメルに対する説諭は次の頁；pp.

835, 840-41.

10. LBJ, National Security file, History of the Middle East Crisis, box 21: CIA Intelligence Memorandum, Arab-Israeli Situation Report, June 9, 1967; box 23: Amman to the Secretary of State, June 10, 1967. USNA, USUN, box 6: Circular: Middle East Sitrep as of June 9; USNA, Central Policy files, 1967-1969, POL 7 UAR, box 2554: Athens to the Department of State, June 16, 1967. Riad, *The Struggle for Peace in the Middle East*, p. 31. El-Sadat, *In Search of Identity*, p. 179. Stephens, *Nasser,* p. 506. フセインの電報は次からの引用；Kamm, *Hussein Poteah be-Milhama,* pp. 299-300. ナセル声明は次に収録；Mansoor, *Arab World*, entry for June 9, 1967. FCO 39/233 UAR Internal Political Situation: Cairo to the Foreign Office, June 19, 1967（Tesh）. BGA, Diary, Entry for June 9, 1967. トンプソン記者の観察は次に収録；*Life: Special Edition-Israel's Swift Victory*（1967）, p. 71. Eric Rouleau（口述証言）Dec. 18, 2000. カイロ放送の発表は次に収録；Daily Report, Middle East, Africa, and Western Europe, B1. ナセル演説は次からの引用；*Watha'iq 'Abd al-Nasir 1*（Cairo: Markaz al-Ahram, 1973）, p. 226, Dan Hofstadter, ed., *Egypt and Nasser 3, 1967-72*（New York: Facts on File, 1973）, pp. 40-42.
11. LBJ, National Security file, NSC Histories, Middle East Crisis, box 21: Chronology of the Soviet Delay on the Security Council Meetings（J. Baker）, June 26, 1967（フェデレンコ大使の警告）; Memorandum for Mr. W.W. Rostow（Davis）, June 9, 1967; Tel Aviv to the Secretary of State, June 8, 1967（バーバー大使の報告）. ISA, 4086/6, Foreign Ministry files, Security Council Meetings: Rafael to Tekoah, June 9, 1967. PRO FO17/495: Israel-Political Affairs: Tel Aviv to Foreign Office, June 9, 1967. UN, DAG 1/5.2.2.1.2-2, Middle East: Rafael to the Secretary-General, June 9, 1967; Tomeh to the Secretary-General, June 9, 1967. Rafael, *Destination Peace,* p. 163（ネステレンコ国連次長に対するラファエル大使の発言）. Lall, *The UN and the Middle East Crisis,* pp. 77-78（ラファエル大使の安保理発言）. Mansoor, *Arab World*, entry for June 9, 1967（シリア、イスラエル両大使の非難合戦）.
12. USNA, POL ARAB-ISR, Tel Aviv file, box 6: Tel Aviv to the Secretary of State, June 10, 1967. LBJ, National Security file, History of the Middle East Conflict, box 20: United States Policy and Diplomacy in the Middle East Crisis, May 15-June 10, 1967, pp. 145-46（ラスク長官の訓電）, pp. 148-52; box 19: NSC Special Committee Meeting（handwritten notes）, June 9, 1967; NSC Histories, Middle East Crisis, box 23: Secretary of State to Tel Aviv, June 9, 1967（ラスク長官の行動）; box 17: The President in the Middle East Crisis, Dec. 19, 1968. ISA, 7919/1, Levi Eshkol files, Diplomatic Telegrams: U.S.A.: Harman to Eshkol, June 9, 1967.
13. Baron, *Hotam Ishi,* pp. 94-95. Haber, *Ha-Yom Tifrotz Milhama,* pp. 253-56. BGA, Diary, Entries for June 9 and 11, 1967. Mayzel, *Ha-Ma'arakha al ha-Golan,* pp. 317-18. 内閣防衛委の議論内容は次からの引用；Warhaftig, *Hamishim Shana ve-Shana,* pp. 196-99.
14. Bartov, *Dado,* pp. 104-5. Baron, *Hotam Ishi,* p. 96. Hareuveni and Arye, *Ha-Hativa Shelanu be-Milhemet Sheshet ha-Yamim*, p. 60. Naor and Aner, *Yemei Yuni*, p. 239. エラザールの決心は次からの引用；Rabin, *Memoirs,* pp. 116-17, Arye Yitzhaki, "Ha-Ma'arakha le-Kibush ha-Golan be-Milhemet Sheshet ha-Yamim," *Ariel*, no. 50-51（1987）. IDF Intelligence Library, Internal Syrian Army Papers: The Southwestern Front, June 29, 1967. Mayzel, *Ha-Ma'arakha al ha-Golan,* pp. 147, 293. Hammel, *Six Days in June,* p. 423. エシュコルとダヤンの状況判断は次からの引用；Haber,

Ha-Yom Tifrotz Milhama, pp. 255-56. アサドの激励は次からの引用；Hame'iri, *Mi-Shnei Evrei ha-Rama*, p. 123.

第10章　戦闘……第6日、6月10日

1. Hame'iri, *Mi-Shnei Evrei ha-Rama,* pp. 168-70, 179（ラビンとエラザールの電話協議）, 180（エラザールの指示）. Bartov, *Dado,* p. 105. Mayzel, *Ha-Ma'arakha al ha-Golan,* pp. 331-32; フィンケルシュタインの突入は次の頁に記載；pp. 407-8. Hammel, *Six Days in June,* pp. 417-18.
2. Dayan, *Me-Hermon ad Suez,* pp. 254-57. Mayzel, *Ha-Ma'arakha al ha-Golan,* p. 286. Hammel, *Six Days in June,* pp. 417-18. Rabin, *Memoirs,* pp. 117-18. メンドラー旅団長の証言は次からの引用；Gilboa, *Shesh Shanim, Shisha Yamim,* p. 242. Eshkol, ed., *Milhemet Sheshet ha-Yamim,* p. 108. ダマスカス放送の内容は次からの引用；Hame'iri, *Mi-Shnei Evrei ha-Rama,* p. 214.
3. USNA Central Foreign Policy files, 1967-1969, POL 12 SY, box 2511: Goldberg to Rusk, June 10, 1967. Hame'iri, *Mi-Shnei Evrei ha-Rama,* p. 190. Mustafa, *Harb Haziran,* pp. 229-32.
4. LBJ, National Security file, NSC Histories, Middle East Crisis, box 21: Chronology of the Soviet Delay on the Security Council Meetings (J. Baker), June 26, 1967; Report by Bureau of International Organizations Affairs (Arthur Day), n.d. ISA, 4086/6, Foreign Ministry files, Security Council Meetings: Rafael to Eban, June 10, 1967; Rafael to Tekoah, June 10, 1967. UN, DAG 13/3.4.0: 83 Chief of Staff, UNTSO to Chairman, ISMAC, June 10, 1967; Mission and Commissions: Chron-9/06 to 24/06, June 10, 1967. Rafael, *Destination Peace,* pp. 163-64. Bull, *War and Peace in the Middle East,* p. 120. Dagan, *Moscow and Jerusalem,* p. 232. Lall, *The UN and the Middle East Crisis,* pp. 77-94（フェデレンコ大使の非難を含む）.
5. LBJ, National Security file, Middle East Crisis: Soviet Official's Comments on Soviet Policy on the Middle Eastern War, June 8, 1967; box 19: State Department Activities Report, June 9, 1967. N.S. Khrushchev, *Vospominaniya 3: Vremia. Lyudi. Vlast',* pp. 461-62. Schevchenko, *Breaking with Moscow,* p. 135.
6. LBJ, National Security file, Middle East Crisis: Soviet Role in the Middle East Crisis, June 14, 1967; box 23: USUN to the Secretary of State, June 8, 1967. USNA, POL ARAB-IS, Chronology, box 8: Ankara to the Secretary of State, June 8, 1967; box 9: Moscow to the Secretary of State, June 6, 1967. ISA, 4048/27, Foreign Ministry files, Diplomatic Relations with the Soviet Union: Bonn to Foreign Ministry, June 8, 1967; 4079/11, Foreign Ministry files, Contacts with the United States with the Entry of Egyptian Forces into Tiran: Foreign Ministry to Embassies, June 8, 1967. PRO, FO17/496: Israel-Political Affairs: NATO Intelligence Assessment, June 10, 1967; PREM 13 1622: The Soviet Role in the Middle East Crisis, July 20, 1967（"bad six weeks"）. Dagan, *Moscow and Jerusalem*, pp. 234-35. I. L. Blishchenko and V. D. Kudriavtsev, *Agressia Izrailia 1 Mezhdunarodnoie Pravo*（Moscow: Mezhdunorodnyie Otnosheniya, 1970）p. 11. Vassiliev, *Russian Policy in the Middle East,* p. 70（ソ連の元政府高官の発言）. ソ連の軍事介入の噂は次に収録；Isabella Ginor, "The Russians Were Coming: The Soviet Military Threat in the 1967 Six-Day War," *Middle East Review of International Affairs* 4, no. 4（Dec. 2000）. A. Khaldeev, "Nesostoiavshiisia desant," *Vesti*（Israel）, Sept. 14, 2000.
7. LBJ, National Security file, History of the Middle East Crisis, box 19: Memorandum for the Record,

Washington-Moscow "Hot-line" Exchange, Oct. 22, 1968; Kosygin to Johnson, June 10, 1967 (10:00 A.M.); Johnson to Kosygin (10:58 A.M.); Movements of Sixth Fleet, June 10, 1967; NSC Histories, Middle East Crisis, box 20: Memorandum of Conversation: The Hotline Exchanges, Nov. 4, 1968（トンプソンの回想）. 394 *Notes to Pages 295-298.* KGB上級職員の言動は次に収録；USNA, Middle East Crisis, Miscellaneous Reports, box 15: Garthoff to Kohler, June 10, 1967. PRO, PREM 13 1620, Middle East Crisis: Moscow to the Foreign Office, Text of Communiqué from the Representatives of Ten Socialist Countries, June 10, 1967. Dobrynin, *In Confidence,* p. 160. Vassiliev, *Russian Policy in the Middle East*, p. 69. Quandt, *Peace Process,* p. 52. P. Demchenko, *Arabskii Vostok v chas ispytanii* (Moscow: Politicheskaia Literarura, 1967), pp. 118-19. LBJ, Richard Helms (口述証言), Llewellyn Thompson (同), Robert McNamara (同), Feb. 11, 2000.

8. LBJ, National Security file, History of the Middle East Conflict, United States Policy and Diplomacy in the Middle East Crisis, May 15-June 10, 1967, pp. 147-49; NSC Histories, Middle East Crisis, box 23: Tel Aviv to the Secretary of State, June 10, 1967; Washington to Tel Aviv, June 10, 1967 (エバンの通告とバーバー大使の警告). USNA, Central Foreign Policy files, 1967-1969, POL 77-14 ARAB-ISR, box 1832: Department of State to Tel Aviv, June 10, 1967. ISA, 4078, Foreign Ministry files, Contacts with the United States with the Entry of Egyptian Forces into Tiran: Rafael to Eban, June 10, 1967; 7919/1, Levi Eshkol files, Diplomatic Telegrams: U.S.A.: Harman to Eban, June 10, 1967; Evron to Eban, June 10, 1967. Rabin, *Memoirs,* pp. 116-17. Parker, *The Six Day War,* p. 233. Baron, *Hotam Ishi,* p. 97. ゴールドバーグ大使の発言は次に引用；Rafael, *Destination Peace,* pp. 164-65. I. I. Mintz., *Sionizm: Teoria I Praktika* (Moscow: Izdetelstvo Politicheskoy Literatury, 1970), pp. 111-12.
9. ISA, 4083/3, Foreign Ministry files, Contacts with the Soviet Union: Katz to Foreign Ministry, June 10, 1967; 7920/2, Levi Eshkol Papers, Diplomatic Telegrams, USSR: Katz to the Prime Minister, June 10, 1967. LBJ, National Security file, NSC Histories, Middle East Crisis, box 23: Washinton to Tel Aviv, June 9, 1967. Mintz, *Sionizm,* p. 113. Dagan, *Moscow and Jerusalem*, p. 232. Parker, *The Six Day War*, p. 230. Mintz, *Sionizm*, p. 113. チュバーキンの動揺は次に指摘；Eban, *Personal Witness,* pp. 425-26. 次も参照；Eban, *Diplomacy for the Next Century,* pp. 101-2.
10. Hame'iri, *Mi-Shnei Evrei ha-Rama*, pp. 187-88 (エシュコル、ダヤン、エラザールの三者協議テキスト), 204-5. Bartov, *Dado*, p. 106. Warhaftig, *Hamishim Shana ve-Shana,* pp. 191-92, 200. Baron, *Hotam Ishi*, pp. 97-98. Mayzel, *Ha-Ma'arakha al ha-Golan,* pp. 332-33, 342-43. Rabin, *Memoirs*, pp. 117-18. Amos Gilboa, "Milhemet Sheshet Ha-Yamim 30 Shana," *Ma'ariv,* June 6, 1997. ゼービ作戦部次長の回想は次からの引用；Shashar, *Sihot im Rehavam-Gandhi-Ze'evi,* p. 166.
11. USNA, Central Foreign Policy files, 1967-1969, POL Arab-Jordan, box 1844: Amman to the Department of State, June 10, 1967. PRO FCO17/576: Israel-Report of Defense Attaché, July 13, 1967. Rabin, *Memoirs,* p. 118. Mayzel, *Ha-Ma'arakha al ha-Golan,* pp. 81, 335, 338-39. Ezra Sadeh, *Amud Ha-Esh: Yoman ha-Milhama shel Yirmi* (Tel Aviv: Yosef Shimoni, n.d.), pp. 203-4. Ibrahim Isma'il Khahya (口述証言), Muhammad 'Amer (同), Jan. 10, 2001; 及び Marwan Hamdan al-Khuli (同), Jan. 11, 2000. スウェイダニ参謀総長の決心は次からの引用；Hame'iri, *Mi-Shnei Evrei ha-Rama*, p. 212. Mustafa Tlas, *Mir'at Hayati* (Damascus: Tlasdar, 1995), p. 857. ダルウィシュとハサンの体験は次からの引用；Saqr Abu Fakhr, "Al-Julan: Shahadat Nazihin 'an Ayyam al-Harb wal-Hadir," *Majallat al-Dirasat al-Filastiniyya* 42 (Spring 2000) pp. 135-39.

12. Eshkol, *Milhemet Sheshet ha-Yamim*, pp. 108-9. Hammel, *Six Days in June*, pp. 419-20. Harel, *El Mul Golan,* p. 130. PREM 13 1620, Middle East Crisis: New York to Foreign Office, June 10, 1967. Mayzel, *Ha-Ma'arakha al ha-Golan,* pp. 418-20. Hame'iri, *Mi-Shnei Evrei ha-Rama*, pp. 165-67. アロンの叱咤は次からの引用；YAD, Ephraim Reiner（証言）June 20, 1996.
13. Bartov, *Dado*, pp. 107-9. Baron, *Hotam Ishi*, p. 98. Mayzel, *Ha-Ma'arakha al ha-Golan,* pp. 109-14, 359. Ma'oz, *Syria and Israel,* pp. 101-2. Schiff, *A History of the Israeli Army,* p. 141. Golan, *Albert,* pp. 134-35. インバル大佐の回想は次からの引用；Ran Bin-Nun, *Krav ha-Havka'a shel Hativat 'Golani' be-Milhemet Sheshet ha-Yamim*（未刊行論文）, Kedourie School, Feb. 1988, p. 12.
14. UN, DAG 13/3.4.0.:83: Mission and Commissions: Chron-9/06 to 24/06, O'Hora to the Chief of Staff, June 10, 1967. ISA, 4086/6, Foreign Ministry files, Security Council Meetings: Sasson to Washington, June 10, 1967. Baron, *Hotam Ishi*, pp. 98-99. Hame'iri, *Mi-Shnei Evrei ha-Rama*, p. 187. Mayzel, *Ha-Ma'arakha al ha-Golan,* p. 342.
15. Hame'iri, *Mi-Shnei Evrei ha-Rama*, p. 187. YAD, Ephraim Reiner（インタビュー）, June 20, 1996; Elad Peled（同）, June 20, 1967. ホフィ作戦主任の述懐；Bartov, *Dado*, p. 108. Mayzel, *Ha-Ma'arakha al ha-Golan,* pp. 343-44, 354-57. Yitzhak Hofi（口述証言）, July 14, 1999.
16. ISA, 4086/6, Foreign Ministry files, Security Council Meetings: New York to Foreign Ministry, June 10, 1967. USNA, Middle East Crisis files, 1967, Chronology, box 7: Tel Aviv to the Secretary of State, June 10, 1967. PRO, PREM 13 1620, Middle East Crisis: New York to Foreign Office, June 11, 1967. LBJ, National Security file, History of the Middle East Conflict, box 20: United States Policy and Diplomacy in the Middle East Crisis, May 15-June 10, 1967, p. 152（バーバー大使の観察）; NSC Histories, Middle East Crisis, box 21: Report by Bureau of International Organizations Affairs (Arthur Day), n.d.（ゴールドバーグ大使の意見聴取）; box 19: Kosgyin to Johnson, June 10, 1967; Johnson to Kosygin, June 10, 1967. Rabin, *Memoirs*, p. 118. Baron, *Dado*, pp. 101-2.

第11章　余波

1. USNA, Middle East Crisis files, box 4: Circular to all American Diplomatic Posts, June 12, 1967. Hammel, *Six Days in June*, p. 383. Schiff, *A History of the Israeli Army*, pp. 135, 141. Mutawi, *Jordan in the 1967 War*, p. 164. Mustafa, *Harb Haziran,* pp. 242-44. Fawzi, *Harb al-Thalath Sanawat*, pp. 160-61. Donovan, *Six Days in June,* p. 123. Mayzel, *Ha-Ma'arakha al ha-Golan,* p. 425. Adnan Abu Oudeh, *Jordanians, Palestinians, and the Hashemite Kingdom in the Middle East Peace Process* (Washington, D.C.: United States Institute of Peace, 1998), p. 137.
2. USNA, USUN, box 6: Circular to All American Diplomatic Posts, June 10, 1967; POL 27-7 ARAB-ISR, box 1830: Cairo to the Secretary of State, Aug. 31, 1967. LBJ, National Security file, History of the Middle East Crisis, box 21: CIA Intelligence Memorandum, Arab-Israeli Situation Report, June 11, 1967. PRO, FCO17/577: Report of Air Attaché, Aug. 8, 1967. ISA, 4086/8, Foreign Ministry files, Red Cross: Foreign Ministry Circular, June 7, 1967; 4089/3, Foreign Ministry files, Report on the Gossing Visit, July 26, 1967. Schiff, *A History of the Israeli Army*, p. 135. Mayzel, *Ha-Ma'arakha al ha-Golan,* p. 425. Mutawi, *Jordan in the 1967 War*, p. 164. Kimche, *The Sandstorm*, p. 237. Shashar, *Milhemet ha-Yom ha-Shvi'i,* p. 45.
3. USNA, Central Foreign Policy files, 1967-1969, POL 27-7 ARAB-ISR, box 1830: Amman to the

Secretary of State, June 30, 1967. ISA, Foreign Ministry files, 4089/2, Refugees: Jerusalem to Embassies, June 23, 1967; Comay to Bitan, July 3, 1967. PRO, FCO17/577: Israel-Defense: Report of Defense Attaché, Oct. 9, 1967; PREM 13 1623: Record of Meeting, The Foreign Secretary and the Israeli Ambassador, July 30, 1967. Shashar, *Milhemet ha-Yom ha-Shvi'i*, pp. 24, 66-67, 76-77, 105, 165, 212. Gazit, *Pta'im be-Malkodet*, pp. 29, 36-39, 48-49. Mayzel, *Ha-Ma'arakha al ha-Golan,* p. 82. Susser, *On Both Banks of the Jordan*, p. 25. Abu Murshid, Butrus, and Jabber, *Silsilat al-Kitab al-Sanawi lil-Qadiyya al-Filastiniyya,* pp. 509-10, 532, 540-41, Yosef Levita, "Ma Ya'ase Zahal ba-Shalal," *Bamahane* 48 (August, 1967). 国防軍（IDF）の命令は次に収録；Mayzel, *Ha-Ma'arakha al ha-Golan*, p. 364; 次の頁も参照；pp. 433-35.

4. LBJ, National Security file, Memos to the President, box 22: Wine to E. Rostow, Aug. 16, 1967. USNA, Central Foreign Policy files, 1967-1969, POL 27-7 ARABISR, box 1830: The Hague to the Secretary of State, July 7, 1967; POL 12 SY, box 2511: Beirut to the Secretary of State, Sept. 6, 1967. ISA, Foreign Ministry file 4091/7: Speeches and Decisions (Comay): Foreign Ministry to Washington, June 16, 1967; 4085/1: Emergency Situation 1967-Prisoners: Geneva to Tekoah, June 13, 1967. PRO, FCO17/531 Israel-Political Affairs (External): Condition of the Jews of the Arab States in the Light of the Six-Day War, Sept. 27, 1967.
5. USNA, Central Foreign Policy files, 1967-1969, POL 27-7 ARAB-ISR, box 1830: Jerusalem to the Secretary of State, June 13, 1967; Jerusalem to the Secretary of State, June 23, 1967; Jerusalem to the Secretary of State, Aug. 30, 1967. Abu Murshid, Butrus, Jabber, *Silsilat al-Kitab al-Sanawi lil-Qadiyya al-Filastiniyya,* pp. 525, 531. Shashar, *Milhemet ha-Yom ha-Shvi'i,* pp. 66-69, 131-32, 148. Dayan, *My Life*, pp. 393, 403. Susser, *On Both Banks of the Jordan*, pp. 24-26, 36.
6. LBJ, National Security Council file, History of the Middle East Crisis, box 18: McPherson to the President, June 11, 1967. エバンの記者会見は次の新聞に収録；*Ha'aretz*, June 11, 1967; "ビクトリー・ケーキ" のレシピは次の同紙に収録；June 12, 1967. Slater, *Rabin of Israel,* p. 148. PRO, PREM 13 1622: The Second Arab-Israel War (Hadow), July 6, 1967. Avraham Shapira, ed., *The Seventh Day,* pp. 100, 124-25. Lyrics to "Song of Peace" by Yankele Rotblitt; translation by Michael Oren.
7. Haber, *Ha-Yom Tifrotz Milhama,* p. 256（バーレブの話）. Fuad Ajami, *The Arab Predicament: Arab Political Thought and Practice Since 1967* (Cambridge: Cambridge University Press, 1981), pp. 12（中東史家の意見）, 25-40, 50-62. Ramadan, *Tahtim al-Aliha,* p. 88. Hussein, *My "War" with Israel,* p. 97. Riad, *Mudhakkirat 2*, pp. 310-12. Al-Khuli, *Harb Yunyu 1967,* pp. 50-66, 81-101. Gawrych, *The Albatross of Decisive Victory*, pp. 84-88. USNA, Central Foreign Policy files, 1967-1969, POL Arab-Jordan, box 1844: Beirut to the Secretary of State, June 10, 1967（アサドの言動）. スウェイダニとマホウスの発言は次からの引用；Khalil, *Shukut al-Julan*, pp. 190-92. アサドの言動は次からの引用；Hani al-Shum'a, *Ma'arik Khalida fi Ta'rikh al-Jaysh al-'Arabi al-Suri,* p. 35.
8. ハディディ首席裁判官の所感は次からの引用；Al-Sabbagh, *Mudhakkirat Qadat al-'Askaraiyya al-Misriyya 3,* p. 17. ファウジ参謀総長の指摘は次からの引用；Ramadan, *Tahtim al-Aliha,* p. 109. Al-Sabbagh, *Mudhakkirat Qadat al-'Askaraiyya al-Misriyya 4*, p. 32 (Sadiq quote). Mazhar, *I'tirafat Qadat Harb Yunyu,* pp. 157-58 (Sidqi Mahmud quote), 193-95. ムヒッディーンの証言は次からの引用；LBJ National Security file, Memos to the President, box 20: CIA Intelligence Cable: Egypt, July

31, 1967. Imam, *'Ali Sabri Yatadhakkar,* pp. 89-90. Badran, *Al-Hawadith*, Sept. 2, 1977, p. 19.

9. PRO, PREM 13 1622: The Second Arab-Israel War (Hadow), July 6, 1967. Moshe Dayan, "Before and After the Battle," pp. 11-18. Dayan, *My Life*, pp. 382-83. イスラエルの勝因の詳細説明は次を参照；IDF, 717/77, file 86: Battle for the Southern Front, General Tal on the Lessons of War, pp. 113-16.
10. LBJ, National Security file, NSC Histories, Middle East Crisis, box 17: The President in the Middle East Crisis, Dec. 19, 1968; box 21: Memos to the President: CIA Intelligence Cable, July 11, 1967. PRO, FCO 27/1 Arab-Israel Dispute—Peace Negotiations: The Middle East Situation, Aug. 14, 1967. ISA, 4078/7, Foreign Ministry files, Contacts with the United States with the Entry of Egyptian Forces into Tiran: Eban to Harman and Rafael, June 12, 1967 (エバンの外交方針); Eban to Harman and Rafael, June 26, 1967 ("建設的行詰まり"). Rafael, *Destination Peace*, p. 177. Gazit, *Pta'im be-Malkodet 32*, pp. 136-37. Pedatzur, "Coming Back Full Circle." Mayzel, *Ha-Ma'arakha al ha-Golan*, pp. 381-83. ラビンの感慨は次からの引用；Beni Michelson, Avraham Zohar, and Effi Meltzer, eds., *Ha-Ma'avak le-Bithon Yisrael* (Tel Aviv: Ha-Amuta ha-Yisraelit le-Historia Tzva'it leyad Universitat Tel Aviv, 2000), pp. 150-51. エバンのその後は次からの引用；ISA, 4078/7, Foreign Ministry files, Contacts with the United States with the Entry of Egyptian Forces into Tiran: Eban Conversation with Goldberg, July 18, 1967.
11. BGA, Diary: Entry for June 11, 1967. Bartov, *Dado,* pp. 112-13. Gazit, *Pta'im be-Malkodet*, pp. 144-46. Shashar, *Milhemet ha-Yom ha-Shvi'i,* p. 175. アロン、ベギン、エラザール、ワイツマン、シャロンの各プロファイルは次のサイトに収録；www.us-israel.org/jsource/biography. アロンとベギンのその後の動静は次に収録；www.research.haifa.ac.il/~eshkol/peace.
12. PRO, FCO 17/507: Israel-Political Affairs (External): Tel Aviv to the Foreign Office, July 27, 1967; FCO 17/506: Tel Aviv to the Foreign Office, Sept. 13, 1967. Dayan quotes from Mayzel, *Ha-Ma'arakha al ha-Golan,* pp. 381-82, and Gazit, *Pta'im be-Malkodet*, p. 141.
13. ISA, 4078/5, Foreign Ministry files, Contacts with the United States After the Six-Day War, North America Desk to Eban, June 26, 1967. Oral history interview with David Kimche, Aug. 26, 1999. Sadia Touval, *The Peace-Brokers: Mediators in the Arab-Israeli Conflict, 1948-1979* (Princeton: Princeton University Press, 1982) pp. 134-53. 次も参照；Moshe Sasson, www.research.haifa.ac.il/~eshkol/peace. Susser, *On Both Banks of the Jordan*, p. 37.
14. LBJ, National Security Council file, History of the Middle East Crisis, box 18: McPherson to the President, June 11, 1967. PRO, PREM 13 1623: Tel Aviv to Foreign Office, Oct. 16, 1967. エシュコルの信念は次に収録；FRUS, XX, *Arab-Israeli Dispute, 1967-1968* (Washington, D.C.: United States Government Printing Office, 2001), pp. 80, 82, 83, 87. *Ha'aretz,* Feb. 27, 1967. *Ma'ariv*, Feb. 27, 1967. Miriam Eshkol (口述証言), Aug. 30, 1999. エシュコルの死に対するアラブ側の反応は、アラファトの感想を含め次に収録；Moshe Dayan Center Library, Tel Aviv University, Ramat Aviv, Israel (translations of Arabic press).
15. エジプトの放送内容は次に収録；BBC, Daily Report, Middle East, Africa, and Western Europe, B 2 and 137. USNA Central Foreign Policy files, 1967-1969, POL Arab-Jordan, box 1844: Beirut to the Secretary of State, June 19, 1967; Beirut to the Secretary of State, July 30, 1967; USUN, box 6: USUN to the Secretary of State, June 27, 1967; Middle East Crisis files, 1967, box 1: Amman to the

Secretary of State, June 10, 1967（ヌセイベの主張）. Feisal quote in PRO, PREM 13 1622: Jedda to Foreign Office, June 26, 1967. ナセルの動静は次からの引用；Riad, *Mudhakkirat 2*, pp. 80-81.

16. Farid, *Nasser*, pp. 4-5, 11（ポドゴルヌイの要求）, 24-47（ブレジネフの要求を含む）. Heikal, *Al-Infijar*, pp. 777-91（政治的譲歩…を含むナセルの拒否）. Fawzi, *Harb al-Thalath Sanawat*, pp. 193-97. Riad, *The Struggle for Peace in the Middle East*, pp. 42-50; *Muthakkirat 2*, pp. 84-85, 97-98（武力で奪われたものは武力で奪回、譲歩は２度目の敗北というナセルの発言）, pp. 110-15. Raphael Israeli, *Man of Defiance: A Political Biography of Anwar Sadat*（Totowa, N.J.: Barnes and Noble, 1985）, p. 42. PRO, FCO 39/233 UAR Internal Political Situation: Canadian Embassy, Cairo, to the Foreign Office, June 22, 1967. LBJ, National Security file, Memos to the President（W. Rostow）, box 19: Goodpaster Memorandum for the Record, July 12, 1967. ISA, 4078/5, Foreign Ministry files, U.S. -Borders: Lourie to Foreign Ministry, June 22, 1967.
17. Heikal, *Al-Infijar,* pp. 896-97（ナセルの主張）. Fawzi, *Harb al-Thalath Sanawat*, pp. 199-201. Riad, *Mudhakkirat 2*, pp. 97-98; Riad, *The Struggle for Peace in the Middle East*, pp. 48-49. PRO, FCO 39/250 Middle East Crisis: UAR Attitude, July 10, 1967. LBJ National Security file, Memos to the President, box 19: Extracts from a Cable from Ambassador Burns, July 19, 1967.
18. Riad, *The Struggle for Peace in the Middle East*, pp. 109-31. フセイン宛ナセルのメッセージは次に収録；Kamm, *Hussein Poteah be-Milhama,* p. 301. ヘイカルの記事は次に収録；BBC, Daily Report, Middle East, Africa and West Europe, no. 138, d 3. Daniel Dishon, "Inter-Arab Relations," in Rabinovich and Shaked, eds., *From June to October*, p. 159.
19. Ramadan, *Tahtim al-Aliha,* pp. 196-273. Heikal, *Al-Infijar*, pp. 922-28. Farid, *Nasser*, pp. 41, 75. Fawzi, *Harb al-Thalath Sanawat*, pp. 166-79. Riad, *The Struggle for Peace in the Middle East*, pp. 33-34. Imam, *'Abd al-Nasir—Kayfa Hakama Misr,* pp. 212-39. USNA, Central Policy files, 1967-1969, POL UAR, box 2552: Memorandum of Conversation with Habib Bourgiba, Sept. 28, 1967; POL 2 UAR, box 2553: Amman to the Secretary of State, Oct. 3, 1967. PRO, FCO 39/233, North and East African-Political Affairs: Washington to the Foreign Office; June 14, 1967; FCO 39/235, UAR-Political Affairs: Cairo to the Foreign Office, June 11, 1967. ドゲイディの述懐は次に収録；Al-Sabbagh, *Mudhakkirat Qadat al-'Askaraiyya al-Misriyya 3*, pp. 9-10. ナセルの胸中は次からの引用；Mahjoub, *Democracy on Trial*, p. 134. サダトの態度は次からの引用；Finkelstone, *Anwar Sadat*, p. 58. 次も参照；Jamal Hamad, *Al-Hukuma al-Khafiyya -Fi 'Ahd 'Abd al-Nasir*（Cairo: Al-Zahra lil-I'lam al-'Arabi, 1988）.
20. Hussein, *My "War" with Israel*, p. 88. Dupuy, *Elusive Victory,* pp. 282-83. Mutawi, *Jordan in the 1967 War*, pp. 164-65. Kamm, *Hussein Poteah be-Milhama,* pp. 300-301. LBJ, National Security file, History of the Middle East Crisis, box 21: CIA Intelligence Memorandum, Arab-Israeli Situation Report, June 9, 1967. PRO, PREM 13 1622: Amman to Foreign Office; June 17, 1967; New York to Foreign Office, June 26, 1967; Foreign Office to Amman, July 6, 1967（"公正にして名誉ある平和"の打診）. Secret talks in London in Zak, *Hussein Ose Shalom*, p. 21.
21. ハルツーム声明は次に収録；PREM 13 1623: Khartoum to Foreign Office, Sept. 2, 1967; Arabic text in Khouri, *Al-Watha'iq al-Filastiniyya*, pp. 667-68. Sela, *The Decline of the Arab-Israeli Conflict*, pp. 104, 108. Kimche, *The Sandstorm,* pp. 265-67. Kamm, *Hussein Poteah be-Milhama,* pp. 298-99. Mutawi, *Jordan in the 1967 War*, pp. 176-77. Riad, *The Struggle for Peace in the Middle East*, p. 51;

Mudhakkirat 2, pp. 119-21. Mahjoub, *Democracy on Trial*, pp. 137-48.

22. LBJ, National Security file, Country file, Middle East-UAR box 161: Cairo's Moderation Since Khartoum, Sept. 28, 1967; Memos to the President, box 20: CIA Intelligence Cable: Egypt, Feb. 16, 1968（ナセルの発言）. PRO, CAB 128/42 54th Conclusions: Sept. 7, 1967; FCO/39/245 UAR-Political Affairs（External）: Cairo to Foreign Office, Sept. 5, 1967; PREM 13 1623: Washington to the Foreign Office, June 22, 1967（ユーゴスラビア案）; Tel Aviv to the Foreign Office, Sept. 4, 1967（エシュコルの決心）. ISA, Foreign Ministry files, 3978/2, United States-Relations with the Middle East: Ben Aharon to the Foreign Ministry, Oct. 4, 1967. Muhammad 'Izza Daruze, *Fi Sabil Qadiyyat Filastin wal-Wahda al-'Arabiyya wamin Wahi al-Nakba wa-liajli mu'alijiha: rasa'il wa-Maqalat wa-Buhuth wa-Muqabalat wa-Ta'aqibat, Beirut 1948-1972*（Beirut: al-Maktaba al-'Asriyya, 1972）, pp. 85-87. フセインの解釈は次に収録；Hussein, *My "War" with Israel*, p. 120. Gazit, *Pta'im be-Malkodet*, pp. 143-44.
23. PRO, FCO17/513 Israel-Political Affairs（External）: Washington to the Foreign Office, Sept. 5, 1967. Mohamed Hassanein Heikal, *The Road to Ramadan*（London: Collins Press, 1975）, pp. 52-53. Al-Shuqayri, *Mudhakkirat* 5, pp. 109-10. Yoram Meital, "The Khartoum Conference and Egyptian Policy After the 1967 War: A Reexamination, " *The Middle East Journal* 54, no. 1（Winter 2000）. Al-Khuli, *Harb Yunyu*, pp. 171-77, 187.
24. Heikal, *The Road to Ramadan*, pp. 102-13. ナセルの死に対するアラブ側の反応は、サダト及びフセインの感慨を含め、次に収録；Moshe Dayan Center Library, Tel Aviv University, Ramat Aviv, Israel（translations of Arabic press）. イスラエル側の反応は次に収録；BBC, Daily Report, Middle East, Africa, and Western Europe, 3495/E/5.
25. フセイン、アサド、アラファトの経歴は次を参照；www.kinghussein.gov.jo/, www.defencejournal.com/globe/2000/aug/hafez.htm, www.p-p-o.com/.
26. LBJ, National Security file, History of the Middle East Crisis, box 19: NSC Special Committee Meeting, June 12, 1967（ジョンソンとシスコの姿勢）; NSC Histories, Middle East Crisis, box 17: The President in the Middle East Crisis, Dec. 19, 1968（ラスク長官の主張）; Rostow to the President, June 20, 1967（エシュコルとエバンの評価、パイプライン切断の件）; PRO, PREM 13 1622: Washington to the Foreign Office, June 27, 1967. ISA, 4078/5, Foreign Ministry files, Contacts with the United States After the Six-Day War: Evron to Eban, June 28, 1967.
27. LBJ, National Security file, Country file, Addendum: Minutes of Meeting, LBJ and Kosygin, June 22, 1967; Europe and the USSR, box 229: President's Meeting with Chairman Kosygin（Zbigniew Brzezinski）, June 22, 1967; Memos to the President（W. Rostow）, box 18: Rostow to the President, July 21, 1967; NSC Histories, Middle East Crisis, box 20: Davis to Rostow, June 16, 1967; box 21: CIA Intelligence Memorandum, June 15, 1967（フェデレンコの態度）. PRO, PREM 13 1622: Middle East Situation, June 14, 1967（"侵略の結果の清算"）. CAB 128/42 50th Conclusions: July 20, 1967. PRO, FCO 17/523: Israel-Political Affairs（External）; New York to the Foreign Office, July 21, 1967（キャラドン大使の対ソ観）; FCO 17/505: Washington to the Foreign Office, July 27, 1967（"アラブ過激派に対する憤慨"）. Eban, *Personal Witness*, pp. 433-40. Dobrynin, *In Confidence*, pp. 162-63. Lall, *The UN and the Middle East Crisis*, pp. 153-81, 218-27（フェデレンコ大使の失脚）. Lawrence L. Whetten, *The Canal War: Four-Power Conflict in the Middle East*（Cambridge: The

MIT Press, 1974), pp. 46-48.

28. LBJ, National Security file, History of the Middle East Crisis, box 18: CIA: Special Assessments on the Middle East Situation, July 7, 1967. PRO, PREM 13 1622: Johnson to Wilson, July 6, 1967; PREM 13 1623: Goldberg/Gromyko draft (n.d.); FCO 17/523: Israel-Political Affairs (External): Dobrynin Meeting with Rusk, July 9, 1967.
29. ISA, 4078/7, Foreign Ministry files, Contacts with the United States with the Entry of Egyptian Forces into Tiran: Eban Conversation with Goldberg, July 21, 1967 (エバンの抗議); 4088/7, General Assembly Discussions: Rafael to Eban, July 9, 1967; 3976/12, Diplomatic Relations with the United States: Tekoah to Rafael, Aug. 16, 1967 ("物理的後退"). Mahjoub, *Democracy on Trial*, p. 133 (ナセルの拒否). Lall, *The UN and the Middle East Crisis*, p. 212.
30. LBJ, National Security file, History of the Middle East Crisis; Memos to the President, box 20: Rostow to the President ("考えを持たせない"), June 27, 1967; NSC Histories, box 18: McPherson to the President, June 11, 1967; Country file-Middle East, box 148: Memorandum for the President-Handling Hussein, Bundy to the President, June 27, 1967. USNA, Central Policy files, 1967-1969, POL 2 UAR, box 2553: New York to the Department of State, Nov. 1, 1967. PRO, FCO 17/505: Israel -Political Affairs (External): Johnson Oral Message to Eshkol, July 31, 1967. Mutawi, *Jordan in the 1967 War*, pp. 178-79. Riad, *The Struggle for Peace in the Middle East*, pp. 64-68.
31. PRO FCO/39/245 UAR -Political Affairs (External): Cairo to the Foreign Office, Nov. 5, 1967; CAB 128/42 68th Conclusions: Nov. 23, 1967. LBJ, National Security file, Memos to the President, box 23: Walt Rostow to the President, Oct. 5, 1967; Arthur J. Goldberg Oral History, pp. 17, 24-25. リヤド外相の憤慨は次からの引用；*Mudhakkirat 2,* pp. 136-37, 151-52. *UN Security Council Resolution 242: The Building Block of Peacemaking. A Washington Institute Monograph* (Washington, D.C.: The Washington Institute for Near East Policy, 1993). Muhammad al-Farra (口述証言), Nov. 17, 1999; George Tomeh (同), Nov. 17, 1999. Lall, *The UN and the Middle East Crisis,* pp. 254-55. Eban, *Personal Witness,* pp. 456-59. Rafael, *Destination Peace,* pp. 186-90. Quandt, *Peace Process,* pp. 154-57.
32. ナセルのシグナルは次からの引用；PRO FCO/39/246 UAR-Political Affairs (External): Cairo to the Foreign Office, Nov. 24, 1967; Heikal, *The Road to Ramadan,* p. 54, and LBJ, National Security file, Country file, Middle East-UAR box 161: Rostow to the President, Dec. 18, 1967. シリアの拒否は次からの引用；*al-Ba'th,* Nov. 30, 1967. PLOの発表は次に収録；Moshe Dayan Center Library, Tel Aviv University, Ramat Aviv, Israel (translations of Arabic press), summary for Nov. 23, 1967.

参考文献

◉英語・フランス語・スペイン語文献

Abdel-Malek, Anouar. *Egypt: Military Society—The Army Regime, the Left, and Social Change Under Nasser.* New York: Vantage Press, 1968.

Abu-Lughod, I., ed. *The Arab-Israeli Confrontation of June 1967: An Arab Perspective.* Evanston, Ill.: Northwestern University Press, 1970.

Abu Oudeh, Adnan. *Jordanians, Palestinians, and the Hashemite Kingdom in the Middle East Peace Process.* Washington, D.C.: United States Institute of Peace, 1998.

Ahmed, J. M. *The Intellectual Origins of Egyptian Nationalism.* London: Oxford University Press, 1968.

Ajami, Fuad. *The Arab Predicament: Arab Political Thought and Practice Since 1967.* Cambridge: Cambridge University Press, 1981.

Andrew, Christopher, and Oleg Gordievsky. *KGB: The Inside Story.* New York: HarperCollins, 1990.

Aronson, Shlomo, with Oded Brosh. *The Politics and Strategy of Nuclear Weapons in the Middle East: Opacity, Theory, and Reality, 1960-1991: An Israeli Perspective.* Albany: State University of New York Press, 1992.

Bartov, Hanoch. *Dado: 48 Years and 20 Days.* Tel Aviv: Maariv Books, 1981.

Bar-Zohar, Michael. *Ben-Gurion: A Biography.* New York: Adama Books, 1978.

———. *Embassies in Crisis: Diplomats and Demagogues Behind the Six Day War.* Englewood Cliffs, N.J.: Prentice-Hall, 1970.

Beliaev, I. P., T. Kolesnichenko, and Y. M. Primakov. *Soviet Review of the Israeli-Arab June 1967 Conflict.* Washington, D.C.: Joint Publications Research Service, 1968.

Black, Ian, and Benny Morris. *Israel's Secret Wars: The Untold History of Israeli Intelligence.* London: Hamish Hamilton, 1991.

Brecher, Michael. *Decisions in Crisis.* Berkeley: University of California Press, 1980.

———. *Decisions in Israel's Foreign Policy.* New Haven, Conn.: Yale University Press, 1975.

Bull, Gen. Odd. *War and Peace in the Middle East: The Experiences and Views of a U.N. Observer.* London: Lee Cooper, 1973.

Burns, William J. *Economic Aid and American Policy Toward Egypt, 1955-1981.* Albany: State University of New York Press, 1985.

Caro, Robert A. *The Years of Lyndon B. Johnson: The Path to Power.* New York: Vintage, 1990.

Christman, Henry M., ed. *The State Papers of Levi Eshkol.* New York: Funk & Wagnall's, 1969.

Churchill, Randolph S., and Winston S. Churchill. *The Six Day War.* London: Heinemann Books, 1967.

Clifford, Clark (with Richard Holbrooke). *Counsel to the President.* New York: Random House, 1991.

Cobban, Helena. *The Palestinian Liberation Organization.* Cambridge: Cambridge University Press, 1983.

Cockburn, Andrew and Leslie. *Dangerous Liaison.* New York: HarperCollins, 1991.

Cohen, Avner. *Israel and the Bomb.* New York: Columbia University Press, 1998.

Copeland, Miles. *The Game of Nations: The Amorality of Power Politics.* London: Weidenfeld & Nicolson, 1969.

Couve de Murville, Maurice. *Une politique étrangère 1958-1969.* Paris: Plon, 1971.

Cristol, A. Jay. *The Liberty Incident,* unpublished doctoral dissertation, University of Miami, 1997.

Crosbie, Sylvia K. *A Tacit Alliance: France and Israel from Suez to the Six Day War.* Princeton, N.J.: Princeton University Press, 1974.

Dagan, Avigdor. *Moscow and Jerusalem: Twenty Years of Relations Between Israel and the Soviet Union.* London: Abelard-Schuman, 1970.

Dann, Uriel. *King Hussein and the Challenge of Arab Radicalism: Jordan, 1955-1967.* New York: Oxford University Press, 1989.

Dawisha, I. Adeed. *Egypt in the Arab World: The Elements of Foreign Policy.* New York: Wiley, 1976.

Dayan, Moshe, *Diary of the Sinai Campaign, 1956.* London: Wiedenfeld & Nicolson, 1967.

———. *The Story of My Life.* London: Sphere Books, n.d.

Deacon, Richard. *The Israeli Secret Service.* London: Sphere Books, 1979.

Dekmejian, R. Hrair. *Egypt Under Nasir: A Study in Political Dynamics.* Albany: State University of New York Press, 1971.

Dobrynin, Anatoly. *In Confidence: Moscow's Ambassador to America's Six Cold War Presidents (1962-1986).* New York: Random House, 1995.

Doherty, Kathryn B. *Jordan Waters Conflict.* Carnegie Endowment for International Peace, no. 533. New York, 1965.

Donovan, Robert J. *Six Days in June: Israel's Fight for Survival.* New York: New American Library, 1967.

Doran, Michael. *Pan-Arabism Before Nasser: Egyptian Power Politics and the Palestine Question.* New York: Oxford University Press, 1999.

Draper, Theodore. *Israel and World Politics: Roots of the Third Arab-Israeli War.* New York: Viking, 1967.

Dupuy, Trevor N. *Elusive Victory: The Arab-Israeli Wars, 1947-1974.* New York: Harper & Row, 1978.

Eban, Abba. *Diplomacy for the Next Century.* New Haven, Conn.: Yale University Press, 1998.

———. *Personal Witness: Israel Through My Eyes.* New York: Putnam, 1992.

El Edroos, S. A. *The Hashemite Arab Army, 1908-1979: An Appreciation and Analysis of Military Operations.* Amman, Jordan: Publishing Committee, 1980.

El-Farra, Muhammad. *Years of Decision.* London: KPI, 1987.

El-Rayyes, Riad, and Dunia Nahas. *Guerrillas for Palestine.* London: Croom Helm, 1976.

El-Sadat, Anwar. *In Search of Identity: An Autobiography.* New York: Harper & Row, 1977.

Ennes, James M. *Assault on the Liberty.* New York: Random House, 1980.

Evans, R., and R. Novak. *Lyndon B. Johnson: The Exercise of Power.* New York: New American Library, 1966.

Eveland, Wilbur Crane. *Ropes of Sand.* New York: Norton, 1969.

Faddah, Mohamad Ibrahim. *The Middle East in Transition: A Study of Jordan's Foreign Policy.* New York: Asia Publication House, 1974.

Farid, Abdel Magid. *Nasser: The Final Years.* Reading, U.K.: Ithaca Press, 1994.

Finklestone, Joseph. *Anwar Sadat: Visionary Who Dared.* London: Frank Cass, 1996.

Gawrych, George W. *The Albatross of Decisive Victory: War and Policy Between Egypt and Israel in the 1967 and 1973 Arab-Israeli Wars.* Westport, Conn.: Greenwood Press, 2000.

Gazit, Mordechai. *President Kennedy's Policy Toward the Arab States and Israel: Analysis and Documents.* Syracuse, N.Y.: Syracuse University Press, 1983.

Gershoni, Israel, and James P. Jankowski. *Egypt, Islam, and the Arabs: The Search for Egyptian Nationhood, 1900-1930.* New York: Oxford University Press, 1986.

Glassman, Jon D. *Arms for the Arabs.* Baltimore: Johns Hopkins University Press, 1975.
Ghobashi, Omar Z. *The Development of the Jordan River.* New York: Arab Information Center, 1961.
Golan, Galia. *Soviet Politics in the Middle East: From World War II to Gorbachev.* Cambridge: Cambridge University Press, 1990.
Gold, Dori, ed. *Arms Control and Monitoring in the Middle East.* Boulder, Colo.: Westview Press, 1990.
Gomaa, Ahmed M. *The Foundation of the League of Arab States: Wartime Diplomacy and Inter-Arab Politics, 1941 to 1945.* London and New York: Longman, 1977.
Goulding, Phil G. *Confirm or Deny—Informing the People on National Security.* New York: Harper & Row, 1970.
Govrin, Yosef. *Israeli-Soviet Relations, 1953-1967: From Confrontation to Disruption.* London: Frank Cass, 1990.
Gromyko, Andrei. *Memoirs.* New York: Doubleday, 1989.
Hammel, Eric. *Six Days in June: How Israel Won the 1967 Arab-Israeli War.* New York: Scribner's, 1992.
Hart, Alan. *Arafat: A Political Biography.* London: Sidgwick & Jackson, 1994.
Heikal, Mohamed Hassanein. *The Cairo Documents.* Garden City, N.Y.: Doubleday, 1973.
———. *The Road to Ramadan.* London: Collins, 1975.
———. *The Sphinx and the Commissar: The Rise and Fall of Soviet Influence in the Middle East.* London: Collins, 1978.
Hersh, Seymour M. *The Samson Option: Israel, America, and the Bomb.* London: Faber & Faber, 1991.
Hewat, Tim, ed. *War File: The Voices of the Israelis, Arabs, British and Americans, in the Arab-Israeli War of 1967.* London: Panter Books, 1967.
Higgins, Rosalyn. *United Nations Peace-Keeping, 1946-67.* London: Oxford University Press, 1969-1987.
Hirszowicz, Lukasz. *The Third Reich and the Arab East.* London: Routledge & K. Paul, 1966.
Hof, Frederic C. *Line of Battle, Order of Peace?* Washington: Middle East Insight, 1999.
Hofstadter, Dan, ed. *Egypt and Nasser 3, 1967-72.* New York: Facts on File, 1973.
Hourani, Albert. *A History of the Arab Peoples.* London: Faber & Faber, 1991.
Howard, M., and R. Hunter. "Israel and the Arab World." *Adelphi Papers* 41 (1974).
Hussein of Jordan. *My "War" with Israel* (as told to Vick Vance and Pierre Lauer). New York: Morrow, 1969.
Israel Must Be Annihilated. Tel Aviv: Zahal Information Office, 1967.
Israeli, Raphael. *Man of Defiance: A Political Biography of Anwar Sadat.* Totowa, N.J.: Barnes & Noble, 1985.
Jalil, Mustafa. *La Guerra Nunca Exista.* (n.d.)
Johnson, Lyndon Baines. *The Vantage Point: Perspectives of the Presidency, 1963-1969.* New York: Holt, Rinehart & Winston, 1971.
Kadi, Leila S. *Arab Summit Conferences and the Palestine Problem, 1945-1966.* Beirut: Palestine Liberation Organization, 1966.
Kalman, Laura. *Abe Fortas: A Biography.* New Haven, Conn.: Yale University Press, 1990.
Katz, Shmuel M. *Soldier Spies: Israeli Military Intelligence.* Novato, Calif.: Presidio Press, 1992.
Kenen, I. L. *Israel's Defense Line: Her Friends and Foes in Washington.* Buffalo, N.Y.: Prometheus Books, 1981.
Kerr, Malcolm H. *The Arab Cold War: Gamal Abd al-Nasir and His Rivals, 1958-70.* London: Oxford

University Press, 1971.
Khalaf, Salah. *My Home, My Land: A Narrative of the Palestinian Struggle.* New York: Time Books, 1981.
Khour, Fred. J. *The Arab-Israeli Dilemma.* Syracuse, N.Y.: Syracuse University Press, 1976.
Kimche, David, and Dan Bawly. *The Sandstorm: The Arab-Israeli War of June 1967: Prelude and Aftermath.* London: Secker & Warburg, 1968.
Klinghoffer, Judith A. *Vietnam, Jews, and the Middle East: Unintended Consequences.* New York: St. Martin's Press, 1999.
Kollek, Teddy. *For Jerusalem.* London: Weidenfeld & Nicolson, 1978.
Kosygin, A. N. *Selected Speeches and Writings.* Oxford: Pergamon Press, 1981.
Kurzman, Dan. *Soldier of Peace: The Life of Yitzhak Rabin.* New York: HarperCollins, 1998.
Lacouture, Jean. *De Gaulle: The Ruler, 1945-1970.* New York: Norton, 1992.
Lall, Arthur. *The UN and the Middle East Crisis, 1967.* New York: Columbia University Press, 1968.
Laqueur, Walter. *The Israel-Arab Reader.* New York: Citadel Press, 1968.
———. *The Road to Jerusalem: The Origins of the Arab-Israeli Conflict, 1967.* New York: Macmillan, 1968.
Lawson, Fred H. *Why Syria Goes to War: Thirty Years of Confrontation.* Ithaca, N.Y.: Cornell University Press, 1996.
Life: Special Edition -Israel's Swift Victory (1967).
Loftus, John, and Mark Aarons. *The Secret War Against the Jews: How Western Espionage Betrayed the Jewish People.* New York: St. Martin's Press, 1997.
Louis, William Roger. *The British Empire in the Middle East, 1945-1951: Arab Nationalism, the United States, and Postwar Imperialism.* Oxford: Oxford University Press, 1984.
Lowi, Miriam. *Water and Power: The Realities of a Scarce Resource in the Jordan River Basin.* Cambridge: Cambridge University Press, 1993.
Mahjoub, Mohamed Ahmed. *Democracy on Trial: Reflections on Arab and African Politics.* London: Andre Deutsch, 1974.
Mansoor, Menachem. *Arab World: Political and Diplomatic History, 1900-1967: A Chronological Study.* NCR, Microcard Editors, n.d..
Ma'oz, Moshe. *Syria and Israel: From War to Peacemaking.* Oxford: Clarendon Press, 1995.
Ma'oz, Moshe, and Avner Yaniv. *Syria Under Assad: Domestic Constraints and Regional Risks.* London: Croom Helm, 1986.
Marshall, S. L. A. *Swift Sword: The Historical Record of Israel's Victory, June 1967.* New York: American Heritage Publishing, 1967.
McNamara, Robert S. *In Retrospect: The Tragedy and Lessons of Vietnam.* New York: Time Books, 1995.
Meir, Golda. *My Life.* New York: Putnam's, 1975.
Moore, John, ed. *The Arab-Israel Conflict: Readings and Documents.* Princeton, N.J.: Princeton University Press, 1977.
Morris, Benny. *The Birth of the Palestinian Refugee Problem.* Cambridge: Cambridge University Press, 1988.
Moskin, J. Robert. *Among Lions: The Battle for Jerusalem, June 5-7, 1967.* New York: Ballantine Books, 1982.
Mutawi, Samir A. *Jordan in the 1967 War.* Cambridge: Cambridge University Press, 1987.

Narkiss, Uzi. *Soldier of Jerusalem,* trans. Martin Kett. London: Mitchell Vallentine, 1998.
Nasser, Gamal Abdel. *The Philosophy of the Revolution.* Washington, D.C.: Public Affairs Press, 1955.
Nassit, Ramses. *U Thant in New York, 1961-1971: A Portrait of the Third UN Secretary-General.* New York: St. Martin's Press, 1988.
Neff, Donald. *Warriors for Jerusalem: The Six Days That Changed the Middle East.* Brattleboro, Vt.: Amana Books, 1988.
Netanyahu, Jonathan. *Self-Portrait of a Hero: The Letters of Jonathan Netanyahu.* New York: Random House, 1980.
Nicosia, Francis, R. *The Third Reich and the Palestine Question.* London: I. B. Tauris, 1985.
Nutting, Anthony. *Nasser.* New York: Dutton, 1972.
O'Balance, Edgar. *The Third Arab-Israeli War.* London: Faber & Faber, 1972.
Oren, Michael B. *The Origins of the Second Arab-Israeli War: Egypt, Israel, and the Great Powers, 1952-1956.* London: Frank Cass, 1992.
Ovendale, Ritcie. *The Origins of the Arab-Israeli Wars.* London: Longman, 1984.
Pappe, Ilan. *Britain and the Arab-Israel Conflict, 1948-1951.* London: Macmillan, 1988.
Parker, Richard B. *The Politics of Miscalculation in the Middle East.* Bloomington: Indiana University Press, 1993.
———. *The Six Day War.* Jacksonville: University of Florida Press, 1997.
Péan, Pierre. *Les deux bombes.* Paris: Fayard, 1981.
Pearson, Anthony. *Conspiracy of Silence: The Attack on the U.S.S. Liberty.* London: Quartet Books, 1978.
Peres, Shimon. *Battling for Peace: Memoirs.* London: Weidenfeld & Nicolson, 1995.
Perlmutter, Amos. *The Life and Times of Menachem Begin.* New York: Doubleday, 1987.
Porath, Yehoshua. *In Search of Arab Unity.* London: Frank Cass, 1986.
Primakov, Y. M. *Anatomy of the Middle East Conflict.* Moscow: Nauka, 1979.
Prittie, Terence. *Eshkol: The Man and the Nation.* New York: Pitman, 1969.
Pryce-Jones, David. *The Closed Circle: An Interpretation of the Arabs.* London: Paladin, 1990.
Quandt, William B. *Peace Process: American Diplomacy and the Arab-Israeli Conflict Since 1967.* Washington, D.C.: Brookings Institute, 1993.
Quandt, William B., Fuad Jabber, and Ann Mosley Lesche. *The Politics of Palestinian Nationalism.* Berkeley: University of California Press, 1973.
Rabin, Yitzhak. *The Rabin Memoirs.* Berkeley: University of California Press, 1996.
Rabinovich, Abraham. *The Battle for Jerusalem, June 5-7, 1967.* Philadelphia: Jewish Publication Society of America, 1972.
Rabinovich, Itamar. *The Road Not Taken: Early Arab-Israeli Negotiations.* New York: Oxford University Press, 1991.
———. *Syria Under the Ba'th 1963-66: The Army-Party Symbiosis.* Jerusalem: Israel Universities Press, 1972.
Rabinovitch, Itamar, and Haim Shaked, eds. *From June to October: The Middle East Between 1967 and 1973.* New Brunswick, N.J.: Transaction, 1978.
Rafael, Gideon. *Destination Peace: Three Decades of Israeli Foreign Policy.* New York: Stein & Day, 1981.
Rahmi, Ali Abdel Rahman. *Egyptian Policy in the Arab World: Intervention in Yemen 1962-1967, A Case Study.* Washington, D.C.: University Press of America, 1983.

Ranelagh, John. *The Agency: The Rise and Decline of the CIA.* New York: Simon & Schuster, 1988.
Raviv, Dan, and Yossi Melman. *Friends in Deed: Inside the U.S.-Israel Alliance.* New York: Hyperion, 1994.
Raviv, Moshe. *Israel at Fifty: Five Decades of the Struggle for Peace.* London: Weidenfeld & Nicolson, 1998.
Riad, Mahmoud. *The Struggle for Peace in the Middle East.* New York: Quartet Books, 1981.
Rikhye, Indar Jit. *The Sinai Blunder.* London: Frank Cass, 1980.
Ro'i, Yaacov. *From Encroachment to Involvement: A Documentary Study of Soviet Foreign Policy in the Middle East, 1945-1973.* New York: Wiley, 1974.
Rostow, Eugene V. *Peace in the Balance: The Future of American Foreign Policy.* New York: Simon & Schuster, 1972.
Rostow, W. W. *The Diffusion of Power: An Essay in Recent History.* New York: Macmillan, 1972.
Rouleau, Eric, Jean-Francis Held, and Jean and Simone Lacouture. *Israel et les Arabes le 3e Combat.* Paris: Editions du Seuil, 1967.
Rubinstein, Alvin Z. *Red Star on the Nile: The Soviet-Egyptian Influence Relationship Since the June War.* Princeton, N.J.: Princeton University Press, 1977.
Rusk, Dean. *As I Saw It.* New York: Penguin Books, 1990.
Safran, Nadav. *From War to War: The Arab-Israel Confrontation, 1948-1967.* New York: Pegasus, 1969.
Saliba, Samir Nicolas. *The Jordan River Dispute.* The Hague: M. Nijhoff, 1968.
Sayed-Ahmed, Muhammad Abd el-Wahab. *Nasser and American Foreign Policy, 1952-1956.* London: LAAM, 1989.
Schiff, Ze'ev. *A History of the Israeli Army, 1874 to the Present.* New York: Macmillan, 1985.
Seale, Patrick. *Asad of Syria: The Struggle for the Middle East.* London: Taurus, 1988.
Seikaly, S., R. Baalbaki, and P. Dodd, eds. *Quest for Understanding: Arabic and Islamic Studies in Memory of Malcolm Kerr.* Beirut: American University of Beirut, 1991.
Sela, Avraham. *The Decline of the Arab-Israeli Conflict: Middle East Politics and the Quest for Regional Order.* Albany: State University of New York Press, 1998.
Sela, Avraham, ed. *Political Encyclopedia of the Middle East.* New York: Continuum, 1999.
Shapira, Avraham, ed. *The Seventh Day: Soldiers Talk About the Six-Day War.* New York: Scribners, 1970.
Sharon, Ariel. *Warrior.* New York: Simon & Schuster, 1989.
Shemesh, Moshe. *The Palestinian Entity 1959-1974: Arab Politics and the PLO.* London: Frank Cass: 1989.
Shevchenko, Arkady N. *Breaking with Moscow.* New York: Knopf, 1985.
Shuckburgh, Evelyn. *Descent to Suez, 1951-1956.* London: Weidenfeld & Nicolson, 1986.
Slater, Robert. *Rabin of Israel: A Biography.* London: Robson Books, 1993.
Soffer, Arnon. *Rivers of Fire: The Conflicts over Water in the Middle East.* Lanham, Md.: Rowman & Littlefield, 1999.
Stebenne, David L. *Arthur J. Goldberg: New Deal Liberal.* New York: Oxford University Press, 1996.
Stein, Leonard. *The Balfour Declaration.* London: Mitchell Vallentine, 1961.
Stephens, Robert. *Nasser: A Political Biography.* London: Penguin, 1971.
Steven, G. A. *Jordan River Partition.* Stanford: Hoover Institute Studies, 1965.
Susser, Asher. *On Both Banks of the Jordan: A Political Biography of Wasfi al-Tall.* London: Frank Cass,

1994.
Talmon, Jacob Leib. *The Six Days' War in Historical Perspective.* Rehovot, Israel: Yad Chaim Weizmann, 1969.
Teveth, Shabtai. *Ben-Gurion: The Burning Ground, 1906-1948.* Boston: Houghton Mifflin, 1987.
———. *The Tanks of Tammuz.* London: Sphere Books, 1969.
Touval, Sadia. *The Peace-Brokers: Mediators in the Arab-Israeli Conflict, 1948-1979.* Princeton, N.J.: Princeton University Press, 1982.
UN Security Council Resolution 242: The Building Block of Peacemaking. A Washington Institute Monograph. Washington, D.C.: The Washington Institute for Near East Policy, 1993.
U Thant. *View from the UN.* New York: Doubleday, 1978.
Urquhart, Brian. *Hammarskjold.* New York: Alfred A. Knopf, 1972.
———. *A Life in Peace and War.* New York: Harper & Row, 1987.
Van Creveld, Martin. *The Sword and the Olive: A Critical History of the Israeli Defense Force.* New York: Public Affairs, 1998.
Vassiliev, Alexei. *Russian Policy in the Middle East: From Messianism to Pragmatism.* Reading, U.K.: Ithaca Press, 1993.
Vatikiotis, P. J. *The History of Egypt: From Muhammad Ali to Sadat.* Baltimore: Johns Hopkins University Press, 1980.
———. *Nasser and His Generation.* New York: St. Martin's Press, 1978.
Vital, David. *The Origins of Zionism: The Formative Years.* Oxford: Clarendon Press, 1982.
Waterbury, John. *The Egypt of Nasser and Sadat: The Political Economy of Two Regimes.* Princeton, N.J.: Princeton University Press, 1983.
Weizman, Ezer. *On Eagles' Wings: The Personal Story of the Leading Commander of the Israeli Air Force.* New York: Macmillan, 1976.
Whetten, Lawrence L. *The Canal War: Four-Power Conflict in the Middle East.* Cambridge: MIT Press, 1974.
Wilson, Harold. *The Chariot of Israel: Britain, America, and the State of Israel.* New York: Norton, 1981.
Wilson, Mary C. *King Abdullah, Britain and the Making of Jordan.* Cambridge: Cambridge University Press, 1987.
Yaari, Ehud. *Strike Terror: The Story of Fatah.* New York: Sabra Books, 1970.
Yanay, Ehud. *No Margin for Error: The Making of the Israeli Air Force.* New York: Pantheon Books, 1993.

◉英語記事

Abu-Jaber, Kamel S. United States Policy Toward the June Conflict. *The Arab World* 14 (1968).
Anabtawi, Samir N. The United Nations and the Middle East Conflict of 1967. *The Arab World* 14 (1968).
Dayan, Moshe. Before and After the Battle in *The Six Days' War.* Tel Aviv: Ministry of Defense, 1967.
Evans, Rowland, and Robert Novak. Remembering the Liberty. *Washington Post,* Nov. 6, 1991.
Fishel, Reverdy S. The Attack on the Liberty: An "Accident"? *International Journal of Intelligence and Counterintelligence* 8, no. 3 (Fall 1995).
Ginor, Isabella. The Russians Were Coming: The Soviet Military Threat in the 1967 Six-Day War.

Middle East Review of International Affairs 4, no. 4 (Dec. 2000).
Goodman, Hirsh, and Ze'ev Schiff. The Attack on the Liberty. *Atlantic Monthly*, Sept. 1984.
The June War: Whose Conspiracy? *Journal of Palestine Studies* 21, no. 4 (Summer 1992).
Little, Douglas. The Making of a Special Relationship: The United States and Israel, 1957-68. *International Journal of Middle East Studies* 25, no. 4 (Nov. 1993).
Meital, Yoram. The Khartoum Conference and Egyptian Policy After the 1967 War: A Reexamination. *Middle East Journal* 54, no. 1 (Winter 2000).
Mor, Ben D. Nasser's Decision-Making in the 1967 Middle East Crisis: A Rationalchoic Explanation. *Journal of Peace Research* 28, no. 4 (1991).
Oren, Michael B. Ambivalent Adversaries: David Ben-Gurion and Dag Hammarskjold. *Journal of Contemporary History* 27 (1992).
———. The Egypt-Israel Border War. *Journal of Contemporary History* 24 (1990).
———. Faith and Fair-Mindedness: Lester B. Pearson and the Suez Crisis. *Diplomacy and Statecraft* 3, no. 1 (1992).
———. Nuri al-Sa'id and Arab-Israel Peace. *Asian and African Studies* 24, no. 3 (1990).
———. Secret Efforts to Achieve an Egypt-Israel Settlement Prior to the Suez Campaign. *Middle Eastern Studies* 26, no. 3 (1990).
Parker, Richard B. The June 1967 War: Some Mysteries Explored. *Middle East Journal* 46, no. 2 (Spring 1992).
Pedatzur, Reuven. Coming Back Full Circle: The Palestinian Option of 1967. *Middle East Journal* 49, no. 2 (Spring 1995).
Peled, David. Ben-Gurion Wasn't Rushing Anywhere. *Ha'aretz* (English ed.), Jan. 20, 2000, p. 4.
Rabinovich, Avraham. The War that Nobody Wanted. *Jerusalem Post Magazine,* June 13, 1967.
Report by Carl F. Salans, Department of State Legal Adviser, Sept. 21, 1967, to the Undersecretary of State. "The *Liberty*": Discrepancies Between the Israeli Inquiry and the U.S. Navy Inquiry. (*Liberty* Website)
Shalom, Zaki. Lyndon Johnson's Meeting with Abba Eban, May 26, 1967: An Introduction. *Israel Studies* 4, no. 2 (Fall 1999).
Shalom, Zaki, and S. Ilan Troen. Ben-Gurion's Diary for the 1967 Six-Day War: An Introduction. *Israel Studies* 4, no. 2 (Fall 1999).
Sharabi, Hisham. Prelude to War: The Crisis of May-June 1967. *The Arab World* 14 (1968).
Schiff, Ze'ev. The Dispute on the Syrian-Israeli Border. *New Outlook* 10, no. 2 (Feb. 1967).
Shlonim, Shlomo. Origins of the 1950 Tripartite Declaration on the Middle East. *Middle Eastern Studies* 23, no. 1 (July 1987).
Yost, Charles W. How It Began. *Foreign Affairs,* Jan. 1968.

◉ヘブライ語文献

Allon, Yigal. *Kelim Shluvim.* Tel Aviv: Am Oved, 1980.
Amit, Meir. *Rosh be-Rosh: Mabat Ishi al Eruim Gdolim u-Farshiyot Alumot.* Or Yehuda: Hed Arzi, 1999.
Asia, Ilan. *Tismonet Dayan: Arba Milhamot ve-Shalom Ehad—ha-Roved ha-Nistar*. Tel Aviv: Yediot Ahronot, 1995.

Bar Kokhva, Moshe. *Merkavot ha-Plada.* Tel Aviv: Ma'arakhot, 1989.

Baron, Arye. *Hotam Ishi: Moshe Dayan be-Milhemet Sheshet ha-Yamim ve-Ahareiha.* Tel Aviv: Yediot Ahronot, 1997.

Ben Tzur, Avraham. *Gormim Sovietiim u-Milhemet Sheshet ha-Yamim: Ma'avakim ba-Kremlin ve-Hashpa'ot be-Azoreinu.* Tel Aviv: Sifriat Poalim, 1975.

Benziman, Uzi. *Yerushalayim: Ir lelo Homa.* Jerusalem: Schocken, 1973.

Cohen, Avi. *Ha-Haganah al Mekorot ha-Mayim-Mediniyut Hafalat Hail ha-Avir le-Tkifa bi-Gvul Yisrael-Suria, 1956-1967.* Tel Aviv: Hail ha-Avir, Misrad ha-Bitahon, 1992.

Dayan, David. *Me-Hermon ad Suez: Korot Milhemet Sheshet ha-Yamim.* Ramat Gan: Masada Press, 1967.

Dayan, Moshe. *Avnei Derekh.* Tel Aviv: Yediot Ahronot, 1976.

Eisenstadt, S. N. *Ha-Hevra ha-Yisraelit.* Jerusalem: Magnes Press of the Hebrew University, 1970.

Erell, Shlomo. *Lefanekha ha-Yam: Sipuro shel Yamai, Mefaked u-Lohem.* Tel Aviv: Misrad ha-Bitahon, 1998.

Eshkol, Yosef, ed. *Milhemet Sheshet ha-Yamim.* Tel Aviv: Misrad ha-Bitahon, 1967.

Gazit, Shlomo. *Pta'im be-Malkodet: 30 Shnot Mediniyut Yisrael ba-Shtahim.* Tel Aviv: Zemora-Bitan, 1999.

Gilad, Baruch, ed. *Teudot le-Mediniyut ha-Hutz shel Medinat Yisrael 14,* 1960. Jerusalem: Israel Government Printing House, 1997.

Gilboa, Moshe A. *Shesh Shanim, Shisha Yamim-Mekoroteha ve-Koroteha shel Milhemet Sheshet ha-Yamim.* Tel Aviv: Am Oved, 1969.

Gluska, Ami. *Imut bein ha-Mateh ha-Klali u-bein Memshelet Eshkol bi-Tkufat ha-Hamtana"—Mai-Yuni, 1967.* Jerusalem: Leonard Davis Institute for International Relations, 2001.

Golan, Aviezar. *Albert.* Tel Aviv: Yediot Ahronot, 1977.

Gur, Motta. *Har ha-Bayyit be-Yadeinu!: Kravot ha-Tzanhanim be-Yerushalayim be-Milhemet Sheshet ha-Yamim.* Tel Aviv: Ma'arakhot, 1974.

Guy, Carmit. *Bar-Lev.* Tel Aviv: Am Oved, 1998.

Haber, Eitan. *Ha-Yom Tifrotz Milhama: Zikhronotav shel Tat-Aluf Yisrael Lior, ha-Mazkir Hatzvai shel Rashei ha-Memshala Levi Eshkol ve-Golda Meir.* Tel Aviv: Yediot Ahronot, 1987.

Haber, Eitan, and Ze'ev Schiff, eds. *Lexicon le-Bithon Yisrael.* Tel Aviv: Mahadurat Davar, 1976.

Hame'iri, Yehezkel. *Mi-Shnei Evrei ha-Rama.* Tel Aviv: Levin-Epstein, 1970.

Harel, Yehuda. *El Mul Golan.* Givatayim: Masada Press, 1967.

Harel, Yisrael. *Sha'ar ha-Arayot——Ha-Krav al Yerushalayim be-Havayat Lohamei Hativat ha-Tzanhanim.* Tel Aviv: Ma'arkhot, n.d.

Hareuveni, Meir, and Meir Arye, eds. *Ha-Hativa Shelanu be-Milhemet Sheshet ha-Yamim.* Tel Aviv: Misrad ha-Bitahon, 1968.

Horesh, Ya'akov. *47 Madregot.* Tel Aviv: Yaron Golan, 1993.

Kamm, Ephraim. *Hussein Poteah be-Milhama: Milhemet Sheshet ha-Yamim be-Eynei ha-Yardenim.* Tel Aviv: Ma'arakhot, Misrad ha-Bitahon, 1974.

Katz, Shmuel, and Aharon Megged. *Me-Har Grizim ad Har Hermon: Rishumei Pikud ha-Tzafon be-Milhemet Sheshet ha-Yamim.* Tel Aviv: Misrad ha-Bitahon, 1967.

Lachish, Ze'ev, and Meir Amitai. *Asor Lo Shaket: Prakim be-Toldot Hail ha-Avir ba-Shanim 1956-1967.* Tel Aviv: Misrad ha-Bitahon, 1995.

Man, Rafi. *Lo Ya'ale al ha-Da'at.* Or Yehuda: Hed Artzi, 1998.
Mayzel, Matitiahu. *Ha-Ma'arakha al ha-Golan-Yuni 1967.* Tel Aviv: Ma'arakhot, 2001.
Michelson, Beni, Avraham Zohar, and Effi Meltzer, eds. *Ha-Ma'avak le-Bithon Yisrael.* Tel Aviv: Ha-Amuta ha-Yisraelit le-Historia Tzva'it leyad Universitat Tel Aviv, 2000.
Nakdimon, Shlomo. *Likrat Sh'at ha-Efes.* Tel Aviv: Ramdor Press, 1968.
Naor, M., and Z. Aner, eds. *Yemei Yuni-Teurim min ha-Milhama 1967.* Tel Aviv: Ma'arakhot, 1967.
Pedatzur, Reuben. *Nitzhon ha-Mevukha.* Tel Aviv: Bitan/Yad Tabenkin, 1996.
Peled, Yossi. *Ish Tzava.* Tel Aviv: Ma'ariv, 1993.
Rosental, Yemima, ed., *Teudot Le-Mediniyut ha-Hutz shel Medinat Yisrael 3: December 1948-July 1949.* Jerusalem: Israel Government Press, 1985.
Sadeh, Ezra. *Amud ha-Esh: Yoman ha-Milhama shel Yirmi.* Tel Aviv: Yosef Shimoni, n.d..
Scheuftan, Dan. *Ha-Optzia ha-Yardenit: Ha-Yishuv ve-Medinat Yisrael mul ha-Mimshal ha-Hashemi ve ha-Tnua ha-Leumit ha-Falastinit.* Tel Aviv: Yad Tabenkin, Machon Yisrael Galili, 1986.
Schiff, Ze'ev. *Tzahal be-Hailo: Encyclopedia le-Tzava u-le-Bitahon.* Tel Aviv: Revivim, 1981.
Shashar, Michael. *Milhemet ha-Yom ha-Shvi'i: Yoman ha-Mimshal ha-Tzvai be-Yehuda ve-Shomron.* Tel Aviv: Hoza'at Poalim, 1997.
———. *Sihot im Rehavam-Gandhi-Ze'evi.* Tel Aviv: Yediot Ahronot, 1992.
Shragai, Nadav. *Har ha-Meriva: Ha-Ma'avak al Har ha-Bayyit, Yehudim ve-Muslemim, Dat ve-Politika Meaz 1967.* Jerusalem: Keter, 1995.
Segev, Shmuel. *Sadin Adom.* Tel Aviv: Taversky Press, 1967.
Shalev, Arye. Ha-Milhama ve-Totzoteiha be-Eynei ha-Aravim. *Dapei Elazar 10, Esrim*
Shana le-Milhemet Sheshet ha-Yamim. Tel Aviv: Yad David Elazar, 1988.
Shalom, Zaki. *David Ben-Gurion, Medinat Yisrael ve ha-Olam ha-Aravi,1949-1956.* Sede Boqer: Ha-Merkaz le-Moreshet Ben-Gurion, 1995.
Sorer, Eran. *Derekh ha-Mitla.* Ramat Gan: Masada, 1967.
Susser, Asher. *Shisha Yamim-Shloshim Shana.* Tel Aviv: Am Oved, 1999.
Teveth, Shabtai. *Moshe Dayan, Biografia.* Jerusalem: Schocken Press, 1971.
Warhaftig, Zorach. *Hamishim Shana ve-Shana: Pirkei Zikhronot.* Jerusalem: Yad Shapira, 1998.
Yariv, Aharon. *Ha'arakha Zehira: Kovetz Ma'amarim.* Tel Aviv: Ma'arakhot, 1998.
Zak, Moshe. *Hussein Ose Shalom.* Ramat Gan: Merkaz Begin-Sadat, 1966.

◉ヘブライ語記事

Amit, Meir. Ha-Derekh le-Sheshet ha-Yamim—Sheshet ha-Yamim be-Re'i le-Ahor. *Ma'arakhot* 325 (June-July 1992).
Argaman, Yosef. Nasser Metzaltzel le-Hussein: Ha-Siha. *Bamahane* 18 (Jan. 1989).
Ba-Avir bein New York le-London-Megale ha-Melekh Hussein et Sibat Mapalato. *Bit'on Hail ha-Avir* 3, no. 74/75 (Dec. 1967).
Ben Akiva, Elinar and Aner Guvrin. Sh'at ha-Mirage—Esrim Shana le-Milhemet Sheshet ha-Yamim. *Bit'on Hail ha-Avir* 57 (May 1987).
Ben, Aluf. Lo Huzkar be-Albomei ha-Nitzahon. *Bamahane* 37 (May, 1992).
Ben Tzadaf, Evyatar. Eize Min Tzava Haya. *Bamahane* 47 (Feb. 1992).

Bin-Nun, Ran. Krav ha-Havka'a shel Hativat 'Golani' be-Milhemet Sheshet ha-Yamim. Unpublished thesis, Kedourie School, Feb. 1988.
Hail ha-Avir ba-Milhama. *Bit'on Hail ha-Avir* 3, no. 74/75 (Dec. 1967).
Ha-Shita-Pashtut. *Bit'on Hail ha-Avir* 3, no. 74/75 (Dec. 1967).
Eruei ha-Hodesh-Ashan ve-Esh be-Kav Hafsakat-Ha-Esh. *Skira Hodshit* 9-10. (Sept.- Oct. 1967).
Kamm, Ephraim Col. Haf'alat ha-Zira ha-Mizrahit be-Milhemet Sheshet ha-Yamim. *Ma'arakhot* 325 (June 1992).
Kashti, Or. Mesima Bilti Efsharit. *Bamahane* 37 (May 1992).
Leviav, Rut. Milhemet Sheshet ha-Yamim: Ha-Festival. *Bamahane* 37 (June 1977).
Levita, Yosef. Ma Ya'ase Zahal ba-Shalal. *Bamahane* 48 (Aug. 1967).
Meged, Aharon. Sh'ot ha-Tofet shel Tel Fakhr. *Bamahane* 31-32 (April 1967).
Me-Kuneitra ad Kantara: Reayon im ha-Ramatkal. *Bamahane* 42 (June 1967).
Milhemet Sheshet ha-Yamim: Hizdamnut velo Pitron. *Skira Hodshit* 3-4 (May 1987).
Milhemet Sheshet ha-Yamim: Teur ha-Peulot bekhol ha-Hazitot. *Skira Hodshit* 5-7 (May-July 1967).
Milstein, Ari. Ha-Til she-Haras et Emdot ha-Ligion. *Bamahane* 34 (May 1977).
Narkiss, Uzi. Kakh Uhda Yerushalayim. *Bamahane* 34 (May 1987).
Reayon im Rav Aluf Yitzhak Rabin. *Bamahane* 13 (June 1977).
Reayon im Ya'akov Eshkoli. *Eretz ha-Golan* 100 (1985).
Rozner, David. Ha-5 be-Yuni 1967 be-Kahir. *Bamahane* 35 (May 1968).
Seren, Moshe (Captain Moshe: an assumed name). Tvusat Mitzrayim be-Eynei ha-Aravim. *Ma'arakhot* 200 (June 1969).
Shamir, Ami. Im ha-Koah she-Ala al Jenin. *Lamerhav* 3014 (June 8, 1967).
Shapira, Boaz. Mesokim be-Um Katef. *Bamahane* 37 (June 1977).
Shemesh, Moshe. Ha-Ma'avak ha-Aravi al ha-Mayim Neged Yisrael, 1959-1967. *Iyunim 7* (1997).
Sisser, Eyal. Bein Yisrael le-Suria: Milhemet Sheshet ha-Yamim ule-Ahareiha. *Iyunim be-Tkumat Yisrael* 8 (1998).
Takrit ha-7 be-April: 20 Shniyot Aharei-Sheshet ha-Migim she-Kirvu et Sheshet ha-
Yamim. *Bamahane* 39 (April 8, 1987).
Yariv, Aharon. Ha-Reka la-Milhama. *Dapei Elazar 10, Esrim Shana le-Milhemet Sheshet ha-Yamim.* Tel Aviv: Yad David Elazar, 1988.
Yitzhaki, Arye. Ha-Ma'arakha le-Kibush ha-Golan be-Milhemet Sheshet ha-Yamim. *Ariel* 50-51 (1987).

◉ヘブライ語新聞

Ha'aretz
Ma'ariv
Davar
Yediot Ahronot

◉アラビア語文献及び記事

'Abd al-Hamid, Berlinti. *Al-Mushir wa-Ana.* Cairo: Maktabat Madbuli al-Saghir, 1992.

'Abd al-Nasir wa-Zu'ama' 'Arab "Baraku" Ijra'at al-Husayn Didda al-Fida'iyyin. *al-Hadath* 6, no. 265 (Jan. 29, 2001).

Abu Fakhr, Saqr. Al-Julan: Shahadat Nazihin 'an Ayyam al-Harb wal-Hadir. *Majallat al-Dirasat al-Filastiniyya* 42 (Spring 2000).

Abu Murshid, Walid, Antoine Butrus, and Fuad Jabber. Al-Kitab Al-Sanawi lil-Qadiyya al-Filastiniyya li-'Am 1967. *Silsilat al-Kitab al-Sanawi lil-Qadiyya al-Filastiniyya* 4. Beirut: Manshurat Mu'assasat al-Dirasa al-Filastiniyya, 1969.

Abu Nidal, Sabr. *Ma'rakat al-Khamis min Haziran: Awwal Dirasa 'Arabiyya Askariyya Shamila lil-Hazima.* Cairo: Al-Mu'assasa al-'Arabiyya lil-Dirasa wal-Nashr, 1971.

Abu Dhikri, Wajih. *Madhbahat al-Abriya'.* Cairo: Al-Maktab al-Misri al-Hadith, 1988.

Al-Ashram, Salah al-Din. Al-Tawatu' al-Anklo-Amriki ma'a Isra'il. *Al-Majalla al-'Askariyya* 6, no. 18 (1967).

Al-Baghdadi, 'Abd al-latif. *Mudhakkirat.* Cairo: al-Maktab al-Misri al-Hadith, 1977.

Al-Dajani, Ahmad Sidqi. *Min al-Muqawama ila al-Thawra al-Shabbiyya fi Filastin.* Cairo: Maktabat al-Anklu al-Misriyya, 1969.

Al-Gamasi, Muhammad 'Abd al-Ghani. *Mudhakkirat al-Gamasi.* Paris: Al-Manshura al-Sharqiyya, 1990.

al-Hadidi, Salah al-Din. *Shahid 'ala Harb* 67. Beirut: Dar al-'Awda,1974.

Al-'Ilmi, 'Imad. *Harb 'Am 1967.* Acre: Al-Aswar lil-Thaqafa, 1990.

Al-Jiyyar, Mahmud. Ayyam al-Naksa fi Bayt 'Abd al-Nasir. *Ruz al-Yusuf* 2484 (Jan. 19, 1976).

———. Rajulan Qatala al-Mushir 'Amer. *Ruz al-Yusuf* 2482 (Jan. 5, 1976).

Al-Khuli, Lutfi. *Harb Yunyu 1967 ba'da 30 Sana.* Cairo: Markaz Al-Ahram, 1997.

Al-Munjid, Salah al-Din. *'Umdat al-Nukhba.* Beirut: Dar al-'Awda, 1967.

Al-Nafuri, Amin. *Tawazun al-Quwwa bayna al-'Arab wa-Isra'il: Dirasa Tahliliyya Istratejiyya li-'Udwan Haziran 1967.* Damascus: Dar al-I'tidal lil-Tiba'a wal-Nashr, 1968.

Al-Sabbagh, Muhammad, ed. *Mudhakkirat Qadat al-'Askariyya al-Misriyya 1967-1972 fi A'qab al-Naksa.* Cairo: Dar al-Khayyal, in press.

Al-Shara', Sadiq. *Hurubuna ma'a Isra'il.* Amman: Dar al-Shuruq lil-Nashr wal-Tawzi', 1997.

Al-Shum'a, Hani. *Ma'arik Khalida fi Ta'rikh al-Jaysh al-'Arabi al-Suri.* Damascus: Al-Tiba'a al-Suriyya, 1988.

Al-Shuqayri, Ahmad. *Mudhakkirat Ahmad al-Shuqayri, 'Ala Tariq al-Hazima, Ma'a al-Muluk wal-Ru'asa'. Vol. 3. Min al-Qimma ila al-Hazima, Ma'a al-Muluk wal-Ru'asa'.* Beirut: Dar al-'Awda, 1971. *Vol. 5, 2: Al-Hazima al-Kubra Ma'a al-Muluk wal-Ru'asa': Min Bayt 'Abd al-Nasir ila Ghurfat al-'Amaliyyat.* Beirut: Dar al-'Awda, 1972.

Al-'Uthm, Sadiq Jalal. *Al-Naqd al-Dhati ba'da al-Hazima.* Acre: Dar al-Jalil lil-Tiba'a wal-Nashr, 1969.

Al-Watha'iq al-Urduniyya, 1967. Amman: Da'irat al-Matbu'at wal-Nashr, 1967.

'Awda, Muhammad, and 'Abdallah Imam. *Al-Naksa—Man al-Mas'ul?* Cairo: Ruz al-Yusuf, 1985.

Badran, Shams. Interview. *Al-Hawadith.* Sept. 2, 1977.

Darraz, 'Isam. *Dubbat Yunyu Yatakallamun: Kayfa Shahada Junud Misr Hazimat 67.* Cairo: al-Manar al-Jadid lil-Sahafa wal-Nashr, n.d.

Daruze, Muhammad 'Izza. *Fi Sabil Qadiyyat Filastin wal-Wahda al-'Arabiyya wamin Wahi al-Nakba wa-liajli mu'alijiha: rasa'il wa-Maqalat wa-Buhuth wa-Muqabalat wa-Ta'aqibat, Beirut 1948-1972.* Beirut: al-Maktaba al-'Asriyya, 1972.

Dhabbah, Shukri. *Wa-Madha Ba'du?* Cairo: Dar al-Quds, n.d.

Fakhida, Khalid. Al-Fariq Hadithah lil-Hadath: Sharakna fi Harb '67 Irda'an li-'Abd al-Nasir wa-Man'an min 'Takhwin' al-Urdun. *al-Hadath* 265 (Jan. 29, 2001).

Fawzi, Gen. Muhammad. *Harb al-Thalath Sanawat.* Cairo: Dar al-Mustaqbal al-'Arabi, 1980.

Gohar, Sami. *Al-Samitun Yatakallamun.* Cairo: al-Manar al-Jadid lil-Sahafa wal-Nashr, 1975.

Hamad, Jamal. *Al-Hukuma al-Khafiyya-Fi 'Ahd 'Abd al-Nasir.* Cairo: Al-Zahra lil-I'lam al-'Arabi, 1988.

Husayn, Mahmud. *Al-Sira' al-Tabaqi fi Misr min 1945 ila 1970.* Beirut: Dar al-Tali'a, 1971.

Heikal, Mohamed Hassanein. *1967: Al-Infijar.* Cairo: Markaz al-Ahram, 1990.

———. *Sanawat al-Ghalayan.* Cairo: Markaz al-Ahram, 1988.

Imam, 'Abdallah. *'Abd al-Nasir Kayfa Hakama Misr.* Cairo: Madbuli al-Saghir, 1966.

———. *'Ali Sabri Yatadhakkar: Bi-Saraha 'an al-Sadat.* Cairo: Dar al-Khayyal, 1997.

———. *Nasir wa-'Amer.* Cairo: Mu'assasat al-Kitab, 1985.

Khalil, Mustafa. *Min Milaffat al-Julan: Al-Qism al-Awwal.* Amman: Dar al-Yaqin lil-Tiba'a wal-Nashr, 1970.

———. *Suqut al-Julan.* Amman: Dar al-Yaqin lil-Tiba'a wal-Nashr, n.d.

Khawwash, Yusuf. *Al-Jabha al-Urduniyya, Harb Haziran.* Amman: Dar al-Yaqin lil-Tiba'a wal-Nashr, 1980.

Mazhar, Suliman. *I'tirafat Qadat Harb Yunyu: Nusus Shahadatihim Amama Lajnat Tasjil Ta'rikh al-Thawra.* Cairo: Kitab al-Hurriyya, 1990.

Murad, Mahmud. Harb Haziran. *Al-Majalla al-'Askariyya* 19, no. 1 (Aug. 1968).

Murtagi, 'Abd al-Muhsin Kamil. *Al-Fariq Murtagi Yarwi al-Haqa'iq.* Cairo: Dar al-Watan al-'Arabi, 1976.

Mustafa, Husayn. *Harb Haziran 1967: Awwal Dirasa 'Askariyya min Wujhat al-Nazar al-'Arabiyya. 2: al-Jabha al-Sharqiyya.* Beirut: Al-Mu'assasa al-'Arabiyya lil-Dirasa wal-Nashr, 1973.

Khouri, George, ed. *Al-Watha'iq al-Filastiniyya al-'Arabiyya li-'Am 1967.* Beirut: Mu'assasat al-Dirasa al-Filastiniyya, 1969.

Ramadan, 'Abd al-'Azim. *Tahtim al-Aliha: Qissat Harb Yunyu 1967.* Cairo: Madbuli, 1988.

Riad, Mahmoud. *Mudhakkirat Mahmoud Riad, 1948-1976, al-Juz' al-Awwal: al-Bahth 'an al-Salam fi al-Sharq al-Awsat.* Beirut: al-Mu'assasa al-'Arabiyya lil-Dirasa wal-Nashr, 1987.

———. *Mudhakkirat Mahmud Riad, 2.* Beirut: Al-Mu'asassa al-'Arabiyya lil-Dirasa wal-Nashr, 1987.

Tlas, Mustafa. *Mir'at Hayati.* Damascus: Tlasdar, 1995.

Watha'iq 'Abd al-Nasir 1. Cairo: Markaz al-Ahram, 1973.

Zia' al-Din, Birs. 'Abd al-Nasir . . . Hakama. *Ruz al-Yusuf 2464* (Sept. 1, 1975).

◉アラビア語新聞

Akher Sa'a (Egypt)

Al-Ahram (Egypt)

Al-Ba'th (Syria)

Al-Difa'i (Jordan)

Al-Hawadith (Lebanon)

Ruz al-Yusuf (Egypt)

al-Ra'i al-'Am (*Egypt*)

◉ロシア語文献及び記事

Beliaev, I. P., and E. M. Primakov. *Egipet: vremia prezidenta Nasera.* Moscow: Mysl', 1974.
Blishchenko, I. L., and V. D. Kudriavtsev. *Agressia Izrailia 1 Mezhdunarodnoie Pravo.* Moscow: Mezhdunorodnye Otnoshenia, 1970.
Dediulia, Ivan Prokhorovitch. Na Zemle Obetovannoy. *Nezavisimoe Veonnoe Obozrenie* 20 (1998).
Demchenko, P. A*rabskii Vostok v chas ispytanii.* Moscow: Politicheskaia Literarura, 1967. Goldberg, Naftali Ben-Sion. SSR Protiv Izrailia. *Sem' Dney,* Aug. 17, 2000.
Grechko, A. M. *Sovetskaia Voiennaia Entsiklopedia, Vol. 3,* (Moscow: Institut Voiennoi Istorii, 1976. Ivanov, Iuri. *Ostorozhno: Sionizm! Ocherki po ideologii, organizatsii i praktike sionizma.*
Moscow: Politicheskaia Literatura, 1971.
Khaldeev, A. Nesostoiavshiisia desant. *Vesti* (Israel), Sept. 14, 2000.
Khrushchev, Nikita. *Vospominania 3: Vremya. Lyudi. Vlast'.* Moscow: Moskovskie novosti. Informatzionno-izdatel'skaya kompania, 1999.
Kirpichenko, V. A. *Iz Arkhiva Razvedchika.* Moscow: Mezhdunorodnye Otnoshenia, 1993.
Mintz, I. I. *Sionizm: Teoria i Praktika.* Moscow: Izdetelstvo Politicheskoi Literatury, 1970.
Pokormiak, N. V. *Izrail': kursom militarizma i agressii.* Moscow: Ministerstvo Oborony SSSR, 1982.
Prokhorov, A. M., ed. *Sovetskaia Entsiklopedia Slovar,* 4th ed. Moscow: Sovetskaia Entsiklopedia, 1989.
———. *Bol'shaia Sovetskaia Entsiklopedia.* Moskva: Sovetskaia Entsiklopedia, 1978.
Rumiantsev, V. Arabskii Vostok na Novom Puti. *Kommunist* (Moscow) 16 (Nov. 1969): 90-101.
Sheidin, L. Imperialisticheskii zagovor na Blizhnem Vostoke. *Kommunist* 11 (July 1967): 107-17.
Shvarts, Solomon M. *Sovetskii Soiuz i Arabo-Izrail'skaia Voina 1967.* New York: Amerikanskii Evreiskii Rabochii Komitet, 1969.
Tuganova, O. E. *Mezhdunarodnie otnoshenia na Blizhnem i Srednem Vostoke.* Moscow: Mezhdunarodnye Otnoshenia, 1967.
Vinogradov, V. M. *Diplomatia: liudi i sobytia.* Moscow: Rosspen, 1998.
Yeryomenko,Valerii. Imenno Sovyetskii Soyuz spas arabskuyu koalitziyu vo vremia Shestidnevnoi voiny. *Nezavisimoe Veonnoe Obozrenie* 20 (1998).
Zhurkin V. V. and E. M. Primakov, eds. *Mezhdunarodnye Konflikty.* Moscow: Mezhdunarodnye Otnoshenia, 1972.
Zolotarev, V. A., ed. *Rossia* (*SSSR*) *v' lokal'nykh voinakh i voennykh konfliktakh vtoroi poloviny XX veka.* Moscow: Kuchkovo Pole, 2000.

◉インターネットサイト

www.bemorecreative.com/one/480.htm
Quotes from Harold Wilson
www.geocities.com/CapitolHill/Lobby/5270/index2.htm
Biography of Gamal Abdel Nasser
www.defencejournal.com/globe/2000/aug/hafez.htm

Biography of Hafez al-Assad
www.elicohen.com
Biography of Eli Cohen
www.us-israel.org/jsource/biography
Biographies of Levi Eshkol, Moshe Dayan, and Wolfgang Lotz
www.jajz-ed.org.il
Biographies of Teddy Kollek, Chaim Herzog, and Rabbi Shlomo Goren
www.halcyon.com/jim/ussliberty/liberty.htm
USS *Liberty* page
www.kinghussein.gov.jo/
Biography of King Hussein
www.p-p-o.com/
Biography of Yasser Arafat